ELY CHINOY
(do Smith College)

SOCIEDADE

Uma Introdução à Sociologia

Introdução de
CHARLES PAGE

Tradução de
OCTAVIO MENDES CAJADO

Consultor da edição brasileira:
MANOEL T. BERLINCK
Livre-Docente de Sociologia e Diretor do Instituto de Filosofia e Ciências Humanas da Universidade Estadual de Campinas, SP.

EDITORA CULTRIX
SÃO PAULO

Título do original:

SOCIETY: AN INTRODUCTION TO SOCIOLOGY

Publicado nos Estados Unidos da América do Norte
por Random House Inc.

Agradecemos à "American Historical Association" e ao Prof. Eric Lampart pela permissão de reproduzir excertos de *Industrial Revolution,* de Eric Lampart (1957); e a Apleton-Century-Crofts, Divisão da Meredith Publishing Co., pela permissão de reproduzir excertos de *The Study Of Man,* de Ralph Linton (Copyright 1936 by D. Apleton-Century Co. Inc.).

Edição	Ano
10-11-12-13-14-15-16-17-18-19	87-88-89-90-91-92-93

Impresso nas oficinas
da EDITORA PENSAMENTO.

A Helen, Michael e Claire

ÍNDICE

Introdução 13

Prefácio 17

PRIMEIRA PARTE: A PERSPECTIVA SOCIOLÓGICA

1 CIÊNCIA E SOCIOLOGIA
- A Sociologia como Ciência 23
- A Objetividade da Ciência 26
- Ciência e Conceitos: O Problema do Jargão 31
- A Natureza dos Conceitos 35
- Os Usos dos Conceitos 38
- Ciência e Teoria 41
- O Valor da Sociologia 46

2 SOCIEDADE E CULTURA
- Comportamento Padronizado e Vida Coletiva 51
- Sociedade 53
- Cultura 56
- Os Componentes da Cultura 58
- A Organização da Cultura 67
- Papel e *Status* 68
- Grupos, Categorias e Agregados Estatísticos 74
- Tipos de Grupos Sociais 79
- Tipos de Sociedades 84

3 DIVERSIDADE E UNIFORMIDADE
- A Variedade das Formas Sociais 91
- Uniformidades Sociais 94
- Biologia e Sociedade 96
- Raça 99
- Diferenças de Sexo 104
- Clima e Geografia 106
- Conclusão 109

4 A CULTURA, A SOCIEDADE E O INDIVIDUO
- Perspectivas Sociológicas e Psicológicas 113
- O Indivíduo como Produto Social 115
- A Explanação Sociológica e o Indivíduo 118
- Órgãos de Socialização 120
- O Processo de Socialização 124
- Socialização do Adulto: Continuidades e Descontinuidades 130
- Caráter Social e Estrutura Social 132
- Diferenças Individuais 136
- Pós-escrito 138

5 FORMAS DE ANÁLISE SOCIOLÓGICA
O "Por quê?" Sociológico 143
Análise Funcional 145
Funções Manifestas e Latentes 149
Análise Funcional: Três Casos 153
Mudança Social e o Prisma "Histórico" 157
Difusão 162
Equilíbrio e Mudança 164
Sociologia e História 169
Conclusão 171

SEGUNDA PARTE: ORGANIZAÇÃO SOCIAL

6 O GRUPO PRIMÁRIO
Natureza do Grupo Primário 177
Casuística Social de Grupos Primários 179
Emergência, Crescimento e Dissolução 187
Funções Sociais do Grupo Primário 192
O Grupo Primário, a Democracia e o Totalitarismo 195

7 FAMÍLIA, PARENTESCO E MATRIMÔNIO
Família, Parentesco e Matrimônio: Algumas Distinções Básicas 200
A Universalidade da Família 203
Formas de Parentesco e Estrutura Familial 207
Matrimônio 212
O Tabu do Incesto 215
O Problema da Integração Funcional 218
A Família na Sociedade Industrial Urbana 222
A Família Urbana Norte-Americana da Classe Média 226
Funções Familiais e Estrutura da Família 231
Divórcio e Desorganização da Família 237

8 ESTRATIFICAÇÃO SOCIAL
A Natureza da Estratificação Social 244
Classe 245
Status 249
Poder 254
Classe, *Status* e Poder: Relações Recíprocas 255
Sistemas de Estratificação 257
O Sistema de Castas Hindu 259
As Classes numa Sociedade "Sem classes": a União Soviética 266
As Classes nos Estados Unidos 272
O *Status* nos Estados Unidos 277
Correlações e Conseqüências 283
Consciência de Classe, Organização de Classe e Política 286
A Mobilidade Social na Sociedade Norte-Americana 290

9 GRUPOS RACIAIS E ÉTNICOS
Raça, Cultura e Estrutura Social 301
Padrões de Relações de Grupos Étnicos 306
Brasil: Um "Cadinho" Racial 309
Os Negros nos Estados Unidos 313
Os Judeus nos Estados Unidos 327
Preconceito 330

10 BUROCRACIA

O Problema da Grande Organização e a Solução Burocrática 341
As Fontes da Burocracia 346
A Organização Informal ou "A Outra Face da Burocracia" 350
Os Dilemas da Organização Formal 354
As Disfunções da Organização Burocrática 357
As Conseqüências Sociais da Burocracia 362
A Burocracia e O Poder 365

11 COMUNIDADES: ECOLOGIA E URBANIZAÇÃO

A Pequena Comunidade 373
O Crescimento das Cidades 379
Imagens da Cidade 385
Urbanismo: Cultura e Estrutura Social 387
Ecologia da Cidade 393
A Metrópole e os Subúrbios 398

TERCEIRA PARTE: INSTITUIÇÕES SOCIAIS

12 A TECNOLOGIA E AS INSTITUIÇÕES ECONÔMICAS

A Escassez e o Homem Econômico 411
As Instituições de Propriedade 414
A Tecnologia 418
O Determinismo Tecnológico 424
A Divisão do Trabalho 428
A Organização do Trabalho 434
Distribuição e Troca 439
A Organização Econômica em Larga Escala e o Estado 443

13 O PODER, A AUTORIDADE E AS INSTITUIÇÕES POLÍTICAS

A Natureza do Poder e da Autoridade 451
O Estado e Suas Funções 455
A Política e a Estrutura Social: O Voto e as Atitudes Políticas 458
O Poder e a Estrutura Social 467
As Elites e os Encarregados das Decisões Políticas 472
A Fôrça e a Organização Militar 480

14 RELIGIÃO

O Sagrado e o Profano: a Natureza da Religião 489
A Religião e a Experiência Humana 492
A Magia e a Ciência como Alternativas Funcionais da Religião 496
As Determinantes Sociais e Culturais 499
A Religião e a Ordem Social 508
O Protestantismo e a Mudança Social 510
O Catolicismo: Conservantismo, Adaptação e Mudança 515
As Conseqüências da Diversidade Religiosa 519
A Organização Religiosa 522

15 EDUCAÇÃO

A Educação na Sociedade Moderna: Algumas Perspectivas Gerais 533
A Expansão da Educação 535
As Funções Sociais da Educação 540
A Educação, as Oportunidades na Vida e a Estrutura Social 544

As Subculturas Estudantis 550
A Organização dos Estabelecimentos de Ensino em seus Vários Graus 554

16 A CIÊNCIA E A SOCIEDADE
Os Aspectos Sociais da Ciência 562
A Ciência na Sociedade Primitiva 564
As Origens da Ciência 565
Os Valôres da Ciência 570
A Organização da Ciência e o Apoio a Ela Dado 574
A Ciência Básica e a Ciência Aplicada 579
O Recrutamento de Cientistas 583
O Papel Público do Cientista 585

QUARTA PARTE: POPULAÇÃO E SOCIEDADE

17 POPULAÇÃO E SOCIEDADE
A Importância Sociológica da População 597
A Fertilidade 599
As Tendências da Fertilidade 602
A Mortalidade 611
O Crescimento da População e o Problema Malthusiano 615

QUINTA PARTE: ORDEM SOCIAL, DESVIO E MUDANÇA

18 A CONFORMIDADE E O CONTRÔLE SOCIAL
A Conformidade e a Socialização 625
A Reciprocidade 628
As Sanções 630
As Válvulas de Segurança Institucionalizadas 632
A Solidariedade e o Consenso 635
A Conformidade e a Individualidade 638

19 O COMPORTAMENTO DIVERGENTE E A DESORGANIZAÇÃO SOCIAL
O Comportamento Divergente e a Estrutura Social 644
O Conflito de Papéis e Valôres 646
A Desorganização Social: a Cultura e a Estrutura Social 649
As Subculturas Divergentes: O Caso da Delinqüência Juvenil 654
Papéis e Carreiras Divergentes 659
Evasões Institucionalizadas 661
A Desorganização Social e a Mudança Social 663

20 A MUDANÇA SOCIAL
Algumas Perspectivas 671
Atraso Cultural e Ritmos de Mudança 674
Os Movimentos Sociais 676
A Ideologia e os Movimentos Sociais 679
Organização e Liderança 682
A Mudança Social e a Sociedade Moderna 685

SEXTA PARTE: CONCLUSÃO

21 AS UTILIDADES DA SOCIOLOGIA 697
Bibliografia Completa 705

LISTA DE TABELAS

1 IDADE MÉDIA DO MARIDO E DA ESPÔSA EM FASES ESCOLHIDAS DO CICLO DE VIDA DA FAMÍLIA EM 1960, 1950, 1940 E 1890 228

2 COEFICIENTE DE RETENÇÃO POR 1 000 ESTUDANTES QUE FREQÜENTAM A ESCOLA DESDE A QUINTA SÉRIE ATÉ O PRIMEIRO ANO DE CURSO SUPERIOR NOS ANOS ESCOLHIDOS DE 1942-1950 A 1954-1962 233

3 HIERARQUIA APROXIMADA DE CASTAS EM BISPARA 261

4 HIERARQUIA APROXIMADA DE CASTAS EM SHAMIRPET 263

5 MUDANÇAS NA ESTRUTURA DAS CLASSES NA U. R. S. S., 1939-1963 268

6 DISTRIBUIÇÃO PROFISSIONAL DA FÔRÇA DE TRABALHO NOS ESTADOS UNIDOS EM 1870, 1910, 1950 E 1960 273

7 RENDA MÉDIA TOTAL, EM DINHEIRO, DE FAMÍLIAS NOS ESTADOS UNIDOS POR OCUPAÇÃO DO CHEFE DE FAMÍLIA E DE INDIVÍDUOS POR OCUPAÇÃO E SEXO, EM 1964 276

8 CONTAGEM DO PRESTÍGIO DE GRUPOS PROFISSIONAIS EM 1947 281

9 AS PERSPECTIVAS SOCIAIS DE *STATUS* EM OLD CITY, NO MISSISSÍPI, EM 1936 281

10 *STATUS* PROFISSIONAL DE BRANCOS E NÃO BRANCOS NOS ESTADOS UNIDOS, PELO SEXO, EM 1960 317

11 PERCENTAGEM DA DISTRIBUIÇÃO DE RENDIMENTO DE FAMÍLIAS POR NÍVEL DE RENDIMENTO POR CÔR, ENTRE 1947-1965 319

12 PERCENTAGEM DA POPULAÇÃO MUNDIAL QUE VIVE EM CIDADES ENTRE 1800 E 1960 381

13 CRESCIMENTO URBANO NOS ESTADOS UNIDOS, ENTRE 1790--1960 382

14 ÁREAS METROPOLITANAS PADRÕES, NOS ESTADOS UNIDOS, ENTRE 1900 E 1960 400

15 POSIÇÃO DE CLASSE E VOTO 460

16 ATITUDES POLÍTICAS DE ESTRATOS PROFISSIONAIS: CONSERVANTISMO, RADICALISMO, 1945 462

17 GRAU DE HOSTILIDADE AO SISTEMA SOVIÉTICO DE ACÔRDO COM O GRUPO SOCIAL 463

18 VOTAÇÃO POR GRUPOS EM ELEIÇÕES PRESIDENCIAIS, DE 1952 A 1964 465

19 ORIGENS DE CLASSE DOS MEMBROS DO GABINETE BRITÂNICO, 1801-1951 477
20 CLASSE PROFISSIONAL DE LÍDERES POLÍTICOS NORTE-AMERICANOS 478
21 DESENVOLVIMENTO DA EDUCAÇÃO SUPERIOR EM DETERMINADOS PAÍSES, ENTRE 1930 E 1962 537
22 MATRÍCULAS EM ESCOLAS SECUNDÁRIAS E INSTITUIÇÕES DE EDUCAÇÃO SUPERIOR DOS ESTADOS UNIDOS, ENTRE 1947-1964 539
23 EDUCAÇÃO E RENDA CALCULADAS DE TÔDA A VIDA (DOS 18 AOS 64 ANOS) HOMENS 546
24 ORIGENS DE CLASSES SOCIAIS DOS QUE INGRESSAM EM ESCOLAS SUPERIORES 549
25 COEFICIENTES APROXIMADOS DE NATALIDADE EM CERTOS PAÍSES EUROPEUS 603
26 DIFERENÇAS ENTRE AS ZONAS RURAIS E URBANAS NO ÍNDICE DE FERTILIDADE DE CERTOS PAÍSES 606
27 COEFICIENTES APROXIMADOS DE NATALIDADE E COEFICIENTES DE FERTILIDADE NOS ESTADOS UNIDOS, ENTRE 1920 E 1964 608
28 COEFICIENTES APROXIMADOS DE MORTALIDADE EM 1930 E 1960, E EXPECTATIVA DE VIDA NA OCASIÃO DO NASCIMENTO, EM VÁRIAS DATAS, EM CERTOS PAÍSES 613

LISTA DE GRÁFICOS

1 ORGANIZAÇÃO DE UM GRUPO INFORMAL: OS NORTONS 185
2 PERCENTAGEM DE FAMÍLIAS CHEFIADAS POR UMA MULHER, PELA CÔR, EM 1949-1962 230
3 GENERALIZAÇÕES SÔBRE A ESTRUTURA INTERNA DE CIDADES 394
4 CINCO PROBLEMAS-CHAVE DE CIDADES 402
5 CARACTERÍSTICAS DAS OBRIGAÇÕES FEDERAIS PARA A PESQUISA BÁSICA, A PESQUISA APLICADA E O DESENVOLVIMENTO. ANO FISCAL DE 1965 578
6 COEFICIENTES DE NATALIDADE AJUSTADOS PARA OBVIAR ÀS FALHAS DO REGISTRO, POR ORDEM DE VIDA-NASCIMENTO PARA MULHERES NATIVAS BRANCAS NOS ESTADOS UNIDOS ENTRE 1920-1963 609

INTRODUÇÃO

Não existe empreendimento mais difícil para os sociólogos do que escrever um compêndio geral de alto nível. A escassez de volumes dessa natureza dá a entender a dificuldade da tarefa; e a continuada permanência de um pequeno número de excelentes obras gerais, que guarnecem as estantes ao lado de numerosos tomos mais recentes (e muitas vêzes mais populares) porém menos alentados, denota a infreqüência da sua realização. Quais são, portanto, as virtudes principais de um bom estudo introdutório neste campo multímodo?

Tentar responder a esta pergunta é, talvez, tão perigoso quanto especificar as virtudes de um bom cônjuge. Em ambos os casos a durabilidade pode ser desejável, mas ela por si só não faz um bom companheiro nem um livro de primeira ordem. E, em ambos os casos, as necessidades e gostos individuais não sòmente constituem assunto importante mas também, sociològicamente falando, abundam os padrões de preferência firmados em grupos. Entretanto, no tocante ao *compêndio*, arriscarei algumas generalizações.

Um bom compêndio geral requer, em primeiro lugar, uma *seleção* inteligente e judiciosa dos materiais de que se compõe a Sociologia, freqüentemente dessemelhantes. Claro está que um autor não pode "esgotar o assunto": cumpre-lhe escolher, no meio de amplo sortimento, uma bateria particular de instrumentos conceituais de trabalho, certas teorias específicas e uma quantidade limitada de conhecimentos essenciais.

Na pior das hipóteses, a seleção se baseia numa avaliação do que é correntemente mais vendável — o compêndio passa a integrar a grande parada de "cultura popular". Na melhor das hipóteses, a escolha de conceitos, teorias e descobrimentos reflete amplo conhecimento dos problemas, consecuções e limitações persistentes da Sociologia; devotamento às suas possibilidades; e emprêgo coerente de uma única orientação teórica associada à apreciação das maneiras alternativas de encarar os assuntos. Num bom compêndio, as coisas permanecem unidas, mas a síntese, como a própria sociedade, é parcial. Uma seleção eficaz, por conseguinte, exige um levantamento meticuloso e maduro do assunto, feito por quem o conhece profundamente.

Em segundo lugar, um bom compêndio geral favorece a *dupla função educacional* da Sociologia. Há de ser, naturalmente, uma introdução efetiva à própria disciplina — que põe claramente em relêvo a natureza distintiva e as características principais da análise sociológica e mostra a maneira pela qual êsse método de análise ajuda substancialmente a revelar os contornos principais da estrutura social e da mudança social. Se o livro exercer com habilidade essa função, será igualmente um instrumento estimulante e informativo de educação geral. Para todos os leitores — inclusive a grande maioria de estudiosos que já não se dedicam à matéria — o compêndio, naturalmente, deverá realçar a compreensão objetiva de um mundo social que se modifica, mas deverá também ajudar o indivíduo a relacionar-se *a si mesmo* a êsse mundo, a avaliá-lo, a fazer opções. Como o bom professor, o compêndio notável pode ser um guia não só para o conhecimento mas também para a sabedoria.

Estas metas elevadas não poderão ser plenamente alcançadas se a orientação fôr obscurecida por um estilo prolixo ou pouco inteligível. Por conseguinte, terceiro requisito de um bom compêndio é a *lucidez*. Não me refiro ao "estilo vivaz" ou à intercalação rotineira de alegres anedotas, nem estou sugerindo que os autores de compêndios busquem emular os mestres ensaístas — os sociólogos têm outras coisas que fazer. Mas a laboriosa formulação e a clareza de exposição, como já afirmei algures, constituem parte importante do artesanato erudito. No caso do compêndio introdutivo, tais qualidades devem fundir-se com o emprêgo preciso e coerente da terminologia técnica, de um lado, e, de outro, com a sensibilidade ao uso convencional da linguagem. O escrito sociológico é sempre uma espécie de prosa — e não deve constituir entrave à comunicação.

Finalmente, um bom compêndio há de ser escrito para o leitor alfabetizado e, presumìvelmente, culto: há de mostrar *respeito* pelo estudante e pelo professor. Os pontos não precisam ser martelados incansàvelmente, nem é necessário que as referências casuais sejam, tôdas elas, explicadas em benefício dos indoutos. Se não quiser converter-se num volume enfadonho, se pretender espicaçar a curiosidade, o compêndio não tentará assumir dimensões enciclopédicas, e deixará espaço "nas entrelinhas". Cumpre que uma obra geral não se torne, para o estudante, símbolo de alguma coisa já "estudada"; mas que seja, ao mesmo tempo, introdução e convite a nova incursão num emocionante campo intelectual.

Êstes requisitos que propomos para o compêndio introdutivo meritório são amplas exigências. Indicam que o autor de uma obra dessa natureza deve ser, a um tempo, estudante dedicado e crítico da sua matéria, douto e experimentado professor-erudito, e membro interessado da comunidade humana. Entretanto, que são metas realísticas, reafirma-o sobejamente esta *Sociedade* de Ely Chinoy.

Princeton, Nova Jérsei, 1960

Esta edição revista de *Sociedade* de Ely Chinoy guarda o que, a meu ver, são características importantes de uma notável introdução geral à Sociologia, tais como foram esboçadas acima, o que nem sempre acontece com as novas edições revistas, prejudicadas, às vêzes, por sinais evidentes de trabalho atamancado, feito à pressa, para "manter-se em dia com a matéria" — e com o mercado. O Prof. Chinoy, sem dúvida alguma, colocou *Sociedade* a par do empreendimento sociológico atual (na medida do possível durante êstes anos de *boom* da disciplina) explorando com eficiência numerosos estudos recentes em campos sociológicos especializados como a Ciência, a educação, a organização militar e a "modernização". Fêz, porém, muito mais: não só a forma de apresentação mas também a substância dos capítulos introdutórios foram substancialmente revisados em atenção às necessidades dos leitores estudantes; êsses capítulos e outros são assinalados por uma coerência conceitual ainda maior que na edição original; fizeram-se alterações e inovações teóricas e interpretativas à luz do mutável cenário da Sociologia e da ordem social mais ampla. Com esta nova *Sociedade,* Ely Chinoy voltou a demonstrar, de fato, que um compêndio pode ser um belo *livro*.

CHARLES H. PAGE

Santa Cruz, Califórnia, 1966

PREFÁCIO

Êste livro procura transmitir ao leitor a elevada aventura intelectual representada pela exploração dos contornos da sociedade. Uma exploração que conduz, ao mesmo tempo, ao esotérico e ao mundano, que se desloca de cimos difíceis de abstração para planos concretos de descrição. Exige de quem se aventura habilidade ou disposição para buscar o sutil e o profundo no corriqueiro. Conduz às áreas mais sensíveis da vida humana — à fé, à religião, à vida familial, à política. Exige a assepsia do cirurgião e a sensibilidade que permite a uma pessoa penetrar a região das sensações e sentimentos inerentes à vida social.

Os objetivos específicos dêste livro são, primeiro, apresentar os conceitos principais que definem a perspectiva sociológica; segundo, explicar e ilustrar a natureza da análise sociológica; terceiro, oferecer um quadro amplo da sociedade pelo exame das principais instituições e formas da organização social que nela se contêm; e quarto, sugerir as dimensões de importantes problemas teóricos de persistente relevância — por exemplo, as relações entre o indivíduo e a sociedade, as condições sociais que estimulam a conformidade ou incentivam o comportamento divergente, e as causas e conseqüências das tendências principais, como a burocratização, o crescimento das cidades e o progresso da Ciência.

Na busca de tais objetivos, mesmo em nível elementar, defrontamos, necessàriamente, com questões fundamentais de Sociologia. As respostas a muitas dessas perguntas exigem agora uma concordância substancial, embora persistam — como hão de sempre persistir — importantes diferenças teóricas. Uma introdução à Sociologia será, portanto, inevitàvelmente, uma forma de inventário, um esfôrço por expor concisamente muita coisa do corpo central do pensamento sociológico. Tal exposição refletirá, sem dúvida, de certo modo, os pontos de vista particulares do autor, mas espera-se que êste livro proporcione uma análise dos princípios de Sociologia que permita ao leitor compreender, objetiva e sistemàticamente, assim a disciplina como as realidades da vida social, que ela procura abranger.

Assim que vê impressa a sua obra é provável que o autor lhe reconheça as deficiências. Para o autor de um compêndio essa percepção é facilitada pelas críticas e sugestões livre e irrestritamente oferecidas por colegas e estudantes. Uma segunda edição lhe proporciona a oportunidade de voltar ao livro e procurar remediar-lhe as falhas, bem como atualizá-lo.

As principais adições que aqui se fizeram consistem num estudo mais amplo da socialização, numa consideração explícita dos problemas da mudança social e numa discussão das instituições educacionais. O desenvolvimento de vários outros tópicos — burocracia, instituições econômicas, o negro nos Estados Unidos, por exemplo — foi ampliado a fim de incluir não só dados mas também problemas recentes, não ventilados na primeira edição. Atualizaram-se referências, substituiu-se o material superado por melhores ou mais novos descobrimentos de pesquisa, as sugestões foram revisadas e ampliadas para incluir obras significativas, publicadas depois que o livro apareceu pela primeira vez, e fêz-se um esfôrço no sentido de esclarecer os pontos que os leitores acharam intricados ou ambíguos.

Quem quer que tente apresentar as idéias básicas de uma disciplina, ilustrando-as e documentando-as com os frutos da pesquisa torna-se, inevitàvelmente, devedor de todos os estudiosos de cujas contribuições se serviu. Essa dívida é reconhecida no texto, à maneira usual. Além disso, há diversas pessoas a quem devo obrigações especiais.

As perspectivas gerais que caracterizam o livro foram assinaladamente influenciadas por vários dos meus professôres, dos quais me reconheço gratamente devedor: o falecido Jay Rumney, que me fêz ver o estudo da Sociologia como uma disciplina racional, humana; Robert S. Lynd, por sua insistência sôbre o compromisso moral do cientista social e sôbre a necessidade de não perder de vista os verdadeiros homens e mulheres cujas vidas são apenas parcialmente encerradas nas abstrações da Sociologia; e Robert K. Merton, não só por suas consideráveis contribuições mas também por transmitir a natureza e a emoção da análise sociológica.

Minha dívida maior é para com Charles H. Page, amigo, colega e editor. Utilizei-me à larga do seu vasto saber, e sua crítica erudita mais sua ajuda editorial contribuíram materialmente para dar a êste livro as virtudes que êle possa ter.

Muito aprendi dos meus colegas do Smith College, com os quais participei de um esfôrço cooperativo para ensinar Sociologia a estudantes, e dos muitos alunos cujas perguntas e interêsse dirigiram minha atenção para problemas importantes. Por seus comentários críticos sôbre a primeira edição e suas sugestões para uma edição revista cumpre-me agradecer a Irving Louis Horowitz, Charles Hubbel, Douglas Rennie, Mildred Weil e, sobretudo, Peter I. Rose. Sou grato também aos outros — colegas e estudantes — que corrigiram meus erros, ofereceram sugestões específicas e me proporcionaram o estímulo do seu interêsse.

Minha espôsa, Helen Krich Chinoy, não sòmente suportou as dificuldades decorrentes do esfôrço inicial e da segunda tentativa, enquanto prosseguia em sua própria atividade estudiosa, mas também ofereceu a significativa contribuição do seu juízo crítico e das suas qualidades de revisora.

ELY CHINOY

Northampton, Massachusetts, 1967

PRIMEIRA PARTE

A PERSPECTIVA SOCIOLÓGICA

CIÊNCIA E SOCIOLOGIA

A Sociologia como ciência

A Sociologia procura aplicar ao estudo do homem e da sociedade os métodos da Ciência. Funda-se na suposição, comum a tôdas as ciências sociais, de que o método científico pode oferecer significativa contribuição ao nosso conhecimento do caráter, das ações e das instituições do homem e à solução dos problemas práticos que os homens enfrentam em sua experiência coletiva.

A maneira explìcitamente científica de encarar o estudo da vida social surgiu no século XIX. A própria palavra "Sociologia" foi inventada por um filósofo francês, Augusto Comte, que apresentou minucioso programa para o estudo científico da sociedade numa série de volumes publicados entre 1830 e 1842. No fim do século XIX já aparecera pequena coleção de clássicos sociológicos ainda hoje importantes. Nos Estados Unidos, onde a Sociologia deitou raízes mais fundas, criara-se a Sociedade Sociológica Norte-Americana, iniciara sua publicação o *American Journal of Sociology,* e a Sociologia era ensinada em várias das principais universidades.

A despeito dêsses primórdios, entretanto, é a Sociologia, essencialmente, uma disciplina do século XX. Muitas de suas idéias e a maior parte dos seus dados seguros só se acumularam a partir de 1900. À semelhança de outras ciências, acelerou-se-lhe o progresso à proporção que aumentava o número de sociólogos e se ampliavam os recursos disponíveis para a pesquisa. A resistência contra o estudo científico da sociedade foi diminuindo gradativamente (embora ainda não tenha desaparecido de todo [1], mas muitos decênios foram necessários para que a Sociologia obtivesse plena aceitação como legítimo campo acadêmico. Com efeito, nas décadas de 1950 e 1960 algumas das principais escolas superiores (John Hopkins nos Estados Unidos e Oxford e Cambridge na Inglaterra, por exemplo) incorporaram finalmente a Sociologia aos seus currículos. Quando se estabeleceu a Fundação

Nacional da Ciência nos Estados Unidos, após a Segunda Guerra Mundial, para amparar a investigação científica, a Sociologia foi inicialmente excluída mas, volvidos alguns anos, conseguiu provar seu direito à obtenção de fundos para pesquisa. Nos últimos anos, os conceitos sociológicos alcançaram plena aceitação entre estudiosos de outros campos — História, Ciência Política, Economia, Crítica Literária — e entre advogados, médicos, educadores, trabalhadores sociais e homens de negócios. Descobrimentos e interpretações sociológicas provocaram amplo interêsse em públicos não acadêmicos. E essas tendências se patentearam não só nos Estados Unidos e na Europa, onde nasceu a Sociologia, mas também em muitas outras nações, na África, na Ásia e na América Latina, fôsse qual fôsse seu caráter político ou religioso [2].

As reflexões sôbre a natureza do homem e da sociedade e o próprio registro de cuidadosas observações não são, naturalmente, novos nem se limitam aos cientistas sociais. Os Diálogos de Platão contêm comentários agudos e ainda exatos sôbre os motivos e o comportamento dos homens, como ocorre com *O Príncipe,* de Maquiavel e *O Espírito das Leis,* de Montesquieu. Onde se poderá encontrar discussão mais inteligente do crime e do criminoso que no *Crime e Castigo* de Dostoievski ou exame mais sugestivo do interêsse dos homens pela posição social do que nos romances de Jane Austen?

Os sociólogos não deveriam ignorar êsses mananciais de penetração e compreensão nem desprezar as peças de Shakespeare, os ensaios de Montaigne, a obra de romancistas, dramaturgos, críticos literários, filósofos e teólogos. Mas a ciência social não pode satisfazer-se com a penetração literária ou a reflexão filosófica. As conclusões verificadas e comprovadas a que se esforça por chegar o cientista social diferem acentuadamente das especulações de filósofos e teólogos, dos comentários de observadores ponderados da cena humana e das impressões de escritores inventivos. Tais observações e interpretações, amiúde agudas e penetrantes, são também, às vêzes, errôneas ou apenas parcialmente verdadeiras, e não se amparam habitualmente na evidência sistemática ou segura. O comentário de Samuel Johnson, segundo o qual "O patriotismo é o último refúgio do patife" e sua observação de que "Quase todos os absurdos de conduta nascem da imitação daqueles com os quais não podemos parecer-nos" são juízos perspicazes de um homem douto e espirituoso; no entanto, nem todos os patriotas são patifes, nem o esfôrço por sermos o que não somos nos conduz invariàvelmente a uma conduta absurda. Embora se arrisque a perder a ferroada e o impacto dêsses elegantes aforismas ou o fascínio estético da grande poesia, de um romance ou de uma novela maravilhosamente trabalhados, o sociólogo busca a evidência, procura identificar as condições nas quais são válidas assertivas específicas, e reconhece que tôdas as conclusões acêrca do comportamento humano são necessàriamente conjeturais, inclusive as suas.

Quais são as precondições do estudo científico do homem e da sociedade e quais as suas características essenciais? À palavra *ciência* foram dados muitos significados. Històricamente, significava outrora qualquer ramo de conhecimento ou estudo. Na Idade Média as "sete ciências liberais" eram o *Trivium* (Gramática, Lógica e Retórica) e o *Quadrivium* (Aritmética, Música, Geometria e Astronomia). Nos tempos modernos, a palavra ciência veio a ser empregada, principalmente, de duas maneiras distintas, embora relacionadas entre si. Foi definida como qualquer corpo de conhecimentos fundados em observações dignas de fé e organizados num sistema de proposições ou leis gerais. Também foi considerada como o conjunto de métodos pelo qual se adquire o conhecimento sistemático e exato do mundo "real", em oposição à intuição, à especulação e às observações mais ou menos casuais, embora não raro penetrantes, da Literatura, da Filosofia ou da Teologia. A intuição e a especulação não precisam nem devem ser excluídas da investigação científica, mas cumpre que façam parte de um processo em que a penetração e os palpites estejam sujeitos a cuidadosa e sistemática comprovação e em que as conclusões repousem tão-sòmente na autoridade da lógica e do fato.

As proposições que constituem qualquer corpo de conhecimentos científicos são generalizações; não se referem a acontecimentos ou entidades individuais, senão a classes ou tipos de fenômenos. O interêsse do botânico não se restringe a uma árvore ou a uma flor determinadas, o do químico não se limita a uma reação específica num tubo de ensaio. O físico não se interessa por uma única explosão atômica, nem o sociólogo por uma ação isolada ou por uma família individual. A Ciência se interessa pelo padrão que se repete, pelo atributo ou característica partilhados, pelo que os acontecimentos, os elementos, as árvores ou as pessoas tenham em comum. Tôda a Ciência se funda na suposição, tão claramente examinada e descrita por Alfred North Whitehead, de que existe uma "ordem da natureza" que o homem pode descobrir[3]. Com efeito, a não existir tal suposição, a não existir tal ordem (embora aqui estejamos fazendo uma suposição filosófica), não haveria Ciência. A introdução dessa suposição no estudo do homem e da sociedade era essencial ao desenvolvimento da ciência social.

A Ciência, não só como conhecimento mas também como método, reúne dois elementos essenciais — o racional e o empírico. Como conhecimento substantivo, a Ciência é constituída de proposições lògicamente relacionadas, que devem ser também sustentadas pela evidência empírica. Como método, põe em destaque a observação objetiva e digna de fé e a análise lógica. Isolado, nenhum dêsses elementos constitui uma ciência. Se se considerasse como ciência qualquer sistema lógico internamente coerente, os *Institutos da Religião Cristã* de João Calvino e a *Suma Teológica* de Santo Tomás de Aquino poderiam reivindicar para si uma posição científica. Por outro lado, se qualquer coleção organizada de fatos e observações fôsse descrita como ciência, os livros de receitas culinárias, os catálogos da Sears Roebuck e as listas telefônicas, como o assinalou Ralph Ross, teriam de ser incluídos entre as ciências [4].

As generalizações científicas devem ser sujeitas, direta ou indiretamente, a comprovações experimentais. Grande parte do "pensamento social" registrado no passado contém teorias que procuram reunir em esquemas lógicos os conhecimentos de que dispomos sôbre o homem e a sociedade. Mas por mais lógicas ou razoáveis que sejam as generalizações contidas nessas teorias, elas só terão posição científica se forem confirmadas por evidências dignas de confiança. Freqüentemente se apoiam apenas em exemplos isolados e observações casuais.

Entretanto, os fatos apenas não falam por si mesmos. Sòmente quando se acham relacionados uns aos outros, ou a idéias gerais, podem ser reunidos num corpo de conhecimentos científicos. O fato de uma lâmpada elétrica emitir luz só adquire importância científica quando ligado a outros fatos, que dizem respeito não apenas à eletricidade mas também ao filamento da lâmpada. O fato de aumentarem apreciàvelmente o número e a proporção de estudantes de cursos superiores nos Estados Unidos nos últimos anos só obtém significado sociológico quando êsse aumento se relaciona com o estado da economia, os valôres da sociedade, e outras características da vida norte-americana contemporânea.

A objetividade da Ciência

A principal característica assim da análise como da observação científica é a objetividade. A validade de qualquer conclusão e a fidedignidade de qualquer observação são — ou deveriam ser — independentes dos valôres e crenças do cientista. Dois mais dois é igual a quatro, seja a soma feita por um comunista, um católico, um muçulmano ou um feiticeiro africano. As mulheres nos Estados Unidos, como na maioria dos países, vivem mais tempo do que os homens, e a essa conclusão deveriam chegar assim os homens como as mulheres com base nos dados de que dispõem. O cientista procura seguir seus dados e a lógica de sua análise aonde quer que possam conduzi-lo. Teòricamente, êle conserva suas opiniões filosóficas, suas fidelidades políticas, suas crenças religiosas, suas preferências sociais e seus sentimentos pessoais de modo que não exerçam a menor influência nos resultados que obtém. Cumpre-lhe evitar os preconceitos que, no entender de Francis Bacon, advogado, no século XVII, de uma forma empírica de estudar a natureza, "assediam de tal maneira o espírito dos homens que a verdade difìcilmente consegue descobrir uma entrada por êles". (Bacon identificava quatro espécies de preconceitos, ou *Ídolos,* como os chamava: Ídolos da Tribo, as limitações derivadas das deficiências naturais de compreensão do homem; Ídolos da Caverna, as falsas noções que o indivíduo adquire "da educação, do hábito e do acidente"; Ídolos do Mercado, as confusões introduzidas pela natureza da linguagem; e Ídolos do Teatro, idéias derivadas de sistemas e raciocínios filosóficos [5].

É provável que a objetividade seja muito mais difícil de se conseguir em tôdas as ciências sociais do que nas ciências naturais, pois os homens trazem inevitàvelmente ao estudo de si mesmos e da sua sociedade um conjunto de idéias que lhes podem influenciar as observações e conclusões. Como o demonstraram claramente os psicólogos, os homens vêm, com freqüência, o que estão preparados para ver — ou o que desejam ver. Os fatos de que se advertem ou, mais precisamente, os fenômenos do mundo que os rodeia e que êles referem como fatos, são, na maior parte, determinados pelas coisas que aprenderam, pelas crenças que adotam, pelos valôres que aceitam. Porque os homens adquirem, necessàriamente, grande número de idéias e opiniões à proporção que crescem e se convertem em membros adultos da sociedade, os sociólogos trazem às suas investigações uma série de idéias preconcebidas que precisam eliminar ou controlar a fim de evitar observações eivadas de preconceitos ou interpretações falseadas de seus descobrimentos.

Ninguém pode funcionar como membro da sociedade sem ter algum conhecimento da maneira pela qual os homens se comportam, dos motivos que os impelem, dos costumes e convenções que preponderam. Na realidade, êsse conhecimento proporciona a medida substancial de previsibilidade, que permite aos homens viverem juntos sem lutas e dificuldades intermináveis. Considere-se apenas quão incerta e desconcertante seria nossa vida cotidiana se nos fôsse impossível predizer como agiriam estudantes e professôres, motoristas de ônibus e caixeiros de lojas, caixas de bancos e policiais, pais e noivas.

Êsse conhecimento "sensato", entretanto, pode tolher a investigação científica pois leva às vêzes, os homens a fazerem suposições discutíveis sôbre o comportamento humano, a interpretarem seus descobrimentos de acôrdo com as próprias opiniões e não à luz dos fatos ou da lógica, e até a censurarem a própria necessidade do estudo sociológico. A tendência a considerarmos natural o que é muito comum ou convencional em nossa sociedade, o ponto de vista (chamado "etnocentrismo" por sociólogos e antropólogos) de que o nosso grupo é a medida do homem em tôda a parte, constitui grande obstáculo à objetividade científica. Quando os habitantes do Oeste se empenhavam na competição econômica relativamente livre e sem peias do capitalismo do século XIX, parecia mais do que natural aos economistas que "a propensão para barganhar, permutar e trocar" fôsse um elemento inerente à natureza humana. A evidência comparativa de muitas sociedades, entretanto, contraria esta suposição; a forma e a extensão da troca econômica e os valôres que a elas se dão variam muitíssimo em diferentes partes do mundo. A alternativa de projetar sôbre os outros os próprios padrões, crenças e valôres pode, todavia, levar à conclusão igualmente injustificada de que os costumes estranhos ou estrangeiros são desumanos e de que aquêles que os praticam são, portanto, na verdade, menos do que humanos.

Por tratar assìduamente das coisas com que os homens estão familiarizados, e a cujo respeito possuem algum conhecimento "sensato", a Sociologia tem sido, algumas vêzes, rotulada de ciência do óbvio, cuja principal atividade consiste em documentar cuidadosa e esmiuçadamente, com tabelas estatísticas minuciosamente elaboradas, o que os homem já sabem. Está claro que essa crítica não tem valor algum quando se estuda o não familiar, seja estrangeiro, seja nacional. Mas é uma crítica mordaz e freqüente quando os sociólogos versam assuntos próximos do lar — a vida familial, os hábitos de leitura, a organização da comunidade, as práticas políticas.

A busca do conhecimento seguro num terreno em que qualquer pessoa tem probabilidades de achar que já conhece as respostas expõe inevitàvelmente o sociólogo a críticas partidas de muitas direções. Como assinalou Robert K. Merton:

> Se (...) a investigação sistemática apenas confirmar o que tem sido amplamente suposto (...) [o sociólogo] será, naturalmente, acusado de "estender-se sôbre o óbvio". É tachado de maçador, que diz apenas o que tôda a gente já sabe. Se a investigação descobrir que crenças sociais amplamente aceitas são falsas (...) é um herege, que põe em dúvida verdades valiosíssimas. Se se abalançar a examinar idéias socialmente implausíveis, que se revelam errôneas é um néscio, que perde tempo investigando o que, em primeiro lugar, não valia a pena ser investigado. E finalmente, se êle vier a descobrir algumas verdades implausíveis, precisa

estar preparado para ver-se tido por charlatão, que sustenta como conhecimento o que é patentemente falso. Exemplos de cada uma dessas alternativas já ocorreram na história de muitas ciências, mas parecem ter mais probabilidades de ocorrer numa disciplina, como Sociologia, que trata de assuntos a cujo respeito os homens têm opiniões formadas e, presumìvelmente, fundadas na própria experiência [6].

É verdade que os sociólogos, de vez em quando, se absorvem de tal maneira em seu afã que perdem a noção de perspectiva e qualquer coleção de conhecimentos sistemàticamente reunidos e conducentes a uma generalização, lhes parece portentosa, até quando apenas indica ser verdadeiro aquilo em que sempre acreditamos. Mas visto que o conhecimento "sensato" é freqüentemente eivado de inexatidões e limitado em sua esfera de ação, sobretudo numa sociedade grande e complexa, o êrro do sociólogo não reside em pôr à prova a opinião convencional senão em referir como descobrimento significativo, não raro em linguagem pedante e abstrata, o que os homens já "sabem" ser verdadeiro.

A extensão do êrro em conhecimentos que os norte-americanos tinham por verdadeiros foi claramente indicada pela pesquisa realizada durante a Segunda Guerra Mundial pela Seção de Pesquisas do Exército [7]. Verificou-se que eram falsas noções amplamente aceitas, como as que seguem: que os homens instruídos tinham maiores probabilidades de sofrer um colapso psicológico no serviço militar do que os que possuíam menos instrução; que os soldados do sul estavam mais bem equipados para sobreviver aos rigores do clima tropical do que os do Norte; que os negros eram menos ambiciosos de promoção do que os brancos; que homens de antecedentes rurais suportavam melhor as provações do que os soldados criados na cidade. "O fato de uma crença ser comum (. . .)", observou o antropologista norte-americano Alfred L. Kroeber, "tem tanta probabilidade de qualificá-la de superstição comum quanto de verdade comum" [8]. O êrro, além disso, acha-se freqüentemente ligado à ignorância. Até onde vai a exatidão da idéia da vida dos pobres e quase pobres que fazem os moradores dos subúrbios confortáveis da classe média? Cidadãos que moram em fazendas e em cidades pequenas, caixeiros de lojas que vendem artigos de 5 e 10 centavos, e operários de fábricas terão, acaso, uma visão segura das operações do govêrno centralizado? Que sabem os professôres de estabelecimentos de ensino superior sôbre o mundo dos negócios, ou que sabem os homens de negócios sôbre os valôres e a vida de professôres de estabelecimentos de ensino superior? No entanto, tôdas as pessoas acreditam saber, de algum modo e até certo ponto, como opera a sua sociedade; na realidade, como já assinalamos, terá de saber alguma coisa quem quiser funcionar efetivamente dentro dela.

Ao buscar a objetividade e a fidedignidade da Ciência, não se devem excluir apenas as meras opiniões tocantes aos fatos e às relações estabelecidas entre êles, mas é preciso evitar também os julgamentos e avaliações que possam falsear o pensamento dos homens a respeito de si mesmos e da sua sociedade. Quando Aristóteles discutiu a natureza da sociedade civil, não sòmente forneceu explicações para o que via, como também indicou, explícita e implìcitamente, suas próprias preferências. Das muitas teorias sociais, ou sociológicas, que se desenvolveram no transcorrer da história humana, os homens habitualmente deduziram ou defenderam suas próprias preferências na organização da sociedade humana. Como observou o escritor do século XVIII Bernard de Mandeville: "Uma das maiores Razões por que tão poucas Pessoas se compreendem a si mesmas, é que a maioria dos Escritores está sempre ensinando aos Homens o que êles deveriam ser, e quase nunca se dão ao trabalho de pensar no que realmente são" [9].

Entretanto, a distinção entre a descrição e a análise cuidadosas, de um lado, e a avaliação, de outro, nem sempre é clara, e a última freqüentemente substitui as primeiras. Talvez seja mais fácil censurar a delinqüência juvenil ou uma taxa elevada de divórcios do que explicar-lhes a existência; é mais simples fazer discursos políticos enaltecendo os Estados Unidos como uma terra de oportunidades do que tentar verificar quantas oportunidades existem, para quem existem e se estão aumentando ou diminuindo. A tarefa do sociólogo, entretanto, não consiste em julgar, mas em explicar, não consiste em discutir um determinado ou desejado estado de coisas, senão em examinar o funcionamento da sociedade e as conseqüências que decorrem das maneiras alternativas de fazer as coisas. "Um juízo moral", disse Robert M. MacIver, "por mais que concordemos com êle, não pode substituir o estudo apropriado das causas" [10].

Não é fácil tarefa para os homens porém de parte seus valôres e idéias preconcebidas para verem com os olhos sábios e inocentes do menino que gritou: "Mas o imperador está sem roupas!" Homens que esperam que as mulheres sejam meigas e emotivas e descobrem que a maioria das mulheres que êles conhecem possuem tais qualidades, talvez não aceitem prontamente a possibilidade de que essas não sejam características femininas inerentes, senão o produto de um gênero particular de experiência e educação. Os sulinos que adquirem, à medida que crescem, a crença na inferioridade inata do negro acham difícil aceitar os descobrimentos da pesquisa moderna no campo das diferenças raciais. Os que acreditam que a falta de ambição é uma fraqueza moral relutam em aceitar o ponto de vista de que ela possa resultar da falta de oportunidade e estímulo.

A objetividade é difícil de se alcançar em Sociologia, mas não é impossível. As mudanças sociais que tornaram a Sociologia possível e desejável, ao mesmo tempo, tornaram também mais fácil para os homens encararem mais objetivamente a vida social que os rodeia. Poucas nações vivem hoje num estado de isolamento estacionário em que são raras ou infreqüentes as novas idéias ou as impugnações de maneiras aceitas. Os próprios Estados totalitários acham difícil impedir de todo o fluxo de comunicações vindas de fora de suas fronteiras. Em tôda a parte, agora, estão os homens freqüentemente, e até constantemente, expostos a diferentes valôres e costumes, que podem levá-los a olhar com maior imparcialidade para os seus. Isso é sobretudo verdadeiro quando os novos valôres exigem uma atenção séria, embora crítica, e ainda que, em certas condições, as reações que êles engendram mais inibam do que estimulem a imparcialidade e a objetividade. Quando maneiras estranhas de vida lançam dúvidas vigorosas sôbre instituições e interêsses firmados, os homens podem recusar-se a examinar suas próprias práticas e crenças e, em vez disso, rejeitarão ou negarão os descobrimentos daqueles que têm por ofício estudar o funcionamento da sociedade.

A objetividade científica em relação ao homem e à sociedade exige certo conhecimento das preferências e crenças do observador e pode ser substancialmente facilitada pelo corpo de idéias — conceitos e teorias — que êle utiliza na observação e na interpretação dos dados que colige. A objetividade, portanto, pode nascer do próprio estudo sociológico. A familiaridade com os dados sociológicos e o sistemático adestramento na natureza e nos métodos da investigação sociológica nos possibilitam potencialmente não só controlar nossos preconceitos pela consciência que temos dêles mas também contornar nossas idéias preconcebidas encarando os fenômenos sociais por um prisma diferente. Ao examinarmos a estrutura e o funcionamento de outras sociedades podemos lograr uma perspectiva mais clara da nossa. Ao examinarmos nossa sociedade talvez nos vejamos com mais clareza em relação ao mundo em que vivemos.

Ciência e conceitos: o problema do jargão

Até agora ainda não definimos a Sociologia, e apenas a identificamos como um estudo científico do homem e da sociedade. Mas esta afirmação, se nos diz do que trata a Sociologia, não nos diz o que ela é nem como difere da Antropologia, da Psicologia, da Economia, da Ciência Política e da História, que também estudam o homem e a sociedade. Apresentar uma definição a esta altura no intuito de isolar os ingredientes essenciais da Sociologia e distingui-la das outras ciências sociais seria de somenos importância. Podemos definir a Sociologia como o estudo dos grupos humanos, das relações sociais, das instituições sociais ou, talvez mais minuciosamente, como "a ciência que procura desenvolver uma teoria analítica dos sistemas de ação social na medida em que êsses sistemas podem ser compreendidos em têrmos da propriedade da integração do valor-comum" [11]. Mas só deveríamos compreender essas definições depois de havermos examinado o significado dos têrmos ou conceitos-chave, isto é, o significado de "grupos", "relações sociais", "instituições sociais" e "sistemas de ação social" e "integração do valor-comum". Ao fazê-lo, teríamos de apresentar, necessàriamente, outros têrmos ainda cujos significados também precisaríamos definir.

O primeiro passo para a compreensão da Sociologia, como de qualquer disciplina científica, é o conhecimento de seus conceitos básicos. Referimo-nos anteriormente "às coisas do mundo que os rodeia e que os homens referem como fatos". O que os homens vêem, já o observamos, depende do que êles esperam ver, do que procuram. Suas expectativas são definidas pelas categorias, ou conceitos, com que pensam. As idéias, afinal de contas, são os instrumentos com que organizamos e interpretamos o que vemos, ouvimos e fazemos.

Os conceitos de Sociologia, portanto, proporcionam os instrumentos intelectuais com que trabalha o sociólogo. Definem os fenômenos que devem ser estudados e diferenciam a Sociologia das outras ciências sociais, cada uma das quais tem seu próprio corpo de conceitos. Focalizam a atenção sôbre os aspectos escolhidos da realidade que nos interessarão e proporcionam os têrmos em que os problemas são formulados e respondidos.

Na Primeira Parte analisaremos os conceitos básicos da Sociologia e examinaremos alguns dos seus problemas fundamentais. Os conceitos que aqui apresentamos, entretanto, não esgotam o arsenal conceitual utilizado pelo sociólogo, à proporção que tratarmos das diversas áreas e formas da vida social — a família, a religião, a estratificação social, o poder e a autoridade, a organização em larga escala, e assim por diante — será necessário completar as amplas categorias que proporcionam a estrutura da investigação sociológica com conceitos mais limitados e específicos.

Dedicando grande parte dêste livro à explanação de conceitos e à definição de têrmos-chave, expomo-nos a uma acusação freqüentemente feita de estarmos apenas criando e manipulando um jargão distintivo, que pouca coisa acrescenta ao conhecimento humano. Podemos ser acusados de usar têrmos familiares de maneiras não familiares, de oferecer rótulos aparentemente esotéricos para fenômenos aliás familiares; em suma, de criar uma terminologia inusitada e desnecessária. Em parte, naturalmente, essa crítica é outro reflexo da maneira "sensata" de encarar o estudo do homem e da sociedade. No entanto, é uma crítica que precisa ser examinada antes de prosseguirmos.

Em primeiro lugar, releva notar que a mesma queixa raras vêzes é dirigida com idêntico ânimo crítico às ciências "naturais", cujas doutas publicações são quase impenetráveis para o leigo. Não é, evidentemente, a existência de um vocabulário distintivo que provoca a crítica, mas a natureza do campo e suas relações com a vida humana.

Visto que a Sociologia trata de muitos aspectos comuns da vida social, ao leigo parece haver pouca necessidade de uma terminologia especial ou de uma cuidadosa definição de têrmos que êle mesmo emprega muitas vêzes. Como já observamos, todo membro de uma sociedade conhece algo do seu funcionamento. Todos somos capazes de oferecer uma explicação plausível e razoável para muitas das ações das pessoas com as quais estamos associados, ou das quais ouvimos falar. Não sòmente o seu comportamento como os seus motivos são descritos na linguagem de todos os dias, e assim pode sê-lo a organização de grupos com que todo homem está familiarizado ou dos quais participa. Quando o estudioso do comportamento humano aplica têrmos especiais a ações vulgares e substitui explicações sensatas por afirmativas que incluem, em muitos casos, palavras não familiares e difíceis, ofendem-se as sensibilidades do leigo. Quando não se acham à mão explicações sensatas, muitas pessoas negarão, provàvelmente, a possibilidade de qualquer explicação, científica ou não. Invoca-se o "livre arbítrio", "a singularidade do indivíduo" ou qualquer outra frase para justificar a negação da possibilidade de compreensão e explicação.

Em segundo lugar, os frutos da pesquisa social científica ainda não são tão ricos nem tão difundidos que imponham a aceitação da sua terminologia peculiar como aconteceu com a das ciências naturais. Está visto que sua aplicação prática não é o único teste do valor da ciência social; sua contribuição ao conhecimento e à compreensão já lhe justifica, por si mesma, a existência. Não obstante, talvez seja verdade que só quando o cientista social puder mostrar-se capaz de contribuir direta e eficazmente para o bem-estar de sua sociedade o público lhe permitirá, sem discussão ou crítica, falar em sua linguagem particular aos profissionais do seu campo.

Na medida em que a Sociologia cria uma linguagem para uso profissional, será provàvelmente necessário criar, ao mesmo tempo, um corpo de vulgarizadores semelhantes aos que apresentam ao público os descobrimentos da ciência natural, em têrmos que o leigo inteligente pode compreender. Parece que já se está formando um corpo de divulgadores. Embora os escritores populares prescindam de qualificações profissionais e, portanto, difiram largamente em sua habilidade de apresentar de maneira adequada os descobrimentos de estudiosos, terão, inevitàvelmente, considerável influência — benéfica ou maléfica — sôbre a imagem e a estima públicas da Sociologia. Alguns sociólogos podem, naturalmente, desempenhar duplo papel — o de pesquisadores e o de vulgarizadores. Mas insistir em que todo sociólogo se limite a uma linguagem acessível a qualquer pessoa inteligente será, provàvelmente, impor um *handicap* insuperável ao desenvolvimento da ciência social.

Em terceiro lugar, existe também uma desconfiança, talvez compreensível, contra o homem que tenta estudar outros homens tão objetivamente quanto o lepidopterologista estuda borboletas e o ictiólogo estuda peixes. Visto que o conhecimento, às vêzes, representa poder, os homens desconfiam, não raro, dos que sabem demais e falam sôbre sêres humanos e seu comportamento numa linguagem que não pode ser prontamente compreendida. Os que carecem de poder temem o nôvo manipulador potencial de influência ou contrôle. Os que já ocupam posições importantes ou possuem direitos adquiridos na sociedade mostrar-se-ão, provàvelmente, hostis a homens que, direta ou indiretamente, lhes contestam os privilégios e os lucros analisando-lhes a natureza do poder. Como os homens se acham, habitualmente, profundamente presos às próprias maneiras de viver, tendo-as na conta não apenas de naturais e inevitáveis mas também de moralmente certas, tendem a oferecer vigorosas resistência a qualquer indagação ou análise que busque explicar-lhes os estilos de vida em têrmos científicos, pois tal explicação parece pôr-lhes em dúvida assim a inevitabilidade como a justeza moral.

No entanto, a crítica do jargão sociológico por vêzes se justifica. Há, sem dúvida, grande número de casos em que os sociólogos incorrem no abuso ou no uso desnecessário da terminologia especial (pecado que tentaremos evitar). Podemos atribuir o excesso de jargão ao entusiasmo de profissionais estreantes ou que se vêem envolvidos pela emoção de uma disciplina relativamente nova e em fase de rápido desenvolvimento. Em parte, também, o jargão resulta dos esforços de uma ciência jovem por abalizar sua área de estudos e lograr respeitabilidade acadêmica.

Malgrado seus abusos, entretanto, não podemos abrir mão da terminologia distintiva, nìtidamente definida. As ambigüidades usuais da linguagem cotidiana só poderão ser evitadas se insistirmos no emprêgo exato das palavras. Quando surgem novas idéias é preciso, não raro, encontrar novos têrmos com os quais se possam identificar.

A Natureza dos conceitos

Antes de podermos examinar os conceitos sociológicos básicos é mister definir mais claramente a natureza dos conceitos e explicar e ilustrar as razões por que são tão importantes. Em palavras mais simples, um conceito é um têrmo geral, que se refere a todos os membros de determinada classe de objetos, acontecimentos, pessoas, relações, processos, idéias. Tôda a gente utiliza conceitos com freqüência. Como o herói muito citado de *O Burguês Fidalgo* de Molière, que só descobriu que falava em prosa depois de fazê-lo durante quarenta anos, todos nós utilizamos conceitos desde que aprendemos a falar. O aprendizado da linguagem e do pensamento acarreta o desenvolvimento da habilidade para empregar mais têrmos e idéias gerais do que específicos, para pensar em "brinquedos" em vez de pensar em certo brinquedo, em "meninos" em vez do menino do vizinho, em "água" em vez de determinada bebida que mate a sêde. Como assinalou o distinto sociólogo francês Émile Durkheim: "O sistema de conceitos com o qual pensamos na vida cotidiana é o expresso pelo vocabulário de nossa língua materna; pois cada palavra traduz um conceito"[12].

Se nossa conversação comum utiliza conceitos constantemente, quais são as diferenças entre êstes e os conceitos da Ciência? Os últimos são, ao mesmo tempo, definidos com maior precisão e mais abstratos ou gerais em sua aplicação. Na conversação diária, o significado das palavras que usamos é considerado como verdadeiro; supomos que os outros saibam o que estamos dizendo. Na maior parte dos casos, a suposição é bastante segura, ainda que muitas palavras tenham mais de um significado. O significado apropriado é indicado, em cada caso, pelo contexto específico, verbal ou social, em que se emprega o têrmo. Se falarmos a respeito de nossa "família", por exemplo, podemos referir-nos a nossos pais, irmãos e irmãs (o que os sociólogos denominam a "família nuclear"), ou a todos os nossos parentes; o significado, normalmente, será esclarecido pela conversação em que aparece a palavra.

Muitos têrmos comumente usados não têm significado preciso, nem podem ser depreendidos dos contextos em que aparecem. Se tentarmos apresentar definições precisas e geralmente aceitáveis de comunismo, subversão, liberalismo, lealdade ou liberdade, ou de têrmos não políticos, como amizade, sucesso e ambição, logo veremos que, para essas palavras, não existe um significado único a cujo respeito concorde a maioria das pessoas. Como têm assinalado com freqüência os estudiosos de semântica, muitas palavras, sobretudo as "difíceis", são freqüentemente usadas mais pelo valor emocional que por qualquer significado concreto que possam ter. Como os peixes "dêste tamanho" do pescador, fogem amiúde à captura e seu significado é tão digno de fé quanto a própria história do pescador. Mas a nossa linguagem não serve apenas para comunicar idéias, senão também, pelas riquezas sugestivas de muitas palavras, para indicar sentimentos e atitudes e até, em certas ocasiões, para sugerir possíveis cursos de ação. (Alguns semantistas argumentam que a origem de muitos problemas sociais e políticos que enfrentamos reside nas confusões criadas por uma linguagem não científica ou, para usarmos os têrmos de Bacon, pelos Ídolos do Mercado. Não é provável, entretanto, que a eliminação da confusão semântica eliminasse nossos problemas, pois existem na sociedade conflitos reais de interêsses e dificuldades concretas engendradas pelas instituições vigentes.)

Visto que a Ciência requer rigorosa análise lógica bem como cuidadoso exame objetivo, o significado dos têrmos que ela emprega deve ser tão claro e preciso quanto possível, independente de contextos diferentes e livre de ambigüidades e complexas riquezas sugestivas. À diferença das disciplinas que escaparam às responsabilidades da linguagem da conversação cotidiana, utilizando a terminòlogia matemática ou inventando novas palavras sempre que necessário, a Sociologia, de um modo geral, criou um vocabulário baseado em têrmos correntes de uso popular. Palavras comuns como *cultura, grupo, papel, "status", poder, autoridade, função, raça* e *burocracia,* tornaram-se importantes conceitos sociológicos. Sua definição requer a análise das coisas a que elas se referem — na terminologia semântica, seus *referentes.* (Na terminologia filosófica, as definições de conceitos sociológicos devem ser definições reais e não nominais, isto é, precisam identificar os elementos centrais do fenômeno que está sendo analisado e não se limitar a uma simples "convenção ou resolução relativa ao emprêgo de símbolos verbais"[13].

Os conceitos da Sociologia, como os de qualquer ciência, referem-se a tipos ou classes de acontecimentos, pessoas e relações — por exemplo, a revoluções ou médicos, a cooperação ou conflito. Grande parte, senão a maior parte, de nossa conversação cotidiana, por outro lado, versa sôbre indivíduos, ocasiões, situações e coisas materiais específicas. Falamos de nossa família, de nossos empregos, de nossas relações com um membro do sexo oposto. Gastamos pouco tempo refletindo, em têrmos gerais, sôbre a natureza da família, dos empregos ou dos encontros amorosos. A tarefa da Sociologia, como a de tôdas as ciências, consiste em analisar classes de fenômenos e não casos individuais. O sociólogo se interessará pelo divórcio em determinada família ou por uma revolução em determinada época e determinado lugar no intuito de elucidar a natureza do divórcio ou das revoluções como tipos de fenômenos sociais. Com o correr do tempo — e esta é uma importante contribuição da Sociologia — quanto mais profundo fôr nosso conhecimento do divórcio, da revolução ou de outros fenômenos sociais em geral, tanto maior será nosso conhecimento dos casos específicos.

Os conceitos são derivados ou criados pela *abstração* de aspectos ou características dos fenômenos da complexidade total da realidade. A despeito do seu rótulo formidável — abstração — o processo não é um exercício puramente esotérico, pois é amiúde, ainda que inadvertidamente, pôsto em prática por quase todos nós. Como assinalam Cohen e Nagel:

> Todo pensamento se processa pela observação de certas características distinguíveis das coisas, pela simbolização dessas características escolhidas por contrários apropriados e, depois, pela reflexão sôbre tais características abstraídas por meio dos símbolos. Considerando intelectualmente uma situação concreta, específica, não prestamos atenção a tôdas as relações infinitamente complexas que ela tem, nem a tôdas as suas qualidades. Pelo contrário, desprezamos quase tôdas as qualidades e relações de uma coisa e observamos apenas as características que nos permitem vê-la como um caso ou exemplo de padrões ou tipos de situações que podem repetir-se indefinidamente. Dessarte, nosso conhecimento das coisas envolve abstração das propriedades infinitamente complexas e talvez únicas que apresentam as situações [14].

Embora os conceitos sejam, às vêzes, denominados "construções", pondo-se assim em destaque o fato de serem criações do pensamento humano e não, necessàriamente, inerentes à natureza da realidade social, é importante atentarmos para o fato de que êles não são meros produtos arbitrários de espíritos inquiridores e imaginativos. Podem referir-se a processos ou entidades puramente hipotéticos, insuscetíveis de serem diretamente observados ou experimentados, como os átomos na Física, o ego na Psicologia ou as instituições na Sociologia. No entanto, até êsses conceitos eminentemente abstratos nascem de algum tipo de observação da experiência; representam esforços para impor uma espécie de ordem intelectual ao fluxo e à diversidade da vida. Porque os conceitos derivam da interação da imaginação e da observação, tentaremos mostrar, à proporção que apresentarmos e utilizarmos as categorias da Sociologia, a natureza das observações de que êles derivam.

Os usos dos conceitos

Os conceitos, portanto, levam-nos a procurar padrões, regularidades ou uniformidades no mundo que nos cerca. Buscamos a característica ou o aspecto de determinada família, semelhantes às características de outras famílias, os atributos partilhados por homens como membros de um grupo, ou as formas de organização que caracterizam as atividades coletivas. Não nos interessa o idiossincrásico, nem o peculiar, que intriga o escritor inventivo e, freqüentemente, o historiador, senão os padrões que se repetem e finalmente se podem distinguir, à medida que observamos o comportamento de homens e mulheres na sociedade.

Procurar padrões ou regularidades não é, como às vêzes se diz, negar a singularidade ou a individualidade. Todo processo de generalização ignora as características que distinguem um indivíduo do outro, seja êsse indivíduo uma pessoa, um vulcão ou uma explosão atômica. Pode parecer que, ao ignorar as qualidades singulares de qualquer dessas entidades separadas, a Ciência lhes nega a existência. Isto simplesmente não é exato. Nem existe um conflito necessário entre o interêsse pelo único e o interêsse pelas características reiterativas da vida ou da natureza. Ambos representam maneiras alternativas de prestar atenção ao mundo que nos cerca, cada qual com seus valôres distintivos, e cada qual contribuindo um pouco para o outro.

O interêsse da Sociologia pelo "grupo" tem sido, às vêzes, contrastado com a ênfase dada pela Psicologia ao "indivíduo", como se apenas a primeira tratasse dos aspectos recorrentes da vida humana. Nesse caso não se aplica a antítese entre o geral e o particular; ambas as disciplinas se interessam por padrões ou regularidades — a Sociologia pelos que se encontram nas relações de indivíduos e grupos entre si e na estrutura e funcionamento dos grupos, a Psicologia pelas uniformidades que se descobrem na estrutura e no funcionamento das personalidades individuais. (Estender-nos-emos mais sôbre a diferença — e as relações — entre essas duas disciplinas no capítulo 4.)

Ao definir os conceitos de Sociologia, portanto, estamos expondo a natureza e os limites da perspectiva sociológica. Nossos conceitos focalizam os aspectos selecionados da realidade que nos interessarão. Com efeito, êles também distinguem a Sociologia de outras ciências sociais, cada uma das quais, em virtude da própria perspectiva, vê aspectos diferentes dos mesmos fenômenos sociais. Podemos talvez ilustrar êste ponto muito simplesmente. O comer ao desjejum uma fatia de torrada com manteiga pode ser analisado em função do valor nutritivo do alimento consumido, dos hábitos alimentares dos indivíduos, da economia do pão, da indústria de laticínios e das indústrias de objetos domésticos, dos padrões dietéticos convencionais ou costumeiros, e até como possível fonte de atrito social, porque a espôsa não faz a torrada suficientemente escura para o gôsto do marido. As palavras-chave em cada caso — "valor nutritivo", "hábitos individuais", "economia das indústrias", "padrões convencionais ou costumeiros" e "atrito social" — são tiradas de diferentes disciplinas: Nutricionismo, Psicologia, Economia e Sociologia. O estudioso de cada matéria utilizará as próprias categorias e, habitualmente, não levará em conta a possibilidade de que o mesmo acontecimento possa também ser considerado de outros pontos de vista. (Há freqüentemente, é claro, certa imbricação entre as perspectivas das diversas ciências sociais, e os conceitos de uma disciplina são amiúde utilizados — e, às vêzes, mal utilizados — por profissionais de outra.)

Focalizando aspectos escolhidos da realidade, os conceitos, de fato, nos dizem o que devemos olhar. Mas também nos dizem *o que* devemos procurar quando encetamos questões empíricas específicas. Por exemplo, se desejássemos explicar a existência de bandos criminais de adolescentes, nossos conceitos gerais nos orientariam a pesquisa para fatôres que podem ser relevantes. Como sociólogos, coligiríamos dados para verificar se os bandos criminais tiravam seus membros de tôdas as *classes sociais,* de todos os *grupos étnicos* e de todos os tipos de *comunidades,* ou se a criminalidade era igualmente freqüente em tôdas as várias espécies de *grupos sociais*. Tentaríamos descobrir quais os *valôres culturais* envolvidos nessa forma de comportamento divergente e exploraríamos as características distintivas dos *papéis* dos adolescentes em todos os grupos que houvessem contribuído para a formação dos bandos. Examinaríamos as *relações sociais* dentro do bando e suas relações com outros grupos e *instituições* [15]. Os têrmos grifados ilustram os conceitos com que opera o sociólogo. Não lhe é preciso saber muita coisa sôbre bandos criminais quando começa a pesquisa; baseado em muita evidência e em experiências passadas, êle supõe que êsses conceitos gerais o conduzirão provàvelmente aos fatôres específicos relevantes para o problema.

O emprêgo de conceitos abstratos possibilita a derivação de generalizações pertinentes a ampla série de observações. O comportamento divergente, por exemplo, não se refere apenas à delinqüência, mas também à corrupção política, à cola nos exames, a certos tipos de galanteios e a quaisquer outras atividades que contrariam os padrões sociais aceitos. Da mesma forma o têrmo *burocracia* foi definido de modo que inclui elementos de estrutura social encontrados não apenas no govêrno, mas em bancos, companhias de seguros, fábricas, sindicatos, universidades, associações de veteranos e outras grandes organizações. A análise da série de fenômenos compreendidos nessas categorias gerais propiciará, òbviamente, generalizações mais amplas do que as que seriam obteníveis se cada forma de comportamento divergente ou de organização burocrática fôsse considerada em separado. Visto que a meta da Ciência é um corpo de teorias que abarque a série mais ampla possível de fenômenos, dos quais se possam, então, sacar inferências a respeito de casos específicos, alguns conceitos sociológicos tenderão, à medida que se desenvolver a Ciência, para um nível de abstração cada vez mais elevado.

Os seus conceitos representam parcela tão significativa da Sociologia que a história da disciplina é, em parte, a história da elaboração e do aprimoramento de conceitos. Sugeriram-se muitos conceitos para organizar e analisar os fenômenos sociais. Alguns passaram ao uso geral, ao passo que outros só lograram aceitação durante algum tempo, substituídos por categorias de observação e análise mais precisas ou mais aperfeiçoadas. Há, geralmente, poucas dúvidas sôbre a verdade ou a falsidade de um conceito, embora seja possível que algum esteja errado. A asserção de que os homens são mamíferos quadrúpedes é òbviamente falsa, pois sabemos como são os homens e como andam. Como a afirmativa de que uma família consiste apenas na mãe e nos filhos contraria as observações que acumulamos sôbre a vida familial. Entretanto na maioria dos casos em que se pode optar por dois ou mais conceitos, a escolha geralmente depende de saber-se qual dêles é mais útil na explicação dos fatos pesquisados.

Ainda existe entre os sociólogos considerável diferença de opinião sôbre os conceitos que deveriam ser usados e como se deveriam definir. Por exemplo, Talcott Parsons, um dos maiores teóricos contemporâneos, formulou uma série de categorias para analisar temas sociais e ação social, que êle qualifica de "variáveis padrão", mas muitos outros autores pouco se valem das suas idéias. Alguns sociólogos dão ênfase aos conceitos *ecológicos,* que se referem às relações entre a comunidade e o *habitat* (o meio biológico e físico), mas outros pouco caso fazem dessas categorias. Além das diferenças conceituais, há também certo grau de desordem terminológica; verificaremos, por exemplo, que os têrmos sociedade, cultura, instituição, estrutura social e *status* são empregados com referência a várias espécies de fenômenos sociológicos e, inversamente, que o mesmo fenômeno recebe, em certas ocasiões, rótulos diferentes.

O desacôrdo e a incoerência, embora sejam, não raro, inconvenientes e desconcertantes, não constituem privilégio da Sociologia; existem, embora em graus variáveis, em todos os campos. Em tôda disciplina se processa a comprovação e o aprimoramento continuados dos muitos conceitos alternativos que os estudiosos oferecem para uso no mercado competitivo de idéias. A extensão das diferenças conceituais em Sociologia é, em parte, produto do seu rápido desenvolvimento. Muitas obras ainda valiosas escritas no passado, até num passado relativamente recente, utilizam conceitos que já foram aperfeiçoados ou substituídos por têrmos mais precisos. À medida que aumentam o volume e o ritmo da pesquisa, as impropriedades dos conceitos atuais se tornam mais prontamente manifestas e amiúde se exigem novas categorias para lidar com os dados recentes e as novas distinções. Embora se tenha observado um consenso cada vez maior no campo da Sociologia, não podemos esperar o fim do processo de análise e elucidação conceitual, pois êsse processo é característica persistente e inerente a qualquer disciplina científica.

Tais fatos exigem que a apresentação de conceitos nos capítulos seguintes inclua não apenas as definições que serão usadas neste livro mas também, em certos casos, a crítica dos seus empregos alternativos. Tôda definição é, em parte, arbitrária; seu requisito essencial é a consistência do uso. A consistência, entretanto, às vêzes, se limita a um contexto particular; o mesmo têrmo pode aplicar-se a aspectos diferentes, embora comumente relacionados, da vida social. Cultura, por exemplo, pode referir-se a tôda a maneira de viver de uma sociedade ou, mais limitadamente, ao segmento de uma maneira de viver que abrange valôres, conhecimento, crenças e símbolos. O significado pretendido emergirá habitualmente do contexto, ou será tornado explícito. (O leitor encontrará uma discussão completa sôbre cultura no Capítulo 2.)

Ciência e teoria

Os conceitos por si sós não constituem uma disciplina; apenas proporcionam os blocos de construção com que uma ciência, como um corpo de conhecimento substantivo, se constrói. Ao encetar-se a análise de problemas específicos, requer-se mais do que o conhecimento de variáveis potencialmente relevantes fornecidas por um aparelhamento conceitual. Nem se limita o resultado final da investigação científica à categorização e à classificação dos fenômenos sociais, por mais importantes e necessários que sejam êsses passos. A meta da Ciência é a edificação da teoria, um corpo de proposições lògicamente relacionadas, que indicam determinadas relações entre os fenômenos estudados.

A natureza da teoria sociológica pode ser ilustrada pelo exemplo seguinte:

(1) Os homens tendem a proceder de acôrdo com as expectativas dos outros.

(2) Quando trocam de parceiros, os homens propendem, portanto, a adquirir as atitudes e o comportamento daqueles com os quais recentemente estabeleceram relações sociais.

(3a) É, portanto, de esperar-se que, ao se mudarem para o sul, os nortistas com poucos preconceitos em relação aos negros adquiram, com o tempo, atitudes raciais sulistas e se ajustem aos costumes raciais sulistas, visto que seus novos parceiros esperam dêles tais atitudes e ações. (John Dollard, sociólogo e psicólogo social do Norte, que estudou uma comunidade sulina, comentou: "O desenvolvimento de atitudes apropriadas a uma realidade modificada é muito bem ilustrado pelo comportamento de brancos que se mudam para uma cidade do Sul e passam ali a residir permanentemente. Assumem logo, segundo se diz, as atitudes próprias de sua casta e de sua classe em relação ao negro. Minha própria observação tende a corroborar essa afirmativa" [16]. A "realidade modificada" inclui, naturalmente, as expectativas discordantes dos residentes permanentes, com os quais o recém-chegado necessàriamente se associa.)

(3b) A proporção e a extensão da mudança, entretanto, dependerão de que êles se associem principalmente com sulista ou com outros migrantes nortistas.

(4a) Da mesma forma, é provável que os sulistas com atitudes predominantemente sulistas em relação aos negros modifiquem suas atitudes e seu comportamento racial ao se mudarem para o Norte.

(4b) Nesse caso, igualmente, a proporção e a extensão da mudança dependerão de se associarem êles principalmente com outros migrandes como êles, com nortistas que comungam dos seus pontos de vista ou com nortistas que poucos preconceitos alimentam em relação aos negros [17].

Existe interessante evidência experimental para as amplas generalizações de que as proposições 3a, 3b, 4a e 4b são exemplos específicos, a saber, que as atitudes e juízos dos homens tendem a adaptar-se aos do grupo de que fazem parte, mas que se poderão sustentar pontos de vista discordantes se forem partilhados por outros, ainda que êstes constituam minoria. Num experimento levado a cabo por Solomon Asch, pediu-se a cada pessoa de um grupo que comparasse o comprimento de determinada linha com o de outra, escolhida entre três linhas de comprimentos diferentes. Todos os componentes do grupo, menos um, foram preparados para dar respostas erradas. Os que não sabiam tendiam a modificar seus juízos para se adaptarem aos dos outros, a despeito do fato de estarem os últimos objetivamente errados. Mas quando se achavam no grupo dois sujeitos que não sabiam, êstes se amparavam, aparentemente um no outro, pois se recusavam a alterar seus juízos a fim de se adaptarem à resposta errônea dos outros [18].

Tôdas as proposições neste exemplo de teoria sociológica sofrem os efeitos da supergeneralização, pois ignoram variáveis importantes e não especificam as condições sob as quais seriam verdadeiras ou poderiam requerer modificação. Por exemplo, a intensidade com que os homens se apegam às próprias opiniões influirá na sua receptividade às expectativas dos outros e, portanto, na sua susceptibilidade de mudar. É provável que os sulistas estejam mais profundamente aferrados às suas atitudes para com os negros do que os brancos do Norte; estes últimos, portanto, estariam mais inclinados do que os sulistas a mudar suas opiniões e seu comportamento em circunstâncias mutáveis. Além disso, temos maiores probabilidades de tomar em consideração as opiniões das pessoas cujos juízos nos interessam — sejam quais forem as razões: amor, respeito, mêdo ou conveniência — do que as expectativas de pessoas de cujas opiniões não fazemos caso.

Apesar dessas limitações, tais proposições podem servir para demonstrar a natureza da teoria e os elementos de que se compõe, bem como seus usos e seu valor. A amplitude de utilização dos conceitos deveria ser óbvia; expectativas de outros, parceiros costumeiros, migrantes, cidadãos do Norte, cidadãos do Sul, proporção de mudança, atitudes e costumes são categorias gerais, cada uma das quais inclui numerosos itens específicos. Sem elas seriam impossíveis a descrição e a análise. Mas a significação teórica dêsses conceitos reside nas relações que se podem estabelecer entre as variáveis que representam.

As seis proposições são tôdas lògicamente relacionadas; os pares 3a e 3b; e 4a e 4b, podem ser lògicamente derivados das afirmativas iniciais, mais genéricas. Êsse desenvolvimento lógico é possível porque alguns dos conceitos incluem outros; migrantes, por exemplo, incluem assim nortistas como sulistas que se mudam, e o conceito das "expectativas dos outros" tem, òbviamente, amplíssima referência. As seis proposições variam claramente em seu alcance e generalidade; as duas primeiras são extremamente amplas, os dois pares seguintes são muito mais limitados em sua aplicabilidade. Se os últimos tivessem sido desenvolvidos teriam levado à formulação de generalizações empíricas, isto é, de proposições que resumem "uniformidades de relações observadas entre duas ou mais variáveis" [19]. Nesse caso, as generalizações seriam da seguinte ordem:

Maior número de nortistas que se mudam para o Sul e adquirem amigos sulistas modifica suas atitudes em relação aos negros do que migrantes do Norte, que se associam principalmente com outros de antecedentes semelhantes. (Isto supõe que suas atitudes fôssem originàriamente semelhantes e não contrárias aos negros.)

Um número menor de sulistas que se mudam para Detroit, onde são muito numerosos, modifica suas atitudes em relação aos negros do que os sulistas que se mudam para uma cidade onde tais migrantes são em número reduzido.

Podemos representar a primeira das proposições da seguinte maneira tabular:

	Aquêles cujas atitudes se modificam	Aquêles cujas atitudes não se modificam	Total
Migrantes do Norte que se associam com sulistas nativos	A (%)	B (%)	X (100%)
Migrantes do Norte que se associam com outros migrantes	C (%)	D (%)	Y (100%)

Se a suposta relação entre as relações sociais e a mudança de atitude prevalece em relação aos migrantes do Norte, nesse caso *A* deveria ser uma proporção mais ampla de *X* do que *C* é de *Y;* inversamente, *B* deveria ser uma proporção menor de *X* do que *D* é de *Y;* ou, para usarmos algarismos hipotéticos, 70 por cento dos migrantes que se associam a nativos podem modificar suas atitudes em relação aos negros, em confronto com, digamos 35 por cento dos que se associam principalmente uns aos outros. O ser ou não significativa essa diferença em qualquer pesquisa determinada dependeria do número de pessoas estudadas e da maneira pela qual fôssem escolhidas. O valor da formulação esquemática reside na sua afirmativa sôbre o gênero de dados estatísticos necessários a determinar a validez de generalizações empíricas. Proposições empíricas desta natureza, que se limitam a afirmar que duas coisas ocorrem juntamente, representam não só prova para proposições teóricas gerais mas também os fatos que devem ser explicados pela teoria.

A Sociologia contém muitíssimas generalizações empíricas, e a pesquisa continua a acrescentar-lhes o número. As famílias rurais são habitualmente maiores do que as famílias urbanas. O divórcio ocorre menos freqüentemente entre homens e mulheres com educação de nível superior do que entre aquêles que tiveram educação inferior. As pessoas pobres gastam proporcionalmente uma parte maior de sua renda na alimentação do que as pessoas ricas. Os bandos criminais são encontrados com mais freqüência nas áreas intersticiais das cidades do que nas áreas da classe média ou da classe superior. As mulheres migram em maior número do que os homens das fazendas para as cidades. E assim por diante. A tarefa da Sociologia consiste em esclarecer generalizações empíricas como essas e incorporá-las num sistema de proposições gerais, ou teoria.

O valor da teoria deriva da sua capacidade de inclusão e da sua generalidade. Assim que uma ação, um acontecimento ou uma situação podem ser conceituados e colocados numa categoria cuja relação com outras variáveis é conhecida, torna-se possível sacar inferências úteis. O que se aplica a migrantes do Norte ou do Sul pode aplicar-se a lavradores que se mudam para a cidade, a citadinos que se mudam para os subúrbios e a homens bem sucedidos que se mudam do *east side* inferior para o *east side* superior da cidade de Nova Iorque. (Isso, naturalmente, contorna a possibilidade de ocorrência da migração depois de se terem modificado as atitudes e o comportamento, e não antes; a própria migração pode resultar de mudanças anteriores nas pessoas que se mudam. Em qualquer estudo empírico seria essencial conhecer as atitudes e práticas existentes antes que os homens se mudassem a fim de se poderem avaliar não só as mudanças que ocorrem depois mas também as razões delas.) A teoria, portanto, é econômica e informativa ao mesmo tempo, visto que se podem fazer afirmações sôbre um caso individual ou sôbre uma generalização empírica sem ser preciso investigá-los muito minuciosamente. Está visto que cada uma dessas inferências deverá ser habitualmente comprovada pela pesquisa, pois é possível que outras circunstâncias relevantes venham a influir nas relações entre as variáveis.

Identificando as condições nas quais os acontecimentos têm probabilidades de ocorrer, a teoria possibilita a predição e talvez certa medida de contrôle. Cumpre lembrar, entretanto, que tais predições não são profecias. Elas não afirmam que uma coisa de fato acontecerá, mas apenas que, *se* existirem certas condições, é provável que aconteça. O coeficiente de natalidade aumentará, provàvelmente, por exemplo, se diminuir a idade núbil, ou se aumentar a proporção de mulheres casadas em idade de procriar. Só se poderia profetizar um aumento do coeficiente de natalidade se se soubesse que a idade núbil estava declinando ou que estava aumentando a proporção de mulheres casadas entre 15 e 45 anos de idade.

Cumpre acentuar o valor prático da teoria, pois o conhecimento abstrato e generalizado da vida social e do comportamento humano é muitas vêzes desfavoràvelmente comparado com a enfocação "prática" do homem de negócios; a suposta esterilidade do "pensamento confinado na tôrre de marfim" é posta em confronto com a aparente produtividade das atividades do homem de negócios, do político prático, do organizador e do chefe de emprêsa; as pesquisas orientadas pelo conhecimento do cientista social são consideradas de escasso valor quando cotejadas com os esforços orientados pela ação do trabalhador social, do urbanista ou do reformador social. Numa época em que a fecundidade da teoria científica abstrata é tão eloqüentemente ilustrada em cada explosão nuclear e em cada satélite pôsto em órbita em tôrno da Terra, parece desnecessário reiterar o fato de que a teoria científica, com o correr do tempo, pode vir a ser eminentemente prática, muito mais, na verdade, do que as práticas presumìvelmente comprovadas pelo tempo e do que o senso comum. E, no entanto, quando se versam teorias do homem e da sociedade faz-se mister repetir essa importante lição. Tão encerrada está a maioria dos homens em seu contexto social imediato e tão prêsa às interpretações sensatas predominantes de comportamento e acontecimentos que não se aceitam de pronto as generalizações abstratas.

Diz-se, às vêzes, como crítica à teoria, que ela estreita ou limita o que os homens vêem, pois lhes restringe a visão às variáveis incorporadas na teoria e, portanto, os impede de buscarem outros fatos, freqüentemente importantes. Claro está que essa asserção é verdadeira: ao atentarmos para certos aspectos da realidade, desprezamos ou ignoramos necessàriamente. Entretanto, não se trata de uma crítica decisiva, pois a Ciência é inerentemente autocorretiva. Nenhuma teoria é final e, à proporção que surgem fatos novos e não explicados, faz-se mister revisar o que, até então, fôra aceito. De mais a mais, a Sociologia não é a única estrada para o conhecimento. Nem nega ela a validade ou conveniência de outras estradas, científicas ou não. A Sociologia é uma estrada entre outras, se bem possa ter, em nossa sociedade moderna e complexa, grande significação e valor.

O valor da Sociologia

Não só como teoria comprovada mas também como corpo de fatos fidedignos, possui a Sociologia duplo valor: pode acrescentar o conhecimento que tem o homem de si mesmo e da sua sociedade, e pode contribuir para soluções de problemas que êle enfrenta, realizando e conservando a espécie de sociedade em que êle espera viver. Já nos referimos às limitações do conhecimento "sensato". Num mundo que se modifica ràpidamente, tal conhecimento se torna, inevitàvelmente, indigno de confiança, não só como fonte de conhecimento senão também como guia de ação. Explicações tradicionais, que podem ter sido outrora razoàvelmente exatas, já não têm aplicação à medida que mudam as circunstâncias. A complexidade cada vez maior da sociedade moderna cria problemas para os quais não existem respostas prontas. Nesta situação, a Sociologia se constitui em fonte útil, essencial até, de conhecimento seguro tanto para o indivíduo quanto para a sociedade.

A relevância da Sociologia para muitos problemas enfrentados pela sociedade e por suas partes constituintes não precisa pràticamente, ser destacada. Não há dúvida que os fatos fidedignos são mais úteis do que boatos ou generalizações não comprovados, e um conhecimento sistemático de causa e efeito, das relações entre os fatos, é melhor guia de ação do que os resultados incertos do processo de ensaio e êrro ou os preceitos indignos de confiança transmitidos pela tradição. E, no entanto, a lição apresentada há muito tempo por Herbert Spencer, num trecho muito citado, precisa ser contìnuamente repetida:

> Como você está vendo, esta chapa de ferro forjado não é inteiramente plana: tem uma bossazinha aqui mais para a esquerda — ela "boja", como costumamos dizer. Como haveremos de aplaná-la? Òbviamente, replicará você, batendo na parte bojuda. Muito bem, aqui está o martelo, e eu assentarei na placa um golpe como o que você me aconselha. Mais forte, diz você. Mesmo assim não fêz efeito algum. Outra martelada? Muito bem, lá vai uma, outra, mais outra. A bossa continua, como você vê: o mal é tão grande quanto era — maior até. Mas isso não é tudo. Olhe para a deformação que se fêz na placa perto da borda oposta. O que antes era plano agora é curvo. Bonito estrago fizemos nela! Em lugar de sanar o defeito original, produzimos outro. Se tivéssemos perguntado a um artesão com prática de "aplanar", como a chamamos, êle nos teria dito que não alcançaríamos resultado algum, mas apenas dano, batendo na parte bojuda. Ter-nos-ia ensinado a dar marteladas variadas e especialmente ajustadas em outro lugar: atacando, dessa maneira, o mal não por ações diretas senão por ações indiretas. O processo requerido é menos simples do que você cuidava. Nem sequer uma fôlha de metal pode ser tratada com êxito segundo os métodos sensatos em que você deposita tanta confiança. Que diremos, então, de uma sociedade? "Acha que sou mais fácil de ser tocado que uma flauta?" pergunta Hamlet. Será a Humanidade mais prontamente endireitada que uma chapa de ferro?[20]

Em suas origens, foi a Sociologia repetidamente considerada como instrumento para sanar "males" sociais. Hoje em dia, ela parece estar proporcionando uma enfocação e um ponto de vista cada vez mais útil para interpretar e compreender o mundo complexo e difícil em que vivemos. Malgrado freqüentes críticas à Sociologia — ao seu jargão, aos seus métodos e às suas idéias — críticos, romancistas, historiadores e outros utilizam-se amplamente de suas perspectivas e descobrimentos.

As esperanças e aspirações de qualquer disciplina quase inevitàvelmente ultrapassam as próprias consecuções. Ainda que tenha por instrumento uma ciência social plenamente desenvolvida, a Humanidade, não oferece probabilidades de "endireitar-se", e a Sociologia, por enquanto, ainda constitui instrumento imperfeitíssimo. Mas "a imaginação sociológica", para empregarmos a frase esperançosa de C. Wright Mills,

> é uma qualidade de espírito que parece dramàticamente prometer conhecimento das nossas íntimas realidades em conexão com mais amplas realidades sociais. Não é tão-sòmente uma qualidade de espírito no meio da série contemporânea de sensibilidades culturais — é *a* qualidade, cujo emprêgo mais amplo e mais hábil acena com a promessa de que tôdas essas sensibilidades — e, na realidade, a própria razão humana — venham a desempenhar um papel maior nos negócios humanos [21].

Notas

1 Veja, por exemplo, Russel Kirk, "Is Social Science Scientific?" *The New York Times Magazine,* 25 de junho de 1961, pp. 11 e segs. Procure a réplica em Robert K. Merton, "The Canons of the Anti-Sociologist", *The New York Times Magazine,* 16 de julho de 1961, pp. 14 e segs. Ambos os artigos foram reimpressos na *Contemporary Sociology* de Milton L. Barron (ed.), Nova Iorque: Dodd, Mead, 1964), pp. 29-35, 35-40.

2 Encontra-se uma discussão da expansão do interêsse pela Sociologia em outros países, em "The Calling of Sociology", de Edward Shils em Talcott Parsons *et. al.* (eds.), *Theories of Society,* II (Nova Iorque: Free Press, 1961), 1405-9.

3 Alfred N. Whitehead, *Science and the Modern World* (Cambridge, Eng.: Cambridge University Press, 1946), Cap. 1.

4 Ralph G. Ross, *Symbols and Civilization* (Nova Iorque: Harcourt, 1962), p. 1.

5 Antiga mas ainda útil discussão dos preconceitos que se opõem à investigação sociológica objetiva apresenta *The Study of Sociology* de Herbert Spencer, publicada pela primeira vez em 1873 e republicada em muitas edições.

6 Robert K. Merton, "Notes on Problem Finding in Sociology", em Robert K. Merton, Leonard Broom, e Leonard S. Cottrell Jr. (eds.), *Sociology Today* (Nova Iorque: Basic Books, 1959), pp. XV-XVI *n.*

7 Veja Paul F. Lazarsfeld, "*The American Soldier*: An Expository Review", *Public Opinion Quarterly,* XIII (Outono de 1949), pp. 377-404.

8 Alfred L. Kroeber, *The Nature of Culture* (Chicago: University of Chicago Press, 1952), p. 27.

9 Bernard de Mandeville, *The Fable of the Bees* (Londres, 1723), p. 25.

10 Robert M. MacIver, *Social Causation* (Boston: Ginn, 1942), p. 148.

11 Talcott Parsons, *The Structure of Social Action* (Nova Iorque: McGraw-Hill, 1937), p. 768.

12 Émile Durkheim, *As Formas Elementares da Vida Religiosa*, trad. para o inglês por J. W. Swain (Nova Iorque: Free Press, 1947), p. 433.

13 Morris R. Cohen and Ernest Nagel, *An Introduction to Logic an the Scientific Method,* (Nova Iorque, Harcourt, 1934), pp. 224-31. Excelente discussão das definições em Sociologia apresenta "Nominal and Real Definitions in Sociological Theory" de Robert Bierstedt, em Llewellyn Gross (ed.), *Symposium on Sociological Theory* (Evanston: Row, Peterson, 1959), pp. 121-44.

14 *Ibid.*, p. 371.

15 O leitor encontrará primorosa análise sociológica de bandos criminais em *Delinquent Boys* de Albert K. Cohen (Nova Iorque: Free Press, 1955); e em *Delinquency and Opportunity* de Richard A. Cloward e Lloyd E. Ohlin, (Nova Iorque: Free Press, 1960).

16 John Dollard, *Caste and Class in a Southern Town* (Garden City: Doubleday Anchor Books, 1957), p. 17. Dollard também observa a importância dessa tendência para a pesquisa: "Sem dúvida alguma, muitos pesquisadores que foram para o Sul... sentiram-se seduzidos pela hospitalidade dos sulistas brancos da classe média e da classe superior, estabeleceram com êles relações amistosas e, por causa disso, viram-se arrastados para o modo sulista de percepção do problema racial" (p. 37).

17 Encontra-se uma análise das atitudes raciais de alguns sulistas que se mudam para o Norte em "The Effects of Southern White Workers on Race Relations in Northern Plants", Lewis M. Killian, *American Sociological Review,* XVII (junho de 1952), pp. 327-31.

18 Veja Solomon Asch, "Effects of Group Pressure upon the Modification and Distortion of Judgments", em Eleanor E. Maccoby, Theodore M. Newcomb, e Eugene L. Hartley (eds.), *Readings in Social Psychology* (3.ª ed.; Nova Iorque: Holt, 1958), pp. 174-83.

19 Robert K. Merton, *Social Theory and Social Structure* (ed. rev.; Nova Norque: Free Press, 1957), p. 95.

20 Herbert Spencer, *O Estudo da Sociologia* (10.ª ed.; Londres: Routledge, 1882), pp. 270-1. Em 1936, Karl Mannheim, prestigioso e eminente sociólogo, escreveu: "Constitui, sem dúvida, notável comentário sôbre a época em que vivemos o fato de que, se alguém se abalançasse a consertar um automóvel sem lhe conhecer o mecanismo, seria, por consenso comum, tachado de idiota, embora o mesmo desprêzo não se aplique aos que, sem possuir um conhecimento claro de causa e efeito, acreditam que as falhas do mecanismo da sociedade podem ser corrigidas por meio de ressentimentos emocionais ou movimentos irracionais contra fôrças sociais". "The Place of Sociology" em *The Social Sciences: Their Relations in Theory and Teaching* (Londres: Le Play, 1936), p. 164.

21 C. Wright Mills, *The Sociological Imagination* (Nova Iorque: Oxford, 1959), p. 15. Encontra-se uma útil discussão sôbre a contribuição da Sociologia à educação geral em "Sociology and General Education" de Robert Bierstedt, em Charles H. Page (ed.), *Sociology and Contemporary Education* (Nova Iorque: Random House, 1964), pp. 40-55.

Sugestões para novas leituras

BIERSTEDT, ROBERT. "Nominal and Real Definitions in Sociological Theory", em Llewellyn Gross (ed.), *Symposium on Sociological Theory* Evanston: Row Peterson, 1959, pp. 121-44.

Discussão elucidativa das definições em Sociologia, que esclarece considerável dose de confusão e controvérsia teórica. Escrita com a característica amenidade de estilo do distinto sociólogo.

MILLS, C. WRIGHT. *The Sociological Imagination.* Nova Iorque: Oxford, 1959, cap. 1, "The Promise".

Importante pronunciamento sôbre o papel cultural da ciência social no mundo moderno.

PAGE, CHARLES H. (ed.) *Sociology and Contemporary Education.* Nova Iorque: Random House, 1964.

Coleção de ensaios sôbre as contribuições intelectuais e culturais da Sociologia.

PARSONS, TALCOTT. "Some Problems Confronting Sociology as a Profession". *American Sociological Review,* XXIV (agôsto de 1959), pp. 547-59.

Recente pronunciamento feito por notável sociólogo sôbre a posição atual da Sociologia como profissão e seus empregos e perspectivas.

ROSS, RALPH. *Symbols and Civilization.* Nova Iorque: Harcourt, 1962.

Excelente e breve discussão sôbre a natureza da Ciência, seus métodos, e sua aplicabilidade ao estudo da sociedade.

SPENCER, HERBERT. *O Estudo da Sociologia.* Publicado pela primeira vez em 1873 e republicado em muitas edições.

Análise ainda útil das origens de preconceitos no inquérito sociológico.

THOMLINSON, RALPH. *Sociological Concepts and Research.* Nova Iorque: Random House, 1965.

Breve e útil "exame da maneira pela qual os sociólogos modernos desempenham suas tarefas cotidianas".

SOCIEDADE E CULTURA

Comportamento padronizado e vida coletiva

A Sociologia começa com dois fatos básicos: o comportamento dos sêres humanos revela padrões regulares e repetitivos, e os sêres humanos são animais sociais e não criaturas isoladas.

Os acontecimentos fundamentais do nascimento, da morte e do casamento, os detalhes particulares do banho, das refeições e do amor, as ocorrências públicas de obtenção de votos e produção ou venda de artigos, e as milhares de outras atividades em que se empenham os homens seguem habitualmente padrões reconhecíveis. Não raro, porém, perdemos de vista a natureza reiterativa da maior parte da ação social, pois quando observamos as pessoas à nossa volta tendemos mais a notar-lhes as idiossincrasias e singularidades pessoais do que as semelhanças. Mas se nos compararmos com franceses, japonêses ou ilhéus de Trobriand surpreender-nos-emos a dizer: fazemos isto dêste jeito; êles fazem-no daquele. Charles Horton Cooley, um dos primeiros sociólogos importantes dos Estados Unidos, observou, de uma feita: "Não se dá o caso de que, quanto mais próxima estiver uma coisa do nosso hábito de pensamento, tanto mais claramente vemos o indivíduo (. . .)? O princípio é muito semelhante ao que faz que todos [os chineses] se nos afigurem muito parecidos: vemos o tipo por ser tão diferente daquele que estamos acostumados a ver, mas sòmente quem vive dentro dêle é capaz de perceber plenamente as diferenças entre os indivíduos" [1].

Quando estudamos como podemos estudar os chineses ou qualquer outra sociedade diferente da nossa, abstraímos as características repetitivas de comportamento das características singulares. Quando os homens respondem a uma apresentação pessoal com uma frase padronizada — "Como vai?" — a entonação, o tom, o volume podem variar, mas a formulação verbal continua sendo a mesma. Algumas pessoas nos apertam a mão enèrgicamente, com um apêrto forte, ao passo que o apêrto de mão de outras é flácido, frouxo; essas diferenças pessoais têm significação no intercurso social em que se verificam, mas nao negam a existência da forma padronizada de comportamento, que recorre quando as pessoas se encontram.

Os aspectos repetidos da ação humana constituem a base de qualquer ciência social. Sem padrões verificáveis não haveria Ciência, pois a generalização seria impossível. A Sociologia distingue-se da Economia, da Ciência Política e da Psicologia pelos padrões particulares que estuda e pela maneira como os encara. As características de comportamento sôbre as quais a Sociologia focaliza sua atenção derivam do segundo fato básico em que se apóia a disciplina — o caráter social da vida humana.

"O homem", escreveu Aristóteles há mais de dois mil anos, "é naturalmente um animal político (em têrmos modernos a palavra usualmente traduzida por *político* seria mais apropriadamente traduzida por *social*) e... quem quer que seja, natural e não artificialmente, inadequado à sociedade há de ser inferior aos homens". Adam Ferguson, filósofo moral escocês do século XVIII, observou, certa vez, em têrmos ainda apropositados: "Tanto os primeiros quanto os últimos relatos coligidos de todos os quadrantes da Terra, representam o gênero humano reunido em tropas e companhias; ... (fato que) precisa ser admitido como fundamento de todo o nosso raciocínio relativo ao homem" [2]. Há registros de sêres humanos que, de um modo ou de outro, conseguem sobreviver com pouco trato ou sem a associação normal com outros humanos, mas tais casos de "homem selvagem", como são chamados, e de crianças maltratadas e rejeitadas revelam poucas das características normalmente atribuídas ao homem [3].

Ao tentarem explicar as regularidades aparentes da ação humana e os fatos da vida coletiva, criaram os sociólogos dois conceitos, o de *sociedade* e o de *cultura,* que podem ser considerados fundamentais para a investigação sociológica. Cada um dêsses têrmos tem uma longa história. *Sociedade* deriva inicialmente das tentativas feitas durante o século XVI e XVII para distinguir o Estado da totalidade da organização social, embora a análise sistemática da natureza da sociedade só tenha surgido com o advento da Sociologia. O têrmo *cultura* principiou a ser usado na Alemanha no século XVIII, foi empregado, pela primeira vez, em Antropologia, por Edward Tylor, estudioso inglês, em 1871, e só foi largamente utilizado nas dissertações sociológicas no século XX [4]. Ambos os têrmos têm sido vàriamente empregados, e ainda não existe acôrdo absoluto no que respeita ao seu significado. Sem embargo dessa variação, ou talvez por causa dela — podem servir para definir e indicar de um modo geral a natureza e os limites da matéria da Sociologia. Cumpre notar, entretanto, que os fenômenos a que se referem a cultura e a sociedade não existem independentemente uns dos outros. Se bem possamos distinguir analìticamente entre elas, a sociedade humana não pode existir sem cultura, e a cultura humana só existe dentro da sociedade.

Sociedade

A despeito de sua importância, não se chegou a um acôrdo inequívoco no tocante ao significado de *sociedade,* mesmo entre os cientistas sociais ou, mais particularmente, entre os sociólogos, alguns dos quais deram à sua disciplina o nome de "ciência da sociedade". "Na longa história da literatura que trata da vida de sêres humanos em grupos", comentou Gladys Bryson, "nenhuma palavra oferece talvez menor precisão em seu emprêgo do que a palavra "sociedade" [5]. Não podemos, por conseguinte, sugerir uma definição com a qual concordassem todos os sociólogos, nem mesmo acaso a sua maioria. Nem existe vantagem alguma em acrescentar mais uma à série já imponente de alternativas. Em vez disso, prosseguiremos melhor em nossa análise examinando os vários significados que têm sido dados ao têrmo e analisando ràpidamente os empregos que lhe têm sido atribuídos. Como já assinalamos, as diferenças conceituais indicam, com freqüência, que as pessoas estão considerando ou, pelo menos, destacando aspectos diferentes do mesmo fenômeno.

Em sua acepção mais lata, sociedade refere-se apenas ao fato básico da associação humana. Por exemplo, o têrmo tem sido empregado "no sentido mais amplo para incluir tôdas as espécies e todos os graus de relações estabelecidas pelos homens, sejam elas organizadas ou não organizadas, diretas ou indiretas, conscientes ou inconscientes, cooperativas ou antagônicas. Inclui tôda a trama das relações humanas e não tem fronteiras nem limites assinaláveis. De estrutura amorfa por si mesma, dá origem a inúmeras sociedades específicas, imbricadas e interligadas, mas estas não a exaurem" [6]. Tal concepção de sociedade, que parece, de vez em quando, abranger tôda a Humanidade, ou todo o gênero humano, serve principalmente para concentrar nossa atenção numa ampla série de fenômenos básicos para a análise do comportamento humano, a saber, as variadas e multiformes relações que os homens necessàriamente estabelecem no curso da vida em grupo.

O conceito de *relação social* baseia-se no fato de que o comportamento humano está orientado de inúmeras maneiras para outras pessoas. Os homens sòmente vivem juntos e partilham de opiniões, valôres, crenças e costumes comuns, mas também interagem contìnuamente, reagem uns aos outros e modelam seu comportamento pelo comportamento e pelas expectativas alheias. O esfôrço do apaixonado para agradar ao objeto de suas afeições, as tentativas do político para conquistar o apoio do eleitorado, a obediência do soldado às ordens do comandante — são exemplos familiares de comportamento orientados para as expectativas, desejos e anseios, reais ou imaginados, de outros. A ação pode ser modelada pela ação de outra pessoa; a criança imita o pai, a adolescente macaqueia sua estrêla de cinema favorita. O comportamento pode ser calculado para obter respostas dos outros, como o esfôrço da criança por conquistar a aprovação dos pais, ou a tentativa do ator de comover o auditório. Pode basear-se em expectativas da maneira pela qual os outros se comportarão — por exemplo, a finta do pugilista antes de vibrar um golpe ou a técnica do médico ao referir seu diagnóstico ao paciente.

A interação, entretanto, não é unilateral, como talvez dêem a entender estas ilustrações. O eleitorado responde de certo modo às ações do político, que, então, altera seus métodos ou persiste em sua estratégia, com novas conseqüências nas atitudes e no comportamento dos eleitores. O comportamento do oficial sofrerá a influência da forma pela qual seus homens lhe obedecem às ordens. O namôro não é tão-sòmente o caso do caçador e da sua caça; alterando a metáfora, diga-se que o jôgo tanto pode ser jogado por dois quanto por um. A interação, como o indica a própria palavra, não é uma ocorrência momentânea, não é uma resposta isolada a um estímulo isolado; é um processos persistente de ação e reação.

Pode-se dizer que existe relação social quando indivíduos ou grupos têm expectativas recíprocas em relação ao comportamento uns dos outros, de modo que tendem a agir de maneiras relativamente padronizadas. Em outras palavras, uma relação social consiste num padrão de interação humana. Pais e filhos respondem uns aos outros de maneiras mais ou menos regulares, baseadas em expectativas mútuas. As interações padronizadas do estudante e do professor, do policial e do motorista de automóvel, do vendedor e do comprador, do empregado e do empregador, do médico e do paciente, constituem relações sociais de várias espécies. De um ponto de vista, portanto, a sociedade é a "trama das relações sociais".

A sociedade, como o "tecido todo" ou "todo o esquema complexo" das relações sociais, pode distinguir-se das sociedades específicas em que os homens se agrupam. Em algumas definições de sociedade, entretanto, dá-se amiúde ênfase maior às pessoas do que à estrutura das relações. Georg Simmel, um dos fundadores da Sociologia moderna, considerava sociedade "um número de indivíduos ligados pela interação" [7], ao passo que o antropólogo Ralph Linton definia sociedade como "qualquer grupo de pessoas que viveram e trabalharam juntas o tempo suficiente para se organizarem e pensarem em si mesmas como uma unidade social com limites bem definidos" [8]. Essa maneira de encarar a sociedade, embora tenha o mérito de chamar a atenção para a rêde de relações que mantém unidas agregações específicas de pessoas, é demasiado geral para ser muito útil. Assim definida, a sociedade poderia incluir qualquer um dos múltiplos grupos que se encontram entre os homens. Poderia referir-se à "Sociedade", membros da classe superior, cujas atividades são referidas nas "páginas sociais" dos jornais. Poderia abranger organizações de muitos gêneros: a Sociedade dos Amigos, a Sociedade para o Progresso da Administração, a Sociedade Etnológica Norte-Americana, bem como a série interminável de clubes, lojas, fraternidades, grupos de criminosos e organizações profissionais. Poderia incluir famílias, grupos ligados por consangüinidade e grupos de amigos. Embora alguns autores empreguem a palavra "sociedade" para referir-se a qualquer espécie de grupo, o têrmo denota habitualmente um gênero especial de unidade social.

A sociedade, portanto, é antes o grupo dentro do qual os homens vivem uma vida comum total, que uma organização limitada a um propósito ou a propósitos específicos. Dêsse ponto de vista, uma sociedade consiste em indivíduos não apenas aparentados uns com os outros, mas também em grupos entreligados e justapostos. Assim, a sociedade norte-americana compreende 195 milhões ou mais de indivíduos (em 1965) unidos numa rêde complexa de relações, de aproximadamente 48 milhões de famílias (cujo número aumenta cêrca de meio milhão por ano), da multiplicidade de comunidades urbanas e rurais, denominações e seitas religiosas, partidos políticos, raças e grupos étnicos, classes sociais e econômicas, sindicatos, organizações comerciais e de veteranos, e a infinita variedade de outras organizações voluntárias em que se divide a população. Por outro lado, uma sociedade simples como a sociedade das Ilhas Andaman, a oeste da Birmânia, consistia, antes da chegada dos europeus, numa pequena população originalmente organizada em tribos, grupos locais e famílias. A sociedade da Índia inclui vários grupos religiosos, inúmeras castas, os párias", diferentes raças, muitas tribos, agregados e organizações econômicas e políticas, e assim por diante.

Em qualquer sociedade podem encontrar-se grupos menores dentro de grupos maiores e os indivíduos pertencem, simultâneamente, a vários grupos. Os grupos étnicos e as classes sociais dão origem a associações voluntárias, *cliques* e facções produzem partidos políticos e outros grupos, as famílias pertencem a clubes de campo e a igrejas e empenham-se em atividades sociais. Cada pessoa pode participar de uma família, de um grupo de iguais, de uma emprêsa comercial ou de um sindicato ou organização profissional. Uma sociedade, portanto, pode ser analisada em função de seus grupos constituintes e suas relações recíprocas.

Cultura

Tôda sociedade possui um modo de vida ou, de acôrdo com a nossa terminologia, uma *cultura,* que define modos apropriados ou necessários de pensar, agir e sentir. Usada dessa maneira na pesquisa sociológica, a cultura tem um significado muito mais amplo do que o que habitualmente se lhe dá. Na fala convencional, refere-se às coisas "mais elevadas" da vida — a Pintura, a Música, a Escultura, a Filosofia; o adjetivo *culto* convizinha de educado ou requintado. Em Sociologia a cultura se refere à totalidade do que aprendem os indivíduos como membros da sociedade. A velha (1871) mas ainda citadíssima definição de Tylor indica-lhe a amplitude: "A cultura é o todo complexo que inclui conhecimento, crença, arte, moral, lei, costume e quaisquer aptidões adquiridas pelo homem como membro da sociedade". A técnica de escovar os dentes, os Dez Mandamentos, as regras do basebol, do críquete ou da amarelinha, os métodos para a escolha de um presidente, de um primeiro ministro ou de membros do Soviete Supremo tanto fazem parte da cultura quanto o mais recente volume de poesia de vanguarda, a Nona Sinfonia de Beethoven ou os *Analectos* de Confúcio.

As regularidades de comportamento, em si mesmas, não constituem cultura. Ocorrem em grande parte porque os homens possuem cultura, porque têm padrões comuns do bom e do mau, do certo e do errado, do apropriado e do não apropriado, possuem atitudes semelhantes e partilham de um fundo de conhecimento acêrca do meio — social, biológico e físico — em que vivem. A cultura, observou George Murdock, é, em grande parte, "ideacional": refere-se aos padrões, às crenças e às atitudes em função das quais agem as pessoas.

A admissão da ubiqüidade e da significação da cultura, assinalou Ralph Linton, é "um dos mais importantes desenvolvimentos científicos dos tempos modernos". E continua:

> Tem-se dito que a última coisa que um habitante das profundezas do mar teria probabilidades de descobrir seria a água. Êle só teria consciência de sua existência se algum acidente o levasse à superfície e o pusesse em contacto com o ar. Durante a maior parte da sua história, o

homem só se tem mostrado vagamente consciente da existência da cultura e até essa consciência deveu-a êle aos contrastes entre os costumes de sua sociedade e os de alguma outra com que lhe tenha sucedido deparar. A habilidade de enxergar a cultura da própria sociedade como um todo, de avaliar-lhe os padrões e apreciar-lhe as implicações, exige um grau de objetividade que raro se consegue, se é que se consegue [9].

Por ser nossa cultura de tal maneira parte de nós mesmos, consideramo-la como já estabelecida, supondo amiúde tratar-se de uma característica normal, inevitável e inerente a todos os sêres humanos. (As implicações dessa suposição, conhecida como "etnocentrismo", no estudo da sociedade e da cultura foram discutidas no captíulo 1.) Os antropólogos têm referido muitas vêzes que, ao perguntarem a membros de pequenos grupos pré-letrados por que agem de determinada maneira, recebem uma resposta equivalente a: "É assim que se faz" ou "É o costume". "Quando o Capitão Cook perguntou aos chefes de Taiti por que comiam separados e sòzinhos, êles responderam simplesmente: "Porque é o certo". [10] Habituados à própria maneira de viver, os homens, freqüentemente, não concebem outra. Entre os norte-americanos a expressão: "É a natureza humana" representa a explicação característica de muitas ações — a competição pela fama e pelo poder, a busca do lucro, o casamento por amor ou por dinheiro. No entanto, essa "explicação", que explicando aparentemente tudo não explica nada é, em si mesma, uma manifestação do etnocentrismo dos norte-americanos.

A importância da cultura reside no fato de que ela proporciona o conhecimento e as técnicas que permitem ao homem sobreviver, física e socialmente, e dominar e controlar, na medida do possível, o mundo que o rodeia. O homem parece possuir poucas habilidades institivas, se é que possui alguma, e nenhum conhecimento instintivo que lhe permita sustentar-se, quer isoladamente, quer em grupo. O regresso do salmão do mar para desovar e morrer em água doce, a migração anual de pássaros, de uma parte do mundo a outra, a nidificação da abelha da terra e os complexos padrões de vida de formigas e abelhas são formas herdadas de comportamento que parecem manifestar-se automàticamente nos momentos apropriados. Não são aprendidas dos pais ou de outros membros da espécie. O homem, por outro lado, sobrevive em função do que aprende.

Entretanto, o homem não é o único animal que aprende a agir em vez de responder automàticamente a estímulos. Pode-se ensinar muita coisa aos cachorros e êstes são capazes de aprender através da experiência, como acontece com cavalos e gatos, macacos e bugios, ratazanas e ratos brancos. Mas em razão de sua maior fôrça cerebral e de sua capacidade de linguagem, o homem aprende mais e possui, portanto, maior flexibilidade de ação do que outros animais. Transmite grande parte do que aprende a outros, inclusive aos filhos, e controla, em parte, o mundo à sua volta — a ponto de transformá-lo consideràvelmente. O homem é o único animal que possui cultura; de fato, nisto reside uma das distinções cruciais entre o homem e outros animais.

De importância central na definição da cultura é o fato de ser ela, ao mesmo tempo, *aprendida* e *partilhada.* Os homens, já o dissemos, não herdam seus hábitos e crenças, suas habilidades e conhecimentos; adquirem-nos durante o transcurso de suas vidas. O que aprendem lhes vem dos grupos em que nasceram e nos quais vivem. Os hábitos adquiridos por uma criança serão, provàvelmente, calcados sôbre os de sua família e os de outras pessoas que lhe estejam próximas. (Entretanto, nem todos os hábitos refletem costumes ou cultura, pois alguns não passam de idiossincrasias pessoais.) Num, sem-número de maneiras — através da instrução explícita, da cominação do castigo e da oferta de recompensas, da identificação com mais velhos e da imitação do seu comportamento — cada geração aprende dos predecessores. O comportamento universal, embora não aprendido, ou que é peculiar ao indivíduo, não faz parte da cultura. Não só o comportamento não aprendido, como os reflexos, mas também as idiossincrasias pessoais podem, todavia, ser influenciados ou modificados pela cultura. Com efeito, excetuando-se as particularidades biológicas, as aberrações individuais se definem por suas relações com os padrões culturais ou pela sua divergência dêles.)

O caráter aprendido e partilhado da cultura conduziu à sua identificação ocasional com o "superorgânico" ou com a "herança social" do homem. O primeiro têrmo, empregado por Herbert Spencer, põe em destaque a relativa independência da cultura em relação ao império da Biologia (a cujo respeito nos estenderemos mais no capítulo 3) e sua qualidade distintiva como produto da vida social. A expressão, "herança social" chama a atenção para o caráter histórico da cultura e, por conseguinte, para as possibilidades de crescimento e mudança; sugere a necessidade de analisar e compreender suas dimensões temporais, sôbre as quais nos alongaremos posteriormente. (Veja os capítulos 5 e 20.)

Os componentes da cultura

A cultura é, manifestamente, um conceito tão inclusivo que seus principais componentes devem ser identificados, rotulados, analisados e relacionados uns aos outros. Êsses componentes podem ser agrupados, em linhas gerais, em três grandes categorias: as instituições, a saber, as regras ou normas que governam o comportamento; idéias, isto é, tôda a variedade de conhecimentos e crenças — morais, teológicos, filosóficos, científicos, tecnológicos, históricos, sociológicos, e assim por diante; e os produtos ou artefatos materiais que os homens produzem e usam no curso de sua existência coletiva.

INSTITUIÇÕES Definiremos as instituições como "padrões normativos que definem o que se entende por . . . modos de ação ou de relação social adequados, legítimos ou esperados" [11]. Tais normas ou regras penetram tôda as áreas da vida social: como comemos e o que comemos, como nos vestimos, nos enfeitamos, respondemos aos outros, como cuidamos das crianças ou dos velhos, e como procedemos em presença de membros do sexo oposto. Nem todo comportamento se ajusta a regras, sejam elas explícitas ou implícitas, mas a maioria das ações de qualquer indivíduo reflete a presença de alguns padrões aceitos de comportamento que êle aprendeu de outros e que, de certo modo, com êles partilha.

O conceito de instituição, como o de cultura, tem sido definido de várias maneiras, e a definição dada acima, que usaremos, representa apenas uma dentre várias alternativas. Mas como os demais empregos do têrmo aparecem com freqüência na literatura sociológica, é mister fazermos breve digressão a fim de indicar os outros significados, ainda que tentemos ser coerentes em nossa própria aplicação. Definições anteriores, constantemente apuradas ou esclarecidas, incluíam não só padrões normativos mas também o que identificaremos mais tarde como grupos e como organização social. Encontramos ainda, de vez em quando, na literatura sociológica (e freqüentemente na fala cotidiana), referências a uma organização de indivíduos como se se tratasse de uma instituição: o Harvard College, por exemplo, ou o Partido Republicano. Êsse emprêgo coincide com a definição primitiva de William Graham Sumner: "uma instituição consiste num conceito (idéia, noção, doutrina, interêsse) e numa estrutura. A estrutura é a armação, ou o aparelho, ou talvez apenas o número de funcionários destinados a cooperar de maneiras prescritas em certa conjuntura. A estrutura encerra o conceito e fornece os meios para trazê-lo ao mundo dos fatos e da ação de uma forma que sirva aos interêsses dos homens na sociedade" [12]. Assim as normas *como* o grupo estão incluídos nessa definição de instituição. É cada vez mais amplo o acôrdo no sentido de que o têrmo deve ser usado apenas em referência a padrões de comportamento aprovado ou sancionado, reservando-se outros têrmos para indicar os aspectos de organização de tal comportamento e o grupo de pessoas envolvidas.

Em vez de limitar a *instituição* a normas ou regras sociais específicas — os Dez Mandamentos, leis contra o assassínio ou o roubo, práticas comerciais ou convenções que governam o intercurso social cotidiano — alguns autores enxergam numa instituição um conjunto de normas entreligadas, um "sistema normativo" centralizado em tôrno de algum tipo de atividade humana ou algum problema importante do homem na sociedade, como proporcionar subsistência e abrigo (propriedade, técnicas de construção, "livre emprêsa"), cuidar de crianças (paternidade, família), ou manter a ordem e a harmonia (o Estado) [13].

O fato de optarmos por esta definição mais lata, ou pela definição mais limitada, usada neste volume constitui, sobretudo, um problema semântico; não há precisão intrínseca em nenhuma delas, e ambas se referem a aspectos importantes da vida social, que requerem análise. A definição aqui adotada proporciona um conceito genérico para a variedade de normas que governam o comportamento social: o *folkway,* o *mos* (usa-se convencionalmente o plural, *mores*), o costume, a convenção, a moda, a etiquêta, a lei. A definição de *instituição* como "sistema normativo" põem em desetaque o fato de que a multiplicidade de regras que governam as ações dos homens na sociedade estão ligadas entre si de forma mais ou menos organizada. Há, todavia, várias maneiras de identificar (conceituando) tais sistemas de normas — como conjuntos de regras que indicam a maneira pela qual devem agir pessoas que ocupam determinadas posições na sociedade, como, por exemplo, médicos ou pais; como corpos de normas que organizam as relações entre as pessoas nos grupos sociais; ou em função de sua contribuição para a execução de tarefas socialmente necessárias ou importantes, como educar crianças ou cultivar o solo. Neste livro examinaremos, necessàriamente, todos êsses tipos de sistemas de instituições.

Uma distinção entre as instituições é a que existe entre *folkways* e *mores,* conceitos empregados pela primeira vez pelo sociólogo pioneiro norte-americano William Graham Sumner. Um *folkway* é apenas a prática convencional, aceita como apropriada, mas sôbre a qual não se insiste. A pessoa que não segue a regra pode ser considerada como excêntrica ou simplesmente como individualista irredutível, que se recusa a sujeitar-se à convenção. O homem que faz objeções à irracionalidade das roupas masculinas, por exemplo, e se escusa, em quaisquer circunstâncias, a usar gravata, está ignorando um de nossos *folkways.*

Mores são as normas ou instituições moralmente sancionadas com vigor. A conformidade é imposta de várias maneiras, e a não conformidade provoca desaprovação moral e, não raro, uma ação positiva.

É fácil dar exemplos: não matarás, não roubarás, amarás teu pai e tua mãe. Os *mores* são considerados essenciais ao bem-estar do grupo.

A linha divisória entre *folkways* e *mores* nem sempre é fácil de se traçar. Há, claramente, uma espécie de série contínua, que vai desde as convenções ou costumes frouxamente observados aos impostos com maior insistência. As regras que governam o recato no trajar ou o consumo de vinho e de uísque, por exemplo, podem ser de categorização difícil. Provocam certa desaprovação moral quando ignoradas ou violadas mas, evidentemente, não acarretam a mesma sanção moral que o adultério, o roubo ou o assassínio. Além disso, há amplas diferenças nas atitudes de vários grupos sociais em relação a essas regras

A despeito da ausência de uma nítida linha divisória entre êles os conceitos de *folkways* e *mores* possuem considerável valor heurístico. Chamam a atenção para as dimensões os aspectos significativos das normas sociais, a sanção moral ligada a elas e a extensão em que são consideradas essenciais o bem-estar social.

Uma segunda dimensão das instituições nasce do contraste entre *costumes* e *leis*. Os primeiros compreendem "o uso há muito estabelecido", práticas que se tornaram gradativamente aceitas como formas apropriadas de comportamento: as rotinas de trabalho ou lazer, as convenções da arte da guerra, os rituais da observância religiosa, a etiquêta que governa as relações sociais. Os costumes são sancionados pela tradição e sustentados pelas pressões da opinião de grupos. As leis, por outro lado, são regras decretadas pelos que exercem o poder político e impostas através do mecanismo do Estado. Podem ter ou não a sanção da tradição. São características de sociedades complexas com sistemas políticos bem desenvolvidos; nas sociedades simples, sem instituições políticas distintivas e fontes reconhecidas de autoridade política, a lei aparece, quando aparece, apenas em forma embrionária. Nessa sociedade simples, o comportamento é principalmente regulado pelo costume, as novas regras tendem a emergir antes gradativamente que por decretação formal, e sua imposição não é confiada a pessoas específicas, que operam através de um maquinismo governamental reconhecido.

A distinção entre costumes e leis atalha por *folkways* e *mores*. Alguns costumes têm as sanções morais características dos *mores* ao passo que outros são convenções aceitas mais ou menos casualmente. Da mema forma, algumas leis são amparadas por vigorosos sentimentos morais — não matarás — ao passo que outras podem carecer virtualmente de qualquer amparo moral, a não ser o das atitudes e sentimentos que sustentam a conformidade à lei em geral. Muitas leis que regulam a prática comercial pertencem a esta última categoria.

A linha divisória entre costumes e leis, como a que divide *folkways* e *mores,* nem sempre pode ser fàcilmente traçada, sobretudo em sociedades mais simples, nas quais a estrutura política de que emerge a lei, e através da qual ela é decretada, se acha apenas parcialmente desenvolvida. Até em sociedades mais complexas, como a nossa, as relações entre leis e costumes são freqüentemente complexas e as distinções entre êles não se estabelecem com facilidade. Algumas regras consuetudinárias podem ser encerradas em lei, como, por exemplo, as leis puritanas que proibiam os divertimentos aos domingos, cujo caráter legal persistiu, algumas vêzes, depois de se terem modificado os costumes que deram origem à sua decretação. Ao contrário, regras polìticamente decretadas obtêm às vêzes, finalmente, a sanção tradicional, extra-legal, processo claramente manifesto na história das atitudes e sentimentos norte-americanos em relação à Constituição. Além disso, as leis adquirem, com freqüência, uma acrescência que lembra a das cracas, de prática consuetudinárias tão vigorosamente decretada como se constasse de um texto legal; exemplo disso é a série complexa de convenções e práticas tradicionais que governam as ações do Congresso.

Os conceitos de costume e lei não abarcam tôdas as formas de normas sociais. Muitas instituições há que não parecem enquadrar-se em nenhuma categoria, malgrado sua aparente capacidade de inclusão. Os processos de operação das corporações e as regras de organizações voluntárias como a Liga de Eleitoras Femininas, a Associação Nacional de Manufatureiros e a Associação Médica Norte-americana não são, com poucas exceções, nem sancionadas pela tradição nem decretadas pelo Estado.

Apesar dessas dificuldades, a distinção conceitual entre lei e costume chama a atenção para diferenças importantes nas origens das instituições e nos métodos pelos quais são impostas. Há instituições *crescivas* para usarmos outro têrmo tirado de Sumner, as quais, como Topsy, apenas crescem e aquelas que são decretadas e nascem formalmente em dado momento. Claro está que será necessária uma explicação diferente para a origem de uma instituição *cresciva* e para a origem de uma instituição imposta, embora esta última inclua não sòmente as leis mas também as regras formais promulgadas por funcionários de organizações apolíticas. Os métodos de imposição tanto podem ser largamente informais, limitados às exigências da tradição e às opiniões dos outros mais ou menos sutilmente — ou òbviamente — expressas, como podem ser limitados à maquinaria formal do govêrno, podendo ainda, em vários graus, combinar ambos os mecanismos.

Na análise de instituições, essas categorias não esgotam a complexidade nem a variedade das normas sociais, nem seus diversos aspectos ou dimensões. Pois as regras que governam o comportamento incluem os padrões transitórios da última moda e da moda, os rituais simbólicos de observância religiosa e patriótica e as cerimônias que assinalam ocasiões significativas. Incluem, ainda, as regras do método científico, não sancionadas pela tradição nem pela imposição legislativa, senão pela consenso dos cientistas, baseado na razão, e os métodos empìricamente comprovados da emprêsa econômica racional. (Tôdas essas normas racionais podem, naturalmente, conter elementos tradicionais ou consuetudinários.) Não precisamos examinar aqui êsses diversos tipos de instituições; serão discutidos em momentos oportunos em capítulos subseqüentes.

As instituições, já o dissemos, explicam, em suas muitas formas, grande parte da regularidade de comportamento que observamos; é pelo fato de possuírem os homens êsses padrões aprendidos e partilhados que suas ações parecem iguais ou, pelo menos, semelhantes. Tal afirmativa, todavia, pode dar a entender um grau de conformidade que tìpicamente não existe. As normas variam segundo o grau de conformidade que requerem, e dependem, até certo ponto, da natureza do comportamento aprovado ou defeso. Não se pode ser apenas um pouquinho assassino. Por outro lado, a quantidade de tempo que se pode esperar ou exigir que os alunos de cursos superiores consagrem aos estudos varia amplamente. As regras do vestir, da etiquêta e do falar são expressas em têrmos tão gerais que se há de esperar alguma variedade dentro dos limites estabelecidos pela cultura. Isto é, em muitos casos, as normas prescrevem uma área de comportamento ou estabelecem limites que seria impróprio ou errado ultrapassar.

Mesmo quando a instituição é definida com precisão, o comportamento real de homens e mulheres tende a variar em tôrno da norma numa extensão que vai desde a não conformidade virtual até a minuciosa superconformidade. Em muitos estabelecimentos de ensino superior espera-se dos estudantes que dediquem ao estudo duas horas por hora passada na sala de aulas, ou sejam, cêrca de 30 horas semanais para um estudante que assiste a 15 horas de aulas. Talvez se possa dizer, com segurança, que a maioria dos estudantes não satisfaz a essa exigência; o tempo verdadeiramente gasto pode variar entre nenhuma e quarenta, cinqüenta e até sessenta horas por semana, com uma média provável pouco inferior a trinta. Qualquer análise de instituições e comportamento e das relações que prevalecem entre elas deve, portanto, tomar em consideração o fato de que tanto a definição das normas sociais quanto a descrição da conduta real amiúde se referem a uma área de comportamento em tôrno de alguma tendência central.

É óbvio, naturalmente, que inúmeras instituições são muitas vêzes ignoradas na prática, que os homens violam os Dez Mandamentos, não cedem seus lugares a mulheres em veículos públicos e falseiam suas declarações de impôsto sôbre a renda. Desafiam os *mores* do sexo, desprezam as convenções que governam o trabalho e o entretenimento e ignoram as exigências da moda. Na realidade, o ponto de partida de grande parte da investigação sociológica tem sido o esfôrço para explicar antes as atividades socialmente divergentes — o crime, a delinqüência, o divórcio, o suicídio — do que o comportamento convencional.

O fato de que os homens ignoram ou violam as normas sociais indica que a conformidade também não pode ser considerada como estabelecida e também precisa ser explicada. Quando se esclarece o comportamento padronizado fazendo referências a definições culturais de comportamento apropriado ou esperado, deu-se apenas o primeiro passo na análise sociológica. As instituições não se impõem a si mesmas, e é necessário descobrir por que os homens se conformam às regras sociais, assim como averiguar como nascem as instituições e quais as circunstâncias que lhes explicam a persistência e as mudanças que nelas se verificam. Em parte, é claro, os homens se ajustam às normas sociais porque são ensinados a fazê-lo; aprendem os costumes e as convenções de sua cultura à proporção que se criam e educam. (Veja a exposição sôbre *socialização,* no capítulo 4). Em parte, ajustam-se por causa das sanções, das pressões e dos contrôles, institucionalizados e embutidos na estrutura da sociedade. (Veja a discussão do contrôle social no capítulo 18.)

IDÉIAS: CRENÇAS, CONHECIMENTO E VALÔRES O segundo entre os principais componentes da cultura, as *idéias,* abrange uma série variada e complexa de fenômenos sociais. Inclui as crenças dos homens acêrca de si mesmos e do mundo social, biológico e físico em que vivem, acêrca das suas relações uns com outros, das suas relações com a sociedade e a natureza e das suas relações com outros sêres e fôrças, que venham a descobrir, aceitar ou fazer aparecer. Abrange todo o vasto corpo de idéias com que os homens explicam sua observação e sua experiência — folclore, lendas, provérbios, Teologia, Ciência, Filosofia, conhecimento prático — e que tomam em consideração ou no qual se apóiam ao optarem por cursos alternativos de ação. Abarca as formas pelas quais os homens expressam seus sentimentos em relação a si mesmos e aos outros e suas respostas, emocionais e estéticas, ao mundo que os rodeia.

Além das idéias cognitivas e expressivas, os homens também aprendem e partilham os valôres que lhes governam a vida, os padrões e ideais pelos quais definem suas metas, escolhem um curso de ação e julgam-se a si e aos outros: êxito, racionalidade, honra, coragem, patriotismo, lealdade, eficiência. Tais valôres não são regras específicas de ação mas preceitos gerais a que os homens se sujeitam e a cujo respeito propendem a ter sentimentos vigorosos. Representam igualmente as atitudes partilhadas de aprovação e desaprovação, os juízos do que é bom ou mau, desejável ou indesejável, em relação a pessoas, coisas, situações e acontecimentos específicos

O têrmo *valor,* contudo, é empregado às vêzes para designar *objetos* ou *situações* definidos como bons, apropriados, desejáveis, valiosos: para designar antes dinheiro, espôsas, jóias, êxito, poder, fama, do que sentimentos ou juízos partilhados. Os valôres, portanto, adquirem seu caráter em virtude dos juízos dos homens mas dêles se distinguem. Essa é a distinção que Robert M. MacIver põe em destaque ao estremar atitudes de interêsses, "reações *subjetivas,* estados de consciência dentro do ser humano individual, com relação a *objetos*", dos próprios objetos [14]. Por conseguinte, os valôres, como coisas que os homens consideram desejáveis ou importantes, tanto podem ser crenças ou instituições, como o terceiro componente geral da cultura, objetos materiais. As opiniões que os homens expressam acêrca da natureza de Deus, do homem ou da própria sociedade podem ser tão ardorosamente aceitas que se tornam objetos de valor; tão robusto pode ser o interêsse dos homens por sua crença em Deus ou pela adoção de alguma doutrina científica quanto pelo dinheiro ou pelo poder. "Pois um interêsse investido no conhecimento", escreve John K. Galbraith, "é mais zelosamente guardado que qualquer outro tesouro" [15] Da mesma forma, as instituições adquirem valor aos olhos dos homens e, sem dúvida, muitos dos objetos materiais criados por êles se convertem em objeto de aprovação ou desaprovação, desejo ou inveja.

Que os homens viessem a avaliar sua propriedade, suas leis e costumes, suas idéias e até a si mesmos e aos outros era talvez inevitável à proporção que fizessem as opções inerentes à vida social. Ver o mesmo fenômeno por diferentes prismas conceituais — como instrumentos de produção, regras que governam o comportamento ou crenças que orientam o homem para a natureza e para a sociedade, de um lado, e como objetos de valor, do outro — não é, necessàriamente, fonte de confusão; é antes um meio de ampliar nossa visão e aumentar nosso conhecimento.

As idéias que os homens partilham — cognitivas, expressivas e estimativas — consistem num corpo de símbolos através dos quais êles podem comunicar-se entre si. A comunicação é um processo social fundamental, pois é apenas através da troca de idéias que se torna possível a vida social organizada. O que distingue os homens de outras criaturas é o desenvolvimento de uma linguagem simbólica, que vai além de sinais grosseiros, capazes apenas de transmitir informações limitadas ou servir de estímulos diretos à ação. Ao passo que outros animais se comunicam por meio de gestos e de uma coleção relativamente simples de sons, só o homem criou uma linguagem suscetível de expressar idéias abstratas e as complexidades da reação emocional ou estética. Como assinalou o fisósofo Ernst Cassirer, o que transformou Helen Keller de uma surda-muda cega, capaz apenas de uma participação muito limitada na vida social, num ser plenamente humano foi o lampejo de íntima compreensão de que as palavras representam coisas, de que "tudo tem um nome" [16]. A linguagem simbólica representa não só o componente fundamental da cultura senão também o que lhe torna possível a elaboração e a acumulação.

Alguns autores restringiriam o têrmo *cultura* ao corpo de idéias, aos símbolos que os homens partilham e através dos quais estabelecem uma comunicação significativa, distinguindo-a, assim, do sistema ou estrutura das relações sociais. Essa definição pode ser muito útil e parece estar logrando substancial aceitação entre os sociólogos. Permite que distingamos entre os sistemas simbólicos — linguagem, crenças, conhecimento e formas expressivas — e suas relações mútuas em contraste com o padrão organizado de interação entre indivíduos e grupos [17].

CULTURA MATERIAL O terceiro entre os principais componentes da cultura é talvez o mais fácil de se definir. Consiste nas coisas materiais que os homens criam e usam, e que vão desde os primitivos instrumentos do homem pré-histórico às máquinas mais adiantadas do homem moderno. Inclui o machado de pedra e o computador eletrônico, a canoa dos polinésios e o transatlântico de luxo, a choça dos índios e o arranha-céu da cidade hodierna.

Entretanto, a identificação dêsses objetos materiais como elementos de cultura sem referência aos seus concomitantes não materiais, pode induzir fàcilmente em êrro. Quando nos referimos a tais objetos inclinamo-nos a tomar por estabelecidos seus usos, seu valor e a necessária técnica prática ou teórica. No entanto, as máquinas ou instrumentos são, evidentemente, pouco úteis a não ser que seus donos possuam a habilidade e o conhecimento necessários para operá-las ou aplicá-los. O mesmo objeto pode ser empregado de muitas maneiras alternativas. Os aros, por exemplo, usam-se nos dedos, nos braços, nas pernas, ou enfiados nos lábios, no nariz ou nas orelhas; todos êsses usos se encontram entre os povos do mundo. As barracas pré-fabricadas de metal, tão familiares aos veteranos da Segunda Guerra Mundial como barracas ou alojamentos de oficiais, foram utilizadas subseqüentemente como residências, garagens armazéns, cocheiras, fábricas e bancas de cachorro-quente à beira das estradas. No romance utópico de William Morris, *News from Nowhere,* as Casas do Parlamento são reduzidas a silos de estêrco.

Com os usos diferentes, naturalmente, surgem avaliações e significados diferentes. Quadros podem ser guardados como tesouros, exibidos ou escondidos no sótão, vistos como grandes realizações artísticas ou rabiscos de excêntricos. Os automóveis são símbolos visíveis de posição social ou simplesmente utilidades práticas, que proporcionam transporte. Dois pedaços cruzados de madeira representam um símbolo religioso ou são lenha que se queima para combater o frio. Por conseguinte, a divisão entre idéias — conhecimento, valôres, crenças tradicionais — e cultura material, embora muitas vêzes útil, é, de certo modo, arbitrária, pois para descrever plenamente artefatos culturais é necessário conhecer-lhes os usos, as atitudes tomadas em relação a êles e o conjunto de habilidades e conhecimentos necessários para produzi-los.

A organização da cultura

Foi preciso, nesta descrição dos componentes da cultura, fazermos repetidas alusões às relações complexas que existem entre os diversos elementos que formam o todo, entre instituições e valôres, por exemplo, ou entre valôres e artefatos. Tais relações constituem um tema significativo de análise sociológica. Essa análise pode permanecer no nível da cultura em geral ou, o que é mais freqüente, pode ser dirigida para *uma* cultura, o conjunto ou sistema de instituições, valôres, crenças e objetos possuídos por determinado grupo de pessoas. Dessa maneira, é possível considerar separadamente a cultura norte-americana, a cultura da Índia, dos ilhéus de Trobriand, no Pacífico Ocidental, e das muitas tribos, povos e nações separados do mundo. É apenas pelo cotejo das culturas específicas que poderemos, finalmente, dilatar nosso conhecimento da cultura em geral. Os componentes de qualquer cultura particular não se associam ao acaso, mas formam um todo mais ou menos coerente. Instituições como o matrimônio, por exemplo, devem ser vistas em relação aos valôres que os homens e as mulheres buscam na vida familial, às normas que governam a divisão do trabalho, aos valôres gerais que dizem respeito ao lugar dos homens e das mulheres e aos direitos dos indivíduos. A estrutura da cultura — seus princípios de organização e as relações entre as partes — é, portanto, relevante para a compreensão de qualquer padrão cultural específico.

Os componentes de qualquer cultura, bem como da cultura como um todo, podem ser encarados como se consistissem em sistemas mais ou menos independentes, cada qual com sua estrutura ou organização própria. Há nos *mores,* assinalou Sumner, "uma tendência para a coerência", e tendência semelhante se encontra em tôda a cultura e dentro de seus componentes — instituições, valôres, símbolos expressivos, corpos de conhecimentos, sistemas tecnológicos. Não há nada automático em relação a essas tendências; elas surgem porque os homens, caracterìsticamente, tentam reduzir a tensão ou o conflito gerado por exigências ou idéias contraditórias ou competidoras, e manter alguma ordem em suas relações uns com os outros.

Papel e "status"

Estabelecendo regras que governam o comportamento e os valôres pelos quais os homens julgam as próprias ações e as dos outros, a cultura também define o padrão de interação social que congrega os homens numa vida social organizada. De importância central na análise da interação social são os conceitos de *papel* e *status.* Êsses conceitos proporcionam um elo entre a análise da *sociedade* e da *cultura,* e são de considerável valor para estabelecer as relações entre o indivíduo e sua cultura e sociedade. (Falaremos mais a respeito dêsse problema no capítulo 4.)

Os conceitos de papel e *status* derivam de certas observações básicas sôbre a natureza das instituições. Quando se considera a variedade de normas sociais ou padrões de comportamento torna-se evidente que relativamente poucos dentre êles se aplicam universalmente a tôdas as pessoas. Alguns se aplicam a grupos limitados, outros apenas a uma pessoa. Alguns se aplicam a um contexto em que sucede estar o indivíduo; outros se aplicam a contextos diferentes. Vemos êsses pontos ilustrados por um de nossos *mores* básicos e presumìvelmente universais: não matarás. A pessoa que pratica o assassínio pratica o crime mais grave de tôda a pauta criminal. Prêsa, pode ser sujeita à pena máxima, ou pelo menos, à maior pena possível. Mas essa regra não se aplica a certas pessoas em determinadas circunstâncias. O policial no cumprimento do dever, o carrasco público que executa a sentença de um tribunal legalmente constituído, o soldado no meio da batalha e até, ocasionalmente, o marido traído — podem matar outra pessoa ou pessoas sem estar sujeitos a críticas ou à sanção. Nem se definem tais mortes como assassínio; nossas distinções verbais revelam nossos valôres sociais. O fato central nessas ilutrações é que a regra não se aplica a pessoas que ocupam certas *posições* na sociedade. Os têrmos usados em nossas ilustrações — policial, carrasco público soldado, marido — referem-se a tais posições, ou, em têrmos sociológicos, a *status*. Cada um dêsses *status* traz consigo uma série de regras ou normas que prescrevem a maneira pela qual a pessoa que o ocupa deve ou não deve conportar-se em determinadas circunstâncias. A êsse grupo de normas chamados *papel*. Assim, o *status* e o papel são os dois lados da mesma moeda. *Status* é a posição socialmente identificada; papel é o padrão de comportamento esperado ou exigido de pessoas que ocupam determinado *status*.

O conceito de papel, naturalmente, não é nôvo, como o ilustram os versos tão freqüentemente citados de Shakespeare:

> O mundo inteiro é um palco,
> E todos os homens e mulheres são meros atôres:
> Têm suas saídas e suas entradas;
> E um homem em sua vida desempenha muitas partes,
> Sendo seus atos sete idades.

Essas idades ou, para usarmos nosso vocabulário moderno e menos poético, êsses papéis incluíam a criança, o colegial, o amante, o soldado, o "magistrado", o "velho bôbo" e, finalmente, a "segunda infância".

Entretanto, a longa linhagem da noção de papel social não significa, necessàriamente, que o conceito tenha sido sistemàticamente usado no passado. Ver-se-á, muitas vêzes, que certos conceitos podem ser rastreados até fontes bíblicas ou clássicas, ou até os escritos de filósofos, poetas ou romancistas. Nossas citações anteriores de Aristóteles e de Adam Ferguson evidenciam que inúmeras idéias básicas estiveram à disposição dos homens durante muito tempo, fato que já tem dado origem ao argumento de que a Sociologia, freqüentemente, não oferece mais do que o conhecimento familiar em nova apresentação. O que é nôvo a respeito do conceito de papel ou de muitos outros conceitos modernos que expressam idéias mais antigas, é a tentativa de organizar sistemàticamente o conhecimento, de testar as idéias valendo-se do acúmulo de provas e de secundar o conhecimento passando além das percepções originais. Já se disse que a teoria atômica da matéria foi, provàvelmente, formulada pela primeira vez por Demócrito, mas os gregos antigos não possuíam a ciência da Física que lhes permitiria operar a cisão do átomo. A noção de que os homens desempenham "muitas partes" é familiar, mas a análise sistemática das relações entre elas, os processos pelos quais são adquiridas e aprendidas, as "tendências" que podem existir entre os papéis representados por uma pessoa, e as relações entre os papéis e a personalidade ensejam nova compreensão do comportamento. A Ciência não consiste tão-sòmente em observações agudas e penetrantes (como são às vêzes encaradas as ciências sociais, senão no desenvolvimento ordenado e cumulativo do conhecimento. Ela supõe a integração de descobrimentos de modo que êstes não permaneçam como fortuitas percepções de homens doutos, às vêzes errôneas e às vêzes apenas parcialmente verdadeiras, mas se convertam numa coletânea de proposições científicas firmemente estabelecidas, ao alcance de todos.

Não obstante, podemos utilizar a imagem teatral de Shakespeare para desenvolver e explicar os conceitos de papel e *status*. O papel teatral desempenhado por "atôres" existe independentemente dos indivíduos, que precisam aprender suas falas e adquirir os gestos e modos apropriados. Os papéis sociais também são aprendidos à medida que homens e mulheres adquirem a cultura de seu grupo, embora os papéis possam tornar-se de tal maneira parte da personalidade individual que passam a ser desempenhados sem consciência do seu caráter social. (É interessante observar que os atôres profissionais muito têm discutido sôbre a extensão em que devem "viver" suas partes a fim de bem desempenhá-las [18].) Papéis não são pessoais; são as partes representadas no palco social, e podem ser analisados à parte, da mesma forma que o drama pode ser considerado independentemente do desempenho e dos atôres.

Os elementos de um papel social são, ao mesmo tempo, óbvios e sutis. Sabemos, por exemplo, o que um professor deve fazer em seu papel profissional: transmitir aos alunos alguma espécie de informação ou habilidade, e seguir métodos mais ou menos aceitáveis e compreensíveis de fazê-lo. Em certas comunidades, todavia, espera-se também de um professor que evite o fumo e a bebida, e não se tolera que professôras apareçam em público de calças compridas. Num estudo sôbre papéis sexuais de môças que freqüentam estabelecimentos de ensino superior escreveu-se que muitas "se faziam de bôbas", procuravam diminuir as próprias consecuções intelectuais e submetiam-se à liderança e à autoridade masculinas quando se encontravam com rapazes por acharem que era isso o que os homens esperavam delas [19]. Numa investigação de liderança local de sindicato realizada no sindicato dos Trabalhadores da Indústria Automobilística descobriu-se que se esperava que os funcionários do sindicato não dessem mostras de ambição pessoal. "A pior coisa que se pode dizer de um líder de sindicato é que é "oportunista", ou "ambicioso" [20]. Como indicam estas ilustrações, muitas características do papel social são apenas implícitas. Como atôres sociais, os homens só se advertem de algumas das regras que lhes governam o comportamento quando outros as desprezam ou quando surge o problema de ignorá-las ou violá-las. Tarefa importante da Sociologia consiste em descobrir não sòmente as normas óbvias e explícitas que definem e regulam as ações dos homens mas também aquelas que permanecem habitualmente escondidas debaixo da superfície.

Pode-se dizer que os homens representam ou desempenham papéis sociais; preenchem ou ocupam *status*. O *status* é uma espécie de cartão de identidade social, que coloca as pessoas em relação a outras e sempre supõe também uma espécie de papel. Cada homem ocupa muitos *status* e desempenha muitos papéis. Um homem é marido, solteiro ou viúvo, diretor comercial, operário de fábrica ou profissional liberal, católico, protestante ou judeu. É líder da comunidade ou cidadão comum, *fã* de basebol, amante da pesca, fotógrafo amador. Cada uma dessas identificações constitui um *status* e carrega consigo expectativas de comportamento, por mais precisa ou vagamente definidas, por mais rígida ou frouxamente impostas que sejam.

A maneira pela qual procede uma pessoa depende, portanto, em grande parte, da posição particular em que se encontra — ou na qual gostaria de encontrar-se — e as expectativas de papel que a acompanham. Por exemplo, espera-se que um professor não dê atenção ao sexo das alunos ao lhes atribuir ou avaliar as tarefas escolares. (O casamento ocasional entre professor e estudante indica que o professor, às vêzes, deixou de ignorar o sexo de um aluno pelo menos ou, o que é ainda mais provável, que professor e aluno se tenham encontrado fora da sala de aulas, onde lhes seria possível não tomar conhecimento de seus papéis escolares e comportar-se como homem e mulher — se bem sejam êstes também papéis socialmente definidos e não apenas padrões de comportamento biològicamente modelados.) O homem de negócios sovina, mas que é muito generoso em suas contribuições a instituições de caridade, e o extorsionário empedernido que trata a espôsa, os filhos e a mãe idosa com amor e afeto não são, necessàriamente, exemplos de hipocrisia ou personalidade cindidas, como não o é o guerreiro índio que protegia, zeloso, seus entes queridos escalpando alegremente os inimigos. Estão-se comportando todos, em ocasiões diferentes, de maneiras apropriadas ao *status* particular que lhes sucede ocupar e ao papel que representam. Quando um homem se recusa a elevar os salários dos empregados ou decide impiedosamente suplantar o competidor e talvez até liquidá-lo, está-se comportando como homem de negócios; ao responder ao apêlo de alguma instituição de caridade está-se comportando como membro respeitado e influente da comunidade local. O extorsionário pode descartar-se do seu papel "comercial" ao transpor o limiar de sua porta à noite.

A importância dos papéis sociais não reside apenas na extensão em que êles regulam o comportamento, mas também no fato de permitirem aos homens que predigam as ações de outros e, portanto, modelem as próprias ações de acôrdo com essa predição. Existem, portanto, relações sociais entre os papéis desempenhados por membros de uma sociedade. Tais relações não são apenas indiretamente definidas por valôres que proporcionam padrões gerais de comportamento — cortesia, respeito, obediência — mas também por prescrições institucionais específicas, as quais indicam a maneira pela qual se espera que os ocupantes de *status* definidos se comportem em relação uns aos outros. Os juízes não devem dar preferência a um litigante no tribunal baseados em sua idade, sexo, religião, fortuna ou côr (a menos que a preferência seja legalmente definida). Espera-se que as crianças obedeçam às regras dos pais acêrca do horário de irem para a cama, de poderem ou não sair para brincar, e do que devem comer ao jantar. Os homens deviam descobrir-se diante das mulheres, caminhar do lado de fora da calçada quando acompanhassem mulheres, e levantar-se quando uma mulher entrasse na sala.

Como dão a entender nossas ilustrações, os papéis e *status* se constroem sôbre vários tipos de alicerces. Certos fatos biológicos oferecem base para a diferenciação de alguns papéis e *status*. Em tôdas as sociedades se edificam papéis diferentes sôbre os fatos da idade e do sexo. Distinguimos, por exemplo, o bebê, a criança, o adolescente, adultos de diversas variedades — adultos jovens, de meia idade, velhos. Em tôdas as sociedades homens e mulheres ocupam posições distintas e espera-se que se comportem de maneiras diferentes e até que variem de caráter e personalidade, embora as sociedades difiram amplamente em suas definições dos papéis sexuais. Outras características biológicas são, às vêzes, embora não universalmente, tomadas como base de *status* e papéis distintos. Na sociedade ocidental, como o demonstrou detalhadamente Talcott Parsons, a pessoa doente ocupa uma posição definida que permite, estimula e até requer certos tipos de comportamento [21].

Mas a maioria dos papéis e *status* emerge do próprio processo do viver coletivo. Há sempre uma divisão econômica do trabalho que envolve a diferenciação de posições e obrigações. À proporção que os homens enfrentam problemas de manutenção da ordem e da harmonia na sociedade, criam-se papéis e *status* políticos distintos: congressista, Membro do Parlamento, comissário, prefeito, presidente de partido, capitão de distrito policial, juiz. Práticas e crenças religiosas proporcionam outros elementos de diferenciação social: padre, monge, freira, bispo, ministro, deão, rabino. À medida que se tornam maiores e mais complexas as sociedades, surgem novas posições e novas expectativas de comportamento: estrêla de cinema, astronauta, funcionário encarregado de fiscalizar as pessoas beneficiadas com o livramento condicional, professôra de jardim de infância, programador de computador, propagandista, físico atômico, *go-fors* (moços de recado de produtores e diretores teatrais), *beatniks, tummlers,* (diretores sociais dos hotéis de Catskill Mountain — "*jongleur* versátil, que representava frenèticamente o dia inteiro e duas vêzes mais depressa nos dias de chuva para impedir que os hóspedes irrequietos pedissem a conta" [22], e um sem-número de outros. Entre os muitos *status* que os homens podem vir a ocupar, podemos distinguir os *atribuídos* e os *adquiridos*. O *status* atribuído deriva de atributos sôbre os quais a pessoa não tem contrôle — idade, sexo ou côr, por exemplo — ou do fato de pertencer a um grupo em que foi incluída através de outros — família, religião, nacionalidade. Em face de um *status* atribuído, espera-se que ela adquira e exerça certos papéis. O *status* adquirido é ocupado mercê de alguma ação direta ou positiva: a pessoa precisa casar para tornar-se marido ou espôsa, obter maioria de votos para se tornar congressista o diplomar-se numa escola de Medicina para tornar-se médico. Certos atributos limitam o acesso a posição de *status*: um homem não pode converter-se em mulher, um irlandês de Boston não pode transformar-se num Lowell ou num Cabot, um hindu intocável nunca será membro da casta dos brâmanes. Até certo ponto é restrito o número de pessoas capazes de ocupar determinado *status* — só um número limitado de estudantes é admitido à escola de Medicina, só uma pessoa de cada vez pode ser presidente da República, nem todos podem alçar-se às primeiras posições na indústria — os ocupantes potenciais precisam competir, demonstrando de alguma forma suas habilidades para desempenhar o papel relevante.

Um dos aspectos mais significativos do *status* é o valor que se lhe atribui, o respeito ou prestígio que o cerca aos olhos dos outros. Tôda posição — e seu papel correspondente — é classificada pelos membros de uma sociedade como superior ou inferior. Os médicos nos Estados Unidos, para tomarmos um exemplo óbvio, têm uma posição social mais elevada que os farmacêuticos, e os ferramenteiros são mais cotados que os operários agrícolas. Em muitas sociedades, os guerreiros eram mais considerados que os mercadores ou artesãos. Assim é que Heródoto, o antigo historiador grego, observou: "Os trácios, os citas, os persas, os lídios e quase todos os outros bárbaros têm os cidadãos que praticam ofícios, e seus filhos, em menor aprêço do que os demais, consideram nobres os que são alheios às artes mecânicas e honram sobretudo os que se consagram inteiramente à guerra". Na China clássica, por outro lado, os guerreiros eram colocados abaixo dos sábios.

Usa-se freqüentemente o têrmo *status* para referir apenas a categoria da posição ou papel social, ou dos ocupantes dêsses papéis, e um aspecto importante de qualquer sociedade é a hierarquia de papéis e de pessoas, que constitui um aspecto de sua organização ou estrutura. (Examinaremos a categoria hierárquica dos *status,* papéis e pessoas com maiores detalhes no capítulo 8, depois que houvermos tratado da estratificação social.) Essa categoria é sociològicamente importante porque contribui para a ordenação da interação social e para a estrutura das relações sociais e fornece motivação a várias espécies de comportamento social; a expressão agora familiar "busca de *status"* refere-se ao comportamento destinado a realçar a posição social de uma pessoa ou conduzir à conquista de uma posição social de maior prestígio.

Grupos, categorias e agregados estatísticos

A série complexa de papéis e *status* que define o comportamento dos indivíduos e suas relações entre si constituem o que os sociólogos denominam *organização social* ou *estrutura social.* O têrmo *estrutura social* é usado de vez em quando com referência a qualquer regularidade padronizada de comportamento ou interação. Êste último uso realça o elemento padrão no têrmo "estrutura", mas nós acentuaremos o elemento relação entre as partes, implícito na palavra.

Entretanto, a organização social também contém uma variedade de grupos ou coletividades entreligados e freqüentemente imbricados, cada qual com sua estrutura particular de papéis e *status.* Na conversação de todos os dias, a palavra *grupo* aplica-se, de ordinário, indiscriminadamente, a muitas coleções diferentes de pessoas. Um punhado de montanheses que operam uma destilaria clandestina nos morros de Kentucky, os membros de um clube feminino, um bando de adolescentes do Harlem ou do Bronx, uma tropa de escoteiros, os sessenta mil e tantos trabalhadores da fábrica da Ford em River Rouge, o total, mais de um milhão, de membros do Sindicato de Trabalhadores das Indústrias Automobilística e os empregados da U. S. Steel são todos, provàvelmente, denominados "grupos". Assim o são o Gabinete do presidente da República, as cem mil pessoas, ou coisa que o valha, que todos os anos assistem à partida de futebol norte-americano entre o Exército e a Marinha e a multidão de sulistas coléricos que cercaram a Escola Secundária de Little Rock quando os estudantes negros tentaram, pela primeira vez, cruzar-lhe as portas em setembro de 1957. Tôda nação é freqüentemente identificada como um grupo, como o são as inúmeras famílias, clãs, metades e tribos, encontradas entre os povos primitivos. Membros da igreja católica, judeus, funcionários do govêrno, uma platéia de cinema, *beatniks,* ricos e pobres, os que ganham de 4000 a 5000 dólares por ano, membros do Partido Democrático ou do Partido Republicano, o Partido Comunista da União Soviética, professôres, eletricistas, banqueiros, homens, mulheres, fãs de alguma cantora ou estrêla de cinema popular, leitores de histórias em quadrinho ou de compêndios de Sociologia — cada um dêles tem probabilidades de ser classificado, na conversação comum, como um grupo. Dentro de alguns dêsses "grupos" pode haver ainda outros: a igreja católica divide-se em paróquias e dioceses, em certo número de ordens religiosas como a dos dominicanos, franciscanos e jesuítas; contém entidades distintas como o Colégio dos Cardeais e a Cúria Romana (a administração papal). Dentro da burocracia do govêrno há inúmeras divisões, escritórios, agências, departamentos e comitês interdepartamentais, bem como igrejinhas informais e séries de amigos. Os partidos políticos têm seus comitês nacionais e estaduais, suas organizações distritais e suas facções; os sindicatos, suas seções locais, departamentos e comitês executivos.

Essa legião de grupos se acha òbviamente tão diversificada que seria difícil, senão impossível, caracterizá-los em têrmos gerais. Uma família, com seus membros relativamente limitados, seus papéis e *status* reconhecidos, e seu sentido de identidade coletiva difere claramente, em aspectos importantes, da igreja católica, com sua organização hierárquica complicada e seus milhões de membros, que compartem de uma série de crenças e valôres e seguem as mesmas práticas religiosas; de eletricistas ou banqueiros, que possuem o mesmo *status* mas com pouca ou nenhuma consciência de identidade coletiva; e de admiradores de uma cantora popular, agrupados simplesmente porque partilham de um atributo isolado. Aos sociólogos, portanto, cabe a tarefa de distinguir tipos de coletividades humanas e estabelecer uma linguagem precisa para sua análise.

Como primeiro passo na execução dessa tarefa, devemos estabelecer a distinção entre grupos sociais, categorias sociais e agregados estatísticos.

O grupo social consiste em certo número de pessoas cujas relações se fundam numa série de papéis e *status* entreligados. Elas interagem de forma mais ou menos padronizada, em grande parte determinada pelas normas e valôres que aceitam. São unidas ou mantidas juntas por um sentido de identidade comum ou uma semelhança de interêsses que lhes permite distinguir os membros dos que não são membros. O grupo social identifica-se, portanto, por três atributos: interação padronizada, crenças e valôres partilhados ou semelhantes e, para usarmos a expressão de Franklin H. Giddings, consciência da espécie.

Definindo o grupo social dessa maneira, restringimos o significado convencionalmente atribuído a êle, limitando-lhe a extensão e tornando-o algo mais preciso. De acôrdo com essa definição, uma família é um grupo, como grupo é um sindicato, um clube social, certo número de amigos que se vêem de vez em quando, e os alunos de um estabelecimento de ensino superior. Homens, mulheres, donos de aparelhos de televisão, adolescentes, vagabundos, e leitores da revista *True Story* não são grupos sociais.

As coleções de pessoas que carecem dos atributos de um grupo podem ser separadas, por sua vez, em duas divisões distintas. Uma delas, que podemos chamar de *categoria social*, consiste em pessoas que possuem *status* semelhante e, portanto, nesse sentido, desempenham o mesmo papel social — por exemplo, homens, eletricistas, adolescentes, banqueiros ou vagabundos. A segunda, que denominamos *agregado estatístico*, é constituída de pessoas que possuem um atributo social semelhante em virtude do qual podem ser lògicamente consideradas em conjunto — os leitores de histórias em quadrinhos e os leitores da *Harper's Magazine*, adeptos do *rock and roll* e admiradores de Brigitte Bardot, fãs de basebol, devotos do *jazz* e suicidas.

Embora os sociólogos se interessem principalmente por grupos e categorias sociais, os agregados estatísticos também são, inevitàvelmente, objetos importantes de análise. Muitas vêzes desejamos explicar por que caem as pessoas em determinados agregados ou elucidar as diferenças entre elas. Por que certas pessoas lêem *Harper's Magazine* enquanto outras lêem *True Story?* Por que certos inglêses lêem o pontifical *Times* de Londres ao passo que outros lêem o tablóide *Daily Express?* Quem são os leitores de histórias de detetives, os admiradores do *rock and roll*, as pessoas que se suicidam e as que se entregam ao uso de entorpecentes? Para responder a essas perguntas, precisaremos habitualmente de fatos estruturais — isto é, de algum conhecimento dos grupos a que os homens pertencem e dos *status* que ocupam. Os protestantes se suicidam com mais freqüência do que os católicos, é mais provável que os leitores de *Harper's* sejam profissionais liberais do que o sejam os leitores de *True Story*, é mais provável que o *rock and roll* seja preferido pelos adolescentes que pelos adultos. Tais fatos proporcionam o princípio de explicações, que ainda requerem algum conhecimento ulterior da natureza dos grupos de que provêm as pessoas, e dos papéis que desempenham.

Os agregados estatísticos também são importantes porque, às vêzes, chamam a atenção para aspectos significativos da estrutura social ou proporcionam a base para a emergência de grupos sociais. Um interêsse comum por *basebol,* por exemplo, ou pelo *jazz* moderno, ou por antigüidades, pode ser um laço que una um grupo de amigos. O respeito pela habilidade física talvez seja a base em que se estribam os bandos de adolescentes para escolher seus líderes. Uma renda superior a 10 mil dólares anuais permite aos que a recebem a conquista de posições de elevado conceito na comunidade. Em alguns casos, pessoas com atributos semelhantes aglutinam-se em grupos: fãs de um cantor popular convertem-se na multidão que tenta arrancar-lhe a camisa do corpo ou, mais tranqüilamente, ingressa em fãs-clubes; racistas fanáticos estabelecem Conselhos de Cidadãos ou saem à noite envoltos em lençóis brancos para aterrorizar os negros; admiradores de George Bernard Shaw fundam sociedades shawianas.

As categorias sociais partilham com os agregados estatísticos de possibilidades de emergência de grupos plenamente desenvolvidos. Por causa disso Morris Ginsberg reuniu em *quase-grupos*

> entidades como classes sociais, que, sem serem grupos, são um campo de recrutamento para grupos, e cujos membros têm certos modos característicos de comportamento comum; e outros grupos incipientes como coleções de indivíduos interessados nas mesmas atividades ou que apóiam a mesma política; por exemplo, empregadores de trabalhadores que ainda não se associaram em defesa de seus interêsses, ou indivíduos interessados em determinados esportes, ou em reforma social, que ainda não possuem organização definida [23].

Em virtude de seus atributos físicos comuns, os negros, por exemplo, podem ser classificados como um agregado estatístico. Quando lhes é atribuído um *status* particular na sociedade, tornam-se uma categoria social. Mercê das dificuldades nascidas da sua posição, revelaram tendência para adquirir "consciência de raça", para formar organizações voluntárias consagradas à melhoria das suas condições. Buscam eliminar a discriminação e as coações que lhes são impostas por serem negros e conseguir o *status* a que fazem jus por suas habilidades individuais, de modo que seus atributos raciais sejam reduzidos a simples atributos característicos de um agregado estatístico.

Uma das tarefas do sociólogo consiste em especificar as condições em que se realiza a transformação de categoria ou agregado em grupo.

Que fôrças, por exemplo, conduzem uma classe social a ter consciência da própria existência e dos próprios problemas e a agir como um todo mais ou menos coeso? Quando é que os operários formam sindicatos, os empregadores, uma associação de empregadores, ou os consumidores, uma liga para a proteção de seus interêsses? Por que ingressam em clubes os fãs de cinema e os profissionais liberais participam de associações cívicas e sociedades profissionais?

Os conceitos de grupo, categoria e agregado estatístico são, às vêzes, difíceis de se aplicarem a coleções específicas de pessoas. Embora muitos agregados humanos sejam prontamente abrangidos por um ou outro dêsses conceitos, outros são ambíguos em seu caráter e desafiam uma pronta classificação. De determinado ponto de vista, os médicos norte-americanos são simplesmente uma categoria social, de outro, constituem uma associação muitíssimo bem organizada e poderosa. Muitos membros de uma classe social têm pouco sentido de identidade coletiva, mas outros podem ter vigorosa "consciência de classe" e buscam desenvolver organizações baseadas na classe. Os adeptos de determinada reforma podem estar em vias de fundar um nôvo grupo político, e os membros de uma profissão nascente talvez estejam tateando à procura dos meios de formar uma sociedade profissional.

Tais conceitos, portanto, servem principalmente como esquemas heurísticos, isto é, sugerem perguntas e orientam o inquérito. A discussão, em têrmos gerais, de grupos, categorias sociais e agregados estatísticos leva-nos na direção da análise sistemática. O simples fato de se determinar que certa coleção de pessoas é uma coisa ou outra, proporciona apenas um comêço de estudo sistemático; feita a determinação, cumpre-nos prosseguir, explicando a existência do agregado estatístico, examinando a natureza da categoria particular e sua significação para a sociedade, ou analisando a estrutura e as funções do grupo social.

A definição do grupo social tem também, essencialmente, valor heurístico: chama a atenção para variáveis significativas, que precisam ser examinadas. A interação, os valôres, a solidariedade, características que definem os grupos sociais, são, afinal de contas, variáveis; não possuem "valor" fixo, se nos permitem recorrer à terminologia matemática. Pode haver maior ou menor interação entre pessoas colocadas em diversas espécies de relações recíprocas. Os membros de um grupo podem aceitar apenas uma ou muitas normas ou crenças, e defender suas idéias com maior ou menor veemência. Os membros são vigorosa ou frouxamente identificados uns com os outros; isto é, o grupo pode ser mais ou menos solidário. Cada uma dessas variáveis precisa, portanto, ser examinada, determinando-se-lhe as relações com as outras.

Tipos de grupos sociais

A distinção entre grupos sociais, categorias sociais e agregados estatísticos, já o dissemos, é apenas um primeiro passo para a ordenação e classificação de coletividades humanas. A enorme variedade de grupos sociais, uma variedade que reconhecemos claramente em nosso vocabulário cotidiano por têrmos como *multidão, platéia, público, panelinha, bando, clube, fraternidade, associação,* conduziu a muitas tentativas para se estabelecer uma taxionomia de grupos semelhantes à que se usa em Biologia para classificar plantas e animais. Teòricamente, qualquer classificação dêsse gênero deve basear-se num princípio explícito (a *fundamentum divisionis*) que deveria ter relação significativa com outros fatos da vida social; a divisão dos homens em homens de cabelo vermelho e homens sem cabelo vermelho, por exemplo, talvez tenha um sentido lógico ou estético, mas não é provável que conduza a algum conhecimento sociológico. Muitos critérios têm sido usados na classificação de grupos sociais, não só os que já identificamos como as variáveis que definem o grupo, mas também outros atributos de grupo, tais como tamanho, duração, função e localização. Infelizmente, porém, nenhum dêsses esforços globais foi muito útil na análise e na pesquisa. Os sociólogos, portanto, continuam a empregar categorias fundadas em diversos critérios para descrever e analisar várias espécies de grupos. Embora as categorias não preencham os requisitos de uma taxionomia lógica — não se excluem mùtuamente nem abrangem todos os grupos com que estamos familiarizados — identificam as espécies mais importantes de grupos sociais.

O problema central na análise dos grupos talvez seja a natureza das relações existentes entre seus membros. Uma distinção fundamental reside entre os grupos caracterizados por estreitas e íntimas relações, os *grupos primários,* e os que carecem de tais relações. O grupo primário inclui o grupo de folguedo, os amigos, a família, em alguns casos a vizinhança e, em certas circunstâncias, uma sociedade inteira, necessàriamente pequena. As relações dentro de um grupo primário tendem a ser pessoais, a permitir a espontaneidade e a ser tìpicamente (embora não necessàriamente) duradouras; baseiam-se antes em expectativas mútuas, difusas e generalizadas, do que em obrigações precisas e estritamente definidas. Espera-se que os membros de uma família se amem uns aos outros, ao passo que os empregados de um escritório só se associam uns aos outros de acôrdo com as exigências do trabalho — a menos que se tornem amigos, isto é, que estabeleçam uma relação *primária.* Os membros de um grupo primário estão mais unidos pelo valor intrínseco das próprias relações do que por um compromisso relativo a uma finalidade explícita de organização.

Embora seja claramente um grupo primário, a família ocupa uma categoria especial. À diferença de grupos mais espontâneos, de base informal, sua existência é institucionalmente sancionada. Embora se baseie, até certo ponto, em fatos biológicos de sexo e idade, tem a estrutura definida por lei e por tradição. Tôda a gente pertence a uma família e os papéis familiais são mais ou menos idênticos para todos os grupos de família no interior de uma sociedade ou de um segmento culturalmente distinto dentro dela. Examinaremos a natureza, as origens e as funções de grupos primários, com exclusão da família, no capítulo 6 e a família e as instituições e estruturas a ela ligadas no capítulo 7.

Grupos e relações primárias são amiúde encontradas dentro de grupos "secundários" maiores, como sindicatos, corporações mercantis, departamentos do govêrno, partidos políticos, estabelecimentos de ensino, cooperativas agrícolas e irmandades. Muitos dêsses grupos são *associações,* constituídas de indivíduos que se reúnem para atingir uma ou várias metas semelhantes ou comuns, ou para defender um interêsse comum ou semelhante. Como o indicam nossas ilustrações, a série de metas ou interêsses em tôrno dos quais se podem organizar associações é extensíssima. Além disso, muitas associações não se restringem a um só propósito; as organizações de veteranos de guerras, por exemplo, tìpicamente interessadas em conseguir junto aos legisladores leis especiais para veteranos, incentivam sua versão de patriotismo e de valôres patrióticos e proporcionam centros sociais para seus membros.

As associações não raro possuem organização *formal* ou *burocrática,* tipo de estrutura social que examinaremos com detalhes no capítulo 10. Visto que tais grupos se estabelecem para a defesa de interêsses específicos, os membros se reúnem em contextos reduzidos e para propósitos limitados. Em contraste com o grupo primário, as relações tendem a ser formais e impessoais, regras claramente formuladas governam grande parte do comportamento dos membros, e as possibilidades de espontaneidade são restritas. Os papéis tendem a ser mais segmentários, isto é, limitados em seus requisitos às tarefas oficiais ou formais executadas pelos membros do grupo como tais, do que inclusivos. Exemplo familiar de organização formal nos depara o escritório moderno, com sua distribuição de obrigações entre secretárias, datilógrafas, empregados, gerente, recepcionista, telefonista e outros, com linhas nítidas de autoridade e responsabilidade, e com todo o funcionamento do escritório governado por uma série mais ou menos explícita de regras e regulamentos, freqüentemente registrados em alguma espécie de estatuto.

Além dêsses dois tipos de organização — o grupo primário e a associação formal — há outras espécies significativas de agrupamentos sociais, que precisam ser incluídas em qualquer análise da estrutura da sociedade. Os *grupos étnicos* são formados de pessoas que compartem de uma tradição cultural comum, que as une numa entidade social isolada. De certo ponto de vista, qualquer sociedade, com sua cultura distintiva, constitui um grupo étnico. Mas no interior de muitas sociedades pollticamente unificadas do mundo moderno, alguns grupos se destacam por suas práticas, crenças, religião ou linguagem — e, em certos casos, também por características físicas distintivas. Nos Estados Unidos há irlandeses, italianos, japonêses, chineses, mexicanos, franco-canadenses, judeus, gregos, índios, e assim por diante. Na Bélgica existem valões e flamengos; na Suíça se encontram grupos que falam alemão, francês, italiano e romanche; na União Sul-Africana, africânderes, inglêses, judeus, negros do Cabo e prêtos (êstes últimos divididos em muitas tribos distintas); na União Soviética, grandes russos, ucranianos, letões, lituanos, judeus, usbeques, georgianos e várias dúzias mais.

A participação num grupo étnico é atribuída; os indivíduos derivam seu *status* étnico da família em que nasceram e adquirem-lhe os atributos culturais à proporção que crescem. Partilhando de uma tradição cultural que até certo ponto os assinala, os membros de um grupo étnico tendem a associar-se mais freqüentemente entre si do que com estranhos e a partilhar de uma identidade comum que, por seu turno, influi nas suas relações recíprocas e com estranhos. A clareza com que um grupo étnico pode ser distinguido, o grau de união de seus membros e a extensão de sua lealdade ao grupo, naturalmente, variam muitíssimo. De mais a mais, a estrutura interna do grupo é significativamente afetada por sua posição na sociedade mais ampla, isto é, por suas relações com outros grupos.

As diferenças étnicas são, amiúde, ìntimamente ligadas a *classes sociais,* grupos dispostos em certa ordem de superioridade ou inferioridade na sociedade. Embora às vêzes mal definidas, as classes sociais desempenham parte importante em qualquer sociedade. Como o veremos no captíulo 8, há muitas definições de classes sociais ainda correntes na Sociologia contemporânea; com efeito, é provàvelmente menor o acôrdo sôbre êste ponto que sôbre a grande maioria dos outros conceitos importantes. As classes são, às vêzes, identificadas como grupos, outras, como categorias sociais; de fato, podem ser tanto uma coisa quanto outra. Alguns estudiosos identificam-nas pela posição econômica, outros pela posição social na comunidade, outros ainda pelo poder político. Não precisamos ventilar aqui os complexos problemas suscitados pelas diversas maneiras de encarar o assunto; tôdas essas divisões estruturais são importantes na vida de uma sociedade e são muito estreitamente relacionadas umas às outras.

Os membros de uma classe compartem de uma posição comum — econômica, social ou política — que pode ser atribuída ou conseguida. Uma pessoa recebe inicialmente da família sua posição de classe; com efeito, as famílias, mais do que os indivíduos, constituem as unidades de classe social. Até nos Estados Unidos, onde predomina a ideologia da "oportunidade igual" e se presume que o *status* se baseie principalmente nas consecuções, há vantagens manifestas em ser filho de um homem rico e conhecido e não filho de um homem pobre. Outras sociedades — na Índia, por exemplo — dão muito menor importância à consecução e firmam-se muito mais na atribuição para situar as pessoas na ordem social.

Uma posição de classe comum, provàvelmente, traz consigo valôres, crenças e maneiras de agir semelhantes — embora seja perfeitamente possível haver diferenças de comportamento e atitude entre as pessoas nascidas numa classe e as que nela ingressam pelo próprio esfôrço — ou pela ausência de esfôrço. Tais características comuns podem conduzir a uma consciência coletiva, ou consciência de classe, que reúne os membros numa unidade social e impele os líderes à ação coletiva. Já tivemos ocasião de observar que, um dos problemas dos sociólogos consiste em identificar as condições em que ocorre a mudança de uma categoria social para um grupo e determinar-lhe as conseqüências.

Está claro que os grupos primários, as associações, os grupos étnicos e as classes sociais não se excluem mùtuamente e as complexas relações que mantêm entre si constituem um problema central na análise da organização social. O grupo primário, ubíquo, encontra-se no interior de associações, grupos étnicos e classes. As associações, por vêzes, são organizadas por grupos primários que buscam alcançar uma meta específica, e é muito provável que se encontrem alguns grupos primários no interior da maioria das associações, até das mais burocráticas. Visto que os membros de grupos étnicos, em virtude de sua cultura comum, e os membros de classes, em virtude de sua posição econômica ou social semelhante, tendem a ver-se freqüentemente reunidos, dão origem, tìpicamente, a uma quantidade de grupos primários, que podem desempenhar papel significativo na vida organizada dos grupos mais amplos.

As classes e os grupos étnicos oferecem um "campo de recrutamento", segundo a expressão de Ginsberg, para a emergência de associações. A existência de associações limitadas a membros de uma classe ou de um grupo étnico é, às vêzes, meramente casual; elas podem limitar-se a um grupo porque os membros vivem muito juntos ou estão em contato freqüente e regular. Um clube de homens de negócios num bairro predominantemente irlandês ou judeu de cidade grande, por exemplo, tende òbviamente a restringir-se a membros de um grupo étnico, ainda que não os reúnam interêsses étnicos. Entretanto, o caráter étnico pode influir nos propósitos e atividades da organização. As classes e associações étnicas, por outro lado, podem representar esforços de grupo para se proteger ou fomentar interêsses comuns, como é o caso dos sindicatos ou de qualquer uma das muitas organizações formadas pelos numerosos grupos étnicos nos Estados Unidos.

As relações entre classes e grupos étnicos são, não raro, complexas pois influem substancialmente umas nas outras. A discriminação contra certo grupo étnico pode determinar-lhe amplamente a posição de classe; a maioria dos negros norte-americanos está adstrita a ocupações manuais ou serviços mal remunerados. Em virtude de se lhes negarem oportunidades de educação ou de ocupações desejáveis por motivos raciais ou étnicos, seus membros vêem-se relegados a uma baixa posição de classe. Por outro lado, a posição de classe de um grupo étnico influi na maneira por que êle é tratado pelo resto da sociedade. A ação coletiva, bem como a interação pessoal dos membros de grupos diferentes, pode, portanto, formar-se num complexo entrelaçamento de interêsses e atitudes, ao mesmo tempo étnico e de classe.

Os grupos que até agora examinamos funcionam dentro de um todo maior e territorialmente definido, em que os homens exercem suas várias atividades. Esse grupo, extenso, inclusivo, quando definido em têrmos territoriais, é a *comunidade*. À diferença de outros grupos, define-se em parte pela localização física, que também proporciona um vínculo significativo de solidariedade.

Existe óbvia imbricação entre comunidade e sociedade, as quais, em pequenas sociedades coesas, são virtualmente idênticas. Mas dentro da maioria das sociedades há, por via de regra, subdivisões geogràficamente distintas, a que chamamos vilas, aldeias, povoações, cidades e, às vêzes, bairros dentro de cidades. Como partes de um conjunto maior, essas comunidades geralmente não são independentes mas, sem embargo disso, é possível a homens viverem a vida inteira dentro de seus limites. Nas próprias metrópoles encontramos áreas em que muitos residentes locais nasceram e foram criados, nas quais trabalham, entretêm-se, casam, constituem famílias e esperam ser enterrados [24].

Ao descrever e analisar a comunidade examinam-se, necessàriamente, os diversos grupos que se formam dentro dela e suas relações recíprocas. Consideram-se as relações da comunidade com outras comunidades e com o conjunto maior de que ela faz parte. Mas há também qualidades distintivas da comunidade como tal que interessam os grupos nela encerrados, suas relações uns com os outros e com o todo. Em expressões convencionais como *urbano, rural, aldeão* e *suburbano,* reconhecemos manifestamente a existência de diferenças globais que justificam uma inspeção cuidadosa. Algumas dessas diferenças são prontamente aparentes: o tamanho e o número, a concentração ou dispersão física da população e as ocupações características. A relevância dessas — e de outras características — para a organização social, contudo, suscita problemas mais difíceis e mais complexos, aos quais voltaremos no capítulo 11.

Tipos de sociedades

À proporção que se consideram os diversos grupos e as complexas combinações e associações mútuas encontradas entre êles, impõe-se a pergunta: é possível separar algum padrão global de organização social característica de sociedades inteiras? Virtualmente desde os primórdios da sua disciplina, distinguiram os sociólogos, dè fato, muitas vêzes, dois tipos amplos de sociedade dentro da diversidade aparentemente infinita. Herbert Spencer rotulou-os de *militante* e *industrial; Sir* Henry Mayne fêz distinção entre a sociedade baseada no *status* e a sociedade fundada no *contrato;* Ferdinand Tönnies estremou *Gemeinschaft* (comunidade) de *Gesellschaft* (sociedade); Émile Durkheim distinguiu as sociedades unidas por *solidariedade mecânica* das sociedades unidas por *solidariedade orgânica;* Howard Becker chamou aos dois tipos *sagrado* e *secular;* e Robert Redfield emprega as categorias de sociedade de *folk* e sociedade *urbana.*

Cada um dêsses pares de categorias chama a atenção de diferentes maneiras e com ênfase diversa para quase as mesmas diferenças sociais e culturais. Podemos incluir êsses vários contrastes nos conceitos formulados mais recentemente de sociedades *comunitárias* e sociedades *societárias.*

A sociedade comunitária é tìpicamente pequena, com uma divisão simples do trabalho e, conseqüentemente, limitada diferenciação de papéis. O papel do homem adulto entre os esquimós nunivaques, para tomarmos um caso extremo, é, em linhas gerais, o mesmo de quase todos os homens, com algumas diferenças apenas entre casados, solteiros ou viúvos; a única diferenciação econômica importante se verifica entre homens e mulheres; só o xamã desempenha papel religioso distinto; e, excetuados os chefes, que dispõem de autoridade restrita, e os anciãos, que exercem uma liderança não oficial e informal, não existe qualquer estrutura formal de papéis políticos. As famílias e outros grupos primários (informais) constituem as unidades importantes dentro da sociedade como um todo. Os papéis sociais, portanto, são antes inclusivos que segmentários; incluem muitos aspectos de comportamento e não apenas um segmento limitado das atividades do indivíduo.

Porque os membros da sociedade comunitária geralmente desempenham papéis mais inclusivos que segmentários, interagem necessàriamente em ampla variedade de contextos. As relações sociais, por conseguinte, são duradouras, inclusivas e íntimas ou pessoais. Têm uma significação intrínseca em vez de serem instrumentais; são avaliadas (positiva ou negativamente) por si mesmas e não como meios para outros fins. As expectativas recíprocas das pessoas envolvidas nessas relações primárias são difusas e generalizadas; compete-lhes viver de acôrdo com padrões de respeito, lealdade, afeto ou amor, por exemplo, e não apenas cumprir obrigações especìficamente definidas.

Famílias imediatas e, não raro, grupos de parentesco mais desenvolvidos, pequenas facções e talvez um punhado de outras subdivisões esgotam a constituição de grupos no tipo comunitário de sociedade. Pode haver várias espécies de organizações fundadas na idade, no sexo, ou no *status* conjugal, embora até êstes propendam a ser antes pequenos grupos primários do que associações de interêsse especial. Destarte, entre os samoanos havia a *Fono,* assembléia dos chefes das famílias da aldeia; a *Aumaga,* organização constituída de homens mais jovens e dos que ainda não haviam sido reconhecidos como chefes; e a *Auluma,* organização frouxa de mulheres solteiras, viúvas e espôsas de homens ainda não admitidos na *Fono.*

Numa estrutura social dessa natureza o comportamento é largamente regulado pelo costume; as muitas facêtas da vida cotidiana são governadas por uma série complexa de regras e regulamentos relativos às atividades como comer e dormir, caçar e pescar, rezar, dançar e amar. A ação flui muito suavemente por trilhas convencionais. Como os *mores* exercem vigorosa influência sôbre o comportamento, há pouca necessidade de lei formal. A lei, pode-se dizer, faz parte da tradição; não é codificada nem racionalizada, não é imposta nem decretada mas, surgindo da experiência acumulada da sociedade, incorpora-se aos costumes conhecidos e aceitos pelos membros. A vigorosa influência da tradição não significa, entretanto, identidade de comportamento entre os homens. Como Redfield assinalou, o indivíduo não é uma "espécie de autômato cuja mola principal é o costume... Dentro dos limites estabelecidos pelo costume há um convite para excelir no desempenho. Existe vigorosa competição, senso de oportunidade e o sentimento de que vale a pena ser feito o que a cultura leva alguém a fazer" [25].

Sumariando, na sociedade comunitária os papéis sociais são antes inclusivos do que segmentários, as relações sociais, pessoais e íntimas, e há relativamente poucos subgrupos além da família e das unidades de parentesco. Nessa (sociedade) tìpicamente "pequena, isolada, inculta e homogênea, com um sentido robusto de solidariedade de grupo" [26], difunde-se a tradição por todos os aspectos da vida e a série de padrões alternativos de comportamento franqueada aos indivíduos é inevitàvelmente restrita.

A *sociedade societária,* sintetizada pela grande metrópole moderna, caracteriza-se pela acentuada divisão do trabalho e pela proliferação de papéis sociais. Os indivíduos precisam enquadrar-se numa complexa estrutura social, em que ocupam muitos *status* e desempenham muitos papéis diferentes e freqüentemente sem ligação entre si. O fato de ser uma pessoa católica, protestante ou judia é (em princípio, embora nem sempre de fato) irrelevante para a sua ocupação particular; supõe-se que o tratamento dispensado a uma pessoa num tribunal de justiça não seja afetado por suas filiações e atividades políticas, pelos clubes a que pertence e pela posição econômica que ostenta. Os rendimentos ou o salário de um homem não sofrem a influência do seu estado civil, do fato de não ter filhos ou de tê-los em grande quantidade. Os vários papéis que os homens desempenham são geralmente segmentários; limitam-se a contextos específicos, restringem-se a uma estreita série de atividades e envolvem apenas até certo ponto a personalidade do ator.

As relações sociais na sociedade societária tendem a ser transitórias, superficiais e impessoais. Os indivíduos associam-se uns aos outros em função de propósitos limitados e a interação social propende a confinar-se aos interêsses específicos em tela.

> O protótipo é a relação estritamente contratual de comprador e vendedor numa transação de mercado livre, em que tudo é formalmente irrelevante à relação exceto as considerações de preço, quantidade e qualida-

de dos artigos que estão sendo trocados. Os direitos e obrigações das partes são específicos e definidos — nem mais nem menos do que o explìcitamente acordado para a ocasião específica — e o estabelecimento de qualquer relação associativa particular não implica quaisquer outras relações sociais entre os participantes [27].

Tais relações são essencialmente instrumentais; não são importantes em si mesmas, senão para as metas ou finalidades cuja realização possibilitam. Em resultado disso, há menos possibilidade de um vigoroso envolvimento emocional com outras pessoas do que nas relações primárias.

A vida na sociedade societária perde o caráter unitário coesivo. A vida do trabalho e a vida da família são aparentemente separadas, a religião tende a confinar-se a determinadas ocasiões e lugares em vez de penetrar tôda a existência humana, o trabalho e o lazer são nìtidamente apartados. Em conseqüência disso, a família não ocupa o mesmo lugar central na estrutura social que possui na sociedade comunitária. Os homens pertencem a vários grupos, muitos dos quais são associações burocràticamente organizadas, cada qual dedicada às próprias metas e interêsses e empenhada em sua consecução.

Nessa sociedade complexa e diversificada, com miríades de grupos e interêsses competidores, rompeu-se em grande parte a influência penetrante da tradição e a relativa uniformidade de pensamento foi substituída por uma variedade quase infinita. São relativamente poucas as crenças, os valôres e os padrões de comportamento universalmente aceitos; enfraqueceram-se os *mores* e a lei formal emergiu para regular o comportamento e governar o intercâmbio social. A mudança, portanto, é rápida; com efeito, o artificialismo e a inovação são positivamente sancionados em muitas áreas de vida. Em lugar da firme integração característica da sociedade comunitária, a sociedade societária é frouxamente articulada e o grau de consenso tende a diminuir.

Êsses tipos ideais sugerem algumas das maneiras por que os vários elementos da organização social se relacionam entre si: à medida que os papéis deixam de ser inclusivos para se tornarem segmentários, as relações sociais tendem a mostrar-se mais formais e impessoais; à proporção que os interêsses se multiplicam com a divisão do trabalho, proliferam as associações; à maneira que aumenta o tamanho de uma sociedade — ou de uma associação — estimula-se a tendência para a organização formal. Tais generalizações proporcionam útil ponto de partida para a análise de sociedades específicas.

A distinção entre sociedade comunitária e societária também proporciona base para uma interpretação histórica da sociedade moderna.

A tendência a longo prazo, argumentam certos estudiosos, tem sido da sociedade comunitária para a sociedade societária. O crescimento das cidades, o suposto declínio da importância da família, a multiplicação de associações e a extensão da burocracia, o enfraquecimento da tradição e o papel diminuído da religião na vida cotidiana, tudo isso é citado como prova dessa transformação. Tais mudanças conduzem, de um lado, à desorganização, ao conflito, à instabilidade, à ansiedade e às tensões psicológicas, de outro lado à libertação dos contrôles e da coerção e a novas oportunidades para o crescimento individual e a criatividade. Essa interpretação histórica, portanto, está estreitamente ligada assim a asserções teóricas como a juízos morais sôbre a importância das relações íntimas, da tradição e dos valôres comuns e do seu lugar na sociedade moderna.

Os problemas assim suscitados não dizem respeito apenas à Sociologia, mas versam também questões cruciais relativas ao futuro da sociedade moderna. Em que base se poderá conseguir o consenso e a estabilidade numa sociedade industrial urbana? Será necessário, para resolver os problemas sociais e econômicas de uma sociedade dessa natureza, retornar aos valôres tradicionais e aos modos mais antigos de organização? Serão as formas sociais e culturais alternativas, apropriadas a uma complexa sociedade moderna, congruentes com certos valôres como a liberdade, a oportunidade e a individualidade?

Notas

1 Charles H. Cooley, *Human Nature and the Social Order* (Nova Iorque: Scribner, 1902), p. 33*n*.

2 Adam Ferguson, *Essay on the History of Civil Society* (7.ª ed.; Boston: Hastings, 1809), p. 4.

3 Veja a crítica da literatura sôbre o homem selvagem em *The Direction of Human Development* de M. F. Ashley Montagu (Nova Iorque: Harper, 1955), Cap. 11. Encontra-se também uma descrição e uma análise detalhadas de um caso de criança completamente rejeitada em "Extreme Social Isolation of a Child" de Kingsley Davis, *American Journal of Sociology,* XLV (janeiro, 1940), pp. 554-65; e em "Final Note on a Case of Extreme Isolation", *American Journal of Sociology,* LII (março de 1947), 432-47. Relato mais recente sôbre um caso de homem selvagem encontra-se em "The Wolf Boy of Agra", de William F. Ogburn, *American Journal of Sociology,* LXIV (março de 1959). 449-54. Sugestiva interpretação psicológica do homem selvagem oferece "Feral Children and Autistic Children", de Bruno Bettelheim, *American Journal of Sociology,* LXIV (março de 1959), 455-67.

4 Leia a crítica pormenorizada dos significados atribuídos à "cultura", assim passados como presentes, em *Culture, a Critical Review of Concepts and Definitions* de Alfred L. Kroeber e Clyde Kluckhohn, (Nova Iorque: Random House Vintage Books, s. d.). Conheça o relato das várias maneiras pelas quais

a "cultura" tem sido usada desde o fim do século XVIII e de sua maior aplicação na crítica social do que na ciência social, apresentado no estudo estimulante e sugestivo de Raymond Williams, *Culture and Society* (Nova Iorque: Doubleday Anchor Books, 1959).

5 Gladys Bryson, *Man and Society* (Princeton: Princeton University Press, 1945).

6 Jay Rumney e Joseph Maier, *Sociology: The Science of Society* (Nova Iorque: Schuman, 1953), p. 74.

7 Georg Simmel, *Sociologia,* trad. para o inglês por Kurt H. Wolff (Nova Iorque: Free Press, 1950), p. 10.

8 Ralph Linton, *The Study of Man* (Nova Iorque: Appleton, 1936), p. 91.

9 Ralph Linton, *The Cultural Background of Personality* (Nova Iorque: Appleton, 1945), p. 125.

10 R. R. Marett, *Anthropology* (ed. rev.; Londres: Oxford, 1944), p. 183.

11 Talcott Parsons, *Essays in Sociological Theory* (Nova Iorque: Free Press, 1949), p. 203.

12 William Graham Sumner, *Folkways* (Boston: Ginn, 1906), pp. 53-4.

13 Veja Kingsley Davis, *Human Society* (Nova Iorque: Macmillan, 1949), p. 71.

14 Robert M. MacIver e Charles H. Page, *Society: An Introductory Analysis* (Nova Iorque: Rinehart, 1949), p. 24.

15 John Kenneth Galbraith, *The Affluent Society* (Boston: Houghton Mifflin, 1958), p. 9.

16 Ernst Cassirer, *An Essay on Man* (Nova Iorque: Doubleday Anchor Books, 1953), pp. 53-5.

17 A. L. Kroeber e Talcott Parsons, "The Concepts of Culture and of Social System", *American Sociological Review,* XXIII (Outubro de 1958), 582-3.

18 Veja, por exemplo, as seleções de William Archer, Constant Coquelin, e Konstantin Stanislavsky em *Actors on Acting* de Toby Cole e Helen Krich Chinoy (eds.) Nova Iorque: Crown, 1949).

19 Mirra Komarovsky, "Cultural Contradictions and Sex Roles", *American Journal of Sociology,* LII (Novembro de 1946), 184-9.

20 Ely Chinoy, "Local Union Leadership", em *Studies in Leadership* de Alvin W. Gouldner (ed.) (Nova Iorque: Harper, 1950), p. 168.

21 Talcott Parsons, *The Social System* (Nova Iorque: Free Press, 1951), pp. 439-47.

22 Divertida caracterização do *tummler* encontra-se em "The Catskills: Still Having Wonderful Times", de David Boroff, *Harper's Magazine,* julho de 1958, pp. 56-63.

23 Morris Ginsberg, *Sociology* (Londres: Butterworth, 1934), pp. 40-41.

24 O leitor encontrará a descrição de um bairro urbano dessa natureza em *Family and Kinship in East London,* de Michael Young e Peter Willmott (Nova Iorque: Free Press, 1957).

25 Robert Redfield, "The Folk Society", *American Journal of Sociology,* LII (janeiro de 1947), 300.

26 *Ibid.,* p. 297.

27 Robin M. Williams Jr., *American Society* (2.ª ed.; Nova Iorque: Knopf, 1960), pp. 479-80.

Sugestões para novas leituras

GOFFMAN, ERVING. *The Presentation of Self in Everyday Life.* Garden City: Doubleday Anchor Books, 1959.
Análise sensível e perceptiva do desempenho de papéis e da interação social vista pelo prisma de um "desempenho dramático".

GREER, SCOTT. *Social Organization.* Nova Iorque: Random House, 1955.
Sugestiva discussão, que encara a organização social como estrutura e processo, ao mesmo tempo.

HUGHES, EVERETT C. "Dilemmas and Contradictions of Status", *American Journal of Sociology,* L (março de 1945), 353-9.
Boa e breve descrição de problemas nascidos de situações em que os homens são colocados em papéis incompatíveis.

KLUCKHOHN, CLYDE, e WILLIAM H. KELLEY "The Concept of Culture", em *The Science of Man in the World Crisis* de Ralph Linton (ed.), Nova Iorque: Columbia University Press, 1945, pp. 78-106.
Conversação em que diversos antropólogos examinam o conceito de cultura.

KOMAROVSKY, MIRRA. "Culture Contradictions and Sex Roles", *American Journal of Sociology,* LII (novembro de 1946), 184-9.
Análise das dificuldades enfrentadas pelas môças que freqüentam estabelecimentos de ensino superior por causa das exigências concorrentes dos diferentes papéis que desempenham.

LINTON, RALPH. *The Study of Man.* Nova Iorque: Appleton, 1936.
Compêndio clássico. O Capítulo VII trata de "Sociedade" e dos processos que a sustentam. O capítulo VIII, "Status *e Papel", introduziu êsses conceitos em Sociologia e Antropologia. Ambos os capítulos ainda fazem jus a cuidadoso estudo.*

MACIVER, ROBERT M. *The Web of Government.* Nova Iorque: Macmillan, 1947, pp. 421-30.
Sumário penetrante das principais características da sociedade de "grupos múltiplos" (societária).

REDFIELD, ROBERT. *The Little Community.* Chicago: University of Chicago Press, 1960.
Análise fecunda da sociedade de folk *(comunitária) feita por notável antropólogo.*

SUMNER, WILLIAM GRAHAM. *Folkways.* Boston: Ginn, 1906.
A descrição pioneira de folkways *e* mores. *O ponto essencial da análise se encontra no captíulo 1; o resto do livro é, em grande parte, ilustrativo e baseia-se em materiais hoje consideràvelmente antiquados.*

WILLIAMS, ROBIN M. JR. *American Society.* 2.ª ed. Nova Iorque: Knopf, 1960, Cap. 12.
Exposição das principais características da organização social e tentativa de descrição dos contornos da organização social nos Estados Unidos.

ZNANIECKI, FLORIAN. *Social Relations and Social Roles.* São Francisco: Chandler, 1965.
Segmento de um tratado não concluído, escrito por uma das maiores figuras no desenvolvimento da Sociologia, que examina circunstanciadamente a natureza e a variedade das relações e papéis sociais.

DIVERSIDADE E UNIFORMIDADE

A variedade das formas sociais

Tanto a cultura como a organização social exibem uma variedade quase infinita de formas, fato êsse que suscita muitas perguntas e sugere inúmeras hipóteses de grande importância no inquérito sociológico. Numa época em que o resto do mundo se torna cada dia mais próximo graças aos meios modernos de transporte e comunicação, a enorme diversidade de costumes, crenças, hábitos e formas de organização social encontrados na sociedade humana não parece precisar de minuciosa documentação. O véu das mulheres muçulmanas, os estranhos costumes dos esquimós, o amor nos mares do Sul, os arranjos políticos e econômicos comunistas — êstes e muitos outros exemplos de tradições, práticas e estruturas sociais diferentes das nossas são contìnuamente relatados pela imprensa, pelo rádio e pela televisão e, para os estudiosos do assunto, descritos em livros fàcilmente acessíveis. No entanto, a tendência predominante de medir os costumes dos outros pelos nossos é tão vigorosa que a extensão e o processo da diversidade requerem ênfase constante.

Tôda a gama de variação cultural e social pode ser encontrada na vasta biblioteca de estudos antropológicos, nos relatos de viajantes e jornalistas inteligentes e nas narrações do passado apresentadas por historiadores. Sentimo-nos tentados a escolher exemplos do trivial e do exótico, do muito vulgar e familiar e do muito inusitado e estranho, a fim de demonstrar quão amplamente pode variar o comportamento humano e, incidentalmente, estimular o leitor a se mostrar sempre objetivo ao examinar a própria cultura e a própria sociedade. Pois exemplos invulgares do que para outros é normal ou convencional podem levar-nos a encarar de maneira nova os costumes geralmente tidos por estabelecidos.

Os habitantes da Ilha de Andaman na Baía de Bengala não assobiam à noite, pois acreditam que isso atraia os espíritos; ora, entre os norte-americanos o assobiar é considerado uma das formas de sustentar a coragem de uma pessoa ao passar, sòzinha, à noite, por um cemitério. Entre os índios comanches, em certas circunstâncias, os irmãos emprestam suas espôsas uns aos outros para fins sexuais, e é característico de certos grupos esquimós oferecerem ao hóspede as espôsas para passarem a noite, práticas essas que os norte-americanos e muitos outros considerariam altamente imorais. Os hindus recusam-se a comer carne de vaca e os muçulmanos a comer carne de porco, ao passo que os cristãos, exceto pequeno número de vegetarianos, apreciam as duas. Entre os todas da Índia do Sul levar o polegar ao nariz e estender os dedos diante de outra pessoa é sinal de respeito; na Europa Ocidental e nos Estados Unidos o mesmo gesto expressa desafio e desrespeito. Os norte-americanos e europeus apertam-se as mãos a modo de saudação; os polinésios esfregam os narizes.

Essas notáveis ilustrações não deveriam levar-nos a ignorar diferenças sociais e culturais mais familiares, porém menos óbvias, que, examinadas de perto, parecem apenas questões de preferência individual e características de personalidade. O interêsse pela música sinfônica está difundido entre alguns grupos nos Estados Unidos, mas é provável que os montanheses do Kentucky, os operários urbanos negros e os adolescentes prefiram outros gêneros musicais. As pessoas da roça tendem a denominar a refeição noturna de "ceia" e os citadinos de "jantar", embora alguns habitantes da cidade, sobretudo na classe operária, conservem o uso rural. A consciência de classe parece mais difundida entre os muito ricos do que nos outros grupos econômicos. Os norte-americanos que têm renda elevada tendem a ser Republicanos ao passo que os que têm renda baixa são mais freqüentemente Democratas.

A existência de acentuadas diferenças nas normas, valôres e arranjos sociais encontrados em sociedades espalhadas pelo mundo — e dentro de sociedades — não apenas cria a necessidade científica de se explicar a diversidade cultural e social, mas também suscita problemas éticos ou morais que requerem, pelo menos, breve comentário. As pessoas, em tôda a parte, propendem a considerar como absolutos seus valôres e suas crenças. Mas se há acentuadas diferenças nas regras e valôres que governam a vida familial, o comportamento sexual, as práticas e relações políticas, as atividades econômicas, os ritos e dogmas religiosos, e assim por diante, poderá haver padrões absolutos? "Os *mores*", escreveu Willam Graham Sumner, "podem tornar qualquer coisa certa e qualquer coisa errada". Em que bases — se é que há alguma — se poderá concluir que uma série de normas e crenças é certa e outra errada? Uma resposta possível seria a existência de padrões universalmente aceitos. Talvez o que mais se aproxime de uma norma universal seja o tabu do incesto; no entanto, ainda que as relações sexuais entre irmãos e entre pais e filhos sejam sempre proibidas — a não ser em poucas situações especiais — existe considerável variação no tocante aos demais parentes incluídos no tabu.

Dos fatos da variação cultural adveio o princípio da relatividade cultural, segundo o qual crenças e normas válidas numa sociedade podem ser tidas por falsas ou imorais em outras. O princípio colide evidentemente com qualquer afirmação de verdade absoluta e tem sido atacado, de vez em quando, como subversor da crença estabelecida e até contrário à manutenção da ordem social. Mas como acontece com tanta freqüência, as mesmas idéias podem ser usadas de maneiras muito diversas. É verdade que, de certo ponto de vista, a relatividade cultural dá margem a uma crítica radical de práticas e crenças existentes. Se outros povos parecem viver adequada e felizmente sob normas diferentes e com crenças diferentes, é possível que a nossa cultura não seja a melhor nem seja isenta de defeitos. Se os samoanos permitem ou estimulam as relações sexuais pré-conjugais sem resultados desastrosos ou até com conseqüências proveitosas, nesse caso os *mores* sexuais convencionais da sociedade norte-americana talvez pudessem ser mudados para melhor. Se se podem exercer atividades econômicas sem a tensão da concorrência, isso talvez desminta a suposição difundida de que a concorrência é inevitável e é fonte de progresso.

Essa espécie de crítica radical, que já foi muito espalhada, moderou-se pela admissão do fato de que não se podem interpretar nem avaliar convenientemente crenças ou práticas isoladas sem fazer referência ao contexto total em que estão encerradas. Se as práticas sexuais samoanas não produziram conseqüências destrutivas isto se deveu a outros aspectos da cultura e da estrutura social samoanas. Tomar emprestados traços culturais individuais é difícil por causa da estreita interdependência dos elementos de uma cultura. Em face dessas considerações, parece que a relatividade cultural também pode levar a uma atitude conservadora em relação às normas e aos valôres. Se a cultura é relativa, o que quer que exista em nossa sociedade é claramente adequado — a essa sociedade — e não deve ser pôsto em dúvida. Se os samoanos acreditam na experiência sexual pré-conjugal e a praticam, isso pode ser bom para êles, mas não quer dizer que seja uma prática conveniente em outros lugares. A conveniência dos *mores* sexuais puritanos norte-americanos, neste caso, só pode ser determinada dentro dos limites da cultura e da sociedade norte-americanas; a experiência de outras sociedades parecerá irrelevante. Essa inferência da doutrina da relatividade cultural é tão limitada quanto a crítica radical que rejeita de pronto normas ou valôres sem referência ao contexto total em que se acham encerrados.

A solução do conflito entre qualquer tipo de absolutismo cultural e a relatividade cultural e uma avaliação de tôdas as implicações morais ou éticas da relatividade cultural suscita, claramente, questões tão complexas que dificilmente poderíamos examiná-las aqui com minúcias. Mas a relatividade cultural conduz pelo menos a uma conclusão importante sôbre a qual é possível um acôrdo maciço: cada sociedade com suas normas e valôres é uma entre muitas, capaz de mudança — em várias direções — e resulta do esfôrço do homem para adaptar-se ao mundo que o rodeia e às necessidades de uma ordem social em marcha. A consciência da diversidade cultural representa assim, um antídoto do etnocentrismo e o fundamento de uma compreensão mais ampla da humanidade comum do gênero humano.

Uniformidades sociais

Dentro da diversidade e da variedade, entretanto, há muitas espécies de uniformidades. Baseado nos dados que encontrou nos Arquivos da Área de Relações Humanas da Universidade de Yale, George Murdock compilou uma lista dessas características

> que ocorrem, até onde vai o conhecimento do autor, em tôdas as culturas conhecidas da História ou da Etnografia: seriação de idades, esportes atléticos, adornos corporais, calendário, hábitos de asseio, organização da comunidade, cozinha, trabalho cooperativo, cosmologia, namôro, dança, arte decorativa, adivinhação, divisão do trabalho, interpretação dos sonhos, educação, escatologia, ética, etnobotânica, etiquêta, cura pela fé, família, banquetes, produção de fogo, folclore, tabus de alimentos, ritos funéreos, jogos, gestos, oferecimento de presentes, govêrno, saudações, estilos de penteado, hospitalidade, hospedagem, higiene, tabus do incesto, regras de herança, brincadeiras, grupos de parentes, nomenclatura de parentesco, linguagem, lei, superstições, magia, casamento, horários de refeições, medicina, recato tocante às funções naturais, luto, música, mitologia, algarismos, obstetrícia, sanções penais, nomes pessoais, política populacional, cuidados pós-natais, costumes de gravidez, direitos de propriedade, propiciação de sêres sobrenaturais, costumes da puberdade, ritual religioso, regras de residência, restrições sexuais, conceitos da alma, diferenciação de *status,* cirurgia, fabrico de instrumentos, comércio, visitas, desmama e contrôle do tempo [1].

Essa lista, naturalmente, representa uma série de abstrações dentro da ampla categoria da cultura, embora também inclua, evidentemente, formas de organização social (família, grupos de parentes, diferenciação de *status,* divisão de trabalho). A lista poderia ser não só aumentada mas também diminuída, e outros tipos de uniformidades substituiriam os existentes; não existe uma classificação final dos elementos de cultura e de organização social. Clark Wissler, por exemplo, resume os componentes universais da cultura no discurso, nos traços materiais, na arte, na mitologia e no pensamento científico, na religião, na família e nos sistemas sociais, na propriedade, no govêrno e na guerra [2]. Em suas clássicas descrições de "Middletown", comunidade norte-americana do Meio-Oeste, Robert e Helen Lynd utilizaram uma coleção de categorias derivadas de Wissler: ganhar a vida, construir um lar, adestrar os jovens, empregar o lazer, empenhar-se em práticas religiosas e participar das atividades da comunidade (inclusive o govêrno) [3]. Expresso em outros têrmos, encontra-se em tôdas as sociedades um sistema familial, uma estrutura de poder e autoridade, práticas e crenças religiosas e instituições que governam a distribuição e o uso de recursos escassos (instituições econômicas). Os elementos universais da cultura e da sociedade são, portanto, identificáveis em níveis diferentes de abstração; as variedades da vida social podem ser categorizadas ou conceituadas em têrmos diferentes. Conseqüentemente, as explanações oferecidas para as regularidades e os padrões encontrados na vida social dependem das categorias que se usam.

Além dos padrões culturais e sociais universais há também as formas que recorrem apenas em certos casos. A burocracia como tipo de organização social encontra-se em tôdas as sociedades industriais modernas e, até certo ponto, em algumas sociedades "primitivas". Històricamente, apareceu também no antigo Egito, na China clássica, no Império Romano e na Igreja Católica Medieval (e moderna). Semelhantemente, as instituições denominadas "feudais" existiram em muitas épocas e em muitas áreas: na Europa medieval, no Islame moderno, no Japão pré-moderno, em partes da América Latina. A monogamia é um padrão difundido, mas muitas sociedades estimulam outras formas de matrimônio. A seriação de idades ocorre em certo número de sociedades, como acontece com o levirato (a exigência de que um homem despose a viúva do irmão falecido), o casamento de primos cruzados, e a descendência contada em linha materna (ou apenas paterna). Embora alguns sejam freqüentes, nenhum dêsses padrões é universal.

Tarefa importante da Sociologia consiste em esclarecer assim a diversidade que se encontra na vida social como os elementos recorrentes da coultura e da organização social. Por que se encontra universalmente o tabu do incesto? Ou a religião? Ou a magia? Ou a diferenciação de *status?* Ou a divisão do trabalho? Por que diferem os grupos uns dos outros no tocante aos objetos que adoram? No tocante às práticas sexuais? No tocante à distribuição do poder e da autoridade? No tocante à organização das atividades econômicas? Mas as sociedades que diferem a muitos respeitos também exibem padrões sociais e formas de organização social semelhantes. Os Estados Unidos e a União Soviética são dessemelhantes de muitas maneiras mas ambos possuem tecnologia altamente desenvolvida, minuciosa organização burocrática e uma concentração cada vez maior da população em áreas urbanas. Virtualmente todos os países da Europa ocidental e dos Estados Unidos conheceram um aumento do coeficiente de natal e dos Estados Unidos conheceram um aumento do coeficiente de natalidade após o fim da Segunda Guerra Mundial e, no entanto, seus sistemas familiais diferem em muitos sentidos. As semelhanças, bem como as diferenças, exigem explicação.

A história humana está cheia de teorias alternativas, que tentam interpretar êsses fatos. Nos capítulos seguintes desenvolveremos uma explanação sociológica que, a nosso ver, é a maneira mais proveitosa de explicar não só os traços recorrentes da vida social mas também as diferenças que se notam entre as sociedades e dentro delas. Tão espalhadas e difundidas, todavia, são as teorias não sociológicas, particularmente as que destacam os fatos biológicos e geográficos, que é preciso examiná-las e avaliá-las.

Biologia e sociedade

A reaparição universal de certos tipos de padrões culturais e formas de organização social sugere a possibilidade de uma estreita relação entre êles e a natureza biológica do homem. Ainda que a cultura seja mais aprendida do que herdada, dar-se-á que o aprendido dependa de características inatas? Em outras palavras, até que ponto ou de que maneiras são a cultura e a organização social determinadas, modeladas ou influenciadas pelo equipamento, pelos impulsos e pelos anseios biològicamente herdados do homem? Haverá um "instinto" da vida familial? Ocorrerá universalmente o tabu do incesto em razão de alguma aversão inata ao contacto sexual com membros da própria família? São as pessoas inerentemente recatadas no que tange às funções biológicas? Buscam os homens naturalmente adquirir haveres ou lograr poder sôbre outros?

Dada a sua diversidade, a cultura e a organização social dificilmente podem ser afeiçoadas ou moldadas por tendências herdadas, exceto talvez da maneira mais geral. Embora tôdas as sociedades tenham alguma espécie de sistema familial, as variações do tamanho, dos arranjos conjugais e da divisão de responsabilidades entre os membros, e das normas que governam a descendência, a herança, a residência e as relações entre parentes excluem a probabilidade de que características inatas *determinem* a natureza da organização familial. O fato de haver apenas dois sexos e não três ou quatro òbviamente impõe limites às formas de casamento: monogamia, poliginia (um homem e mais de uma mulher), poliandria (uma mulher e mais de um homem) e matrimônio grupal (casamento de vários homens e várias mulheres, padrão encontrado tão infreqüentemente que muitos estudiosos lhe negam a existência). Mas a escolha de uma dessas formas por um grupo depende da cultura, não de impulsos herdados. A família, sem dúvida, tem suas raízes no fato biológico, mas suas formas não são explicáveis biològicamente.

A série enorme de crenças, objetos e práticas sacras demonstram, da mesma forma, a falta de padrões herdados específicos de comportamento religioso. Tôdas as espécies de objetos são adoradas ou a elas se atribui significado religioso: animais, árvores, plantas, o Sol e a Lua, determinadas pessoas, antepassados, espíritos e muitas espécies de deuses. As observâncias religiosas abrangem todos os modos de ação e ritual. Mas, poder-se-ia argumentar, ainda que não sejam inerentes ou instintivas as formas religiosas específicas, a ocorrência da religião em tôdas as sociedades parece demonstrar seguramente alguma necessidade ou impulso inatos na natureza do homem. Já se afirmou que a União Soviética proporciona um exemplo que evidencia a necessidade inerente de uma religião, pois o govêrno soviético tentou extinguir a religião e não o conseguiu; não sòmente existe ali evidência de fé e práticas religiosas continuadas, mas o próprio comunismo se converteu em nova religião "secular". Parece claro, entretanto, que a religião tradicional conserva sua influência principalmente entre os cidadãos soviéticos mais idosos, e ainda é possível que uma agitação anti-religiosa continuada venha, afinal, a eliminar virtualmente a religião tradicional na União Soviética; crenças profundamente enraizadas não se destroem num curto espaço de tempo. O pretenso caráter religioso do próprio comunismo ainda não ficou plenamente demonstrado. O comunismo não pode ser considerado como religião apenas por exercer as mesmas funções; pois se se definir a religião simplesmente pelas funções que exerce, torna-se impossível distinguir a crença e a prática religiosas de outras crenças e práticas que explicam ou interpretam o caráter da vida humana e suas relações com o divino, ou que reúnem os homens numa comunidade moralmente unida.

De qualquer maneira, há em muitas sociedades, talvez em tôdas, incréus que rejeitam ou negam as opiniões religiosas existentes; a despeito do aforismo popular, há ateus em trincheiras. (Num estudo sôbre soldados norte-americanos durante a Segunda Guerra Mundial, dezessete por cento de um grupo que servia no Pacífico e oito por cento de um grupo que servia na Itália referiram que a oração não "ajudava nada quando as coisas ficavam crêspas" [4].) Parece coadunar-se melhor com os fatos de que dispomos a conclusão de que não existe inevitabilidade biològicamente determinada no que respeita à emergência da crença e da prática religiosas. Haverá, talvez, por fim, uma robusta tendência para o advento da religião em resultado da busca do homem de respostas a certos problemas fundamentais da existência humana, respostas geralmente partilhadas com um grupo mas, em qualquer lugar e em qualquer tempo, a extensão, o grau e a forma da crença religiosa podem variar enormemente.

Dessas ilustrações e do conhecimento proporcionado pela Psicologia e pela Biologia, parece manifesto que os impulsos ou anseios, as possibilidades de reação emocional e aprendizagem, são tão gerais e difundidas que podem ser moldadas ou canalizadas para os inúmeros canais revelados por uma inspeção das sociedades humanas. Como já tivemos ocasião de assinalar, a *ausência* de modos herdados específicos de comportamento possibilita o desenvolvimento da cultura e a variação substancial dos meios pelos quais os homens asseguram sua sobrevivência e regulam suas relações recíprocas. Os insetos sociais — as formigas, as abelhas e outros — não podem variar o comportamento porque suas reações e os papéis que desempenham têm suas raízes fincadas no instinto; na vida social complexa da colmeia, cada participante obedece ao que lhe dita o caráter genético. Primatas não humanos — chimpanzés, bugios, babuínos e outros — são menos coagidos pelo instinto do que os insetos e possuem considerável capacidade de aprender. Mas têm limitados o comportamento e o desenvolvimento social pela ausência de cultura, deficiência que procede, em grande parte, da sua inabilidade de aprender ou adquirir uma linguagem abstrata. A maioria dos primatas possui ou aprende um vocabulário substancial de sinais por meio do qual podem comunicar-se, embora a série de sons que emitem, como sua capacidade de abstração, sejam muito restritas. As características biológicas que distinguem o homem de outros animais — o porte ereto, o polegar em oposição aos demais dedos, o cérebro maior e mais desenvolvido e a capacidade de linguagem — são condições necessárias à cultura; mas não a explicam.

Outros fatos biológicos, entretanto, proporcionam "pontos de referência" ou "focos" em tôrno dos quais se desenvolvem inevitàvelmente padrões culturais e estruturas sociais. Tais focos consistem nas diferenças estruturais e funcionais entre os sexos; no fato de dependerem os bebês humanos de outras pessoas para sobreviverem, por um tempo relativamente longo; nos anseios orgânicos gerados pela fome, pela sêde e pelo sexo; nos processos de maturação e envelhecimento; e no fato da morte. Em tôrno dêsses pontos de referência se desenvolvem padrões que governam as relações entre os sexos, as práticas de atenção à criança, as técnicas de obtenção e preparo da comida e da bebida, as práticas funéreas, os ritos da puberdade, e assim por diante. Em tôda sociedade, homens, mulheres, crianças e adultos têm papéis diferentes para desempenhar. Mas as normas a que os homens obedecem e os papéis que desempenham — as comidas que comem, o fato de serem as mulheres recatadas ou de pompearem seus encantos, as técnicas do trato das crianças, a presteza com que as crianças obedecem aos pais e o fato de serem os mortos cremados ou enterrados, adorados ou apenas chorados — não dependem do instinto, senão da natureza da sociedade em que vivem os homens e de suas prescrições institucionais. "A biologia humana", disse Clyde Kluckhohn, "estabelece limites, fornece possibilidades e anseios, proporciona pistas que as culturas desprezam ou aperfeiçoam" [5].

Raça

Se os fatos biológicos não podem, por si sós, explicar adequadamente os tipos universalmente encontrados de instituições e estruturas sociais na sociedade humana, talvez possam explicar as diferenças existentes. Poder-se-á argumentar que as diferenças sociais e culturais entre os povos do mundo emanam de diferenças biológicas inerentes, que as qualidades distintivas de grupos particulares são hereditárias. O nível inferior de educação e consecução econômica entre os negros norte-americanos, têm afirmado alguns advogados da supremacia branca, provém de uma inferioridade inevitável, de fundo biológico. Asseverou-se que norte-americanos e inglêses possuem instituições políticas democráticas e lhes dão valor por uma predisposição inata e pelo talento que possuem para o govêrno de si mesmos [6]. Os chineses, os russos, os franceses, os alemães e presumìvelmente outras nações herdam talentos e características particulares. "Através da *minha* raça", escreveu eminente pintor mexicano, acêrca de uma das suas obras "falará o Espírito".

A idéia de que as diferenças culturais e sociais derivam de diferenças biológicas ou são por elas determinadas, idéia que redundou numa trágica colheita recentemente, possui uma longa história, embora sua elaboração mais completa, sistemática e influente tenha pouco mais de um século de existência. Aristóteles via as diferenças entre governantes e governados, entre gregos, asiáticos e europeus do

Norte, como inerentes e naturais. "Pois alguns homens são por natureza formados para viverem sob o govêrno de um amo; outros, de um rei; outros, para serem cidadãos de um Estado livre, justo e útil." [7] A formulação explícita de uma teoria que divide o gênero humano em raças distintas, entretanto, só surgiu no século XVIII, quando o grande botânico sueco Lineu identificou quatro raças, fundando-se na côr da pele: *Americanus rufus, Europaeus albus, Asiaticus luridus* e *Afer niger*. Além dessas, estabeleceu uma categoria a que chamou *monstrosus,* para incluir tipos anormais com os quais não estava familiarizado [8]. Tais categorias, naturalmente, foram depois requintadas e aperfeiçoadas por biologistas e antropólogos físicos. A tentativa de ligar as diferenças biológicas a variações sociais e culturais ocorreu no século XIX, principalmente na obra do Conde Arthur de Gobineau, aristocrata francês que, com seu adepto, Houston Stewart Chamberlain, inadvertidamente proporcionou os fundamentos teóricos da doutrina e prática nazi-racistas.

Como conceito biológico, refere-se a raça a um número de pessoas que possuem características herdadas comuns. Quase tôdas as classificações raciais se baseiam em traços físicos externos: côr da pele, do cabelo e dos olhos, forma da cabeça, tipo de cabelo, contornos do nariz e do queixo, altura, corporatura, quantidade de pêlos no corpo. A interpretação racial da variação social e cultural assevera que essas características biológicas explicam o nível e a natureza de uma cultura particular, a forma de govêrno ou a freqüência de vários padrões de comportamento. De acôrdo com tais teorias, a civilização européia era superior à do resto do mundo por causa da superioridade inata do homem branco. Sustentam elas que os negros apresentam uma taxa mais elevada que os brancos de moléstias venéreas e de bastardia nos Estados Unidos, em razão da sua imoralidade inata. Sejam quais forem as qualidades distintivas atribuídas aos judeus (identificados não só como maus capitalistas mas também como maus comunistas, como ameaça aos outros por serem superiores ou por serem inferiores), elas são imputadas a capacidades hereditárias. Teorias dessa natureza logram aparente plausibilidade porque existem algumas correlações empíricas entre as características raciais e as formas culturais e sociais. É possível assinalar as reais diferenças de comportamento, crenças, valôres e organização social entre grupos mais ou menos distintos racialmente, entre nórdicos altos, loiros, de olhos azuis e mediterrâneos baixos, trigueiros, de olhos castanhos, entre europeus brancos e africanos prêtos, entre chineses de tez amarela e norte-americanos de tez branca. Nesse caso, é fácil, se bem não seja legítimo, partir dêsses fatos óbvios para chegar à conclusão de que os traços raciais *determinam* as características sociais e culturais.

As provas contra o determinismo racial são fortíssimas. Há, primeiro, sérios problemas técnicos para se estabelecerem classificações raciais e se incluírem indivíduos nessas categorias. Os traços biológicos empregados na identificação das raças variam amplamente, não só dentro dos grupos como também entre êles. Alguns europeus nominalmente "brancos" são mais escuros do que alguns africanos presumìvelmente "prêtos". Muitos nórdicos "altos" são, na realidade, mais baixos do que o mediterrâneo geralmente mais baixo. "Em cada caráter escolhido para a mensuração, embora as médias difiram, os extremos se sobrepõem."[9] Além disso, os traços físicos utilizados na classificação racial não ocorrem em relações estáveis. Pessoas de pele preta incluem-se entre as mais baixas e as mais altas; pessoas de pele branca tanto podem ter cabeças muito longas (dolicocéfalas) como muito arredondadas (braquicéfalas). Num estudo realizado na Suécia em 1897-1898, verificou-se que apenas onze por cento estavam de acôrdo com o tipo nórdico "puro", alto, de olhos azuis, loiro, de cabeça alongada, se bem os suecos sejam considerados uma das mais nórdicas entre as populações européias[10].

A história humana está cheia de mesclas raciais e as atuais categorias raciais incluem tìpicamente muitos indivíduos não racialmente "puros". As grandes migrações da história humana colocaram muitas vêzes um tipo físico em íntimo contato com outro, com a inevitável entremistura. Nenhuma nação européia é racialmente distinta; os "brancos" norte-americanos são uma complexa mescla de grupos mais escuros e mais claros, que pertencem nominalmente à mesma raça. Muitos norte-americanos, provàvelmente a maioria dêles, rotulados de negros (e muitos "brancos" também) na verdade possuem uma ascendência racial misturada, pois houve considerável miscigenação no passado. "Mercê da complexidade da história humana", concluiu recente pronunciamento sôbre a raça feito por um grupo de distintos antropologistas físicos e biologistas "há... muitas populações que não podem ser fàcilmente encaixadas numa classificação racial."[11]

Sem embargo da existência de populações racialmente misturadas, ou *clines,* como são tècnicamente denominadas, grande proporção da população do mundo provàvelmente pode ser incluída em categorias raciais reconhecíveis. Estudo recente e importante, que procurou descrever as raças do mundo, incluiu mais de noventa por cento da população mundial entre as raças caucasóide e mongolóide e o restante entre as raças negróide, australóide e capóide. As populações clinais foram distribuídas com base em suas "raças genitoras". A distribuição, assim numérica como geográfica, e muitos dos atributos dessas raças eram considerados produtos não só históricos mas também biológicos, como "atributos genéticos distintivos", que emergiam "das fôrças seletivas de todos os aspectos do meio, incluindo a cultura" [12].

Ainda que, dessa maneira, seja possível estabelecer raças claramente diferençadas e incluir cada pessoa, sem ambigüidades, numa ou noutra dessas raças, não há evidência de nenhuma conexão entre traços raciais e formas de vida social. Os dados antropológicos, sociológicos e históricos proporcionam um testemunho esmagador de que se encontram culturas semelhantes entre pessoas com características físicas muito diferentes, e que a cultura e a organização social podem mudar ràpidamente sem qualquer mudança correspondente de identidade racial. Os nórdicos viveram sob instituições políticas totalitárias e sob instituições políticas democráticas. Durante o período que incluiu a Primeira Guerra Mundial, muitos escritores norte-americanos sustentaram que os povos teutônicos possuíam talentos instintivos peculiares para o govêrno de si mesmos; durante a década de trinta, Hitler criou um Estado totalitário e justificou suas ações baseando-se na superioridade inata da raça nórdica. Na África, povos até então primitivos se transformaram, sob nossas próprias vistas, em Estados nacionais modernos, que estão desempenhando um papel cada vez mais importante no cenário mundial.

Para colocar o assunto em têrmos mais singelos e talvez mais concretos, a cozinha francesa difere da cozinha norte-americana ou inglêsa, não por causa de talentos culinários inatos mas por causa de antecedentes culturais e sociais diferentes. Os hindus recusam-se a comer carne de vaca, não porque sejam naturalmente supersticiosos ou ignorantes mas porque consideram sagradas as vacas. As atitudes permissivas ou aprovativas em relação à experiência sexual pré-conjugal, encontradas em muitas sociedades, não resultam de imoralidade inata ou de um estádio inferior de desenvolvimento humano, mas de circunstâncias sociais e culturais. Se a maioria dos negros nos Estados Unidos possui uma instrução relativamente escassa e executa trabalhos inferiores, isso não ocorre porque êles tenham pouca aptidão para a instrução ou porque sejam menos capazes de trabalho especializado e de assumir responsabilidades, mas em virtude das limitações a que os expõe sua posição social na sociedade norte-americana.

A côr da pele, a forma da cabeça, a altura e outros traços presumìvelmente raciais não *determinam* o que as pessoas comem ou pensam ou como são governadas e, no entanto, essas características típicas não podem ser totalmente excluídas da análise sociológica. Talvez proporcionem algumas das "pistas" biológicas de que uma cultura se apodera e usa. Os homens revelam atitudes e sentimentos em relação à côr da pele; respondem favorável ou desfavoràvelmente à forma da pálpebra, estabelecem suas relações baseados em diferenças raciais, relegando os que têm pele escura a serviços subalternos, ou excluindo-os das escolas ou de certas formas de intercurso social. Justificam tal comportamento com teorias complexas de raças, ou com citações bíblicas para provar que Deus pretendia que prêtos e brancos vivessem separados. A aparência física, portanto, torna-se elemento cuja significação sociológica depende dos sentimentos e valôres que lhe são atribuídos. (Releva notar que não sòmente as características raciais mas também outros traços físicos chegam a ter, freqüentemente, significação social. Os atuais padrões de atração feminina nos Estados Unidos, por exemplo, dão ênfase a linhas relativamente esbeltas, suaves: entre os ibos da África Ocidental, a beleza feminina "é quase identificada com a obesidade". Uma sociedade pode procurar cultivar as apetidões físicas do guerreiro ou do atleta, ou apoucar êsses atributos em favor de habilidades artísticas ou intelectuais, e pode ainda acentuar os dois de acôrdo com vários graus.)

Cumpre, portanto, distinguir as concepções populares de raça do conhecimento comprovado que se alcançou através da investigação científica. A análise sociológica de idéias raciais difere da análise biológica de características raciais. Os sociólogos interessam-se pelas opiniões e atitudes das pessoas em relação à raça e a grupos raciais específicos e pela maneira por que elas influem no comportamento e na estrutura social. Os biologistas e antropólogos físicos buscam descobrir o caráter genético das raças humanas, até onde existem, e verificar se cada raça possui traços ou habilidades distintivos. Existem, ao que parece, traços racialmente ligados; por exemplo, só os negros podem sofrer de uma moléstia chamada anemia das células falciformes mas, como vimos, há poucos indícios de que a côr da pele, a forma do cabelo ou qualquer outro dos muitos atributos biológicos assim examinados exerçam qualquer influência determinante sôbre a cultura ou a organização social.

As idéias que os homens adotaram, contudo, desempenharam papel histórico importantíssimo. Embora não expliquem totalmente o extermínio de seis milhões de judeus pelos nazistas, que os consideravam como raça inferior, nem a segregação racial nos Estados Unidos, na Inglaterra, na União Sul-Africana e em outros lugares, as ideologias raciais — ou talvez, mais exatamente, racistas — justificam ou racionalizam o tratamento dispensado a determinados grupos raciais e étnicos. Com o correr do tempo, fatos e teorias cientìficamente estabelecidos podem obter aceitação popular, como parece estar acontecendo em algumas áreas e entre alguns grupos, substituindo o mito, a tradição e o folclore. Uma transição dessa natureza, naturalmente, terá suas próprias conseqüências sociológicas.

Diferenças de sexo

Até agora, relegamos os fatos biológicos a um papel secundário na explanação de fenômenos sociológicos — mais à posição de condições relevantes que de fatôres determinantes. Poderemos apequenar também, desta maneira, as diferenças entre homens e mulheres? Até que ponto o comportamento dêles é determinado por características herdadas, ligadas ao sexo? A considerável variação nos papéis representados por homens e mulheres em diferentes sociedades parece indicar a possibilidade de que, excetuando-se a gravidez, não há diferenças inerentes, de que a masculinidade e a feminilidade, os papéis masculinos e os femininos, dependem tão-sòmente do que dêles faz a cultura. As diferenças existentes nas atitudes, nos interêsses e no comportamento parecem, em muitos casos, prontamente explicáveis pela referência a fatos culturais — as maneiras pelas quais as crianças são educadas e as expectativas ligadas a homens e a mulheres. As meninas norte-americanas ganham bonecas de presente, são incentivadas a brincar de "mamãezinhas" e a se comportarem como "senhorinhas". São recompensadas quando se conduzem de "maneira feminina" e é provável que sejam repreendidas quando tentam macaquear os companheiros masculinos de folguedos ou os irmãos. Aos meninos, por outro lado, são dados revólveres de brinquedo ou brinquedos mecânicos e espera-se que sejam agressivos; é mais provável que possam sujar-se sem sofrer repreensões, correr, saltar, marinhar e comportar-se, de várias outras maneiras, como "verdadeiro menino". Quando não conseguem satisfazer a essas expectativas ganham o desagradável epíteto de "mariquinhas" e sofrem outras pressões a fim de se adaptarem ao comportamento masculino apropriado. Não é muito para admirar, portanto, que as mulheres se comportem, geralmente, como senhoras e que os homens geralmente se comportem como homens.

Entretanto, malgrado a evidência de que as diferenças de sexo são, aparentemente, produtos antes culturais que biológicos, existem ainda suficientes diferenças recorrentes e difundidas entre os homens e mulheres para refutar um determinismo cultural total. Em tôda sociedade se atribuem a homens e mulheres papéis diferentes, e há certa divisão sexual do trabalho. O cuidado das crianças de tenra idade é, em quase tôda parte, tarefa de mulheres, que raramente participam de combates militares, atividades metalúrgicas, caçadas ou pescarias. Embora o pai amiúde dê aos filhos muita atenção — brincando com êles, acariciando-os, satisfazendo às suas necessidades — o papel de criação, explìcitamente descrito em nossa sociedade como "ser mãe", é caracterìsticamente exercido pela mãe. Há casos de mulheres soldados — na Rússia e em Israel recentemente, em certas partes da África no passado, e as lendárias amazonas — mas estas constituem, sem dúvida, exceção.

Os níveis e tipos de realizações também são significativamente diferentes entre os sexos. A História tem visto relativamente poucas mulheres de grande distinção nas artes, nas letras, na Política, na Ciência e na Filosofia. Há — e tem havido — muitas mulheres de talento, que fizeram consideráveis contribuições nesses domínios, mas as figuras que mais se altearam — Dante, Newton, Goethe, Kant, Picasso, Freud, Einstein — têm sido, quase sempre, masculinas.

As diferenças no comportamento esperado de homens e mulheres ligam-se, não raro, a contrastes óbvios de personalidade. Se bem haja mulheres "masculinas" e homens 'efeminados", assim como umas poucas sociedades em que as mulheres assumem o que nós definiríamos como papel e personalidade masculinos [13], os homens são, em conjunto, mais agressivos e dominantes, e muitas culturas relegam expressamente as mulheres a um *status* subordinado e inferior.

Finalmente, a despeito da maior fôrça e resistência do homem, as mulheres parecem ser, a certos respeitos, biològicamente superiores. Não sòmente o seu processo de maturação física, emocional e intelectual é mais rápido, mas são também menos suscetíveis à doença, apresentam coeficientes de mortalidade mais baixos e têm um cálculo de vida maior.

Serão tôdas essas diferenças devidas ùnicamente à cultura e à sociedade, ou dimanam elas, pelo menos em parte, da complexa interação das características inerentes e dos padrões culturais? Não se pode dar uma resposta clara a essas perguntas. Não sabemos até que ponto — nem como — as características fisiológicas e anatômicas de cada sexo e os traços psicológicos que as acompanham, se é que há algum, modelam os papéis sexuais. Num ensaio sugestivo, Erich Fromm afirma haver uma "diferenciação de caráter entranhada em diferenças sexuais" derivada de certas coisas como o fato de ser sempre o comércio sexual um teste da capacidade do homem, ao passo que a mulher não precisa demonstrar coisas alguma, a não ser disposição para participar dêle. Acrescenta Fromm, entretanto: "Essa diferenciação é insignificante em cotejo com as diferenças que têm raízes sociais, mas não deve ser inteiramente desprezada" [14]. Existem indícios de fato, de que as diferenças psicológicas derivadas de características biológicas podem ser tão sobrecarregadas de exigências culturais que sua influência talvez não se manifeste de pronto, pelo menos a uma observação superficial, ou se reflita apenas em profundos níveis psicológicos. A cultura é capaz de inverter virtualmente o papel de homens e mulheres, embora, possìvelmente, com certo ônus psicológico para ambos. A submissão talvez "natural" das mulheres, por exemplo, pode ser substituída por uma agressividade sancionada pela cultura, mas se as mulheres são de fato passivas e receptivas, segundo afirmaram certos escritores, são prognosticáveis extensas conseqüências psicológicas e sociológicas.

Os debates acêrca das diferenças "naturais" entre homens e mulheres e das características "verdadeiras" de cada um dêles não são puramente acadêmicos. Assim como a idéia de raça pode ser socialmente significativa, assim definições variáveis de "feminilidade" e "masculinidade" podem afetar os papéis sexuais e as relações entre os sexos. Dessa maneira, Betty Friedan argumenta, em seu muito lido e controvertido *The Feminine Mystique,* que várias teorias sociológicas e psicológicas, que definem o desempenho feminino como essencial e naturalmente sexual e doméstico, são "profecias que se realizam a si mesmas" e ignoram as demais atividades e interêsses de que são capazes as mulheres. [15]

Parece claro, portanto, que nenhuma explanação sociológica pode desprezar fatos biológicos, como a raça e o sexo, nem as concepções que as pessoas têm desses fatos — mas também é claro que a Sociologia não pode ser reduzida à Biologia. Posto que os traços distintivos da espécie humana possibilitem a cultura, não lhe determinam o conteúdo. Embora faça exigências de comida, bebida, abrigo e satisfação sexual, a natureza não determina a maneira pela qual serão satisfeitas. Características raciais influem no comportamento dos homens, mas apenas por causa dos valôres que êstes lhes atribuem e não por estarem biològicamente ligadas a quaisquer modos de ação precisamente definidos.

Clima e geografia

Uma segunda alternativa importante para a análise sociológica do comportamento padronizado e da vida grupal põe em destaque o papel do meio físico. As interpretações climáticas e geográficas da vida social têm uma longa estória, que se inicia, como a maior parte das teorias sôbre o homem e a sociedade, pelo menos no tempo dos antigos gregos. Completa ilustração da teoria que atribui importância primacial à variação climática nos proporciona o filósofo francês do século XVIII, Montesquieu:

Já observamos que um grande calor debilita a fôrça e a coragem dos homens, que, nos climas frios, têm certo vigor de corpo e de espírito, que os faz pacientes e intrépidos, e os qualifica para árduas emprêsas. Esta observação é válida, não só entre diferentes nações, mas até em diferentes partes do mesmo país. No Norte da China as pessoas são mais corajosas do que no Sul; e os habitantes do Sul da Coréia possuem menos bravura do que os do Norte.

Não devemos, portanto, espantar-nos de que a efeminação das pessoas em climas quentes as tenha quase sempre tornado escravas; e que a bravura das que habitam os climas frios lhes tenha permitido conservar suas liberdades. Êste é um efeito que decorre de uma causa natural...

Expostos êstes fatos, raciocino da seguinte maneira: a Ásia não tem pròpriamente uma zona temperada, visto que os lugares situados num clima frigidíssimo divisam imediatamente com lugares excessivamente quentes — isto é, a Turquia, a Pérsia, a Índia, a China, a Coréia e o Japão.

Na Europa, pelo contrário, a zona temperada é extensíssima, embora situada em climas que diferem amplamente uns dos outros; não havendo afinidade alguma entre os climas da Espanha e da Itália e os da Noruega e da Suécia. Mas como o clima se torna insensìvelmente frio à medida que avançamos do sul para o norte, quase em proporção com a latitude de cada país, daí se segue que cada qual semelha o país que lhe está próximo; que não há nenhuma diferença muito extraordinária entre êles e que (...) a zona temperada é muito extensa.

Disso decorre que, na Ásia, as nações fortes se opõem às fracas; os povos guerreiros, bravos e ativos, convizinham imediatamente dos indolentes, efeminados e timoratos; um terá, portanto, de conquistar, o outro, de ser conquistado. Na Europa, ao contrário, nações fortes se opõem a nações fortes, e as que divisam umas com as outras têm quase a mesma coragem. Esta é a grande razão da fraqueza da Ásia, e da fôrça da Europa; da liberdade da Europa e da escravidão da Ásia (...) [16]

Os fatos em que se funda a interpretação, naturalmente, podem ser postos em dúvida à luz dos conhecimentos modernos, mas ainda assim subsistem muitas correlações empíricas entre clima, cultura e organização social, que emprestam crédito ao determinismo climático. Os coeficientes de crimes, suicídios e casamentos variam durante o ano, sendo mais elevados em algumas estações e mais baixos em outras. A vida no Ártico, sem dúvidas, é diferente da vida em Bali; a existência no Saara difere da existência nas matas tropicais.

Os fatos da topografia, das condições do solo e dos recursos naturais fornecem ainda outra explicação possível para diferenças culturais e sociais. Dessarte, um distinto geógrafo explicou a forma da maioria das cidades do mundo pela topografia e pelo solo dos sítios em que foram construídas [17]. A presença do Canal da Mancha é freqüentemente citada como causa de muitos traços distintivos da Inglaterra. A presença ou ausência de recursos naturais tem sido considerada como fator crucial na determinação do caráter de uma nação e da sua posição no mundo das nações.

A evidência contra o determinismo climático e geográfico é clara e convincente. Climas e condições geográficas amplamente dessemelhantes têm visto muitas vêzes idêntico padrão de cultura e organização social. A história talvez apócrifa do inglês que se veste a rigor, para jantar nos trópicos ilustra êsse ponto, como o faz a evidência histórica sôbre a introdução pelos europeus e, mais recentemente, pelos norte-americanos, dos seus modos de vida nas várias partes do globo em que se instalaram. Junho é o mês preferido para os casamentos nos Estados Unidos, mas algumas sociedades camponesas européias preferem novembro. Inversamente, o clima e a geografia continuaram os mesmos em muitas áreas em que mudanças acentuadas ocorreram na cultura e na organização social. A rápida transformação de sociedades tão diferentes quanto a da Rússia e a dos manus das Ilhas do Almirantado, no Pacífico, servem de exemplo. A Rússia transformou-se, em menos de cinqüenta anos, de uma sociedade francamente camponesa em que a industrialização mal engatinhava, numa sociedade industrial, pesadamente urbana, de primeira categoria. Num período de apenas dez anos, os manus abriram mão de grande parte de sua cultura e estrutura social tradicionais e adotaram novos costumes, crenças e práticas, derivados primàriamente dos norte-americanos levados ao Sudoeste do Pacífico pela Segunda Guerra Mundial [18].

Como os fatos biológicos, entretanto, os fatos geográficos e climáticos não podem ser eliminados da análise da vida social e cultural. Em tôda a parte, as pessoas usam alguma espécie de roupa ou adôrno no corpo, mas os esquimós vestem-se de peles para se proteger do frio, ao passo que os taitianos ostentam apenas uma tanga ou saiote de fazenda feita da casca da amoreira do papel. O clima e a topografia talvez não determinem a maneira de se comportarem as pessoas, mas suscitam problemas que precisam ser resolvidos. Não há, necessàriamente, uniformidade na maneira de resolvê-los; uma pessoa pode suportar o clima tropical usando tanga, dormindo durante a parte mais quente do dia ou utilizando um aparelho de ar condicionado.

A maneira pela qual as pessoas reagem ao calor ou ao frio, aos terrenos montanhosos ou às planícies, o modo pelo qual utilizam os recursos de que dispõem ou enfrentam os problemas criados pela ausência de recursos, depende do seu equipamento cultural — seus conhecimentos, suas habilidades e seus valôres — e de sua organização social. Recente investigação da Fôrça Aérea sôbre reações a condições climáticas conclui que: "... estudos dos esquimós não forneceram evidência de que seus corpos se achassem mais bem equipados para o frio do que os dos homens brancos que se estão infiltrando em seus domínios. A capacidade dos esquimós para suportar temperaturas extremamente baixas parece basear-se tão-sòmente em habilidades adquiridas, trajos e dietas excelentemente adaptados"[19].

Ao examinarmos o cenário político do mundo, fatos geográficos como a presença de jazidas de petróleo, e acessibilidade do estanho, da borracha e do urânio e a quantidade de terra cultivável, que possui cada nação assumem significação óbvia. Mas é importante observar que sua significação decorre dos valôres que lhes são atribuídos. Sua utilidade depende do conhecimento e da tecnologia possuídos pelos homens. O Oriente Médio era muito menos importante nos negócios do mundo quando as esquadras não queimavam petróleo; poderá tornar-se menos importante à proporção que aperfeiçoarmos os navios atômicos. Os depósitos de carvão da Pensilvânia e o minério de ferro da Cordilheira de Mesabi, em Minesota, não tinham significação nem valor para os índios aborígines norte-americanos; os norte-americanos modernos erigiram sôbre êles uma civilização industrial.

Não sòmente é a Geografia incapaz de determinar a forma da sociedade ou de afeiçoar-lhe a cultura, mas também pode sofrer, ela própria, a influência da ação humana, pois os homens são capazes de mudar, até certo ponto, o meio físico em que vivem. Práticas agrícolas ocasionam a erosão de um solo outrora fértil; prova disso é o estado atual dos vales do Tigre e do Eufrates, outrora centro de uma agricultura florescente e de uma grande civilização. O desflorestamento sem peias produz excessivo escoamento de água e inundações prejudiciais. Mas se os homens podem criar desertos também podem fazê-los florescer como o fizeram os israelenses em áreas antigamente estéreis de sua minúscula nação. Recanalizam-se rios, constroem-se açudes, irrigam-se terras áridas, montanhas são aplanadas e túneis escavados. À proporção que o homem deixa sua marca no solo, na topografia e no fluxo das águas, modifica-se o impacto dessas circunstâncias naturais sôbre a sociedade.

Conclusão

A Biologia, a Geografia e o clima, portanto, não têm significação independente em nenhuma explicação da forma e do conteúdo da cultura e da organização social. São claramente relevantes, social e culturalmente, em muitos pontos como condições necessárias e circunstanciais que impõem limites, suscitam problemas e ensejam oportunidades. Mas o foco central de qualquer análise das diferenças e uniformidades encontradas quando se comparam ou examinam normas culturais e estruturas sociais terá de permanecer em nível distintamente sociológico. "Precisamos... buscar a explicação da vida social na natureza da própria sociedade", escreveu o influente e distinto sociólogo francês Émile Durkheim [20]. A Sociologia, já o dissemos, não pode ser reduzida à Biologia; nem pode ser traduzida para Geografia ou Meteorologia. Contém uma variedade de teorias dentro de si mesma, mas tôdas partilham da premissa de que a Sociologia possui um objeto e um ponto de vista distintos, independentes das teorias e perspectivas de outras disciplinas.

Subsiste, entretanto, um problema final, que nos cumpre encarar antes de podermos aceitar essa premissa como base de tôda a nossa discussão e análise subseqüentes. É possível que a sociedade e a cultura sejam meras projeções do indivíduo? O conhecimento da Psicologia nos permitirá explicar os fenômenos sociais? Da nossa discussão até aqui parece surdir claramente a conclusão de que a Sociologia não pode reduzir-se à Psicologia mas é ainda necessário examinar o problema e considerar as relações entre o indivíduo e a sociedade.

Notas

1 George Peter Murdock, "The Common Denominator of Cultures", em Ralph Linton (ed.), *The Science of Man in the World Crisis* (Nova Iorque: Columbia University Press, 1945), p. 124.

2 Clark Wissler, *Man and Culture* (Nova Iorque: Crowell, 1923), p. 74.

3 Robert S. Lynd e Helen M. Lynd, *Middletown in Transition* (Nova Iorque: Harcourt, 1929 e 1937).

4 Samuel A. Stouffer e outros, The American Soldier, II: *Combat and Its Aftermath* (Princeton: Princeton University Press, 1949), 174.

5 Clyde Kluckhohn, "Universal Categories of Culture", em Alfred L. Kroeber e outros, *Anthropology Today* (Chicago: University of Chicago Press, 1953), p. 513.

6 Veja, por exemplo, John W. Burgess, *Political Science and Comparative Constitutional Law,* I (Boston: Ginn, 1896), 37-9.

7 Aristóteles, *Política,* traduzido para o inglês por William Ellis (Londres: edição Dent Everyman, 1912), p. 103.

8 Veja uma crítica do desenvolvimento de categorias raciais até 1900 em "The Development of Race Measurements and Classification" de Gustav Retzius, em Alfred L. Kroeber e Thomam T. Waterman (eds.), *Source Book in Anthropology* (ed. rev.; Nova Iorque: Harcourt, 1931), pp. 94-102.

9 Raymond Firth, *Human Types* (ed. rev.; Nova Iorque: New American Library, 1958), p. 20.

10 *Ibid.*

11 *The Race Concept* (Paris: UNESCO, 1952), p. 11.

[12] Carleton S. Coon, com Edward E. Hunt Jr., *The Living Races of Man* (Nova Iorque: Knopf, 1965), pp. 9-10.

[13] Veja *Sex and Temperament in Three Primitive Societies* de Margaret Mead (Nova Iorque: Morrow, 1935), Parte I: "The Mountain-DwellingArapesh".

[14] Erich Fromm, "Sex and Character", em Ruth N. Anshen (ed.), *The Family: Its Function and Destiny* (Nova Iorque: Harper, 1949), pp. 375-92.

[15] Betty Friedan, *The Feminine Mystique* (Nova Iorque: Norton, 1963).

[16] Charles-Louis de Montesquieu, *O Espírito das Leis,* I, traduzido para o inglês por Thomas Nugent, rev. por J. V. Pritchard (Nova Iorque: Appleton, 1900), pp. 315, 317-8.

[17] Griffith Taylon, *Urban Geography* (Nova Iorque: Dutton, 1949).

[18] Veja Margaret Mead, *New Lives for Old* (Nova Iorque: Morrow, 1956).

[19] *The New York Times,* 23 de julho de 1957. A história descreve uma tentativa realizada pela Fôrça Aérea para testar pílulas que ajudariam os homens a se manterem aquecidos debaixo das condições árticas. Inclui o fato de terem os pesquisadores alguma evidência de que os negros tendem a sentir frio mais fàcilmente do que os brancos, se bem não fôssem claras as razões da diferença.

[20] *As Regras do Método Sociológico,* de Émile Durkheim, trad. para o inglês por Sarah A. Solovay e John H. Mueller (Chicago: University of Chicago Press, 1938), p. 102.

Sugestões para novas leituras

BIERSTEDT, ROBERT. *The Social Order.* Edição revista. Nova Iorque: McGraw-Hill, 1963, Caps. 2, 3, 12.
Discussão útil e bem escrita, em compêndio recente, acêrca da influência dos fatôres geográficos e biológicos sôbre a sociedade. O capítulo 10 examina a natureza e a origem das diferenças entre homens e mulheres.

COON, CARLETON S., com EDWARD E. HUNT JR. *The Living Races of Man.* Nova Iorque: Knopf, 1965.
Esfôrço no sentido de descobrir e explicar as características e a distribuição das raças.

DUNN, L. C., e THEODOSIUS DOBZHANSKY. *Heredity, Race, and Society.* Nova Iorque: Penguin, 1946.
Breve análise das diferenças individuais e grupais em características hereditárias, por dois distintos geneticistas.

HUNTINGTON, ELLSWORTH, *Mainsprings of Civilization,* Nova Iorque: Wiley, 1945.
"Tentativa para analisar o papel da herança biológica e do meio físico no influenciar o curso da História." Escrito por distinto geógrafo, que empresta ênfase excessiva à importância de fatôres geográficos.

MEAD, MARGARET. *Male and Female.* Nova Iorque: New American Library, 1955.
Tentativa em grande escala, realizada por notável antropólogo, para determinar o que é inerente e o que é adquirido nos papéis e no comportamento sexuais.

MONTAGU, M. F. ASHLEY. *The Direction of Human Development.* Nova Iorque: Harper, 1955.

Exame detalhado das bases biológicas da personalidade e da vida social. O autor discute a bondade inata da natureza humana e atribui os defeitos humanos — morais e outros — à "criação humana".

MONTAGU, M. F. ASHLEY. *Man's Most Dangerous Myth: The Fallacy of Race.* Nova Iorque: Columbia University Press, 1942.

Crítica do conceito de raça como "Um Feio Êrro Humano" e exame da relação entre diferenças de grupo nas características físicas e a sociedade e a cultura.

MURDOCK, GEORGE PETER. "The Common Denominator of Cultures", em Ralph Linton (ed.), *The Science of Man in the World Crisis.* Nova Iorque: Columbia University Press, 1945, pp. 123-42.

Tentativa para explicar universais culturais pela referência às maneiras por que as pessoas aprendem.

SERVICE, ELMAN JR. *A Profile of Primitive Culture,* Nova Iorque: Harper, 1958.

Breves sumários da cultura e da estrutura social de vinte sociedades: bandos primitivos, tribos, "Estados primitivos" e comunidades camponesas. Proveitosa crítica da grande variedade encontrada nas instituições, crenças e formas de organização humana.

SOROKIN, PITIRIM. *Contemporary Sociological Theories.* Nova Iorque: Harper, 1928, Cap. 3.

Crítica das teorias e interpretações geográficas da sociedade e do comportamento.

A CULTURA, A SOCIEDADE E O INDIVÍDUO

Perspectivas sociológicas e psicológicas

Dissemos que a vida humana é vida de grupo. O indivíduo isolado é ficção de filósofo — o "nobre selvagem" de Rousseau e o homem pré-social de Hobbes empenhados numa guerra perpétua contra os outros — ou um trágico acidente, como no caso do homem selvagem. Os homens não vivem separados, cada qual em busca de uma solução particular para os problemas de sobrevivência. Vivem juntos, partilhando uma forma comum de vida (uma cultura), que lhes regula a existência coletiva e lhes proporciona métodos para se adaptarem ao mundo que os rodeia e controlarem e manipularem, até certo ponto, as fôrças da natureza.

Encarando a experiência humana de um ponto de vista sociológico, que acentua os traços coletivos da vida social e os aspectos partilhados e padronizados do comportamento, damos a impressão de estar desprezando a pessoa individual. Os sociólogos estudam a sociedade e a cultura, as relações e normas sociais, as crenças partilhadas e os valôres comuns, a estrutura social e o comportamento padronizado, como distintos dos indivíduos que se conformam às normas sociais, adotam as crenças e valôres que prevalecem em seu grupo e participam das relações incorparadas em estruturas sociais, ou dêles se desviam. Entretanto, a sociedade e a cultura, bem como tôdas as demais abstrações que empregamos, não vivem, não se comportam, não reagem, não se adaptam, não se ajustam, a não ser em sentido metafórico. Só agem os indivíduos, sós ou com outros. Tudo o que podemos observar se restringe a êsses indivíduos — que diferem, a certos respeitos, uns dos outros — enquanto freqüentam a escola, assumem compromissos matrimoniais, cuidam de crianças, trabalham, votam, tomam decisões políticas, escrevem livros, vão à igreja, e se empenham numa série de outras atividades que constituem um modo de viver. A cultura e a sociedade só se tornam tangíveis no espírito e nas ações dos indivíduos.

Porque o caráter abstrato dos conceitos sociológicos e da análise sociológica parece contrastar nìtidamente com o concreto do comportamento humano, urge considerar a relação entre o indivíduo e a cultura e a sociedade. A justificação de um ponto de vista que, aparentemente, não dá atenção ao indivíduo é, a um tempo, substantiva e metodológica; reside não apenas na natureza dessa relação mas também no fato de ser possível distinguir, para propósitos de análise, entre os aspectos psicológicos e sociológicos do comportamento.

No seu emprêgo de abstrações, a Sociologia, como já observamos (veja o capítulo I) não difere de outras disciplinas científicas. A Psicologia, que focaliza o indivíduo e sua personalidade, também emprega abstrações — ego, atitude, impulso, estímulo, repressão, aprendizagem, refôrço — e as proposições psicológicas são afirmativas gerais sôbre as relações entre variáveis. É precisamente o processo de abstração e a manipulação das idéias dêle resultante que constituem o núcleo de cada ciência.

A sociedade e a cultura, de um lado, e a personalidade e o indivíduo, de outro, não são entidades nìtidamente diferenciadas; apenas representam diferentes focos conceituais para explorar a natureza e as fontes do comportamento humano. Edward Sapir distinguiu gràficamente essas perspectivas alternativas:

> Quando vejo meu filhinho jogando bolinha de gude, em regra geral não desejo que se esclareça como se joga o jôgo. Quase tudo o que observo tende a ser interpretado como contribuição para o conhecimento da personalidade da criança. Esta é ousada ou tímida, viva ou fàcilmente atrapalhada, sabe ou não sabe perder, e assim por diante. O jôgo de gude, em suma, é apenas uma desculpa, por assim dizer, para o desdobramento de vários fatos ou teorias sôbre a constituição psíquica de determinado indivíduo. Mas quando vejo um operário qualificado ajeitando um dínamo, ou um polido mandarim sentado à mesa do jantar na qualidade de hóspede acadêmico, é quase inevitável que minhas observações assumem a forma de notas de campo etnográficas, cujo resultado líquido serão, provàvelmente, fatos ou teorias acêrca de padrões culturais, como o manejo de um dínamo ou as maneiras chinesas [1].

Assim, o mesmo item de comportamento se conceitua quer de um ponto de vista psicológico, quer de um ponto de vista sociológico. A conduta humana ora é vista em relação com a estrutura e a dinâmica da personalidade individual, ora em relação com a organização e o funcionamento da cultura e da sociedade. A compra de um casaco de *vison,* por exemplo, tanto se pode considerar como ação que proporciona uma espécie de satisfação do ego à compradora (ou a seu marido), quanto comportamento que contribui para o *status* da mulher (ou da sua família). Tais perspectivas são, òbviamente, as da Psicologia e da Sociologia. Que se podem unir, naturalmente, na observação de que a compradora deriva, em parte, a satisfação do seu ego do *status* que consegue.

Na conceituação diferente do mesmo fenômeno, o sociólogo e o psicólogo são levados a formular perguntas diferentes. Cada maneira de encarar o assunto nos permite explicar alguns aspectos do comportamento; nenhuma delas, sòzinha, explica a sua totalidade. O sociólogo procura esclarecer, por exemplo, por que a taxa de alcoolismo é baixa entre os judeus e alta entre os irlandeses católicos. As perguntas relevantes seriam: Quais são as diferenças de experiência, valôres, atitudes e relações sociais que se relacionam com a bebida? Se se tentasse explicar por que um indivíduo — judeu ou católico irlandês — é alcoólatra, a resposta teria de levar em conta a estrutura da personalidade, as tensões e pressões emocionais e a experiência pessocial anterior. O alcoolismo, assim, pode ser considerado como tormento de um indivíduo ou como forma padronizada de comportamento que ocorre, numa determinada proporção, em cada grupo.

As perspectivas e preocupações instintivas do psicólogo e do sociólogo têm acarretado, com freqüência, falseadas interpretações do comportamente humano, contra as quais ambos devem guardar-se. Em seu interêsse pelo indivíduo, o psicólogo, de vez em quando, perde de vista a influência das normas sociais e da estrutura social sôbre a personalidade. Por outro lado, o sociólogo, às vêzes, trata como objetos concretos os conceitos de cultura, sociedade, instituição e papel, transformando-os, de abstrações frias baseadas na observação de ações repetidas, em entidades concretas, ativas, que presumìvelmente coagem os indivíduos a finalidades ou propósitos distintos dos de sêres humanos vivos e ativos.

Nem deveria a proveitosa possibilidade de se distinguirem umas das outras as perspectivas sociológicas e psicológicas obscurecer a óbvia interdependência do indivíduo e da sociedade. Cada pessoa é, simultâneamente, portador de cultura, participante da vida de grupo e personalidade distinta — bem como organismo biológico sensível. A personalidade, em grande parte, é um produto social, ao passo que os traços psicológicos se relacionam de maneiras complexas e sutis à cultura e à estrutura social.

O indivíduo como produto social

Em certo sentido, porém, a cultura e a sociedade transcendem o indivíduo, pois não dependem de nenhuma pessoa ou pessoas específicas em cujas atitudes e ações encontram expressão. Como observou Ralph Linton:

> Por mais desagradável que seja essa compreensão para os egotistas, pouquíssimos indivíduos podem ser considerados como algo mais do que incidentes nas histórias da vida das sociedades a que pertencem. Faz muito tempo que nossa espécie alcançou o ponto em que grupos organizados substituíram os membros individuais como unidades funcionais na luta pela sobrevivência [2].

A cultura possui uma patente continuidade, que se estende além da existência dos que a possuem, criam e utilizam, e a estrutura da sociedade persiste apesar da contínua substituição de seus membros.

Sem a sociedade, o indivíduo não sobrevive. Como vimos anteriormente, os homens não possuem habilidades nem conhecimentos instintivos e também não possuem padrões herdados de comportamento, além das respostas automáticas, ou reflexos, como o agarrar, o chupar, o reflexo patelar, o piscar, e assim por diante. Os instrumentos com que enfrentam o meio e organizam a existência coletiva derivam da cultura. Além disso, a criança requer não apenas a satisfação de necessidade físicas, através de outras pessoas, durante um tempo relativamente longo em confronto com outros animais, mas também precisa da sua atenção e do seu cuidado. A observação não é nova; no século XIII, o Imperador Frederico II realizou uma experiência que demonstrou claramente êste ponto:

> A sua segunda loucura foi querer descobrir que espécie de fala e que maneira de falar teriam as crianças quando crescessem, se, até então, não falassem com ninguém. Por isso ordenou às mães de criação e às amas que amamentassem as crianças, que as banhassem e lavassem, mas que de maneira nenhuma brincassem ou falassem com elas, pois êle queria saber se falariam a língua hebraica, que era a mais antiga, o grego, o latim, o árabe ou talvez a língua dos pais, de que haviam nascido. Mas lidou em vão, porque tôdas as crianças morreram. Pois não poderiam viver sem as carícias, os rostos alegres e as palavras carinhosas das mães adotivas. E por isso se chamam "canções de ninar", as que entoa uma mulher enquanto balança o berço, para fazer adormecer uma criança; sem elas a criança dorme mal e não tem descanso [3].

Essa conclusão foi empìricamente confirmada pela pesquisa moderna, particularmente pelos estudos de René Spitz, que comparou as crianças de um asilo de enjeitados com crianças de uma aldeia isolada de pescadores, cujas condições físicas eram difíceis, com um grupo de crianças da classe média e, sobretudo, com bebês numa creche ligada a uma instituição penal para meninas delinqüentes [4]. No asilo os cuidados de alimentação higiênicos e médicos eram bons, mas as crianças recebiam pouca atenção das amas. (Por mais maternal que fôsse, cada ama só podia gastar pouco tempo com cada criança, pois tinha oito a seu cargo.) Na instituição penal, as condições físicas eram igualmente adequadas, mas as crianças eram cuidadas, grande parte do tempo, pelas próprias mães. A conclusão sacada da comparação dêsses grupos foi que a ausência de "cuidado materno, estimulação materna e amor materno" não apenas limitava o desenvolvimento físico e emocional, mas também provocava elevado coeficiente de mortalidade. Ou, segundo as palavras de distinto psicanalista: "os bebês não amados não vivem"[5]. (Esta conclusão aplica-se, entretanto, principalmente à segunda metade do primeiro ano de vida.) Os descobrimentos específicos de Spitz foram postos em dúvida, principalmente em bases metodológicas, mas outras pesquisas têm sustentado geralmente a sentença de que "a criação materna adequada tem significação vital para o desenvolvimento"[6].

Cada indivíduo nasce com um equipamento físico mais ou menos distinto, que crescerá e amadurecerá. Possui a capacidade de aprender, que o distingue de outros animais. Tem impulsos e necessidades — fome e comida, sêde e bebida, libido (para empregarmos o têrmo freudiano) e satisfação sexual, bem como possibilidades de reações emocionais — cólera, mêdo, amor, ódio. Mas os traços genéticos e as potencialidades individuais só desabrocham e tomam forma no decurso da experiência no meio social. O indivíduo aprende a satisfazer suas necessidades de forma socialmente aprovada. O que come e com quanta freqüência, se toma leite de vaca, leite de cabra, ou o fruto da vinha, se tem uma só parceira sexual, ou muitas — tudo isso depende da cultura. Suas simpatias e antipatias, esperanças e ambições, interpretações da própria sociedade e do sobrenatural (se vier a acreditar neste último) derivam do mundo social à sua volta. Em suma, êle se torna um ser social à proporção que absorve a cultura, que lhe permite sobreviver e viver em sociedade, orienta-lhe as ações e lhe dá significação à existência.

Até experiências ostensivamente "privadas", como a resposta emocional e a percepção, são influenciadas pela cultura, por interposição de outras pessoas com as quais interagimos. Num estudo bem feito de pacientes de hospital, por exemplo, Mark Zborowski verificou que membros de vários grupos étnicos reagiam de maneira muito diferente à experiência da dor física. "Velhos norte-americanos" tendiam a manter uma atitude estóica, embora pudessem gritar e gemer — se não estivesse ninguém presente — quando a dor se acentuava. Judeus e italianos, por outro lado, tendiam a mostrar-se "muito emotivos", queixando-se, gemendo, lamentando-se, sem qualquer senso de vergonha. O italiano, entretanto, quando a dor é aliviada por drogas "esquece fàcilmente o sofrimento e manifesta uma disposição feliz e alegre". O judeu, por outro lado, permanecia concentrado na origem de sua dor e, não raro, relutava em tomar drogas analgésicas, temeroso de que elas pudessem disfarçar sintomas importantes [7].

A influência da cultura sôbre a percepção pode ser ilustrada pela "história moralista do camponês e do grilo".

> Caminhando, um belo dia, por uma rua agitada da cidade, o camponês agarrou o amigo citadino pelo braço, exclamando:
>
> — Ouça o cricrilar do grilo!
>
> O citadino não ouviu coisa alguma, até que o seu bucólico amigo o conduziu a uma frincha na fachada de um prédio, onde o grilo proclamava sua presença sem ser ouvido pelas multidões que passavam.
>
> — Como é que você pode ouvir um barulhinho tão insignificante no meio de tanta algazarra? — perguntou, surprêso, o citadino.
>
> — Veja — replicou o amigo, atirando uma moeda na calçada. Imediatamente, uma dúzia de pessoas se voltou ao ouvir o leve tilintar da moeda [8].

A explanação sociológica e o indivíduo

A estreita dependência do indivíduo em relação ao meio social possibilita a explicação de alguns aspectos do comportamento humano sem referências diretas a características psicológicas. Visto que as pessoas tendem a seguir as normas dos grupos a que pertencem, o conhecimento das filiações de grupo de um indivíduo e dos atributos dêsses grupos bastará provàvelmente, para que se lhe predigam e expliquem as ações. Conhecendo-se a classe social de um inglês, pode-se predizer com muita exatidão se êle dirá "casa" ou "lar" quando se referir à sua residência (o primeiro pertence à classe superior, o último, não), ou se dirá "rico" ou "milionário" quando se referir às suas circunstâncias econômicas — ou às de qualquer outra pessoa (o primeiro pertence à classe superior, o último, não) [9]. É possível predizer com segurança que os norte-americanos da classe média — que podem ter personalidades muito diferentes — têm apenas uma espôsa; chamam à sua refeição noturna "jantar"; possuem automóvel, máquina de lavar roupa, máquina de secar e aparelho de televisão; e esperam mandar os filhos a um estabelecimento de ensino superior.

Pode-se também supor que pessoas que partilharam de experiências semelhantes e possuem características sociais comuns procederão, de um modo geral, aproximadamente da mesma maneira em idênticas situações, ainda que o seu comportamento não seja prescrito institucionalmente ou que a cultura lhes enseje mais de uma alternativa. Porque seus valôres e perspectivas são análogos, tendem a ver o mundo e a reagir a êle de maneira muito parecida. Se norte-americanos tiverem *status* econômico, sítio de residência e antecedentes religiosos comuns, por exemplo, é possível predizer, com um grau razoável de segurança, como votarão nas eleições nacionais. (O grau de previsibilidade aumentará se se excluir o Sul, que pertence, na maior parte, a um partido só.)

O mesmo modêlo explanatório pode ajudar a explicar variações de comportamento. Quando encontramos diferenças de linguagem, trajos, votação, hábitos de comer, relações entre pais e filhos, atitudes, crenças, e assim por diante, não precisamos examinar os atributos psicológicos de cada indivíduo, mas encontramos uma adequada explanação nas variadas experiências sociais que tiveram as pessoas e nas normas e estruturas sociais contrastantes dos grupos a que pertencem.

É mister compreender, entretanto, que as conclusões empíricas específicas, derivadas dessas proposições, são sempre afirmativas de freqüência ou probabilidade relativas. Os trabalhadores manuais, de um modo geral, tendem a julgar-se membros da classe operária, mas um estudo de âmbito nacional revelou que apenas 77 por cento de trabalhadores manuais urbanos se identificaram dessa maneira [10]. A maioria das pessoas "jura" exercer fielmente suas obrigações quando presta compromisso numa repartição pública nos Estados Unidos, mas um número pequeno apenas "afirma" que o fará. Ou, para tomarmos um exemplo diferente, o moral dos trabalhadores industriais tende a ser alto quando há grupos de trabalho bem estabelecidos na fábrica; quando os trabalhadores não estabelecem relações pessoais recíprocas o moral tem probabilidades de ser baixo [11].

Êsses descobrimentos empíricos são expressos em têrmos estatísticos em parte por causa da complexidade da vida social. Além de suas ocupações, os trabalhadores manuais possuem muitos outros atributos capazes de influir nas suas identificações de classe. Por exemplo, os trabalhadores manuais que não se consideram membros da classe operária têm geralmente uma educação melhor e provêm com mais freqüência de famílias de funcionários "de gravata" do que os que aceitam sua identificação com a classe operária [12]. Os que "afirmam" suas responsabilidades são quacres, cujas crenças religiosas não lhes permitem "jurar" de maneira convencional. Muitos outros fatôres, além das relações com os companheiros de trabalho, podem influir no moral na fábrica; salários baixos ou um capataz desagradável podem perturbar um grupo amistoso de trabalhadores, e um trabalho interessante talvez compense a ausência de relações sociais agradáveis. Como é virtualmente impossível explicar tôdas as variáveis sociais e culturais que influem no comportamento humano, há de haver certa margem de êrro na análise e na predição sociológicas. Nisso, naturalmente, a Sociologia não está só, pois tôda pesquisa empírica sofre, em maior ou menor grau, da mesma limitação.

O fato de ser o indivíduo na maior parte, um produto social e de ser possível, portanto, explicar muitos aspectos do seu comportamento pela simples referência à cultura e à organização social, não significa que êle seja tão-sòmente um instrumento passivo da sociedade. A relação entre a sociedade e o indivíduo não é a do titereiro e do títere, sendo o indivíduo puxado para cá e para lá à medida que se manipulam os cordões. "Nenhum antropologista (nem sociólogo)", escreveu Ruth Benedict, "com experiência de outras culturas acreditou jamais que os indivíduos sejam autômatos, que levam a cabo mecânicamente os decretos de sua civilização"[13]. O indivíduo não é pura e simplesmente uma gravação de sua cultura, se nos fôr lícito alterar a metáfora, ainda que, às vêzes, execute partes da gravação como o requerem várias ocasiões. Êle deve ser visto como um ser ativo, que se comportará, provàvelmente, de maneira mais ou menos padronizada, mas que também possui capacidade de inovação e divergência e pode, através de suas ações, influenciar significativamente e modificar a natureza de sua cultura e de sua sociedade.

A tendência para conformar-se a exigências culturais e a expectativas sociais não pode ser vista como "normal", e precisa ser considerada como problemática; não é uma coisa que se deva supor, senão um fato que se há de explicar. Cumpre-nos examinar, portanto, o processo pelo qual o organismo se converte numa pessoa capaz de participar ativamente na vida da sociedade, e examinar a relevância da personalidade e da dinâmica psicológica para a estrutura e o funcionamento da sociedade.

Órgãos de socialização

O processo de *socialização,* que transforma a matéria-prima humana num ser social, executa duas funções importantes. De um lado, prepara o indivíduo para os papéis que há de desempenhar, fornecendo-lhe o repertório necessário de hábitos, crenças e valôres, os padrões apropriados de reação emocional e modos de percepção, as habilidades e o conhecimento requeridos. De outro lado, transmite o conteúdo da cultura de uma geração a outra, provê à sua persistência e continuidade.

O principal órgão nesses processos é, geralmente, a família ou o grupo de parentesco. Acudindo às necessidades do bebê indefeso, os pais — inicialmente, na maioria dos casos, a mãe — estabelecem com êle uma relação que lhe será de importância central no desenvolvimento futuro. A criança descobre como assegurar a satisfação de suas exigências corporais pela comunicação com outros, através do som e dos gestos. A princípio, como membro largamente passivo da família e, depois, mais ativamente, aprende a desempenhar papéis apropriados e adquire habilidades, atitudes e modos de reagir que lhe permitem participar da vida social fora do círculo familial. Porque nossos laços primeiros e mais estreitos nos ligam, normalmente, a pais, irmãos e, às vêzes, a outros familiares, a experiência e as expectativas familiais têm um pêso emocional especial e são, por conseguinte, de particular importância no modelar a personalidade e no transmitir exigências e expectativas culturais.

Em tôda parte, entretanto, há também outras pessoas ou grupos que participam do processo de socialização. Ocasionalmente, outros órgãos chegam quase a substituir a família. O *kibbutz* israelense, por exemplo, confia o cuidado das criancinhas a uma creche comunal, exceto durante as poucas horas diárias que as crianças passam com os pais. Quando as crianças têm idade suficiente para deixar a creche, ainda continuam a privar mais com os companheiros da mesma idade, num ambiente comunal, que com a família. Os grupos de iguais, de fato, encontram-se na maioria das sociedades e, em algumas delas, exercem funções importantes, definindo comportamentos apropriados, estabelecendo padrões e inculcando metas. Através de várias sanções institucionalizadas, podem também impor a conformidade a normas estabelecidas, inclusive as específicas do seu grupo de idade.

Em contraste com a família, tìpicamente mais autoritária (e do ponto de vista da criança, sempre o é em certo grau) e mais apta a transmitir valôres tradicionais, o grupo de iguais usualmente proporciona uma experiência mais igualitária, embora, de vez em quando, também possa tornar-se rìgidamente autoritário em suas exigências com os membros. No interior do grupo de iguais surgem freqüentes oportunidades de examinar tópicos que são tabus nas relações com adultos e de obter o apoio de outros quando os jovens procuram fugir às coações paternas e estabelecer uma identidade independente.

Numa sociedade industrial complexa a família, sòzinha, não pode adestrar convenientemente as crianças em muitos papéis adultos, e outros órgãos, particularmente a escola, também contribuem de maneira significativa, na preparação para a vida adulta. Espera-se que a escola transmita não sòmente habilidades e conhecimentos práticos mas também importantes valôres culturais: patriotismo, ambição, interêsse pelos outros, e assim por diante. O impacto da escola sofre, naturalmente, a influência das atitudes e do comportamento da família, que podem facilitar os esforços educacionais formais, ou impedi-los. A própria escola inclui não só a organização formal, com o currículo preparado e processos estabelecidos, mas também os professôres, com os quais os estudantes podem estabelecer relações pessoais, capazes de influir significativamente em suas atitudes e em seu comportamento. Ela proporciona também um centro conveniente para o desenvolvimento de grupos de iguais informais, embora amiúde importantes. (Para uma discussão completa da educação veja o capítulo 15.)

Finalmente, na sociedade contemporânea, os meios de comunicação de massa contribuem para a socialização da criança — e para a continuação da socialização do adulto. Nos conhecimentos que tornam acessíveis, nos modelos de comportamento que oferecem, nos valôres que expressam e ilustram, nas experiências — emoções, entretenimentos, horror, etc. — que oferecem, os meios de comunicação de massa podem reforçar os esforços da família e da escola, ou enfraquecê-los e diluí-los. As crianças aprendem diretamente dêsses meios, transmitidos também aos pais e aos iguais, padrões de comportamento, que êstes então transmitem. Tais meios podem ser deliberadamente utilizados na educação e na doutrinação, como a televisão educativa nos Estados Unidos, ou na exploração de tôdas as formas de comunicação de massa em sociedades autoritárias, onde os regimes tentam, sistemàticamente, divulgar e sustentar os valôres por êles aprovados.

Numa sociedade complexa e heterogênea, que careça de valôres "oficiais" e de direção e contrôle centrais, a influência dos meios de comunicação de massa é, por via de regra, não planejada e incerta, potencialmente disfuncional em relação aos padrões predominantes de alguns grupos ou aos de tôda a sociedade. Até numa sociedade totalitária pode surgir um hiato entre a intenção e o resultado, com conseqüências não antecipadas e não desejadas, que fluem assim do conteúdo como das técnicas dos meios de comunicação.

À diferença da sociedade tradicional e relativamente estável, em que os órgãos de socialização são limitados e tendem a funcionar harmoniosamente, a sociedade moderna complexa sujeita o indivíduo a uma série diversa de influências socializantes, que não têm probabilidades de ser coerentes umas com as outras. A criança ouve na escola dominical que "os pacíficos herdarão a Terra", mas pode encontrar também nos pais e nos meios de comunicação de massa manifestações de admiração pelos fortes e poderosos. A criança de 11 anos, cujos pais relutam em discutir "os fatos da vida", pode topar com a fotografia de um feto não nascido na capa da revista *Life* e ler um relato minucioso e fartamente ilustrado do seu desenvolvimento. As expectativas dos pais e dos grupos de iguais não raro entram em conflito e as escolas podem exigir da criança ou do jovem adulto mais — ou menos — do que os pais os prepararam para dar. (A relutância contemporânea dos administradores de estabelecimentos de ensino superior norte-americanos em servir *in loco parentis,* em parte por causa da pressão dos estudantes, cria dificuldades para alguns estudantes ainda despreparados para um papel adulto plenamente independente.)

As conseqüência dessa incoerência são complicadas e variadas. De um lado, o indivíduo pode achar-se inseguro e mal preparado para desempenhar os papéis que dêle se esperam, ou até, em certos casos, com sérios conflitos internos. De outro lado, à proporção que aprende a enfrentar diversas influências e pressões, êle pode tornar-se mais autônomo, isto é, mais capaz de formular juízos independentes acêrca da conveniência de conformar-se a normas culturais. As condições que determinam o resultado ainda não foram pròpriamente delineadas.

Numa sociedade que se modifica, não só as técnicas de adestramento da criança mas também a substância do adestramento geralmente associam o nôvo ao tradicional. As mães podem fiar-se do que ouviram de suas mães e também do último conselho do pediatra. As escolas buscam inculcar e impor muitas verdades morais tradicionais, ao mesmo tempo que ensinam novas habilidades e exploram técnicas modernas. Até certo ponto, pais e mestres mostram inevitàvelmente, nos métodos que empregam, resquícios de sua experiência anterior, enquanto reagem às modificações verificadas no mundo em que vivem.

Os próprios órgãos de socialização estão contìnuamente sujeitos a fôrças externas, que influem na sua função socializante. Transmitida através das escolas e dos meios de comunicação de massa, a ciência moderna influiu nas maneiras pelas quais os pais cuidam dos filhos, zelam por suas necessidades e reagem ao seu comportamento. Organismos oficiais impõem contrôles sôbre o conteúdo dos meios de comunicação de massa e programas oficiais determinam os recursos à disposição das escolas. Para as famílias incapazes de prover adequadamente às necessidades dos filhos, seja por motivos econômicos, seja por razões psicológicas, pode haver auxílio e amparo de órgãos beneficentes de várias espécies. Uma ordem econômica que se altera e uma tecnologia que se expande conduzem a mudanças nas escolas e a uma redefinição das qualidades estimuladas nas crianças como pre-condições de sucesso.

O processo de socialização

A socialização é um processo complexo, de múltiplas facêtas. À medida que cresce o indivíduo, seus impulsos biológicos são dirigidos para canais culturalmente padronizados. As respostas apropriadas são "impostas", as não apropriadas "extintas" por um sistema de prêmios e castigos. Êle aprende, através de gestos ou ações, a conseguir comida, carinhos ou a eliminação do desconfôrto, e a responder às ações dos outros como se espera que responda. Finalmente, passa a fazer três refeições por dia, em lugar de quatro, a pegar na comida com instrumentos em lugar de enfiá-la na bôca com os dedos, a executar suas funções corporais na ocasião adequada e no lugar adequado. Grande parte dessa aprendizagem, portanto, consiste no desenvolvimento de hábitos que se conformam aos costumes da sociedade.

A canalização de impulsos e a aquisição de hábitos aceitáveis não são processos mecânicos, mas estão ligadas a juízos do que é certo e do que é errado, do que é bom e do que é mau. Não se aprende apenas a fazer alguma coisa de determinada maneira, senão também que esta é a maneira certa ou correta de fazê-lo. Os valôres, que impõem e sustentam muitos hábitos, são aprendidos principalmente dos pais, às vêzes didàticamente pela instrução direta, em parte pelas expressões de aprovação ou desaprovação da conformidade ou da não conformidade. A uma criança da classe média nos Estados Unidos, que pega qualquer coisa que não lhe pertence, ensina-se a "devolvê-la", informando-a de que não se tira o que é dos outros. Se ela deixa de completar uma tarefa que lhe foi atribuída — fazer o serviço de casa, cortar a grama do jardim, estudar piano ou violino — ser-lhe-á recordada a importância da persistência e das coisas bem feitas. O desleixo, a negligência e a impontualidade são criticados nos lares da classe média, ao passo que a boa ordem, a precisão e a execução a tempo das tarefas são recompensadas. Em outras sociedades, naturalmente, até certo ponto em outras classes sociais, estimulam-se valôres e padrões diferentes. Por exemplo, o pudor, habitualmente acentuado nas famílias norte-americanas, é relativamente distituído de importância entre os habitantes da Ilhas de Trobriand; o respeito aos mais velhos, vigorosamente enfatizado, por tradições, no seio das classes média e superior britânicas, é muito menos enfàticamente acentuado nos Estados Unidos; a igualdade, importante valor norte-americano, tem muito menor importância na maioria das sociedadedes da Europa ocidental.

As crianças adquirem valôres — e atitudes e crenças — não apenas através de preceitos explícitos e recompensas ou castigos manifestos, mas também através da sugestão, da implicação, do exemplo. Nada precisa ser dito expressamente para que a criança reconheça as qualidades altamente estimadas e as que não são. Sensível aos matizes emocionais no comportamento dos pais, pode ela, freqüentemente, reconhecer a aprovação ou desaprovação implícita de suas ações ou das ações de outra pessoa mesmo quando não francamente expressas. Encontram-se modelos de formas convencionais (ou não convencionais) de comportamento nos meios de comunicação de massa, entre os iguais, e na família.

O indivíduo, entretanto, é mais que um simples feixe de hábitos e valôres, atitudes e crenças, todos aprendidos e culturalmente padronizados. Êsse feixe de elementos psicológicos está organizado numa estrutura, a "personalidade", cujas partes se relacionam mùtuamente e não se acham ordenadas ao acaso. Uma personalidade, portanto, possui atributos que a tornam mais do que a mera soma de suas partes.

O têrmo *personalidade* é difícil de se definir e é tão variadamente usado quanto *sociedade* — talvez até mais. Entretanto, a maioria dos psicólogos concordará, sem embargo da maneira pela qual empregam o têrmo, em que êle se refere a uma espécie de estrutura ou organização psicológica. Êles discordam acêrca dos elementos que constituem a personalidade e dos mecanismos através dos quais funciona o sistema psicológico [14].

De importância central da personalidade é o eu, a consciência e o sentimento da própria identidade pessoal e social que tem o indivíduo. O eu exerce uma função de integração para a personalidade; a significação de hábitos, atitudes, valôres e crenças depende, quase sempre, da relação dêles com os sentimentos da pessoa em relação ao seu eu. Reagimos mais pronta e mais intensamente aos acontecimentos externos que colidem com nossa imagem e nossas avaliações de nós mesmos do que àqueles em que o nosso eu não está envolvido. O participante de uma conversa de grupo presta atenção a uma referência vagamente ouvida a seu respeito, partida de um canto distante, embora não "ouça" mais nada. Permanece calmo e objetivo à proporção que vários tópicos são discutidos, mas se levanta zangado — ou satisfeito — ao ouvir comentários que podem ser considerados feitos à *sua* personalidade, às *suas* relações com outros.

Nosso conhecimento da natureza, das origens e das funções do eu e de suas relações com a vida social baseiam-se, largamente, nas contribuições de Charles Horton Cooley, economista que se transformou em sociólogo e num dos fecundos teóricos da Sociologia nos Estados Unidos, e de George Herbert Mead, contemporâneo de Cooley, filósofo e psicólogo social.

Edificando sôbre os alicerces representados pela obra anterior de William James e do psicólogo James M. Baldwin, Cooley pôs em destaque a interdependência do eu e da sociedade. Embora entendesse que "a emoção ou sentimento do eu pode ser considerado como instinto" (ponto de vista não partilhado por muitos outros estudiosos da personalidade), era apenas "definido e desenvolvido pela experiência" [15]. Os tipos mais significativos de experiência, afirmou, verificavam-se no interior dos "grupos primários": família, grupo de folguedos e vizinhança. Necessàriamente membro dêsses grupos durante a infância, o mais plástico período do seu desenvolvimento, o indivíduo adquire dentro dêles características e sentimentos humanos básicos. Êsses grupos eram "primários" por serem "fundamentais na formação da natureza humana" [16]. (O leitor encontrará uma plena discussão dos grupos primários no capítulo 6.)

Por intermédio da linguagem, de caráter òbviamente social, o indivíduo recebe as idéias que adota como suas. A atitude que toma em relação ao próprio caráter — físico, psicológico e social — é significativamente afetada pelas atitudes de outros. Se êstes lhe aprovarem as ações ou a aparência, ou se lhe parecer que as aprovam, passa também a aprová-las, e vice-versa. Colley chamou a essa auto-imagem o "eu ao espelho", que, disse êle, "parece ter três elementos principais: a imaginação da nossa aparência como é vista por outra pessoa; a imaginação do juízo dessa aparência feito pela outra pessoa; e uma espécie de auto-sentimento, tal como o orgulho ou a mortificação." [17]

A contribuição de Mead, que êle e muitos outros estudiosos consideravam como extensão e aperfeiçoamento da análise de Cooley, também focaliza o eu como produto social.

> O eu [escreveu êle] possui um caráter diferente do caráter do organismo fisiológico pròpriamente dito. O eu é alguma coisa que tem um desenvolvimento; não está inicialmente ali, por ocasião do nascimento, mas surge no processo da experiência e da atividade sociais, isto é, desenvolve-se no indivíduo como resultado de suas relações com êsse processo como um todo, e com outros indivíduos dentro do mesmo processo [18].

A qualidade distintiva do eu é ser "um objeto para si mesmo"; pode conseguir certa distância e objetividade ao olhar para si mesmo e avaliar-se.

Através da linguagem e dos gestos, o indivíduo aprende a colocar-se no lugar de outros e a agir como êles poderiam fazê-lo — a desempenhar-lhes os papéis. Pelo fato de fazê-lo continuadamente, desenvolve a capacidade de olhar para si mesmo do ponto de vista alheio e chega a orientar seu comportamento de acôrdo com as expectativas dos outros, não só diretamente mas também através dos pontos de vista que *interiorizou*, isto é, incorporou na própria personalidade.

> O indivíduo se experimenta como tal, não diretamente, senão indiretamente, dos pontos de vista particulares de outros indivíduos membros do mesmo grupo, ou do ponto de vista generalizado do grupo social como um todo a que pertence [19].

A obra de Mead foi, na maior parte, especulativa, baseada nas observações que fêz do próprio comportamento e do comportamento de outros à sua volta, e no estudo da literatura filosófica e psicológica. Entretanto, conclusões semelhantes derivaram também de cuidadosa pesquisa empírica. Estribado em acurado e laborioso estudo de crianças, por exemplo, Jean Piaget, distinto psicólogo social suíço, concluiu que: "a vida social é necessária para que o indivíduo se torne consciente do próprio espírito" [20].

Enquanto Cooley e Mead viam claramente até que ponto o eu era um produto social e destacavam a importância da linguagem e da comunicação, Sigmund Freud, o fundador da psicanálise e o mais prestigioso estudioso do comportamento humano no século passado, acentuou a dinâmica emocional da socialização e do desenvolvimento da personalidade. A despeito de uma crença vigorosa na natureza instintiva e imutável dos impulsos humanos, Freud via nas relações familiares um fator crucial da formação da personalidade. Embora não desse atenção ao caráter institucional da família, examinou detalhada e brilhantemente a complexa interação de mãe, pai e filhos, e as conseqüências psicológicas dessas relações. Da sua análise advieram significativos acréscimos ao nosso conhecimento, não só da dinâmica da personalidade mas também dos processos pelos quais as pessoas seguem — ou desprezam — os ditames da sociedade.

Emergindo da interação de pais e filhos, de acôrdo com Freud, surgem ligações emocionais que contribuem, de maneiras favoráveis, para a personalidade. Por causa da intimidade e dos laços emocionais, as crianças tendem a *identificar-se* com os pais, a querer tornar-se o mais possível parecidas com êles. Os filhos homens tendem a identificar-se com os pais, as filhas com as mães, embora o procecosso, às vêzes, só se complete parcialmente, às vêzes nunca e assuma, às vêzes, formas inusitadas ou desnaturadas. Finalmente, os padrões dos pais — que são também, via de regra, os padrões da sociedade — tornam-se parte da personalidade do filho, um guarda íntimo que lhe observa e julga as ações. A êsse pai "introjetado" ou interiorizado — a imagem paterna que se torna parte da personalidade do filho — Freud chamou *superego,* uma de cujas funções, assinalou êle, consiste em servir de "veículo da tradição e de todos os valôres seculares transmitidos... de geração a geração" [21]. Num sentido, o pai está sempre presente e o malôgro na tentativa de viver de acôrdo com os padrões paternos pode gerar um sentido de culpa mais ou menos penoso, pois essas normas interiorizadas constituem a consciência. (Como Mead, Freud observou também que "o ego pode tomar-se a si mesmo como objeto, tratar-se como trata qualquer outro objeto, observar-se, criticar-se, e fazer sabe Deus o que mais consigo mesmo" [22].) Uma pessoa pode, naturalmente, por vários motivos, deixar de obedecer a essas regras e sofrer as angústias da culpa mas, na maioria dos casos, ao que parece, o temor da culpa serve para induzi-la a conformar-se às normas sociais corporificadas nos preceitos paternos.

Além dêsses valôres, em função dos quais a pessoa julga o seu eu, ou ego, o superego incorpora metas e concepções de consecução que o indivíduo forceja por realizar — em têrmos freudianos, o *ego-ideal.* Ao buscar ser como o pai e viver de acôrdo com suas expectativas, agora interiorizadas e fazendo parte da personalidade, o indivíduo é compelido a procurar atingir metas socialmente aprovadas. Dessa maneira, a menos que seu modêlo ou mentor seja um criminoso, um rebelde ou um excêntrico, o indivíduo aprende a querer o que lhe diz a cultura que deve querer — tornar-se rico e famoso, executar tarefas socialmente apreciadas, ser um cidadão respeitável e cumpridor da lei. Metas e ideais, portanto, assim como normas e padrões morais, derivam da interação social e psicológica dos pais, ou substitutos dos pais, e da criança. A pessoa não é simplesmente cercada de restrições interiorizadas ou coagida pela consciência a adotar modos requeridos de comportamento, mas adquire também as molas de ação capazes de canalizar impulsos e energias para linhas de esfôrço que são, em potencial socialmente úteis e pessoalmente satisfatórias.

Êsse processo altamente generalizado de desenvolvimento da personalidade está sujeito, naturalmente, a infinitas variações. Desmancham-se as famílias e a seqüência usual não se verifica. Outros adultos substituem os pais, que podem ser rejeitados pelos próprios filhos. Numa sociedade em que tôdas as crianças são cuidadas por mulheres, o apêgo inicial do filho à mãe às vêzes é tão forte que se lhe afigura difícil estabelecer íntima relação com o pai e identificar-se com êle. Por várias razões, o filho pode permanecer estreitamente apegado à mãe e a filha, ao pai. Em tais circunstâncias, a criança talvez nunca chegue a interiorizar os valôres da cultura ou talvez não atribua a determinados valôres e metas a mesma importância que êles assumem aos olhos de outros. Alternativamente, pode adquirir valôres ou tendências psicológicas apropriadas às exigências sociais e culturais predominantes, através dessas seqüências menos típicas; como assinalam Warner e Abegglen, por exemplo, muitos sensíveis chefes de emprêsas parecem não ter vigoroso apêgo aos pais mas são profundamente influenciados por suas mães [23]. Havendo diferença na estrutura da família, outros parentes, além do pai ou da mãe, desempenharão um papel central no desenvolvimento da personalidade [24].

Finalmente, alguns dos componentes da personalidade que influem na ação social e podem, realmente, ter considerável importância na determinação do modo pelo qual os homens desempenham vários papéis sociais, derivam dos métodos empregados no trato da criança e no seu adestramento. Estudiosos de orientação psicanalítica tentaram demonstrar a existência de uma relação entre a maneira pela qual se alimentam, vestem e disciplinam as crianças, de um lado, e várias instituições, crenças e valôres, de outro [25]. Embora pareça haver pouca evidência concludente de uma conexão direta entre as técnicas de educação infantil e padrões específicos de comportamento, traços gerais de personalidade parecem ser significativamente afetados pelo modo como as crianças são tratadas e treinadas.

O tipo de disciplina imposta à criança, por exemplo, gera uma atitude em relação à autoridade em geral que pode ser importante no modelar a reação adulta ao exercício da autoridade. Baseados pelo menos em alguma evidência empírica, certos autores argumentam que crianças educadas em famílias rígidas, autoritárias, sem calor e afeto, tendem a tornar-se personalidades rígidas, submissas diante da autoridade constituída mas que se comprazem ao mesmo tempo, em mandar nos outros [26]. (Em algumas circunstâncias, entretanto, essas "personalidades autoritárias" se revoltam com violência, porque seus próprios pensamentos são, de fato, profundamente ambivalentes, e sua pronta aceitação da autoridade disfarça uma profunda hostilidade e um ressentimento contra a rígida disciplina a que foram outrora submetidas.) Outros traços importantes da personalidade — agressividade, domínio de si mesmo, rivalidade, desconfiança, aceitação — também refletem não apenas os valôres explícitos da cultura, senão também os modos de educação da criança.

Socialização do adulto: continuidades e descontinuidades

Embora exista hoje um acôrdo geral no sentido de que os elementos mais importantes da socialização ocorrem durante a infância, não existe ponto nenhum em que se possa afirmar que o processo está completo. À proporção que o indivíduo sofre o processo de maturação, entra — ou passa por êles — em novos papéis, cada um dos quais tem requisitos próprios. Muitos dêsses papéis se baseiam nas capacidades físicas que vêm com a maturação — adolescência, maternidade, serviço militar — e mais habilidades, conhecimentos, valôres e motivações adquiridos anteriormente. A criança só começa a freqüentar a escola quando chega a uma idade em que, no entender da sociedade, suas habilidades físicas, sociais e intelectuais lhe permitirão enfrentar as novas exigências que lhe são feitas — aos cinco anos na Inglaterra, aos seis nos Estados Unidos (se se ignorarem as creches e jardins-da-infância), e aos sete na União Soviética. Ingressa no mundo das profissões depois de haver adquirido pelo menos algumas das precondições para empregar-se ou depois de haver realizado o adestramento necessário a um serviço específico.

Parte da preparação para muitos papéis de adultos consiste não só em aprender habilidades necessárias, mas também em absorver motivações e valôres apropriados. À diferença de Peter Pan, a maioria das crianças quer crescer e transformar-se em pais, trabalhadores, soldados, cidadãos. Estão prontas para fazer o esfôrço necessário ao aprendizado dêsses papéis e, muitas vêzes, já incorporaram os valôres ligados a êles. Em tais condições, isto é, no caso de ter havido "socialização antecipante", o aprendizado se processa fácil e efetivamente.

Os papéis adultos, entretanto, em certas ocasiões, não se apóiam em motivações, valôres e habilidades já adquiridas, e a experiência da infância proporciona escassa preparação para o que se espera mais tarde das pessoas. Entre os manus da Nova Guiné, por exemplo, os meninos são livres e não sofrem constrangimento, têm escassa responsabilidade e estão sujeitos a pouca ou nenhuma autoridade. No entanto, atingida a maturidade, são sùbitamente atirados a um complexo sistema de dívidas, obrigações e responsabilidades, que se espera que aceitem e que são obrigados a aceitar [27]. Poder-se-ia esperar que tais descontinuidades produzissem esfôrço e tensão, talvez até tentativas de impedir que se façam novas exigências. No entanto, a aceitação do papel é quase sempre rápida por causa das pressões exercidas por outros e da ausência de um grupo significativo a que o indivíduo possa recorrer em busca de apoio a fim de resistir às exigências do nôvo papel. (Discutem-se os meios de contrôle social no capítulo 18.)

Numa sociedade complexa e mutável existem, talvez, descontinuidades iniludíveis nos sucessivos papéis que as pessoas aprendem a desempenhar. Mercê da diversidade dos papéis profissionais, por exemplo, a habilidade dos pais e das escolas em preparar as pessoas adequadamente para as tarefas que vão executar e os problemas que vão enfrentar é limitada, e o processo de socialização precisa, por conseguinte, continuar através da vida adulta. Uma rápida mudança social requer novos padrões de comportamento e difíceis ajustamentos emocionais, que raro podem ser antecipados. Brancos que sempre julgaram os negros inferiores precisam aprender a aceitá-los como iguais, à proporção que se modificam os padrões de relações raciais. Homens que cresceram com idéias fixas sôbre a superioridade masculina talvez tenham de aprender a aceitar ordens de mulheres à medida que forem eliminadas as barreiras ao progresso feminino e maior número de mulheres abrace carreiras liberais. O estudioso solitário talvez tenha de adaptar-se a programas organizados de pesquisa e o trabalhador cuja perícia é substituída pela tecnologia moderna terá de adquirir novas habilidades.

Instituições educativas, os meios de comunicação de massa e os grupos de iguais continuam a servir como órgãos de socialização para adultos, completados pelas complexas organizações em que as pessoas exercem muitas de suas atividades. Dentro dessas organizações fazem-se esforços não só para familiarizar o recém-chegado com rotinas firmadas, mas também para inculcar os valôres e lealdades particulares, que mantêm a estrutura e conduzem à conformidade às exigências do nôvo papel. Tais esforços envolvem instrução explícita, a promessa de prêmios pela conformidade e a ameaça de penalidades pela não conformidade, e o dá-cá-toma-lá da interação pessoal com outros que expressam os valôres e as expectativas da organização [28].

As possibilidades de socialização do adulto, entretanto, podem ser limitadas em resultado de experiência anterior. As primeiras relações sociais e os sucessos da infância têm efeitos duradouros sôbre a personalidade, como Freud tão claramente o demonstrou, e sôbre a capacidade do indivíduo de adaptar-se às circunstâncias que se modificam e a aprender novas maneiras. As crianças às quais se permite que expressem seus sentimentos — incluindo a hostilidade e a violência — livre e francamente, talvez encontrem dificuldades, mais tarde, para exercer o domínio emocional. Dessa maneira, crianças da classe inferior, que vêm de um ambiente destituído de coação emocional, muitas vêzes não são capazes de assumir prontamente o contrôle, característico da classe média, que delas se espera na escola e, mais tarde, no trabalho.

Os efeitos duradouros da socialização inicial não deveriam ser superenfatizados, embora exista permanente desacôrdo sôbre a exata persistência dêles. Há instituições, como hospitais para psicopatas, organizações beneficentes, tribunais e prisões, que se destinam a promover mudanças importantes de valôres, de personalidade e de habilidade para enfrentar situações sociais. Tôda vez que o indivíduo pode ser afastado dos contextos sociais familiares, aumenta a possibilidade de *ressocialização* — mudanças principais na personalidade e nos valôres — como o revelam os casos políticos de "lavagem do cérebro" em vários países. (Há indícios, entretanto, de que o retôrno às rotinas familiares tende a restaurar os mais antigos padrões de pensamento, sentimento e ação.)

Sem apequenar a relevância dos atributos básicos da personalidade estabelecidos na primeira infância, cumpre lembrar que o indivíduo está empenhado num processo social em marcha. Êle é sempre um "foco de filiações em grupo" [29] que envolve diversas expectativas em relação ao comportamento, reforçados por várias sanções sociais. Sua resposta a essas exigências sociais e as pessoas com que entrar em contacto serão afetadas pelas características pessoais que êle traz à situação, embora sua personalidade possa, por seu turno, ser modificada de várias maneiras pelas novas experiências.

Caráter social e estrutura social

Por ser o indivíduo, em tão grande escala, produto da própria experiência social, é de esperar-se que as pessoas educadas da mesma maneira sejam muito parecidas entre si e difiram das que foram educadas sob outro regime. A cultura não apenas ministra os valôres e atitudes transmitidos às crianças, mas também define os padrões de educação da criança, que influem na estrutura e na dinâmica da personalidade [30]. Os traços psicológicos comuns aos socializados de idêntica maneira constituem um "caráter social", potencialmente relacionado, de diversas maneiras, a valôres e crenças assim como ao sistema institucionalizado das relações sociais.

Os esforços de generalização do caráter de grupos sociais não são novos. Aristóteles, por exemplo, comparava os "asiáticos, de entendimento rápido, versados nas artes, (mas) deficientes em coragem; e, portanto, sempre vencidos e escravos dos outros", com os gregos, "ao mesmo tempo corajosos e sensíveis" e, portanto, "livres e governados da melhor maneira possível" [31]. Em épocas recentes, a questão do "caráter nacional" foi tratada de diversas maneiras por historiadores, romancistas e outros. De uma feita, Leon Tolstói, caracterizou vários europeus da seguinte maneira:

> Os alemães confiam em si mesmos fundados numa noção abstrata — a ciência, isto é, o suposto conhecimento da verdade absoluta. O francês confia em si mesmo porque se considera, pessoalmente, assim no espírito como no corpo, irresistível a homens e mulheres. O inglês confia em si mesmo por ser cidadão do Estado mais bem organizado do mundo e, portanto, como inglês, sabe que tudo o que faz como inglês é indubitàvelmente correto. O italiano confia em si mesmo porque é excitável e fàcilmente se esquece de si e dos outros. O russo confia em si mesmo porque não sabe nada e não quer saber nada, pois não acredita que se possa saber alguma coisa [32].

(As generalizações de Tolstói, naturalmente, podem ser contestadas, mas, com acuidade característica, focalizou êle importante atributo psicológico, a base para a avaliação de si mesmo.) Num inteligente relato sôbre os russos, observou um escritor inglês contemporâneo:

> O russo médio pode ser mergulhado por longos períodos em estados de espírito pessimistas ou otimistas, de apatia ou esfôrço concentrado e, sob o estímulo de pessoas à sua volta, pode também modificar ràpidamente seus estados de espírito e mostrar que estão modificados, embora não possa ser chamado de volátil ou superficial... [Há também] a conhecida tendência de muitos russos para irromperem, a longos espaços, em selvagens explosões de alegria ou dor, cólera, ebriedade, crueldade [33].

Se bem as generalizações sôbre o caráter nacional sejam freqüentemente expressas em têrmos estereotipados, que ignoram tanto a extensão da variação quanto a existência de diferenças individuais, elas não podem ser indiferentemente desprezadas. Há poucas dúvidas, apesar das grandes diversidades que se observam dentro da mesma nação, de que inglêses e norte-americanos, russos e franceses, cubanos e chineses difiram uns dos outros não apenas culturalmente, mas também psicològicamente — na concepção que fazem de si, nos modos de reação, nas definições de masculinidade e feminilidade, nas atitudes em relação ao sexo, e assim por diante. O conhecimento que temos do caráter, da extensão e das conseqüências de tais diferenças ainda é grosseiro e muitas vêzes inadequado, embora se desenvolvam com firmeza as teorias e os métodos necessários à ampliação dêsse conhecimento [34].

Os traços nacionais e as diferenças entre membros de várias sociedades e grupos sociais têm sido diversamente atribuídos à raça, ao clima, à Geografia e à História. Já notamos as falhas de uma explanação racial de semelhanças e diferenças grupais e as limitações das interpretações climáticas e geográficas (veja o capítulo 3), se bem o clima e o *habitat* físico possam incluir-se manifestamente nas experiências que influem na personalidade. O impacto da História, embora não seja pôsto em dúvida, precisa ser definido com precisão; pode referir-se à consciência e à reverência do passado como tal, a tradições derivadas de épocas anteriores e transmitidas, através das gerações, às instituições modeladas no passado que estabelecem como hão de ser tratadas as crianças e o que lhes deve ser ensinado.

Nossa crescente compreensão dos órgãos e processos de socialização nos permite agora examinar mais sistemàticamente a relação entre o caráter social, as instituições específicas e as estruturas sociais. Certo número de estudos, principalmente de comunidades pequenas, relativamente homogêneas, tentou identificar o tipo de caráter social produzido por métodos particulares de socialização e relacioná-lo a valôres, crenças e formas de organização social específicas. Uma análise pormenorizada do povo de Alor, ilhazinha pertencente à atual Indonésia, por exemplo, descobriu que as mães, atarefadas nos trabalhos dos campos, tendiam a negligenciar os filhos, que se tornavam, caracterìsticamente, adultos ansiosos e suspicazes, prontos a participar de uma sociedade áspera e competidora. Sua religião e seu folclore também revelavam desconfiança e incerteza, que podem, ao mesmo tempo, refletir a estrutura fundamental da personalidade e contribuir para a sua formação [35].

O estreito elo entre personalidade e cultura, descoberto em comunidades como a de Alor, e o elevado grau de coerência entre elas não encontra paralelo em sociedades maiores e mais complexas, onde os métodos de educação de crianças são mais variados, as influências a que as crianças estão expostas, mais diversas, e os papéis franqueados a indivíduos, mais numerosos e mais diferenciados. Em lugar de um único "caráter social" pode haver diversos, ou muitos. Métodos distintivos de socialização entre subgrupos — a classe média, os negros e os judeus, por exemplo, — podem gerar tipos identificáveis de caráter ou personalidade. Numa sociedade de muitos grupos é possível a existência simultânea de valôres que se tornam parte das personalidades da maioria das pessoas e de atributos psicológicos peculiares a membros de determinados grupos. A despeito de alguns inquéritos, sistemáticos e de boa dose de especulação, as dimensões psicológicas de uma sociedade complexa ainda não foram convenientemente delineadas.

Mesmo sem uma nítida definição do caráter social é possível identificar traços psicológicos que afetam padrões de reação em situações sociais. Alguns dêsses traços — necessidades emocionais, impulsos, sentimentos, adaptação a outros — relacionam-se claramente com o processo de socialização. Numa análise bem feita e vigorosa do caráter norte-americano, David Riesman focalizou "modos de conformidade" mutáveis, "componentes de personalidades que... desempenham o papel principal na manutenção de formas sociais" [36]. (Leia a discussão dêsses modos de adaptação no capítulo 18.) Importante estudo realizado por Adorno, Frenkel-Brunswik, Levinson e Sanford, examinou circunstanciadamente as origens da "personalidade autoritária" e sua relação com o preconceito [37]. Outros atributos psicológicos são produtos da cultura e da estrutura social dentro da qual vivem os indivíduos sua vida cotidiana. Num estudo da campanha de um dia, através do rádio, feita por Kate Smith durante a Segunda Guerra Mundial, em que ela vendeu trinta e nove milhões de dólares de bônus de guerra, verificou-se que uma das razões do seu êxito foi sua aparente sinceridade. Essa qualidade encantou as pessoas que, pela sua posição na sociedade norte-americana, sentiam "anseio de segurança, necessidade aguda de acreditar, de fugir para a fé" [38].

Como dão a entender êsses estudos da personalidade autoritária e de persuasão das massas, as características psicológicas oriundas da experiência social são importantes não só por explicarem a conformidade às normas sociais e às expectativas dos grupos, mas também por entrarem, de várias maneiras, na dinâmica do sistema social e, freqüentemente, no processo da mudança social. Já se assinalou, por exemplo, que a cultura norte-americana estimula sentimentos de culpa e autocensura entre os que não logram êxito econômico, porque atribui a cada indivíduo a plena responsabilidade do próprio destino econômico. Tais sentimentos, por sua vez, exercem função social significativa, pois focalizam antes a crítica de indivíduo que das instituições e estruturas sociais que dificultam o sucesso para membros de certos grupos [39].

Reprimindo os desejos dos homens e impondo modos de comportamento que contrariam impulsos e anseios, ao mesmo tempo inatos e adquiridos, o processo de socialização e as exigências que a sociedade faz amiúde a seus membros criam problemas psicológicos para a sociedade. Uma das principais contribuições de Freud à nossa compreensão da dinâmica da personalidade é a sua demonstração de um grau inevitável de tensão entre os impulsos e anseios herdados do organismo e as exigências da vida social. É possível aceitar a conclusão de que os homens pagam um preço psicológico pela aquisição da cultura sem endossar a teoria de Freud segundo a qual a cultura é tão só o produto de urgências sexuais sublimadas, uma recompensa pela renúncia à satisfação dos instintos ou um substituto dessa satisfação. O organismo é coagido por sua experiência social de múltiplas maneiras; o indivíduo precisa aprender a controlar pelo menos alguns dos seus impulsos e a canalizar seus anseios ao longo de canais aceitos.

A própria natureza do processo social aumenta a tensão inevitável entre o indivíduo e a sociedade. Nenhuma sociedade é tão plenamente integrada que liberte o indivíduo da incerteza e das exigências colidentes. Opiniões ou sentimentos gerados pela vida social precisam, não raro, ser restringidos ou inibidos. As exigências de novidade ou excitamento não encontram satisfação num modo de viver rotineiro e imutável. Talvez se exijam sacrifícios pelo bem-estar dos outros sem consideração pelos desejos pessoais. *"Dulce et decorum est pro patria mori"*, observou Linton, "expressa o ponto de vista social. O indivíduo que tem de morrer poderá concordar com sua propriedade, mas ela difìcilmente lhe parecerá doce"[40].

Aspecto significativo da cultura e da estrutura social, portanto, é a maneira pela qual tratam ambas das necessidades emocionais dos indivíduos. "Para que a sociedade sobreviva", observa Linton, "a cultura não sòmente há de proporcionar técnicas de adestramento e repressão do indivíduo mas também lhe proporcionará compensações e saídas. Se o apequena e suprime em certas direções, deve ajudá-lo a expandir-se em outras (. . .) [e] deve também ensejar ao indivíduo vazões inofensivas para seus desejos socialmente reprimidos"[41]. A não realização dessas coisas estimulará não só o desvio das normas sociais mas também a mudança social. (Veja a discussão das "válvulas de segurança institucionalizadas" que oferecem oportunidade de libertar tensões geradas pela sociedade, no capítulo 18.)

Diferenças individuais

O fato de se assemelharem entre si os indivíduos em razão de seus antecedentes sociais ou mesmo o fato de possuírem atributos psicológicos comuns não significa que êles não diferem — muitas vêzes consideràvelmente — uns dos outros. Com efeito, as diferenças entre indivíduos persistem por muitas razões — biológicas, psicológicas e sociológicas. A socialização produz pessoas capazes de desempenhar papéis sociais; mas não conduz a personalidades idênticas, indistinguíveis umas das outras.

O homem não é uma *tabula rasa* sôbre a qual escreve a cultura; nem, modificando a comparação, um pedaço de barro que possa ser moldado pela sociedade. O equipamento biológico singular de cada pessoa participa necessàriamente da formação de sua personalidade, que não é simplesmente o resultado da edição da cultura ao organismo, senão o produto de uma complexa interação do indivíduo e da sociedade. O que às vêzes se chama temperamento, isto é, o modo generalizado de reação — rápido ou lento, fleumático ou vivo — parece, por exemplo, essencialmente herdado e ìntimamente ligado ao funcionamento biológico. "Nenhuma cultura já observada", comentou Ruth Benedict, "foi capaz de erradicar as diferenças de temperamento das pessoas que a compõem." [42]

Nenhum indivíduo isolado incorpora na personalidade tôda a sua cultura, nem mesmo todos os segmentos dela que entram em sua experiência. A criança norte-americana da classe média difìcilmente será exposta aos mesmos padrões culturais ou à mesma experiência social do filho de um operário metalúrgico ou do de uma estrêla de cinema de Hollywood. Embora possam todos assistir aos mesmos programas de televisão e ler alguns dos mesmos livros, o conteúdo específico de cada qual é interpretado de maneira diferente, pelo menos até certo ponto, e tem conseqüências diversas.

Pôsto que, em linhas gerais seja semelhante para aquêles que se encontram em circunstâncias sociais comparáveis, o processo de socialização difere, inevitàvelmente, nos casos individuais em pormenores sutis mas, sem embargo, muitas vêzes importantes. Na medida em que o eu emerge da interação com um número limitado de outras pessoas, seu caráter refletirá os atributos idiossincrásicos que elas possuem. A composição da família ou do lar, a complexa interação dos pais, os acontecimentos específicos que ocorrem durante os anos impressionáveis da infância e muitos fatôres casuais contribuem para as características que distinguem cada indivíduo dos demais.

A adesão à mesma norma social, portanto, não tem necessàriamente o mesmo pêso emocional para cada pessoa. A criança pode ser obrigada a manter-se limpa desde os seus primeiros tempos ou pode aprender, gradativa e fàcilmente, que se considera a limpeza preferível à sujeira. Em ambos os casos terá aprendido a norma social mas, provàvelmente, os concomitantes emocionais não serão os mesmos. Qualquer elemento derivado da cultura pode, portanto, ter várias funções na economia psíquica dos indivíduos.

Tais atributos distintivos da personalidade interesssam às reações individuais, às prescrições da cultura e às expectativas e exigências dos outros. As variações temperamentais, por exemplo, podem influir na reação à cultura em que aos indivíduos sucede ter nascido. Uma pessoa fleumática numa sociedade ativa, que se move ràpidamente, responderá de maneira muito diferente da de uma pessoa viva, enérgica; os papéis que escolher (quando puder fazê-lo) e a maneira pela qual desempenha os papéis sociais requeridos podem muito bem sofrer a influência das suas características temperamentais. Pessoas sugestionáveis talvez se deixem prontamente persuadir pelo último anúncio comercial da televisão, ao passo que outras permanecem indiferentes; crianças agressivas logo participam de certos tipos de folguedos ao passo que as tímidas procuram outras atividades. Dêsses complexos modos de reação surgem padrões de comportamento cuja explicação há de incluir, inevitàvelmente, os traços psicológicos dos indivíduos, embora o sociólogo os associe antes aos fatos da organização social do que à estrutura ou funcionamento da personalidade individual.

Pós-escrito

O problema de que tratou êste capítulo, a saber, as relações entre o indivíduo e a sociedade, não interessa apenas, evidentemente, aos cientistas sociais. É uma pergunta pèrsistente, que também preocupou os homens através de tôda a história humana, desde os primeiros filósofos e líderes religiosos até os estudiosos e moralistas atuais, pois a resposta possui, sem dúvida, implicações morais e políticas. É uma questão de particular importância no mundo moderno, onde a organização em larga escala e os regimes totalitários ameaçam impiedosamente subordinar o indivíduo a propósitos de grupos e a lhe controlar e manipular as atividades, as crenças e atitudes diárias, e até a concepção de si mesmo, sem o respeito pelo indivíduo, que constitui um dos mais ricos elementos da tradição cultural ocidental. Os temas culturais contemporâneos de alienação, anomia e desencanto, que de tal forma prevalecem na Literatura, na Filosofia e na Teologia, bem como na ciência social, focalizam as relações do indivíduo com sua sociedade e as fôrças que lhe restringem a liberdade.

Não podemos examinar as inúmeras respostas dadas a essas perguntas no passado, nem suas implicações. Isso nos conduziria a problemas de história intelectual e à sociologia das idéias e do conhecimento. Entretanto, as lições da ciência social moderna relativas à interdependência do indivíduo e da sociedade, podem contribuir de certo modo para nossa compreensão das questões morais e políticas inerentes à discussão e aos debates continuados sôbre as possibilidades da liberdade individual e a extensão da dependência e da subordinação do indivíduo à sociedade em que vive.

Embora nossa análise focalize o conhecimento seguro de que dispomos, o leitor deve recordar — como lho recordaremos de vez em quando — que o significado das controvérsias teóricas e dos descobrimentos empíricos transcende o científico e que a Sociologia, como qualquer outra atividade humana, não pode ser desvinculada do seu contexto social. O estudioso da sociedade precisa tentar desligar-se dos valôres da sua sociedade nos esforços científicos que fizer mas, não obstante, dificilmente poderá esquecer que é um membro dela e que seus descobrimentos e conclusões têm conseqüências sociais.

Notas

1 David Mandelbaum (ed.), *Selected Writings of Edward Sapir* (Berkeley: University of California Press, 1949), p. 590.

2 Ralph Linton, *The Cultural Background of Personality* (Nova Iorque: Appleton, 1945), p. 12.

3 James B. Ross e Mary M. McLaughlin (eds.), *The Portable Medieval Reader* (Nova Iorque: Viking, 1949), pp. 366-7.

4 René A. Spitz, "Hospitalism: An Inquiry Into the Genesis of Psychiatric Conditions in Early Childhood", *Psychoanalytic Study of the Child,* I (1945), 53-74; e René A. Spitz, "Hospitalism: A Followup Report", *Psychoanalytic Study of the Child,* II (1946), 113-7.

5 Sandor Ferenczi, citado por Linton, *op. cit.*, p. 9.

6 L. Joseph Stone e Joseph Church, *Childhood and Adolescence* (Nova Iorque: Random House, 1957), p. 63. Leia nas pp. 58-66 um estudo da literatura sôbre êsse problema.

7 Mark Zborowski, "Cultural Components in Responses to Pain", *Journal of Social Issues,* IV (1952), pp. 16-30.

8 E. Adamson Hoebel, "The Nature of Culture", em Harry L. Shapiro (ed.), *Man, Culture, and Society* (Nova Iorque: Oxford, 1956), pp. 175-6.

9 Êstes exemplos são tirados de *Noblesse Oblige,* de Nancy Mitford (ed.) (Nova Iorque: Harper, 1956). Lista comparável, embora muito mais sucinta, das diferenças de classe no emprêgo da linguagem nos Estados Unidos nos oferece *Philadelphia Gentlemen,* de E. Digby Baltzell (Nova Iorque: Free Press, 1958), p. 51. A lista de Baltzell é muito mais curta, em parte, porque não repete o exame minucioso de Mitford e, em parte, porque as diferenças de classe na linguagem não são tão grandes nos Estados Unidos quanto na Inglaterra.

10 Richard Centers, *The Psychology of Social Classes* (Princeton: Princeton University Press, 1949), p. 86.

11 Veja Elton Mayo e G. F. F. Lombard, *Teamwork and Turnover in the Aircraft Industry of Southern California* (Boston: Harvard Business School, 1944); e Elliott Jacques, *The Camping Culture of a Factory* (Nova Iorque: Dryden, 1952).

12 Centers, *op. cit.,* Tabela 68, p. 164, e Tabela 77, p. 180.

13 Ruth Benedict, *Patterns of Culture* (Nova Iorque: Pelican, 1946), p. 234.

14 Veja Calvin Hall e Gardner Lindzey, *Theories of Personality* (Nova Iorque: Wiley, 1957).

15 Charles H. Cooley, *Human Nature and the Social Order* (Nova Iorque: Scribner, 1902), p. 139.

16 Charles H. Cooley, *Social Organization* (Nova Iorque: Scribner, 1929; publicada pela primeira vez em 1909), p. 23.

[17] Cooley, *Human Nature and the Social Order*, p. 152.

[18] George Herbert Mead, *Mind, Self, and Society* (Chicago: University of Chicago Press, 1934), p. 135.

[19] *Ibid.*, p. 138.

[20] Jean Piaget, *O Julgamento Moral da Criança,* traduzido para o inglês por Marjorie Gabain (Nova Iorque: Free Press, 1948), p. 407.

[21] Sigmund Freud, *Novas Conferências Introdutórias sôbre Psicanálise,* traduzidas para o inglês por W. J. H. Sprott (Nova Iorque: Norton, 1933), p. 95.

[22] *Ibid,* p. 84.

[23] W. Lloyd Warner e James Abegglen, *Big Business Leaders in America* (Nova Iorque: Harper, 1955), Cap. 5. Veja também "Educative Influence of Personality Factors in the Environment", de Franz Alexander, em Clyde Kluckhohn, Henry A. Murray, e David M. Schneider (eds.), *Personality in Nature, Society, and Culture* 2.ª ed.; Nova Iorque: Knopf, 1953), pp. 431, 2.

[24] Veja Bronislaw Malinowski, *Sex and Repression in Savage Society* (Nova Iorque: Meridian, 1955).

[25] Veja, por exemplo, Abram Kardiner *et al.*, *The Psychological Frontiers of Society* (Nova Iorque: Columbia University Press, 1945).

[26] Theodore Adorno *et al.*, *The Authoritarian Personality* (Nova Iorque: Harper, 1950).

[27] Margaret Mead, *Growing Up in New Guinea* (Nova Iorque: Morrow, 1930).

[28] Veja Stanton Wheeler, "The Structure of Formally Organized Socialization Settings", em Orville G. Brim Jr., e Stanton Wheeler, *Socialization After Childhood: Two Essays* (Nova Iorque: Wiley, 1966), pp. 51-116.

[29] Robert M. MacIver e Charles H. Page, *Society: An Introductory Analysis* (Nova Iorque: Holt, 1949), p. 217.

[30] Veja John W. M. Whiting e Irvin L. Child, *Child Training and Personality: A Cross-Cultural Study* (New Haven: Yale University Press, 1953).

[31] Aristóteles, *Política,* traduzido para o inglês por William Ellis (Nova Iorque: Dutton, 1939), p. 213.

[32] Leon Tolstói, *Guerra e Paz,* traduzido para o inglês por Louis e Aylmer Maude (Nova Iorque: Simon & Schuster, 1942), p. 709.

[33] Wright Miller, *Russians as People* (Nova Iorque: Dutton, 1961), pp. 88-9.

[34] Veja Alex Inkeles, "Personality and Social Structure", em Robert K. Merton, Leornard Broom, e Leonard S. Cottrell Jr. (eds.), *Sociology Today* (Nova Iorque: Basic Books, 1959), pp. 249-76.

[35] Veja Kardiner, *op. cit.*, Cap. 5-9. O relato da pesquisa de campo encontra-se em *The People of Alor,* de Cora Du Bois (Mineápolis: University of Minnesota Press, 1944).

[36] David Riesman, com Reuel Denny e Nathan Glazer, *The Lonely Crowd* (New Haven: Yale University Press, 1950), p. 4.

[37] Adorno, *et al.*, *op. cit.*

[38] Veja, por exemplo, *Automobile Workers and the American Dream* de Ely Chinoy (Nova Iorque: Random House, 1955), Cap. 10.

[40] Ralph Linton, *The Study of Man* (Nova Iorque: Appleton, 1936), p. 413.

[41] *Ibid.*

[42] Benedict, *op. cit.*, p. 234.

Sugestões para novas leituras

BRIM, ORVILLE G. JR., e STANTON WHEELER. *Socialization After Childhood: Two Essays.* Nova Iorque: Wiley, 1966.
Dois ensaios que tratam da socialização do adulto; o primeiro estuda problemas gerais, o segundo, a socialização dentro de organizações formais.

COHEN, YEHUDI. *Social Structure and Personality: A Casebook.* Nova Iorque: Holt, 1961.
Excelente coleção de estudos de pesquisa, reunidos pela análise e interpretação teóricas do autor.

COOLEY, CHARLES H. *Human Nature and the Social Order.* Nova Iorque: Scribner, 1902.
Apesar da época em que foi escrita, esta discussão da interdependência do indivíduo e da sociedade, a certos respeitos, continua a ser um clássico.

DAVIS, KINGSLEY. *Human Society.* Nova Iorque: Macmillan, 1947. Cap. 7, "Jealousy and Sexual Property: An Illustration".
Análise social de uma reação psicológica, que examina as condições sociais em que se espera ou permite a expressão do ciúme e as funções sociais que êle desempenha.

DURKHEIM, ÉMILE. *Suicídio.* Trad. para o inglês por John A. Spaulding e George Simpson. Nova Iorque Free Press, 1951 (publicado pela primeira vez em 1897).
Clássico exemplo de análise sociológica de um fenômeno usualmente considerado em têrmos psicológicos. Importante contribuição para a teoria sociológica.

ELKIN, FREDERICK. *The Child and Society: The Process of Socialization.* Nova Iorque: Random House, 1960.
Breve análise das formas e órgãos de socialização e das diferenças subculturais em padrões de socialização.

ERIKSON, ERIK H. *Childhood and Society.* Nova Iorque: Norton, 1950.
Encarando o assunto pelo prisma da psicanálise, a que acrescenta a observação antropológica, examina o autor, de maneira circunstanciada e sugestiva, as relações entre cultura e personalidade.

LINTON, RALPH. *The Cultural Background of Personality.* Nova Iorque: Appleton, 1945.
Excelente introdução às formas pelas quais a cultura e a estrutura social influem no desenvolvimento da personalidade.

MEAD, GEOBGE HERBERT. *Mind, Self, and Society.* Chicago: University of Chicago Press, 1934.
Dificílima, porém valiosa análise dos processos pelos quais se desenvolve o eu. Livro de extraordinário prestígio entre os sociólogos norte-americanos.

PARSONS, TALCOTT. *Social Structure and Personality.* Nova Iorque: Free Press, 1964.

Coleção de ensaios sôbre as inter-relações da estrutura social e da personalidade. Veja, particularmente, o cap. 1, "O Superego e a teoria dos sistemas sociais", que procura unir, sistemàticamente, a formação da personalidade e o funcionamento da ordem social.

PIAGET, JEAN. *O Julgamento Moral da Criança.* Trad. para o inglês por Marjorie Gabain. Nova Iorque: Free Press, 1948.

Estudo interessantíssimo, realizado pelo notável psicólogo social suíço, do processo pelo qual a criança adquire padrões morais. Um dentre vários estudos importantes de socialização do mesmo autor.

FORMAS DE ANÁLISE SOCIOLÓGICA

O "por quê?" sociológico

Dissemos que a tarefa da Sociologia consiste em explicar os aspectos do comportamento humano encerrados nos conceitos de cultura e sociedade. Êsses conceitos definem os focos de interêsse sociológico; dirigem nossa atenção para formas padronizadas de agir, pensar e sentir, que se repetem, e para as relações organizadas entre indivíduos e grupos.

Grande parte da investigação sociológica e antropológica resulta apenas na descrição sistemática do comportamento e das relações sociais que se repetem, encontrados em diversas sociedades ou entre grupos diversos. Tais relatos de fatos, conquanto òbviamente essenciais, constituem apenas o passo inicial do inquérito sociológico, visto que a finalidade dêste último consiste em explicar ou justificar os fatos.

Na conversação comum, a explanação limita-se, freqüentemente, a tornar alguns fenômenos mais compreensíveis; trata-se de "simplificar, parafrasear e descrever" [1], e pode ser conseguida pela analogia, pelo exemplo ou pelo relato com palavras diferentes. A explanação científica, por outro lado, consiste em mostrar ou identificar as condições em que os acontecimentos se verificam, ou suas relações com outros acontecimentos. Procura responder à pergunta: "Por quê?"

"Por quê?" é talvez uma das expressões mais ambíguas de todo o nosso vocabulário. Formula-se geralmente a pergunta com alguma implícita expectativa da espécie de resposta desejada, dos têrmos em que a resposta deve ser dada. Por exemplo, a pergunta: "Por que se suicidam as pessoas?" não é a mesma para o psicólogo e para o sociólogo. O primeiro quer saber por que determinado indivíduo dá cabo da própria vida. O último pergunta por que o suicídio é mais freqüente em certos grupos do que em outros e quais as condições que explicam as variações da freqüência com que êle ocorre. (No capítulo 4 o leitor encontrará uma discussão mais ampla das diferenças entre perspectivas psicológicas e sociológicas.) O "por quê?" afirma a existência de uma pergunta; não lhe especifica o caráter preciso. Nossa tarefa imediata, portanto, consiste em descobrir a natureza do "por quê?" sociológico [2].

Dentro da própria Sociologia há muitas respostas à pergunta "por quê?" visto que existem teorias sociológicas alternativas. Entre a série substancial de explanações sociológicas, entretanto, podem distinguir-se duas maneiras principais de encarar o assunto, cada uma das quais se baseia em suposições diferentes, formula espécies diferentes de perguntas e espera respostas diferentes. Chamar-lhes-emos a maneira "funcional" e a maneira "histórica". Os têrmos mais antigos pelos quais têm sido identificadas são "estática" e "dinâmica", têrmos que remontam a Augusto Comte, o fundador da Sociologia como disciplina distintiva, embora o têrmo "dinâmica" tenha adquirido agora significado diferente. Em certa ocasião, essas maneiras alternativas também foram descritas como "sincrônica" e "diacrônica".

No continuado processo da análise e do desenvolvimento conceitual, todos êsses têrmos se aperfeiçoaram e redefiniram. Como a maioria de outros conceitos sociológicos, a *função social* foi consideràvelmente revisada e aperfeiçoada a partir do momento em que apareceu pela primeira vez de forma sistemática em *As Regras do Método Sociológico* de Émile Durkheim, em 1895. O têrmo *dinâmica* que, para Comte, significava mudança e evolução social, veio hoje a ocupar um lugar significativo no modo habitualmente não histórico de encarar o funcionalismo, e refere-se aos processos pelos quais se mantém um sistema social. Os primeiros sociólogos interessavam-se profundamente pela história e pela evolução da sociedade; após longo período, durante o qual a idéia de evolução foi posta de lado, ela ressurgiu recentemente na discussão sociológica, embora de maneira um tanto modificada [3].

O prisma funcional, embora às vêzes definido de modos especiais, que encerra problemas difíceis e importantes, ainda não resolvidos, acabou adquirindo um significado geralmente compreendido e aceito [4]. Encara a sociedade como um todo mais ou menos integrado. A explanação consiste em mostrar o lugar das normas sociais, das crenças, dos padrões de comportamento, das relações sociais e dos valôres no conjunto da estrutura e em relação uns com os outros. A questão fundamental do funcionalismo refere-se à manutenção da ordem social ou de um "sistema social".

O prisma histórico, embora também possa encarar a sociedade como um todo, interessa-se principalmente pela mudança, pelo desenvolvimento e transformação das instituições, crenças e valôres, padrões de comportamento e formas de organização. Em vez de perguntar como permanece unida a sociedade e que é o que a faz continuar como um todo mais ou menos integrado, procura definir os processos de mudança, as condições em que esta ocorre, e as conseqüências de vários tipos de mudança para a ordem social.

As maneiras funcional e histórica de encarar fenômenos sociológicos não são contraditórias; antes se completam e, muito provàvelmente, se ligarão cada vez mais estreitamente à proporção que se ampliar nosso conhecimento não só da estrutura e do funcionamento da sociedade mas também das mudanças que nela se verificam.

Análise funcional

Já notamos que a sociedade é uma totalidade constituída de partes entreligadas e interdependentes. De certo ponto de vista, é uma estrutura complexa de grupos e indivíduos, reunidos numa trama de relações sociais. De outro, é um sistema de instituições relacionadas entre si e que reagem em relação umas às outras. De ambas as perspectivas, a sociedade pode ser considerada como um todo em funcionamento, um sistema em operação. As analogias na análise científica às vêzes induzem em êrro, mas há ocasiões em que é útil conceber a sociedade como um organismo ou, pelo menos, como possuidora de características orgânicas. Os diferentes componentes da sociedade devem ser vistos em relação ao conjunto; separados do todo, perdem a significação psicológica. Estão constantemente agindo e reagindo uns sôbre os outros, adaptando-se ou sendo adaptados de várias maneiras a mudanças ou processos, que ocorrem em outros segmentos da sociedade. Uma tarefa essencial da Sociologia, portanto, consiste em explicar o funcionamento da sociedade e examinar as relações entre as partes e o todo e entre as próprias partes.

O conceito de *função,* que recentemente passou a desempenhar papel cada vez mais importante na execução dessa tarefa, "nem é nôvo nem se limita às ciências sociais" [5]. Ocupa posição significativa nas mais variadas disciplinas, como a Biologia, a Psicologia, a Físca e a Arquitetura. Nas ciências sociais, o conceito se desenvolveu de maneira irregular, "aos retalhos e remendos", para empregarmos a frase de Robert Merton, em que se dava ênfase ora a um, ora a outro aspecto. Mas a pressuposição em que se apóia o conceito — e a forma de análise a êle associada — a saber, que os fenômenos devem ser vistos "antes em têrmos de interconexão de operação do que em têrmos de unidades. . . separadas" [6] não foi modificada nem contestada.

A idéia contida na formulação pioneira de Émile Durkheim, naturalmente, não era nova. Encontra-se com freqüência na obra de Karl Marx e Herbert Spencer, o pensador evolucionista do século XIX, cujas idéias Durkheim combatia. À maneira que um organismo ou agregado (individual ou social) se torna mais complexo, afirmava Spencer, "a combinação de ações, que constitui a vida do todo, possibilita as ações componentes, que constituem a vida das partes" [7]. A contribuição de Durkheim reside na clara diferenciação que estabeleceu entre a análise das funções sociais e a análise do seu desenvolvimento e evolução. "Quando (. . .) se empreende a explanação de um fenômeno social", escreveu, "precisamos buscar separadamente a causa eficiente que o produz e a função que êle exerce" [8].

O conceito de função refere-se às "conseqüências objetivas observáveis" dos fenômenos sociais, à proporção que êles se relacionam com a estrutura social, os sistemas institucionais e as opiniões, valôres, e crenças culturalmente padronizados. Os fenômenos que interessam à Sociologia são os que se acham contidos nos conceitos até agora examinados: padrões culturais, instituições, valôres, papéis, relações sociais — assim como em outros fenômenos sociais mais precisamente definidos e conceituados. Qualquer regularidade, isto é, qualquer comportamento, interação ou reação emocional padronizada, ou que se repita, pode, portanto, ser submetido à análise funcional.

A significação explanatória de "função" se expressa simplesmente. Quando buscamos explicar um fato social em têrmos funcionais, tentamos identificar-lhe as relações com outros elementos na sociedade, concebida como um sistema em marcha de partes interdependentes, no qual o item estudado produz resultados positivos, isto é, possibilita outras atividades ou sustenta outras formas sociais ou culturais padronizadas, que se repetem. Na realidade, perguntamos: quais são as conseqüências do item estudado para outros elementos da estrutura, ou para a estrutura como um todo?

Uma análise dessa natureza pode executar-se em níveis diferentes. No nível mais geral consideramos a contribuição de qualquer item social ou cultural à sobrevivência, à persistência, à integração ou à estabilidade de uma sociedade como um todo. Entre as funções da família em qualquer sociedade incluem-se, pelo menos, a de trazer novos membros para a sociedade, a de proporcionar-lhes manutenção física, a de transmitir-lhes grande parte da cultura que êles precisam conhecer (processo de "socialização"), e a de dar-lhe a posição ou *status* inicial na estrutura social. (Veja a análise da família no capítulo 8.) Êsse nível geral de análise funcional tem sido, às vêzes, ampliado para abranger a satisfação das necessidades dos indivíduos — comida, abrigo, satisfação sexual e reação emocional — sem a qual a vida humana não persistiria. Justifica-se a extensão do conceito de função a categorias fisiológicas e psicológicas pelo fato de que, de certo modo, tôdas as sociedades concentram sua organização social e cultural na satisfação dessas necessidades. A família, por exemplo, quase sempre proporciona um canal aprovado (embora não seja, necessàriamente, o único apropriado) para a satisfação dos desejos sexuais, assim como oferece a possibilidade de outra experiência emocional significativa.

A análise das funções de instituições e estruturas sociais em relação à sociedade como um todo tem sido amiúde associada a esforços para identificar e delinear os *requisitos funcionais* que precisam ser satisfeitos para que uma sociedade — qualquer sociedade — persista e sobreviva[9]. Os sociólogos definiram tais requisitos de várias maneiras, embora propendam a concordar em que tôda sociedade deve ensejar a reprodução biológica e a sobrevivência, a socialização de novos membros, fornecendo-lhes motivações para o desempenho de papéis socialmente necessários, e a manutenção de certo grau de ordem social. Em adição a êsses requisitos mínimos, outros têm sido sugeridos mas, no tocante a êstes, não há muita concordância. A importância da definição de requisitos funcionais — tarefa teórica ainda não convenientemente executada — reside, em parte, na tentativa de explicar a presença de padrões universais de cultura e estruturas sociais — família, religião, contrôles políticos, etc. — relacionando-os aos requisitos essenciais à manutenção da vida de grupo.

A tentativa de explicar fenômenos culturais e sociais específicos baseada nos requisitos funcionais que êles satisfazem escora-se, não raro, numa implícita definição dos limites ou fronteiras de determinada sociedade. Tal definição é claramente necessária para se examinarem as funções de instituições e estruturas sociais em relação à ordem social total. Mas usam-se vários critérios a fim de estabelecer os limites de um sistema social inclusivo. Numa tribo "primitiva" os limites tendem a ser assaz nítidos, estabelecidos por padrões culturais partilhados e por um sistema de relações sociais ampla ou totalmente limitado dentro do grupo. A unidade social é adequadamente realçada pelas lealdades partilhadas a um código social total. Nas sociedades modernas, entretanto, os limites tendem a definir-se, na maioria dos casos, pela organização política e pelas fronteiras. A justificação teórica dêsse fato deriva de dois outros: a fôrça e a política desempenham papel particularmente importante na vida das sociedades modernas, e as fronteiras políticas geralmente coincidem com significativas divisões culturais. Entretanto, em alguns casos, em partes da Europa e do Oriente-Próximo, por exemplo, as divisas étnicas e políticas não são congruentes. Assim, na Bélgica, a divisão entre flamengos e valões tem sido, por muitos anos, fonte constante de atritos e antagonismos, que agora parecem agravar-se. No Iraque, uma minoria curda dissidente resiste à autoridade central, e no Marrocos, os esforços para se criar um Estado e uma sociedade modernos foram estorvados pela grande minoria berbere, numa população, aliás, largamente árabe. O não reconhecimento dêsses fatos pode conduzir a conclusões inexatas ou capazes de induzir em êrro acêrca das sociedades totais em que essas divisões existem.

A análise funcional, portanto, focaliza freqüentemente "sub-sistemas", subgrupos ou subculturas, dentro do todo mais amplo — focaliza a economia ou o sistema de govêrno (instituições e coletividades pertinentes à estrutura do poder), por exemplo, ou focaliza o sistema de parentesco, o sistema de valôres, ou alguma estrutura complexa de organização. É muitas vêzes útil considerar cada um dêsses componentes ou aspectos de uma ordem social total pelo prisma funcional, pesquisando-lhe a dinâmica e a maneira pela qual é sustentado, bem como examinando suas relações com outros sub-sistemas ou com a sociedade como um todo.

O interêsse pelos requisitos funcionais pode conduzir — como, de fato, tem conduzido — a suposições sôbre a inevitabilidade de instituições específicas e formas de organização. Tais suposições decorrem do desprêzo de *alternativas funcionais,* isto é, das instituições ou estruturas sociais que podem exercer as mesmas funções ou funções semelhantes. Além disso, se se concentrar a atenção principalmente nas maneiras pelas quais uma regra, uma crença ou uma estrutura específicas servem à sociedade como um todo, a série completa de suas conseqüências talvez permaneça sem exame. Conceitos e questões, como já tivemos ocasião de frisar, chamam a atenção para alguns fenômenos e, conseqüentemente, tendem a excluir outros assuntos da observação; são maneiras de não ver tanto quanto o são de ver. Focalizando as contribuições da religião à estabilidade social, por exemplo, muitos escritores desprezaram os processos alternativos de manutenção da estabilidade e os efeitos amiúde divisórios e diruptivos da própria religião [10]. Da mesma forma, uma análise geral do govêrno como sistema institucional, cujas funções principais são manter a ordem social decidindo discórdias e impor a conformidade a importantes normas sociais, pode resultar no desprêzo do problema do tipo de ordem: autoritária ou democrática, hierárquica ou igualitária, tradicional ou racional.

A análise das funções de qualquer característica da sociedade deve incluir não apenas sua contribuição para a ordem social total senão também suas conseqüências para grupos e instituições particulares dentro da sociedade. A cuidadosa elaboração dos horários das operações ferroviárias, para nos valermos de uma ilustração familiar, contribui òbviamente para a eficiente execução de tarefas sociais essenciais numa sociedade industrial. Mas a significação funcional da cuidadosa cronometragem e ordenação de operações precisa ser vista também em relação a diversos grupos e a várias atividades institucionalizadas. Para algumas indústrias, os horários seguros de trem são necessários a fim de manter o contínuo fluxo da produção; se, por exemplo, uma grande fábrica de *nylon* não receber entregas regulares dos ingredientes químicos de que precisa, todo o processo de fabricação será interrompido. Para o acionista, quanto mais eficiente fôr o funcionamento da estrada de ferro, tanto maior será o seu lucro. Ao assinante que viaja com bilhete mensal, a observância dos horários da estrada de ferro possibilita um padrão regular e previsível de comportamento diário: êle pode tomar o seu banho de chuveiro, barbear-se, tomar o café da manhã e despedir-se da espôsa com um beijo na certeza de que, se chegar à estação até as oito horas e vinte e nove minutos e meio, estará no escritório antes do chefe. Para os motoristas de praça de cidades pequenas, a chegada no horário dos trens que passam pela cidade pode determinar uma característica regular da sua rotina cotidiana e proporcionar-lhes uma fonte de corridas. Para o empregado da estrada de ferro, as exigências rigorosas dos horários dos trens influem em suas horas de trabalho e em todo o seu padrão de vida. Êle se torna enormemente sensível ao tempo e exigirá, provàvelmente, pontualidade em todos os contextos. Precisando adaptar-se às exigências do horário, talvez não lhe seja possível acompanhar as rotinas diárias normais de outras pessoas; terá, muitas vêzes, de passar noites e dias longe de casa e, talvez, de trabalhar aos sábados, domingos e feriados, enquanto outros gozam de uma folga em seus serviços. Tais fatos, por seu turno, são capazes de afetar-lhe a vida familial e a participação nos negócios da comunidade [11].

Funções manifestas e latentes

Como o indicará o atento exame desta ilustração, algumas das funções dos horários das estradas de ferro são planejadas e desejadas ao passo que outras ou não são planejadas ou são desconhecidas das pessoas diretamente interessadas. É essencial, portanto, quando se examinam as funções das normas sociais e culturais, distinguir entre os propósitos ou metas que se supõem que atinjam e as conseqüências reais que delas derivam. Os efeitos dos horários regulares de trem sôbre os empregados das ferrovias e os motoristas de praça das cidades pequenas são, manifestamente, conseqüências não antecipadas de regras estabelecidas para alcançar outros objetivos. Ou, servindo-nos de outra ilustração, compramos roupas a fim de proteger-nos dos elementos, satisfazer nossos padrões de gôsto, agradar ou impressionar nossa família, nossos amigos e, acaso, nossos vizinhos. Sejam quais forem os objetivos, entretanto, as roupas, de fato, identificam nosso *status* ou posição na comunidade e contribuem para êle, como sucede a muitas das atividades que normalmente exercemos por extensa variedade de razões.

O propósito e o resultado nem sempre coincidem completamente: o que se pretende muitas vêzes não é alcançado. Não há provas, por exemplo, de que as danças da chuva executadas pelos zunis tragam chuvas ou que muitos ritos e encantações rituais de curadores nas sociedades primitivas curem moléstias, a despeito das crenças e intenções dos dançarinos e observadores, dos curadores e seus pacientes. O fato de ser isto assim, todavia, não significa que tais atividades padronizadas não tenham importantes funções sociais.

Cumpre, portanto, estabelecer uma distinção entre funções *manifestas* e *latentes*. Funções manifestas são as conseqüências, para a sociedade ou qualquer um de seus sub-sistemas ou segmentos, "pretendidas e reconhecidas por participantes do sistema". Funções latentes são as conseqüências "não pretendidas nem reconhecidas" [12].

A linha divisória entre êsses dois tipos de funções não é fixa e nem sempre fácil de se traçar. Conseqüências latentes, em certas ocasiões, podem tornar-se perfeitamente aparentes. Há vários anos, ofereceu-se às môças no dormitório de uma universidade a total eliminação das restrições do toque de recolher: Para surprêsa do diretor, elas recusaram-na. Haviam, repentinamente, compreendido as vantagens inerentes a uma regra que lhes proporcionava uma legítima desculpa para pôr têrmo a um encontro mal sucedido.

As funções de instituições ou valôres particulares podem ser manifestas para algumas pessoas e não para outras. Descrevendo, por exemplo, as várias religiões que prevaleciam na Roma antiga, Edward Gibbon observou que "eram tôdas consideradas pelo povo como igualmente verdadeiras; pelo filósofo, como igualmente falsas; e pelo magistrado, como igualmente úteis" [13]. Ao passo que a maioria dos católicos norte-americanos, no princípio do século, provàvelmente não concebia sua religião como instrumento para atenuar o descontentamento social ou político, o presidente Taft descreveu-a como "um dos bastiões contra o socialismo e a anarquia neste país" [14]. Dois importantes homens de negócios, "um protestante nórdico, James J. Hill, e um cético semita,

Max Pam, doaram generosas somas a instituições católicas com o confessado propósito de ajudá-las a divulgarem a disciplina entre as irrequietas classes trabalhadoras da nação"[15]. Da mesma forma, como Liston Pope referiu no estudo que fêz de uma cidade fabril da Carolina do Norte, na década de trinta, alguns fabricantes batistas e metodistas ajudaram a sustentar seitas protestantes dissidentes porque proporcionavam vazão não econômica e apolítica às frustrações geradas por salários baixos e más condições de trabalho[16], função esta de que os membros das seitas dificilmente poderiam advertir-se.

A despeito da inabilidade ocasional para identificar funções específicas como manifestas ou latentes, a formulação da distinção nos leva conscientemente a examinar, em cada caso, as conseqüências não notadas de instituições, crenças, e formas de organização. Como assinalou Merton, ao examinar as funções latentes de "padrões sociais aparentemente irracionais" — magia e superstição, por exemplo — é possível explicar-lhes o lugar e a persistência no esquema social das coisas. Embora uma dança da chuva provàvelmente não produza chuva, poderá diminuir a ansiedade, unir mais estreitamente os membros da sociedade e também reforçar — ou elevar — o *status* social de alguns participantes. Essas funções, mais ou menos latentes, podem proporcionar uma explicação razoàvelmente adequada para a persistência do ritual, se bem êste não cumpra suas finalidades manifestas.

De idêntica maneira, a persistência de padrões ilícitos de ação, tais como a corrupção política ou o jôgo, também se explica, em boa parte, pela referência às funções latentes que exercem na sociedade norte-americana. À maneira que se transforma em máquinas políticas, por exemplo, a corrupção política muitas vêzes "humaniza" e "personaliza" a operação do govêrno. Em adição às suas conseqüências menos aplaudidas, tais como aumentar o custo do govêrno e favorecer interêsses particulares às expensas do interêsse público, oferece amplíssima mobilidade social a algumas pessoas e proporciona uma fonte de rendimentos não só para os mercenários dos partidos mas também homens de negócios e extorsionários, que podem negociar com a máquina[17]. O jôgo, quando não é sancionado institucionalmente, floresce amiúde entre pessoas cujas vidas são, aliás, estreitamente ordenadas, proporciona-lhes a variedade e a emoção que elas, habitualmente, não conhecem. Entre os que têm reduzidas oportunidades de riqueza ou mesmo de prosperidade ocasional, o jôgo, na loteria clandestina, por exemplo, oferece uma oportunidade de ganho que, de outro modo, lhes seria impossível.

As conseqüências sociais de padrões institucionais e estruturas sociais, como o revela até um exame superficial — e como o dão a entender nossas ilustrações — nem sempre são vantajosas para tôda a sociedade ou para algumas de suas partes componentes. Qualquer padrão isolado pode ter resultados tanto negativos quanto positivos. A crença norte-americana de que basta "ter o que é preciso" para "vencer na vida", por exemplo, pode estimular a ambição (qualidade apreciada pelos norte-americanos) e reforçar lealdades a instituições norte-americanas (que proporcionam as oportunidades ostensivamente franqueadas a todos), mas pode também estimular esperanças vãs e conduzir à frustração, à culpa e à autocensura entre os que não conseguem triunfar, seja em razão de limitações pessoais, seja em virtude de obstáculos sociais. Uma limitação informal da produção entre operários de uma fábrica, fato repetidamente documentado em estudos sôbre a indústria, exerce às vêzes funções significativas para os operários: proteção contra a "aceleração da produção" e contra dispensas motivadas pelo término de contratos, bem como satisfações diretas pela simples participação no grupo. Mas a restrição de produção dos trabalhadores limita, òbviamente, a eficiência das operações industriais. O emprêgo do terror por um regime totalitário ajuda-o a manter o poder mas cria, manifestamente, dificuldades para muitos de seus cidadãos — e pode inibir o crescimento de grupos sociais espontâneos fora da estrutura "oficial" burocràticamente organizada.

A fim de focalizar sistemàticamente a atenção sôbre as conseqüências negativas de padrões sociais, bem como sôbre as positivas, emprega-se com freqüência o conceito de *disfunção* em relação às conseqüências que tendem a diminuir a integração ou estabilidade de uma sociedade ou qualquer uma de suas partes componentes, e diminuir a possibilidade de sobrevivência e persistência.

Sintetizando, podemos dizer, portanto, que a análise funcional consiste no exame de tôda a série de conseqüências sociais e culturais, assim manifestas como latentes, positivas e negativas (que podem ser manifestas ou latentes), de qualquer padrão institucional ou estrutura social. Marion Levy sugeriu que, encerrando o têrmo *função* tôdas essas possibilidades, deveríamos distinguir entre *eufunção* (a contribuição positiva para o sucesso e a estabilidade de uma estrutura) e *disfunção* (conseqüências negativas)[18]. Como, de ordinário, a significação se depreende inequìvocamente do contexto, tais neologismos nem sempre são necessários, se bem a distinção que implicam deva ser claramente conservada no espírito.

A fim de descobrir as funções — e disfunções — de qualquer padrão social é mister localizá-lo no contexto social e cultural específico em que ocorre. A estrutura social e a cultura geram reiteradamente os próprios problemas ou necessidades para cuja solução ou satisfação concorre o item. Sem uma contribuição da natureza e das origens do descontentamento econômico ou político, por exemplo, seria difícil analisar a maneira pela qual a religião o enfrenta. Além disso, o mesmo padrão pode servir a diferentes funções em diferentes contextos. A ênfase emprestada ao progresso do indivíduo numa sociedade que ràpidamente se expande estimula a inovação e a criatividade. Numa sociedade relativamente estável, de oportunidades limitadas, a mesma ênfase talvez conduza apenas a considerável frustração e a experimentos ilegais — ou à mudança revolucionária.

Análise funcional: três casos

Podemos ilustrar melhor a natureza da análise funcional com três casos tirados de contextos sociais muito diferentes.

"RITUAIS DE REBELIÃO" ENTRE MULHERES ZULUS Na sua análise dos rituais sul-africanos, Max Gluckman descreve ritos agrícolas executados na ocasião em que se inicia a plantação, todos os anos.

> As jovens solteiras vestiam trajos masculinos e carregavam escudos e azagaias. Levavam o gado para o pasto e ordenhavam-no, embora o gado fôsse normalmente tabu para mulheres. Entrementes, suas mães planejavam um jardim para a deusa [Nomkubulwana] à distância no pasto, e faziam em sua homenagem uma libação de cerveja. Depois disso, o jardim era descurado. Em várias fases das cerimônias, mulheres e raparigas, se despiam e cantavam canções lascivas. Homens e rapazes escondiam-se no interior das choças e era-lhes vedado aproximar-se das mulheres. Se o fizessem, mulheres e raparigas poderiam atacá-los [19].

Êsses rituais consideravam-se positivos e importantes para assegurarem boa colheita.

As funções dêsses rituais, em que as mulheres "cometiam obscenidades públicas e agiam como se fôssem homens", só podem ser compreendidas em função da posição das mulheres na sociedade zulu.

> (...) uma mulher, por lei — por lei, mas nem sempre na prática — estava sujeita ao contrôle de algum homem — o pai, um irmão ou, após o casamento, o marido. O principal efeito dessa sujeição era dar aos homens o contrôle da capacidade da mulher como espôsa e geratriz. Em troca da transferência, para o marido, da capacidade da mulher como espôsa, que incluía seu trabalho no jardim e sua capacidade geradora, o marido entregava aos parentes masculinos da espôsa cabeças de gado que eram tabu para ela — pois não podia tocá-las nem entrar no curral (...)
>
> (...) a aproximação do casamento constituía-se num período de grande aflição para as raparigas zulus, sujeitas a ataques freqüentes de histeria,

imputados aos filtros amorosos dos namorados. O próprio casamento era uma relação difícil, que requeria ajustamento a uma família estranha, onde a rapariga se via cercada de muitos tabus. Cumpria-lhe evitar partes importantes da aldeia natal do marido e até partes da própria choça. Cumpria-lhe ainda alterar sua linguagem de modo que não usasse palavra alguma que contivesse a raiz do nome do marido ou dos nomes dos parentes mais velhos dêle do sexo masculino.

Sua função mais importante era ser uma espôsa cumpridora das obrigações, trabalhadeira, fiel e decorosa, que desse filhos ao marido e zelasse por êles. Sòmente quando êstes crescessem poderia tornar-se independente como mãe de filhos crescidos [20].

As dificuldades da posição da mulher eram ainda mais complicadas pelas peculiaridades do sistema zulu de computar a descendência e determinar a sucessão.

Por conseguinte, os ritos anuais ofereciam uma oportunidade de se empenharem num comportamento normalmente proibido. "A permissão [às mulheres] de pastorear o gado seria uma recompensa e uma libertação, mormente porque, ao fazê-lo, lhes era permitido andar nuas, cantar canções lúbricas e atacar os homens que vagassem nas imediações. A afirmativa de que a execução dêsses atos, que normalmente se consideravam tabus, constitui uma recompensa e uma libertação, parece justificar-se pelas descrições que possuímos. Mas parte da interpretação supõe uma análise psicológica para a qual não existe (por enquanto) evidência" [21]. Embora não tenha havido pesquisa sistemática dos aspectos psicológicos dessa interpretação, parece haver provas, sobretudo de caráter clínico, de que uma catarse emocional permite às pessoas continuarem a funcionar efetivamente em situações em que há fontes internas de tensão.

Em adição a essas funções sócio-psicológicas, "o levantamento dos tabus e restrições normais serve manifestamente para pôr em destaque [as regras convencionais]... Êsse ritual particular, que permite às pessoas comportarem-se de modo normalmente proibido, dava expressão, de maneira invertida, à correção normal de uma espécie particular de ordem social" [22] As funções dos rituais, portanto, incluíam, pelo menos, a resolução de tensões criadas pela estrutura social e o refôrço de normas e relações existentes; provocando tais resultados, os rituais ajudam a sustentar todo o sistema dos papéis e relações da família, os quais neste caso, significam virtualmente tôda a estrutura da sociedade.

O TOLKACH NA SOCIEDADE SOVIÉTICA Em 1959, o *Izvestia*, jornal oficial do govêrno da União Soviética, publicou longo artigo em que criticava os *tolkachi* (literalmente "propulsores"), que trabalhavam como agentes para os gerentes de fábricas, localizando os materiais escassos de que êstes precisavam e combinando a sua entrega. Muitas das atividades dos *tolkachi* eram parecidas com as dos expedidores na indústria norte-americana, cuja tarefa consiste em garantir a entrega dos suprimentos necessários. Mas a fim de assegurar as matérias-primas ou componentes de que necessitava o cliente, o *tolkach* era freqüentemente obrigado a persuadir funcionários a ignorarem os planos a que deviam obedecer, por meio da persuasão, da influência pessoal ou de presentes e trocas *sub rosa.* De acôrdo com o *Izvestia,* uma fábrica nos Urais utilizara 2 762 *tolkachi* num período de 11 meses, uma usina sederúrgica se valera de 2 813, e uma fábrica no distrito de Gorki empregara aproximadamente 3 000 *tolkachi* num prazo de 8 meses [23].

Numa economia em que a produção é cuidadosamente planejada, em que se exige de cada fábrica que apresente determinada produção e onde a entrega dos suprimentos necessários é calculada com o máximo rigor o difundido fenômeno dos *tolkachi,* que operavam nos limites da legalidade, teria aspecto de anomalia. No entanto, êle sobreviveu a despeito da crítica oficial, pois exercia funções importantes. Nenhum plano global pode prever todos os problemas capazes de interferir nas operações de uma complexa economia, em que o não alcançamento de determinada meta numa fábrica pode precipitar uma seqüência de falhas em outras fábricas quando não chegam os suprimentos necessários. À proporção que a União Soviética procurava atingir uma taxa contínua e elevada de industrialização e crescimento econômico, construindo novas fábricas, adestrando sua fôrça de trabalho, introduzindo novas técnicas, algumas dessas falhas foram talvez inevitáveis. Entretanto, há pouca tolerância, apesar das muitas exigências que podem ser feitas, e os gerentes das fábricas são responsáveis pelas quotas que se lhes atribuem. Em tais circunstâncias, não seria de surpreender que os gerentes de fábricas recorressem ao quase legal *tolkach,* capaz de assegurar-lhes os suprimentos necessários.

As conseqüências das atividades amiúde criticadas do *tolkach* poderiam ser, ao mesmo tempo, funcionais e disfuncionais para o conjunto da economia. Barrington Moore sintetiza-as da seguinte maneira:

> Interferindo no intrincado sistema de prioridade, êle presta, positivamente, um desserviço ao regime. Por outro lado, reunindo ràpidamente suprimentos que talvez sejam inúteis onde se encontram, mas de que necessita com premência o seu empregador, presta um serviço positivo à economia. É possível que suas contribuições positivas pesem mais do que suas desvantagens aos olhos das autoridades, as quais, portanto, continuam a tolerar-lhe a existência [24].

Entretanto, a produtividade crescente da economia soviética, que está provàvelmente eliminando faltas crônicas de alguns materiais, e as várias modificações introduzidas na organização e na administração da economia desde 1959, podem haver diminuído a necessidade do ativíssimo *tolkach*. De qualquer maneira, poucas menções se têm encontrado sôbre o *tolkach* nos últimos anos, quer na imprensa soviética, quer nos escritos dos que estudam a União Soviética.

"MANUAIS DE BEBÊS" NORTE-AMERICANOS *Um Manual de Cuidados à Criança,* escrito por Benjamin Spock, foi publicado pela primeira vez em 1946 e, depois disso, republicado numa edição em brochura, que teve 58 reimpressões. Uma edição revisada, também em brochura, alcançou, posteriormente, 150 reimpressões por volta de 1965 e, de acôrdo com os editôres, venderam-se mais de 16 milhões de exemplares desde que o livro surgiu pela primeira vez. Em 1914, o Departamento da Criança publicou *Cuidados Infantis,* vade-mécum mais sucinto, que foi, depois disso, revisado 10 vêzes, tendo a última revisão ocorrido em 1963. Calcula-se que se distribuíram 40 milhões de exemplares dêsse livro. Êstes são apenas os mais populares e os mais usados de uma grande série de manuais de cuidados dispensados ao bebês, que proporcionam às mães (e aos pais) norte-americanos, sugestões e orientação para cuidar dos filhos pequeninos e tratar dos muitos problemas que se lhes antolham: saúde, alimentação, hábitos de asseio, educação sexual, disciplina, etc.

Qual o motivo dêsse extraordinário padrão, hoje constante e familiar, de utilizar manuais assim publicados de cuidados às crianças? Uma explicação óbvia seria o aumento do conhecimento científico, não só na Medicina mas também na Psicologia, nas últimas décadas, e o respeito cada vez maior do público pela Ciência. Mas essa explicação, por si mesma, é incompleta, pois não atenta para as mudanças na estrutura familial, que levam as pessoas a buscarem o citado conhecimento. Por que tantos pais já não confiam, como confiavam seus pais antes dêles, nos métodos tradicionais, testados pelo tempo, de cuidados às crianças, transmitidos de mãe para filha e acrescidos das modificações que, a espaços, se insinuam nas rotinas tradicionais? A resposta reside, principalmente na estrutura da família norte-americana contemporânea. (O leitor encontrará uma discussão mais completa da família norte-americana da classe média no capítulo 8.)

A família moderna norte-americana limita-se tìpicamente a pais e filhos; a residência de outros parentes na mesma casa, de um modo geral, é vigorosamente desaprovada. Além disso, em nossa sociedade mobilíssima, muitas dessas famílias "nucleares" ou "elementares", como são chamadas, tendem a viver a certa distância dos pais, tios, tias e primos. Acrescente-se que a família típica é relativamente pequena e os intervalos entre os filhos são curtos. Poucas meninas, por conseguinte, têm oportunidade de acompanhar os métodos tradicionais de tratamento de bebês ou de aprendê-los. Os papéis variáveis das mulheres, hoje em dia, além de ter filhos e cuidar dêles, incluem outras atividades consideradas necessárias, convenientes e desejáveis; não há, portanto, vigorosos incentivos, senão, em muitos casos, uma oportunidade apenas limitada, para adquirir antecipadamente as habilidades maternas. Em resultado disso, a jovem mãe tende a ter poucos conhecimentos práticos quando chegam os próprios filhos, e os pais e parentes que poderiam ajudar não se encontram à mão. Cumpre-lhe, portanto, buscar informações, conselhos e ajuda em outras fontes. Numa sociedade que dá tanta ênfase à Ciência, as sugestões de profissionais qualificados têm probabilidade de assumir grande importância. Por conseguinte, aos manuais de tratamento dos bebês consiste em preencher as lacunas do conhecimento ocasionadas pela estrutura particular da família moderna. Êles oferecem métodos para solver problemas recorrentes, para os quais há poucas soluções tradicionais disponíveis e pouquíssimas outras fontes de ajuda.

Entretanto, o uso dessa literatura de cuidados dispensados às crianças é mais freqüente na classe média que na classe operária. Em estudo recente, Zena Blau descobriu que 77 por cento de uma série de mães brancas da classe média haviam lido o livro do Dr. Spock, em confronto com apenas 48 por cento de mães pertencentes à classe operária [25]. Essa diferença reflete as diferenças de classe na estrutura, nos valôres e nos conhecimentos familiais. As famílias da classe média têm-se revelado tìpicamente menores (embora essa desigualdade venha diminuindo). O mais significativo é que elas estudaram mais (91 por cento das mulheres da classe média diplomaram-se em escolas de ensino secundário ou freqüentaram estabelecimentos de ensino superior, em confronto com apenas 45 por cento das mulheres de classe operária) e, portanto, se acham mais inclinadas a aprovar os descobrimentos da moderna ciência médica e psicológica. Tendem também a encarar a educação das crianças como "problemática" e, portanto, a buscar auxílio e conselho de entendidos, mais do que os pais das classes operárias, propensos a mostrar-se satisfeitos com os métodos tradicionais de tratamento das crianças [26].

Mudança social e o prisma "histórico"

A análise funcional em geral e cada um dos conceitos específicos que até agora apresentamos supõem um grau considerável de estabilidade e constância no comportamento humano. Não se pode examinar um papel social sem imaginar que as normas que governam o comportamento persistem durante certo período de tempo. A afirmativa de que determinada crença contribui para a persistência de um sistema institucional implica òbviamente que tanto a crença quanto as instituições têm alguma continuidade. No entanto, torna-se logo aparente que, embora muitas coisas pareçam continuar as mesmas, outros aspectos da sociedade estão mudando sem cessar. Num mundo tantas vêzes descrito como revolucionário, êste ponto pràticamente, dispensa comentários. À análise sociológica, por conseguinte, compete explicar não apenas a estabilidade e a continuidade, mas também a transformação da sociedade e da cultura e a introdução de novas idéias, novos hábitos, novas relações, novas formas de organização.

Está visto que os problemas de mudança não são novos para a Sociologia, que tem raízes fundas nas filosofias da história dos séculos XVIII e XIX. Principiando com Comte e seus predecessores — por exemplo, Henri de Saint Simon — e continuando pelo resto do século XIX e pelo século XX, a maioria dos sociólogos dedicou sua atenção a problemas de mudança social. As questões centrais para Comte, Herbert Spencer e Leste F. Ward referiam-se aos processos e seqüências através das quais evolvera a sociedade. Essas teorias evolucionistas, faziam suposições freqüentes sôbre a inevitabilidade do progresso, a superioridade da sociedade moderna e o lugar adequado do próprio conhecimento sociológico. Começavam com as origens: Como surgiu pela primeira vez a família? Ou a religião? Ou o Estado? Tendo estabelecido teorias sôbre as origens, buscaram, em seguida, traçar os estádios sucessivos através dos quais se desenvolveram as instituições. Não raro, aplicavam os conceitos e teorias da evolução biológica: seleção natural, sobrevivência do mais apto, adaptação.

Tais problemas são de interêsse relativamente escasso para os estudiosos contemporâneos. Como observaram Robert M. MacIver e Charles H. Page: "a semente da sociedade está nos primórdios da vida, e se houve (. . .) primórdios [da sociedade] num sentido absoluto nada sabemos dêles" [27]. A teoria da evolução social unilinear, segundo a qual cada sociedade passa pelos mesmos estádios de desenvolvimento, foi inteiramente abandonada. A evolução, como princípio orientador, já não tem muita aceitação entre sociólogos ou antropologistas, exceto para uns poucos estudiosos, que continuam a utilizar-se do conceito, embora de forma aprimorada e requintada. Um dêsses estudiosos contemporâneos, Julian Steward, sintetiza da seguinte maneira sua versão da teoria evolucionista: "A metodologia da evolução (. . .) supõe que os paralelos genuínos da forma e da função se desenvolvem em seqüências ou tradições culturais històricamente independentes. Em segundo lugar, explica os paralelos pela operação independente de causalidade idêntica em cada caso"[28]. Examinando a emergência de formas sociais grosseiramente semelhantes em diferentes sociedades, pode-se então chegar a conclusões válidas acêrca do desenvolvimento de sistemas institucionais e estruturas sociais. Êsse tipo de formulação não difere muito das opiniões teóricas prevalecentes, exceto na suposição de que talvez seja finalmente possível desenvolver uma teoria geral da evolução aplicável a todos os grupos sociais.

O malôgro geral da teoria evolucionista — e sua rejeição — proveio de duas fraquezas ligadas uma à outra. A aplicação mecânica de idéias derivadas de um campo de inquérito em outro (tática às vêzes utilizada por alguns estudiosos do homem e da sociedade, a fim de criar uma disciplina aparentemente científica) falseou quase inevitàvelmente os fatos, forçando-os a enquadrar-se em esquemas preconcebidos. E, o que é talvez mais importante, os teóricos evolucionistas não conseguiram chegar a um acôrdo sôbre os critérios que distinguem os mais evolvidos dos menos evolvidos, os mais complexos dos menos complexos, sobretudo à luz do nôvo conhecimento, relativo a sociedade e culturas não ocidentais. Uma sociedade aparentemente simples entre os aborígines australianos, por exemplo, que possuem uma grosseira tecnologia e subsistem da caça e da colheita de alimentos, tem, segundo se verificou, um sistema de parentesco extremamente complexo e complicados cerimoniais[29].

O desenvolvimento da teoria funcional foi, em parte, uma reação às impropriedades do pensamento evolucionista e um esfôrço para examinar as relações recíprocas entre instituições sociais e estruturas sociais. Parece agora renovar-se o interêsse pela evolução, dentro porém do contexto do conhecimento que hoje possuímos da estrutura e do funcionamento da sociedade. Talcott Parsons, por exemplo, acaso o principal sociólogo "funcionalista", num ensaio que definiu como "contribuição à revivência e ao exame do pensamento evolucionista em Sociologia", buscou identificar, de modo muito geral, uma seqüência de "variáveis evolucionistas universais" cada uma das quais constitui uma precondição necessária ao desenvolvimento de novos e mais complexos níveis de organização social[30]. Numa formulação muito menos abstrata, Wilbert Moore afirmou que "houve um argumento a longo prazo da habilidade do homem para adaptar-se ao seu meio e controlá-lo". Diversas "tendências a longo prazo", argumenta êle, são "coerentes" com essa afirmativa: o aumento de tamanho das populações humanas, o "caráter aditivo ou cumulativo do conhecimento objetivo e da técnica racional", o ritmo sempre acelerado em que se pode adquirir e armazenar o conhecimento, e a incorporação de todos os homens num "sistema *único*", a despeito de persistirem conflitos e diferenças entre grupos humanos [31].

Entretanto, embora suscitem importantes questões a longo prazo, essas novas formulações evolucionistas, são tão gerais que ainda têm um valor apenas limitado na explicação das mudanças específicas complexas que se verificam nas instituições, nos valôres, nas crenças, nas estruturas sociais e nos padrões de comportamento social. É preciso buscar, todavia, uma forma histórica de encarar o assunto para explicar tais mudanças. Ao passo que o prisma funcional focaliza os mecanismos pelos quais se mantém a ordem social existente, o prisma histórico dirige a atenção para as fôrças e processos que contribuem para o fluxo e a variação da vida social.

O contraste entre ambos, contudo, é às vêzes errôneamente descrito como distinção entre o estático e o dinâmico. Os dois prismas encaram processos sociais que se verificam em dado período de tempo, ainda que ordenem e interpretem de maneira diferente suas observações. Ver uma sociedade como um todo que funciona não é vê-la imóvel ou imobilizada; se nos fôr lícito pedir emprestada uma imagem à Biologia, diremos que os processos vitais da vida social, os ajustamentos recíprocos complexos e as reações de indivíduos, organizações e instituições entre si, continuam enquanto os homens vivem juntos em sociedade. Dentro de qualquer ordem social há processos de graus variáveis de complexidade, seqüências mais ou menos regulares de acontecimentos em que os homens se conformam a normas estabelecidas e se enquadram em algumas estruturas sociais existentes. A análise funcional ventila tais processos dentro de uma estrutura relativamente estável, cujos participantes podem mudar e na qual os indivíduos podem passar de um papel ou *status* para outro. O prisma histórico vê os processos pelos quais se altera a própria estrutura.

Antes de podermos versar problemas de mudança social, argumentou-se, precisamos compreender primeiro a dinâmica funcional da sociedade. Não parece justificar-se essa afirmada prioridade; na medida em que o inquérito principia com fatos que exigem explicação, tanto podemos começar com os fatos da mudança como com os fatos da estabilidade. Mas por onde quer que comecemos, precisamos, no fim, lidar com ambas as séries de fatos, para manter, por assim dizer, um foco duplo. Os dois pontos de vista, o histórico e o funcional, pressupõem que a sociedade é um todo ou um sistema constituído de partes entreligadas e interdependentes.

Muitas teorias sôbre a mudança social destacaram um fator — ou uma parte do complexo total — enquanto subestimavam ou desprezavam outros: o determinismo econômico de Karl Marx, o determinismo tecnológico de Thorstein Veblen, teorias que emprestam importância crucial à ideologia ou à religião, à geografia e ao clima. Tais interpretações monísticas atribuem caráter independente e dinâmico a um fator único; à proporção que êle se transforma, outros elementos da sociedade são afetados e, finalmente, mudam de forma ou de função. Quando formuladas pela primeira vez, essas teorias chamaram reiteradamente a atenção para fôrças históricas antes ignoradas ou subestimadas, mas tôdas, inevitàvelmente, simplificavam em demasia as causas e processos da mudança. Tão entreligados estão os vários elementos da sociedade que se pode dizer que nenhum conjunto de instituições ou estruturas sociais, sem embargo da sua importância, deixa de sofrer a influência de outros — é autocausado, por assim dizer. (Os "fatôres" gerais nessas teorias — a "base econômica" de Marx, a tecnologia de Veblen, por exemplo — são, em qualquer caso, concebidos de tal maneira que, de fato, incluem diversas variáveis prontamente distinguidas.) O curso do desenvolvimento econômico pode ser, e não raro o é, pronunciadamente influenciado por instituições políticas ou religiosas. Não se podem encerrar idéias ou crenças numa tôrre de marfim, ao abrigo da influência do mercado ou da arena política. A busca do poder e da autoridade é com freqüência dirigida para finalidades definidas por valôres econômicos ou religiosos, que podem, por seu turno, influir na própria natureza da organização política. O que é importante numa era pode ser mais ou menos importante em outra: fatôres estritamente econômicos desempenharam provàvelmente papel de muito maior relêvo no século XIX do que desempenham no meado do século XX. Como observou C. Wrigh Mills: "Não conhecemos nenhum princípio universal de mudança histórica; os mecanismos de mudança que conhecemos variam com a estrutura social que estamos examinando. Pois a mudança histórica *é* mudança de estruturas sociais, das relações entre suas partes componentes. Assim como há uma variedade de estruturas sociais, há uma variedade de princípios de mudança histórica" [32].

Na ausência de uma teoria global sôbre a mudança social, sugeriremos apenas algumas perspectivas gerais para orientar a discussão. As fontes de mudança ou são exógenas, isto é, vêem de fora da sociedade, ou endógenas, isto é, de dentro dela. As últimas podem ser tipos de inovação institucionalmente sancionados ou tensões, esforços e conflitos gerados dentro da própria sociedade.

Difusão

À proporção que o mundo se tornou mais unido, que aumentou a freqüência dos contatos entre membros de diferentes sociedades e avolumou-se o fluxo de informações e idéias entre elas, foi maior a difusão das formas culturais. Os norte-americanos dançam o tango, os franceses bebem coca-cola e os japonêses jogam basebol.

O conceito de *difusão,* o alastramento de traços culturais de uma sociedade para outra (ou de um lugar ou grupo para outro, dentro da mesma sociedade) foi primeiro proposto como alternativa para a explanação evolucionista do aparecimento de características semelhantes em diferentes sociedades. Que essa transferência tem sido freqüente é indiscutível, a despeito dos vigorosos preconceitos nacionalistas que levam cidadãos de alguns países, inclusive o nosso, a ignorar a extensão de sua dívida cultural para com outros. Como assinalou Ralph Linton, num trecho muito citado:

> Nosso sólido cidadão norte-americano desperta numa cama construída segundo um padrão originário do Oriente-Próximo, mas que foi modificado na Europa do Norte antes de ser transmitido aos Estados Unidos. Lança de si cobertas feitas de algodão, domesticado na Índia, ou de linho, domesticado no Oriente-Próximo, (...) ou de sêda, cujo uso foi descoberto na China. Todos êsses materiais foram fiados e tecidos por processos inventados no Oriente-Próximo. Calça seus mocassinos, inventados pelos índios das matas do Leste, e vai para o banheiro, cujos aparelhos são uma mistura de invenções européias e norte-americanas, tôdas de data recente. Despe o pijama, trajo inventado na Índia, e lava-se com sabão, inventado pelos antigos gauleses. Em seguida se barbeia, rito masoquista que parece haver derivado da Suméria ou do antigo Egito.
>
> Voltando ao quarto, tira suas roupas de uma cadeira, cujo tipo nos vem da Europa do Sul, e principia e vestir-se. Enverga trajos de forma originàriamente derivada das roupas de peles dos nômades das estepes asiáticas, calça sapatos feitos de peles curtidas por processo inventado no antigo Egito e talhadas segundo um padrão procedente das civilizações clássicas do Mediterrâneo, e amarra em tôrno do pescoço um pedaço de pano de côr viva, sobrevivência dos xales usados pelos croatas do século XVII. Antes de sair para o desjejum, olha pela janela, feita de vidro inventado no Egito e, se estiver chovendo, calça galochas de borracha descoberta pelos índios da América Central e pega um guarda-chuva, inventado no Sudeste da Ásia. Na cabeça, coloca um chapéu, de fêltro, material inventado nas estepes asiáticas.
>
> A caminho do desjejum, pára para comprar um jornal, pagando-o com uma moeda, antiga invenção lídia. No restaurante, surge à sua frente tôda uma nova série de elementos emprestados. O prato é feito de uma espécie de louça inventada na China, a faca, de aço, liga fabricada pela primeira vez no Sul da Índia, o garfo, invenção italiana medieval e a colher, derivada de um original romano. Começa o desjejum chupando uma laranja, do Mediterrâneo Oriental, ou comendo um melão da Pérsia ou talvez um pedaço de melancia africana. Depois disso, toma café, plan-

ta abissínia, com creme e açúcar. Não só a domesticação das vacas mas também a idéia de ordenhá-las nasceram no Oriente-Próximo, ao passo que o açúcar foi feito, pela primeira vez, na Índia. Depois da fruta e do primeiro café, prossegue com *waffles,* bôlo preparado, segundo uma técnica escandinava, com trigo domesticado na Ásia Menor. Sôbre os *waffles,* derrama calda de bôrdo, inventada pelos índios das matas do Leste. Num prato ao lado, pode ter o ôvo de uma espécie de ave, domesticada na Indochina, ou tiras fininhas da carne de um animal domesticado na Ásia Oriental, salgada e defumada por um processo desenvolvido no Norte da Europa.

Depois que o nosso amigo acaba de comer, prepara-se para fumar, hábito do índio norte-americano, consumindo uma planta domesticada no Brasil, já num cachimbo derivado dos índios da Virgínia, já num cigarro derivado no México. Se fôr suficientemente corajoso, pode até tentar fumar um charuto, que nos foi transmitido das Antilhas por intermédio da Espanha. Enquanto fuma, lê as notícias do dia, impressas em caracteres inventados pelos antigos semitas num material inventado na China, por processo inventado na Alemanha. Enquanto absorve os relatos de agitações no estrangeiro, se fôr um bom cidadão conservador agradecerá a uma divindade hebréia, num idioma indo-europeu, o fato de ser 100 por cento norte-americano[33].

A difusão é um processo seletivo. Tanto ou mais do que é aceito pode ser rejeitado por uma sociedade que entra em contato com novos e diferentes padrões sociais e culturais. Rejeitam-se idéias e práticas estrangeiras, que contrariam crenças e valôres bem estabelecidos, e os traços culturais importados que se adotam devem "enquadrar-se" de alguma forma na cultura, ou corresponder a alguma necessidade sentida, derivada de circunstâncias existentes. O Japão, por exemplo, adotou muita coisa da tecnologia ocidental, que lhe permitiu alcançar as metas desejadas, sem aceitar simultâneamente as crenças políticas, instituições, formas de arte, filosofia ou hábitos de comer ocidentais. Só recentemente, nos anos que se seguiram à derrota japonêsa na Segunda Guerra Mundial, quando se puseram em dúvida certas verdades tradicionais, a juventude japonêsa adotou muitos hábitos, atitudes e interêsses de lazer ocidentais.

Claro está que nem tôda mudança exógena ocorre gradualmente, à maneira que novas idéias são introduzidas através dos vários meios de comunicação ou através de trocas comerciais, culturais ou políticas entre membros de diferentes sociedades. A História registra muitas conquistas em que um grupo de nação impôs à bruta seu poder e sua fôrça a outros, embora até os conquistadores tenham precisado, quase sempre, levar em conta a cultura e a organização social dos conquistados, a fim de evitar resistências e dificuldades intermináveis. Em suas tentativas coloniais, os inglêses freqüentemente exploraram dispositivos políticos indígenas, utilizando-se de chefes ou governantes locais para seus propósitos administrativos. Muitas partes do mundo acabam de emergir da dominação colonial, embora não sem ter experimentado mudanças significativas em sua cultura e estrutura social. Algumas antigas colônias francesas na África, por exemplo, adotaram formas parlamentares francesas e travam seus debates em francês, pontilhados, ocasionalmente, de referências à literatura francesa clássica.

À medida que as nações foram incorporadas num sistema internacional de poder e de rêdes complicadas de comércio e relações sociais, encontraram dificuldade em escapar ao jôgo das fôrças políticas e econômicas internacionais. Até as mais poderosas sentem agora o impacto de sucessos ocorridos fora das suas fronteiras.

Equilíbrio e mudança

No entanto, muitas mudanças que se verificam dentro de uma sociedade provêm de fontes internas, do funcionamento normal das próprias instituições. Ao procurar essas fontes endógenas de mudança, é útil às vêzes conceber a sociedade como um sistema cujo equilíbrio é constantemente perturbado e, até certo ponto, restabelecido. Por equilíbrio se entende um estado de coisas em que as instituições, os valôres e as estruturas sociais são funcionalmente entreligados de modo que formam um todo mais ou menos integrado. As instituições religiosas mantêm as formas existentes de autoridade política e relações familiais; as instituições educativas inculcam padrões morais aceitos e adestram os indivíduos para assumirem os papéis adultos que lhes cabe desempenhar; as crenças relativas à natureza da vida humana estão perfeitamente de acôrdo com os padrões existentes de relações sociais; os indivíduos são capazes de alcançar as metas que a cultura considera importantes; e assim por diante.

Numa sociedade tradicional relativamente bem integrada, a influência de fôrças externas, pacíficas ou belicosas, tende a ser a principal, embora não a exclusiva, fonte de mudança. Numa sociedade nessas condições, é provável que a inovação seja olhada de través, e a invenção é infreqüente, embora possa ocorrer de vez em quando.

Como nenhuma sociedade é absolutamente estática nem chega a ser plenamente integrada, êsse equilíbrio deve ser concebido como dinâmico ou móvel e sempre parcial. À medida que se verificam as mudanças e suas repercussões são sentidas, operam-se ajustamentos que tendem a restabelecer o equilíbrio do sistema (se não se fizerem ajustamentos apropriados, o sistema, naturalmente, pode esboroar-se). Dentro do sistema social da fábrica, por exemplo, a introdução de novos processos ou novas máquinas perturba muitas vêzes rotinas estabelecidas e dissolve agrupamentos sociais informais entre trabalhadores, requerendo, às vêzes, complexos e, não raro, difíceis reajustamentos.

Não há nada imediato ou automático nesses reajustamentos. Podem ser adiados ou evitados por muito tempo e acarretar, em certos casos, pressões que explodem em violenta revolução ou numa mudança drástica, embora menos violenta, seguida de nova integração, diferente, em muitos sentidos significativos, da antiga. Assim, operários perturbados por mudanças repentinas ou ressentimentos não resolvidos podem organizar-se, entrar em greve e forçar revisões substanciais da estrutura das relações entre a administração e a mão-de-obra.

A focalização do equilíbrio ou da integração não deve conduzir ao desprêzo do conflito nem à suposição de que êste apenas reflete a falta de integração ou de consenso da sociedade. Nas formas extremas de conflito, guerra civil ou motins raciais, por exemplo, o consenso sôbre o qual repousa a sociedade é contestado ou destruído. Em suas formas menos violentas, entretanto, o conflito representa um mecanismo capaz de resolver diferenças, contribuindo assim para a estabilidade da ordem social. O conflito pode ser um traço institucionalizado da estrutura social: as greves ou a oposição política, por exemplo; pode ser tolerado, como no caso das disputas religiosas; ou pode ser conseqüência inevitável da estrutura da sociedade, mormente quando os grupos são muitos e todos buscam atingir suas próprias metas. Aventou-se recentemente que um "conflito-modêlo" da sociedade seria mais proveitoso que um equilíbrio-modêlo; [34] é verdade, como Lewis Coser o demonstrou com pormenores, que o conflito tem sido ingorado ou subestimado em muitas obras sociológicas recentes [35]. Mas é muito para duvidar que já exista a formulação adequada de um modêlo capaz de oferecer maiores vantagens teóricas do que uma forma convenientemente qualificada de encarar a sociedade como sistema mais ou menos integrado.

Na discussão do equilíbrio, como em outras análises sociológicas, observa-se, às vêzes, tendência para tratar como objeto material concreto o conceito de sociedade, para considerá-lo como um "sistema de manutenção de fronteiras", que tenta contìnuamente manter o próprio equilíbrio, e suas reações a irritações ou tensões. Tais usos normalmente significam que grupos de pessoas reagem de maneiras padronizadas a dificuldades que enfrentam na vida social, no intuito de proteger sua firmada maneira de viver ou satisfazer às necessidades básicas da vida coletiva. E é tão fácil passar dessa apropriada taquigrafia sociológica para a suposição de que é o conceito que age, pensa, sente, reage, que se faz mister renovar a injunção contra o vêzo de tratar como objetos concretos o que são, aliás, abstrações necessárias ou úteis.

Nas sociedades mais modernas, algumas espécies de invenção e inovação, que rompem inevitàvelmente o equilíbrio do sistema, são não apenas bem recebidas, mas também estimuladas e acoroçoadas. A inovação, em certos campos, representa adaptação a valôres sociais significativos. Assim, a sociedade norte-americana é habitualmente receptiva em relação a novos aparelhos, instrumentos e implementos (embora certas inovações técnicas e mecânicas encontrem resistência por motivos econômicos e outros). A eficiência e a invenção na indústria são constantemente estimuladas pela pressão econômica. A inovação tecnológica é incentivada de muitas maneiras: através do sistema de patentes, dos planos de sugestão nas fábricas e da ênfase cultural emprestada a valôres e crenças, como os que encerra o dito tradicional: "Se o homem fizer uma ratoeira melhor o mundo irá bater-lhe à porta". O progresso científico sôbre o qual veio a basear-se a tecnologia é cada vez mais favorecido pelos laboratórios de pesquisa e pelos institutos científicos. Poucos outros campos nos Estados Unidos se igualam à tecnologia e à Ciência no estímulo que dão a novas idéias, aos novos dispositivos, às novas rotinas, embora em vários segmentos da vida social, como o lazer e o processo comercial, se note ampla permissibilidade e tolerância de novas técnicas, bem como incentivo verdadeiro a elas.

Mercê da interdependência dos elementos da sociedade, a mudança num ponto qualquer tende a precipitar mudanças em outros pontos. (Cumpre observar que essa proposição ocupa um lugar-chave nas relações entre a análise funcional e a análise histórica.) A Ciência e a tecnologia representam, portanto, efetivamente, perturbadores internos da paz. As inovações que criam são, de ordinário, aceitas como desejáveis, sem qualquer referência às suas possíveis conseqüências, algumas das quais surgem sem ser anunciadas ou preditas e, freqüentemente, do ponto de vista de muitos grupos, sem ser desejadas. Por exemplo, o automóvel, quando apareceu pela primeira vez, foi adotado principalmente por uns poucos membros da classe ociosa como nôvo meio de recreação e ostentação. Quando se lhe tornou aparente o valor prático e se lhe reduziu o custo, em grande parte como resultado do rápido progresso tecnológico, êle transformou-se ràpidamente numa propriedade padrão para muitas e, finalmente, para a maioria das famílias norte-americanas. Nos meados da década de sessenta, mais de oitenta milhões de veículos a motor enchiam as estradas estadunidenses; segundo se calcula, êsse número deverá ascender a mais de cem milhões em menos de vinte anos.

As conseqüências dessa mudança, prontamente aceita, para a cultura e a sociedade norte-americanas foram incalculáveis. A indústria do automóvel tornou-se uma das maiores da nação e um componente dominante da economia; muita gente chamou à recessão de 1958 "recessão automobilística" em resultado da depressão substancial verificada nas fortunas da indústria e do seu impacto sôbre os negócios e a economia da nação. O automóvel desempenhou papel de relêvo ao influir na natureza do crescimento urbano e suburbano. Padrões de lazer modificaram-se; a vida familial, a religião e a política sofreram-lhe a influência; alteraram-se os coeficientes de natalidade e mortalidade. No entanto, poucas, ou nenhuma, dessas conseqüências foram previstas ou esperadas; muitas não eram desejadas. Logrando fama e fortuna com o seu Modêlo T, produzido em massa, Henry Ford ajudou a destruir o pacífico mundo rural que êle mesmo tanto apreciava.

O equilíbrio de um sistema social, entretanto, pode ser rompido não só por inovações culturais mas também por processos dinâmicos gerados por suas próprias instituições. Uma das principais contribuições de Karl Marx ao desenvolvimento da ciência social refere-se à sua demonstração de que as instituições aceitas poderiam criar as condições que conduziriam finalmente à sua transformação. O comportamento capitalista convencional e aprovado, por exemplo, contribuiu para a transformação do capitalismo: a competição irrestrita num mercado livre reduziu firmemente a extensão da competição em muitas indústrias; a eliminação das responsabilidades do empregador em relação aos operários deixou-os à mercê do mercado e conduziu à organização da mão-de-obra e à final reconstrução das relações entre empregado e empregador. Em algumas sociedades camponesas, para usarmos uma ilustração alternativa, as normas da transmissão, que impõem a divisão igual da terra entre os filhos, podem, afinal, criar quinhões tão diminutos de terra para a lavoura que não bastarão a sustentar as famílias que dêles precisam viver.

Com a continuada ocorrência de mudanças em vários setores da sociedade, vão-se criando tensões, esforços e pressões no sentido de novas mudanças. Em certas condições, os reajustamentos necessários para resolver as dificuldades existentes surgem com relativa facilidade, através de um processo político democrático ou dos esforços daqueles que reconhecem a necessidade de certas mudanças. Quando grupos de pessoas se vêm estimulados ou provocados por alguma dificuldade, para a qual não parece haver pronta solução — quando não conseguem alcançar suas metas, ou sua segurança ou *status* são violentamente contestados ou se lhes fazem exigências incompatíveis ou excessivas — êles podem procurar transformar deliberadamente o estado de coisas existente criando um *movimento social.* Muitas mudanças ocorridas na sociedade resultam pelo menos em parte, da ação mais ou menos organizada dêsses movimentos — por exemplo, o movimento proibicionista ou o movimento Granger, o nazismo na Alemanha, o Mau-Mau em Quênia, o movimento dos direitos civis, o movimento "Proiba-se a bomba", verificado na Inglaterra há vários anos Nem todos os movimentos conseguem atingir seus objetivos; seus esforços, na realidade, muitas vêzes conduzem a movimentos de oposição, que se defrontam na arena política. Mas ainda que os movimentos sociais não alcancem as metas visadas, podem desempenhar papel importante na alteração da ordem social. (O leitor encontrará uma discussão mais completa dos movimentos sociais no capítulo 20.)

Sumariando, pois, nossa discussão até êste ponto, precisamos incluir na análise da mudança influências externas contato com outros grupos, fontes institucionalizadas de mudanças, as conseqüências latentes de instituições e estruturas sociais existentes, tensões geradas pela ausência de completa integração e esforços organizados para realizar a mudança. Não se trata de fôrças independentes, e suas relações recíprocas devem ser sistemàticamente examinadas no estudo sociológico.

O reconhecimento da complexidade da mudança social e das fôrças que a iniciam ou provocam não deve conduzir à conclusão de que por estarem nela envolvidas muitas variáveis "não faz grande diferença a escolha da variável com que se começa" [36]. A maneira de encarar o assunto baseada no binômio equilíbrio-interdependência, que sugerimos, conduz indubitàvelmente, se fôr levada a cabo de maneira sistemática, à inclusão de quase tôda a série de variáveis relevantes. "No fim", como assinala Kingslay Davis, "para explicar a mudança total numa sociedade, teríamos de considerar as principais variáveis que constituem o equilíbrio social" [37]. Muitas vêzes, porém, podem-se explicar adequadamente certas mudanças sem atentar necessàriamente para todos os aspectos da sociedade. Ainda que uma explanação desenvolvida de qualquer mudança encerre, afinal, ampla série de variáveis, é necessário determinar a relativa importância de cada uma. Ao explicar a crescente profissionalização de muitas ocupações, por exemplo, as mudanças na organização familial ou nas crenças religiosas parecem muito menos significativas do que o desenvolvimento de novas habilidades e a natureza das recompensas sociais e econômicas acessíveis aos que reivindicam de maneira bem sucedida um *status* profissional.

Já mostramos que a análise de tipos específicos de organização social e de instituições e outras formas culturais precisa ventilar os problemas de mudança bem como os de função e ordem. Em todo o curso dos capítulos seguintes, portanto, a mudança social será um tema recorrente — a transformação da família moderna, as mudanças nos padrões de estratificação social e das relações entre as raças, a expansão das cidades, o aperfeiçoamento da burocracia, a importância cada vez maior da Ciência, o crescimento da população. Além disso, dedicaremos o capítulo 20 à consideração de alguns problemas gerais relativos à mudança que transcende tais mudanças específicas.

Desejamos acentuar o interêsse pela mudança porque muita obra sociológica, sobretudo nos Estados Unidos, tem sido dirigida a estudos estáticos, e demasiado pouca a problemas de mudança. Qualquer análise, é claro, põe em destaque, necessàriamente, alguns fatos e problemas em detrimento de outros. Muitos estudos sociológicos buscaram apenas estabelecer relações entre determinada série de fatos num tempo e num lugar dados — entre o tamanho da organização e as formas de autoridade, por exemplo, ou entre a posição de classe e os hábitos de leitura. A análise funcional tendeu a dar ênfase a problemas de ordem e à manutenção de certo sistema social. Mas num mundo de mudanças rápidas e freqüentemente revolucionárias, a não consideração das alterações que de contínuo ocorrem nas maneiras de viver das pessoas, nas idéias segundo as quais vivem e em suas relações recíprocas, limitará sèriamente a utilidade e a aplicabilidade do inquérito sociológico. Como o salienta C. Wright Mills numa discussão evocativa e estimulante dos "Usos da História": "Só por um ato de abstração que violenta desnecessàriamente a realidade social podemos tentar congelar um momento agudo"[38].

Decidimos chamar "histórica" à nossa maneira de encarar o estudo da mudança social por dois motivos. Primeiro, desejamos acentuar o fato de que todos os inquéritos sociológicos se referem a pessoa e ações num momento e num lugar específicos. Embora os sociólogos tentem inferior proposições não limitadas pelo tempo ou pelo lugar, seus estudos analíticos não históricos, quer de comportamento de eleitores, quer de sanidade mental, quer da estrutura da fôrça da comunidade, quer das diferenças de classe no comportamento, quer da desorganização da família, assumem, quase inevitàvelmente, de maneira implícita, certo contexto histórico. Quanto maior fôr a consciência do contexto, das fontes de que deriva e das tendências que lhe são inerentes, tanto maior será a probabilidade de que maior número de variáveis relevantes seja tomado em consideração e tanto menor a possibilidade de que as generalizações derivadas dêsses estudos se estendam a outras circunstâncias a que elas não se aplicam.

Mills argumentou que: "Não há... "lei" alguma estabelecida por um cientista social que seja trans-histórica, que não deva ser compreendida em relação à estrutura específica de algum período. Outras "leis" se revelam abstrações vazias ou tautologias absolutamente confusas" [39]. Mills parece desprezar com excessivo desdém a possibilidade de generalizações que se aplicam além de situações históricas específicas mas tem razão quando põe de lado muitas, senão a maioria, das "leis" agora afirmadas para definir relações universalmente encontradas entre variáveis sociológicas. Na melhor das hipóteses poderemos indicar, atualmente, as variáveis que devem ser levadas em conta no trato de problemas particulares e, em nível muito geral, as condições que devem existir para que certos acontecimentos se realizem ou várias estruturas sobrevivam. Não se trata de contribuições sem importância, mas ainda estão longe de uma teoria geral, prontamente aplicável a qualquer uma e a tôdas as sociedades. Algumas de nossas teorias sociológicas mais úteis restringiram-se, de fato, explìcitamente, a determinados lugares e períodos: as teorias do caráter norte-americano e das origens do capitalismo moderno, por exemplo. Outras, inicialmente formuladas em têrmos genéricos — teorias da cidade, da burocracia, da organização industrial — revelaram-se muito mais històricamente restritas do que a princípio se supunha. Ainda que — ou, talvez mais otimistamente, quando — venha a existir uma teoria sociológica geral adequada, o problema de sua aplicabilidade a situações históricas específicas ainda terá de ser resolvido. Em segundo lugar, desejamos realçar o liame entre a Sociologia e a História. Ao fazê-lo, entretanto, releva estabelecer a distinção entre os dois campos bem como identificar-lhes as afinidades. Essas disciplinas significam coisas diferentes para os estudiosos de cada uma delas, e é, por conseguinte, difícil traçar linhas divisórias claras e definir campos nìtidamente demarcados de investigação. Muitos historiadores podem ser legìtimamente identificados como sociólogos — e vice-versa. Não obstante, é possível traçar algumas distincões de ordem geral, pois os interêsses e focos de atenção do historiador, em conjunto, são diferentes dos do sociólogo.

Ao historiador interessa, tìpicamente, o passado. Mas, a menos de ser um mero antiquário, também lhe interessa sua relevância para o presente. O sociólogo, por outro lado, tende muito mais a concentrar-se no presente, embora haja algumas — e deveria haver mais — exceções a essa limitação que êle próprio se impôs.

Muitos historiadores recusam-se a ser identificados com cientistas; seu propósito, narrativo, é descrever *wie es eigentlich gewesen ist* (como realmente aconteceu), na frase tão amiúde citada do grande historiador alemão Ranke. São "científicos" apenas quando procuram os dados mais dignos de confiança. Grande parte da narrativa de pessoas concretas e, presumìvelmente, de acontecimentos singulares. O sociólogo, por outro lado, como já tivemos ocasião de observar, interessa-se principalmente por generalizações. Indivíduos e acontecimentos são principalmente importantes quando se enquadram em categorias ou padrões. A abstração, inevitável em qualquer dissertação intelectual (incluindo-se a História), é explícita, tem consciência de si mesma e situa-se tìpicamente, em nível mais alto que a erudição histórica.

O historiador e economista inglês, Michael Postan, argumentou, todavia, que o "singular" e o "concreto" do estudo histórico são essencialmente "fictícios", pois se as investigações históricas fôssem de fato singulares e concretas, efetivamente limitadas a pessoas e acontecimentos específicos, seriam enfadonhas e desinteressantes. Só quando se sugerem ou implicam cotejos ou generalizações é que o estudo histórico se torna realmente valioso. Não obstante, afirma êle, o historiador precisa manter essas ficções pois, do contrário, perderá a identidade que o distingue e deixará de fazer sua contribuição característica. A despeito dêsse moderado e, se Postan tiver razão, proveitoso auto-engano — ou talvez por causa dêle — o historiador fecundo tem com que contribuir para o esfôrço no sentido de criar uma "ciência da sociedade"[40].

Além disso, boa parte do inquérito histórico não trata, na verdade, de pessoas individuais e acontecimentos singulares, mas de instituições, organizações, crenças e idéias — isto é, de estrutura social e cultura. Nessas áreas, o historiador versa, òbviamente, materiais e problemas semelhantes aos do sociólogo. As diferenças residem na extensão em que se usam conceitos gerais explícitos, na ênfase emprestada ao concreto e ao singular, num caso, e ao geral e que se repete, no outro, e num interêsse maior pela mudança por parte do historiador. Cada qual, portanto, tem uma contribuição para fazer ao outro, embora atualmente se tenha a impressão de que os historiadores estão-se valendo mais da Sociologia do que os sociólogos da História.

Conclusão

O contraste entre o prisma funcional e o prisma histórico representa, muito provàvelmente, apenas uma fase na história da Sociologia. Para que essa disciplina, que agora mal principia a amadurecer, alcance um dia suas metas e veja realizadas suas jovens esperanças, tais prismas — e as teorias que engendram — terão de ser reunidos num todo unificado. Êles já partilham de várias perpectivas comuns. Ambos supõem uma consciência das complexas relações recíprocas que existem dentro da sociedade e das limitações de qualquer interpretação simplificada de um fator isolado do comportamento social. Ambos se interessam mais pelo geral que pelo individual e singular, e utilizam conceitos semelhantes para apreender os aspectos repetitivos da vida social. Finalmente, ambos reconhecem a importância e o valor da maneira comparativa de encarar o assunto pois, sejam quais forem os problemas escolhidos para o estudo, o confronto sistemático de diferentes sociedades, passadas e presentes, proporciona não só a base de hipóteses sugestivas senão também os elementos para comprová-las.

Notas

1 Ralph Ross, *Symbols and Civilization* (Nova Iorque: Harcourt, 1962), p. 64.

2 O leitor encontrará uma análise completa dos "modos de pergunta "Por quê"? em Robert M. MacIver, *Social Causation* (Boston: Ginn, 1942), especialmente na Parte III.

3 Veja, por exemplo, os artigos de Talcott Parsons, Robert N. Bellah e S. N. Eisenstadt, *American Sociological Review,* XXIX (junho de 1964).

4 Eis aqui um ensaio que sustenta que a análise sociológica *é* uma análise funcional: "The Myth of Functional Analysis", de Kingsley Davis, *American Sociological Review,* XXIV (dezembro de 1959), 757-72.

5 Robert K. Merton, *Social Theory and Social Structure* (edição revista e aumentada; Nova Iorque: Free Press, 1957), p. 46. Grande parte da discussão seguinte sôbre a análise funcional deriva do cap. 1.

6 Gerhart Niemeyer, *Law Without Force* (Princeton: Princeton University Press, 1941), p. 300, citado por Merton, *op. cit.,* p. 46 n.

7 Citado em *Sociological Theory* de Lewis A. Coser e Bernard Rosenberg (eds.) 2.ª ed.; Nova Iorque: MacMillan, 1964), p. 622.

8 Émile Durkheim, *As Regras do Método Sociológico,* traduz. para o inglês por Sarah A. Solovay e John H. Mueller, ed. com introdução de George E. G. Catlin (Chicago: University of Chicago Press, 1938), p. 95.

9 Veja David Aberle *et al.,* "The Functional Prerequisites of a Society", *Ethics* IX (Janeiro de 1950), 100-11, em que se nos depara um esfôrço por descobrir uma série mínima de preconceitos funcionais (ou, mais precisamente, condições).

10 Merton, *op. cit.,* pp. 28-30, nos apresenta uma análise útil dos riscos da análise funcional da religião.

11 William F. Cottrell, "Of Time and the Railroader", *American Sociological Review,* IV (abril de 1939), 190-8.

12 Merton, *op. cit.*, p. 51.

13 Citado por Louis Schneider, "Problems in the Sociology of Religion", em Robert E. L. Faris (ed.), *Handbook of Modern Sociology* (Chicago: Rand McNally, 1964), p. 783.

14 *Ibid.*, p. 784.

15 Charles A. Beard e Mary R. Beard, *The Rise of American Civilization,* II (Nova Iorque: Macmillan, 1930), 778.

16 Liston Pope, *Milhands and Preachers* (New Haven: Yale University Press, 1942), pp. 84-91 e cap. VIII.

17 Sugestiva exposição das funções latentes da máquina política: Merton, *op. cit.*, pp. 72-82. Tentativa de situar a análise de Merton num contexto histórico: Eric L. McKitrick, "The Study of Corruption", *Political Science Quarterly,* LXXII (Dezembro de 1957), 502-14.

18 Marion J. Levy, *The Structure of Society of Society* (Princeton: Princeton University Press, 1952), pp. 76-83.

19 Max Gluckman, *Custom and Conflict in Africa* (Oxford: Blackwell, 1955), p. 111.

20 *Ibid.*, pp. 113-4.

21 *Ibid.*, p. 115.

22 *Ibid.*, pp. 115-6.

23 *The New York Times,* 19 de abril de 1959.

24 Barrington Moore Jr., *Terror and Progress*: *U. S. S. R.* (Cambridge, Mass.: Harvard University Press, 1954), p. 62.

25 Zena S. Blau, "Exposure to Child-Rearing Experts: A Structural Interpretation of Class-Color Differences", *American Journal of Sociology,* LXIX (maio de 1964), 596-608.

26 Melvin L. Kohn, "Social Class and Parent-Child Relationships: An Interpretation", *American Journal of Sociology,* LXVIII (Janeiro de 1963), 471-80.

27 Robert M. MacIver e Charles H. Page, *Society*: *And Introductory Analysis* (Nova Iorque: Holt, 1949), p. 589.

28 Julian H. Steward, "Evolution and Progress", em Alfred L. Kroeber *et al.*, *Anthropology Today* (Chicago: University of Chicago Press, 1953), p. 315.

29 W. Lloyd Warner, *A Black Civilization* (Nova Iorque: Harper, 1937).

30 Talcott Parsons, "Evolutionary Universals in Society", *American Sociological Review,* XXIX (Junho de 1964), 339-57. Veja também Parsons, *Societies*: *Evolutionary and Comparative Perspectives* (Englewood Cliffs: Prentice-Hall, 1966).

31 Wilbert E. Moore, *Social Change* (Englewood Cliffs: Prentice-Hall, 1963), p. 116.

32 C. Wright Mills, *The Sociological Imagination* (Nova Iorque: Oxford, 1959), p. 150.

33 Ralph Linton, *The Study of Man* (Nova Iorque: Appleton, 1936), pp. 326-7.

34 Ralph Dahrendorf, "Out of Utopia: Toward a Reorientation of Sociological Analysis", *American Journal of Sociology,* LXIV (Setembro de 1958), 115-27.

35 Lewis A. Coser, *The Functions of Social Conflict* (Nova Iorque: Free Press, 1956).

36 Kingsley Davis, *Human Society* (Nova Iorque: Macmillan, 1949), p. 634.

37 *Ibid.*

38 Mills, *op. cit.*, p. 151.

39 *Ibid.*, pp. 149-50.

40 Michael M. Postan, "History and the Social Sciences", em *The Social Sciences: Their Relations in Theory and in Teaching* (Londres LePlay, 1936), pp. 60-70.

Sugestões para novas leituras

BIERSTEDT, ROBERT. "Toynbee and Sociology", *British Journal of Sociology*, X (Junho de 1959), 95-104.

Breve sumário das diferenças entre Sociologia e História e das suas relações recíprocas.

DURKHEIM. ÉMILE. *As Regras do Método Sociológico.* Traduzido para o inglês por Sarah A. Solovay e John H. Mueller. Editado com uma introdução de George E. G. Catlin. 8.ª ed. Chicago: University of Chicago Press, 1938, Cap. 5, "Rules for the Explanation of Social Facts".

A clássica formulação da diferença entre a análise funcional e a causal (histórica).

KOMAROVSKY, MIRRA (ED.). *Common Frontiers of the Social Sciences.* Nova Iorque: Free Press, 1957, Parte I, "History and Social Research".

Série de ensaios teóricos e substanciais, que versam e ilustram as relações entre a análise histórica e a pesquisa sociológica.

LINTON, RALPH. *The Study of Man.* Nova Iorque: Appleton, 1936, caps. 18, "Discovery and Invention", e 19, "Diffusion".

Breves mas úteis discussões sôbre a inovação e a difusão baseadas na pesquisa antropológica.

MACIVER, ROBERT M. e CHARLES H. PAGE. *Society: An Introductory Analysis.* Nova Iorque: Holt, 1949, Livro III, "Social Change".

Crítica das teorias alternativas da mudança social, reinterpretação da natureza da evolução social e breve sumário de algumas tendências a longo prazo no desenvolvimento da sociedade moderna.

MERTON, ROBERT K. *Social Theory and Social Structure.* Edição revista e aumentada. Nova Iorque: Free Press, 1957, cap. 1, "Manifest and Latent Functions".

Ampla discussão e crítica do conceito de função, incluindo um paradigma da análise funcional, que procura evitar muitas das armadilhas que ela contém.

MILLS, C. WRIGHT. *The Sociological Imagination.* Nova Iorque: Oxford, 1959, cap. 8, "Uses of History".

Excelente discussão sôbre a relevância da história para a análise sociológica.

MOORE, WILBERT E. *Social Change.* Englewood Cliffs: Prentice-Hall, 1963.

Curto mas utilíssimo livro, que tenta formular uma enfocação dos problemas de mudança social e sua interpretação.

SEGUNDA PARTE

ORGANIZAÇÃO SOCIAL

O GRUPO PRIMÁRIO

Natureza do grupo primário

Num trecho freqüentemente citado, em que apresentou o conceito, Charles H. Cooley definiu os grupos primários como:

> (. . . .) os caracterizados por íntima associação e cooperação *face a face*. São primários em diversos sentidos, mas principalmente por serem fundamentais na formação da natureza e dos ideais sociais do indivíduo. Psicològicamente, o resultado da associação íntima é uma fusão de individualidade num todo comum, de sorte que o próprio eu da pessoa, ao menos para muitos propósitos, é a vida comum e o propósito comum do grupo. Talvez a maneira mais simples de descrever essa totalidade seja dizer que se trata de um "nós"; envolva a espécie de solidariedade e identificação mútua para a qual "nós" é uma expressão natural. A pessoa vive no sentimento do todo e encontra os principais objetivos de sua vontade nesse sentimento.
>
> Não se deve supor que a unidade do grupo primário seja uma unidade de simples harmonia e amor. É sempre uma unidade diferenciada e habitualmente competidora, que justifica a auto-afirmação e várias paixões apropriadoras; mas essas paixões são socializadas pela solidariedade e caem ou tendem a cair sob a disciplina de um espírito comum. O indivíduo será ambicioso, mas o principal objeto de sua ambição será um lugar desejado no pensamento dos outros, e êle será fiel a padrões comuns de serviço e lealdade [1].

De acôrdo com essa definição, portanto, os atributos essenciais do grupo primário são: "íntima associação *face a face*", o sentimento do "nós" ou sentimento de estarmos ligados ao mesmo grupo e o "espírito comum" com seus padrões de "serviço e lealdade".

A discussão fecunda de Cooley é ambígua em diversos pontos importantes. Se bem a intimidade seja elemento essencial do grupo primário, está visto que a associação *face a face* não precisa ser íntima nem se limita a sua intimidade a relações *face a face*. O contato direto entre a vendedora e o freguês, o capataz e o trabalhador, o entrevistador do serviço de colocações e o operário desempregado, e até entre a prostituta e o freguês (na maioria dos casos) é formal e impessoal, ao passo que a longa correspondência entre Oliver Wendell Holmes e Harold Laski, ou as relações entre Peter Ilyitch Tchaikowsky e sua amada Madame Nadezhda von Meck, que êle nunca viu, traduzem uma intimidade mantida apesar do tempo e da distância. O contato íntimo pode proporcionar — e freqüentemente proporciona — o fundamento das relações primárias, mas não conduz necessàriamente a elas.

Uma segunda ambigüidade emana do fato de que o sentimento do "nós", até certo ponto, é característico de todo grupo social; como o sugeriu Kingsley Davis, o próprio Cooley subentende êsse fato em sua discussão da "necessária extensão de "ideais primários" (lealdade, bondade, simpatia, verdade) a grupos maiores"[2]. No grupo primário, como observa Cooley, o sentido de identidade e lealdade de grupo é forte, envolve profundamente a pessoa e apóia-se na "mútua identificação" dos membros uns com os outros. Dessa maneira, o grupo se transforma num fim em si mesmo: "A pessoa vive no sentimento do todo e encontra os principais objetivos da sua vontade nesse sentido". Em compensação nos grupos impessoais, os objetivos são limitados e específicos, as relações no interior do grupo, são na maior parte, antes avaliadas pelas metas cuja consecução possibilitam do que por si mesmas. O sentimento do "nós" portanto, é menos inclusivo, impõe um número menor de responsabilidades e obrigações e supõe um compromisso mais limitado do indivíduo para com o grupo.

A intimidade, as relações inclusivas e intrìnsecamente avaliadas, e os valôres partilhados, que derivam da experiência no próprio grupo são, portanto, as marcas principais do grupo primário. Mas, como todos os grupos, êle possui uma estrutura, uma organização de papéis e relações — "a unidade às vêzes diferenciada e (. . .) competidora", segundo a expressão de Cooley — que requerem análise.

Neste capítulo trataremos de grupos mais informais e espontâneos — o círculo autônomo de amigos que se reúnem por gôsto no intuito de estabelecer relações de companheirismo e partilhar interêsses comuns, a coleção de trabalhadores numa fábrica ou num escritório, de cuja interação cotidiana surde uma trama de relações pessoias que os congrega numa coletividade reconhecível a turma de paladinos que segue determinado curso, através do qual se unem num dedicado "grupo primário ideológico", para empregarmos a frase de Edward Shels. (Examinaremos a família, com sua estrutura institucionalmente definida, no capítulo 8.)

Durante quase duas décadas, após a formulação original de Cooley em 1909, os sociólogos pouca atenção consagraram ao grupo primário, a não ser com propósito de destacar-lhe a suposta tendência para desintegrar-se numa sociedade urbana comercializada. Durante as décadas de 1930 e 1940, verificou-se uma revivência de interêsse, que proveio de estudos sôbre operários na indústria e bandos de áreas intersticiais, de pesquisas tocantes à psicologia social do comportamento de grupo, da análise sociométrica de padrões de atração e rejeição em cenários de grupo e da psicoterapia de grupo [3]. Talvez a melhor maneira de encetarmos a análise da estrutura e das funções do grupo primário consista em relatarmos dois dos estudos que contribuiram para o seu "redescobrimento".

Casuística social de grupos primários

OS ESTUDOS DE HAWTHORNE OU DA WESTERN ELECTRIC [4] Durante a década de 1920 e prosseguindo até 1932, realizou a Western Eletric Company em sua fábrica de Hawthorne, no Illinois, uma série de investigações acêrca da fadiga, da monotonia e do moral em relação à produção. No curso da pesquisa, passaram os investigadores do interêsse pelas conseqüências fisiológicas do trabalho à estrutura e ao funcionamento de grupos primários na fábrica. Se bem nosso interêsse central resida aqui no último dêsses estudos, a série tôda justifica breve exposição, pois demonstra as recíprocas influências dos fatos e da teoria no inquérito científico bem como o emprêgo e a importância de uma enfocação explìcitamente sociológica.

As diversas investigações, conhecidas como os estudos de Hawthorne, foram empreendidas em razão dos resultados inesperados de um experimento que atestou a influência da iluminação sôbre a produção. Os pesquisadores haviam feito experiências modificando a iluminação, na esperança de concluir que a produção aumentava quando a iluminação era melhorada e diminuía quando esta se reduziu. Ao invés disso, descobriram que a produção na sala experimental aumentava ou permanecia em níveis relativamente estáveis não só quando se melhorava a iluminação, mas também quando esta era radicalmente reduzida. Afigurou-se, claramente, aos investigadores, que outros fatôres, de natureza provàvelmente psicológica, entravam em ação. A fim de examinar êsses fatôres "humanos", como lhes chamaram, iniciaram nôvo inquérito, a *Sala Experimental de Reunião de Relés* assim denominada porque envolvia um grupo de môças que montavam relés elétricos usados em telefones. Seis môças foram destacadas para trabalhar numa sala separada, onde se podiam fazer registros pormenorizados de sua produção, comportamento e condições físicas, enquanto que as condições de trabalho eram sistemàticamente modificadas. Desde o princípio, as seis môças escolhidas foram informadas dos planos de pesquisa e tomou-se muito cuidado para convencê-las de que o propósito do teste não era "incrementar" a produção, senão estudar diferentes tipos de condições de trabalho, de modo que se pudesse encontrar o ambiente mais adequado ao trabalho. Instaram com elas os experimentadores que não se apressassem nem "redobrassem de esforços", mas que trabalhassem em ritmo natural, pois sòmente dessa maneira teriam os resultados alguma significação [5].

Experimentaram-se diversos períodos de repouso e, em seguida, alterou-se a extensão do dia e da semana de trabalho. Durante um período de mais de dois anos, à medida que se fizeram várias modificações — para melhor e para pior — a produção, de um modo geral, continuou a aumentar. Após cuidadoso exame de grande massa de dados, rejeitaram-se as hipóteses de que o comportamento do grupo de môças poderia ser atribuído a incentivos econômicos, à diminuição da monotonia por causa dos períodos de descanso, ou à diminuição da fadiga mercê da melhoria das condições físicas de trabalho. Patenteou-se que as atitudes delas e seus sentimentos a respeito do próprio trabalho eram de grande importância. Além disso, as boas relações com os supervisores e a atmosfera positiva, inadvertidamente criada na situação experimental pela solicitação de cooperação e pela atenção rigorosa dada às môças, lhes havia melhorado de tal maneira o moral que elas continuaram a aumentar a produção mesmo quando se eliminaram os períodos de descanso e outras vantagens oferecidas em várias fases do inquérito. Finalmente, as relações entre as próprias môças pareceram, de certo modo, relacionar-se aos seus sentimentos e ao seu comportamento. Esta última observação, entretanto, permaneceu descurada durante algum tempo, até que se lhe reconheceu a importância e se lhe estudaram as implicações.

Os investigadores haviam sido, dessa maneira, conduzidos, de uma interpretação quase tôda fisiológica do comportamento dos operários em serviço, a um ponto de vista psicológico. Viram-se, portanto, lançados num programa de entrevistas em larga escala, destinado a descobrir as atitudes e sentimentos dos trabalhadores em relação ao trabalho, sobretudo em relação às práticas de supervisão, e as condições que afetavam êsses julgamentos e sentimentos. No decorrer da investigação, em que mais de vinte mil empregados foram entrevistados num período de três anos, os entrevistadores sentiram-se, de início, impressionados pela extensão em que as queixas acêrca do trabalho se relacionavam com problemas pessoais dos trabalhadores. Mas logo se evidenciou cada vez mais que a hipótese surgida, de maneira tentativa, da Sala Experimental de Reunião de Relés, a saber, que era necessário verificar os comentários e o comportamento dos trabalhadores no contexto do grupo de trabalho, tinha grande importância.

Tendo chegado a um ponto de vista que focalizava as relações recíprocas dos trabalhadores (organização social) como determinantes das atitudes e do comportamento, iniciaram os investigadores o estudo intensivo de um grupinho de catorze trabalhadores empenhados na reunião de comutadores utilizados nos quadros de distribuição telefônicos. Nove trabalhadores eram "fiadeiros", cuja tarefa consistia em ligar fios em séries ou fieiras (o nome da sala era *Bank Wiring Room*), num componente usado no equipamento dos quadros telefônicos de distribuição. Três outros trabalhadores soldavam os terminais (soldadores), e os dois restantes inspecionavam o produto terminado, à procura de defeitos.

Os dados foram coligidos por um observador que ficava na sala enquanto os homens trabalhavam, observando-lhes as ações e as conversas, registrando-lhes a produção e entrevistando cada um dos trabalhadores diversas vêzes. Cuidou-se que a presença de um estranho pudesse influir no comportamento dos homens e, por conseguinte, limitar o valor dos dados obtidos, mas a evidência proporcionada por êste e outros estudos indicou claramente que as ações dos trabalhadores não eram substancialmente afetadas e que os dados conseguidos dessa maneira mereciam fé. Talvez a mais clara indicação de que a presença do observador não influía no comportamento dos trabalhadores seja o fato de que, passado algum tempo, êstes não hesitavam em transgredir as regras da companhia em sua presença.

As exigências técnicas das tarefas executadas pelos catorze homens, a disposição física da sala, o sistema de pagamento, por tarefa, em que os salários de cada um dependiam da produção total do grupo e, portanto, também da própria contribuição pessoal), e as normas da companhia, tudo isso influenciava as relações recíprocas dos trabalhadores bem como a freqüência e as formas de interação social. Visto que o rendimento de cada homem dependia da produção do grupo todo, era compreensável que houvesse maior interêsse pelos esforços uns dos outros do que se fôssem pagos individualmente. A rapidez com que cada grupo de trabalhadores poderia operar dependia dos demais: se os fiadeiros fôssem lerdos, os soldadores se veriam de mãos atadas; se os inspetores fôssem vagarosos, os fiadeiros não poderiam continuar trabalhando. A companhia atribuía um serviço a cada homem e não aprovava a troca de tarefas. A disposição física da sala e localização dos trabalhadores lhes afetava as oportunidades de contato; os fiadeiros, por exemplo, deviam permanecer nos lugares de trabalho que lhes tinham sido designados, a não ser que estivessem à espera de um inspetor ou executassem outras tarefas, que às vêzes lhes competiam, ao passo que tanto os inspetores quanto os soldadores precisavam deslocar-se de um lugar para outro.

Da acurada e contínua observação dêsse grupo de catorze homens, emergiram diversos fatos significativos. Primeiro, os homens partilhavam de um conjunto de normas não oficialmente definidas; na verdade, essas normas contrariavam as regras e expectativas da administração. Embora a administração houvesse estabelecido um sistema de incentivo para os salários do grupo, destinado a incrementar a produção, os trabalhadores firmaram sua própria definição do dia razoável de trabalho — e não se arredavam dela, de modo que, do ponto de vista da administração, êles estavam restringindo a produção. Entendiam os trabalhadores que ninguém deveria "delatar" à administração o que quer que ocorresse na sala de trabalho; ninguém deveria trabalhar demais, isto é, "furar o ritmo", ainda que fôssem todos presumìvelmente beneficiados pelo aumento de produção; ninguém deveria "fazer corpo mole", isto é, trabalhar de menos; e, finalmente, ninguém deveria mostrar-se demasiado arredio ou superior.

Segundo, tais normas eram impostas pelo grupo de várias maneiras. Sua transgressão redundava em crítica e numa franca demonstração de hostilidade. Quando alguém trabalhava demais, por exemplo, considerava-se de tôda conveniência que outro trabalhador o "cutucasse", isto é, lhe batesse no braço, a fim de lembrá-lo de que estava transgredindo uma das normas. Qualquer reação violenta à punição simbólica teria sido deslocada e mal recebida pelos outros.

Terceiro, os trabalhadores passaram a ter relações mais ou menos regulares ou padronizadas entre si. Os inspetores eram considerados um tanto superiores aos outros, e os soldadores um tanto inferiores, embora os próprios fiadeiros se dividissem em categorias mais altas e mais baixas, de acôrdo com o seu tipo de equipamento. A ação tendia a respeitar essas linhas hierárquicas, sendo mais provável que se iniciasse de cima que de baixo. Isto se patenteava, por exemplo, na troca de serviços que se fazia, a despeito da proibição de companhia. Fiadeiros e soldadores, de vez em quando, permutavam suas funções por algum tempo, embora sempre por iniciativa dos primeiros. Existia dentro do grupo um padrão regular de ajuda mútua, do qual participava a maioria dos trabalhadores. O próprio grupo se dividia em duas panelinhas menores, que incluíam onze dos catorze trabalhadores, embora houvesse em cada panelinha um membro marginal, no sentido de não participar de tôdas as atividades do grupo, tais como "fazer caçoadas", comprar doces, apostar e conversar.

Êstes fatos podem parecer corriqueiros. Mas sua importância sociológica reside na clara demonstração de que até numa situação de trabalho altamente organizada, governada por regras formais presumìvelmente impostas por uma hierarquia oficial, há probabilidades de se desenvolver uma "organização informal", como lhe chamaram os investigadores. As relações entre os trabalhadores não se restringiam às tarefas que executavam; com efeito, a execução do trabalho era claramente influenciada pela organização social que emergira durante o trabalho. As normas partilhadas pelo grupo lhe determinavam amplamente a reação às regras e exigências da companhia, enquanto os supervisores entenderam necessário tomar em consideração os valôres e a estrutura interna do grupo. Para seu membros, o grupo ministrou métodos aceitos para enfrentar as necessidades do serviço e governar as relações entre êles, assim como oferecer importantes satisfações intrínsecas que, por si mesmas, tornavam os serviços mais — ou, de vez em quando, menos — satisfatórios.

Nenhuma dessas conclusões era nova ou revolucionária; um aluno de Cooley ou mesmo qualquer pessoa familiarizada com operários e condições de trabalho poderia ter referido os mesmos fatos. Como observou Michael Olmsted, a importância dêles deriva da

> (...) maneira pela qual se obtiveram as conclusões. Estas foram "descobertas" por pessoas de prestígio e práticas, que estavam à procura de outra coisa. Conseqüentemente, os estudos não poderiam ser postos de lado como simples especulação ociosa ou desinteressantes e inaplicáveis à "vida real". Nem poderia o destaque dado à organização social do pequeno grupo ser atribuído às idéias preconcebidas de cientistas sociais profissionais empenhados em demonstrar a importância da sua disciplina [6].

As pesquisas da Western Electric, portanto, proporcionaram nôvo ímpeto ao estudo do grupo primário e suas funções, particularmente nas grandes organizações burocráticas, tão difundidas na sociedade moderna. (O leitor encontrará uma análise da burocracia no capítulo 11.) As investigações de Hawthorne foram seguidas de grande número de estudos que examinaram o papel do grupo primário em diversos contextos: outras indústrias, organizações de serviço, grandes lojas comerciais, laboratórios de pesquisa, as fôrças armadas. O ponto de vista que emergiu dos inquéritos da Western Electric, às vêzes denominado "prisma das relações humanas", também granjeou adeptos entre diretores de indústrias e exerceu amplos efeitos sôbre políticas de pessoal e ideologias das administrações.

OS "CORNER BOYS" À diferença da *Bank Wiring Room,* em que um grupo primário se desenvolveu dentro de uma organização formal maior, o Bando de Norton Street, descrito por William F. Whyte [7], foi o produto da vida num bairro italiano intersticial, em Boston. Além disso, o processo de pesquisa de Whyte diferiu muito do método seguido na fábrica de Hawthorne, pois implicou vários anos de residência na área e participação no próprio grupo [8] e não uma simples observação desapaixonada de um estranho.

Os "Nortons", cujo nome coletivo derivava da esquina da rua onde os membros se reuniam regularmente, incluía treze jovens cujas idades oscilavam entre 20 e 29 anos e que haviam nascido no bairro. Uns poucos dentre êles tinham, outrora, pertencido ao mesmo bando adolescente. A maior parte se achava desempregada — o estudo foi feito durante os últimos anos da depressão da década de 1930 — e eram todos solteiros. Não fôra a depressão e é pouco provável que se tivessem tornado membros do bando ou que suas atividades comuns fôssem tais quais eram — ou ainda que viessem a tornar-se tão conhecidos na literatura sociológica.

Os Nortons revelavam características de grupo muito semelhantes às da *Bank Wiring Room*: empenhavam-se em atividades padronizadas, partilhavam de um corpo de normas e valôres que lhes regulavam o comportamento e estavam congregados numa estrutura de papéis recìprocamente associados. Encontravam-se regularmente, embora, de ordinário, sem planejamento formal, em lugares convencionais — a esquina, ou uma *cafeteria*, onde se reuniam tôdas as noites para tomar café ou beber cerveja. Uma vez por semana, à noite, jogavam boliche. O fato de ser membro do grupo supunha uma série de obrigações e expectativas mútuas, que, conquanto raro mencionadas, eram, em conjunto, bem compreendidas; só se tornavam explícitas quando alguém as ignorava ou desprezava.

> Quando Alec e Frank eram amigos, nunca os ouvi discutirem os serviços que prestavam um ao outro mas, quando brigavam por causa das atividades do grupo com o Clube Afrodite (um grupo de môças), cada um dêles se queixava... de que o outro não estava agindo como devia em vista dos serviços que lhe tinham sido prestados. Em outras palavras, ações executadas explìcitamente por amizade revelavam-se parte de um sistema de obrigações mútuas [9].

Implícita nesta situação está o que Alvin Gouldner denominou "norma da reciprocidade", segundo a qual devemos retribuir com benefícios aos que nos fizeram benefícios [10].

As atitudes e o comportamento em relação a estranhos, assim como em relação a membros do próprio grupo, eram regulados por normas aceitas por todos. Por exemplo, os rapazes assumiam atitudes semelhantes para com mulheres. Mulheres "anglo-saxãs" fora da comunidade italiana — e umas poucas dentro dela — eram alvos legítimos de propostas sexuais, crescendo o prestígio a cada conquista bem sucedida de acôrdo com o *status* social da mulher; e maior dose de respeito derivava da conquista de uma anglo-saxã protestante. A maioria das mulheres do bairro estava fora de cogitações; algumas não sòmente eram irmãs de amigos e, portanto, constituíam tabus, mas também representavam espôsas em potencial, das quais se esperava que fôssem virgens quando casassem [11].

A estrutura dos papéis que definia as relações recíprocas dos membros no grupo assumia forma hierárquica: havia um líder, "Doc", e vários lugar-tenentes, cada qual com ascendência sôbre alguns dos membros restantes, como o indica a figura 1. A importância da hierarquia residia no fato de que quanto mais elevada fôsse a posição do indivíduo, tanto maior liberdade possuía êle para tomar iniciativa em relação aos que lhe estavam abaixo. O próprio grupo mantinha a estrutura agindo de maneira que impedisse alterações nas relações estabelecidas. Quando Alec, que se classificava entre os últimos dos Nortons, desafiava os líderes estabelecidos para uma partida de boliche, fazia-se, com zombarias e importunações, suficiente pressão psicológica para acarretar-lhe a derrota.

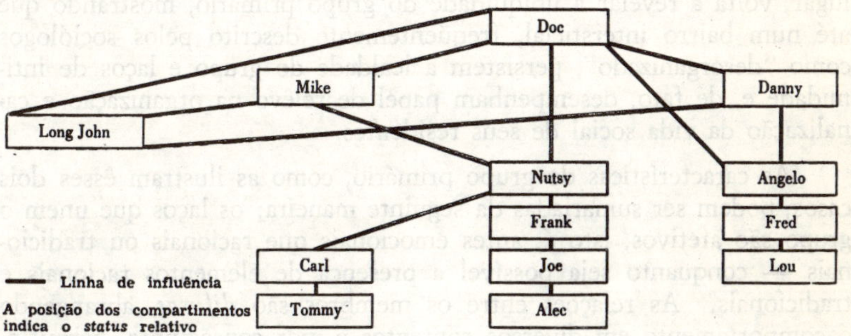

Figura 1. Organização de um grupo informal: os Nortons

William F. Whyte, *Street Corner Society,* edição aumentada, p. 13 (*Copyright* 1943, 1955 da Universidade de Chicago). Reproduzida com autorização de The University of Chicago Press.

A hierarquia, entretanto, não era um negócio unilateral. Não se desprezavam informações e sugestões dos membros inferiores, embora elas só pudessem efetivar-se quando sancionadas por Doc ou por um dos seus lugar-tenentes. O próprio líder precisava viver de acôrdo com as exigências do seu papel a fim de manter a superioridade. Cumpria-lhe emprestar dinheiro aos outros quando tinha algum, por exemplo, mas não devia pedir emprestado, exceto aos membros do grupo que lhe estavam mais próximos. Sua posição apoiava-se em suas atitudes e habilidades, nos recursos de que dispunha, no critério e na "justiça" com que tratava os outros e na sua eficiência como porta-voz do grupo nas relações com estranhos. O não cumprimento dessas expectativas tocantes ao seu papel enfraqueceria efetivamente e poderia até destruir o *status* de líder.

Quando grupos informais como os Nortons tentavam estabelecer uma organização formal, com constituição, programa e funcionários eleitos, seus esforços, consoante os descobrimentos de Whyte, tinham pouco sucesso. A importância do grupo para os membros não residia em metas explícitas que êle pudesse tentar atingir, senão nas satisfações intrínsecas derivadas de suas atividades partilhadas e de suas relações recíprocas.

A análise de Whyte da "sociedade de esquina de ruas" possui duplo significado. Demonstra claramente que até num grupo primário, com íntimas relações pessoais, vigoroso sentido de unidade e valôres partilhados, a liderança pode ser de grande importância na determinação da maneira como funciona o grupo como um todo. Em segundo lugar, volta a revelar a ubiqüidade do grupo primário, mostrando que até num bairro intersticial, freqüentemente descrito pelos sociólogos como "desorganizado", persistem a lealdade do grupo e laços de intimidade e, de fato, desempenham papel de relêvo na organização e canalização da vida social de seus residentes.

As características do grupo primário, como as ilustram êsses dois casos, podem ser sumariadas da seguinte maneira: os laços que unem o grupo são afetivos, isto é, antes emocionais que racionais ou tradicionais — conquanto seja possível a presença de elementos racionais e tradicionais. As relações entre os membros são *difusas,* abrangendo o comportamento em diversos contextos e, por conseguinte, permitindo certo grau de espontaneidade. Para os membros, o grupo é mais uma finalidade em si mesmo do que um instrumento votado à consecução de outros fins. Portanto, até certo ponto, cada membro identifica seus interêsses com os do conjunto. Em resultado disso, não propende a buscar vantagens pessoais quando estas entram em conflito com os valôres do grupo ou implicam a possibilidade de custar-lhe o lugar dentro dêle.

A intimidade e o calor emocional, característicos do grupo primário, não atalham, necessàriamente, a possibilidade de conflito interno; com efeito, tais atributos podem, de fato, aumentar as probabilidades de tensão e dissensão. Supor que tudo é harmonia e consenso mesmo no interior de um grupo coeso e extremamente unido seria falsear as realidades da vida social. Como líder dos Nortons, Doc muitas vêzes precisou resolver conflitos internos no intuito de impedir a defecção de algum membro ou evitar que o grupo se desfizesse. No entanto, sua própria posição, de quando em quando, era contestada. As dissensões individuais podem ser postas de lado quando uma pressão externa aumenta a união dos membros, mas no contínuo desenvolver-se da atividade do grupo, o atrito e o conflito devem ser considerados como sucessos normais.

Poder-se-ia até antecipar maiores probabilidades de ocorrência de conflitos nos grupos primários do que nos outros. "Há mais ocasião", sugere Lewis Coser, estribado em Georg Simmel e Sigmund Freud, "de que surjam sentimentos hostis em grupos primários do que em grupos secundários, pois quanto mais se baseia a relação na participação da personalidade total — distinguida da participação parcial, — tanto mais provável é que gere assim o amor como o ódio" [12]. Os sentimentos hostis podem ser reprimidos, no interêsse da solidariedade do grupo, mas ainda que estourem em conflito aberto não conduzem necessàriamente à dissolução do grupo, a menos que o ponto em debate "afete as camadas fundamentais de crença comum, em que finalmente se baseia a solidariedade do corpo social" [13]. De fato, o conflito no grupo pode ocorrer apenas porque as relações são estáveis e os membros não sentem necessidade de reportar-se. Em tais condições, a expressão da hostilidade, com efeito, serve de fortalecer o grupo, obstando à acumulação de sentimentos hostis, que poderiam levar a uma ação destrutiva da estrutura de relações dentro dêle.

Emergência, crescimento e dissolução

À diferença da família, cuja existência e organização são institucionalizadas em tôdas as sociedades, outros grupos primários, constituídos de amigos, vizinhos, companheiros de jogos, companheiros de trabalho, etc., surgem gradativamente, no correr da vida cotidiana, em condições apropriadas. Quando os homens se vêm juntos em freqüente associação durante certo período de tempo, como na *Bank Wiring Room,* num dormitório de colégio, num escritório ou numa companhia do Exército, tendem a criar uma estrutura de papéis e relações, como obrigações e expectativas mútuas, normas e valôres partilhados e certo sentido, ainda que tênue ou implícito, de identidade coletiva.

A emergnêcia de relações amistosas e íntimas não é, naturalmente, a única conseqüência possível da constante associação com outras pessoas. Conforme assinala Lawrence Wylie, numa arguta descrição da vida numa aldeia francesa, os aldeãos, que têm ampla oportunidade de se conhecerem, podem não ter "nada entre si" e mal advertir-se da existência um do outro, ou podem estar *brouillés* (brigados) ou *bien* (bem) um com o outro.

> Se você estiver *brouillé* com alguém isso significa (...) que vocês brigaram e agora estão "de mal". Cortaram relações. Procuram não passar um pelo outro na rua e, quando não podem evitá-lo, viram a cabeça para não precisar falar-se. Buscam não ser surpreendidos numa situação social em que normalmente teriam de apertar as mãos (...) Se, por acaso, não puderem evitar o encontro, parecem perder as estribeiras. Ameaçam aplicar sanções físicas ou legais um contra o outro (...) Mesmo que você não ataque seu adversário com uma ação física ou legal, ainda pode causar-lhe dano atacando-o oralmente (...)
>
> Estarem *bien ensemble* significa estarem "de bem" um com o outro, manterem relações amistosas. Jogam juntos. Tomam juntos o aperitivo. Suas famílias passam freqüentemente juntas a noite. Apóiam-se um ao outro em suas *brouillés* e podem até participar delas. Quando você precisa de alguém que lhe faça um favor pode contar com o amigo com o qual está *bien*[14].

Como dá a entender essa descrição, a hostilidade e o antagonismo são, às vêzes, regulados pelo costume e pela convenção, exatamente como a amizade e a intimidade, e ambos os tipos de relações podem emergir das mesmas circunstâncias.

Que surja entre pessoas que se vêem freqüentemente a amizade ou a hostilidade — ou ambas — ou que as pessoas ignorem pura e simplesmente a presença uma da outra — na medida em que isso fôr possível, isso depende não só de suas características sociais e dos tipos de situações em que se encontram, mas também de seus atributos pessoais e traços psicológicos. Dentro da *Bank Wiring Room,* por exemplo, diversos homens ou não queriam estabelecer relações pessoais com os outros trabalhadores, tomar parte no grupo, ou eram incapazes de fazê-lo. As divergências de personalidade tendem sobretudo a ocorrer quando os indivíduos entram em contato com outros em situações em que não podem escolher os parceiros.

Embora o tamanho pequeno e as relações face a face tenham sido amiúde considerados como características essenciais do grupo primário, é "mais apropriado", escreveu Edward Shils, "tratá-las como condições que influem na formação de grupos primários"[15]. À proporção que aumenta o número de membros de um grupo, diminui a possibilidade de freqüente interação entre todos e estreita-se o âmbito possível do comportamento. As provas fornecidas por alguns estudos sociais parece indicar que, em conjunto, "quanto mais freqüentemente interagem as pessoas umas com as outras tanto mais vigorosos tendem a ser seus sentimentos recíprocos de amizade"[16]. Daí que, embora um grupo pequeno possa não se transformar em grupo primário, tem maiores probabilidades de fazê-lo do que um grupo constituído de grande número de pessoas. Entretanto, não existe uma correlação simples ou direta entre o tamanho do grupo ou a freqüência de interação, de um lado, e a extensão ou o âmbito das relações pessoais que podem desenvolver-se, de outro. Um número demasiado grande de condições diversas influi na natureza das relações que têm possibilidades de advir de uma interação continuada.

Dentro das grandes organizações, em que tantas vêzes se desenvolvem grupos primários, as possibilidades de interação que conduzem a laços íntimos e pessoais são, não raro, afetadas pela política da administração, pela disposição física do ambiente ou pelas exigências do trabalho. Em certas grandes fábricas vigora — ou vigorou, em certas ocasiões — a proibição de conversar durante o serviço. Essa norma, que pode parecer desnecessàriamente arbitrária ou desumana, baseia-se na suposição de que os homens trabalham melhor quando não distraídos por conversas, e no receio, em parte apoiado em fatos, de que, estabelecendo relações durante o trabalho além das que se exigem formalmente, os empregados venham a trabalhar em detrimento da organização. Homens fìsicamente separados uns dos outros por uma máquina ou por longa distância, ou que trabalham em lugar tão barulhento que dificulta a comunicação, não têm probabilidades de estabelecer relações sociais durante o serviço. O rápido movimento do pessoal, quer sancionado pela política da companhia, quer impôsto pelas necessidades tecnológicas ou de organização, também pode impedir, com eficácia, a emergência de relações informais. Quando é possível a interação freqüente, os homens podem reunir-se na base de valôres ou interêsses partilhados; "os pássaros de penas iguais", reza o dito familiar, "andam juntos". Dentro de uma grande organização ou numa comunidade, antecedentes étnicos, religiosos ou educacionais semelhantes podem proporcionar o alicerce sôbre o qual se edifica o grupo primário. Mas a simples existência de valôres ou interêsses comuns apenas ministra uma condição, mais necessária que suficiente, ao advento de um grupo primário; as pessoas, naturalmente, podem manter-se à distância por diversas razões, a despeito de semelhanças culturais e associação freqüente. Resta, portanto, a tarefa de identificar as condições em que "pássaros de penas iguais andam juntos" — ou não. A compatibilidade, ou sua ausência, entre as personalidades envolvidas constitui variável importante, mas que por certo não é a única — a única — e, de qualquer maneira, a natureza da própria "compatibilidade" requer análise.

O fato de membros de um grupo primário compartirem de determinados valôres ou crenças — o fato de que as senhoras que se reúnem para jogar *bridge* são tôdas Republicanas, de que os membros de um bando de adolescentes são todos fãs da mesma cantora popular, ou de que os trabalhadores de uma fábrica concordam em que se deve trabalhar apenas o estritamente indispensável — não significa, necessàriamente, que se tenham reunido *por causa* dessas opiniões partilhadas. Os valôres partilhados tanto podem resultar da participação num grupo quanto propiciar as bases sôbre as quais o grupo se constrói. Quando pessoas com valôres diferentes estabelecem íntimas relações recíprocas, o mais provável é que conciliem suas diferenças ou evitem o conflito, mantendo-se alheias a qualquer discussão sôbre as questões que as dividem. Se não se realizar uma acomodação dessa natureza, as relações podem romper-se, a não ser que as diferenças sejam de importância apenas secundária ou que os laços se tornem muito fortes antes de se manifestarem as divergências [17].

Por conseguinte, o número de membros, a freqüência da interação e os valôres partilhados constituem condições que possibilitam ou entravam a formação de grupos primários, mas o fator principal parece consistir na função ou funções que êles exercem para os membros. Trabalhadores reunidos numa situação de trabalho, por exemplo, descobrem que uma organização social informal oferece métodos para enfrentar as exigências da administração e arrostar circunstâncias imprevistas ou não controladas, bem como proporcionar as satisfações intrínsecas que derivam de relações sociais amistosas e da participação num grupo agradável e congenial. A necessidade de relações satisfatórias com outros impele homens e mulheres e procurarem amigos e a tentarem ingressar em pequenos grupos, dentro dos quais possam, pronta e francamente, expressar seus sentimentos e assegurar a reação emocional — em que podem ser "êles mesmos".

Formado, o grupo primário tende a persistir enquanto proporciona aos membros satisfação pessoal e enquanto fôrças externas não lhe interferem nas atividades. Em certo sentido, o grupo pode ser denominado "sistema que se mantém a si mesmo", pois a própria série de atividades em que se empenham os membros serve para sustentar os laços entre êles e reforçar a estrutura do grupo. O líder, quando existe um papel dessa natureza relativamente bem definido, conserva em parte sua posição resolvendo choques internos e mantendo a solidariedade interna. Quando o grupo se empenha em executar tarefas explícitas, como no caso da tripulação de um avião cujas relações de trabalho se sobrecarregaram de laços pessoais, a continuada consecução de metas coletivas também contribui para manter a estabilidade.

No curso normal da vida social, entretanto, desenvolvem-se grupos primários, que persistem durante algum tempo, modificam porventura seu caráter à proporção que alguns membros se afastam ou se apresentam novos, e depois se dissolve, apenas para fazer que os membros se reúnam em novos contextos com outras pessoas c tormem novos grupos. Alguns são duradouros — os elos que unem por tôda a vida as crianças que cresceram juntas, as amizades persistentes que se encontram de tempos a tempos entre colegas de escola, colegas de profissão ou vizinhos — mas outros são temporários e efêmeros. Num grupo unido por laços emocionais, existe sempre a possibilidade de choques e dissensões pessoais, que podem acarretar o rompimento da unidade social. Mas o destino do grupo depende não apenas de sua dinâmica interna e da personalidade de seus membros, mas também — e talvez de maneira mais importante — de fôrças externas.

A alta mobilidade característica da sociedade moderna — de serviço para serviço, de lugar para lugar, subindo ou descendo a escala social — está contìnuamente rompendo relações estabelecidas. Um em cada grupo de cinco norte-americanos muda de residência todos os anos. Quando o membro que se afasta não desempenha um papel importante no grupo, seu afastamento pode não ter conseqüências relevantes e resultar tão-só num embaralhamento secundário de papéis e relações. Mas quando ocupa uma posição-chave, sua ausência acarreta, às vêzes, a virtual dissolução do grupo.

Na medida em que a estrutura do grupo primário reflete a posição social dos membros fora de seus limites, as alterações processadas no *status* externo do indivíduo influem em sua posição dentro do grupo e em suas relações com outros. Quando Doc, por exemplo, não tinha dinheiro e não podia exercer adequadamente o papel de líder, todo o grupo se sentia afetado. Quando êle arranjou um emprêgo e precisou afastar-se do grupo por longos períodos de tempo, tôda a estrutura, que dêle tanto dependera, se desmanchou.

À maneira que os homens travam novas amizades, casam, ingressam em clubes, melhoram suas circunstâncias ou desenvolvem novos interêsses, as necessidades anteriormente satisfeitas por determinado grupo primário podem entibiar-se ou modificar-se, com a mudança decorrente na atitude para com o grupo e, acaso, na participação nêle. Visto que os homens são julgados socialmente em parte por suas companhias, as mudanças de *status* na comunidade maior podem levar a uma compensação dos prazeres — e obrigações — de velhas amizades em face das conseqüências da associação continuada com pessoas de nível diferente de *status*. O abandono de velhos amigos — ou a menos típica conservação dêles — é, atualmente, um traço familiar nas histórias de êxito mundano, tão comuns em nossa literatura. Por outro lado, como Whyte assinala em seu estudo de Cornerville, a lealdade ao grupo constituiu para alguns dos rapazes um dos fatôres importantes que estorvavam a mobilidade social.

O processo ininterrupto de formação e dissolução de grupos, característico de uma sociedade móvel e mutável, não significa necessàriamente, contudo, que as relações lentamente construídas num dado período de tempo sejam tôdas destruídas. Podem persistir como relações significativas, mas é preciso que haja mais do que a simples saudade do passado para mantê-las unidas. A revivência momentânea da vida de colégio numa reunião alcoólica de fim de semana não traduz relações primárias significativas entre colegas outrora amigos, mas antes esforços fúteis e patéticos para reviver o que o passar dos anos e o pequeno contato recíproco acabaram, de fato, destruindo. Um lapso de tempo decorrido sem a experiência cotidiana partilhada, na qual se apóiam quase inevitàvelmente os laços íntimos, faz da relação apenas uma sombra do que foi, pois a intimidade tende a gerar nova e adicional intimidade, "Como se o aumento do apetite crescesse / Com aquilo de que êle se alimenta". Quando amigos de outros tempos seguem carreiras relacionadas uma com a outra de modo que os elos passados podem ser reforçados por interêsses comuns e experiências semelhantes, os laços outrora íntimos são mantidos, e até enriquecidos, a despeito de encontros apenas ocasionais durante o passar dos anos.

Funções sociais do grupo primário

A importância do grupo primário provém da sua difusão e das funções que exerce assim para os indivíduos como para grupos sociais maiores — incluindo-se a sociedade como um todo. Como assinalaram MacIver e Page:

> A mais simples, a primeira, a mais universal de tôdas as formas de associação é aquela em que um reduzido número de pessoas se encontra "frente a frente" por amor do companheirismo, da ajuda mútua, da discussão de algum problema que a todos interessa, ou do descobrimento e execução de alguma política comum. O grupo *face a face* é o núcleo de tôda organização, e (. . .) encontra-se de alguma forma dentro dos mais complexos sistemas — é a unidade celular da estrutura social. O grupo primário, na forma da família, nos inicia nos segredos da sociedade. É o grupo através do qual, como companheiros de folguedos e camaradas, damos pela primeira vez expressão criativa a nossos impulsos sociais. É o terreno em que se criam nossos *mores,* a matriz de nossas lealdades. É o primeiro, e geralmente continua sendo o principal, foco de nossas satisfações sociais. A êsses respeitos, o grupo *face a face* é primordial em nossa vida [18].

Seja inata ou, o que é mais provável, resultante do fato de que os sêres humanos são criados por outros sêres humanos, a necessidade de sentir a reação emocional de outras pessoas e a íntima associação com elas é uma qualidade humana persistente. Os elementos centrais da personalidade são adquiridos no seio da família e os homens continuam a necessitar do calor, da segurança e da intimidade que experimentaram quando crianças. O grupo primário — e especialmente, embora não exclusivamente, a família — proporciona a satisfação dessas necessidades psicológicas. Ao fazê-lo, contribui também para a estabilidade da ordem social, permitindo aos indivíduos que mantenham o equilíbrio pessoal e exerçam de maneira adequada seus papéis sociais costumeiros.

> Ora, tôdas as provas da Psiquiatria (...) [escreve George Homans] mostra que o fato de ser membro de um grupo sustenta o homem, permite-lhe manter o equilíbrio debaixo dos choques comuns da vida, e ajuda-o a criar filhos que, por seu turno, serão felizes e alegres. Se êsse grupo se desmoronar à sua volta, se êle deixar um grupo de que era membro apreciado e, acima de tudo, se não encontrar outro grupo a que possa ligar-se, principiará, sob tensão, a revelar distúrbios de pensamento, sentimento e comportamento. Seu raciocínio será obsessivo, elaborado sem suficiente ligação com a realidade; êle se mostrará ansioso ou colérico, destrutivo para si mesmo ou para outros; seu comportamento será impulsivo, não controlado; e se o processo de educação que capacita um homem para ligar-se a outros fôr também social, êle, como homem solitário, educará filhos que terão sua capacidade social diminuída [19].

Os coeficientes de suicídio e a freqüência de perturbações mentais são mais elevados entre os que carecem de laços íntimos que os liguem a outros do que entre os membros de grupos sociais íntimos: os divorciados e celibatários revelam maior freqüência de suicídio e perturbação mental do que os casados. E os que vivem no ambiente mais impessoal da cidade — e sobretudo nas partes da cidade onde os indivíduos tendem a isolar-se socialmente — propendem mais para a destruição de si mesmos e, segundo parece, para o colapso psicológico do que os que moram em fazendas, cidades pequenas ou subúrbios. (Os coeficientes menos elevados de moléstias mentais obtidos em áreas rurais e cidades pequenas, entretanto, podem representar apenas uma tendência para não registrar nem hospitalizar os desequilibrados emocionais.)

Claro está que a necessidade de sociabilidade, intimidade e reação emocional não é uma quantidade fixa. Varia de pessoa para pessoa, talvez até de grupo para grupo. Na proporção em que se cria ou emerge das primeiras experiências do indivíduo, essa necessidade, pode receber o influxo de experiências idiossincráticas, levando assim uma pessoa a exigir laços mais íntimos com os demais e, outra, a exigi-los menos íntimos. Na medida em que as práticas de educação das crianças variam de um grupo para outro, pode haver diferenças na quantidade ou na forma de intimidade e reação emocional requeridas por membros de diferentes grupos. Assim como certos indivíduos são mais capazes de enfrentar sòzinhos a opinião coletiva ou com um mínimo apoio emocional alheio, assim também parece provável que grupos inteiros possam variar ao longo dessas linhas psicológicas.

Em virtude do seu tom emocional e dos elos íntimos que o congregam, o grupo primário também serve como instrumento importante de contrôle social. Os homens são sensíveis aos juízos de outros, particularmente daqueles cujas opiniões estimam e cuja aprovação desejam; tendem, portanto, a conformar-se à normas do grupo e a evitar quaisquer ações que possam provocar desaprovação ou crítica dos amigos. Aderindo aos padrões do grupo, granjeiam também aprovação e respeito, que contribuem, por sua vez, à estabilidade e unidade continuadas do grupo.

Outros mecanismos mais diretos são ainda acessíveis para assegurar a conformidade às normas do grupo. Tanto na *Bank Wiring Room* quanto entre os rapazes da esquina era manifesto que qualquer descaso potencial — ou real — das regras aceitas de comportamento acarretaria represália ou punição: zombarias, importunações ou até o castigo físico simbólico. A penalidade extrema, sempre acessível ao grupo primário, é a rejeição ou exclusão total, mandando-se alguém para Coventry, como às vêzes se diz, por causa dos cidadãos de Coventry, os quais, segundo se afirma, "tiveram, em certa ocasião, tamanha aversão a soldados que uma mulher que fôsse vista conversando com um soldado era instantâneamente considerada tabu; daí que, quando se mandava um soldado para Coventry, êle se via afastado de todo e qualquer convívio social" [20]

O papel do grupo primário nas grandes organizações em que é encontrado ou na sociedade como um todo depende, em parte, das normas e valôres que incorpora em sua estrutura. Se a conformidade às regras da fábrica, do escritório ou da organização militar se torna parte das ações esperadas do grupo primário, êste exerce função positiva em relação à estrutura formal. Se, por outro lado, sanciona um comportamento que contraria as regras formais a que se espera que seus membros obedeçam, o grupo primário pode ser negativo em relação à organização, embora, como o veremos no capítulo 11, a divergência das regras também concorra, de várias maneiras, para operações eficientes e para a consecução de metas da organização.

Na *Bank Wiring Room* a organização informal, do ponto de vista da administração, era negativa. Mantinha um padrão de produção claramente inferior à capacidade do grupo; impondo êsse padrão, opunha-se diretamente o grupo aos princípios básicos do plano de incentivo salarial da companhia. Há consideráveis indícios, proporcionados por outros estudos de operários de fábricas, de que essa "restrição de produção" constitui fenômeno difundido. A repetição do padrão entre grupos de trabalho na indústria indica a possibilidade de que os aspectos culturais da vida da classe trabalhadora ou as características que se repetem da organização econômica e industrial exercem influência sôbre as normas e valôres que os operários incorporam em sua organização social informal. Isto é, o grupo primário não se afasta das características institucionais e estruturais da sociedade em que funciona, mas está inextricàvelmente ligado, tanto nas operações internas quanto nas suas conseqüências mais amplas, a essa sociedade.

Nos casos em que a administração, mediante políticas e práticas globais, ou através das atividades cotidianas do capataz, que, para os operários, representa a administração, logrou a lealdade dos empregados, a adesão às regras da companhia e a consecução dos seus objetivos tornam-se parte da estrutura do grupo primário e facilitam o funcionamento da organização maior. Mas o grupo primário também contribui para as operações efetivas de uma grande organização de outras maneiras. Proporcionando aos homens as satisfações derivadas da participação num grupo congenial, pode elevar o moral e aumentar a eficiência. Ou, como o veremos na discussão da burocracia, no capítulo 11, o grupo primário freqüentemente ministra mecanismos informais para resolver problemas contornados pela organização formal — ou por ela criados.

O grupo primário, a democracia e o totalitarismo

De certo modo, portanto, o grupo primário situa-se entre o indivíduo e a sociedade em que êste vive. Todavia, as mais amplas implicações dêsse fato não são muito claras para os estudiosos, nem aceitas por todos êles. Durante o Iluminismo, emprestava-se muita ênfase à liberdade dos laços locais e tradicionais, que era sumamente apreçada [21]. A lealdade a pessoas e ao grupo contrariava os valôres universais de justiça, liberdade e progresso. Um govêrno democrático, por exemplo, tem obrigação de ignorar as reivindicações da família e da amizade na administração da lei; em princípio, pelo menos, é imparcial na distribuição da justiça, que se funda nas regras gerais aceitas por todos. O advento de um Estado centralizado e de uma organização racional supõe a diminuição do papel do grupo primário e nela se apóia.

A extensão da organização formal, o desenvolvimento de relações sociais impessoais e o enfraquecimento dos laços primários foram freqüentemente notados por observadores do mundo moderno, sociólogos e outros. A extensão das funções governamentais, a proliferação de corporações gigantescas e organizações de massas, a emergência da "multiversidade" e a urbanização da população constituem a prova principal, visível, das mudanças. Aos olhos de alguns observadores, tais fatos — sobretudo a desintegração do grupo primário — representam a origem de muitos dos males que enfrenta a sociedade moderna, inclusive o advento do totalitarismo e de suas ideologias associadas. O colapso dos grupos primários deixaria a sociedade, para empregarmos a expressão de Homans, convertida num "monte de indivíduos sem laços que os liguem uns aos outros"[22]. "A sociedade composta de um número infinito de indivíduos não organizados", escreveu Émile Durkheim, "que um Estado hipertrofiado se vê obrigado a oprimir e refrear, constitui verdadeira monstruosidade sociológica"[23]. Partindo de um ponto de vista muito diferente, o próprio Marx, atacou o capitalismo por destruir todos os laços entre os homens, exceto os vínculos puramente mercantis.

Quando não participam de grupos primários capazes de ensejar intimidade, reação emocional e um modo ordenado de vida, argumentaram alguns autores, os homens podem voltar-se para movimentos messiânicos, revolucionários e autoritários, em que lhes é dado perder-se e escapar ao fardo do isolamento. Dentro de um movimento dessa natureza, formam êles "grupos primários ideológicos", caracterizados por "intensíssima solidariedade, que exige ampla renúncia individual em proveito do grupo" e por "extrema "consciência do nós" "[24]. Em tais grupos, as satisfações intrínsecas da participação importam muito menos do que a busca do objetivo ideológico, que representa o laço unificador essencial.

Dentro da sociedade totalitária a que tais movimentos podem conduzir, prossegue a destruição dos laços primários, pois o Estado totalitário tem ciúmes de quaisquer lealdades competidoras. Como em tôdas as sociedades, nela também persistem alguns grupos primários, mas apenas os que se enquadram no aparelho do Estado. Outros são suprimidos ou, se não puderem ser totalmente eliminados, como a família, são continuamente sujeitos a coações. Na União Soviética, observa Barrington Moore, "o regime tenta destruir todos os laços sociais, exceto os que êle mesmo criou e através dos quais pode manipular a população"[25]. Em sua autobiografia, Wolfgang Leonhard, produto do adestramento soviético como funcionário do Partido incumbido de operar num satélite russo, descreve com pormenores fascinantes os esforços feitos — e necessários — para obstar a que se estabelecesse um clima excessivamente amistoso entre os estudantes[26].

O ponto de vista que enxerga na decadência e na destruição dos grupos primários a fonte principal dos males da sociedade moderna (um ponto de vista que afirma constantemente a necessidade da tradição e de maior respeito à autoridade e ataca o "liberalismo" e o "Estado Previdência" apóia-se tanto em fatos quanto em hipóteses e é, de várias maneiras, eivado de falhas. O impacto do isolamento sôbre o indivíduo percebe-se fàcilmente, e o aparecimento do fanatismo e a adesão a ideologias radicais e a movimentos sociais manifestam-se entre as pessoas que perderam suas raízes num grupo social coeso (embora nem todo radicalismo derive dessa fonte). No entanto, o totalitarismo soviético não surgiu numa sociedade que tivesse experimentado os efeitos libertadores — e destrutivos — do iluminismo, da democracia ou do racionalismo; a maioria dos russos pré-revolucionários vivia dentro dos limites de aldeias tradicionais, organizadas em "grupos primários primordiais", para usarmos a frase de Shils, baseados no "sangue" e no território comum. Além disso, existe um conjunto cada vez maior de indícios de que os sociólogos podem ter sobrestimado a extensão em que a vida urbana e a organização burocrática destroem o grupo primário ou lhe impedem a emergência. Como observa Homans, novos grupos estão-se formando sempre, a menos que se tomem medidas vigorosas para tolher as pessoas de se reunirem. "A semente da sociedade é sempre fértil." [27]

Notas

1 Charles H. Cooley, *Social Organization* (Nova Iorque: Scribner, 1929; publicada pela primeira vez em 1909), pp. 23-4.

2 Kingsley Davis, *Human Society* (Nova Iorque: Macmillan, 1949), p. 290.

3 O leitor encontrará um relato do "redescobrimento" do grupo primário em "The Study of the Primary Group", de Edward Shils, em Daniel Lerner e Harold D. Lasswell (eds.), *The Policy Sciences* (Hoover Institute Studies, N.º 1 (Stanford: Stanford University Press, 1951), pp. 44-69.

4 A descrição completa dos estudos de Hawthorne econtra-se em *Management and the Worker* de Fritz Roethlisberger e William J. Dickson (Cambridge, Mass.: Harvard University Press, 1939).

5 *Ibid.*, p. 32.

6 Michael S. Olmsted, *The Small Group* (Nova Iorque: Random House, 1959), pp. 30-1.

7 William F. Whyte, *Street Corner Society* (edição aumentada; Chicago: University of Chigado Press, 1955).

8 O leitor encontrará um relato pormenorizado dos processos de pesquisa de Whyte em *ibid.*, Apêndice, pp. 279-358.

9 *Ibid.*, p. 257.

10 Alvin W. Gouldner, "The Norm of Reciprocity", *American Sociological Review*, XXV (Abril de 1960), 161-178.

11 William F. Whyte, "A Slum Sex Code", *American Journal of Sociology*, XLIX (Julho de 1943), 24-32.

[12] Lewis Coser, *The Functions of Social Conflict* (Nova Iorque: Free Press, 1956), p. 62.

[13] José Ortega y Gasset, *Concórdia e Liberdade* (Nova Iorque: Norton, 1946), p. 15.

[14] Lawrence Wylie, *Village in the Vaucluse* (Cambridge, Mass: Harvard University Press, 1957), pp. 196-7, 200.

[15] Shils, *op. cit.*, p. 44.

[16] George C. Homans, *The Human Group* (Nova Iorque: Harcourt, 1950), p. 133. Veja também às pp. 113-7, 181-7 e 241-52 um estudo e algumas das qualificações necessárias a essa proposição geral.

[17] Robert K. Merton e Paul F. Lazarsfeld, "Friendship as a Social Process", em Morroe Berger, Theodore Abel, e Charles H. Page (eds.), *Freedom and Control in Modern Society* (Nova Iorque: Van Nostrand, 1954), pp. 29-37

[18] Robert M. MacIver e Charles H. Page, *Society: An Introductory Analysis* (Nova Iorque: Holt, 1949), pp. 218-9.

[19] Homans, *op. cit.*, pp. 456-7.

[20] Brewer's *Dictionary of Phrase and Fable* (edição revista e aumentada; Nova Iorque: Harper, s. d.), p. 245.

[21] Encontra-se uma análise mais completa do problema tratado nesta seção em Olmsted, *op. cit.*, cap. 4. Grande parte da minha discussão baseia-se na análise de Olmsted.

[22] Homans, *op. cit.*, p. 457.

[23] Émile Durkheim, *A Divisão do Trabalho na Sociedade,* traduzido para o inglês por George Simpson (Nova Iorque: Free Press, 1947), Prefácio da 2.ª ed., p. 28.

[24] Edward Shils, "Primordial, Personal, Sacred and Civil Ties", *British Journal of Sociology,* VII (Junho, 1957), 138.

[25] Barrington Moore Jr., *Terror and Progress: U. S. S. R.* (Cambridge, Mass.: Harvard Universiy Press, 1954), p. 158.

[26] Wolfgang Leonhard, *Child of the Revolution,* traduzido para o inglês por C. W. Woodhouse (Londres: Collins, 1957).

[27] Homans, *op. cit.*

Sugestões para novas leituras

COOLEY, CHARLES H. *Social Organization.* Nova Iorque: Scribner, 1909, Parte I.
O pronunciamento clássico sôbre a natureza e as funções do grupo primário.

GANS, HERBERT J. *The Urban Villagers.* Nova Iorque: Free Press, 1962.
Estudo de um bairro urbano dominado por uma "sociedade de grupo de iguais".

HARE, A. PAUL, EDGARD F. BORGATTA, e ROBERT F. BALES. *Small Groups: Studies in Social Interaction,* 2.ª ed., rev. Nova Iorque: Knopf, 1965.
Coleção de escritos e relatórios de pesquisa, embora muito orientada numa direção psicológica. Contém extensa bibliografia anotada.

HOMANS, GEORGE. *The Human Group.* Nova Iorque: Harcourt, 1950.
Sugestiva tentativa de construir uma teoria sistemática sôbre a natureza e as

funções do grupo social, principalmente focalizada em grupos pequenos e sociedades comunais.

OLMSTED, MICHAEL S. *The Small Group.* Nova Iorque: Random House, 1959.
Excelente sumário e apreciação da pesquisa e da teoria.

ROETHLISBERGER, FRITZ J., e WILLIAM J. DOCKSON. *Management and the Worker.* Cambridge, Mass.: Harvard University Press, 1959, especialmente Partes IV e V.
Estudo profundo da organização informal e do grupo primário no contexto da organização formal em grande escala, parte do qual é comentada neste capítulo.

SHILS, EDWARD A. "The Study of the Primary Group", em Daniel Lerner e Harold D. Lasswell (eds.), *The Policy Sciences,* (Hoover Institute Studies, N.º 1.) Stanford: Stanford University Press, 1951, pp. 44-69.
Útil relato e apreciação das diversas fontes de que promanou o estudo sistemático do grupo primário.

WHYTE, WILLIAM F. *Street Corner Society,* edição aumentada. Chicago: University of Chicago Press, 1955.
Estudo, em parte resumido neste capítulo, que demonstra a importância do grupo primário em áreas intersticiais ostensivamente desorganizadas de uma cidade grande. Excelente exemplo da análise da estrutura social do pequeno grupo.

FAMÍLIA, PARENTESCO E MATRIMÔNIO

Família, parentesco e matrimônio: Algumas distinções básicas

Diz-se com freqüência que a família é a unidade social básica. A imediação do nosso envolvimento na vida familial, a intensidade das emoções que ela gera, as satisfações sexuais e outras que proporciona, as exigências que faz à nossa lealdade e aos nossos esforços, e suas funções relativas à procriação e ao atendimento dos filhos, parecem oferecer ampla prova de sua prioridade como grupo social fundamental. Para todo indivíduo a família pode ser, de fato, "quase sem discussão... o mais importante dentre os grupos que a experiência humana oferece" [1]. Mas o que é de significação central para a maioria dos indivíduos talvez não tenha a mesma importância para a sociedade. A despeito de sua presença em tôdas as sociedades conhecidas, a forma da família e suas relações com a sociedade variam muitíssimo.

Em algumas sociedades a vida do indivíduo está quase totalmente ligada à família, ao passo que, em outras, muitos papéis e relações independem relativamente dela. Numa sociedade comunitária (descrita no capítulo 2), a família — ou um grupo de parentesco maior — constitui, tìpicamente, a unidade social mais significativa a que pertencem os homens. A atribuição do poder político está amiúde ligada a instituições de família; entre os achanti da África Ocidental, por exemplo, o chefe conserva a lealdade de muitos dos seus súditos tomando por espôsa uma mulher de cada um dos numerosos clãs, ligando-os assim a êle por laços de parentesco bem como por fidelidade política. As atividades econômicas são muitas vêzes organizadas de acôrdo com circunstâncias de família ou parentesco; entre os irlandeses do campo — como acontece em muitas outras sociedades — as obrigações econômicas têm feito parte, tradicionalmente, da estrutura da família (embora essa situação esteja mudando ràpidamente), e os casamentos são arrumados em função de suas conseqüências econômicas. Com efeito, distinguir as instituições e papéis econômicos, políticos e religiosos das instituições e papéis do matrimônio e da família é, não raro, dificílimo, pois os povos primitivos e camponeses, de ordinário, não fazem uma distinção tão nítida quanto nós entre as diversas áreas da vida social — a política, a econômica, a religiosa, a familial, etc.

Numa sociedade associativa, pelo contrário, uma multiplicidade de grupos obtém a lealdade dos homens, e cada qual ajuda a firmar-lhes o lugar na sociedade. Os indivíduos, mais do que as famílias, constituem as unidades dentro da maioria das associações, e muitos papéis e relações — os mais importantes, talvez, são os ligados ao trabalho ou à profissão — têm pouca ligação com a família. Embora menos extensa e inclusiva em suas exigências e em suas funções do que na maioria das sociedades comunais, a família não obstante, desempenha habitualmente papel importantíssimo na vida de quase tôdas as pessoas. Além disso, ainda se acha, de diversas maneiras, ligada a outras instituições e estruturas. Nossa renda não é afetada pelo nosso *status* conjugal, mas nosso impôsto sôbre a renda o é. O direito de votar é franqueado à maioria dos adultos, seja qual fôr a posição de suas famílias, mas a maior parte dos membros de uma família tende a votar da mesma maneira. Os indivíduos possuem bens imóveis, embora a herança geralmente se transmita de pai a filho.

Muitas generalizações acêrca da família, inclusive algumas das que se fazem com freqüência sôbre seu lugar e suas funções, padecem de considerável ambigüidade em razão dos diversos grupos a que o têrmo é freqüentemente aplicado, não só na conversação cotidiana senão também na análise científica. O dicionário, por exemplo, que traduz o emprêgo convencional, define a família como "pais e filhos, quer morem juntos, quer não", como "qualquer grupo de pessoas ìntimamente ligadas pelo sangue, como pais, filhos, tios, tias e primos", como "tôdas as pessoas que descendem de um progenitor comum", e como "o grupo de pessoas que formam um lar sob as ordens de um chefe, incluindo pais, filhos, criados, etc." [2]. Está visto que essas quatro definições se referem a formas diferentes de estrutura social; embora tôdas incluam pessoas ligadas por laços chamados de sangue, ou *consangüinidade,* e laços conjugais, ou *afinidade,* variam assim no número como nas relações entre os membros. No intuito de determinar a verdadeira importância da família em qualquer sociedade — ou na sociedade em geral — cumpre, portanto, dar ao têrmo um significado preciso e distingui-lo de outros tipos de grupos e estruturas a que está ligado.

A família precisa ser vista como parte de um todo maior, o sistema *de parentesco.* Êste último consiste numa estrutura de papéis e relações baseada em laços de sangue (consangüinidade) e casamento (afinidade) que ligam homens, mulheres e crianças num todo organizado. Várias posições em nosso próprio sistema de parentesco revelam o complexo entrelaçamento de laços consangüíneos e de afinidade. Os irmãos estão ligados um ao outro por terem pais comuns. Os primos-irmãos estão ligados porque o pai ou a mãe de um é irmão de um dos pais do outro. Primos mais distantes têm irmãos entre os avós. ou entre antecessores mais remotos. Os parentes por afinidade ligam-se um ao outro porque um se casou com o filho ou o irmão do outro. A maioria das demais sociedades possui uma terminologia de parentesco muito mais complexa do que a nossa mas, em todos os casos, cada posição identificada se relaciona com outras posições, já pelo sangue, já pelo casamento.

Do ponto de vista do indivíduo, o parentesco se refere a "qualquer relação (...) com outra pessoa através de pai e mãe. Todos os laços de parentesco derivam, destarte, da família, grupo universal e fundamental, que, em tôda a parte e de uma forma qualquer, incorpora a instituição do matrimônio" [3].

A *família,* distinta da estrutura de parentesco mais ampla, consiste num grupo formado de "adultos de ambos os sexos, dois dos quais pelo menos mantêm uma relação sexual socialmente aprovada, e um ou mais filhos, próprios ou adotivos, dos adultos que coabitam sexualmente" [4]. Por via de regra, a família partilha de uma residência comum e os membros cooperam para a satisfação de suas necessidades econômicas.

Os dois elementos institucionais centrais da família são o *matrimônio* e a *paternidade*. O primeiro, que precisa ser distinguido sociològicamente da família, consiste nas regras que governam as relações entre marido e mulher (ou maridos e mulheres). Essas regras definem como deverá ser estabelecida a relação e como pode ser dissolvida, as expectativas e obrigações que supõe, e as pessoas que podem — ou não podem — estabelecer uma relação dessa natureza. Embora a aproximação sexual seja, de hábito, elemento essencial do matrimônio, nem tôdas as uniões sexuais estáveis constituem matrimônios. Muitos europeus ocidentais reconhecem a possibilidade de uma duradoura relação entre o homem e sua amante, e outras sociedades institucionalizaram formas de concubinato.

Uma relação sexual continuada é parte importante do casamento, sobretudo por sua conexão com a procriação de filhos e o seu atendimento. Como assinala Bronislaw Malinowski, "o matrimônio não pode ser definido como autorização para o comércio sexual, senão como autorização para a paternidade" [5]. Característica repetitiva das muitas variedades de arranjos matrimoniais é o fato de que tôdas ensejam o contexto aprovado da procriação e definem a paternidade social da prole; identificam os que têm direitos, obrigações e responsabilidades prescritos tocantes aos cuidados dos filhos. Embora o papel biológico do pai na paternidade cesse com a concepção, cada sociedade segue o que Malinowski define como *o princípio da legitimidade,* a saber, "que nenhuma criança deveria ser trazida ao mundo sem que um homem — e um homem só — assuma o papel de pai sociológico, isto é, guarda e protetor, elo masculino entre a criança e o resto da comunidade" [6].

Tão ìntimamente ligados estão o matrimônio e a paternidade que o primeiro, às vêzes, só se considera consumado quando nasce uma criança, como acontece entre os habitantes das Ilhas de Andamã, na Baía de Bengala, por exemplo, ou entre os calinga das Ilhas Filipinas. Até em nossa sociedade, a recusa de ter filhos por parte de um dos pais constitui motivo legítimo para a anulação do casamento. Inversamente, é claro, há casamentos que se realizam por haver sido concebida uma criança. William J. Goode afirma que em muitas partes da Europa, no século XVIII e também no século XIX, existia um padrão difundido de relações sexuais pré-conjugais permitidas, em que o matrimônio se seguia normalmente à concepção — ou até ao nascimento da criança — sem que isso acarretasse qualquer estigma social para o casal [7].

A universalidade da família

Virtualmente, encontra-se em tôdas as sociedades humanas uma forma qualquer de família, embora sua posição dentro do sistema mais amplo de parentesco oscile muito, desde um lugar central e dominante, como na sociedade norte-americana da classe média, até uma situação de reduzida importância entre muitos povos primitivos, que dão maior destaque ao grupo de parentesco mais amplo do que à unidade representada por marido, mulher e filhos. Muitas explicações já foram sugeridas para a aparente universalidade da família. Algumas delas assumem a forma de "história conjetural" [8], na qual as origens são inferidas de "princípios conhecidos da natureza humana", e a evolução das instituições sociais é traçada a partir de primórdios presuntivos. Robert Briffault, por exemplo, descobriu a fonte primeira da família no laço biológico existente entre mãe e filho. A família "original" era, portanto, matriarcal e tôdas as outras formas procederam dêsse princípio. Êle encontrou elementos para sua interpretação na difusão de sistemas de parentesco matrilineares entre tribos primitivas e na aparente ignorância da paternidade física em algumas sociedades mais simples [9]. Mas o pêso da evidência antropológica não lhe sustenta a interpretação; algumas sociedades excessivamente simples têm sistemas de parentesco patrilinear e a ignorância da paternidade biológica não resulta na ausência do pai socialmente reconhecido [10]. Parece provável que a busca da origem da família — como de outras instituições básicas — deverá, em última análise, permanecer para sempre confinada ùnicamente às especulações que excitam debates, intrigam o espírito e sugerem os mistérios da existência humana.

Uma segunda explicação para a quase universalidade da família acentua a importância das necessidades sexuais e os requisitos da reprodução humana. No entanto, a institucionalização das relações sexuais, encontrada em tôdas as sociedades, não basta para explicar a relação conjugal nem a importância dos laços de parentesco. Embora nenhuma sociedade deixe totalmente despeada a expressão dos desejos do sexo ou a seleção dos parceiros sexuais, existem, como acima se observou, muitos casos em que o comércio sexual antes ou fora do casamento é permitido e até positivamente sancionado. De 250 sociedades que George Murdock estudou, "65 permitem a pessoas não casadas e não aparentadas completa liberdade em questões sexuais, 20 outras lhes dão um consentimento limitado e apenas 54 proíbem ou desaprovam ligações pré-conjugais entre não parentes, e muitas destas últimas consentem em relações sexuais entre parentes especificados" [11]. O comportamento, em qualquer um dêsses casos, contraria freqüentemente as expressas convenções sexuais de uma sociedade, como tão cabalmente o demonstraram Alfred Kinsey e seus colegas em relação aos Estados Unidos [12].

Os efeitos da gravidez e do parto sôbre a mulher e a prolongada infância da criança também foram aduzidos como base da universalidade da família. Mãe e filho exigem sustento e cuidados, que o casamento lhes assegura. Mas essas necessidades também são satisfeitas sem o casamento e sem o marido-pai, visto que os parentes consangüíneos da mulher podem ocorrer-lhe às necessidades e às do filho, como efetivamente o fazem em muitos casos descritos por antropologistas. Portanto, a presença do marido, segundo parece, resulta, essencialmente, antes de estímulos e pressões sociais e culturais do que de exigências biológicas.

A explicação para a presença quase universal da família terá, portanto, de encontrar-se na natureza da própria sociedade. Uma teoria amplamente aceita centraliza-a nas funções executadas pela família para a manutenção e continuidade da existência social organizada. "Essa estrutura social universal", escreve Murdock, "produzida pela evolução cultural em tôda sociedade humana, é, presumìvelmente, o único ajustamento possível a uma série de necessidades básicas" [13] — necessidades identificadas como sexuais, econômicas, reprodutivas e educacionais.

As principais funções sociais da família, de acôrdo com Kingsley Davis, são a reprodução, a manutenção, a colocação social e a socialização dos jovens. A procriação de filhos é raramente aprovada fora da família, embora a satisfação sexual fora do casamento seja, não raro, permitida. A paternidade física e a social não precisam ser a mesma e em algumas sociedades pouco se faz para assegurar-lhes a congruência. Mas a nenhuma sociedade falta um grupo de adultos que sirvam de pais da criança. Insistindo em que a paternidade se limite ao interior da família, a sociedade proporciona atenções e cuidados tanto à mãe quanto ao filho. A família transmite à criança, não só diretamente pelo ensino e pela doutrinação, mas também indiretamente por métodos de atendimento e adestramento da criança, o conteúdo da cultura (socialização). A situação do indivíduo na sociedade deriva inicialmente da sua qualidade de membro de uma família (função de colocação social) cujas atitudes, valôres, habilidades e conhecimento, que influirão mais tarde em seu *status,* êle adquire também.

Não são estas as únicas funções exercidas pela família. Ela pode desempenhar papel importante na vida econômica da sociedade, constituir um mecanismo significativo na estrutura da autoridade política e ocupar lugar de relêvo nas atividades religiosas. A família enseja, tìpicamente, um curso aceito e aprovado para a satisfação de necessidades pessoais — satisfação sexual, reação emocional e apoio social. Mas, argumenta Davis, a reprodução, a manutenção, a colocação e a socialização são as "funções essenciais que sempre e em tôda a parte interessam a família. Pode haver grande variação entre uma sociedade e outra na maneira precisa e no grau em que são exercidas, mas as quatro funções mencionadas parecem ser as que universalmente requer a organização familial"[14].

A combinação dessas funções numa estrutura social, sustenta Davis, explica a presença universal da família. Como êle tem o cuidado de assinalar, qualquer uma delas pode ser executada por outros grupos. Mas depois que elas se ligam, seguem-se, inevitàvelmente, certas conseqüências estruturais; "da simples análise das próprias funções concorrentes, podemos inferir a espécie de grupo que as executa".

A família, escreve Davis,

> precisa ser, em primeiro lugar, um grupo biológico, porque a reprodução exige que haja relações sexuais entre dois e relações biológicas entre todos os membros do grupo. Precisa, em segundo lugar, ser um grupo de trabalho econômicamente solidário e cujo trabalho é dividido entre os membros, porque assim o exigem os cuidados e o sustento das crianças. Em

terceiro lugar, precisa ser um grupo em que os membros iniciais e os últimos possuam um *status* de classe semelhante, com sentimentos e vantagens de classe comuns, porque a atribuição do *status* e o adestramento correspondente requerem tal homogeneidade. Precisa, em quarto lugar, ser um grupo íntimo, que tenha uma habitação comum e perdure por muito tempo, porque o período humano de reprodução e o período de dependência da prole são longos, capazes de ocupar, juntos, até quarenta anos da vida dos pais. Após o longo período de procriação e atendimento da criança o grupo, em parte, se dissolve com o afastamento da prole, que sai em busca de grupos semelhantes próprios; mas, nesse em meio, a conexão biológica entre os membros, o trabalho cooperativo, o *status* de classe comum, o íntimo e longo convívio e as aflições e alegrias compartilhadas devem ter aumentado a solidariedade primária e aprofundado os laços sentimentais até fazer do grupo um dos mais fundamentais na vida de seus membros e na sociedade, da qual constitui parcela tão essencial [15].

A eficiência resultante da combinação dessas funções "essenciais" numa unidade social parece suficientemente clara, mas será mister que estejam sempre ligadas? Casos há em que uma ou outra função, em boa parte, é retirada da família. Nos *kibbutzim* israelenses, por exemplo, o atendimento das crianças confia-se a creches e escolas comunais, onde enfermeiras e professôres treinados se incumbem de muitas obrigações usualmente atribuídas aos pais ou a outros parentes. Tirante as seis semanas após o nascimento da criança, quando a mãe pode estar com o filho o tempo que quiser, e o período necessário à amamentação antes da desmama, os pais só podem passar com os filhos o sábado e uma ou duas horas por dia de semana, além das rápidas visitas que acaso lhes permita o trabalho diário. A satisfação sexual, a procriação de filhos, uma contribuição parcial à socialização da criança e as satisfações emocionais derivadas dessas atividades constituem as principais funções da família *kibbutz;* a manutenção e a colocação social já não são província sua, exceto na medida em que a participação como membro da família defina relações com outros membros da comunidade. Se, portanto, persiste a família no *kibbutz* como tem persistido — isto não se deve à presença de tôdas as funções essenciais.

Pode-se ainda argumentar, malgrado essa evidência, que a combinação de funções na família é antes uma tendência continuada e consistente do que um fato universalmente encontrado. Quando as funções essenciais não se combinam tôdas numa estrutura única, talvez se desenvolvam esforços e tensões que constranjam os homens, finalmente, a restabelecer a unidade funcional da família. Um estudo cuidadoso da família *kibbutz* pode comprovar essa hipótese, e há indícios de que, em certas comunidades *kibbutz,* os pais desempenham um papel cada vez mais importante em relação aos filhos [16]. A despeito de terem gorado vários experimentos utópicos, realizados na Europa e nos Estados Unidos com o propósito de eliminar inteiramente a família, encontram-se registros fidedignos de casos em que a família, como grupo reconhecido de adultos que coabitam sexualmente e seus filhos, não existe (embora nunca faltassem alguma forma de parentesco e certa definição institucionalizada de paternidade). Não se pode supor, portanto, que a família ressurgirá sempre e inevitàvelmente dos esforços feitos para modificar-lhe radicalmente o caráter ou mesmo, porventura para eliminá-la de todo [17]. Ao invés disso, releva examinar as diversas formais de parentesco e organização familial e estudar as condições que sustentam a família e aquelas que a transformam.

Formas de parentesco e estrutura familial

As muitas formas de organização familial e de parentesco encontram-se registradas numa rica biblioteca de obras antropológicas e sociológicas. O valor dessa biblioteca é duplo. Tão profundamente arraigadas estão as perspectivas derivadas de nossa experiência num determinado tipo de família que é sobremodo difícil examinar sistemas familiais e de parentesco de maneira objetiva e desapaixonada. Estudando diferentes sistemas, podemos enxergar mais clara e objetivamente o caráter distintivo do nosso próprio tipo de família, assim como suas semelhanças com outros. Em segundo lugar, a existência de uma copiosa literatura comparativa, que aumenta sem cessar, oferece a oportunidade — até agora apenas parcialmente aproveitada — de se formular uma teoria geral da estrutura familial e de parentesco.

Distinguiram-se três diferentes tipos de famílias nos estudos comparativos. (1) A família *nuclear* ou *elementar,* que consiste em marido (pai), mulher (mãe) e filhos. Êstes últimos podem ser rebentos biológicos do casal ou membros adotivos da família; a distinção entre paternidade biológica e social, importantíssima na sociedade norte-americana, tem pouca ou nenhuma significação em muitas outras. (2) A família *extensa,* que se compõe de mais de uma unidade nuclear e estende-se por mais de duas gerações — por exemplo, a família de três gerações, que inclui os pais, os filhos casados e solteiros, os genros e noras e os netos. (3) A família *composta,* que se baseia no casamento polígamo. Na *poliginia,* um homem e mais de uma mulher, forma que se encontra com maior freqüência e que é a mais popular da família composta, o homem "desempenha o papel de marido e pai em várias famílias nucleares e, por êsse motivo, une-as num grupo familial maior" [18]. O caso oposto de *poliandria,* ou seja, de uma mulher e dois ou mais maridos, é raramente referido; onde existe, parece associar-se à escassez de recursos econômicos, como entre alguns tibetanos mais pobres, e, às vêzes, assume a forma da poliandria fraterna, em que os irmãos partilham a mesma espôsa.

A família nuclear encontra-se em quase tôda a parte, já como tipo predominante, já como componente de famílias extensas e compostas. Do ponto de vista ocidental, com sua insistência sôbre a monogamia, as uniões polígamas podem parecer estranhas ou imorais, mas o fato é que florescem amplamente. Entre 192 sociedades, a cujo respeito encontrou dados seguros, George Murdock descobriu que "47 têm normalmente apenas a família nuclear, 53 têm famílias polígamas, porém não extensas, e 92 possuem uma forma qualquer de família extensa"[19]. Êstes dados, todavia, devem ser cautelosamente interpretados, pois a aprovação da poligamia por uma sociedade e o prestígio granjeado por aquêles que se acham em condições de ter mais de uma espôsa não significam, necessàriamente, que a maioria dos casamentos seja, de fato, polígama. Em muitos casos apenas um número relativamente pequeno de homens pode ter mais de uma espôsa e, nas sociedades polígamas, a maior parte dos casamentos é, de fato, monógama[20].

Seja qual fôr sua forma, a família está sempre encaixada num sistema de parentesco mais lato, embora a relação conjugal, tão pronunciadamente destacada na sociedade norte-americana, se encontre às vêzes imersa no esquema mais amplo dos laços de parentesco. O sistema em que aos laços conjugais se dá maior importância denomina-se *sistema familial conjugal;* aquêle em que os laços de parentesco consangüíneo são acentuados chama-se *consangüíneo*. Ou, como descreveu Ralph Linton:

> Nas sociedades organizadas em base conjugal podemos figurar a autêntica família funcional como consistente num núcleo de esposos e sua descendência, cercado de uma orla de parentes. Nas sociedades organizadas em base consangüínea podemos figurar a família autêntica como um núcleo de parentes consangüíneos cercado de uma orla de esposos[21].

A família nuclear é, essencialmente, um grupo transitório; forma-se pelo casamento, cresce à proporção que nascem os filhos, diminui à proporção que os filhos se casam e constituem suas próprias famílias e desaparece quando morre o casal. A família consangüínea tem vida longa; constantemente reabastecida, logra continuidade e persistência apesar da morte de membros mais velhos e da perda dos que se afastam para casar.

A família norte-americana da "classe média" é um caso extremo do tipo conjugal na medida em que destaca os laços conjugais e a unidade conjugal. O lar preferido consiste no casal e seus filhos; a presença dos pais — ou de um pai — de qualquer um dos esposos tende a ser considerada como fonte potencial de atrito e dificuldades. Espera-se que os filhos se tornem independentes e constituam seus próprios lares e famílias. O elo entre marido e mulher é considerado o laço mais importante para manter unida a família.

Ao contrário, muitas outras sociedades relegam o casal a uma posição secundária e atribuem muito maior importância às relações consangüíneas. Na família tradicional chinesa, por exemplo, o homem se preocupava muito mais com suas responsabilidades para com o pai e a mãe do que para com a espôsa. A diferença entre os padrões familiais norte-americanos e chineses, a êsse respeito, é claramente ilustrada pelas seguintes observações de uma socióloga sino-norte-americana:

> Recentemente fui assistir a uma fita de cinema em que um jovem casal brigava. Às tantas, a espôsa, num repente de cólera, saiu correndo do apartamento carregando uma mala de viagem. Surgiu então em cena a mãe do marido, que morava no andar seguinte. E ela consolou o filho, dizendo:
>
> — Você não está só, meu filho. Eu estou aqui.
>
> A platéia explodiu numa gargalhada. A seqüência dos acontecimentos e aquela observação particular deixavam poucas dúvidas no espírito da platéia quanto à participação da mulher mais idosa na briga do casalzinho...
>
> Uma platéia chinesa difìcilmente teria achado graça naquela cena. Do ponto de vista chinês, a jovem, e não a mulher mais velha, teria sido a culpada. Pois haja ou não um homem chegado à maioridade, seus laços com os pais têm, costumeiramente, prioridade sôbre os laços conjugais. Sòmente uma mulher má deixaria o marido por causa do conflito entre as duas responsabilidades. Em tais circunstâncias, a mãe que consolava o filho não estava fazendo nada de mais [22].

As mudanças que se vêm operando na China, entretanto, estão transformando a família tradicional e, com maior independência para as mulheres, aumentando a igualdade entre marido e mulher e diminuindo a autoridade dos pais, de modo que a sogra intrometida pode acabar aparecendo na China também — se é que já não apareceu.

Talvez a forma mais extrema de parentesco consangüíneo seja a da histórica *Nayar,* que virtualmente eliminou a família nuclear. Uma mulher *nayar* submetia-se à cerimônia matrimonial com um homem a quem veria raramente, se é que tornaria a vê-lo, e pelo qual não tinha interêsse algum, a não ser pela necessidade de executar o ritual se êle viesse a morrer. Em seguida, a mulher arranjava uma série de amantes. Os filhos eram cuidados no lar materno, ao qual deviam obediência. O pai biológico presuntivo não tinha qualquer responsabilidade para com a prole, mas era obrigado a reconhecer sua paternidade pagando a parteira que atendia à mãe por ocasião do parto [23].

Os sistemas de parentesco diferem não apenas na relativa importância que atribuem às relações conjugais e consangüíneas, mas também nas maneiras pelas quais ordenam ou organizam as relações de sangue. Aqui os conceitos principais são a *linhagem* e a *descendência.* Os membros de uma linhagem ligam-se uns aos outros porque derivam de um antepassado comum. A linhagem pode ser patrilinear ou matrilinear, baseada na descendência respectivamente na linha masculina ou feminina. Nesses sistemas de descendência unilinear, as atitudes, opiniões e comportamento em relação aos parentes do pai e aos parentes da mãe tendem a ser diferentes. Na sociedade ocidental, em que se reconhecem ambas as linhas de descendência (sistema *bilateral*), não se fazem distinções capitais, institucionalizadas, entre os parentes da mãe e os do pai, embora possa haver, na prática, diferenças consistentes ou freqüentes. Porque as mulheres norte-americanas, tìpicamente, se acham emocionalmente mais ligadas a seus pais do que os homens, por exemplo, as relações com a família da mulher são, muitas vêzes, mais íntimas e freqüentes do que as relações com a família do marido.

O destaque dado a uma linha de descendência, ou mesmo a existência de grupos de descendência claramente assinalados que vivem juntos, não eliminam os laços significativos de parentesco com pessoas fora da linhagem do indivíduo. Num sistema matrilinear, por exemplo, o filho pertence à linhagem de sua mãe, mas também tem relações bem definidas com os parentes de seu pai. Inversamente, num sistema patrilinear, o indivíduo também mantém laços com os parentes de sua mãe. Na sociedade norte-americana considera-se como estabelecido que cada pessoa pertence, com efeito, a diversas famílias: à sua própria, a família de *procriação,* que consiste em marido, mulher e seus filhos; à família em que nasceu — sua *família de orientação* — a que deve alguma obediência mesmo depois que se casa e, costumeiramente, sai de casa; à família da espôsa, ou até às famílias da mãe de sua espôsa e do pai de sua espôsa, bem como às famílias de seu pai e de sua mãe. Na realidade, entretanto, talvez seja mais exato dizer que o indivíduo mantém *relações* com membros de tôdas essas famílias, e que *pertence* apenas às suas famílias de procriação e orientação. Do ponto de vista do observador, essa série de famílias constitui uma estrutura entrelaçada de grupos familiais. Do ponto de vista do membro individual, o sistema parece diferente — e é diferente — pois as pessoas que pertencem a êle se situam diversamente em relação umas às outras; o primo ou prima de um homem é irmão ou irmã de outro, a mãe de uma pessoa é tia, filha, prima ou sogra de outra, e assim por diante.

A terminologia do parentesco constitui, não raro, uma pista útil que nos leva à estrutura do sistema. A não diferenciação entre primos, por exemplo, senão pelo grau de relação — irmão, segundo, etc. — ou entre tios e tias, reflete o caráter bilateral da estrutura de parentesco norte-americana; não existe distinção institucionalizada entre os parentes da mãe e os do pai. Nos sistemas de parentesco unilineares, encontrados em muitas sociedades primitivas, aplicam-se têrmos diferentes ao irmão da mãe e ao irmão do pai, que refletem as diferentes relações com êsses "tios" e os diferentes papéis que representam na família do indivíduo.

Entretanto, a análise baseada ùnicamente na terminologia do parentesco pode induzir em êrro, pois a aplicação do mesmo têrmo coincide, às vêzes, com diferenças substanciais de comportamento. Os antropologistas cometeram erros freqüentes em relação aos parentes "de classificação", isto é, aquêles aos quais um indivíduo aplica o mesmo têrmo ainda que não lhe sejam biològicamente ligados da mesma forma — mães de classificação, por exemplo, que podem incluir não só a mãe biológica da pessoa como também outras mulheres de sua geração no grupo de parentesco maior. Ainda que haja, por via de regra, algum elemento comum na relação com pessoas identificadas de maneira semelhante, fazem-se com freqüência distinções entre elas; a diferença entre a mãe "de verdade" e tôdas as outras é conhecida e constitui, de ordinário, a base de um comportamento diferente e de uma relação distinta.

A situação da autoridade dentro do grupo de parentesco ou da família representa outro elemento importante na estrutura. Pode-se distinguir a família *patriarcal,* dominada pelo pai-marido, sintetizada no Velho Testamento, a família *matriarcal* (raramente encontrada, quando o é), e a família *igualitária,* característica da classe média dos Estados Unidos contemporâneos. Êstes são, naturalmente, tipos ideais; na prática, a estrutura da autoridade é sempre uma questão complexa, que depende da situação, das ações ou questões particulares envolvidas, e das diversas maneiras por que homens e mulheres influem no comportamento uns dos outros. Nas áreas suburbanas dos Estados Unidos, por exemplo, a prolongada ausência do pai durante o dia de trabalho transfere necessàriamente para a mãe grande parte da autoridade sôbre os filhos e sôbre a casa, ainda que o pai continue a ser, nominalmente, a autoridade final. A espôsa e mãe numa família judia ostensivamente patriarcal da Europa Oriental desempenhava amiúde papel dominante — e até dominador. A despeito de esforços estrênuos, muitas vêzes encontravam os judeus dificuldade para ganhar a vida, e os esforços da mulher por viver com o que havia aumentavam-

-lhe a influência no lar, já substancial em razão dos laços emocionais entre mãe e filhos, muito mais íntimos do que os laços entre o pai e sua descendência. Os homens que se absorviam no estudo talmúdico na sinagoga escapavam às dificuldades domésticas sem perder a compostura — na realidade, se fôssem bons estudiosos do Talmude granjeavam até prestígio. Mas, ao fazê-lo, corriam o risco de abdicar de boa parte da sua autoridade patriarcal [24].

Como dão a entender êsses exemplos, a estrutura da família, definida pelas categorias de tamanho ou extensão, linhagem e autoridade, está ligada, de diversas maneiras, a outras estruturas e instituições sociais. Como o veremos na discussão da família na sociedade industrial e, especìficamente, nos Estados Unidos, a estrutura da família sofre a influência das instituições econômicas, educacionais e políticas, mesmo quandos papéis familiais diferem claramente dos papéis profissionais ou políticos. Por seu turno, exerce efeito significativo sôbre o funcionamento da estrutura social mais ampla dentro da qual existe.

Matrimônio

Está visto que a estrutura da família e o sistema mais extenso de parentesco são também crucialmente afetados pelas instituições que governam o matrimônio. Destas, três se revestem de particular importância, a saber, as que definem o número de cônjuges que uma pessoa pode ter, o lugar onde o grupo casado (um casal ou um número maior de pessoas) estabelecerá residência, e quais as pessoas que podem casar ou são inelegíveis como companheiros potenciais.

Já nos referimos à diferença entre o casamento monógamo, a poliginia e a poliandria. Na maioria dos casos de poliginia, sem dúvida a forma mais freqüente de matrimônio múltiplo, as espôsas tôdas não vivem na mesma casa, mas cada mulher tem domicílio separado, que o homem visita em ocasiões regulares ou quando isso lhe apraz. Embora a poliginia possa parecer a alguns leitores um esquema de coisas difícil de ser aturado por homens e mulheres, ela não apenas funciona efetivamente em muitas sociedades, sem provocar problemas sérios para qualquer um dos sexos, mas também proporciona amiudamente o que as mulheres — assim como os homens — definem como vantagens positivas. As diversas espôsas de um homem muitas vêzes partilham — e, por conseguinte, atenuam — seus fardos domésticos. Visto que o número de espôsas que um homem pode ter geralmente lhe revela o *status* econômico e social, as próprias mulheres, não raro, estimulam novos casamentos. E a possibilidade do ciúme sexual, de ordinário, é limitada pela cuidadosa definição de direitos e obrigações, tanto do marido quanto das espôsas.

Como acontece com tanta freqüência com os conceitos gerais, as categorias habitualmente aplicadas a padrões de residência simplificam demasiado as complexas realidades com que topamos em algumas sociadeds. As distinções convencionais fazem-se entre a residência *patrilocal,* em que marido e mulher passam a morar com a família do homem; a residência *matrilocal,* quando vivem com a família da mulher; e a residência *neolocal,* em que o grupo conjugal estabelece seu próprio domicílio independente. Entretanto, há também casos de *residência avunculocal,* em que o casal fica com um tio materno do noivo, e de residência *matripatrilocal,* em que o casal vive primeiro com a família da noiva e depois, nascido um filho, com a família do noivo, ou então reside com as respectivas famílias de orientação, alternada e periòdicamente, durante o curso de sua vida de casados.

Entretanto, como outras formas de comportamento, os padrões de residência refletem não apenas as prescrições culturais senão também outras circunstâncias. Dessa maneira, na sociedade norte-americana quase sempre se prefere a residência neolocal, mas o sítio em que vive realmente uma família pode sofrer o influxo de flutuações econômicas ou do nível econômico do casal, sobretudo nos primeiros anos da vida matrimonial. Durante uma depressão, os recém-casados tendem mais a viver com os pais de um ou do outro. Quando um casal carece de recursos para estabelecer o próprio lar, tende a escolher o casal de pais em melhores condições para acomodá-los, se bem que, de acôrdo com um estudo feito em 1946, três dentre cinco casais prefeririam viver com a família da espôsa [25] (e há poucas razões para supor que êsse padrão se tenha modificado). Com a prosperidade relativamente prolongada do período que se seguiu à guerra, o número de casais que vive com os pais de um ou do outro caiu de 1 314 000 em 1952 para menos de três quartos de milhão em 1964, embora a população total e o número de famílias tenha aumentado [26].

As regras de residência são elementos importantes de organização de parentesco pela influência que exercem sôbre a natureza do lar ou do grupo doméstico. Êsse grupo não se identifica com o sistema de parentesco ou com a família, pois muitas pessoas entre as quais há relações reconhecidas e importantes não compartem de um lar comum. As pessoas que moram na mesma casa, não raro constituem um grupo significativo dentro da estrutura de parentesco mais ampla, possuindo lealdades, valôres, obrigações e problemas próprios. Seu tamanho e composição variam extensamente, incluindo, por exemplo, a família nuclear, fìsicamente separada, comum na sociedade norte-americana, várias formas de famílias extensas ou compostas que moram juntas, e complexos padrões residenciais que transcendem as linhas familiais — como ocorre entre os achanti, por exemplo, onde marido e mulher freqüentemente residem separados e apenas passam juntos algumas noites. As diferenças no tipo dos conjuntos de moradores da mesma casa podem ter importantes conseqüências para as relações no interior da família e do sistema de parentesco; a proximidade ou a distância são capazes de influir na intensidade das relações, na extensão da ajuda ou assistência que as pessoas podem prestar umas às outras, nos problemas que partilham e nos ajustamentos requeridos no curso da vida social cotidiana.

O terceiro componente importante das instituições conjugais consiste nas regras que governam a seleção dos cônjuges. Tais regras definem quem escolherá o companheiro e os critérios que nortearão a escolha. Nenhuma sociedade concede plena liberdade de escolha, nem sequer os Estados Unidos contemporâneos, onde poucas restrições formais se impõem à operação do mercado matrimonial e onde se supõe que o amor supera todos os obstáculos. No entanto, malgrado os valôres que exigem sejam feitas escolhas independentes, por homens e mulheres, dos parceiros matrimoniais, existem, claramente, várias espécies de pressões e contrôles que criam padrões discerníveis de seleção matrimonial de acôrdo com circunstâncias de classe, étnicas, religiosas e até regionais. Em nítido contraste, entretanto, com a relativa liberdade de escolha na sociedade norte-americana, encontram-se os matrimônios arranjados, familiares a qualquer leitor de História, que tenha acompanhado as carreiras das famílias reais da Europa Ocidental. Muitas sociedades, notadamente as tradicionais sociedades chinesa e hindu, deixavam pouca liberdade aos jovens e confiavam explìcitamente aos mais velhos da família a eleição do marido ou da espôsa para um filho.

Dois tipos de normas podem limitar a seleção do marido ou da espôsa, seja quem fôr o autor da decisão: as normas *endógamas* e *exógamas*. As normas endógamas exigem o matrimônio dentro de um grupo — um clã, por exemplo, uma classe social ou uma comunidade religiosa. Sua violação acarreta graves penalidades. Assim, um judeu ortodoxo pode executar o ritual dos mortos para um filho que se casa com uma pessoa não judia, e o casamento fora das linhas raciais chega a levar à exclusão da vida social comum dentro de qualquer uma das raças. Ainda existem alguns Estados nos Estados Unidos que proíbem legalmente a miscigenação, isto é, o casamento entre membros de raças diferentes, não raro absurdamente definidas em têrmos genéticos matemáticos, isto é, na base do número de avós de determinada raça.

Às vêzes, contudo, a endogamia é mais o resultado de padrões convencionais de intercurso social do que o produto de normas explìcitamente reconhecidas e impostas. A endogamia de classe, por exemplo, resulta, em grande parte, do fato de tender a maioria das pessoas a associar-se com outras de nível de rendimento e educação mais ou menos igual, embora o casamento entre classes diversas redunde, por vêzes, em sanções informais; por exemplo, uma mulher norte-americana da classe superior, que se casar abaixo de sua posição será, provàvelmente, evitada, no convívio social, por suas antigas amigas, (os homens, a êsse respeito, têm uma liberdade um pouco maior), mas não há regras formais que *exijam* o matrimônio dentro da mesma classe.

As normas exógamas proíbem o casamento no interior de um grupo. Dessa maneira, muitas sociedades primitivas impõem que seus membros se casem fora da tribo ou do clã, mantendo, assim, uma rêde continuada de relações com outros grupos, baseadas no matrimônio. Em tôda sociedade há tabus do incesto, que vedam o comércio sexual e o casamento entre membros da família nuclear, isto é, entre pai e filha, mãe e filho, irmão e irmã, avós e netos. Se bem as relações sexuais sejam às vêzes admitidas entre pessoas cujo casamento não se permitiria, os dois tipos de proibições geralmente coincidem. Freqüentemente, os tabus se estendem além da família nuclear. Em Massachusetts, por exemplo, há "impedimentos legais ao casamento entre um homem e a espôsa de seu filho, a espôsa de seu neto, a mãe de sua espôsa, a avó de sua espôsa, a filha de sua espôsa, a neta de sua espôsa, a filha de seu irmão, a filha de sua irmã, a irmã de seu pai ou a irmã de sua mãe", e entre uma mulher e seus parentes masculinos correspondentes.

O tabu do incesto

Muitas explicações têm sido apresentadas para o tabu do incesto, mas qualquer análise adequada terá de explicar não sòmente sua presença em tôdas as sociedades, mas também os fatos seguintes: (1) "Os tabus do incesto não se aplicam universalmente a qualquer parente do sexo oposto fora da família nuclear"; (2) "Nunca se limitam exclusivamente à família nuclear"; (3) "Aplicam-se com atenuada intensidade a parentes fora da família nuclear"; (4) "São correlacionados com agrupamentos puramente convencionais de parentes"; (5) "Caracterizam-se por uma intensidade e uma qualidade emocional peculiares"; (6) "Os tabus do incesto são infringidos" [27]

Várias explicações para o tabu do incesto, baseadas no bom senso, são amiúde oferecidas. Primeiro, afirma-se com freqüência que o incesto e o matrimônio entre parentes próximos acarretarão uma deterioração biológica que os tabus do incesto e os requisitos do casamento exógamo impedem. Existem, porém, diversas fontes de dificuldades nessa difundida opinião. Em primeiro lugar, ela requer não só um conhecimento seguro de hereditariedade e genética, que pouco provàvelmente se encontrará entre os aborígines da Austrália, os homens analfabetos das tribos da África ou os camponeses hindus, mas também uma forma racional de encarar o sexo e o matrimônio, que, de hábito, não caracteriza o comportamento humano. Em segundo lugar, os próprios fatos genéticos não confirmam, necessàriamente, a predição de deterioração biológica; as conseqüências da união entre parentes próximos dependem das características dos antepassados do grupo. As características que podem, finalmente, aparecer em todos os membros do grupo serão desejáveis, prejudiciais — haja vista a criação de gado, cavalos, cachorros e galinhas, de um lado, e, do outro, a difusão da hemofilia (moléstia transmitida genèticamente) pelas famílias reais da Europa que casam entre si — ou irrelevantes. Em terceiro lugar, algumas sociedades estimulam e até exigem o casamento entre parentes próximos, como primos-irmãos (geralmente primos cruzados, filhos de um homem e sua irmã). Há também uns poucos casos conhecidos de ausência do tabu do incesto ou, pelo menos, da existência de exceções substanciais a êle. Assim, registraram-se casos de exceções toleradas — ou acaso incentivadas — do tabu que veda o casamento entre irmão e irmã, entre os faraós do antigo Egito e até entre os plebeus durante o período da dominação romana [28], bem como entre as famílias reais do Havaí e os inca do Peru. Finalmente, ainda que os homens tivessem firmado o tabu do incesto sôbre sólidas bases científicas, poucos motivos haveria para a vigorosa reação emocional que a idéia — ou o fato — da sua violação amiúde provoca.

Os sentimentos tantas vêzes gerados por relações incestuosas conduziram à teoria da existência de uma repugnância inerente contra as relações íntimas entre membros da mesma família. Ora, a ocorrência de transgressões, aparentemente em tôdas as sociedades, é prova da ausência de tais sentimentos, inatos ou herdados. Nem elucida essa explicação pelo instinto as várias maneiras pelas quais o tabu se estende além da família nuclear. Tais extensões não seguem uma ordem fixa pois, às vêzes, incluem parentes paternos, outras, maternos, não raro vários parentes de ambos os lados da família, e quase sempre abrangem parentes tanto pelo casamento (afinidade) como pelo sangue (consangüinidade).

Uma terceira interpretação, oferecida por Edward Westermarck, famoso antropologista finlandês e autor de uma história do matrimônio em muitos volumes, atribui o tabu do incesto ao embotamento do apetite sexual pela constante associação entre membros da família elementar e, de vez em quando, outros parentes também. Essa teoria não se coaduna com as continuadas relações entre marido e mulher, os descobrimentos da psicologia de profundidade, que tantas vêzes revelam intensas atrações entre pessoas depois de longa associação íntima — incluindo irmãos, pais e filhos — e a freqüência com que se realizam casamentos entre pessoas que se conhecem há muito tempo.

As falhas das várias explicações da aparente universalidade dos tabus do incesto apóiam uma explanação sociológica, que focaliza as funções do tabu do incesto na manutenção de uma estrutura social relativamente estável. A fim de persistir e exercer suas funções usuais, exige a família uma clara definição de papéis e relações em seu interior. As relações incestuosas lhe perturbariam sèriamente a estrutura e interfeririam na sua continuada efetividade. Suponhamos que ocorressem relações entre pai e filha, por exemplo; quais seriam as relações apropriadas entre o filho de uma união dessa natureza e sua mãe e meia irmã? De um modo geral, os filhos de uniões incestuosas ocupariam uma posição pouco clara e incerta em qualquer sistema familial, criando sérios problemas internos, capazes de destruir a estrutura. Além disso, as relações sexuais também propendem a ser incompatíveis com outras espécies de expectativas e obrigações mútuas. Num sistema matrilinear, em que o irmão da mãe fôsse tabu, por exemplo, qual seria o efeito na autoridade normalmente exercida por um homem sôbre a filha de sua irmã, se êles viessem a tornar-se sexualmente íntimos? Parece improvável que a combinação de intimidade sexual e relações de superioridade e autoridade pudesse ser institucionalizada por um período extenso qualquer.

A ser válida essa interpretação funcional, como o assinala Murdock, as extensões do tabu do incesto além da família nuclear tenderiam a seguir a estrutura do sistema de parentesco particular. Proibindo-se relações dentro do grupo de parentesco socialmente importante, previnem-se conflitos ou competições potencialmente destrutivos. Numa família matrilinear, é mais provável que sejam tabu os parentes da mãe do que os do pai; numa sociedade patrilinear ocorre o contrário [29].

Além de obviar dificuldades dentro da família, o tabu do incesto exerce funções mais positivas. Exigindo o matrimônio fora do grupo de parentesco, estabelece uma rêde de relações que congregam famílias na unidade social mais ampla. Lealdades múltiplas, que transcendem as linhas familiais, sustentam a unidade do grupo maior. De um ponto de vista psicológico, argumentou Talcott Parsons, o tabu do incesto não apenas regula e controla as relações eróticas dentro da família, mas também possibilita os laços eróticos necessários ao casamento e à constituição de novas famílias [30].

A intensidade emocional habitualmente ligada aos tabus do incesto e a vigorosa reação à sua infringência podem, assim, explicar-se em têrmos sócio-psicológicos. Em lugar de embotar o apetite sexual, a constante intimidade entre homens e mulheres parece estimulá-lo. Esta afirmativa é substancialmente apoiada pela evidência clínica e pela teoria psicológica. A fim de manter o tabu, portanto, torna-se necessário impor severas repressões, as quais, por seu turno, explicam a vigorosa reação emocional, quer à possibilidade de incesto, quer à sua real ocorrência. Pode argumentar-se que cada menção ou incidente de relações incestuosas estimula desejos profundamente reprimidos, cuja contínua repressão requer intensa concentração de energia emocional. (Essa interpretação repousa, evidentemente, sôbre premissas psicológicas cuja validade não pode aqui ser demonstrada. Entretanto, sem algumas suposições psicológicas dessa natureza, os problemas sócio-psicológicos, tais como a recorrência institucionalizada de certas emoções, não poderiam ser analisados.)

O problema da integração funcional

Por conseguinte, na medida em que se aplica aos membros da família nuclear, o tabu do incesto é uma característica sempre presente da estrutura da família; aliás, como já o vimos, o próprio tabu, como a maioria de outros aspectos estruturais da família e dos sistemas de parentesco, varia muito entre as sociedades. No entanto, a variedade aparentemente infinita é, com efeito, limitada, não por predisposições instintivas ou hereditárias, nem apenas pela natureza biológica dos sêres humanos, senão pela necessidade de alguma dose de unidade e coerência nesta estrutura social, como em qualquer outra. Dentro das óbvias limitações impostas pela existência de apenas dois sexos e não de três ou quatro, e pela natureza do processo reprodutivo e da prolongada dependência da criança, os homens conseguiram criar uma série impressionante de arranjos sociais alternativos.

Todavia, apesar do fato de serem os homens enormemente plásticos, as instituições que lhes regulam o comportamento e ordenam as relações recíprocas não poderão manter indefinidamente seu domínio se criarem situações contraditórias ou impuserem exigências competidoras. A êsse respeito existe, como já ficou observado, "uma tendência para a coerência", uma tendência para que os elementos de uma estrutura social se ajustem num sistema congruente.

A "tendência para a congruência" na estrutura da família e do parentesco pode ser ilustrada pela íntima relação entre as regras de residência e o cômputo de descendência, e pela conexão existente entre o padrão aprovado de seleção masculina e o tipo geral da estrutura familial. Dentre 96 sociedades patrilineares estudadas por Murdock, 78 tinham residência patrilocal; das 18 restantes, 4 seguiam, de hábito, regras patrilocais, mas também permitiam a escolha entre a família do marido e a da espôsa ou permitiam ao casal que se estabelecesse separadamente, 6 admitiam lares separados ou a escolha de residência, e 8 se alternavam entre as duas famílias [31]. A conexão relativamente congruente entre a residência patrilocal e a descendência patrilinear reflete a probabilidade de que a residência matrilocal viesse a criar dificuldades para o sistema patrilinear. Se os filhos fôssem educados na família da mãe, poderiam perfeitamente concentrar sua lealdade nos habitantes da casa em que viviam e nos membros masculinos da família ou do grupo de parentesco da mãe e não na linguagem do pai. (Em contraste com esta situação, a lealdade à linhagem da mãe num sistema matrilinear parece vigorar amiúde a despeito da residência patrilocal e não se mantém uma relação coerente entre a descendência matrilinear e a residência matrilocal.)

Estabelecido determinado padrão de residência, argumenta Murdock, modificam-se quase inevitàvelmente outras características da família e do parentesco.

> Tão diferentes são as circunstâncias da vida para o indivíduo sob êsses diversos arranjos que não deveria causar surprêsa o fato de que a adoção, por parte de uma sociedade, de nova regra de residência normalmente conduza a reajustamentos internos de longo alcance.
>
> A residência patrilocal leva o homem a viver tôda a sua vida perto dos parentes patrilineares de seu pai e a conviver socialmente com êles; a residência matrilocal associa-o aos parentes matrilineares de sua mãe antes do casamento e aos de sua espôsa após o casamento; ... A residência neolocal isola-o, antes do casamento, com sua família de orientação e, depois dêle, com sua família de procriação; a residência avunculocal coloca-o física e socialmente entre seus parentes masculinos matrilineares e suas famílias. Não sòmente diferem profundamente, sob êsses vários arranjos, suas relações com os pais, os filhos e outros parentes, como também diferem suas relações com a espôsa. Ou ela ou êle se vêm isolados dos próprios parentes, enquanto o outro é cercado e apoiado por parantes compreensivos, ou ambos se isolam juntos e tornam-se primàriamente dependentes um do outro, ou ainda, em casos especiais, ambos se vêm entre parentes amistosos [32].

O método de escolher os cônjuges, por seu turno, sofre a influência do tamanho e da natureza do grupo de parentesco. Na família consangüínea é provável que o indivíduo tenha menor liberdade de escolha do que na família conjugal. Casamentos arranjados ou uniões preferenciais — nos quais, por exemplo, devem desposar-se primos cruzados, o filho e a filha de uma irmã e de um irmão — encontram-se com freqüência em famílias consangüíneas, sobretudo quando o grupo residencial é grande e inclusivo. Mesmo quando é possível a manifestação de certa escolha, exercem-se firmes contrôles para impedir o casamento com alguém que não é bem visto pelo grupo maior ou com um membro de uma família ou grupo de parentesco com os quais não se desejam laços formais. Desde que uma nova espôsa, digamos, numa família consangüínea patrilocal, ingressa num grupo para o qual lhe corre a obrigação de fazer alguma espécie de contribuição, suas qualidades são muito importantes não apenas para o marido mas também para o resto da família dêle. Em muitos casos, o casamento também estabelece laços entre as famílias do casal, que podem exigir uma da outra a satisfação de obrigações estipuladas. Cada família precisa, portanto, indagar do caráter do nôvo membro potencial a fim de evitar uma ligação desvantajosa. Entretanto, a existência de contrôles sôbre o casamento não traduz, necessàriamente, a ausência de vigorosos laços emocionais, pois o amor e a paixão são talvez emoções humanas universais. Mas elas não se acham indispensàvelmente ligadas ao matrimônio; ao invés disso, podem surgir após o casamento ou fora dêle.

A livre escolha de cônjuges, aceita e aprovada na sociedade norte-americana — embora, de fato, limitada de várias maneiras formais e informais — coaduna-se com natureza conjugal da família, se não fôr possibilitada por ela. Visto que se espera que todo casal de recém-casados constitua seu lar e seja relativamente independente, a escolha do cônjuge é muito menos importante para os parentes e as famílias dos noivos do que no grupo consangüíneo típico. Na verdade, porém, a liberdade ostensiva de escolha é limitada de diversas maneiras. A despeito da relativa independência de cada unidade nuclear, o casamento de um filho ou de uma filha pode influir na posição social de uma família e até, em certos casos, em sua posição econômica; os casamentos entre membros de famílias que possuem o contrôle de grandes propriedades não são, evidentemente, destituídos de conseqüências econômicas potenciais. Além disso, o tamanho pequeno da família conjugal, como o veremos mais adiante, tende também a reforçar os laços emocionais entre seus membros e a fazer de qualquer ação do filho — particularmente o matrimônio, com seus efeitos a longo prazo sôbre a felicidade individual — questão de grande interêsse para os pais. Finalmente, a série de cônjuges disponíveis é òbviamente restringida pelos padrões normais de interação social; rapazes e môças, na maior parte, ligam-se á outros de antecedentes educacionais, classe, religião, raça ou grupo étnico iguais. Até certo ponto, portanto, a liberdade de escolha se limita a uma série reduzida de cônjuges potenciais, sujeita a vários contrôles caracterìsticamente sutis, embora nem sempre ineficazes.

A estrutura interna da família e a integração funcional de seus elementos são repetidas vêzes afetadas por mudanças que se verificam alhures na sociedade. Quando fôrças externas destroem práticas tradicionais ou papéis e relações estabelecidos, tendem a ocorrer mudanças estruturais à proporção que os membros da família se adaptam às novas situações. Talvez não se eliminem as tensões — com efeito, não é provável que uma estrutura social venha a ser tão bem integrada que se excluam todos os pontos de tensão — mas pode restabelecer-se, depois de subvertidos os padrões mais antigos, uma dose suficiente de integração para permitir aos membros da família que satisfaçam às suas necessidades e continuem a viver juntos.

Os tanala de Madagáscar, por exemplo, organizavam-se outrora em grandes grupos patrilineares. Sua economia baseava-se na cultura do arroz em terras sêcas, técnica que exauria ràpidamente o solo e exigia freqüentes deslocações de um lugar para outro. A família grande ministrava meios eficazes de organizar o esfôrço necessário para limpar a terra de tantos em tantos anos e tratar da plantação. Quando alguns tanala aprenderam com as tribos vizinhas como cultivar o arroz em terreno pantanoso, alterou-se tôda a estrutura da sociedade, inclusive a família. A cultura do arroz em terras úmidas requeria grupos menores de trabalho e não esgotava o solo. Animadas pelo aprêço que se dava à propriedade privada, pequenas famílias logo se separaram do grupo patrilinear mais amplo e tomaram posse de seus quinhões particulares de terra fértil. As linhagens passaram a ter importância reduzida, limitada principalmente às ocasiões de cerimônias, em lugar de abranger, como outrora abrangiam, grandes grupos de membros unidos uns aos outros por uma rêde de relações que lhes governava grande parte da atividade [33].

Mudanças econômicas também provocaram alterações importantes entre os bemba da Rodésia do Norte. Antigamente, a descendência nessa sociedade era matrilinear e a residência, matripatrilocal. Quando se casava, o homem ia viver com a família da mulher. Nascidos vários filhos, êle e a espôsa voltavam à aldeia, embora outros filhos fôssem habitualmente mandados para a aldeia da mãe, a fim de serem educados. Hoje em dia, quando muitos homens vão trabalhar nas minas de cobre em vez de irem morar com as famílias de suas mulheres, rompeu-se o tradicional padrão de residência. Visto que o homem é capaz agora de sustentar-se trabalhando e percebendo salários, pode também evitar a antiga dependência da família da espôsa após o casamento. Adquirindo artigos que o salário lhe permite comprar, melhorou também sua posição em relação aos filhos. Além disso, os residentes locais europeus, mercê de sua riqueza e poder, oferecem novos modelos de comportamento; cada vez mais afastados do ambiente tradicional, os homens "acreditam ser mais inglês e, portanto, mais correto, proclamar o clã de seu pai em lugar do clã de sua mãe, e algumas missões estimularam de maneira positiva essa modificação"[34]. O destaque dado à mudança, todavia, não era totalmente nôvo, pois já existiam laços importantes entre o pai e os filhos, a despeito do padrão de descendência matrilinear: o homem adotava o nome do pai, pai e filho eram normalmente ligados por laços estreitos, e o pai tinha de ser consultado acêrca do casamento da filha.

A família na sociedade industrial urbana

O industrialismo em expansão, que produziu alterações na estrutura de parentesco dos bemba, exerceu influência na vida familial onde quer que se verificasse. Baseado numa determinação meticulosa dos dados disponíveis, William J. Goode concluiu que em todo o mundo se observa hoje uma tendência para "algum tipo de sistema familial *conjugal*", resultante, pelo menos em parte, da industrialização, pôsto que outros fatôres, como valôres e ideologias, também concorram independentemente para as mudanças que se verificam[35]. Por variarem tão extensamente os sistemas familiais anteriores à modernização, os coeficientes de mudança e os seus padrões específicos podem diferir de maneira significativa. Mas visto que a tecnologia industrial e a organização que normalmente a acompanha impõem, de forma característica, exigências semelhantes em qualquer sociedade, elas parecem produzir resultados análogos onde quer que se façam sentir, pelo menos a longo prazo, apesar das diferenças de cultura e organização social.

Afastando da família os papéis e as relações profissionais, a economia industrial diminui a necessidade da família extensa ou composta, que exercia, tìpicamente, funções importantes numa economia agrícola ou pastoril. Característica da sociedade industrial, a mobilidade geográfica e social, estimula a vigência de um padrão conjugal neolocal embora, em muitos casos, porventura na maioria dêles, persistam relações significativas entre a unidade nuclear e seus parentes.

A própria família conjugal torna-se menor, à medida que a urbanização e um período escolar mais longo, ambos caracteristicamente concomitantes com a industrialização em marcha, contribuem para diminuir o coeficiente de natalidade. Nas sociedades tradicionais, a maior parte das famílias deseja ou espera ter muitos filhos; êstes são, não raro, econômicamente úteis ou apreciados por motivos de ordem religiosa ou outros. No entanto, os mais recentes valôres da cultura urbana, freqüentemente comercial — racionalidade, sucesso material, progresso social, moda, cultivo das artes ou do saber — atribuem menor importância às famílias grandes e estimulam atividades e interêsses fora do círculo familial. (O leitor encontrará uma discussão do urbanismo e dos valôres urbanos no capítulo 12.)

Visto que as habilidades exigidas pela tecnologia moderna requerem estudos mais prolongados, os pais não podem preparar com eficiência os filhos para seus papéis econômicos nem proporcionar modelos relevantes que lhes provoquem a emulação. A família, por conseguinte, vê-se incapaz de exercer a contento uma de suas funções tradicionais, a de adestrar os filhos para o desempenho de papéis adultos como membros produtivos da sociedade. Essa falha enfraquece ainda mais os laços familiais, à proporção que os filhos seguem empós de interêsses adquiridos antes da escola ou nos meios de comunicação de massa recém-surgidos do que dos pais, parentes ou pessoas vizinhas mais idosas.

À maneira que diminuem ou parecem menos importantes as obrigações domésticas, as mulheres são cada vez mais atraídas — ou, em certos casos, mormente na classe operária, empurradas por pressões econômicas — para o mundo industrial e comercial. O ingresso das mulheres no mercado de trabalho é facilitado pela nova tecnologia doméstica — fogões a gás ou elétricos, aspiradores de pó, refrigeradores, lavadoras de pratos, máquinas de lavar roupas, secadores — e pelos serviços comerciais que executam tarefas outrora executadas em casa — enlatamento de conservas, lavagem de roupas, fabricação de bolos, costura e até limpeza de casa. (Entretanto, em algumas sociedades industriais avançadas, a introdução de dispositivos destinados a poupar trabalho é parcialmente compensada pelo desaparecimento virtual de uma classe de empregadas.)

Um emprêgo remunerado aumenta a independência das mulheres em relação aos maridos; a domesticidade já não é a única vazão respeitável para a mulher, nem ela depende totalmente do marido para sustentar-se. Essa nova independência — real ou potencial — contribui para o advento de uma relação igualitária entre marido e mulher, também estimulada por outras tendências que se observam não só dentro da família mas também na sociedade mais ampla. Visto que a família já não é uma unidade de produção significativa, com uma reconhecida divisão de trabalho, modificam-se os papéis dentro dela. Novas ideologias — feminismo ou igualitarismo — contribuem para um nôvo padrão de relações no seio da família, muitas vêzes através de leis que alteram as obrigaöçes legais do marido e da espôsa e seus respectivos direitos de possuir ou alienar bens imóveis.

As relações entre marido e mulher sofrem também a influência do tom emocional da vida familial, que se modifica. A impessoalidade de um mundo urbano predominantemente burocrático aumenta a importância da família como repositório de calor e reações humanas. A intimidade de que precisam os sêres humanos para manter sua estabilidade pessoal e, na verdade, sua sanidade mental se encontra sobretudo dentro da família, cujo tamanho reduzido parece aumentar ainda mais a carga emocional carregada pelas relações familiais. Tal intensidade emotiva se afigura muito mais compatível com a igualdade dentro da família do que com padrões tradicionais de autoridade masculina. Como o demonstra claramente Elizabeth Bott, em estudo sôbre pequeno número de famílias inglêsas, as pessoas que mantêm poucos laços íntimos com outras fora da família têm maiores probabilidades de se unirem mais ìntimamente e estabelecerem uma relação igualitária do que as que têm uma vida social animada ou ativa fora da família [36].

A intensificada importância da unidade conjugal e dos laços emocionais que a unem não só diminui a probabilidade de estreito contrôle sôbre a escolha do cônjuge feita pelo indivíduo, mas chega a transformar-lhe a escolha relativamente livre numa necessidade funcional. Os membros da família tradicional são parte de um todo cooperativo em que cada pessoa realiza tarefas definidas; o marido e a mulher, numa pequena família conjugal precisam ajustar-se cada vez mais às necessidades e qualidades pessoais um do outro, sem referência a uma série explícita e geralmente aceita de requisitos de papel. Nestas circunstâncias, não só a preferência pessoal como também, talvez, o amor "romântico" são bases mais efetivas para se entabular o casamento do que o critério dos próprios pais.

As mudanças na família e na estrutura do parentesco, ocasionadas pela industrialização, podem criar sérios problemas tanto para os que precisam ajustar-se a novas circunstâncias quanto para a sociedade como um todo. A atenuação dos laços de parentesco liberta o indivíduo de certas coações e responsabilidades tradicionais, mas também lhe subtrai obrigações e apegos que ajudam a dar ordem e significação à vida. A importância diminuída da família como empreendimento econômico cooperativo associa-se a maiores exigências feitas à própria relação conjugal e, portanto, à capacidade do indivíduo de adaptar-se às necessidades e qualidades pessoais do cônjuge. Tais mudanças expõem homens e mulheres a incertezas e conflitos pessoais e contribuem para um aumento da freqüência da desorganização familial e do divórcio. Conquanto muitas pessoas aprendam a arrostar de maneira bem sucedida e fecunda os novos problemas da família "moderna", a fazer os muitos ajustamentos pessoais requeridos por papéis já claramente definidos, e mesmo a enfrentar o divórcio ou casos extraconjugais, várias formas de desorganização pessoal e social parecem ligadas à destruição dos laços familiais ou ao não enfrentamento, por parte da família, das exigências emocionais que hoje caracterìsticamente se lhe fazem. Não seria exato atribuir à família a responsabilidade total, nem sequer uma grande responsabilidade, de problemas sociais, como a delinqüência, a insanidade mental ou suicídio, embora muitas pessoas o façam, sobretudo moralistas e alguns publicistas. Entretanto, como a família é um dos principais instrumentos de contrôle social, o enfraquecimento ou colapso dos laços familiais ou de parentesco estabelecidos e a perda de algumas de suas funções tradicionais podem diminuir o domínio da sociedade sôbre o indivíduo, ensejando assim, a ambos, maior liberdade e maior indisciplina, a menos que sejam substituídos por outras formas de contrôle.

O fato de ser a família significativamente afetada por mudanças econômicas não deve obscurecer a influência que a própria estrutura familial, por seu turno, pode exercer sôbre o curso do desenvolvimento ecônomico. Como demonstrou Goode, as diferenças de ritmo na modernização econômica da China e do Japão, por exemplo, são provàvelmente imputáveis, pelo menos em parte, a diferenças na estrutura da família e em suas relações com as instituições econômicas e políticas. No Japão apenas um filho herdava os bens da família, o que permitia a acumulação de capital, ao passo que, na China, o capital se dispersava porque todos os filhos tinham direito a um quinhão dos haveres paternos. Se bem as possibilidades de mobilidade fôssem maiores na China, esperava-se que o homem bem sucedido carregasse consigo sua família. No Japão, ao contrário, o homem que tivesse um filho incompetente poderia adotar um jovem capaz, que passaria a fazer parte da família, a fim de continuar a emprêsa, e "aquêles que se elevavam não tinham a obrigação de ajudar os membros imprestáveis da família" [37].

A família urbana norte-americana da classe média

Os efeitos da industrialização e do crescimento urbano podem ser claramente ilustrados pelo caso da família urbana norte-americana da classe média. Está visto que não há dois sistemas familiais idênticos, pois os processos dos quais emergiu a família industrial urbana têm variado de uma sociedade para outra, e valôres e costumes distintivos se refletem inevitàvelmente nos padrões da vida fimilial. Mercê da natureza fluida da sociedade norte-americana e de seus valôres e ideologias particulares, a família, geralmente mais resistente à mudança do que outras instituições e estruturas, parece ter sido mais suscetível às fôrças externas nos Estados Unidos do que alhures, e reflete, portanto, mais cabalmente, as solicitações e pressões da sociedade industrial.

Como já tivemos ocasião de observar, os Estados Unidos, aparentemente, foram mais além do que a maioria das outras sociedades no destaque dado à importância da unidade conjugal isolada. Marido, mulher e filhos constituem a família urbana da classe média, tanto no mito quanto na realidade. O padrão preferido é a residência separada para cada família conjugal, outrora figurada por uma casinha coberta de hera, com uma cêrca branca de sarrafos, mas agora mais freqüentemente representada por uma casa de fazenda, de vários níveis de assoalho, ou uma casa em Cape Cod, completa, com janela panorâmica, passagem coberta entre a casa e a garagem e churrasqueira no quintal — mas, em ambos os casos, sem parentes. Quando um casal recente precisa viver com a família de qualquer um dos cônjuges, sua situação é considerada temporária ou infeliz. (O declínio do número de famílias compostas de marido e mulher que viviam com outra família entre 1952 e 1963 dá a entender que, agora, é menor o número de recém-casados que deixa de montar imediatamente a própria casa.)

O fato de terem os pais — ou um dêles, viúvo — de viver com a família do filho casado tende também a ser considerado, tanto pelos pais quanto pelos filhos, como uma grande infelicidade, a despeito das vantagens de haver uma pessoa a mais para tomar conta das crianças ou um aumento nas deduções dos impostos. As piadas de sogras, tão freqüentemente repetidas, com sua imagem de intrusas metediças, refletem concepções populares; receia-se que um pai que resida na casa do filho possa influir nas relações entre marido e mulher, interferir na educação dos filhos e, não raro, impor difíceis ônus econômicos.

Pôsto que a ênfase emprestada à unidade conjugal diminua inevitàvelmente a importância dos laços com outros parentes, não os elimina. Entre as famílias da classe média, os pais, muitas vêzes, ajudam os filhos a montarem o lar após o casamento e continuam a contribuir com presentes nos dias de aniversário, nas festas do Natal ou quando nascem os filhos. Quando não estão muito distantes, os avós proporcionam, com freqüência, alguma ajuda no atendimento das crianças [38]. Entre as famílias da classe trabalhadora a vida social, de fato, pode continuar concentrada em tôrno dos parentes, quer do marido, quer da espôsa — quer de ambos — quando moram perto [39]. E nas famílias da classe superior, o orgulho dos antepassados e o sentido do parentesco assumem importância muito maior que na maioria dos outros segmentos da sociedade norte-americana.

Em tôdas as famílias persistem os laços emocionais com parentes fora da unidade nuclear — entre avós e netos, por exemplo, entre casais e seus pais e cunhados. Não sòmente persistem mas também, como o assinala Goode, "é impossível eliminar os laços adicionais de parentesco sem destruir a própria família nuclear" [40].

Não obstante, a maior parte das famílias norte-americanas consiste, na verdade, em unidades conjugais isoladas, constituídas de marido, mulher e filhos. Em 1964, dentre 41 milhões de famílias conjugais, mais de 32 milhões, ou quase 80 por cento, moravam em suas casas, ao passo que çêrca de 9 milhões hospedavam outros parentes. Dentro do último grupo, boa quantidade incluía filhos e filhas solteiros, maiores de 18 anos. (A fonte da qual se extraíram estas cifras não distinguia entre filhos adultos e outros parentes mas, em 1960, cêrca de três quintos dos parentes adultos que viviam com suas famílias eram filhos solteiros.) Como já se observou, menos de três quartos de milhão de casais viviam com parentes. Havia, além disso, cêrca de seis milhões de outros grupos familiais, constituídos de um único pai com filhos, de adulto com um filho ou filhos de um parente, e de adultos aparentados uns com os outros [41].

Limitada ao marido, à espôsa e aos filhos, a família conjugal é relativamente pequena. Em 1964, o tamanho médio das famílias norte-americanas era de 3,7 [42]. Em 1790, a média fôra de 5,4 e em 1890, a família média possuía 4,5 membros. O tamanho da família aumentou a partir de 1950, notadamente graças ao elevado coeficiente de natalidade, freado, contudo, por um aumento do número de pequenos grupos familiais independentes.

Em certos sentidos, porém, a média global pode iludir, pois o tamanho de cada unidade conjugal se modifica necessàriamente no decorrer da própria existência. Em 1964, por exemplo, o tamanho médio de famílias compostas de marido e mulher, em que o chefe da família tinha menos de 45 anos, era de 4,4, ao passo que o tamanho das famílias cujo chefe tinha de 45 a 64 anos de idade era apenas de

3,4 [43]. Entre as famílias chefiadas por uma pessoa de mais de 65 anos, o tamanho médio não passava de 2,4.

Êstes dados indicam a existência de um "ciclo de vida" da família, cujo caráter presente e passado vai demonstrado na Tabela 1. A idade média de casamento em 1960 era de 22,3 anos para homens e 20,2 para mulheres. (Em 1964 essas médias haviam subido para 23,1 e 20,5, respectivamente, registrando-se então o primeiro aumento dêsses números verificado em muitos anos e uma inversão da tendência para uma idade menor de casamento, que persistia desde 1890) [44]. Quase três quartos de mulheres casadas têm o primeiro filho durante os dois primeiros anos do casamento e a metade tem o último ao completar 26 anos de idade. O último filho geralmente se casa antes que o pai complete 50 anos de idade e a mãe, 47. O casal pode então esperar viver junto de 15 a 20 anos antes da morte do marido, e a espôsa lhe sobreviverá uma década ou mais. Em outras palavras, o casal "médio" (que não existe) pode esperar viver junto por mais de 40 anos, e sem crianças em casa durante um têrço dêsse tempo, mais ou menos.

TABELA 1

IDADE MÉDIA DO MARIDO E DA ESPÔSA EM FASES ESCOLHIDAS DO CICLO DE VIDA DA FAMÍLIA, EM 1960, 1950, 1940 E 1890

Fase do ciclo de vida da família	*Idade média do marido*				*Idade média da espôsa*			
	1960	1950	1940	1890	1960	1950	1940	1890
A. Primeiro casamento	22,3	22,8	24,3	26,1	20,2	20,1	21,5	22,0
B. Nascimento do último filho	27,9	28,8	29,9	36,0	25,8	26,1	27,1	31,9
C. Casamento do último filho	49,2	50,3	52,8	59,4	47,1	47,6	50,0	55,3
D. Falecimento de um cônjuge *	65,7	64,1	63,6	57,4	63,6	61,4	60,9	53,3
E. Falecimento do outro cônjuge +	—	71,6	69,7	66,4	—	77,2	73,5	67,7

* Marido e mulher sobrevivem conjuntamente desde o casamento até a idade especificada.

\+ Marido (espôsa) sobrevive separadamente desde o casamento até a idade especificada. Não há dados relativos a 1960.

Os dados relativos a 1890, 1940 e 1950 foram extraídos de *American Families*, de Paul C. Glick, Tabela 33, p. 54; reproduzidos com licença de John Wiley & Sons, Inc. Os dados relativos a 1960 foram extraídos de *This U. S. A.*, de Ben J. Wattenberg. e Richard M. Scammon (Garden City: Doubleday, 1965, p. 42.

Algumas das alterações que sofreu êsse ciclo de vida da família estão expostas na Tabela 1. Além de reduzir-se com o tempo a idade núbil, o período em que o casal viverá junto aumentou cêrca de um têrço de 1890 a 1960. O período de procriação de filhos diminuiu, a probabilidade de que assim o marido como a espôsa estejam vivos para assistir ao casamento do último filho aumentou, e o número de anos que o casal poderá viver junto sem qualquer responsabilidade direta pelos filhos também aumentou.

Tanto o ciclo presente quanto as mudanças ocorridas são, naturalmente, médios e existe uma variação substancial em todos os elementos específicos de regulação do tempo — idade do casamento, espaço entre os filhos e o número dêles, idade em que os filhos casam ou saem de casa, e assim por diante — não só entre indivíduos mas também, o que é mais significativo do ponto de vista sociológico, entre grupos. Por exemplo, a idade do casamento é mais elevada entre os que completaram um curso superior do que entre os que não têm curso superior ou não o completaram. As famílias rurais têm mais filhos do que as famílias urbanas e os trabalhadores manuais mais do que os empregados assalariados de escritórios ou os homens de negócios independentes. A expectativa de vida é maior para os brancos do que para os negros.

Tais diferenças revelam a continuada existência, na sociedade norte-americana, de outros tipos de famílias além das que são características da classe média urbana. Com exceção de uma pequena classe superior, no seio da qual se encontram laços mais extensos de parentesco e um sentido vigoroso da continuidade e tradição da família, a maior parte das variações na estrutura familial ocorre entre as minorias étnicas e raciais da classe inferior — italianos, pôrto-riquenhos, japonêses, franco-canadenses, mexicanos e negros. Camponeses que chegaram aos Estados Unidos, vindos de Quebec, da Itália, do México e de muitas outras nações, geralmente trouxeram consigo um sistema familial patriarcal, tradicional e estreitamente tecido, que persistiu por algum tempo no Nôvo Mundo.

A divergência mais característica do padrão da classe média, entretanto, foi a família negra de classe inferior, que emergiu após a escravidão. Centrados em tôrno da mãe, os laços mais significativos a ligavam aos filhos, ao passo que o pai, quando presente, ocupava, tìpicamente, uma posição periférica. À proporção que os negros se deslocaram para as cidades, após a Primeira Guerra Mundial e a Segunda Guerra Mundial, a família centralizada na mulher, que funcionara com um mínimo de adequação no Sul rural, não raro se tornava desorganizada e instável, com altos coeficientes de ilegitimidade e abandono [45]. Num relatório controvertido, publicado em 1965 pelo Departamento de Trabalho dos Estados Unidos, afirmou-se que essa instabilidade se perpetuara e aumentara entre os negros urbanos da classe inferior em virtude do alto coeficiente de desemprêgo entre os homens negros. A inabilidade dêles de conseguir e conservar um emprêgo atalhava sèriamente qualquer possibilidade de que viessem a representar um papel positivo na família. Em 1962, quase um quarto das famílias não brancas era chefiado por mulheres, em comparação com menos de dez por cento entre brancos (veja a figura 2).

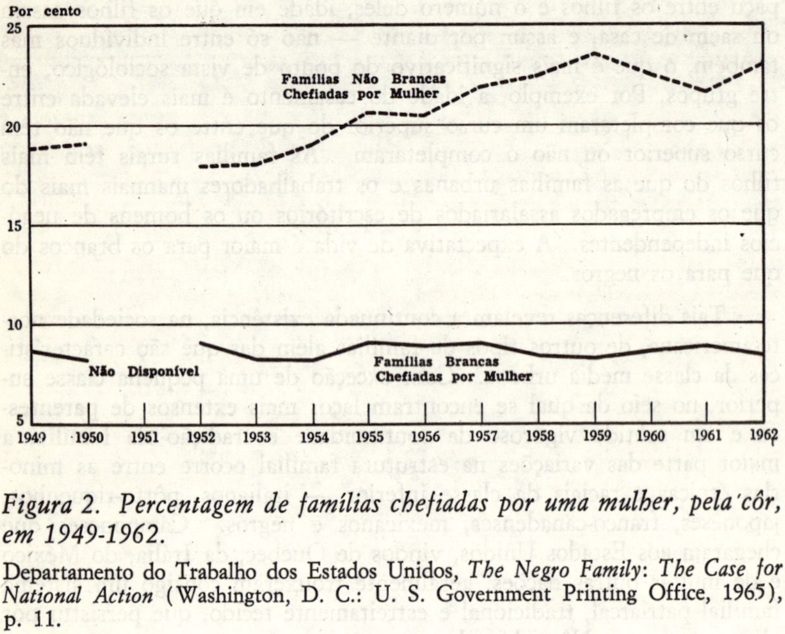

Figura 2. Percentagem de famílias chefiadas por uma mulher, pela côr, em 1949-1962.

Departamento do Trabalho dos Estados Unidos, *The Negro Family: The Case for National Action* (Washington, D. C.: U. S. Government Printing Office, 1965), p. 11.

À medida que grupos minoritários lograram ocupações, rendimento e educação da classe média, tenderam a calcar sua vida familial sôbre o padrão convencional da classe média, embora, às vêzes, continuassem a possuir características distintivas. Negros que escaparam às fronteiras do gueto da classe inferior muitas vêzes se "sobreconformam" às maneiras da classe média e insistem na mais rigorosa "respeitabilidade", enquanto procuram conservar seu *status* incerto, sobretudo em relação à comunidade branca [46]. Famílias orientais da geração "mais môça" romperam abruptamente padrões tradicionais, ao passo que famílias camponesas, oriundas do sul da Itália, levaram três gerações para realizar a mudança, e muitas vêzes apenas à custa de considerável desorganização e conflitos internos.

Funções familiais e estrutura da família

Os fatos revelados no ciclo familial da família urbana típica da classe média têm implicações de longo alcance assim para sua estrutura como para suas funções. O tamanho reduzido da família e seu caráter transitório indicam-lhe a importância diminuída como unidade econômica produtiva. Numa economia rural, como a que incluía a maior parte das famílias norte-americanas até quase o fim do século XIX, a maioria dos membros contribuía para uma emprêsa coletiva e as crianças ajudavam. Numa economia urbana industrial ou comercial, as atividades profissionais estão separadas do lar e nem os filhos, nem a espôsa, nem outros parentes podem contribuir diretamente para os esforços econômicos do marido, exceto no caso de negócios muito pequenos. (Em algumas corporações, universidades e outras grandes organizações, todavia, a espôsa desempenha papel de relêvo, embora não oficial, em relação à carreira do marido.) Do ponto de vista econômico, a família converteu-se essencialmente numa unidade de consumo; os interêsses familiais — interêsse pelo *status,* bem-estar dos filhos, manutenção de relações harmoniosas — governam, na maior parte, os padrões de gastos.

A procriação de filhos e seu atendimento, entretanto, continuam a constituir responsabilidade da família, se bem os pais, cada vez mais, procurem assistência externa e não raro esperem que as escolas e outras agências carreguem boa parte do ônus da socialização da criança e a preparem para papéis adultos. Como vimos no capítulo 5, o uso difundido de manuais de cuidados a serem dispensados às crianças (e, cumpre acrescentar, o incremento das organizações que estudam a criança e o aumento da confiança depositada em pediatras e outros especialistas no trato infantil) reflete a estrutura, que se modifica, da família. O declínio da família extensa e o relativo isolamento da unidade conjugal deixaram os pais entregues aos próprios recursos. O isolamento e o tamanho diminuído limitaram, concomitantemente, as oportunidades que se ensejavam às môças para aprenderem os rudimentos do atendimento às crianças antes de se tornarem mães, embora o nôvo papel das pessoas contratadas para tomar conta de crianças na ausência dos pais (*baby sitter*), tão difundido nos Estados Unidos da classe média, permita a essas substitutas temporárias dos pais granjearem experiência com crianças.

Durante os primeiros anos da vida, quando se estão formando as características básicas da personalidade, a criança fica quase totalmente nas mãos da família. (Em alguns lares da classe superior e entre famílias em que trabalham o pai e a mãe, uma ama ou parenta pode, em grande parte, substituir a mãe.) Padrões de alimentação, técnicas de adestramento da tualete, contrôle da agressão e a maioria dos outros componentes dos cuidados às crianças, que afeiçoam a personalidade, são controlados por pais, cujas ações refletem não sòmente suas própriaas personalidades mas também a influência da tradição e do conhecimento moderno proveniente dos especialistas no atendimento das crianças.

Para a criança da classe média, entretanto, a escola começa cedo. A idade em que a maioria das crianças é mandada para a escola tem diminuído, e muitas crianças da classe média ingressam agora no jardim da infância aos 3 ou 4 anos de idade. Às vêzes, o jardim da infância é simplesmente uma instituição de custódia, destinada a proporcionar algum tempo de folga à mãe ou a permitir-lhe que tenha um emprêgo; em outros casos, espera-se que ela complete a família, que proporcione, numa época de famílias pequenas, relações dirigidas e controladas com outras crianças, ou que ofereça experiências que já não são prontamente acessíveis dentro da família.

Desde que poucos pais podem adestrar os filhos para os complexos e mutáveis papéis profissionais da sociedade industrial, a escola assumiu quase tôda a responsabilidade dessa tarefa. Mesmo na lavoura, as escolas passaram a completar — quando não a substituir — a instrução paterna. Para as mulheres, que desempenham um papel cada vez mais importante na vida da sociedade fora do lar — na política, nos negócios, na indústria, na educação, nas questões públicas, etc. — que escaparam às restrições vitorianas e às quais hoje se creditam a habilidade e o desejo de dedicar-se a atividades que transcendem as da pura domesticidade, tornou-se também uma necessidade o aumento cada vez maior de educação formal. (Com efeito, é maior o número de môças que o de rapazes que completam o curso secundário; em 1960, 42,5 por cento de tôdas as mulheres de mais de 25 anos de idade haviam completado quatro anos de estudos secundários, em confronto com apenas 39,5 por cento de todos os homens de mais de 25 anos. Entretanto, apenas três quintos dessas mulheres haviam completado um curso superior, ou seja, 5,8 por cento, em comparação com 9,6 por cento dos homens [47].

À medida que uma proporção sempre crescente de jovens recebe uma educação formal cada vez maior (veja a Tabela 2), confiaram-se às escolas funções adicionais. Cursos de economia doméstica, de compras, de alimentação e de costura completam, ou talvez, em certos casos, substituem, os modos tradicionais de ensinar às môças as habilidades de que necessitam. Espera-se que as escolas inculquem lealdades políticas, contribuam para a formação do caráter, ensinem boas maneiras e ministrem até instrução de motorista. A própria preparação para o matrimônio e para a vida familial — incluindo a educação sexual — foi condensada em cursos formais. Os chamados cursos "funcionais de casamento" abundam nos estabelecimentos de ensino superior, e problemas de vida familial são freqüentemente tratados em escolas secundárias, às vêzes como parte das aulas de economia doméstica ou estudos sociais, às vêzes em cursos separados. Êsses esforços formais para preparar os jovens para o matrimônio, seja qual fôr o seu grau de sucesso, acentuam a adaptabilidade pessoal hoje exigida para um casamento bem sucedido mercê das funções mutáveis da família e das modificações concomitantes em sua estrutura.

Ao permitir ou estimular as escolas a assumirem essas tarefas, a família não abriu mão, de todo, de sua responsabilidade pela socialização das crianças e pela sua preparação para papéis adultos. Ao contrário, a família e as escolas — bem como o grupo de iguais da criança e agora os meios de comunicação de massa — constituem complexo sistema de pressões e contrapressões, que ora facilitam os esforços um

TABELA 2

COEFICIENTE DE RETENÇÃO POR 1 000 ESTUDANTES QUE FREQÜENTAM ESCOLA DESDE A QUINTA SÉRIE ATÉ O PRIMEIRO ANO DE CURSO SUPERIOR NOS ANOS ESCOLHIDOS DE 1942-1950 A 1954-1962

Período de freqüência escolar	*5.ª série*	*8.ª série*	*10.ª série*	*Diplomação de curso secundário*	*Ano de diplomação de curso secundário*	*Primeiro ano de curso superior*
1942-1950	1 000	847	713	505	1950	205
1947-1955	1 000	919	748	559	1955	286
1952-1960	1 000	936	835	621	1960	328
1954-1962	1 000	948	855	636	1962	336

U. S. Bureau of the Census, *Statistical Abstract of the United States, 1963* (Washington, D. C.: U. S. Government Printing Office, 1963), p. 120.

do outro, ora os entravam; às vêzes, amparando-se um no outro, às vêzes gerando tensão ou conflito, ou precipitando a mudança. Dos pais, as crianças adquirem atitudes e valôres sociais, que influem no seu interêsse pelos estudos e na sua capacidade de reação na sala de aulas. Os professôres precisam enfrentar constantemente atitudes em relação a assuntos e matérias específicos, que derivam da família. Os pais podem insistir em que os filhos terminem as lições para fazer em casa, ou dêem pouca atenção ao trabalho escolar; sustentar ou subverter a disciplina da escola; estimular o respeito ou o desrespeito ao professor. Na realidade, tão dependente se acha a escola da família que ingentes esforços se fazem constantemente, através da criação de associações de pais e mestres, da instituição de dias de visita para os pais, e de numerosas outras maneiras, para impedir o conflito ou a desavença e manter a escola e o lar em harmonioso acôrdo.

As escolas não sòmente educam as crianças mas também, através delas, muitas vêzes adestram os pais. No passado, milhões de imigrantes aprenderam alguma coisa acêrca de seu nôvo país com os filhos, que traziam para casa a língua, conhecimentos, valôres e hábitos presumìvelmente mais bem adaptados à vida no nôvo mundo. Claro está que em muitos casos surgiram conflitos entre crianças educadas em escolas e nas ruas norte-americanas e pais ainda aferrados à cultura tradicional. Hoje em dia há nos Estados Unidos relativamente poucos imigrantes nascidos no estrangeiro (apenas 5 por cento em 1960, comparados com 11 por cento em 1930), mas um problema semelhante existe no contraste entre escolas predominantemente de classe média e os valôres e crenças de muitas famílias da classe média e os valôres e crenças de muitas famílias da classe operária, grande número das quais é constituído de negros, pôrto-riquenhos ou mexicanos, só recentemente chegados à metrópole.

À proporção que diminuíram suas funções econômicas, aumentou a importância da família como fonte de reação emocional, sua função "afetiva" como foi chamada. Já tivemos ensejo de observar que a natureza da sociedade industrial moderna deixa pouca margem à intimidade e à reação emocional de outros fora do lar ou dos grupos de amigos íntimos. O amor converte-se em preocupação primordial e em valor predominante, em parte porque, presumìvelmente, oferece um pôrto quente e confortável num mundo frio e burocrático. Os famosos versos de Matthew Arnold, escritos em 1867, se nos afiguram particularmente modernos:

> Ah, amor, sejamos fiéis
> Um ao outro! Pois o mundo parece
> Jazer diante de nós como terra de sonhos,

Tão vário, tão belo, tão nôvo,
Na verdade não tem alegria, nem amor, nem luz,
Nem certeza, nem paz, nem ajuda para a dor.

E nos Estados Unidos, o amor e o matrimônio estão inextricàvelmente ligados; "andam juntos", como diz uma canção outrora popular, "como o cavalo e o carro". Outras sociedades também deram grande destaque ao amor, mas poucas insistiram tão enfàticamente em que êle deve limitar-se ao leito conjugal. Supõe-se que os norte-americanos casem por amor e não apenas para ter filhos, para unir famílias ou para evitar as possibilidades de pecado.

A ênfase emprestada ao amor como base para o casamento exerce, necessàriamente, vigorosa pressão sôbre cada indivíduo no sentido de levá-lo a escolher o outro cônjuge, pois ninguém mais pode compartir do seu sentimento, nem eleger prontamente uma pessoa com a qual possa estabelecer uma relação íntima e persistente. Na prática, como já o observamos, existem limites substanciais à liberdade de escolha. Os casamentos tendem a confinar-se no seio de classes, de grupos religiosos, de grupos raciais e étnicos, e até de bairros, embora a freqüência de certas formas de casamentos entre grupos pareça estar aumentando. À maneira que os grupos de imigrantes se norte-americanizaram e alcançaram um *status* de classe média, passaram a ignorar cada vez mais as fronteiras étnicas do matrimônio. De acôrdo com muitos relatórios, 30 por cento ou mais de todos os casamentos de que participa um católico são com não católicos. O coeficiente de casamentos de católicos em grupos religiosos diferentes, que varia extensamente, desde 13 por cento no Nôvo México até 70 por cento na Carolina do Norte, é baixo nas áreas em que são grandes as diferenças culturais entre católicos e não católicos, como no Nôvo México e no Texas, aumenta à proporção que diminui o número de católicos na área e é mais elevado nos níveis sociais e econômicos superiores [48].

O "amor romântico" tem sido amiúde càusticamente criticado por cegar os jovens em relação às precondições do casamento bem sucedido. Há, contudo, ampla evidência de que inúmeros jovens são, de fato, muito sensatos na escolha, embora se tenham inevitàvelmente cometido erros, erros que talvez seja difícil atalhar quando o casamento bem sucedido se funda na interação de duas personalidades em situações cujas linhas de orientação já não estão assinaladas com muita clareza. Cursos formais sôbre matrimônio e família, dos quais amiúde se espera ou exige mais do que podem proporcionar, procuram preparar os jovens para os muitos ajustamentos necessários, à proporção em que êstes tentam, sòzinhos, criar um padrão de vida familial.

A relação baseada no amor não se limita fàcilmente aos papéis tradicionais claramente demarcados, cuja natureza, de qualquer maneira, se modificou à medida que se alteraram as funções da família. Obrigações domésticas mais leves, número menor de filhos e quantidade maior de tempo passado na escola libertam as mulheres das intermináveis pressões das responsabilidades maternas, enquanto elas — e os maridos — ainda são relativamente jovens. Na ocasião em que os filhos principiam os estudos secundários — e sem dúvida logo depois disso — diminuem as exigências da casa e as mulheres podem ser livres, se assim o desejam, para exercer outras atividades.

Nessas condições, não é surpreendente que se tenha observado firme aumento do emprêgo remunerado entre mulheres casadas e acentuada mudança na cronologia característica de empregos entre mulheres. Até uma data relativamente recente, a maioria das mulheres que trabalhavam era solteira. Quando se casavam, retiravam-se do mercado de trabalho e concentravam suas energias no trato da casa, do marido e dos filhos. Êsse padrão, entretanto, modificou-se. Em 1962, um têrço de tôdas as mulheres casadas possuía emprêgo remunerado. De quase 24 milhões de mulheres da fôrça de trabalho, três quintos eram casadas, 5,5 milhões, solteiras e pouco menos de 4 milhões, viúvas, divorciadas ou separadas. Um número cada vez maior de mulheres principia a trabalhar após haver completado sua educação — seja concluindo um curso secundário, seja terminando um curso superior — e continua a trabalhar até o casamento ou mesmo até pouco antes da chegada do primeiro filho. Embora houvesse mais de 2 milhões de mulheres que trabalhavam e tinham filhos com menos de seis anos em 1960, a maioria das mulheres não volta ao trabalho senão vários anos depois de ter tido filhos. Mas com a idade do casamento, que diminui, e uma família relativamente pequena, as mulheres estão prontas para voltar ao trabalho — ou mesmo para procurar emprêgo pela primeira vez — por volta dos trinta e cinco ou dos quarenta e poucos anos.

As relações dentro da família foram inevitàvelmente afetadas pelo papel e pelo *status*, que se modificam, das mulheres. Sua maior independência econômica e sua igualdade política e legal contribuíram para uma relativa igualdade dentro da família. O tradicional padrão patriarcal, muito lógico numa unidade de produção, que exigia direção e liderança, difìcilmente sobreviverá numa família que passou a desempenhar papel importante como repositório de afetos. A tradicional divisão do trabalho dentro do lar, que refletia o *status* superior do homem, também foi substancialmente alterada. Embora ainda exista uma evidente divisão entre as tarefas dos homens e das mulheres, os primeiros freqüentemente lavam pratos, trocam fraldas, manejam o aspirador de pó e fazem compras, embora seja provável que isso se verifique com mais freqüência em certas fases do ciclo de vida familial do que em outras. Não só o declínio verificado nos padrões tradicionais de autoridade mas também as apagadas distinções entre as obrigações dos homens e das mulheres se refletem nas piadas freqüentes sôbre "qual dêles usa as calças".

Divórcio e desorganização da família

Na estrutura relativamente fluida da família moderna, cujos membros são mais unidos por laços emocionais do que por serviços mútuos e metas coletivas, a margem de atrito é considerável. Carecendo de definições nítidas e mùtuamente aceitas dos papéis conjugais, marido e mulher podem dissentir de seus respectivos deveres e obrigações, ou da maneira de educar um filho, ou do gênero de relações que devem manter com os respectivos pais. Alguns homens conservam ainda concepções tradicionais de autoridade masculina e domesticidade e subordinação femininas, que as espôsas talvez achem difícil aceitar. Ao estabelecerem um padrão de vida familial, em que não existe um conjunto claro e firme de regras que devem ser seguidas, muitos casais se mostram incapazes de realizar os inúmeros ajustamentos que dêles se esperam. Visto que os casamentos, afinal de contas, são feitos na terra, marido e mulher podem revelar-se pessoalmente incompatíveis, a despeito da presunção inicial de que haviam sido "feitos um para o outro". E está claro que muitos casamentos assim acabam em divórcio.

O coeficiente de divórcio nos Estados Unidos, mais elevado que na maioria dos outros países, aumentou firmemente a partir do meado do século XIX (o período mais remoto a cujo respeito possuímos dados disponíveis) até os anos que se seguiram à Segunda Guerra Mundial. Em 1860, havia apenas 7 380 divórcios, ou seja, 0,3 por 1 000 pessoas. O número e a proporção lentamente para 1 por 1 000 pessoas antes da Primeira Guerra Mundial e para 2 por 1 000 pessoas em 1940. Após a guerra, verificou-se rápido acréscimo, com mais de 600 000 divórcios concedidos em 1946, numa proporção de 4,4 para cada grupo de 1 000 pessoas. Em 1950, a proporção diminuiu para 2,5 por 1 000 e, desde o princípio da década de 1950, tem-se mantido nas imediações de 2,3. Outra medida da freqüência do divórcio, o número para cada grupo de 1 000 mulheres casadas, mostra òbviamente o mesmo padrão, a partir de um ponto mais baixo de 1,2 em

1860 para 8,7 em 1940, com um ápice de 18,2 em 1946 e uma cifra relativamente constante, que oscila entre 9 e 10 por 1 000 mulheres casadas, desde 1950 [49]. Êstes algarismos, naturalmente, descrevem apenas o ápice visível do *iceberg,* pois há um volume menos prontamente perceptível de abandono, conflito e desajustamento conjugal.

Claro está que varia a freqüência do divórcio entre grupos diversos. As diferentes atitudes em relação ao divórcio refletem-se na menor proporção de divórcios entre católicos do que entre protestantes e judeus. Os casais com antecedentes culturais diferentes são mais propensos ao divórcio do que os que têm antecedentes semelhantes, e quanto mais jovens forem as pessoas ao se casarem, tanto maior será a probabilidade de divórcio. A proporção de divórcios é mais elevada entre os casais sem filhos do que entre os casais com filhos, mais talvez porque os casais inclinados ao divórcio têm menores probabilidades de ter filhos do que pelo fato de que a presença dos filhos mantém unida a família. Finalmente, o divórcio ocorre com mais freqüência entre os negros do que entre os brancos e é mais freqüente nas classes inferiores do que na classe superior.

Muitas variações na proporção dos divórcios decorrem de diferenças nas probabilidades de tensão no casamento e na habilidade dos cônjuges para enfrentarem os problemas da vida matrimonial. No entanto, cada uma dessas variações requer uma análise cuidadosa, pois elas podem sofrer a influência de muitos outros fatôres. Dessa maneira, como assinala Goode, quando é difícil e caro, o divórcio se verifica mais amiúde entre as classes superiores. Quando se liberalizam os processos de divórcio, inverte-se o padrão e êle passa a prevalecer nas classes inferiores [50].

O alto coeficiente de divórcio tem sido, às vêzes, considerado evidência da impropriedade do amor como base do casamento, mas será provàvelmente mais exato dizer-se que "os algarismos refletem não tanto o malôgro do amor quanto a determinação das pessoas de não viverem sem êle" [51] — e daí a difusão do "divórcio romântico" e do nôvo casamento. Concomitante com a freqüência crescente do atrito familial e com a menor disposição para aceitar uma relação conjugal não satisfatória, e em parte resultante delas, verificou-se uma mudança na atitude do público em relação ao divórcio e, em muitos Estados, maior facilidade para a dissolução do casamento. Em 1966, o legislativo estadual de Nova Iorque refundiu finalmente a lei do divórcio, que permanecera inalterada desde 1787. De preferência a tolerarem uma situação ruim, os casais obtêm o divórcio e, a seguir, na maioria dos casos, encontram outros companheiros. Jovens divorciadas têm maior probabilidade de casar novamente do que as mais velhas, e os protestantes tendem a encontrar novos cônjuges mais freqüentemente do que os católicos, mas outras variáveis também afetam a probabilidade, o tempo e a freqüência do nôvo casamento. Com efeito, a maior parte das pessoas divorciadas — de dois terços a três quartos delas — torna a casar, e mais de nove décimos continuam casadas na segunda tentativa. (Na Inglaterra, uma proporção semelhante dos divorciados casa outra vez [52]).

Dadas a natureza da família contemporânea norte-americana e suas funções, e as exigências que homens e mulheres fazem do matrimônio, é pequena a probabilidade de que a proporção de divórcios e a freqüência de abandonos e outros indícios de instabilidade familial sejam eliminados ou mesmo substancialmente reduzidos. Os efeitos potencialmente deletérios de uma superadesão ao "amor romântico" talvez possam ser atenuados pela melhor preparação para o casamento. Novas facilidades institucionais — serviços de conselhos matrimoniais, por exemplo — talvez permitam aos casais que encontram dificuldades em suas relações resolver os problemas sem destruir o casamento. Circunstâncias externas que, às vêzes, criam atritos entre marido e mulher — pobreza ou casa muito cheia, por exemplo — podem ser corrigidas. Mas êsses e outros passos pretendidos são, na melhor das hipóteses, paliativos; certa dose de divórcio e conflito conjugal é o preço que deve ser pago pela liberdade de escolha, pela ênfase emprestada à compatibilidade pessoal e à satisfação emocional, pela igualdade do marido e da mulher — e, recentemente, até certo ponto, dos filhos também — que se encontram na família moderna. À míngua de uma quixotesca insistência sôbre o retôrno à família tradicional, pouco poderá fazer a sociedade norte-americana além de procurar amortecer as conseqüências indesejáveis do tipo de família que fôrças históricas e preferências individuais conspiraram para criar.

Notas

1 Robert Bierstedt, *The Social Order* (2.ª ed.; Nova Iorque: McGraw-Hill, 1963), p. 379.

2 *American College Dictionary* (Nova Iorque: Random House, 1957).

3 E. E. Evans-Pritchard, *Kinship and Marriage among the Nuer* (Oxford: Oxford, 1951), p. 49.

4 George P. Murdock, *Social Structure* (Nova Iorque: Macmillan, 1949), p. 1.

5 Bronislaw Malinowski. "Parenthood — The Basis of Social Structure", em Rose Coser (ed.), *The Family: Its Structure and Functions* (Nova Iorque: St. Martin's, 1964), p. 15.

6 *Ibid.*, p. 13.

7 William J. Goode, *World Revolution and Family Patterns* (Nova Iorque: Free Press, 1963), p. 38.

8 A expressão "história conjetural" foi sugerida pela primeira vez por um autor do século XVIII e recentemente revivida por A. R. Radcliffe-Brown, "The Study of Kinship Systems", *Journal of the Royal Anthropological Institute,* LXXI (1941), 1-18.

9 Robert Briffault, *The Mothers* (Nova Iorque: Macmillan, 1927).

10 O leitor encontrará uma análise da significação da ignorância da paternidade numa sociedade primitiva em M. F. Ashley Montagu, *Coming into Being among the Australiam Aborigines* (Nova Iorque: Dutton, 1938).

11 Murdock, *op. cit.*, p. 5.

12 Alfred C. Kinsey, Wardell B. Pomeroy, e Clyde E. Martin, *Sexual Behavior in the Human Male* (Filadelfia: Saunders, 1948); e Alfred C. Kinsey, Wardell B. Pomeroy e Clyde E. Martin, *Sexual Behavior in the Human Female* (Saunders, 1953).

13 Murdock, *op. cit.*, p. 11.

14 Kingsley Davis, *Human Society* (Nova Iorque: Macmillan, 1949), p. 395.

15 *Ibid.*, p. 396.

16 Relação circunstanciada da educação infantil no *kibbutz* encontra-se em Melford E. Spiro, *Children of the Kibbutz* (Cambridge, Mass.: Harvard University Press, 1958).

17 Ensaio interessantíssimo, que nega a necessidade universal da família, apresenta Barrington Moore Jr., *Political Power and Social Theory* (Cambridge, Mass.: Harvard University Press, 1958), Cap. 5.

18 Murdock, *op. cit.*, p. 2.

19 *Ibid.*

20 Olga Lang, *Chinese Family and Society* (New Haven: Yale University Press, 1946), pp. 136-7, apresenta um sumário de vários estudos da família chinesa, que documentam a difusão da monogamia num sistema familial potencialmente polígamo. Por sua vez, Goode, *op. cit.*, pp. 101-4, expõe dados sôbre a família árabe muçulmana, que permite até o máximo de quatro espôsas, mas na qual a monogamia é o padrão mais freqüente.

21 Ralph Linton, *The Study of Man* (Nova Iorque: Appleton, 1936), p. 159.

22 Frances L. K. Hsu, *Americans and Chinese* (Nova Iorque: Schuman, 1953), pp. 125-6.

23 Recentes estudos sôbre os *nayar* encontram-se em E. Kathleen Gough, "Changing Kinship Usages in the Setting of Political and Economic Change among the Nayars of Malabar", *Journal of the Royal Anthropological Institute,* LXXXII, Parte II (1952), 71-88; e Gough, "The Nayars Definition of Marriage", *Journal of the Royal Anthropological Institute,* LXXXIX (janeiro-junho, 1959), 23-34.

24 Relatórios sôbre a família judia na Europa Oriental antes da Primeira Guerra Mundial, estampam-se em Mark Zborowski e Elizabeth Hertzog, *Life Is With People* (Nova Iorque: International Universities Press, 1952); e Ruth Landes e Mark Zborowski, "Hypotheses Concerning the Eastern European Jewish Family", *Psychiatry,* XIII (novembro de 1950), 447-64.

25 Citado por Paul C. Glick, *American Families* (Nova Iorque: Wiley, 1957), pp. 44-5.

[26] Êstes dados foram extraídos do U. S. Bureau of the Census, *Current Population Reports,* Série P-20, N.º 44 (6 de setembro de 1953), "Marital and Household Characteristics: April, 1952", Tabela 5, p. 14; e n.º 139 (11 de junho de 1965), "Household and Family Characteristics: March, 1963", Tabela 3, p. 15.

[27] Murdock, *op. cit.,* pp. 284-8. Grande parte da discussão que se segue acompanha a análise de Murdock.

[28] Russell Middleton, "Brother-Sister and Father-Daughter Marriage in Ancient Egypt", *American Sociological Review,* XXVII (outubro, 1962), 603-11.

[29] Murdock, *op. cit.,* p. 307.

[30] Talcott Parsons, *Social Structure and Personality* (Nova Iorque: Free Press, 1964), Cap. 3, "The Incest Taboo in Relation to Social Structure and the Socialization of the Child".

[31] Murdock, *op. cit.,* Tabela 65, p. 235; Tabela 66, p. 237; Tabela 67, p. 239; Tabela 68, p. 240.

[32] *Ibid.,* p. 202.

[33] Linton, *op. cit.,* pp. 348-55.

[34] Citado por Raymond Firth, *Human Types* (ed. rev.; Nova Iorque: New American Library, 1958), p. 97.

[35] Goode, *op. cit.*

[36] Elizabeth Bott, *Family and Social Network* (Londres: Tavistock, 1957),

[37] William J. Goode, *The Family* (Englewood Cliffs: Prentice-Hall, 1964), p. 115.

[38] Marvin B. Sussman, "The Help Pattern in the Middle-Class Family", *American Sociological Review,* XVIII (fevereiro, 1953), 22-8.

[39] Floyd Dotson, "Patterns of Voluntary Association Among Urban Working-Class Families", *American Sociological Review,* XVI (outubro, 1951), 687-93.

[40] Goode, *World Revolution and Family Patterns,* p. 371.

[41] Êstes algarismos são do U. S. Bureau of The Census, *Current Population Reports,* Séries P-20, N.º 139, *passim.*

[42] *Ibid.,* p. 5.

[43] *Ibid.,* Tabela 8, p. 22.

[44] Ben J. Wattenberg e Richard M. Scammon, *This U. S. A.* (Garden City: Doubleday, 1965), p. 35.

[45] E. Franklin Frazier, *The Negro Family in the United States* (ed. revista e resumida; Nova Iorque: Dryden, 1951), Parte IV.

[46] Veja E. Franklin Frazier, *Black Bourgeoisie* (Nova Iorque: Free Press, 1957).

[47] Essas percentagens foram calculadas com base no U. S. Bureau of the Census, *Statistical Abstract of the United States, 1963* (Washington, D. C.: U. S. Government Printing Office, 1963), Tabela 153, p. 120.

[48] Veja John L. Thomas, "The Factor of Religion in the Selection of Marriage Mates", *American Sociological Review,* XVI (agôsto, 1951), 487-91; Loren E. Chancellor e Thomas P. Monahan, "Religious Preference and Interreligious Mixtures in Marriages and Divorces in Iowa", *American Journal of Sociology,* LXI (novembro, 1955), 233-9; e Harvey J. Locke, Georges Sabagh, e Mary M. Thomes, "Interfaith Marriages", *Social Problems,* IV (abril, 1957), 329-33.

[49] Paul H. Jacobson, *American Marriage and Divorce* (Nova Iorque: Holt, 1959), Tabela 42, p. 90.

[50] Goode, *World Revolution and Family Patterns*, p. 86.

[51] Morton M. Hunt, *The Natural History of Love* (Nova Iorque: Knopf, 1959), p. 342.

[52] Ronald Fletcher, *Britain in the Sixties: The Family and Marriage* (Baltimore: Penguin, 1962), p. 143.

Sugestões para novas leituras

ANSHEN, RUTH NANDA (ED.). *The Family: Its Function and Destiny*, ed. rev. Nova Iorque: Harper, 1959.

Coleção de artigos. Veja principalmente os ensaios teóricos de Ralph Linton e Talcott Parsons e os estudos sôbre a família em diferentes sociedades.

BELL, NORMAN W., e EZRA F. VOGEL. *A Modern Introduction to the Family.* Nova Iorque: Free Press, 1960.

Excelente coleção de escritos sôbre a família.

BERNERT, ELEANOR H. *America's Children.* Nova Iorque: Wiley, 1958.

GLICK, PAUL C. *American Families.* Nova Iorque: Wiley, 1957.

Duas excelentes análises estatísticas da composição e estrutura da família e das tendências na vida familial. Baseadas em dados de recenseamento.

EHRMANN, WINSTON W. *Premarital Dating Behavior.* Nova Iorque: Holt, 1959.

Rico estudo de práticas de encontros e namôro entre estudantes de cursos superiores.

FLETCHER, RONALD. *Britain in the Sixties: The Family and Marriage.* Baltimore· Penguin, 1962.

Análise da família na Inglaterra contemporânea.

FRAZIER, E. FRANKLIN. *The Negro Family in the United States,* edição revista e resumida. Nova Iorque: Dryden, 1951.

Relato histórico do desenvolvimento da família negra nos Estados Unidos.

GOODE, WILLIAM J. *After Divorce.* Nova Iorque: Free Press, 1956.

O melhor estudo isolado dos efeitos posteriores do divórcio.

GOODE, WILLIAM J. *World Revolution and Family Patterns.* Nova Iorque: Free Press, 1963.

Importante contribuição à análise das tendências na estrutura familial na China, no Japão, na Índia, na África Sub-Saariana, nos Países árabes e no Ocidente.

KINSEY, ALFRED C., WARDELL B. POMEROY, e CLYDE E. MARTIN. *Sexual Behavior in the Human Male.* Filadélfia: Saunders, 1948.

KINSEI, ALFRED C., WARDELL B. POMEROY, e CLYDE E. MARTIN. *Sexual Behavior in the Human Female.* Filadélfia: Saunders, 1953.

Êsses dois livros, que se tornaram marcos culturais, são estudos de orientação biológica da freqüência e da forma das "vazões sexuais" de norte-ameri-

canos — e não de homens ou mulheres em geral. Não tratam diretamente da vida familial, mas ministram dados úteis sôbre o comportamento erótico em diferentes níveis da sociedade norte-americana.

KOMAROWSKY, MIRRA. *Women in the Modern World.* Boston: Little, Brown, 1953.

Análise sociológica dos problemas das mulheres da classe média norte-americana, com referência especial à influência da educação sôbre carreiras, matrimônio e vida familial.

LEWIS, OSCAR. *The Children of Sanchez.* Nova Iorque: Random House, 1961.

Relato detalhado da vida familial de uma família numa área intersticial da Cidade do México, baseado em intensivas entrevistas feitas com todos os seus membros.

MURDOCK, GEORGE P. *Social Structure.* Nova Iorque: Macmillan, 1949.

Tentativa de uma sociologia comparativa da família baseada em dados encontrados nos Arquivos da Área de Relações Humanas. Embora muito criticada por alguns antropologistas, continua a ser obra importante.

SIRJAMAKI, JOHN. *The American Family in the Twentieth Century.* Cambridge, Mass.: Harvard University Press, 1953.

Relato semipopular da evolução e da forma atual da família norte-americana. Discussão legível e substanciosa.

YANG, C. K. *The Chinese Family in the Communist Revolution.* Cambridge, Mass.: M. I. T. Press, 1959.

Descrição das mudanças que se estão verificando na família chinesa em resultado da revolução comunista.

YOUNG, MICHAEL, e PETER WILLMOTT. *Family and Kinship in East London.* Nova Iorque: Free Press, 1957.

Descrição pormenorizada de famílias da classe operária num bairro londrino relativamente autocontido.

ESTRATIFICAÇÃO SOCIAL

A natureza da estratificação social

Em tôda sociedade alguns homens são identificados como superiores e outros como inferiores: patrícios e plebeus, os duas vêzes nados e os nascidos uma vez, aristocratas e vulgo, amos e escravos, classes e massas. Exceto talvez nos sítios em que todos vivem num nível de simples subsistência, alguns indivíduos tendem a ser ricos, outros remediados, outros pobres. Em tôda a parte, alguns governam e outros obedecem, embora êstes últimos possuam vários graus de influência ou contrôle sôbre os governantes. Tais contrastes — entre os mais altos e os mais baixos, ricos e pobres, poderosos e destituídos de poder — constituem a substância da estratificação social.

Tão complexos e multifacetados são os fatos da estratificação social que têm sido descritos e interpretados de muitas maneiras diferentes. Alguns autores atribuíram maior importância à posição, outros à riqueza, ao poder ou ao privilégio, como dimensão crucial da estratificação. As diferenças entre aristocratas e plebeus, prósperos e pobres, governantes e governados, têm sido encaradas como o resultado de diferenças inerentes aos homens, como produto de fôrças institucionais sôbre as quais os homens têm escasso contrôle, como padrões sociais que contribuem para o funcionamento da sociedade, como manancial de conflitos e tensões. A estratificação pode ser considerada um processo, uma estrutura, um problema; pode ser vista como aspecto da diferenciação de papéis e *status* na sociedade, como divisão da sociedade em grupos ou quase-grupos sociais, como a arena social em que se apresenta o problema da igualdade e da desigualdade — ou como tudo isso ao mesmo tempo.

O acôrdo entre sociólogos sôbre a melhor ou mais adequada definição de *classe social,* conceito-chave na análise da estratificação social, ainda não foi logrado. Esta contínua discordância baseia-se em parte no fato de que diferentes estudiosos concentraram sua atenção em aspectos diferentes da estratificação. A confusão resultante pode ser, na tas categorias de estratificação apóiam-se em critérios diversos, derimaior parte, dissipada distinguindo-se a *classe,* o *status* e o *poder.* Esvam de diversas fontes e os fenômenos a que se referem têm conseqüências diversas. Os três são, de ordinário, ìntimamente relacionados um com o outro, e um dos problemas centrais do estudo da estratificação social é a natureza e extensão de suas relações recíprocas [1].

Classe

Se bem a definição de classe como grupo que possui a mesma posição econômica na sociedade se identifique usualmente com a teoria marxista, ela tem, na realidade, uma longa história, que começa muito antes de haver Karl Marx escrito *O Manifesto Comunista.* Aristóteles, por exemplo, observou que "em todos os Estados há três elementos: uma classe é muito rica, outra muito pobre, e uma terceira, média", e, a seguir, determinou a relevância dessas divisões para o govêrno e para a política. Muitos séculos depois (em 1788), num trecho muito citado, estampado por *The Federalist,* James Madison escreveu:

> Os que possuem e os que não possuem bens, sempre formaram interêsses distintos na sociedade. Credores e devedores incluem-se numa discriminação análoga. Um interêsse imobiliário, um interêsse manufatureiro, um interêsse mercantil, um interêsse monetário, com muitos interêsses menores, nascem necessàriamente nas nações civilizadas e as dividem em classes diferentes, em que atuam diferentes sentimentos e pontos de vista. A regulação dos vários interêsses que interferem recìprocamente uns nos outros constitui a tarefa principal da legislação moderna e envolve o espírito de partido e facção nas operações necessárias e ordinárias do govêrno [2].

Nas primeiras décadas do século XX, estudiosos norte-americanos, com raras exceções (entre as quais se incluíam os principais pioneiros da sociologia norte-americana [3], tinham passado a ignorar tais opiniões dos Antepassados Fundadores; o ponto de vista mais difundido sustentava que a sociedade norte-americana era "sem classes" ou constituída pela "classe média". A simples menção de classe, em parte por sua associação com a doutrina marxista, identificava-se com o que algumas pessoas chamariam hoje de "subversivo" ou "antinorte-americano", embora não se ignorassem de todo certos problemas de estratificação. Sòmente na década de 1940 voltou a tornar-se respeitável para os cientistas sociais norte-americanos o reconhecimento explícito da existência de diferenças de classes nos Estados Unidos e a pesquisa sistemática nesse terreno. Por conseguinte, a história do conceito de classe, em si mesma, é um problema fascinante da sociologia das idéias e do conhecimento, ainda não cabalmente examinado [4].

No desenvolvimento do conceito de classe, a teoria de Marx foi de capital importância, a despeito de suas limitações demonstráveis. Marx definiu as classes em função de suas relações com a propriedade.

> Os proprietários da simples fôrça de trabalho, os proprietários do capital e os proprietários de terras, cujas respectivas fontes de renda são os salários, o lucro e a renda imobiliária, em outras palavras, os trabalhadores assalariados, os capitalistas e os donos de terras formam as três grandes classes da sociedade moderna, baseada no sistema capitalista de produção [5].

Essa definição, como observou o próprio Marx, não era original.

> Nenhum crédito me é devido (escreveu êle) por descobrir a existência de classes na sociedade moderna, nem a luta entre elas. Muito antes de mim historiadores burgueses referiram o desenvolvimento histórico dessa luta e economistas burgueses descreveram a anatomia econômica das classes [6].

1776, Adam Smith escrevera em *A Riqueza das Nações,* contribuição básica para a economia "capitalista" do *laissez faire*:

> Todo o produto anual da terra e do trabalho de cada país... divide-se, naturalmente... em três partes; a renda da terra, os salários do trabalho e os lucros do dinheiro; e constitui uma renda para três ordens diferentes de pessoas; para aquelas que vivem de rendas, para aquelas que vivem de salários e para aquelas que vivem do lucro. Estas são as três grandes ordens originais e componentes de tôda sociedade civilizada, de cuja renda deriva finalmente a de qualquer outra ordem [7].

Em virtude da sua posição na ordem econômica, os membros de cada classe, de acôrdo com Marx, partilham de experiências comuns, de um modo de vida mais ou menos distintivo e de certos interêsses políticos e econômicos. A burguesia (donos dos meios de produção) e o proletariado (trabalhadores assalariados) entram inevitàvelmente em conflito mercê de seus interêsses contraditórios. Outras classes, cuja existência Marx reconheceu, mereceram dêle pouca atenção porque, no seu entender, desenpenhavam apenas papel secundário no cenário histórico contemporâneo. A consciência de grupo (consciência de classe) e a ação política e econômica coletiva, afirmou Marx, desenvolvem-se no curso do conflito político e econômico. A consciência da classe proletária tende particularmente a emergir porque todos os seus membros enfrentam sérias dificuldades e se vêm numa íntima associação diária através do trabalho.

Essa interpretação foi diversas vêzes vulgarizada tanto por marxistas como por antimarxistas num óbvio determinismo econômico, que reduz todos os problemas a questões de interêsse econômico e não dá margem a alternativas e à escolha humana. O próprio Marx reconheceu que a consciência de classe não advém *automàticamente* do simples fato de partilharem os homens de uma posição objetiva semelhante na sociedade. Em sua análise demonstrou êle, claramente, que as idéias, a estratégia e a tática da ação política e econômica e o esfôrço humano representam necessàriamente papel importante na determinação da maneira pela qual atua cada classe, embora também acreditasse que a história estava do seu lado. Atribuiu a um partido revolucionário a tarefa de estimular a necessária consciência de classe e criar a organização política que se fazia mister para realizar a revolução, que não só desejava mas também forcejava por levar a cabo. (Baseando-se em Marx, mas sendo mais homem de ação do que estudioso ou teórico, Lênine insistia em que sem o Partido não poderia existir a consciência de classe revolucionária que Marx, às vêzes, descrevia como inevitável e, às vêzes, dava a entender que só poderia criar-se por uma ação positiva que levasse em conta a situação histórica concreta.)

A históra moderna expõe assim os erros como as deficiências da análise de Marx. Muitas de suas predições específicas não se cumpriram: a classe média não desapareceu, conquanto seu caráter se tenha modificado. A classe trabalhadora não se empobreceu progressivamente; em vez disso, seu padrão de vida elevou-se com os progressos da industrialização. A propriedade não se concentrou em um número cada vez menor de mãos na sociedade capitalista, mas difundiu-se amplamente por intermédio da compra de ações, embora seja verdade que corporações gigantescas, dirigidas por homens que não raro possuem poucas ações, se é que possuem alguma, das emprêsas que administram, passaram a ocupar lugar dominante na economia capitalista. As revoluções dirigidas por comunistas não se verificaram nas nações industriais mais adiantadas, onde Marx as esperava, senão nas áreas menos desenvolvidas, onde o comunismo se converteu antes na base da industrialização que no seu produto.

Concentrando-se nas classes com base econômica, a teoria marxista passou por alto outras formas de estratificação, subestimou as conseqüências de outras divisões da sociedade e descurou sèriamente do problema ubíqüo do poder político. O pertencer a determinada classe é apenas um dos atributos de uma pessoa; outras características sociais entram inevitàvelmente no seu comportamento. A posição da classe, em certas ocasiões, pode exercer influência predominante nas ações dos homens, mas seus efeitos são diminuídos ou modificados pelas demais características que os homens possuem: religião, filiação étnica, lealdade nacional, etc.

A despeito dessas deficiências, algumas das premissas sociológicas de Marx ainda são válidas. Na maioria das sociedades há divisões de classes com base econômica, componentes significativos da estrutura social. Homens que ocupam lugares semelhantes na ordem econômica têm muitas probabilidades de enfrentar idênticos problemas, passar por experiências semelhantes de vida, adotar atitudes e valôres comuns e, portanto, comportar-se da mesma maneira. Suas relações com membros de outras classes propendem também a seguir o mesmo padrão. Em condições apropriadas, uma classe pode fundir-se num grupo — ou grupos — que desempenha parte destacada na vida organizada da sociedade. Ainda que uma classe permaneça apenas como categoria social, sem consciência de grupo ou sem estrutura organizada, o fato de seus membros poderem agir, em linhas gerais, da mesma maneira — por exemplo, votando, aceitando ou rejeitando novas idéias ou práticas — tem conseqüências importantes para a sociedade como um todo.

Podemos definir a classe, portanto, como *certo número de pessoas que partilham de uma posição comum na ordem econômica.* Para Marx essa posição se baseava nas relações do homem com os meios de produção — isto é, a posse ou não de bens — e, entre os proprietários, no tipo de propriedade. Não sòmente a posse de bens é, via de regra, fonte de renda e, portanto, das coisas que o dinheiro pode comprar, mas também como veremos no capítulo 12, traz consigo o poder ou o contrôle sôbre os recursos econômicos e, portanto, em extensão considerável, sôbre outras pessoas.

A grosseira separação entre proprietários e não proprietários, entretanto, simplifica demasiada e evidentemente as complexas divisões econômicas encontradas na sociedade industrial moderna. Além disso, seja qual fôr a validade que possa ter possuído outrora a propriedade como determinante central da estrutura de classes na sociedade ocidental, ela foi reduzida — embora não eliminada — por modificações ocorridas desde os tempos de Marx na natureza das instituições de propriedade (veja o capítulo 12). Distinções entre ofícios — entre operários qualificados, semiqualificados e não qualificados, balconistas, vendedores, empresários independentes, funcionários, administradores e profissionais liberais — hoje parecem constituir-se em critérios mais significativos de classe do que a simples posse da propriedade ou ausência dela, não só na Europa Ocidental e nos Estados Unidos senão também em sociedades industriais de outros lugares. "As oportunidades da vida", isto é, a oportunidade de lograr as coisas apreçadas por uma sociedade — renda, bens, poder, prestígio — são significativamente afetadas pelas maneiras com que os homens ganham a vida, embora na sociedade "capitalista" a riqueza e a ocupação ainda estejam ìntimamente relacionadas entre si.

"Status"

Se bem sejam, não raro, bases significativas do prestígio ou da posição social, a riqueza e a ocupação não constituem os únicos critérios em função dos quais os homens determinam o valor social uns dos outros, nem sequer, necessàriamente, os mais importantes. Outros valôres como a ascendência, a educação, a raça, o poder ou o estilo de vida podem proporcionar bases alternativas ou adicionais de classificação social. O sistema do *status* — a classificação dos papéis e seus titulares — constitui, portanto, uma dimensão de estratificação social que precisa ser considerada não só independentemente da divisão da sociedade em classes com base econômica mas também em relação a ela. (O leitor encontrará uma discussão do conceito de *status* e sua utilização particular às pp. 73-74, desta tradução.)

Em qualquer sociedade com mais do que uma divisão mínima do trabalho baseada na idade e no sexo, variam os papéis de acôrdo com o prestígio que trazem e as recompensas que proporcionam. Tais diferenças de *status* derivam de muitas fontes: o poder ou autoridade ligados a alguns papéis, a relativa importância atribuída pela sociedade a papéis alternativos o número de pessoas capazes de executar as tarefas necessárias, os prêmios que ensejam. Tem-se afirmado constantemente que a existência da desigualdade institucionalizada serve para motivar os homens a se prepararem para tarefas difíceis e de responsabilidade e a cumpri-las de maneira suficientemente adequada para satisfazer às necessidades da vida social coletiva.

Há, sem dúvida, uma tendência de aumento do prestígio e de outras recompensas suficiente para aliciar a fôrça de trabalho necessária a tarefas difíceis e importantes. Recentemente, por exemplo, auferiram os cientistas maiores proventos e lograram maior respeito, e os honorários dos lentes de escolas superiores elevaram-se firmemente à proporção que aumentou a procura de professôres de estabelecimentos de ensino superior. No entanto, não existe, evidentemente, nenhuma relação direta ou simples entre as recompensas que recebem e as contribuições que fazem para a sociedade as estrêlas de cinema e os atletas profissionais, alguns dos quais se incluem entre os membros mais bem pagos e mais admirados da sociedade norte-americana.

Visto que cada pessoa desempenha muitos papéis, é necessário distinguir entre a avaliação diferencial de papéis e a classificação hierárquica dos indivíduos. A posição social dos que ensinam, por exemplo, não é idêntica ao *status* dos professôres em geral. A despeito de terem uma ocupação comum, os professôres cujos pais são pequenos negociantes ou operários qualificados — como é o caso de muitos dêles — pertencem tìpicamente a círculos diferentes e possuem um *status* inferior ao dos que vêm de famílias de profissionais liberais ou diretores de emprêsas. Alguns papéis, naturalmente, são mais importantes do que outros na determinação do *status;* na sociedade norte-americana, como na maioria das sociedades industriais, a ocupação, de regra, é o principal determinante [8]. Estudos empíricos de classificação de *status,* portanto, utilizam amiúde a ocupação como o índice principal de *status,* ainda que outros atributos possam também incluir-se nessas análises.

Tôda pessoa adquire primeiro da família sua posição na estrutura do *status.* Com efeito, como já nos foi dado observar, a família, e não o indivíduo é, caracterìsticamente, a unidade essencial na estratificação social. Como parte do seu papel, os pais são obrigados a cuidar dos filhos e prover às suas necessidades; em muitos casos isso inclui a sua colocação o mais alto possível na ordem social. Os que já detêm altas posições são capazes, em virtude de seu prestígio, riqueza ou poder, de garantir uma posição mais elevada para os filhos do que êstes poderiam conseguir sòzinhos. O *status* dos indivíduos, portanto, pode ser *atribuído* ou *conseguido,* de acôrdo com critérios relativamente fixos, sôbre os quais os indivíduos não têm contrôle — ascendência, riqueza herdada ou filiação étnica — ou com qualidades ou atributos que podem ser alcançados por ação direta — ou pela sorte. No entanto, o próprio *status* atribuído exerce vigorosa pressão sôbre o indivíduo para que êste adquira as maneiras e habilidades apropriadas a fim de permanecer no nível social em que nasceu. O aristocrata que herda sua posição e é educado para obedecer-lhe às exigências, pode perdê-la se deixar de conformar-se às exigências do próprio *status* ou não der atenção às obrigações que lhe são impostas.

As sociedades diferem na relativa importância que conferem aos critérios atributivos e de consecução de *status.* O tradicional sistema hindu de castas, por exemplo, envolvia uma hierarquia fundada quase inteiramente na atribuição, ao passo que a maioria das sociedades industriais empresta grande ênfase à consecução. Os muitos critérios que podem oferecer elementos de juízo — riqueza, ocupação, ascendência, educação, religião, raça, filiação étnica, poder, comportamento social — não são ordenados ao acaso, pois, muitas vêzes, se acham intimamente entreligados. A educação, por exemplo, ajuda a determinar o nível profissional de uma pessoa bem como a servir diretamente de base para a classificação social. A ocupação de uma pessoa influi claramente no montante da renda que ela pode obter, além de trazer em si algum valor de *status*. Sejam quais forem as precondições aceitas do *status*, é preciso que êle seja normalmente ratificado pelo comportamento. A riqueza e o poder, por exemplo, são, de ordinário, precondições de um *status* elevadíssimo nos Estados Unidos, mas por si sós podem não acarretar o prestígio nem a aceitação em certos círculos sociais exclusivos. Por volta do fim do século XIX, certo número de prospectores de petróleo, de mãos calejadas, que haviam sido muito bem sucedidos no Oeste, buscaram acesso à "Sociedade" da cidade de Nova Iorque, mas careciam das maneiras, da linguagem e das habilidades sociais, bem como da ascendência, necessárias a permitir-lhes o ingresso na sala de estar da Sra. Astor. Finalmente, conseguiram fazer-se aceitos de tais grupos através dos filhos, mandando-os para as escolas e professôres de danças "corretos", vestindo-os nas costureiras e alfaiates adequados e proporcionando-lhes os equipamentos convenientes. A história inglêsa também está cheia de mercadores e fabricantes bem sucedidos, cuja riqueza lhes permitiu, finalmente, o acesso às classes superiores, ocorrido depois que êles adquiriram terras, cuja posse dava mais prestígio do que a propriedade de uma fábrica ou de um negócio, alternaram o estilo de vida e conseguiram obscurecer suas origens no "comércio". No entanto, a simples posse das habilidades sociais necessárias, sem o apoio da riqueza e do poder, não tem probabilidades de sustentar uma alta posição social, a menos que os homens explorem de maneira bem sucedida seu *status* de sorte que êste lhes dê acesso às fontes de renda e de influência. Tais fatos denotam que uma das tarefas, no estudo da estratificação social, é a análise das complexas relações recíprocas entre os muitos critérios de *status*.

Grande parte do comportamento de uma pessoa, sejam quais forem seus motivos, traz consigo implicações de *status*. Suas ações podem apenas identificar-lhe a posição ou podem também ajudar a mudar — ou reforçar — sua situação. O fato de uma mulher usar arminho ou *mouton*, uma criação original de Dior ou Balenciaga ou uma cópia comprada na loja Macy's, não só indica quanto dinheiro pode gastar, mas também contribui para o seu *status* — ou o de sua família. O vocabulário e a maneira de falar não sòmente ministram uma identificação social, mas também influem na posição da pessoa. Num estudo de diferenças de classes na fala, um lingüista inglês identificou as seguintes palavras como *S* (classe superior) ou *não-S* (não pertencente à classe superior): [9]

S		não-S	
luncheon	(almôço)	*dinner*	(jantar)
house	(casa)	*dentures*	(lar)
false teeth	(dentes postiços)	*home*	(dentaduras)
sick	(enfêrmo)	*ill*	(doente)
looking glass	(espelho)	*mirror*	(espelho)
master	(mestre)	*teacher*	(professor)

De maior importância, talvez, do que a escolha das palavras é a maneira da falar; "um "h" mal colocado", observou um escritor, "é suficiente para revelar a educação de um homem, sua cultura, sua classe social" [10].

Embora as diferenças de classes na fala sejam muito menos acentuadas nos Estados Unidos do que na Inglaterra (e em ambos os casos há também variações regionais que transcendem as linhas das classes), elas não se acham totalmente ausentes. Um sociólogo norte-americano, que estudou as camadas superiores da sociedade de Filadélfia, sugeriu que as pessoas da classe superior dizem que *"residem* numa *casa, empregam domésticas* para *cuidar* da *limpeza;* usam o *tualete,* a *biblioteca* e o *jardim de inverno.* Os membros da classe média dizem que *"moram* numa *casa, têm empregada* para *fazer* a *limpeza;* usam o *banheiro,* o *terraço* e o *quarto de despejo.* [11] Essas expressões eram comuns em 1940; é possível que os meios de comunicação de massa e o nível geral de educação crescente tenham eliminado algumas diferenças, embora estas — ou outras — palavras e idiotismos ainda possuam valor de *status*: "Como vai?" em contraste com "Muito prazer em vê-lo", por exemplo, ou *"dinner-jacket"* em confronto com *"smoking".* *

O fato de muitas ações possuírem implicações de *status* não quer dizer, necessàriamente, que os homens sejam, de contínuo, motivados pelo desejo de se verem aprovados pelos outros ou por uma crônica preocupação com sua posição social. O comportamento que influi no *status* dos homens resulta amiúde de motivos complexos, que podem não incluir qualquer preocupação de *status.* A forma e a extensão da luta pelo *status* variam de um grupo para outro e precisam, portanto, ser reexaminadas em cada classe ou sociedade. Muitos estudos, bem como as observações de romancistas inteligentes, concordam em que a classe média e os *nouveaux riches* são particularmente conscientes do *status* e revelam muito maior preocupação com sua posição do que ou-

* Está visto que não pode haver correspondência entre as diferenças de classe traduzidas por essas expressões nos Estados Unidos e no Brasil. A tradução tentou apenas dar uma idéia das diferenças. (N. do T.)

tros grupos [12]. Os homens, de ordinário, respeitam os juízos alheios e se interessam pela posição social. Mas a natureza e a extensão dessas preocupações e suas conseqüências sociológicas diferirão provàvelmente nas diversas espécies de sociedades.

O prestígio, ou *status,* como assinala C. Wright Mills, "envolve pelo menos duas pessoas: uma para reivindicá-lo e outra para honrar a reivindicação" [13]. A menos que ambas concordem no tocante às bases apropriadas do prestígio, não existirá uma estrutura coerente de *status.* Quando não há consenso acêrca dos valôres do *status,* determinados grupos podem encontrar-se em posição ambígua, com suas reivindicações de *status* aceitas por alguns e negadas por outros. Num estudo sôbre uma cidade do Meio-Oeste, por exemplo, Mills descobriu que pequenos negociantes eram classificados em posição relativamente inferior por homens de negócios e profissionais liberais de *status* elevado e em posição relativamente superior por trabalhadores manuais [14]. Indivíduos, famílias ou grupos inteiros profissionais ou outros, que estão subindo e descendo na estrutura das classes, não raro ocupam um *status* incerto, pois possuem atributos apropriados a diferentes níveis de prestígio.

Uma distribuição de riqueza e poder, que se modifica, também pode conduzir à competição pelo *status,* quando os novos-ricos e os recém-poderosos contestam até as credenciais sôbre as quais a classe superior estabelecida tem mantido seu *status,* dando maior destaque, por exemplo, à riqueza do que à ascendência ou desenvolvendo um sistema antes cosmopolita que tradicional de vida. Mas a classe que se eleva, em lugar de rejeitar os valôres da elite social estabelecida, o mais das vêzes busca apenas segui-los. No século XVIII, na França pré-revolucionária, como o demonstrou Elinor Barber, a burguesia que se alçava não contestou os valôres de *status* da nobreza mas, ao contrário, procurou colocar-se a par dêles. Da mesma forma, os mercadores e fabricantes da Inglaterra dos séculos XVIII e XIX tentavam freqüentemente copiar o estilo de vida da aristocracia agrária e obter admissão em seus círculos sociais [15].

As pessoas que ocupam uma posição semelhante, de um modo geral, preferem associar-se umas às outras, sobretudo em atividades mais estreitamente "sociais", a ligar-se a pessoas de *status* mais elevados ou mais baixos. Porque partilham dos mesmos valôres de *status,* aprovam-se mùtuamente e fazem pouco das que não conseguem viver de acôrdo com seus padrões de comportamento. Na medida em que se destacam das outras, limitam sua participação em certas atividades sociais às de prestígio semelhante, e estabelecem e mantêm relações sociais recíprocas, pode-se dizer que constituem um *grupo de status.*

O poder, a capacidade de controlar as ações alheias, e o fenômeno muitas vêzes (mas nem sempre) correlato, a autoridade (ou poder legítimo), o direito reconhecido de mandar, são características da maioria das estruturas sociais, se não de tôdas. Muitos papéis e *status* trazem consigo prescrições de autoridade ou uma liberdade de ação aprovada que influi no comportamento alheio. Os capatazes na Indústria, seja na Inglaterra, seja nos Estados Unidos, seja na União Soviética, podem impor suas ordens aos subordinados; seu direito de dar ordens é habitualmente aceito, ainda que seja limitado por normas sindicais, restrições legais ou, na U. R. S. S., pelos funcionários do Partido Comunista. Os administradores de corporações gigantescas numa economia capitalista, embora um tanto coagidos pelos sindicatos e, em certas ocasiões, pela política do govêrno, podem determinar a sorte de milhares de pessoas e, na verdade, em certos sentidos, de tôda uma sociedade por suas decisões sôbre financiamento, preços, programas de produção, salários e a localização das fábricas. Os detentores de cargos públicos são os exemplos mais patentes de pessoas que possuem não só poder mas também autoridade pois, promulgando ou impondo leis ou decidindo entre indivíduos ou entre indivíduos e o Estado, resolvem o que os outros podem, devem ou não podem fazer.

Como examinaremos mais tarde as instituições políticas, podemos deixar a maior parte de nossa discussão sôbre o poder e a autoridade para o capítulo 13. Cabem aqui mais duas observações apenas. Primeiro, visto que o Estado possui o monopólio legal da fôrça em tôdas as sociedades modernas, as demais formas de poder e autoridade estão presumìvelmente sujeitas ao contrôle político. O direito dos homens de negócios, dos líderes sindicais ou outros de tomarem decisões, que interessam a tôda a sociedade ou a grande número de pessoas dentro dela, pode ser limitado ou restringido pela ação política e pela legislação. Segundo, tendem a existir relações estreitas e significativas entre as instituições políticas e as atividades do govêrno, de um lado, e entre a estrutura das classes e a hierarquia do *status,* de outro. A não ser para propósitos de análise, o govêrno e a política não são elementos separados e independentes da sociedade. Se bem o Estado possa controlar outros aspectos da vida social, êle próprio está sujeito à influência de grupos sociais, que operam através de instituições aceitas ou, de vez em quando, através da ação revolucionária direta.

Embora o seu estudo seja essencial na análise *política,* o poder não se limita, de maneira alguma, ao govêrno. Existe o poder ilegítimo do bandido; o poder freqüentemente oculto ou obscurecido do chefe de partido e, às vêzes, do líder comercial; o poder reconhecido, mas informal, do árbitro social local; para não falarmos na autoridade e no poder combinados de pais, padres e até de professôres. Aqui nos interessa, entretanto, o poder, nu ou sustentado pelo mito ou pela lei, como característica sempre presente da estratificação social.

Classe, "status" e poder: relações recíprocas

As três principais dimensões da estratificação propendem, em conjunto, a unir-se, alimentando-se e apoiando-se umas às outras. A riqueza, a ocupação e o poder podem todos servir como critérios de *status*. Os papéis profissionais encerram amiúde autoridade e poder e a posse de bens possibilita o contrôle não sòmente de coisas mas, de certo modo, de pessoas. O *status* proporciona — ou bloqueia — o acesso a oportunidades de riqueza e poder. Grupos e interêsses econômicos desempenham, quase inevitàvelmente, parte importante no processo político, onde também podem refletir-se valôres de *status*. Mas cada forma de estratificação, como já se observou, tem seus próprios proponentes.

Alguns escritores, entre os quais avulta Marx, atribuem prioridade às bases econômicas das classes e ignoram ou apequenam outros aspectos da estratificação social. Argumentam outros que o poder constitui o elemento essencial da estrutura das classes [16]. Muitos sociólogos norte-americanos concentraram sua atenção sobretudo na classificação do *status*, relegando assim, implícita senão explìcitamente, os fatôres econômicos e políticos a uma posição secundária. Êsses pontos de vista contrastantes suscitam três problemas que se relacionam recìprocamente: haverá três dimensões de estratificação — classe, *status* e poder — de igual significação na vida da sociedade? Em suas relações recíprocas, será um dêles de maior ou menor importância? Em que condições se tornam êles mais ou menos importantes?

As respostas a essas perguntas refletem, não raro, os vários interêsses e orientações políticas dos cientistas sociais. Os que se interessam pela mudança social inclinam-se a atentar principalmente para os aspectos econômicos da estratificação ou para a consciência de grupo surgida, muitas vêzes, entre os que partilham da mesma posição de classe, e examinam a conexão entre interêsses econômicos e poder político. Os que se interessam pelas fôrças responsáveis pela estabilidade da ordem social propendem a dar maior ênfase à importância do *status* e dos padrões de consumo do que ao lugar que as pessoas ocupam no processo de produção.

O fato de ter a classe, o *status* ou o poder maior ou menor significação depende, por conseguinte, pelo menos em parte, das perguntas formuladas bem como da situação histórica que está sendo estudada. Isso quer dizer que amplas generalizações, como as que se seguem, são inevitàvelmente arriscadas. Por enquanto, porém, várias proposições parecem estar em ordem. No exame das formas e processos de *relações interpessoais,* a dimensão do *status* tem maior importância imediata no modelar a conduta do que o poder ou a classe. A "cavadora de ouro" pode pesar a bôlsa do seu admirador, mas a maioria das mulheres julga-o por suas maneiras e estilo de vida, embora, muito provàvelmente, tire também conclusões financeiras. Quem visita quem, quem é convidado para almoçar ou quem é cuidadosamente excluído da lista dos bons partidos matrimoniais, dos almoços e aperitivos, depende das opiniões predominantes sôbre aceitabilidade social (*status*).

Se, por outro lado, o interêsse principal reside em estudar os processos de *mudança social,* há considerável evidência de que os fatos de classe e poder são, em conjunto, mais importantes que os de *status.* A própria estrutura do *status,* a longo prazo, depende tanto das divisões de classe que desempenhará, com maior freqüência, antes um papel secundário que um papel primário. Max Weber apresentou o problema numa larga perspectiva histórica:

> Quando são relativamente estáveis as bases da aquisição e distribuição de bens, a estratificação pelo *status* é favorecida. Tôda repercussão tecnológica e tôda transformação econômica ameaçam a estratificação pelo *status* e trazem para o primeiro plano a situação de classe. As épocas e os países em que a nua situação de classe tem significação predominante são, normalmente, os períodos de transformações técnicas e econômicas. E todo retardamento das alterações das estratificações econômicas conduz, a seu devido tempo, ao crescimento de estruturas de *status* e ressuscita o papel importante do crédito social [17].

As íntimas conexões entre classe, *status* e poder, no entanto, são, às vêzes, contestadas e destruídas por outras fôrças, além das inovações tecnológicas e econômicas. Novas reivindicações de *status* podem provir de um grupo político nascente, bem como de uma classe econômica que se eleva. Assim como as novas classes costumam tentar adquirir os símbolos de *status* que lhes marcarão a superioridade, assim as elites políticas que se levantam procuram legitimar seu *status* e assegurar a deferência e o respeito apropriados ao seu poder recém-encontrado. Na busca dêsse objetivo, podem também apropriar-se antecipadamente dos recursos econômicos necessários. Mas à maneira que o *status* é reconhecido e assegurado, as reivindicações de crédito assumem maior importância, logrando um lugar igual, na hierarquia de valôres, ao dos interêsses econômicos e políticos.

Sistemas de estratificação

De certo ponto de vista a classe, o *status* e o poder representam os principais interêsses encontrados em qualquer sistema de estratificação. Os homens buscam o lucro econômico, aspiram à posição e à reputação social e procuram controlar os outros ou libertar-se do contrôle. Claro está que êsses interêsses não se excluem mùtuamente; tendem a fundir-se, e a realização de um conduz à realização dos demais, embora determinada sociedade possa acentuar um dêles em detrimento dos outros. Tais interêsses, entretanto, tomam forma e principiam a operar dentro de uma estrutura de classes, grupos de *status* e uma hierarquia de poder, que divide os membros da sociedade numa série de grupos ou categorias, que freqüentemente se sobrepõem.

A análise da estrutura ou do sistema de estratificação em qualquer sociedade requer que se atente, pelo menos, para as seguintes condições:

(1) o número e o tamanho das classes e dos grupos de *status;*

(2) a quantidade de movimento de indivíduos e famílias de um grupo para outro (mobilidade social);

(3) a nitidez das linhas divisórias dos grupos, evidenciada nas diferenças prontamente manifestas de comportamento ou estilo de vida e na extensão da consciência de classe;

(4) as bases específicas da divisão — a espécie e a quantidade de bens que os homens possuem, as ocupações a que se dedicam e os valôres de que deriva o *status;*

(5) a distribuição de poder entre as diversas classes e grupos de *status.*

Dessas condições, duas — a quantidade de mobilidade e a nitidez com que se definem linhas divisórias de classes e *status* — têm sido usadas para distinguir tipos de sistemas de estratificação. Os Estados Unidos, a União Soviética e, na realidade, a maioria das sociedades industriais possui uma estrutura de classes relativamente *aberta,* em que o *status* se baseia principalmente na consecução, e os movimentos de subida e descida da escala social são possíveis e relativamente freqüentes. Na Índia e na maioria das sociedades tradicionais, o sistema de estratificação é relativamente fechado (embora essa situação pareça estar-se modificando ràpidamente); em sua maior parte o *status* é atribuído e a mobilidade individual, limitada. Os sistemas de estratificação aberto e fechado são, às vêzes, descritos pelos têrmos *classe* e *casta* [18]. *Transmissão* e *competição* têm sido usadas, de maneira idêntica, em lugar de atribuição e consecução [19].

As situações reais a que se aplicam essas distinções (como ocorre com tantas distinções na ciência social) não oferecem contrastes nítidos nem rígidos. Nas sociedades abertas o *status* e a posição de classe são muitas vêzes influenciados por conexões familiais ou pela herança; os filhos de pais ricos têm maiores probabilidades de ser ricos do que os filhos de pais pobres — muito embora existam oportunidades para o pobre elevar-se ou para o rico afundar-se. E nas sociedades fechadas ou de casta há certa margem para a consecução individual, mormente em novas ocupações, como também a possibilidade de que um grupo inteiro modifique sua posição. Ainda que caracterizemos as sociedades como abertas ou fechadas, de classes ou de castas, cada caso representa, inevitàvelmente, certa mistura ou combinação dos princípios de atribuição e consecução, de transmissão e competição.

Os sistemas de estratificação diferem na clareza com que as classes, os grupos de *status* e as divisões políticas são definidas pelas atitudes e práticas de grupos. Parsons sugeriu que a estratificação nos Estados Unidos, por exemplo, se caracteriza por

> Sua relativa frouxidão, ausência de nítida hierarquia de prestígio, exceto em sentido muito amplo, ausência de elite de cúpula inequívoca, ou classe dominante; fluidez de graduações, bem como mobilidade entre os grupos e, a despeito das implicações de prestígio da meta generalizada do sucesso, relativa tolerância com os muitos caminhos diferentes para o êxito [20].

Nas sociedades mais tradicionais, o *status* evidencia-se com maior clareza nos trajos ou na fala, nos padrões aceitos de deferência ou dominação entre superiores e inferiores, nas nítidas distinções entre diferentes grupos profissionais. Na Europa medieval, os *estados* feudais — clero, nobreza e camponeses — eram separados não apenas por costumes e atitudes, senão também por prescrições legais, que definiam as relações recíprocas dos grupos e as obrigações de cada qual dentro da estrutura social. Quando as linhas divisórias de classe e *status* são relativamente nítidas, tendem também, com mais freqüência, a coincidir; pode-se mais amiúde predizer o *status* de uma pessoa por sua posição de classe e vice-versa num sistema de estratificação "fechado" ou estreitamente integrado, do que num sistema frouxamente estruturado, onde as relações entre ocupação ou propriedade e posição social são modificadas por muitos outros critérios de *status*.

Conquanto a "abertura" e a "frouxidão" de um sistema de estratificação pareçam relacionar-se, há evidência de que podem ser relativamente independentes. Por exemplo, a proporção de mobilidade social nos Estados Unidos parece aproximadamente idêntica à que se observa na Inglaterra e em outros países europeus, se bem as divisões de classes e *status* européias sejam, de hábito, mais nítidas e mais francamente reconhecidas [21].

As relações recíprocas entre os muitos atributos dos sistemas de estratificação podem ser ilustradas pelo exame de três casos: o sistema de castas hindu, com divisões nítidas, pequena mobilidade individual e a dominação do *status* herdado; a estrutura de classes soviética, relativamente aberta, que surgiu numa sociedade totalitária, dominada pela burocracia política e cuja ideologia nega a existência de classes; e o sistema relativamente aberto dos Estados Unidos, com linhas divisórias de classes e *status* fluidas e vagamente definidas, volume considerável de mobilidade social e ideologia igualitária, que coexiste com distinções reconhecidas de classes e *status*.

O sistema de castas hindu

As castas na Índia — com sua rígida ordem de posições, diferenças nítidas de castas, *status* atribuído por ocasião do nascimento e virtualmente imutado e imutável, mobilidade individual mínima ou inexistente e relações institucionalizadas entre as castas — proporcionaram o modêlo para a definição sociológica da casta em geral. (O têrmo *casta* originalmente possuía apenas significação local; chegados à Índia no século XVI, os portuguêses aplicaram sua palavra *casta* (raça ou linhagem) aos diferentes grupos indianos que encontraram, talvez como tradução do *varna* hindu, que significa côr, mas também se aplica a casta. Com o correr do tempo, os atributos da casta indiana deram ao têrmo um significado geral, libertando-o do contexto indiano e permitindo-lhe a aplicação a outras estruturas sociais, mais ou menos semelhantes.)

A sociedade indiana é usualmente dividida em quatro castas inclusivas — os *brâmanes,* ou sacerdotes, os *xátrias,* ou guerreiros, os *vaicias,* ou mercadores e os *sudras,* ou camponeses e trabalhadores. Há, além disso, os *párias* ou *intocáveis,* expulsos de sua casta, em suas próprias pessoas ou nas pessoas de seus antepassados, por transgressão dos códigos rìgidamente impostos de comportamento de casta. Em 1931, ano de que datam os algarismos mais recentes, aproximadamente 6 por cento da população hindu da Índia eram constituídos de brâmanes, pouco mais de 70 por cento pertenciam a outras castas e mais de 20 por cento eram intocáveis.

Essa divisão óbvia proporciona apenas uma aproximação inicial de uma ordenação hierárquica muito complexa da sociedade. O recenseamento de 1901, o último que forneceu dados razoàvelmente completos por castas, enumerou mais de 2 300 castas principais. Nem mesmo esta cifra elevada denota adequadamente a complicação ou complexidade da estrutura, pois a maioria das castas, incluindo os párias, é ainda subdividida em subcastas. Em 1891, sòmente duas castas, segundo se referia, possuíam, cada uma, 1 700 subcastas. Em 1931, um Estadozinho com uma população de apenas 350 000 habitantes registrava quase 400 subcastas entre os brâmanes e mais de mil castas de rajaputros (uma das maiores castas entre os xátrias). Estudo recente estimou haver mais de 10 000 grupos de castas, "cujos membros se consideram do mesmo sangue e do mesmo *status* ritual" [22].

Tamanha proliferação reflete, em parte, a extensão e a diversidade da própria Índia. Em cada região e localidade a estrutura de castas criou formas distintivas; o caráter eminentemente local da sociedade indiana deixou a cada aldeia ou área plena liberdade para seguir as próprias linhas de desenvolvimento. Poucas castas, portanto, se estendem por tôda a sociedade indiana. A estrutura atual, funcionalmente significativa, vê-se melhor, por conseguinte, nas formas que assume em aldeias específicas. A Tabela 3 mostra a hierarquia de castas em Bispara, aldeia de 685 habitantes na Índia Oriental, tal como existia em 1953.

Estrutura muito diferente emergiu em Shamirpet, aldeia da Índia Central, que contava, em 1951, com pouco menos de 2 500 habitantes, 340 dos quais eram muçulmanos. A hierarquia de castas de Shamirpet encontra-se na Tabela 4. Embora o sistema de castas esteja ìntimamente ligado ao hinduísmo, sua influência na sociedade indiana é tão difundida que tende a incorporar outros grupos religiosos — muçulmanos e cristãos — na estrutura hierárquica. Em Shamirpet, os muçulmanos constituem um grupo com características de casta mais ou menos no nível das castas agrícolas. Em Bispara, cristãos e muçulmanos vieram também a ocupar posições de certo modo claramente definidas na estrutura, embora haja exceções individuais. Visto que muitos muçulmanos e cristãos são convertidos do hinduísmo, limitam-se geralmente a conservar seus lugares na ordem das castas, a despeito da mudança de religião.

TABELA 3

HIERARQUIA APROXIMADA DE CASTAS EM BISPARA

A.	Hindus Superiores	1	Brâmane
		2	Guerreiro
		3	Pastor
			ou Destilador *
			ou Escritor
			ou Oriya
		4	Pescador
		5 +	Cerâmico Kond §
		6 +	Pastor Kond
		7 +	Cristão
		8 +	Muçulmano
B.	Hindus Inferiores	1	Homem do templo
		2	Barbeiro
		3	Lavador
		4	Tecelão
	Linha de Poluição		
C.	Intocáveis	1	Pária
		2	Cesteiro
		3	Varredor

* A palavra *ou* indica que os grupos de casta sob êsse número disputam precedência.

+ Êstes grupos de casta são considerados não hindus. Entretanto, os informantes puderam situá-los no quadro de precedência. No caso dos convertidos ao cristianismo e ao islamismo, sua posição depende da casta dos antepassados pagãos. Párias convertidos, por exemplo, continuam intocáveis.

§ *Kond* refere-se aos residentes aborígines da área sujeitada pelos hindus invasores.

F. G. Bailey, *Caste and the Economic Frontier* (1958), p. 8. Reproduzida com licença da Manchester University Press.

A casta ministra o arcabouço fundamental de organização da sociedade indiana, sobretudo nas aldeias. A extensão de sua influência colhe-se dos seguintes fatos:

1. A qualidade de membro de uma casta é hereditária; e, com exceção dos que perdem a casta, é vitalícia.

2. O matrimônio geralmente se restringe ao interior da casta, embora a *hipergamia,* casamento entre um homem de *status* mais elevado e uma mulher de *status* inferior, seja às vêzes permitido.

3. A maioria das relações entre membros das diversas castas é definida e limitada pelas normas das castas. A intimidade social entre castas superiores e inferiores é geralmente defesa, particularmente o comerem e o bebêrem juntos. Qualquer contato com os párias — os intocáveis ou *harijans* — é considerado maculador; isto é, torna o casto hindu ritualmente impuro e exige apropriadas cerimônias de purificação reparadora.

4. Como o ilustram as Tabelas 3 e 4, a casta, de ordinário, está muito ìntimamente ligada à ocupação, transmitida de pai para filho, embora menos nas cidades do que nas aldeias. "O *dharma* (isto é, as normas do proceder e viver corretos) exige que os membros de uma casta sejam fiéis à sua profissão ou profissões de casta tradicionais hereditárias" [23]. Entretanto, nem todos os homens o fazem. Numa aldeia da Índia Central, muito bem estudada, três quartas partes dos homens adultos seguiam as ocupações tradicionais da casta. A maior parte dos outros, contudo, dedicava-se à lavoura, uma ocupação que, como a criação de gado, é franqueada a membros de tôdas as castas. Outras alterações profissionais toleradas diziam respeito a profissões do mesmo nível de "purezas" ou "impureza ritual" [24].

As relações entre castas incluem, muitas vêzes, obrigações estabelecidas entre pessoas de casta diferentes, que prestam umas às outras determinados serviços. Em Shamirpet, por exemplo, o carpinteiro conserta os petrechos dos lavradores e periòdicamente lhes proporciona novos implementos; em compensação, duas vêzes por ano, recebe parte das colheitas. Da mesma forma, um barbeiro ligado à família de um tecelão, dêle recebe regularmente algum pano em troca dos seus serviços. Assim, às vêzes, ligam-se as castas numa rêde complexa de interdependência econômica.

5. A não conformidade aos requisitos de casta pode resultar na expulsão da casta e no corte de todos os laços advindos da qualidade de membro do grupo. No correr dos séculos, os párias, que transmitem aos filhos seu *status* despojado, dividiram-se em castas próprias, baseadas principalmente nas funções que exercem — quase sempre as menos desejáveis, ritualmente impuras e mais mal remuneradas, embora alguns *harijans* se aproveitassem de novas ocupações para granjear riqueza e buscar poder.

6. Cada casta tem um corpo central organizado, que lhe impõe as normas. Se bem as autoridades da casta variem na eficácia, servem para controlar o comportamento dos membros punindo — ou ameaçando punir — as violações. Por exemplo, numa aldeia, um rajaputro de alta posição foi acusado de manter relações sexuais ilícitas com uma mulher muçulmana; expulso de sua casta, só lhe permitiram

retornar a ela depois que êle renunciou às relações com a mulher e concordou em pagar os consertos do templo e o custo de um nôvo piso de mármore.

TABELA 4

HIERARQUIA APROXIMADA DE CASTAS EM SHAMIRPET

1. Hindus Superiores	Brâmanes (Sacerdotes)	
	Comerciantes (*Komti*)	
2. Castas profissionais *	Agricultores	(Kapu-Reddi)
	Cermâmicos	(Kummari)
	Pastôres	(Golla)
	Agricultores	(Kapu-Mattarasi)
	Tecelões	(Sale)
	Sangradores de palmeiras	(Gaondla)
	Lavadores	(Sakali)
	Barbeiros	(Mangali)
	Trabalhadores em pedras	(Vaddar)
	Caçadores e esteireiros	(Erkala)
	Cantores	(Pichla-Kuntla)
3. Castas intocáveis	Mala	
	Madiga	

* As castas incluídas nas mesmas chaves estão, aproximadamente, no mesmo nível. S. C. Dube, *Indian Village* (1955), pp. 36-7. Reproduzida com permissão de Routledge & Kegan Paul Ltd., London.

7. A mobilidade numa sociedade de castas, exceto para os que perdem a casta, é, tìpicamente, mais uma questão coletiva do que individual. Dentro de uma casta uma pessoa pode melhorar sua posição, mas, de regra, só poderá mudar sua posição de casta se o grupo todo — linhagem ou casta — conseguir elevar-se. As castas elevam-se na hierarquia copiando o comportamento que se espera de castas superiores, particularmente no tocante ao que se come. O grupo móvel em ascensão também se recusa a comer ou a manter qualquer contato íntimo com os que agora pretende ter superado. Essa mobilidade firma-se, caracterìsticamente, num progresso econômico anterior, que faculta maior liberdade de ação e por si mesmo provoca o respeito dos outros.

Êste breve esbôço descreve apenas algumas das principais características estruturais do tradicional sistema de castas da Índia. Pouca justiça faz à extraordinária complexidade do sistema, às muitíssimas maneiras pelas quais êle modela o pensamento, o sentimento e a conduta do povo indiano, ou às inúmeras mudanças que se verificaram, tanto locais quanto nacionais, no decorrer dos muitos séculos durante os quais sobreviveu.

Sua notável persistência tem várias causas. Os principais contornos do sistema, cujas origens são incertas, mas que perdura há 3 000 anos, modificando-se continuamente na constituição interna porém persistindo nas características fundamentais, estão definidos nos antigos escritos sacros do hinduísmo, que oferecem relatos míticos da diferenciação de castas. O hinduísmo também contém uma crença na reincarnação; o lugar de uma pessoa na ordem das castas é determinado pela obediência do indivíduo aos requisitos de sua casta na existência anterior e por sua devoção religiosa — e é, portanto, imutável. Uma das funções principais da crença religiosa — neste caso como em muitos outros — consiste, portanto, em sustentar a ordem existente. Os brâmanes dominantes tiram sua superioridade, em grande parte, do contrôle que exercem sôbre o ritual religioso.

Em qualquer sistema firmemente estabelecido, observa-se uma inércia considerável entre os membros dos extratos inferiores, que os desacorçoa de tentar mudanças. Êsses grupos carecem de conhecimentos, da consciência de determinadas alternativas e de suficiente domínio dos recursos para poderem encetar uma ação efetiva. Entre as pessoas analfabetas e pouco esclarecidas, a tradição, por mais cruelmente que pese sôbre elas, exerce domínio vigoroso e inflexível. Ainda que sejam manifestamente explorados e suprimidos, criam também certos "interêsses absolutos" por um sistema que proporciona uma espécie de segurança de *status* e uma orientação psicológica, que, em grande parte, atalha os esforços individuais para modificar o próprio *status* bem como qualquer ação coletiva que vise a uma ampla reforma social ou à revolução.

Se os intocáveis, que padecem de graves incapacidades, desprezarem a justificação religiosa do seu *status* e procurarem modificar o sistema, terão pela frente a resistência dos ocupantes dos níveis mais altos da hierarquia, que têm grandíssimo interêsse em conservar as coisas como estão. E visto que há substancial correlação entre *status*, posição econômica e poder político, os grupos superiores se encontram em posição privilegiada para resistir aos esforços de mudança. Numa aldeia, os intocáveis foram surrados e suas choças queimadas quando se recusaram a executar as tarefas que habitualmente lhes cabem, tais como "retirar as carcaças de reses mortas das casas das castas superiores, tocar o tambor nas festas das divindades da aldeia e retirar as fôlhas sôbre as quais castas superiores fizeram suas refeições durante as festas e os casamentos". Em outra aldeia, os intocáveis se queixaram de que o chefe da aldeia não lhes dera o dinheiro destinado pelo Govêrno Provincial a realizar melhorias em suas choças. A casta superior dos camponeses justificou a não obediência à política do govêrno afirmando "que os intocáveis haviam gasto em bebida o dinheiro que lhes fôra dado, o que mostrava que os intocáveis não poderiam ser melhorados" [25].

Entretanto, os últimos cem anos viram em ação fôrças novas, que parecem estar influindo, de maneira significativa, nos antigos padrões. Os inglêses, de um modo geral, não fizeram esforços para alterar o sistema, preferindo trabalhar com êle a trabalhar contra êle, utilizando sempre que possível as instituições existentes no intuito de manter seu próprio poder e contrôle. Algumas das mudanças introduzidas pelos inglêses serviram para estimular o sentimento de casta e aumentar sua importância dentro da sociedade indiana. Assim, a maior facilidade de comunicações e o colapso de velhas unidades territoriais estimulou a organização de castas e conduziu à fundação de publicações de castas, destinadas a incentivar a lealdade à casta e a defender-lhe os interêsses. Por outro lado, a introdução de um código criminal uniforme enfraqueceu a autoridade dos conselhos de casta; várias medidas foram tomadas a fim de proteger os direitos dos intocáveis e eliminar muitas de suas limitações.

As mudanças econômicas iniciadas durante o período da dominação inglêsa e, mais recentemente, aceleradas pelos esforços indianos para industrializar e elevar os padrões de vida, puseram em movimento processos que estão tendo considerável impacto sôbre as castas. Novas indústrias, novos empregos e novas técnicas afetam inevitàvelmente os papéis e relações tradicionais e criam novos, embora muitas inovações possam ser — e tenham sido — prontamente incorporadas no sistema. O movimento aumentado das aldeias para as cidades afasta as pessoas de coações tradicionais, embora se observe certa tendência por parte dos membros da mesma casta de se reunirem nos centros urbanos e para fazer da qualidade de membro de uma casta a base da atividade social e política organizada.

Principalmente através dos esforços do Mahatma Gandhi e de seu sucessor, Jawaharlal Nehru, promulgaram-se leis para melhorar a sorte dos intocáveis, assegurando-lhes o acesso à educação, aos empregos e às observâncias religiosas. A Constituição adotada quando a Índia logrou sua independência, em 1947, incluía proteção e defesa dos que se encontravam nos últimos níveis da estrutura de castas. Se bem tais medidas surtam algum efeito, só lentamente puderam chegar às aldeias em que vive a maioria dos indianos, onde a tradição é fortíssima, o poder tende a concentrar-se nas castas superiores, e se nota pronunciada tendência para resistir às inovações.

Os valôres sôbre os quais repousava a antiga hierarquia sofreram também o influxo das mudanças em larga escala que se verificaram, incluindo particularmente a extensão das oportunidades educacionais. Os que se instruem têm maiores probabilidades de conseguir posições importantes na vida coletiva da aldeia, seja qual fôr sua casta. Elevando a própria posição, melhoram a posição de sua casta, e tendem também, graças à sua experiência fora da comunidade local, a acolher de bom grado as inovações econômicas e políticas, que podem ter efeitos a longo prazo sôbre o sistema de castas.

A despeito dessas fôrças em ação, todavia, o vigor da ordem das castas e sua resistência à mudança não devem ser subestimados. A sociedade indiana é tão pesadamente dominada pelo sistema de castas — provê um lugar na sociedade para quase tôdas as pessoas, define relações importantes entre elas, está intimamente ligada à religião, à organização econômica e às instituições políticas — que não pode ser fàcilmente substituída. E sua persistência por vários milênios prova-lhe a adaptabilidade às pressões de circunstâncias mutáveis.

As classes numa sociedade "sem classes": a União Soviética

Um dos alvos confessados do marxismo é a sociedade sem classes. Por conseguinte, logo após conquistarem o poder na Rússia, em 1917, aboliram os comunistas, por decreto, "tôdas as classes da sociedade até agora existentes na Rússia, tôdas as divisões de cidadãos, tôdas as distinções e privilégios de classe, organizações e instituições de classe" [26]. Entretanto, as estruturas sociais não reagem prontamente a decretos e os governantes soviéticos lidaram por atingir a meta confessada confiscando a propriedade privada, igualando os salários e definindo novos papéis para o partido comunista, os sindicatos, os sovietes e outras organizações recém-estabelecidas. O impulso oficial para o igualitarismo continuou, embora com recuos ocasionais, até 1931, quando Stalin inverteu as operações, atacou o "tráfico de igualdade" e iniciou uma série de medidas que ajudaram grandemente a restabelecer e reforçar as diferenças de classes.

Essa inversão foi precipitada por dificuldades oriundas da industrialização forçada, iniciada em 1928 com o Primeiro Plano Qüinqüenal. A escassez de mão-de-obra qualificada, a grande renovação de pessoal e a posição ambígua de administradores e técnicos — suspeitos num Estado "proletário" — eram problemas prementes. A fim de criar incentivos para a aquisição de habilidades, o aumento da produção e a aceitação da autoridade e da responsabilidade, introduziu-se o sistema de empreitada, assim na indústria como nas fazendas, e ofereceram-se salários mais elevados e outras gratificações ao profissional adestrado e ao pessoal técnico. Com o correr do tempo novas recompensas foram prometidas a trabalhadores qualificados, administradores industriais, profissionais liberais e outros grupos, de cujos serviços eficientes e seguros havia urgente necessidade.

O regime soviético justificou o restabelecimento da desigualdade alegando tratar-se de medida temporária para prosseguir na transição do socialismo ("de cada um de acôrdo com sua habilidade, a cada um de acôrdo com sua habilidade") para o comunismo ("de cada um de acôrdo com sua habilidade, a cada um de acôrdo com suas necessidades"). Essa justificativa ideológica, no entender de certos sociólogos e outros autores, não deve obscurecer o que êles encaram como a necessidade funcional de estratificação em qualquer sociedade industrial complexa. Os líderes soviéticos, entretanto, enfrentaram o enorme problema de industrializar ràpidamente uma sociedade em sua quase totalidade rural e analfabeta. Nessa difícil situação, Stalin anunciou uma política que prometia rápidos resultados. Numa sociedade diferente, outras formas de desigualdade, ou talvez uma desigualdade menor, talvez exercessem as mesmas funções. E ainda que certa desigualdade seja conseqüência inevitável numa sociedade em que é complexa a divisão de trabalho — como provàvelmente o será — sua natureza e extensão continuam a ser questões ainda não solucionadas.

À luz comunista, entretanto, não há diferenças significativas de classes na União Soviética. Visto que as classes se baseiam, consoante a teoria marxista, sôbre a propriedade ou não de bens, não pode haver classes numa sociedade em que, como na União Soviética, todos os bens de produção pertencem ao Estado. Em 1936, num relatório sôbre a nova Constituição proposta e subseqüentemente adotada, Stalin distinguia entre as classes de camponeses e trabalhadores, de um lado, cujos limites recíprocos, afiançava, tinham desaparecido e, de outro lado, um *stratum* (e explìcitamente *não* uma classe) de "*intelligentsia* trabalhadora" — os profissionais liberais, técnicos e administradores. Essa formulação é geralmente aceita como o ponto de vista soviético oficial.

A importância do ponto de vista oficial, entretanto, não reside em sua fidedignidade como descrição da sociedade soviética, mas no papel que representa na própria vida soviética. Assim como algumas fôrças dinâmicas da vida norte-americana podem ser rastreadas até a discrepância entre a doutrina democrática de oportunidade igual e os fatos da desigualdade institucionalizada, assim é possível que as diferenças entre os fatos da estrutura social soviética e o retrato oficial dessa estrutura constituam fonte importante de ação e política. Seria êste o caso, por exemplo,se o regime reconhecesse a contradição entre a ideologia e a realidade e buscasse fazer alguma coisa para eliminá-la, ou se negasse a incoerência mas, não obstante, precisasse enfrentar-lhe as conseqüências.

Como sociedade industrial, com suas exigências tecnológicas, suas necessidades de habilitações especiais e seus requisitos de organização, a União Soviética criou grupos profissionais semelhantes aos dos Estados Unidos, da Inglaterra e da França. Com a crescente industrialização, a proporção de camponeses numa sociedade outrora preponderantemente rural (mais de 80 por cento dos russos eram camponeses em 1914) caiu continuadamente e, em 1959, constituía pouco mais da metade da população — e continuou a declinar. À medida que diminuía o número de camponeses, multiplicou-se o número de trabalhadores industriais, êste último um tanto mais depressa do que o primeiro. A Tabela 5 (extraída de uma fonte soviética) indica a extensão das mudanças verificadas nessas classes entre 1939 e 1963; trata-se, provàvelmente, de tendências a longo prazo, que é lícito esperar que continuem.

TABELA 5

MUDANÇAS NA ESTRUTURA DAS CLASSES NA U. R. S. S., 1939-1963

Grupo profissional	*Percentagem dos empregados remunerados* 1939	1959	1963
Trabalhadores (urbanos e rurais)	32,19	48,2	73,6
Não manuais (urbanos e rurais)	17,54	20,1	
Agricultores coletivos	44,61	31,4	26,3
Camponeses individuais e artesãos não reunidos em cooperativas	2,60	0,3	0,1
Totais	96,94 *	100,0	100,0

* Os 3,06 por cento restantes não são explicados.
A. I. Aitov, "Some Peculiarities of the Changes in Class Structure in the U. S. S. R.", *Soviet Sociology,* IV n.º 2 (Outono de 1965), 3.
Reproduzida com licença do International Arts and Sciences Press.

Dentro dessas grandes categorias, entretanto, há subdivisões importantes. Numa análise da estratificação social na União Soviética, em 1950, Alex Inkeles dividiu a população da seguinte maneira:

1. A elite governante, pequeno grupo representado por altos funcionários do Partido, do govêrno, econômicos e militares, cientistas preeminentes e artistas e escritores escolhidos.

2. A *intelligentsia,* composta das posições intermediárias das categorias acima citadas, além de alguns especialistas técnicos importantes.

3. A *intelligentsia* geral, que abrange a maior parte dos grupos profissionais, as posições médias da burocracia, administradores de pequenas emprêsas, jovens oficiais militares, técnicos, etc.

4. O grupo dos trabalhadores de gravata, em sua maior parte sinônimo do têrmo soviético para designar empregados, que vai desde os pequenos burocratas, passando por contadores e guarda-livros, até o nível dos funcionários comuns e empregados de escritório.

. A classe obreira também foi acentuadamente diferenciada e abarca:

1. A "aristocracia" da classe operária, isto é, os trabalhadores mais altamente qualificados e produtivos...

2. O grosso dos trabalhadores, entre os quais os ocupantes de um dos graus inferiores de habilitações, que percebem um pouco mais ou um pouco menos que o salário comum de todos os trabalhadores.

3. Os trabalhadores desfavorecidos, que, segundo se calcula, incluem uma quarta parte da fôrça de trabalho, cujo nível baixo de aptidões e ausência de produtividade ou iniciativa os conservam próximos do nível do salário mínimo.

Os camponeses, embora constituam um grupo homogêneo, foram também divididos em subgrupos, que se distinguem perfeitamente:

1. Os camponeses prósperos, ou sejam, os particularmente beneficiados pela localização, fertilidade ou natureza das culturas de suas fazendas coletivas — isto é, os que vivem nas chamadas fazendas "milionárias" — e aquêles cujo ofício, aptidões ou aumento de produtividade os promovem às classificações mais elevadas de rendimento, até nas fazendas menos prósperas.

2. O camponês médio, que vai deslizando para os grupos de camponeses menos produtivos ou mais pobres.

Havia, além disso, o grupo residual dos que se encontravam nos campos de trabalhos forçados e que se acham realmente fôra da estrutura formal de classe... [27].

A despeito das mudanças no tamanho relativo de alguns dêsses grupos (e a provável eliminação dos trabalhos forçados) tais categorias, muito provàvelmente, ainda descrevem com exatidão as divisões existentes na sociedade soviética — ou pelo menos com a exatidão possível sem um minucioso estudo *in loco.* As diferenças entre a *intelligentsia,* os trabalhadores e os camponeses estão estreitamente ligadas a variações de rendimento e prestígio, embora a "aristocracia" da classe operária pareça situar-se em posição mais elevada e ganhar mais do que certos empregados de gravata, como acontece também nos Estados Unidos, e uns poucos agricultores coletivos se encontrem em melhor situação do que o operário médio. As diferenças de rendimento são tão grandes, talvez até maiores, quanto nos Estados Unidos e em outros países ocidentais. Não sòmente há diferenças substanciais entre o que ganha um trabalhador comum e um importante administrador industrial ou um dos acadêmicos mais em evidência, mas também não existe um impôsto progressivo de renda que atenue a diferença; o impôsto máximo é de 13 por cento, em confronto com 70 por cento nos Estados Unidos. Além disso, os círculos mais altos da sociedade soviética usufruem vantagens adicionais: choferes e automóveis, residências melhores, *dashas* (casas de campo), colônias de férias, não acessíveis ao público em geral e recompensas especiais de várias espécies por assinaladas consecuções.

A par dessas diferenças de rendimento e ocupação surgem vários estilos de vida, que se refletem nas cenas de uma grande loja comercial soviética ou de uma rua da cidade: mulheres camponesas, que lá se acham de visita, com roupas grosseiras e uma *babushka;* bem vestidas e cuidadosamente maquiladas espôsas de profissionais liberais e administradores; espôsas de operários menos pobremente vestidas do que as camponesas mas ainda muito distantes da bem posta e quase elegante *intelligentsia.* À medida que os artigos produzidos em massa só lentamente se tornam acessíveis a preços baixos à maioria dos trabalhadores, as diferenças de rendimento acarretam acentuada variação nos estilos de vida — nas casas, nas roupas e nos ócios. Tais diferenças, todavia, são parcialmente atenuadas pelo serviço médico gratuito, pelas pensões para os velhos, pelos serviços sociais acessíveis e pelas baixas tarifas de certos serviços públicos, como o transporte.

Num estudo baseado em entrevistas feitas com asilados soviéticos em 1950 e 1951, Inkeles, Bauer e Kluckhohn descobriram que havia também diferenças de classes nas atitudes em relação ao regime, ao partido, ao trabalho que executam e a outros aspectos da sociedade soviética [28]. (Veja a Tabela 17 no capítulo 13.) Embora se tenham verificado, sem dúvida, mudanças a partir dêsse tempo, há indícios de que perduram as diferenças de atitudes entre os camponeses, os trabalhadores e a *intelligentsia.* No entanto, por mais importantes que sejam, essas diferenças não representam, necessàriamente, um sinal de consciência pronunciada de classe ou de efetiva organização de classe. O govêrno envida ingentes esforços, aparentemente bem sucedidos, para obviar a qualquer atividade de organização livre que fuja ao seu contrôle, pois os grupos independentes são uma base potencial de oposição política.

A divisão fundamental na vida soviética, asseveraram alguns estudiosos, ocorre entre o Partido Comunista, com cêrca de 7 milhões de membros em 1952 e quase 9 milhões em 1961, e o resto da sociedade soviética — ou entre o pequeno grupo que domina a sociedade e o resto da população. Como o poder está concentrado nas mãos do Partido, sobretudo sua liderança, as diferenças entre as classes, provenientes dos arranjos institucionais existentes — diferenças de rendimento, acesso preferencial a lojas ou colônias de férias, proporções do impôsto de renda, etc. — são potencialmente passíveis de modificação. O que o regime dá, pode tirar e, pelo menos durante o primeiro quarto de século após a revolução de 1917, a política em relação aos diferentes grupos da sociedade soviética flutuou consideràvelmente.

A qualidade de membro do partido, entretanto, não é eqüitativamente distribuída; os camponeses são parcamente representados, a representação da *intelligentsia* é maciça. Esta situação, em grande parte, resulta de um esfôrço sistemático, iniciado no meado da década de 1930, para incluir as principais figuras na sociedade soviética— engenheiros e cientistas, funcionários administrativos do govêrno e da indústria, soldados, estudiosos e os trabalhadores mais produtivos. Malgrado os esforços para ampliar a base social dos membros do partido, êste ainda contém um número desproporcionado, embora manifeste lenta tendêndia a diminuir, de elementos tirados da burocracia oficial-administrativa [29].

Se a composição social do partido virá ou não a exercer, a longo prazo, influência sôbre sua política é altamente problemático. Os interêsses distintos dos grupos superiores, na medida em que existem ou se tornam manifestos, podem entrar em conflito com as necessidades do partido e do regime, e com a ideologia que professam. No caso de se verificarem tais diferenças, não se sabe o que pode acontecer, mormente porque outros grupos também podem buscar seus próprios interêsses — a política militar e a polícia secreta, por exemplo. A eliminação, em 1956, das taxas que gravavam a educação superior, introduzidas em 1940, e a decretação de várias outras medidas de igualização, tendentes a diminuir as vantagens da *intelligentsia* abastada, pareceria indicar que outros fatôres, além dos interêsses de "classe", estavam em ação. A longo prazo, os interêsses do partido e das fileiras superiores poderão coincidir e, onde êles divergem, as necessidades práticas do regime, muito provàvelmente, predominarão. (Um livro recente (1966) argumenta, entretanto, que a elite profissional, científica e técnica, está firmando sua autonomia em relação ao contrôle do partido e ameaça — ou promete — desempenhar no futuro, papel muito mais vigoroso e independente [30].)

A possibilidade de surgirem diferenças políticas baseadas em classes, entretanto, é atenuada pelo alto grau de mobilidade social encontrado na União Soviética. Se bem os filhos da *intelligentsia* possuam vantagens óbvias — obtêm aceitação mais pronta nas instituições educacionais avançadas e nas melhores escolas, adquirem conhecimentos, habilidades e relações sociais que lhes conferem vantagens na competição pelos postos — a rápida industrialização abriu muitas oportunidades novas para a mocidade soviética capaz e ambiciosa. A extensão da educação à população inteira possibilitou a inúmeros filhos de camponeses e trabalhadores alcançarem altas posições no partido, na indústria, nas profissões. À maneira que se desenrola o processo de industrialização e diminui a população rural, considerável mobilidade persistirá, sem dúvida, aliada à probabilidade maior de que os filhos dos que já pertencem aos grupos superiores sejam mais bem sucedidos do que os outros. O "homem que se faz por si mesmo" é uma realidade soviética, embora sua realização se verifique dentro do complexo aparelho estrutural de uma sociedade planejada e centralmente controlada.

As classes nos Estados Unidos

À diferença da Índia, onde o sistema de estratificação conservou suas características principais por muitos séculos, e à diferença da União Soviética, que derrubou um sistema de classes e só em época relativamente recente emergiu do feudalismo numa violenta explosão revolucionária, os Estados Unidos experimentaram uma mudança gradual, porém continuada, nas estruturas tanto das classes quanto do *status*. Algumas indicações dos traços principais da estrutura de classes e suas modificações podem ver-se na Tabela 6, que apresenta a distribuição profissional em 1870, 1910, 1950 e 1960.

A mudança central na estrutura de classes foi a transformação por que passou a classe média. Durante a maior parte do século XIX, êsse grupo se constituiu principalmente de lavradores e homens de negócios independentes. A proporção e, recentemente, o próprio número absoluto de lavradores não cessou de diminuir; hoje em dia, menos de 4 por cento da fôrça de trabalho consiste em proprietários e administradores de fazendas. A proporção de empresários independentes, incluídos na categoria censual de "proprietários, administradores e funcionários", permaneceu constante durante o passar dos anos, embora sua importância na economia e seu *status* na sociedade hajam declinado à medida que as grandes corporações passaram a dominar a vida econômica da nação.

Enquanto a "velha classe média" de lavradores e homens de negócios independentes diminuía de tamanho (particularmente os lavradores) e importância, a "nova classe média" de empregados de gravata — balconistas, vendedores, profissionais assalariados, técnicos —

crescia regularmente. Balconistas, vendedores e empregados similares hoje compreendem cêrca de um quinto da população trabalhadora total; somados aos profissionais liberais, funcionários e administradores, incluem bem mais de um têrço. Foi a elevação dessa nova classe

TABELA 6

DISTRIBUIÇÃO PROFISSIONAL DA FÔRÇA DE TRABALHO NOS ESTADOS UNIDOS EM 1870, 1910, 1950 E 1960

Ocupação	*Percentagem da fôrça de trabalho*			
	1870	*1910*	*1950*	*1960*
Trabalhadores de gravata				
Profissionais liberais, técnicos e similares	3,0	4,4	8,5	10,8
Proprietários, administradores e funcionários	6,0	6,5	8,6	8,1
Balconistas, vendedores e trabalhadores similares	4,0	10,2	18,9	21,1
Trabalhadores manuais				
Trabalhadores qualificados e capatazes	9,0	11,7	13,8	13,6
Trabalhadores semiqualificados	10,0	14,7	21,7	21,7
Operários, exceto agrícolas	9,0	14,7	8,3	8,0
Criados	6,0	6,8	6,3	5,6
Trabalhadores agrícolas				
Proprietários e administradores de fazenda	24,0	16,5	7,3	3,7
Operários agrícolas	29,0	14,5	4,3	3,3
Não registrados			2,3	5,1
Números da fôrça de trabalho	12924000	37271000	56239000	67799000

Dados relativos a 1870, 1910, 1950 de Joseph A. Kahl, *The American Class Structure,* p. 67 (*Copyright* 1953, 1954, 1955 e (c) 1957 de Joseph A. Kahl). Reproduzido por licença de Holt, Rinehart e Winston, Inc., e do autor. As fontes originais originais dêsses dados são: em relação a 1870, Alba M. Edwards, *U. S. Census of Population, 1940*: *Comparative Occupation Statistics, 1870-1940* (Washington, D. C.: U. S. Government Printing Office, 1943), p. 101, além de C. Wright Mills, *White Collar* (Nova Iorque: Oxford, 1951), pp. 63-5; em relação a 1910, Edwards, *op. cit.,* p. 187; em relação a 1950, *U. S. Census of Population, 1950,* Vol. II, Parte I (Washington, D. C.: U. S. Government Printing Office, 1951), Tabela 53; em relação a 1960, *U. S. Census of Population, 1960,* Vol. I, Parte I (Washington, D. C.: U. S. Government Printing Office, 1961), Tabela 201. Em 1950 e 1960 contavam-se em separado os empregos de serviços; atribuía-se a metade aos criados, um quarto aos semiqualificados e um quarto aos operários.

média — na maioria das sociedades ocidentais, bem como nos Estados Unidos — que refutou, em sua maior parte, o prognóstico marxista. O declínio da população agrícola, que primeiro contribuiu, de maneira preponderante, para a fôrça de trabalho industrial, foi compensado, nos últimos anos, pelo aumento dos empregados de gravata.

O caráter profissional da classe trabalhadora, cujo tamanho relativo permaneceu, em linhas gerais, inalterado durante meio século (com exceção dos operários agrícolas, que hoje constituem menos de 5 por cento da fôrça de trabalho), também se modificou. A proporção de operários não qualificados diminuiu constantemente à medida que a mecanização eliminou pesadas tarefas manuais; com efeito, o número real de operários não qualificados diminuiu nos últimos anos, a despeito dos aumentos globais da população e do tamanho da fôrça de trabalho. Durante muitas décadas, o número relativo de trabalhadores qualificados e semiqualificados aumentou, e só nos anos que se seguiram à Segunda Guerra Mundial a proporção de trabalhadores nas duas categorias permaneceu relativamente estável. Um resultado dessas mudanças de pronto se evidencia: com o passar dos anos, o nível geral de habilidade e educação e, com êle, o de rendimento e *status,* da classe trabalhadora elevou-se. (Essa elevação geral, entretanto, não deve ocultar o fato de que, em 1953, mais de 5 000 000 de famílias — mais de 10 por cento de tôdas as famílias — e 6 000 000 de indivíduos sem família ganhavam menos de 2 000 dólares.)

A classe superior, que, no fim do século XIX, a constituir-se principalmente de magnatas da indústria e dos negócios, inclui hoje muitos homens cuja posição não se funda na propriedade, mas no contrôle *de facto* das gigantescas companhias que ora dominam a economia. A importância dêsse contrôle (nem sempre baseado na posse de ações da firma) reside no poder de manipular grandes acumulações de riquezas e também de adquirir parte dela através de ações gratuitas e de outros meios. Em adição aos chefes de companhias de nível mais alto há certo número de profissionais liberais, líderes militares e políticos de relêvo. Êsse grupo da classe superior, que sempre foi muito pequeno, não representa, provàvelmente, mais de dois ou três por cento da fôrça de trabalho.

A descrição acima esboça os contornos gerais das classes na sociedade norte-americana. Mas precisa ser modificada com freqüência quando se examina determinada comunidade e se procura estudar a relevância da estratificação para a vida comunitária local. As relativas proporções de cada classe mudam de um lugar para outro. Washington, D. C., por exemplo, que não possui indústria pesada, é uma cidade de classe média esmagadora, dominada por empregados de gravata, consistindo sua classe inferior sobretudo de criados e empregados em serviços. As cidades onde existe indústria pesada, como Gary, em Indiana, e Flint, no Michigan, apresentam maior concentração de trabalhadores do que cidades mais diversificadas, como Lansing, no Michigan e Fort Wayne, em Indiana. Em 1960, dois terços da fôrça masculina de trabalho de Gary e 64 por cento da fôrça masculina de trabalho de Flint consistiam em trabalhadores qualificados, semiqualificados e não qualificados, em confronto com 46 e 47 por cento, respectivamente, em Lansing e Fort Wayne. As linhas divisórias das classes tendem a ser mais pronunciadas na área de Detroit, onde a General Motors, a Ford e a Chrysler são enfrentadas pelo Sindicato dos Trabalhadores das Indústrias Automobilísticas, do que na classe média esparramada e diversificada de Los Angeles.

Com exceção de certas comunidades, que possuem apenas pequena classe média, as linhas delimitadoras entre as classes não são, de ordinário, nítida nem claramente traçadas. E muitas ocupações não se prestam a um fácil enquadramento numa ou noutra classe. Será o oficial que trabalha por conta própria — pintor, encanador, eletricista — trabalhador qualificado (da classe operária) ou empresário independente? Sua classificação deverá basear-se na habilidade ou na independência? Será o empregado de escritório, com probabilidades cada vez maiores de se tornar operador de máquinas num escritório mecanizado, empregado de gravata ou operário? Será a tarefa (que muitas vêzes não se distingue da dos operários nas fábricas modernas automatizadas), o método de pagamento (assalariado e não horista), ou o ambiente de trabalho (escritório em lugar de fábrica) o principal critério de classificação? Ou deveriam os operários em fábricas automatizadas, que observam instrumentos e manipulam mostradores, ser considerados como pessoas da classe média a despeito de receberem por hora e apesar do ambiente fabril de trabalho? Êsses casos ambíguos — e existem muitos — são uma prova da ausência de divisões nítidas entre as classes.

Entretanto, malgrado certa imbricação, diferenças assaz definidas no rendimento e na riqueza separam os grupos profissionais. A Tabela 7 mostra o rendimento médio total, em dinheiro, em 1963, de famílias por ocupação do chefe (muitas famílias têm mais de uma pessoa empregada) e de indivíduos por ocupação e sexo. (A média é o algarismo que divide o grupo total em parcelas iguais; a metade das famílias ganha mais do que a média, a outra metade ganha menos.) Estas cifras mostram claramente o maior rendimento médio de profissionais liberais e administradores e o menor rendimento dos operários não qualificados, semiqualificados e agrícolas, e dos criados e outros empregados em serviços. Êsses dados também revelam as áreas da

TABELA 7

RENDA MÉDIA TOTAL, EM DINHEIRO, DE FAMÍLIAS NOS ESTADOS UNIDOS POR OCUPAÇÃO DO CHEFE DE FAMÍLIA E DE INDIVÍDUOS POR OCUPAÇÃO E SEXO, EM 1964

Ocupação	*Rendimento médio da família*	*Rendimento médio do indivíduo*	
		Homem	*Mulher*
Trabalhadores profissionais, técnicos e similares	$ 9,977	$ 7,950	$ 4,417
Por conta própria	13,646	12,524	2,096
Assalariados	9,638	7,722	4,550
Administradores, proprietários e funcionários	9,289	7,463	3,425
Por conta própria	7,326	5,862	2,589
Assalariados	10,428	8,510	4,367
Comerciários e trabalhadores similares	7,163	5,719	3,507
Vendedores	8,170	5,764	1,911
Oficiais, capatazes e trabalhadores similares	7,670	6,268	3,141
Industriários e similares	6,542	5,130	2,758
Operários, exceto lavradores e mineiros	5,086	3,259	*
Trabalhadores em casas particulares	2,367	*	659
Trabalhadores em serviços	5,525	4,065	1,626
Administradores e proprietários de fazendas	3,329	2,376	*
Operários agrícolas	2,423	1,300	*

* Não existem dados disponíveis; número demasiado pequeno de casos. U. S. Bureau of the Census, *Current Population Reports*: *Consumer Income,* Série P-60, N.º 47 (Washington, D.C.: U.S.Government Printing Office, 24 de setembro de 1965), Tabela 9, p. 29, e Tabela 23, pp. 41-2.

sociedade norte-americana em que as linhas divisórias de classes têm maiores probabilidades de ser confusas e mal definidas. O fato de trabalhadores qualificados ganharem mais, em média, do que comerciários e homens de negócios que trabalham por conta própria dão a entender que as diferenças nos estilos de vida e no *status* entre as camadas superiores da classe trabalhadora e os níveis inferiores da classe média são mais incertas e vagas do que entre quaisquer outros níveis da estrutura das classes.

À medida que os níveis de rendimento aumentaram regularmente, sobretudo desde a Segunda Guerra Mundial, uma proporção substancial de trabalhadores manuais passou a perceber rendimentos de "classe média" e se acha em condições de comprar muitos dos bens de consumo facultados por uma tecnologia altamente produtiva. (Padrão semelhante também se manifesta em outras sociedades industriais avançadas.) Assim, em 1964, quase três quartos de tôdas as famílias chefiadas por um trabalhador qualificado tinham rendimento anual superior a 6 mil dólares, como acontecia com quase três quintos das famílias, em idênticas condições, de trabalhadores semiqualificados e cêrca de um têrço das famílias de operários. (O rendimento médio por família, em 1964, era de 6 569 dólares.)

Entretanto, sem embargo da constante elevação dos níveis de vida, ainda existe uma minoria substancialmente desfavorecida, vàriamente calculada de 30 a 50 milhões, conforme a definição empregada. Em 1962, o Conselho de assessôres Econômicos do Presidente da República situou a "linha da pobreza" no nível de rendimento anual de 3 000 dólares para a família e 1 500 dólares para o indivíduo só; outros se utilizaram de escalas móveis, ajustadas ao tamanho da família, à idade do chefe e à residência na zona rural. A grande maioria dos que se enquadram na classificação de "pobres", onde quer que se situe a linha, são trabalhadores agrícolas e de serviço, membros de famílias chefiadas por mulheres ou por pessoas idosas e negros. Por via de regra, têm pouca instrução e carecem de boas habitações para o trabalho. Muitos reúnem diversos dêsses atributos.

A situação dessa "subclasse", como foi chamada, despertou farta atenção e a "guerra à pobreza", iniciada em 1964, tentou — e está tentando — vários expedientes para melhorar-lhe as circunstâncias. Mas os problemas dessa "guerra" não permitiram soluções fáceis, pois envolvem questões complexas de direitos civis e de *status* do negro, bem como questões de política econômica e previdência social. O pobre, numa sociedade aliás rica, não se enquadra fàcilmente em categorias convencionais de classe; seus problemas tanto são problemas de raça, idade, residência e estrutura familial, quanto de ocupação, rendimento e riqueza [31].

O "status" nos Estados Unidos

A estrutura das classes está ìntimamente ligada, na sociedade norte-americana, à hierarquia do *status* em cidades, municípios e regiões. A despeito das variações na natureza da hierarquia do *status* entre um lugar e outro, muitos estudos empíricos revelam, consistentemente, estreita correlação entre *status* e ocupação e, correlativamente, entre *status* e origem (bens, salários ou ordenados) e quantidade de rendimento. Um *Índice de Características de "Status"* amplamente usado, inventado por W. Lloyd Warner, cuja validade se comprovou na medida direta do *status* (isto é, na maneira por que os membros de uma comunidade se classificavam uns aos outros) baseava-se na ocupação, na origem do rendimento, no tipo de casa e no sítio de residência [32]. Um *Índice de Posição Social,* empregado por A. B. Hollingshead num estudo sôbre New Haven, utilizava a ocupação, a educação e a residência para situar as pessoas na hierarquia do *status* [33]. Neste, como em outros estudos, deu-se maior pêso à ocupação do que aos demais atributos.

Um índice, entretanto, é apenas a medida de outra variável; da ocupação, por exemplo, infere-se a posição social. Sua validade baseia-se numa correlação estatística; com base na experiência passada, pode-se fazer uma predição segura do *status.* Mas tais correlações precisam ser explicadas. Por que existe a persistente e íntima relação entre ocupação e *status?*

Em quase todos os estudos de que dispomos, a ocupação é considerada como *determinante* primordial do *status.* Os juízos que os ho-

TABELA 8

CONTAGEM DO PRESTÍGIO DE GRUPOS PROFISSIONAIS EM 1947

Grupo profissional	*Número de ocupações*	*Contagem média*
Funcionários do Govêrno *	8	90,8
Profissionais e semiprofissionais liberais	30	80,6
Proprietários, administradores e funcionários	11	74,9
Balconistas, vendedores e trabalhadores similares	6	68,2
Oficiais, capatazes e trabalhadores similares	7	68,0
Lavradores e administradores de fazendas	3	61,3
Trabalhadores em serviços de proteção	3	58,0
Industriários e trabalhadores similares	8	52,8
Operários agrícolas	1	50,0
Trabalhadores em serviços (exceto serviço doméstico e de proteção)	7	46,7
Operários (exceto agrícolas)	6	45,8

* Inclui o Supremo Tribunal de Justiça, governador do Estado, membro do Gabinete, prefeito de uma grande cidade, representante dos Estados Unidos, diplomata, juiz de condado, chefe de departamento num govêrno estadual.

Paul K. Hatt e C. C. North, "Jobs and Occupations: A Popular Evaluation", em Reinhard Bendix e Seymour M. Lipset, *Class, Status and Power,* p. 414 (Copyright 1953 The Free Press). Reproduzido com licença de The Macmillan Company.

mens fazem uns dos outros são vigorosamente influenciados pelo conhecimento do trabalho alheio. As habilidades, a responsabilidade e a autoridade inerente às diferentes ocupações conduzem a avaliações diferentes. A ocupação também contribui indiretamente para o *status,* através do rendimento que proporciona, do estilo de vida que possibilita e das relações sociais em que envolve as pessoas.

Quando as próprias ocupações são classificadas, tendem a seguir uma ordem ìntimamente ligada ao rendimento, à riqueza e, em conjunto, à quantidade de instrução e habilidades formais que elas requerem, e ao grau de autoridade e responsabilidade que encerram. A Tabela 8 apresenta a contagem média de prestígio dos diversos grupos profissionais, tal qual se encontrou num estudo nacional de empregos e ocupações, levado a efeito em 1947. Os quase 3 000 adultos entrevistados foram solicitados a avaliar 90 ocupações como "excelentes", "boas", "médias", "um pouco abaixo da média" e "pobres". Extraiu-se das respostas uma contagem geral única para cada ocupação. Uma réplica dêsse estudo, em 1963, revelou pequenas diferenças na classificação de ocupações específicas, mas nenhuma alteração importante [34]. A comparação dessas avaliações profissionais e da distribuição de rendimentos, apresentada na Tabela 7, revela estreita correlação.

Diferentes ocupações supõem também diferentes estilos de vida, ilustrados, *verbi gratia,* pelas horas a que os homens vão trabalhar. "Horário de banqueiro", por exemplo, representa, ao mesmo tempo, uma expressão descritiva e um reflexo da mescla de inveja, respeito e crítica provocada pelos homens que dispõem de riqueza, poder e, aparentemente, de maior lazer. Mais significativamente, a ocupação de um indivíduo possibilita, ou mesmo requer, contatos sociais com diferentes espécies de pessoas; na medida em que "o homem é julgado por suas companhias" — como o é freqüentemente, a ocupação se constitui, ainda uma vez, indiretamente, em origem de *status.*

Apesar da estreita relação entre classe e posição de *status,* o efeito de prestígio da ocupação, do rendimento e da riqueza pode ser compensado ou modificado por outras circunstâncias. A maioria dos estudos de *status* refere a existência de algumas pessoas, pelo menos cujos *status* é mais elevado do que sua posição de classe pareceria justificar, e vice-versa. A ascendência ou filiação de família, a educação, a residência, a participação na comunidade, o poder, "maneiras e moral", ou diversos dentre êsses fatôres, podem contribuir para a posição de um indivíduo ou de uma família na comunidade. Assim, a família de classe superior que já não é abastada mas ainda é socialmente aceita, de um lado, e a família recentemente enriquecida mas ainda não aceita, de outro, são figuras familiares em muitas comunidades. Na maioria dos casos, entretanto, a incoerência entre a classe e o *status* social parece refletir o fato da mobilidade social: sinais exteriores de posição elevada persistem depois de desaparecida a base econômica em que ela se apoiava ou, alternativamente, as maneiras e o estilo de vida associados ao *status* não se modificam tão depressa quanto a ocupação, o rendimento ou a riqueza. A longo prazo, a classe e o *status* tendem a confundir-se nos Estados Unidos, como na maioria das outras sociedades de "classes abertas".

Excetuadas as "celebridades" nacionais, cujo *status* repousa sôbre a publicidade e as relações públicas, a classificação geral das ocupações e as distinções baseadas em características étnicas e raciais — problema que examinaremos no próximo capítulo — difìcilmente se poderá dizer que existe uma ordem nacional do *status*. Cada comunidade tem sua própria hierarquia de prestígio, embora os que se mudam de um lugar para outro achem normalmente fácil enquadrar-se, mais ou menos, no mesmo nível. Assim, na "Yankee City", comunidade da Nova Inglaterra de cêrca de 15 mil habitantes, W. Lloyd Werner e seus associados descreveram, na década de 1930, seis classes ou, de acôrdo com nossa terminologia, seis grupos de *status*:

> Os superiores-superiores, representados pelas "Famílias Antigas", entre os quais predominavam os homens de negócios e os profissionais liberais mais bem sucedidos, que moravam em Hill Street, ou nas suas proximidades, o "melhor" bairro da cidade.
>
> Os superiores-inferiores, econômicamente semelhantes aos superiores-superiores, mas que não eram "Família Antiga".
>
> Os médios-superiores, sobretudo proprietários de negócios e profissionais liberais, com atividade em repartições públicas, menos abastados que as duas classes superiores, residentes em Homeville, bairro claramente definido numa parte da cidade.
>
> Os médios-inferiores, *"Sidestreeters"*, que compreendiam os níveis inferiores dos empregados de gravata e os trabalhadores qualificados.
>
> Os inferiores-superiores, trabalhadores "respeitáveis", entre os quais predominavam os trabalhadores semiqualificados das fábricas da cidade.
>
> Os inferiores-inferiores, *"Riverbrookers"* que viviam em apartamentos perto do pôrto, notórios pelo desdém das convenções morais e pelo modo de vida desleixado, embora a maioria dêles não fôsse "culpada de outra coisa senão de ser pobre e carecer do desejo de progredir" [35].

Em sua investigação de New Haven, em 1951, Hollingshead encontrou apenas cinco classes, que correspondiam estreitamente às divisões de Yankee City, salvante a ausência de uma classe "superior-superior" (embora identificasse um "grupo central" de "famílias antigas" dentro da categoria mais elevada e diferenças na proporção de cada grupo. Numa comunidade rural de Nova Iorque, Harold Kaufman referiu onze grupos de *status*. Alguns investigadores, entretanto, argumentaram que não existe uma divisão consistente e nítida entre os grupos de *status*, mas apenas um conjunto completo de hierarquias de *status* imbricadas e contínuas [36].

Tais diferenças nos descobrimentos e interpretações provêm de várias fontes. Indivíduos e grupos dentro de uma comunidade baseiam seus julgamentos em critérios diferentes, ou estabelecem distinções diferentes dentro da ordem do *status*. A Tabela 9 mostra as

TABELA 9

AS PERSPECTIVAS SOCIAIS DE GRUPOS DE STATUS EM OLD CITY, NO MISSISSÍPI, EM 1936

Superior-Superior		*Superior-inferior*
"Velha aristocracia"	SS	"Velha aristocracia"
"Aristocracia", mas não "velha"	SI	*"Aristocracia", mas não "velha"*
"Gente boa, respeitável"	MS	"Gente boa, respeitável"
"Boa gente", mas "zé-ninguém"	MI	"Boa gente, mas "zé-ninguém"
"Brancos pobres"	IS II	"Brancos pobres"
Médio-superior		***Médio-inferior***
"Sociedade" { "Velhas famílias"	SS	"Velha aristocracia" (mais antiga) — "Aristocracia quebrada" (mais nova)
"Sociedade" { "Sociedade, mas não "Velhas famílias"	SI	
"Gente que devia pertencer à classe superior"	MS	"Gente que se julga muita coisa"
"Gente que não tem muito dinheiro"	MI	*"Nós pobres coitados"*
	IS	"Gente mais pobre do que nós"
"Gente sem importância"	II	"Gente sem importância"
Inferior-superior		***Inferior-inferior***
"Sociedade" ou a "gente endinheirada"	SS SI	"Sociedade" ou a "gente endinheirada"
"Gente que subiu porque tem algum dinheiro"	MS MI	"Gente que subiu" mas não é "Sociedade"
"Gente pobre, mas direita"	IS	"Esnobes que querem subir"
"Gente incapaz"	II	*"Gente tão boa quanto outra qualquer"*

Allison Davis, Burleigh B. Gardner, e Mary R. Gardner, *Deep South*, p. 65 (Copyright 1941 the University of Chicago). Reproduzido com licença de The University of Chicago Press.

perspectivas de *status* encontradas entre os membros brancos de diferentes grupos de *status* numa comunidade do Mississípi, no fim da década de 1930. A classe "superior-superior", por exemplo, não fazia distinções entre os brancos das classes inferiores, ao passo que os médios-inferiores, os inferiores-superiores e os inferiores-inferiores viam significativas diferenças entre os últimos níveis.

Essa estrutura de *status* parece semelhante à que se encontrou em Yankee City, conquanto cada grupo de *status* observe a comunidade em têrmos algo diferentes. Mercê dessa variação, o número de divisões de *status* referido pode, portanto, refletir antes o juízo do observador sôbre as distinções importantes do que o consenso da comunidade.

A relativa importância dos vários critérios de *status* varia entre uma comunidade e outra, ou entre um grupo e outro dentro de uma comunidade, ou se modifica com o passar do tempo, à proporção que se altera a estrutura objetiva das classes. Nas grandes comunidades, por exemplo, com sua impessoalidade e inúmeras relações secundárias, os sinais visíveis de *status* são determinantes de posição social mais importantes do que as qualidades pessoais, menos tangíveis, que podem assumir importância crucial em comunidades menores. De forma idêntica, em muitas cidades em que as grandes companhias instalaram filiais, a velha classe superior, baseada na ascendência na riqueza herdada e num estilo tradicional de vida, foi contestada pelos recém-chegados, que dão destaque à consecução, à posição profissional, à instrução e às exigências da moda.

A demonstração sociológica da existência de uma hierarquia de *status* e do seu impacto, não só sôbre o comportamento mas também sôbre as atitudes dos norte-americanos em relação a si mesmos e aos outros, tem sido freqüentemente oposta à difundida ênfase norte-americana emprestada à igualdade. No entanto, apesar da aparente contradição, a preocupação pelo próprio *status,* como o notaram muitos observadores estrangeiros, é, pelo menos em parte, resultado do igualitarismo predominante.

> Observadores europeus, desde Harriet Martineau e Frances Trollope na década de 1830 até James Bryce na década de 1880 e Denis Brogam recentemente, assinalaram que a fôrça real da igualdade como valor norte-americano dominante — com a conseqüente ausência de qualquer estrutura bem definida de deferência, ligada a uma legítima tradição aristocrática em que não se discute a propriedade das classificações sociais — obriga os norte-americanos a *salientarem* o pano de fundo e o simbolismo do *status* [37].

O significativo, entretanto, no desejo de *status* não é apenas o esfôrço para obter a estima pública, mas os valôres sôbre os quais se apóia essa estima. Carecendo de uma aristocracia ou elite tradicional capaz de estabelecer padrões, a sociedade norte-americana, de uma forma geral, acentuou os valôres pecuniários. A riqueza foi tomada como prova de consecução e a consecução, em grau considerável, mede-se pelo rendimento econômico. A prioridade dos valôres pecuniários, todavia, foi contestada, não sòmente por subgrupos, como o dos artistas e escritores, mas também pelos que, tendo amealhado ou herdado riqueza, buscaram legitimar sua posição superior pondo em destaque valôres não pecuniários — ascendência, estilo de vida, aceitação de responsabilidade pública, apoio às "boas causas".

Correlações e conseqüências

Tanto a classe quanto o *status* se correlacionam com muitos outros fatos sociais, que incluem, por exemplo, diferenças na população, características de família, participação em associações, religião, padrões de lazer e política. Mas uma correlação, como já o observamos, não é uma explicação; em cada caso faz-se mister indagar da natureza exata das relações entre a classe e o *status* e, digamos, os coeficientes de natalidade ou filiação religiosa, e examinar as conseqüências das diferenças de classe e de *status*.

O fato de muitas variáveis estarem estreitamente correlacionadas ao mesmo tempo com a classe e o *status* provém da íntima conexão entre essas duas dimensões da estratificação nos Estados Unidos. Visto que a classe e o *status* podem não ser igualmente importantes em cada caso, sua relativa significação precisa ser determinada. Podemos ilustrar êsses problemas complexos de análise e interpretação examinando brevemente as relações entre as diferenças de classe e de *status* e a população, a vida familial e a participação em associações voluntárias.

POPULAÇÃO Em tôdas as sociedades industriais ocidentais, persistiram durante muitas décadas diferenças sistemáticas de classes, assim na mortalidade como na fertilidade. Por via de regra, o coeficiente de mortalidade infantil diminui à proporção que se eleva o rendimento do pai, e existe uma expectativa de vida maior do que entre os membros da classe inferior. Essa desigualdade pode ser explicada, na maior parte, por diferenças na alimentação, nas condições físicas de vida e na acessibilidade do atendimento médico, de um lado, e por variações menos tangíveis e menos prontamente demonstradas nas práticas e conhecimentos sanitários, de outro.

Por conseguinte, tanto a classe (rendimento, ocupação, riqueza) quanto o *status* (estilos de vida) estão claramente ligados a diferenças de mortalidade, embora não de maneira muito simples. O rendimento baixo pode impedir um adequado tratamento médico e justificar parte da mortalidade mais elevada nas classes inferiores, mas não pode, por si só, explicar hábitos sanitários indesejáveis, que também influem nos coeficientes de mortalidade. As diferenças de educação, responsáveis talvez pela maior ou menor disposição para procurar ou aceitar as práticas sanitárias e médicas modernas, relacionam-se, elas mesmas, com as diferenças de classe e com as de *status.* À proporção que se elevarem os níveis de rendimento e educação e à medida que o atendimento médico se tornar mais fàcilmente acessível, as diferenças na expectativa de vida deverão diminuir, como já principiaram a fazê-lo.

Até muito recentemente havia uma clara relação inversa entre classe e fertilidade: os mais altos coeficientes de natalidade encontravam-se nos segmentos inferiores da estrutura das classes. Tais disparidades aumentaram no fim do século XIX, à maneira que caíam ràpidamente os coeficientes de natalidade das classes média e superior. Diminuíram entre as duas Guerras Mundiais, quando os coeficientes de natalidade da classe inferior caíram mais depressa e, aparentemente, continuaram a diminuir à medida que os coeficientes de natalidade aumentavam mais cèleremente na classe média do que na classe inferior, durante o *"boom* dos bebês", no período que se seguiu à Segunda Guerra Mundial. Não existe explicação simples para estas diferenças de fertilidade e seu padrão mutável [38]. Mas a influência dos valôres da classe média e sua extensão gradual às classes inferiores, o anseio de *status,* o aumento da instrução e da urbanização, e os altos coeficientes de mobilidade social têm todos, sem dúvida, considerável importância.

ALGUNS ATRIBUTOS FAMILIAIS As famílias nas diversas classes não diferem apenas no tamanho. A idade do casamento eleva-se à proporção que se elevam a classe e o *status,* em parte mercê do maior período escolar das classes média e superior, em parte porque a juventude da classe operária tem menor tendência a adiar as satisfações presentes — sexuais e outras — por amor de vantagens futuras. Os rapazes da classe operária principiam, caracterìsticamente, suas experiências heterossexuais mais cedo — e continuam a tê-las mais freqüentes — do que os da classe média e da classe superior, embora essas diferenças possam estar diminuindo, à medida que o sexo na classe média se torna "mais livre". Em algumas comunidades da classe operária, um rapaz que não teve relação sexual até a idade de 16 ou 17 anos, comenta Alfred Kinsey, é "ou fìsicamente incapaz, mentalmente deficiente, homossexual ou se destina a sair da comunidade para entrar numa escola superior" [39]. Não só o casamento precoce e a busca incessante de prazeres atuais contribuem para a persistência do *status* da classe inferior, interferindo num período mais longo de estudos ou de qualquer outro adestramento, impedindo o planejamento a longo prazo, necessário ao progresso numa sociedade burocratizada (veja o capítulo 10), e impondo responsabilidades de família, que limitam a liberdade de ação e deixam pouco dinheiro para ser investido, já em negócios, já na educação.

Os coeficientes de divórcios também variam de acôrdo com as classes, diminuindo à medida que se eleva o nível da classe e do *status,* com exceção da "nova classe superior" e de um número reduzido de celebridades do "café society" e do mundo do entretenimento. As fontes dessas diferenças não se encontram, diretamente, na posição econômica das diversas classes mas em seus valôres e tradições culturais. A classe superior estabelecida, por exemplo, dá muito destaque à "família" e aos laços de parentesco extensos, não raro às expensas da unidade conjugal. Êsses laços estreitos de parentesco estão claramente ligados à importância da ascendência como base de uma alta posição de *status.* A preocupação com a posição da família também redunda numa seleção cuidadosa de cônjuges, tão cuidadosa, de fato, que parece haver uma proporção relativamente alta de solteiras entre mulheres da classe superior, que não querem casar "abaixo" de sua posição. (Os homens da classe superior têm uma liberdade algo maior de escolha, pois é mais fácil a um homem lograr aceitação social para a espôsa de *status* inferior do que à mulher trazer para o seu círculo social o marido de *status* inferior.) Como assinala Hollingshead, "O grau de solidariedade de parentesco, combinado com matrimônios realizados dentro da própria classe, que se encontra nesse nível, redunda numa alta ordem de estabilidade na classe superior. . ." [40].

Na classe operária, por outro lado, alguns fatôres associados à maior probabilidade de divórcio, tais como o casamento em idade mais tenra e o namôro mais curto, fazem parte do padrão predominante. Além disso, as pessoas da classe trabalhadora concentram sua vida social muito mais em tôrno do lar, da família e dos parentes do que os membros da classe média; têm menor número de amigos e participam com menos freqüência não só de grupos de amigos mas também de organizações formais. Faltam-lhes, portanto, os "apoios externos de grupo" que permitem a um casamento sobreviver a despeito das dificuldades que se desenvolvem nas relações entre marido e mulher [41].

PARTICIPAÇÃO EM ORGANIZAÇÕES Estudos sôbre Nova Iorque, Detroit, Los Angeles, Denver e New Haven, sôbre Yankee City e outras comunidades menores, e dados de vários estudos nacionais demonstram, sistemàticamente, que a participação em organizações voluntárias aumenta à proporção que se eleva o nível de classe e de *status*. Empregando pràticamente qualquer um dos índices de estratificação — rendimento, educação, classificação do entrevistado, casa própria ou ocupação — afirma os investigadores que é tanto maior a proporção de pessoas que pertencem a duas ou mais associações e tanto menor a proporção das que não participam delas quanto mais elevada fôr a posição da classe e do *status*.

Tais desigualdades refletem os custos de participação, as diferenças educacionais e as funções que as associações voluntárias exercem em relação aos seus membros. Um único sindicato basta, como é de crer, para velar pelos interêsses econômicos do trabalhador manual; êle possui poucos pontos de interêsse que busca satisfazer através de uma organização formal, embora possa ingressar numa organização fraternal por motivos de sociedade ou porque ela lhe oferece alguma espécie de benefício de seguro. Com maior instrução, as pessoas da classe média têm interêsses mais amplos — físicos, políticos, de recreação — cuja realização buscam nas associações voluntárias. Para os profissionais liberais e homens de negócios, a participação em organizações voluntárias é utilíssima, quando não essencial, a fim de se tornarem mais conhecidos, estabelecerem contatos, ou aumentarem o número de clientes ou fregueses. Agrupando-se, também podem zelar com mais eficiência por seus interêsses coletivos. Finalmente, as associações voluntárias não raro adquirem identificação de *status;* a qualidade de membro delas pode ser procurada, ao menos em parte, pelo prestígio que acarreta, proporcionando nova posição ou reforçando a antiga. A qualidade de sócio do Knickerbocker Club, na cidade de Nova Iorque, do Rittenhouse em Filadélfia ou do Somerset em Boston é prova do *status* de elite, ao passo que a participação no Rotary Clube ou no Kiwanis assinala o homem da classe média. Em cada comunidade, o fato de pertencer ao clube de campo (ou a um dos vários clubes dessa natureza) reflete e sustenta a posição social de seus membros.

Consciência de classe, organização de classe e política

A qualidade de membro de uma classe e de um grupo de *status* proporciona as bases potenciais não apenas das diferenças de comportamento mas também da consciência de grupo e da ação coletiva. De acôrdo com Marx, a experiência e os interêsses comuns conduzem, quase inevitàvelmente, à consciência de classe e à ação política: o curso da História, portanto, é modelado pelo conflito das classes na luta pelo poder. De maneira semelhante, como já o observamos, James Madison e outros antigos norte-americanos destacaram o interêsse de classe como a base principal do conflito político.

É perfeitamente claro que as diferenças políticas seguem, até certo ponto, as linhas das classes, tanto nos Estados Unidos quanto alhures. Os trabalhadores revelam maior propensão para ser mais liberais ou radicais em suas opiniões sôbre questões econômicas, as pessoas da classe média a ser mais conservadoras. Os trabalhadores votam mais freqüentemente no Partido Democrático, os membros da classe média mais freqüentemente no Partido Republicano. Quanto mais se eleva a estrutura de classes, tanto maior a fôrça dos Republicanos, quanto mais se abaixa, tanto mais fortes são os Democratas. (O leitor encontrará uma análise mais ampla da basse de classes da política no capítulo 13.)

A despeito dêsses contrastes, parece haver relativamente pouca consciência de classe coletiva — o sentimento, dentro de uma classe, de que seus membros se acham ligados por interêsses comuns — nos Estados Unidos em confronto com a que se encontra na Inglaterra, digamos, ou na França. As próprias organizações que representam classes diferentes — por exemplo, a Câmara de Comércio dos Estados Unidos ou a A. F. L. — C. I. O. — não diferem nìtidamente em muitas questões básicas, e aceitam, de um modo geral, os direitos da propriedade privada, a existência de uma economia relativamente livre, os arranjos e práticas políticas predominantes. Os conflitos que emergem centralizam-se mais em tôrno de modificações das instituições e das relações existentes do que em quaisquer mudanças drásticas, embora, a longo prazo, o resultado cumulativo possa ser uma transformação substancial da sociedade norte-americana. A história dos Estados Unidos, portanto, não pode ser escrita simplesmente como um registro de conflitos de classes, se bem não se possa escrever acuradamente sem registrar as lutas travadas entre agricultores e banqueiros, mão-de-obra e administração, pequenas e grandes emprêsas, buscadores de *status* e "elites" de *status*.

A extensão da consciência de classe nos Estados Unidos tem variado de tempos a tempos, emergindo mais vigorosa em alguns períodos, como no princípio da década de 1880 e na década de 1930, anos de depressão e dificuldades, e atenuando-se em outras ocasiões, como na década de 1950. Em 1881, os delegados reunidos na primeira Convenção da Federação Norte-Americana do trabalho adotaram uma Declaração de Princípios cujo Preâmbulo rezava desta sorte:

Está-se travando, nas nações do mundo civilizado, uma luta entre opressores e oprimidos de todos os países, uma luta entre o capital e a mão-de-obra, que deverá aumentar de intensidade e produzir resultados desastrosos aos milhões de trabalhadores de tôdas as nações se êstes não se unirem para proteção e benefícios mútuos [43].

O Preâmbulo da Constituição adotada pela Federação Norte-Americana do Trabalho e pelo Congresso das Organizações Industriais, reunidos, assim principia:

O estabelecimento desta federação... é uma expressão das esperanças e aspirações do povo trabalhador dos Estados Unidos. Procuramos a realização dessas esperanças e aspirações através de processos democráticos, dentro da estrutura do nosso govêrno constitucional e coerentes com nossas instituições e tradições [44].

A ausência de uma consciência de classe revolucionária, tal como Marx esperava que surguisse, tem várias causas. Característica primordial da história social norte-americana tem sido a inexistência de uma aristocracia feudal, circunstância que eliminou a necessidade da subversão revolucionária ou de ideologias radicais a fim de abolir restrições tradicionais. Os conflitos de interêsses têm-se manifestado desde o princípio. Mas os Estados Unidos começaram, sem embargo disso, como uma sociedade predominantemente de classe média, com a propriedade difundida de bens materiais e sem as clivagens profundas, características da sociedade européia estabelecida.

A contínua transformação da vida norte-americana sob o impacto do crescimento tecnológico e da imigração em massa obstou à fusão das hierarquias de classes e *status* num todo coerente e único. A participação em outros grupos e categorias sociais transcende não só a qualidade de membro de uma classe mas também a identificação do *status,* criando pressões competidoras e padrões complexos de lealdade, que influem no fluxo e no refluxo de fôrças políticas. Dessa maneira, as lealdades regionais, religiosas, raciais, étnicas e comunitárias impõem exigências que podem modificar ou atenuar a importância dos interêsses de classe ou de *status* e impedir uma vigorosa consciência de classe. Os sulistas nos últimos anos têm afirmando com freqüência que são primeiro sulistas brancos e depois Democratas, sobretudo quando se achavam em jôgo as questões dos direitos civis. Samuel Lubell mostrou a maneira pela qual as identificações étnicas e religiosas influíram no padrão das divisões de classe na política norte-americana, desde o *New Deal* até a década de 1950 [45]. O fato de pertencer a outros grupos freqüentemente assume prioridade sôbre a lealdade à classe da pessoa, sobretudo porque a natureza do sistema de estratificação, com sua tensão sôbre a luta individual e não de grupo, entrava o crescimento da consciência de classe.

Nem mesmo o advento de grandes fortunas e o crescimento de companhias gigantescas produziram uma consciência de classe duradoura e profundamente arraigada. O sistema político democrático proporcionou um maquinismo através do qual as batalhas de classes poderiam ser travadas sem violência ou ação de massas; não foi preciso erguer barricadas nas ruas de Nova Iorque ou de Filadélfia, como aconteceu em Paris. O crescimento industrial possibilitou também uma elevação segura do padrão de vida e as diferenças visíveis entre os estilos de vida da classe trabalhadora e da classe média têm sido atenuadas pela ampla acessibilidade dos bens produzidos em massa. Os salários reais nos Estados Unidos têm subido constantemente, com recuos apenas ocasionais nas depressões ou durante uma inflação insólita. Por ocasião dessas inversões, a consciência de classe tendeu a crescer, apenas para diminuir novamente quando a revivência da indústria e do comércio e a sempre crescente produtividade da indústria norte-americana proporcionavam novos artigos a preços que os tornavam acessíveis a um mercado de massas. A abundância material resultante, de que tem partilhado a maioria dos norte-americanos, não necessita de cuidadosa elucidação; a pletora de automóveis, aparelhos de telivisão, lavadoras e secadoras de roupas, condicionadores de ar, refrigeradores, etc., é manifesta. Mais de três quintos de tôdas as famílias norte-americanas possuem casa própria — ou estão pagando sua hipoteca. Os que vivem à beira da pobreza, embora sejam ainda em número avultado (observamos anteriormente que, em 1964, 5 milhões de famílias e 6 milhões de indivíduos ganhavam menos de 2 mil dólares por ano), constituem grupos especiais, que pouco provàvelmente gerariam uma solidariedade comum e iniciariam uma ação coletiva: velhos que vivem de pensões, que se diluem à proporção que continua a inflação; certo número de trabalhadores não qualificados, que carecem de conhecimentos e habilidades para se organizarem efetivamente; e famílias sustentadas pelo ganho de uma mulher. Sòmente os negros têm realizado esforços concertados para eliminar as desvantagens em que se encontram.

O igualitarismo social e a crença na igualdade das oportunidades, ambos sustentados por uma dose considerável de mobilidade ascendente, propenderam também a atenuar os efeitos das diferenças de classes. Os norte-americanos sempre zombaram das pretensões e se gabaram de um "igualitarismo de maneiras". "Pois juro que não fazemos em nosso Estado nenhuma distinção especial entre as pessoas de qualidade e as outras", diz Jonathan, o personagem ianque cômico — e democrático — de *The Contrast,* a primeira comédia escrita por um norte-americano, levada ao palco norte-americano em 1787. Hoje em dia, a despeito de diferenças reconhecidas de *status,* o "dar-se ares" é considerado esnobismo; um homem é "tão bom quanto outro qualquer", sem embargo da riqueza e da posição social. Os europeus têm comentado muitas vêzes a ausência de uma indevida deferência aos superiores e a ênfase emprestada às qualidades pessoais, que caracterizam a vida norte-americana. Em seu clássico *Democracia nos Estados Unidos,* escrito há mais de um século, Alexis de Tocqueville considerava a igualdade o principal característico dos norte-americanos e da sociedade norte-americana e examinava suas complexas ramificações em muitas áreas da vida social. Aqui nos cumpre observar apenas que a persistência de maneiras e valôres igualitários diminui os antagonismos de classe e, por conseguinte, a probabilidade de crescimento da consciência de classe, ainda que estimule a luta pelo *status.*

Escrevendo na década de 1780, o francês Michel de Crèvecoeur, em suas *Cartas de um Fazendeiro Norte-Americano,* discorreu sôbre a "decente competência" de todo norte-americano e a ausência de grandes contrastes de riqueza e pobreza. Os tempos revolucionários viram passar as regras feudais de transmissão da primogenitura e da herança vinculada, as reformas destinadas a impedir o crescimento e a perpetuação de grandes fortunas hereditárias. Conquanto se tenham registrado esforços para atenuar as diferenças de riqueza e rendimento através de uma taxação progressiva e de impostos sôbre a transmissão *causa-mortis* (estas últimas relativamente sem muito sucesso[46]), a principal preocupação igualitária dos Estados Unidos parece ser a igualdade de oportunidades, princípio identificado por alguns norte-americanos como descrição da realidade e aceito pela maioria como meta que deve ser conseguida e mantida. Enquanto os homens acreditarem que os Estados Unidos são a "terra da oportunidade", onde quem quer que "tenha o que é preciso" pode "vencer na vida" e onde, segundo as palavras de Edwar Everett, "a roda da fortuna está em constante operação e os pobres de uma geração fornecem os ricos da geração seguinte", é muito pouco provável que entre êles se desenvolva a solidariedade de classe e que se empenhem numa política revolucionária — ou radical.

A mobilidade social na sociedade norte-americana

Entretanto, é provável que a mobilidade social e a igualdade de oportunidades nunca fôssem tão difundidas quanto o acreditaram os norte-americanos. "Rapazes imigrantes pobres e jovens lavradores pobres, que se tornaram líderes no mundo dos negócios", comentou o historiador William Miller, "sempre foram mais conspícuos nos livros de história norte-americana do que na elite norte-americana dos negócios" [47]. Os fatos relativos ao coeficiente de mobilidade, sobretudo no passado, são difíceis de determinar e sua significação está sujeita a diversas interpretações. O estudioso que procura avaliar a quantidade de mobilidade encontra-se na posição do bebedor sedento que olha para meia garrafa de uísque — se fôr otimista, a garrafa estará cheia pela metade, se fôr pessimista, estará vazia pela metade. Medida por um padrão de oportunidades iguais para todos, pode-se concluir que a mobilidade social tem sido sèriamente limitada. Mas em confronto com uma sociedade em que a posição social é habitualmente herdada, os Estados Unidos sempre ofereceram ricas e inusitadas oportunidades.

Existe ampla evidência para demonstrar que a posição de classe herdada constitui importante diferença nas oportunidades que se oferecem às pessoas. Num estudo sôbre os grandes líderes dos negócios, feito em 1952, 4,5 por cento eram filhos de trabalhadores não qualificados e semiqualificados e 10,3 por cento, de trabalhadores qualificados, conquanto os trabalhadores manuais constituam quase a metade da fôrça de trabalho. Por outro lado, 17 por cento dos líderes de negócios eram filhos de diretores importantes ou donos de grandes emprêsas comerciais [48]. Quase dois terços dos membros da Câmara de Representantes de 1941-1943 e 55 por cento dos senadores dos Estados Unidos em 1949-1951 eram filhos (e filhas) de profissionais liberais, proprietários e funcionários [49].

O acesso à educação superior é significativamente influenciado pela classe. Filhos de trabalhadores não manuais têm muito maior probabilidade de freqüentar estabelecimentos de ensino superior do que os filhos de trabalhadores manuais, ainda que a inteligência seja a mesma em ambos os casos. Essa situação reflete não apenas o rendimento limitado de crianças da classe inferior e as vantagens econômicas e sociais que têm os que pertencem às classes média e superior, mas também a existência de padrões culturais contrastantes, que estimulam ou desestimulam a educação continuada. Com muitas exceções, é claro, sobretudo em certos grupos étnicos, as crianças das classes trabalhadoras recebem menos incentivo dos pais e menos preparo dos mestres, tendem mais a preocupar-se com satisfações imediatas do que com lucros mediatos e estão menos familiarizadas com as possibilidades de progresso e suas precondições do que outras crianças.

As diferenças de classe no acesso a um período escolar continuado são de importância especial, pois numa sociedade industrial que se especializa cada vez mais a educação passou a ser precondição importantíssima de progresso. Cinqüenta e sete por cento dos líderes de negócios estudados em 1952 tinham diploma de curso superior e outros 19 por cento tinham, pelo menos, alguma instrução superior [50]. A proporção, provàvelmente, aumentará no futuro. Mesmo os que possuem vantagens familiais não poderão, normalmente, esperar alcançar altas posições se não cursarem um estabelecimento de ensino superior ou não se submeterem a um adestramento especializado qualquer.

Êstes fatos, todavia, não discrepam de um elevado coeficiente de mobilidade. Como assinalamos anteriormente, a atribuição desempenha algum papel na determinação das posições de classe e de *status* enquanto as instituições familiais exigem dos pais, ou os animam a fazê-lo, que ajudem os filhos a encontrar seu lugar no mundo, e enquanto o facultam outras instituições. Mas na sociedade norte-americana o nascimento e o *status* familial não são o único determinante — nem sequer o determinante essencial — da posição de classe. Há caminhos que levam para o alto palmilhados por muitos homens e, excetuados os tempos negros como os da extensa depressão da década de 1930, a mobilidade tem sido suficiente para sustentar a imagem de uma sociedade aberta.

Entretanto, é difícil medir o grau de mobilidade que existe, efetivamente, em qualquer sociedade. A maioria dos estudiosos do problema concentrou sua atenção no movimento que se verifica na hierarquia profissional, processo justificado por várias razões: índice e determinante de *status* ao mesmo tempo, a ocupação está habitualmente ligada ao rendimento e à propriedade de bens imóveis, e nenhum outro dado é tão prontamente acessível. Visto que a correlação com outras dimensões da estratificação, embora fechada, não é completa, a mobilidade profissional não proporciona uma medida plenamente adequada nem da mobilidade do *status* nem do aumento de poder. Os descobrimentos derivados da análise da mobilidade profissional sofrem também, às vêzes, a influência das divisórias particulares traçadas entre os grupos profissionais. Por exemplo, em sua pormenorizada análise comparativa da mobilidade em sociedades industriais, Lipset e Bendix consideraram apenas o movimento das ocupações manuais para as não manuais, não levando em conta a mobilidade dentro da classe trabalhadora (dos não qualificados ou semiqualificados para os qualificados ou vice-versa) e dentro da classe média (dos balconistas para os administradores ou profissionais) [51]. Que o emprêgo de outras categorias é capaz de produzir outros resultados ilustram-no os dados extraídos de um cuidadoso estudo de mibilidade social em Indianápolis. Em 1910, 21,2 por cento de filhos de trabalhadores semiqualificados se tornaram trabalhadores de gravata, em confronto com 26 por cento em 1940. Se se incluir o movimento ascendente, no sentido das fileiras de trabalhadores qualificados, no cálculo da mobilidade de filhos de trabalhadores semiqualificados, a proporção dos que se elevam acima do nível dos pais cai de 53 por cento em 1910 para apenas 44,4 por cento em 1940[52].

Sem embargo dessas dificuldades, os estudos empíricos da mobilidade social sugerem diversas conclusões gerais. Nas últimos décadas, um número maior de filhos se encontra no mesmo nível dos pais do que em qualquer outro nível[53]. Cada investigação refere também que uma proporção substancial dos indivíduos investigados experimentou certa mobilidade ascendente. Num estudo nacional em 1945, 35 por cento dos indivíduos estudados haviam subido, ao passo que 29 por cento haviam descido[54]. A maior parte da mobilidade, como o revelam os vários estudos, envolve mudanças apenas para níveis profissionais adjacentes aos níveis do pai do indivíduo.

Em face da incerteza da evidência, foi difícil determinar se se verificou qualquer mudança a longo prazo no coeficiente de mobilidade social. O ponto de vista sustentado durante a década da depressão e por algum tempo depois, segundo o qual ocorrera uma diminuição de oportunidade e um arrefecimento do coeficiente de mobilidade, foi sèriamente contestado. Atualmente, os especialistas estão de acôrdo em que não houve declínio e que pode estar havendo um aumento contínuo. Entretanto, tão complexos são os problemas de mensuração e tão numerosas as variáveis que se devem incluir numa equação capaz de exprimir o coeficiente de mobilidade social, que é pouco provável se possa encontrar uma resposta precisa ou se possa chegar a um acôrdo sôbre o significado da evidência disponível.

Grande parte da análise da mobilidade social concentrou-se, portanto, nas mudanças institucionais e estruturais que exerceram influência sôbre as oportunidades para subir — e descer — e nos canais e precondições de mobilidade. Está visto que as tendências tecnológicas e industriais a longo prazo são de particular importância. A mecanização cada vez maior da produção e o âmbito e o tamanho crescentes das organizações acarretaram firme crescimento da proporção de profissionais liberais, administradores, técnicos e outros empregados de gravata. Êsse crescimento ensejou ricas oportunidades de mobilidade ascendente à classe média inferior e às fileiras de trabalhadores industriais. Diferentes coeficientes de natalidade e os padrões predominantes de migração também contribuíram para as possibilidades de mobilidade. Até há muito pouco tempo, relativamente baixos, os coeficientes de natalidade da classe média e da classe média superior — mal bastavam à própria reprodução e, sem dúvida, não eram suficientes para preencher todos os postos importantes de uma economia em expansão. Por conseguinte, pessoas capazes e ambiciosas, oriundas da classe inferior, puderam subir. Nos anos que se seguiram à guerra, o aumento dos coeficientes de natalidade da classe média torna problemática a continuação dêsse impulso demográfico no sentido ascendente.

Iniciado no princípio do século XIX, o fluxo constante do campo para a cidade também contribuiu para o processo contínuo de mobilidade, pois muitos migrantes trouxeram consigo poucas habilitações tornaram-se parte da fôrça de trabalho industrial. Acrescentados ao grande número de imigrantes vindos do estrangeiro, proporcionaram pronto suprimento de mão-de-obra para a indústria, possibilitando aos que haviam chegado antes — das fazendas ou do estrangeiro — alçarem-se à classe média. A imigração em massa cessou em 1924 e resta pouca gente no campo para unir-se à migração urbana. Nos últimos anos, negros e pôrto-riquenhos desempenharam papel semelhante mas, à proporção que buscam subir, como muitos já subiram, a questão de uma fonte contínua de recrutas para os últimos degraus da escada pode assumir significação crucial.

As mudanças na indústria talvez proporcionem a resposta. Por volta de 1956, os trabalhadores de gravata, pela primeira vez, ultrapassaram em número os trabalhadores qualificados, semiqualificados e não-qualificados. Com a contínua automatização e uma proporção cada vez maior da fôrça de trabalho empenhada em serviços, comunicação e distribuição, a classe trabalhadora poderá apresentar um decréscimo substancial de tamanho relativo; no meado da década de 1960 já havia 5 empregados profissionais liberais, administrativos e de balcão para cada quatro trabalhadores sem gravata. Essas mudanças podem aumentar a competição por posições desejáveis, mormente à medida que se tornarem mais amplamente acessíveis as precondições de mobilidade, sobretudo a educação.

A natureza mutável da indústria e da sociedade norte-americana como um todo alterou, até certo ponto, a forma e o caráter não só da imagem do êxito mas também dos canais para consegui-lo. O homem feito por si mesmo, que dirige sua própria emprêsa, e que constituía outrora a forma ideal de consecução, foi substituído pelo homem que galga a escada burocrática. Conquanto as pequenas emprêsas continuem a ser uma instituição viável, perderam seu lugar central e oferecem poucas oportunidades de consecução substancial. Trabalhadores e vendedores sonham com o próprio negócio — e amiúde o encetam; os diplomados em cursos superiores ingressam numa das grandes burocracias, em que a consecução e a habilidade são mais importantes do que nas organizações de tamanho pequeno ou médio. Por conseguinte, a educação, como já o notamos, passou a representar o papel central na mobilidade social e no proporcionar oportunidades aos que se encontram nos níveis inferiores da sociedade. Na medida em que a educação se tornar mais amplamente acessível, portanto, aumentarão os ensejos de progresso.

O volume contínuo de mobilidade, seja êle mais alto, mais baixo ou aproximadamente igual ao do passado, é, sem dúvida, suficientemente grande para sustentar a crença na existência de abundantes oportunidades — quando não de oportunidades "iguais" — e alimentar a esperança, entre os norte-americanos, de que êles ou seus filhos, algum dia, estarão melhor. Mas pode também ter outras conseqüências. Para os que fracassam, como alguns têm de fracassar, numa sociedade que a todos incentiva à luta e promete o êxito aos capazes, o malôgro é prova de deficiências pessoais. A mobilidade ascendente requer ajustamentos que muitos homens acham difíceis, evidentes não só nos descobrimentos da pesquisa mas também no folclore predominante dos homens ricos e bem sucedidos, porém infelizes; e a mobilidade descendente pode ser até mais difícil de aceitar. Uma sociedade com *carrières ouvertes aux talents,* precisa, portanto, pagar um preço pela liberdade e pelas oportunidades que oferece aos seus membros, exatamente como uma sociedade de castas, que proporciona segurança de *status,* limita a liberdade dos homens e impede muitos de seus membros de explorarem as próprias capacidades.

Notas

1 Os contornos gerais da orientação teórica dêste capítulo derivam em grande parte de Max Weber. *De Max Weber*: *Ensaios de Sociologia*. traduzido para o inglês e editado por H. H. Gerth e C. Wright Mills (Nova Iorque: Oxford, 1946), Cap. VII.

2 *The Federalist* (Nova Iorque: Random House Modern Library, 1941). p. 56.

3 Veja Charles H. Page, *Class and American Sociology* (Nova Iorque: Dial, 1940).

4 Stanislaw Ossowski, *Class Structure and the Social Consciousness* (Londres: Routledge, 1963) apresenta um esfôrço geral no sentido dessa análise. Milton M. Gordon, *Social Class in American Sociology* (Durham: Duke University Press, 1958); e Page, *op. cit.,* ministra relatos sôbre o desenvolvimento de teorias de estratificação nos Estados Unidos.

5 Karl Marx, *Capital,* III, traduzido da primeira edição alemã para o inglês por Ernest Untermann (Chicago: Kerr, 1909), 1031.

6 Karl Marx e Friedrich Engels, "Letter to Georg Weydemeyer, Mar. 5. 1852", em *Correspondence,* 1846-1895 (Nova Iorque: International Publishers, 1935), p. 57.

7 Adam Smith, *The Wealth of Nations* (Londres: Dent Everyman Edition, 1910), p. 230.

8 Alex Inkeles e Peter H. Rossi, "National Comparisons of Occupational Prestige", *American Journal of Sociology,* LXVI (janeiro de 1956), 329-39.

9 Alan S. C. Ross. "U and Non-U", em Nancy Mitford (ed.). *Noblesse Oblige* (Nova Iorque: Harper, 1956), pp. 55-93.

10 Ralph Pieris, "Speech and Society: A Sociological Approach to Language", *American Sociological Review,* XVI (agôsto de 1951), 500.

11 E. Digby Baltzell, *Philadelphia Gentlemen* (Nova Iorque: Free Press, 1958), p. 51.

12 Veja, por exemplo, John Dollard, *Class and Caste in a Southern Town* (3.ª ed.; Garden City: Doubleday Anchor Books, 1957), C. Wright Mills, *White Collar* (Nova Iorque: Oxford, 1951), Cap. 11; e W. Lloyd Warner e Paul S. Lunt, *The Social Life of a Modern Community* (New Haven: Yale University Press, 1941).

13 Mills, *op. cit.,* p. 239.

14 C. Wright Mills, "The Middle Classes in Middle-Sized Cities", *American Sociological Review,* XI (outubro de 1946), 520-9.

15 Veja Elinor G. Barber, *The Bourgeoisie in 18th Century France* (Princeton University Press, 1955); para a Inglaterra veja R. H. Gretton, *The English Middle Class* (Londres: Bell, 1917).

16 Veja, por exemplo, o sugestivo ensaio de Ralf Dahrendorf, *Class and Class Conflict in Industrial Society* (Stanford: Stanford University Press, 1959).

17 Weber, *op. cit.,* p. 193-4.

18 Robert M. MacIver e Charles H. Page, *Society: An Introductory Analysis* (Nova Iorque: Holt, 1949), pp. 348-58.

19 Charles H. Cooley, *Social Organization* (Nova Iorque: Scribner, 1912), cap. 18. Embora freqüentemente desdenhada, a discussão de Cooley continua a ser uma análise proveitosa das condições estruturais que determinam a relativa importância da consecução e da atribuição como bases de *status.* A êsse respeito, veja Page, *op. cit.,* cap. 6, especialmente pp. 189 e seguintes.

20 Talcott Parsons, "A Revised Analytical Approach to the Theory of Social Stratification", em Reinhard Bendix e Seymour M. Lipset (eds.), *Class, Status and Power* (Nova Iorque: Free Press, 1953), p. 122.

21 Seymour M. Lipset e Reinhard Bendix, *Social Mobility in Industrial Society* (Berkeley: University of California Press, 1959), Cap. 2; David Glass (ed.), *Social Mobility in Britain* (Londres: Routledge, 1954).

22 K. S. Mathur, *Caste and Ritual in a Malwa Village* (Nova Iorque: Asia, Publishing House, 1964), p. 67.

23 Mathur, *op. cit.,* p. 160.

24 *Ibid.,* pp. 148-9.

25 M. N. Srinivas, "The Dominant Caste in Rampura", *American Anthropologist,* LXI (fevereiro de 1959), 3-4.

26 Citado por Alex Inkeles e Raymond A. Bauer, *The Soviet Citizen* (Cambridge; Mass.: Harvard University Press, 1959), p. 67.

27 Alex Inkeles, "Social Stratification and Mobility in the Soviet Union, 1950-1950", *American Sociological Review,* XV (agôsto de 1950), 466. Reproduzido também por Bendix e Lipset, *Class, Status and Power,* pp. 609-22.

28 Alex Inkeles, Raymond A. Bauer, e Clyde Kluckhohn, *How the Soviet System Works* (Cambridge, Mass.: Harvard University Press, 1957), Parte IV; e Inkeles e Bauer, *The Soviet Citizen.*

29 O leitor encontrará uma análise das tendências no recrutamento e na composição social do Partido Comunista em Merle Fainsod, *How Russia Is Ruled*

(ed. rev.; Cambridge, Mass.: Harvard University Press, 1963), Cap. 8; e em T. H. Rigby, "Social Orientation of Recruitment and Distribution of Membership in the Communist Party of The Soviet Union", *The American Slavic and East European Review,* XVI (outubro de 1957), 275-90.

30 Albert Parry, *The New Class Divided* (Nova Iorque: Macmillan, 1966).

31 Encontra-se uma discussão e uma análise do problema da pobreza em Ben B. Seligman (ed.), *Poverty as a Public Issue* (Nova Iorque: Free Press, 1965); Margaret S. Gordon (ed.), *Poverty in America* (San Francisco: Chandler, 1965); e Michael Harrington, *The Other America* (Nova Iorque: Macmillan, 1962).

32 W. Lloyd Warner *et al., Social Class in America* (Chicago: Science Research Associates, 1949).

33 August B. Hollingshead e Frederick C. Redlich, *Social Class and Mental Illness* (Nova Iorque: Wiley, 1958), Cap. 4.

34 Robert W. Hodge, Paul M. Siegel, e Peter H. Rossi, "Occupational Prestige in the United States, 1925-63", *American Journal of Sociology,* LXX (novembro de 1964), 286-302.

35 Warner e Lunt, *op. cit.;* Warner *et al., op. cit.,* pp. 11-8.

36 Veja, por exemplo, John F. Cuber e William F. Kenkel, *Social Stratification* (Nova Iorque: Appleton, 1954), caps. 7, 13.

37 Seymour Martin Lipset, *The First New Nation* (Nova Iorque: Basic Books, 1963), p. 112.

38 O leitor encontrará uma análise penetrante das diferenças de classe em matéria de fertilidade no mundo ocidental em Dennis H. Wrong, "Trends in Class Fertility in Western Nations", em Reinhard Bendix e Seymour Martin Lipset (eds.), *Class, Status, and Power* (2.ª ed.; Nova Iorque: Free Press, 1966), pp. 353-61.

39 Alfred C. Kinsey, Wardell B. Pomeroy, e Clyde E. Martin, *Sexual Behavior in the Human Male* (Filadélfia: Saunders, 1948), p. 381.

40 August B. Hollingshead, "Class Differences in Family Stability", em Bendix e Lipset, *Class, Status and Power* (Nova Iorque: Free Press, 1953), p. 286.

41 Veja William J. Goode, *Women in Divorce* (Nova Iorque: Free Press, 1956); publicado pela primeira vez como *After Divorce*), pp. 66-7.

42 Veja Mirra Komarovsky, "The Voluntary Associations of Urban Dwellers", *American Sociological Review,* XI (dezembro de 1946), 686-98; Floyd Dotson, "Patterns of Voluntary Association among Urban Working-Class Families", *American Sociological Review,* XVI (outubro de 1951), 687-93; Morris Axelrod, "Urban Structure and Social Participation", *American Sociological Review.* XXI (fevereiro de 1956), 13-8; Wendell Bell e Maryanne T. Force, "Urban Neighborhood Types and Participation in Formal Associations", *American Sociological Review,* XXI (fevereiro de 1956), 25-34; e Charles R. Wright e Herbert H. Hyman, "Voluntary Association Memberships of American Adults: Evidence from National Sample Surveys", *American Sociological Review,* XXIII (junho de 1958), 284-94.

43 *Report of the First Annual Session of the Federation of Organized Trades and Labor Unions of the United States and Canada,* Pittsburgh, Pa., dezembro 15-18 de 1881 (publicado pela Federação), p. 3.

44 *The New York Times,* 3 de maio de 1955, p. 24.

45 Samuel Lubell, *The Future of American Politics* (2.ª ed. rev.; Garden City: Doubleday Anchor Books, 1956).

46 Veja John C. Bowen, "The Tax That Doesn't Tax", *The Nation*, 27 de junho de 1959, pp. 575-7.

47 William Miller, "American Historians and the Business Elite", *Journal of Economic History*, IX (novembro de 1949), 208.

48 W. Lloyd Warner e James C. Abegglen, *Occupational Mobility in American Business and Industry* (Mineápolis: University of Minnesota Press, 1955), p. 38.

49 Donald R. Matthews, *The Social Background of Political Decision Makers* (Garden City: Doubleday, 1954), p. 23.

50 Warner e Abegglen, *op. cit.*, p. 96.

51 Lipset e Bendix, *Social Mobility in Industrial Society.*

52 Natalie Rogoff, *Recent Trends in Occupational Mobility* (Nova Iorque: Free Press, 1953), Tabelas 52 e 53, pp. 118-9.

53 Veja Percy E. Davidson e H. Dewey Anderson, *Occupational Mobility in an American Community* (Stanford: University Press 1937); p. 23; Richard Centers, "Occupational Mobility of Urban Occupational Strata", *American Sociological Review,* XIII (abril, 1948), 197-203; Rogoff, *op. cit.*, p. 62; e Elton F. Jackson e Harry J. Crockett Jr., "Occupational Mobility in the United States: A Point Estimate and Trend Comparison", *American Sociological Review,* XXIX (fevereiro de 1964), 5-15.

54 Centers, *op. cit.*, p. 201.

Sugestões para novas leituras

BALTZELL, E. DIGBY. *The Protestant Establishment.* Nova Iorque: Randon House, 1964.
Análise crítica da história, da natureza e das funções da elite "branca, anglo-saxã, protestante" no nordeste dos Estados Unidos.

BENDIX, REINHARD, e SEYMOUR MARTIN LIPSET (eds.). *Class, Status and Power,* Nova Iorque: Free Press, 1953; 2.ª ed., 1966.
Valiosa coletânea de escritos teóricos e empíricos. A segunda edição, que traz o subtítulo "Social Stratification in Comparative Perspective", contém considerável quantidade de material adicional sôbre outras sociedades.

DAHRENDORF, RALF. *Class and Class Conflict in Industrial Society.* Stanford: Stanford University Press, 1959.
Esfôrço estimulante no sentido de focalizar a análise da estratificação social em tôrno de problemas de conflito.

DJILAS, MILOVAN. *The New Class.* Nova Iorque: Praeger, 1957.
Esta interpretação do comunismo, escrita por um prisioneiro político que conseguiu fugir de uma prisão iugoslava, sustenta que o partido comunista se converteu na nova classe governante da União Soviética e das nações da Europa oriental.

DUBE, S. C. *Indian Village.* Londres: Routledge, 1955.
Estudo cuidadoso do funcionamento das castas numa aldeia da Índia Central. Particularmente bom no tratamento do ritual.

HOLLINGSHEAD, AUGUST B. *Elmtown's Youth.* Nova Iorque: Wiley, 1949.

Estudo pormenorizado do impacto das diferenças de classes sôbre adolescentes numa comunidadezinha do Meio-Oeste.

HOLLINGSHEAD, AUGUST. B., e FREDERICK C. REDLICH. *Social Class and Mental Illness.* Nova Iorque: Wiley, 1958.

Importante estudo das conexões entre classes sociais e moléstias mentais, que mostra as diferenças de classes em coeficientes de moléstias mentais, a freqüência e a forma de tratamento, e as reações aos problemas psiquiátricos e aos psiquiatras.

KAHL, JOSEPH A. *The American Class Structure.* Nova Iorque: Holt, 1957.

Útil e direto sumário de grande parte do nosso conhecimento sôbre a estratificação social nos Estados Unidos.

KUPER, LEO. *An African Bourgeoisie.* New Haven: Yale University Press, 1964.

Análise de uma classe média africana emergente.

LENSKI, GERHARD. *Power and Privilege.* Nova Iorque: McGraw-Hill, 1966.

Interessante e importante esfôrço para formular uma teoria da estratificação social.

MILLS, C. WRIGHT. *White Collar.* Nova Iorque: Oxford, 1951.

Análise contestante e sugestiva e interpretação do advento e do papel das novas classes médias por um sociólogo independente, que tem criticado grande parte da pesquisa sociológica moderna.

PAGE, CHARLES H. *Class and American Sociology.* Nova Iorque: Dial, 1940.

Sumário das análises de classes encontradas na obra dos primeiros sociólogos importantes norte-americanos.

SCHUMPETER, JOSEPH. "Social Classes in an Ethnically Homogeneous Environment", em *Imperialism and Social Classes.* Nova Iorque: Meridian, 1955.

Penetrante ensaio sôbre a natureza, as funções e a evolução das classes sociais.

SHOSTAK, ARTHUR B. e WILLIAM GOMBER (eds.). *Blue-Collar World. Englewood* Cliffs: Prentice-Hall, 1964.

Coleção de ensaios que examinam padrões de cultura e organização social na classe trabalhadora norte-americana.

SOROKIN, PITIRIM A. *Social and Cultural Mobility.* Nova Iorque Free Press, 1959.

Êste livro contém todo o Social Mobility, *publicado pela primeira vez em 1927, e que se constitui ainda no estudo mais amplo da mobilidade social, bem como um capítulo sôbre a mobilidade espacial, de outra obra do autor.*

THERNSTROM, STEPHAN. *Poverty and Progress.* Cambridge, Mass.: Havard University Press, 1964.

Relato histórico da estratificação social e da mobilidade social em Newburyport, Massachusetts ("Yankee City") no século XIX. Excelente exemplo de sociologia histórica.

TOCQUEVILLE, ALEXIS DE. *Democracy in America.* 2 vols. Nova Iorque: Vintage, 1954.

Êste estudo clássico, escrito na década de 1830, examina a influência do igualitarismo sôbre todos os aspectos da cultura e da sociedade norte-americanas. Não sòmente constitui modêlo de análise sociológica no tratamento de fatos sociais, mas também continua a ser notàvelmente atual, tanto nas generalizações sociológicas que propõe como na análise da sociedade norte-americana.

WERNER, W. LLOYD, JAMES C. ABBEGGLEN. *Occupational Mobility in American Business and Industry, 1928-1952.* Mineápolis: University of Minnesota Press, 1955.

Análise pormenorizada das origens sociais e dos padrões de carreira de líderes norte-americanos de negócios. Os dados coligidos em 1952 são confrontados com os descobrimentos de um estudo realizado por F. W. Taussig e C. S. Joslyn, American Business Leaders, *Nova Iorque: Macmillan, 1932, baseados sôbre dados coligidos em 1928.*

WARNER, W. LLOYD, MARCIA MEEKER, e KENNETH EELLS. *Social Class in America.* Chicago: Science Research Associates, 1949.

Tentativa para construir medidas objetivas de status *na sociedade norte-americana.*

GRUPOS RACIAIS E ÉTNICOS

Raça, cultura e estrutura social

Em muitas sociedades os grupos raciais e étnicos constituem componentes importantes da ordem social, e as relações entre êles criam problemas sociais significativos. As relações entre brancos e negros nos Estados Unidos, que há muito tempo representam uma fonte crônica de dificuldades, tornaram-se, nas décadas de 1950 e 1960, questão social e política importante. Nas nações do Sudeste da Ásia, a presença de substanciais minorias chinesas com — ou sem — laços continuados com a terra natal engendra ansiedade e tensão persistentes. Israel enfrenta problemas complexos no esfôrço de assimilar judeus da Europa, da África e da Ásia numa nação única. A Bélgica tem conhecido conflitos agudos entre a sua população que fala flamengo e a que fala francês. Na África do Sul, uma divisão nítida e potencialmente explosiva entre brancos e prêtos é complicada por outras diferenças: quase 400 mil asiáticos, mais de 1 milhão de mestiços oriundos de uma mistura maciça de brancos e hotentotes no século XVIII, e uma clivagem étnica que separa os brancos em africânderes, inglêses (êstes mesmos divididos no tocante à questão racial), e um número relativamente pequeno de judeus. O fato de ser membro de grupos raciais e étnicos pode influir no *status* dos homens e em suas relações com outros. A côr da pele ou traços culturais distintos situam freqüentemente os homens em sua sociedade e constituem elementos para diferenças de tratamento, ou *discriminação.* A posse de traços físicos distintivos ou de valôres, crenças e costumes únicos, não raro proporciona um foco de lealdades comuns e a base de uma ação coletiva, particularmente quando o grupo é destacado por uma atenção discriminativa. Os negros norte-americanos, primeiro comprados como escravos e depois severamente desfavorecidos, embora legalmente livres, foram-se tornando, a pouco e pouco, cada vez mais preocupados com o progresso da "raça" e mais ativos e agressivos ao buscarem eliminar a discriminação, melhorar suas circunstâncias econômicas e conseguir plenos direitos civis. Judeus, italianos, gregos, irlandeses e muitos outros grupos étnicos possuem, em vários graus, suas próprias organizações comunitárias, que se constituem não só em produto mas também em fonte de identidade coletiva — o Comitê Judaico Norte-Americano e o Congresso Judaico Norte-Americano, a Ordem dos Filhos da Itália, a Associação Progressista Educacional Heleno-Norte-Americana (AHEPA), a Antiga Ordem dos Hibérnicos. Como qualquer divisão importante da ordem social, entretanto, os grupos raciais e étnicos, embora muitas vêzes parcialmente coerentes com outras divisões sociais, também podem transcendê-las. Talvez a ligação mais significativa com outras dimensões de estrutura social seja a íntima conexão que "amiúde prevalece entre a identidade racial ou étnica e a classe. A maioria dos negros norte-americanos, por exemplo, são trabalhadores manuais ou empregados em ocupações de serviço mal remuneradas, embora haja também pequenas e crescentes classes média e superior negras. Os judeus estão agora, na maior parte, concentrados em ocupações de trabalhadores de gravata, homens de negócios e profissionais liberais nos Estados Unidos, embora ainda se encontrem alguns em quase todos os níveis de classes na sociedade norte-americana. Na maioria dos países da América Latina existe estreita correlação entre traços físicos, como a côr da pele, e a posição de classe; pessoas de pele escura e traços negróides têm maiores probabilidades de se encontrarem nas classes inferiores. Os chineses residentes no sudeste da Ásia estão empenhados principalmente no comércio e na indústria leve, ao passo que os nativos são predominantemente agricultores. Nas Ilhas do Havaí, por outro lado, os muitos grupos raciais e étnicos — polinésios nativos, japonêses, chineses, filipinos, pôrto-riquenhos, portuguêses, coreanos, espanhóis e outros — encontram-se agora quase totalmente misturados e desempenham papel secundário, como grupos étnicos, na vida havaiana. Apenas pequeno número de brancos da classe superior (*Haoles,* como são chamados) permanece apartado e distinto.

O fato de se imbricarem ou fundirem amiúde os grupos raciais e étnicos com outras divisões sociais complica a análise de sua natureza e de suas relações recíprocas. Além disso, às vêzes é difícil destacar a influência de atributos físicos ou culturais distintivos da de outras características. O elo freqüentemente fechado entre divisões raciais e étnicas e a estrutura das classes animou alguns autores a interpretarem o preconceito e a discriminação principalmente, ou até exclusivamente, em têrmos econômicos [1]. Conquanto a importância de fatôres econômicos não deva ser subestimada, uma interpretação dessa natureza ignora outros aspectos importantes das relações entre os grupos e, por si mesma, é incapaz de explicar muitos dos complexos padrões existentes.

As diferenças físicas e culturais são, não raro, estreitamente ligadas, mas também podem variar independentes uma da outra; grupos racialmente distintos partilham, por vêzes, de uma cultura comum, e diferentes grupos étnicos procedem, muitas vêzes, do mesmo tronco biológico. Na África do Sul, brancos e prêtos, de um modo geral, são separados não só pela aparência mas também pelas maneiras de viver. Os imigrantes chineses, japonêses e filipinos, que chegaram aos Estados Unidos, eram racial e ètnicamente diferentes dos norte-americanos nativos e de outros imigrantes; seus descendentes foram cada vez mais, assimilados pela sociedade norte-americana. Mas ainda que perdessem completamente a língua, a religião e os costumes que trouxeram consigo, seriam assinalados pela aparência. Os negros norte-americanos também, de um modo geral, são prontamente identificáveis, mas não possuem nenhum modo de vida tradicional derivado dos antepassados africanos; sua cultura é indígena para a sociedade norte-americana e lhes reflete a posição social e econômica. ("O processo de desvencilhar-se da cultura africana", escreveu E. Franklin Frazier, "foi tão completo que, presentemente, apenas em certas áreas isoladas se podem descobrir o que se poderia chamar com justeza sobrevivência culturais africanas" [2].) No Havaí, as diferenças tanto culturais quanto físicas entre muitos grupos (os japonêses constituem, de certo modo, uma exceção) parecem estar desaparecendo à proporção que um coeficiente relativamente alto de miscigenação produz novos tipos físicos.

O fato de não ter a raça, muitas vêzes, qualquer relação com diferenças culturais está claramente demonstrado na Europa, onde a distribuição de padrões étnicos geralmente independe de atributos biológicos. Tão mesclados são os povos da Europa que nenhuma nação se destaca claramente das outras na aparência, embora haja, é claro, diferenças gerais entre europeus do Norte e do Sul. Inúmeros franceses, italianos, espanhóis, alemães, suícos e outros são fìsicamente muito semelhantes, mas falam línguas diferentes, adotam crenças políticas diversas, ordenam suas vidas cotidianas de maneira dessemelhante, e consideram-se distintos uns dos outros. Da mesma forma, nenhum contraste biológico definido estrema os muitos grupos de imigrantes europeus que chegaram aos Estados Unidos no fim do século XIX e no princípio do século XX: poloneses, gregos, húngaros, russos, tchecos, judeus (que derivam de várias nações) e assim por diante. Os judeus, que de ordinário não se distinguem fìsicamente de muitas outras pessoas de pele branca, permaneceram, não obstante, até certo ponto, socialmente apartados nos diversos países europeus onde se instalaram.

As diferenças culturais são, muitas vêzes, atribuídas à variação biológica mas, como já tivemos ocasião de observar, a cultura se aprende, não se herda. Não há evidência que sustente o ponto de vista segundo o qual os mecanismos biológicos que determinam as características físicas — côr da pele e dos olhos, formato da cabeça, tipo de cabelo, estatura, etc. — também controlam valôres, crenças, costumes ou formas de organização social. Os traços raciais (isto é, atributos físicos herdados, comuns a um grupo de pessoas) entram na vida social na *medida em que* os homens desenvolvem sentimentos e os julgam, ou constroem teorias acêrca da cultura e da sociedade em que desempenham um papel. Aliás, êsses traços interessam primàriamente aos antropologistas físicos e aos biólogos e não aos estudiosos da cultura e da sociedade.

Onde a côr da pele e outras características raciais passaram a representar papel importante em relações de grupo, foram habitualmente associadas às diferenças culturais. Os conquistadores europeus que subjugaram povos nativos justificavam não raro sua dominação econômica, política e militar com sonoras ideologias — o "fardo do homem branco", por exemplo — ou com crenças sôbre a superioridade inerente às raças brancas sôbre as raças de côr, embora essa superioridade se baseasse, de hábito, no fato de que, como reza a usadíssima copla:

> Aconteça o que acontecer, nós temos
> O canhão Maxim e êles não têm.

Os atributos raciais chegaram a possuir, repetidamente, significação independente como fatos sociais. Mesmo quando os contrastes na língua, no trajo, na religião, na ocupação, na educação, parcial ou totalmente, diminuem ou desaparecem, tendem a persistir as atitudes e sentimentos em relação à côr da pele, ao tipo de cabelo, à forma dos lábios e outras características biológicas — a "visibilidade", para usarmos a expressão de Robert E. Park, tem conseqüências sociais. Da mesma forma, depois de estabelecido, o padrão de relações entre grupos, raramente se modifica de pronto, sobretudo quando exerce alguma função, ou proporciona algum lucro, para o grupo dominante. Na medida em que pessoas dotadas de um atributo biológico semelhante imaginam constituir uma raça, seja mais ou menos espontâneamente, seja porque assim são consideradas pelos outros, passam a constituir um grupo étnico, pois a concepção que têm de si mesmas une-as agora num todo social, ainda que possuam poucos traços culturais distintivos.

Nos últimos anos, a própria identidade racial veio a desempenhar papel importante nos negócios internacionais e nacionais. Os povos de côr juntaram-se numa atitude de hostilidade comum em relação aos europeus brancos que dominaram parte tão grande da Ásia e da África. Indianos, chineses, japonêses, indonésios, africanos e outros expressam sua repulsa pelo tratamento dispensado aos negros norte-americanos — ou pelo tratamento que imaginam seja dispensado aos negros. Alguns dêstes últimos, por seu turno, dizem-se correntemente aparentados com africanos, de cuja cultura têm pouco conhecimento ou compreensão. Assim como o dogma racista pode ter conseqüências sociais significativas, ainda que não se baseie em fatos, assim a lealdade comum à imagem de uma raça adquire realidade separada das características biológicas sôbre as quais presumìvelmente repousa.

O estudo de grupos raciais e étnicos, portanto, demonstra com particular clareza a validade do teorema de W. I. Thomas: "Se os homens definirem situações como reais, elas serão reais em suas conseqüências". Ideologias raciais contiveram, reiteradas vêzes, asserções demonstràvelmente falsas, mas o seu papel histórico, sobretudo no século passado, teve grande alcance. O extermínio de 6 milhões, ou mais, de judeus pelos nazistas estribava-se em doutrinas de superioridade e inferioridade racial, que podem ser rastreadas até certos autores do século XIX, como Arthur D. Gobineau e Houston Stewart Chamberlain. Nos Estados Unidos, teorias de superioridade racial, formuladas não só por estudiosos de reputação e propagandistas populares, tiveram ampla aceitação. Tais doutrinas racistas ministraram boa parte da justificação teórica da adoção das quotas nacionais incorporadas na legislação do princípio da década de 1920, que suspendeu a imigração em massa, e elas têm sido extensamente usadas para justificar várias formas de discriminação racial. Imagens dos vários grupos étnicos nos Estados Unidos influíram no tratamento que os imigrantes receberam, e estereótipos persistentes, não rara profundamente inexatos, de judeus, irlandeses, italianos, pôrto-riquenhos, mexicanos e outros continuam a influenciar as relações dêstes últimos com outros grupos.

Sentimentos e atitudes críticos, amesquinhantes ou hostis, entretanto, não podem, por si sós, explicar as relações entre grupos raciais e étnicos. O preconceito é apenas uma variável entre muitas, e talvez tenda tanto a resultar da discriminação quanto a produzi-la. Mais adiante, neste mesmo capítulo, estudaremos a natureza, as fontes e as funções do preconceito; aqui nos interessam os vários padrões de relações de grupos étnicos — a maneira pela qual os membros de diferentes grupos se comportam em relação uns aos outros — e os fatos estruturais e culturais que lhes determinam a forma.

Padrões de relações de grupos étnicos

Muitos grupos raciais e étnicos são amiúde descritos como "minorias" quando ocupam uma posição subordinada na sociedade. Entretanto, em certas ocasiões, as minorias não sofrem discriminação alguma — os franceses e italianos na Suíça, por exemplo — e às vêzes a "minoria" é, na realidade, maior do que a "maioria" ostensiva; os prêtos na União Sul Africana, por exemplo, constituem cêrca de dois terços da população. No sentido social, nenhum grupo constitui intrìnsecamente uma minoria; as fronteiras políticas mutáveis e o fluxo da migração não raro modificam o *status* de grupos, passando-os de superior para subordinado, de minoria para maioria. Como assinala Louis Wirth:

> Na Polônia anterior à guerra, sob o regime czarista, os poloneses constituíam uma distinta minoria étnica. Quando conquistaram sua independência, no fim da Primeira Guerra Mundial, perderam o *status* de minoria mas reduziram seus compatriotas judeus ao *status* de minoria. Como imigrantes para os Estados Unidos, os poloneses voltaram a constituir minoria. Durante o breve período da dominação nazista, os alemães sudetos da Tcheco-Eslováquia mudaram de posição com os tchecos, entre os quais ainda recentemente constituíam minoria e passaram a dominá-los... Não são, portanto, as características específicas, sejam elas raciais sejam étnicas, que marcam um povo como minoria, mas a relação dêsse grupo com outro grupo na sociedade em que vivem [3].

As relações entre maioria e minoria, ou superiores e inferiores, são muitas vêzes — mas nem sempre — assinaladas por conflitos e hostilidades. As diferenças que separam os grupos uns dos outros contêm as sementes dêsse conflito, pois a adoção de um conjunto de valôres e instituições pode logo tornar outros suspeitos. Tanto a extensão do conflito quanto a intensidade da hostilidade pode, é claro, variar amplamente. Em alguns casos, os grupos étnicos lograram um equilíbrio assaz estável e harmonioso, ou as diferenças raciais foram reduzidas a um papel social mínimo. Na Suíça, por exemplo, quatro grupos de línguas distintas — francês, alemão, italiano e romanche — estabeleceram um *modus vivendi* amigável e estável, a despeito de acentuadas diferenças em números. (Os suíços que falam alemão representam quase três quartos da população, os que falam francês, cêrca de um quinto, os que falam italiano, um vinte avos e os que falam romanche, pouco mais de um por cento [4].) No Brasil, como veremos com maiores detalhes, os traços físicos por si mesmos são de pequena importância na determinação do *status*, das oportunidades ou das relações sociais de um homem.

No extremo oposto, as minorias raciais e étnicas têm sido, às vêzes, brutalmente tratadas. O caso extremo, é claro, foi o assassínio em massa de milhões de judeus pelos alemães, ao tempo de Hitler, durante a Segunda Guerra Mundial. Na União Sul-Africana, o Partido Nacionalista, que se encontra no poder desde 1948, adotou uma política de *apartheid,* ou "desenvolvimento separado", a segregação compulsória das raças sob a dominação branca.

Na maioria das situações, entretanto, o conflito e a hostilidade estão encerrados num sistema que mantém os membros de grupos étnicos em determinado lugar da ordem social e lhes regula as relações com outros. Durante muitos anos, reconhecida "etiquêta racial" governou as relações entre brancos e negros no Sul norte-americano; sob o impacto de mudanças fundamentais, que estão ocorrendo na sociedade sulista, bem como em face do desafio do movimento dos direitos civis, tais padrões estabelecidos estão-se esbarrondando. Em algumas nações, que incluem os Estados Unidos, vários aspectos das relações raciais e étnicas são regulados por lei: alguns Estados proíbem a miscigenação e outros declaram ilegal a discriminação racial ou religiosa na contratação de empregados. Na África do Sul, os não brancos têm poucos direitos políticos e vêem-se reprimidos de muitas maneiras, tanto pela legislação quanto pelas normas administrativas.

Muitos tipos de circunstâncias influem na estrutura das relações de grupos étnicos, três das quais parecem revestir-se de particular importância: primeira, o número e tamanho dos vários grupos; segunda, a natureza e extensão das diferenças, quer físicas quer culturais; e terceira, a "arena de competição — isto é, os recursos e valôres pelos quais competem a minoria e a maioria, as vantagens que a maioria procura auferior da presença da minoria e da perpetuação de seu *status* subordinado, as oportunidades ou barreiras gerais para a mobilidade ascendente inerentes ao cenário da economia, da organização social e da ideologia de uma sociedade maior.

Quando vários grupos étnicos estão contidos numa única sociedade, emerge freqüentemente uma complexa hierarquia, na qual cada grupo pode ocupar uma posição social algo diferente. A propósito dos Estados Unidos, observou Wirth em 1945: "Não há dúvida de que o negro... se converteu no principal amortecedor de choques do sentimento antiminoritário dos brancos dominantes"[6]. A despeito das modificações ocorridas desde o fim da Segunda Guerra Mundial, esta afirmativa ainda é substancialmente correta. Outros grupos étnicos conhecem um número menor de limitações e se acham em melhores condições para tornar-se membros completos da sociedade norte-americana. Na realidade, partilham amiúde dos sentimentos contrários aos negros e seguem os padrões usuais de discriminação e exclusão. Desejosos de plena aceitação, são até capazes de excederem os outros na hostilidade e no preconceito em relação ao negro. Em contraste, nas sociedades onde existem apenas uma ou duas divisões étnicas, as linhas divisórias tendem a ser rìgidamente traçadas e a resistir aos esforços feitos para rompê-las.

Pequenos grupos são hostilizados com menos freqüência pela maioria dominante do que os grandes. Uns poucos negros, judeus ou católicos podem ser aceitos numa comunidade em que predominam brancos protestantes, ao passo que um número maior dêles é, não raro, definido como ameaça e, portanto, rejeitado e excluído da plena participação nas atividades comunitárias. Na Inglaterra, a maior hostilidade aos imigrantes de côr desenvolveu-se nas áreas urbanas em que êles se haviam instalado em grande número. Quando o grupo subordinado excede em número o superior, na típica situação colonial ou outrora colonial, as relações entre ambos são freqüente e violentamente exacerbadas. Nos Estados Unidos, a maior discriminação contra os negros, aos quais não se permitia votar e que eram rigorosamente conservados num *status* impôsto de sujeição, ocorria nas áreas do Sul, onde os brancos constituem minoridade numérica. Entretanto, a importância do número e do tamanho depende, em parte, de outras condições.

Não existem antipatias inerentes, que modelem as relações entre grupos raciais e étnicos, mas a natureza e a extensão das diferenças entre êles contribuem, inevitàvelmente, para a maneira pela qual reagem uns aos outros. Quando são mínimos os contrastes, são menores as probabilidades de que as dessemelhanças sejam tomadas como base de um tratamento diferente. Algumas semelhanças podem suplantar as variações; nos Estados Unidos, por exemplo, pessoas da mesma religião freqüentemente desprezam as circunstâncias étnicas na escolha de um marido ou, sobretudo, de uma espôsa [7]. No entanto, as diferenças físicas muitas vêzes produzem efeito, até entre pessoas de características culturais semelhantes; a visibilidade reforça — ou mesmo ajuda a criar — a variação cultural e a probabilidade de discriminação. As diferenças culturais podem ser gradativamente eliminadas mas os contrastes físicos por si mesmos só se eliminam através de longo processo de miscigenação e amálgama física, ao qual, não raro, se opõe tremenda resistência. Mas êsse fato não explica — nem deveria ser usado para justificá-la — uma interpretação racista dos padrões sociais e culturais.

Os contrastes culturais — na língua, na religião, nas tradições, nos costumes — não constituem, por si sós, razões inevitáveis de hostilidade e conflito. Muitos grupos e pessoas, notadamente nos Estados Unidos, deploram as diferenças étnicas e consideram favoràvelmente o "cadinho" (expressão criada por Israel Zangwill em 1906) em que traços culturais distintivos se fundem para formar novos. Outros — como Horace Kallen e Louis Adamic, por exemplo — viam grande virtude numa sociedade "pluralista", uma "nação de nações", em que cada grupo conservasse a própria cultura num todo complexo e variado. Um grupo étnico dominante — como, por exemplo, os *haoles* no Havaí há umas poucas décadas, e agora os africânderes na África do Sul — pode rejeitar as duas soluções e procurar manter a própria superioridade impedindo todos os outros de obter ingresso em suas fileiras ou acesso aos seus privilégios. O padrão particular que disso emerge depende, em grande parte, da estrutura social, econômica e política em que se encontram êsses variados grupos.

Quando a riqueza, o poder ou o *status* de qualquer grupo pode ser contestado por outros, ou quando membros de diferentes grupos étnicos competem por valôres difíceis, como o poder ou a riqueza, é provável que se desenvolva o conflito e que as diferenças raciais ou étnicas se convertam fàcilmente em base de hostilidade. Impedindo aos demais o acesso ao poder político, relegando-os a ocupações servis, ou estigmatizando-lhes a côr ou a cultura, um grupo dominante monopoliza os valôres políticos, econômicos ou de *status,* ou todos êles ao mesmo tempo. Criam-se repetidamente padrões de discriminação e subordinação no intuito de obter tais valôres e, depois de criado um sistema de relações de superioridade e inferioridade entre grupos étnicos, qualquer mudança ameaça habitualmente as prerrogativas estabelecidas. Êsse fato ajuda a explicar a extensão da resistência à concessão da igualdade de *status* aos negros nos Estados Unidos, malgrado a difusão dos valôres igualitários; a má vontade ou a recusa de muitos brancos de outorgarem direitos políticos a africanos na Rodésia e na África do Sul; a longa resistência dos *colons* franceses na Argélia a quaisquer propostas de alteração dos arranjos políticos existentes, apesar da violenta rebelião dos argelinos contra a continuada dominação francesa.

Tão complexas e variadas, porém, são as relações recíprocas entre os fatôres que afeiçoam as relações étnicas e raciais, que poderemos estudar-lhes melhor a importância examinando com alguns pormenores três situações contrastantes, que são não só sociològicamente esclarecedoras mas também socialmente importantes: as relações raciais no Brasil, as relações entre negros e brancos nos Estados Unidos e a posição dos judeus norte-americanos.

Brasil: um "cadinho" racial

A população do Brasil consiste em brancos, prêtos e — talvez o grupo maior — indivíduos de ascendência racial mista. Os índios aborígines quase desapareceram, exceto nas áreas mais afastadas, onde se encontram algumas tribos isoladas, embora tenham contribuído, nos primeiros anos da colonização, para a atual população mesclada. Entre os brancos, de origem predominantemente portuguêsa, há grupos consideráveis de europeus chegados ao Brasil nos últimos setenta e cinco anos — alemães, italianos, poloneses, espanhóis e mais portuguêses. Embora se verificasse entre êsses imigrantes, durante algum tempo, certa resistência à assimilação, sobretudo entre os alemães, Charles Wagley, que por muito tempo estudou o Brasil, observou: "Hoje em dia (...) os descendentes de europeus gostariam de ser brasileiros"[8]. Além disso, cêrca de 200 mil japonêses chegaram ao Brasil desde 1908.

Apesar dessa população multi-racial e de uma história de escravização do índio e do negro, criou o Brasil uma sociedade em que há pouca hostilidade e conflito racial. Fazem-se distinções raciais, mas estas desempenham papel apenas secundário na definição das relações recíprocas de pessoas e grupos.

As estatísticas brasileiras oficiais empregam quatro categorias raciais: o *branco,* o *pardo,* o *prêto* e o *amarelo.* Na conversação comum, entretanto, fazem-se outras distinções, não raro mais sutis. Numa cidadezinha do Nordeste, por exemplo, os brancos dividem-se em loiros, morenos e os que têm alguma ascendência negra. Os não brancos foram divididos em oito grupos diferentes com base na aparência, além dos que têm ascendência índia[9]. A importância dessas distinções complexas e requintadas, que variam entre uma região e outra, reside no fato de que elas impedem qualquer rígida separação de grupos raciais definidos.

Não se ignoram as características raciais, mas elas, por si mesmas, não determinam o *status* nem a posição de classe do indivíduo. Com efeito, existe amiúde uma aparente confusão entre a identificação racial e a posição de classe. Em certa região, refere Donald Pierson "dizia-se comumente (...) que o negro rico é branco e o branco pobre é negro"[10]. Numa análise de 500 pessoas na cidade de Salvador, por exemplo, tôdas oficialmente classificadas como *brancos,* Pierson descobriu que cêrca de uma quarta parte possuía óbvias características negróides[11]. Wagley refere um caso em que o povo de uma cidade se recusava a chamar de "branco" o bêbedo da comunidade, apesar da sua aparência, e teimava em que a principal mulher da cidade era branca e não mulata escura[12].

Se bem "os traços físicos europeus tenham prestígio definido e valôres estéticos em tôdas as camadas da sociedade"[13], os traços raciais em si não constituem barreira importante à oportunidade ou ao intercurso social. Os prêtos ou os de ascendência mista, que se elevam na ordem social, modificam sua posição social e econômica e, até certo ponto, os têrmos raciais que se lhes aplicam. "O dinheiro branqueia a pele" é um dito brasileiro [14]. "Depois que se elevam, [os mulatos mais claros] já não se consideram "mulatos" senão "brancos" pois se tem por "deselegante e impertinente" recordar a essas pessoas suas origens raciais" [15].

O preconceito de côr expressa-se prontamente no Brasil e há muitos estereótipos ofensivos de negros comparáveis aos que existem nos Estados Unidos. Além disso, a discriminação com base na côr ocorre de vez em quando. Entretanto, o preconceito e a discriminação dirigem-se, caracterìsticamente, mais aos indivíduos do que aos grupos, e tais fatos não contradizem a imagem do Brasil como "democracia" racial.

> (...) há, manifestamente, profundo abismo no Brasil (escreve Wagley) entre o que as pessoas dizem e o que fazem, entre o comportamento verbal e o comportamento social. O tom emocional que cerca o preconceito de côr é, geralmente, despreocupado e jocoso, e misturado com doses liberais de apreciação jovial. [Um observador] refere as manifestações da torcida de um time de futebol em têrmos raciais tão violentos que teriam provocado um motim racial nos Estados Unidos. Marvin Harris fala de um branco (...) que sustentava vigorosamente que ninguém devia manter relações com um negro, nem que êste fôsse um *doutor,* mas se inclinava e desbarretava ao topar realmente com um engenheiro negro. Além disso, em contraste com a atitude depreciativa, existe certo orgulho da "raça brasileira" e até do *prêto...* As atitudes depreciativas e os estereótipos permanecem na tradição brasileira e podem ser evocados em qualquer situação de competição (se você não tiver outro jeito de vencer seu competidor, sempre lhe restará a possibilidade de chamá-lo de *prêto*), mas, por via de regra, carecem de convicção como determinantes de comportamento [16].

As características raciais, contudo, estão estreitamente ligadas à posição de classe. Os *prêtos* ocupam, tìpicamente, posição inferior na ordem das classes e os brancos, posição superior; a maior parte das classes média e superior é branca, e os brasileiros de pele escura conheceram, provàvelmente, menor mobilidade social do que os negros nos Estados Unidos. Mas tais fatos refletem antes a história do país e a economia brasileira relativamente estática do que a discriminação racial.

As barreiras entre pessoas de diferentes características raciais são mais de classe que de côr — e as distinções de classe acham-se muito nìtidamente traçadas. Mas aquêles que ultrapassam tais barreiras são socialmente aceitos, sejam quais forem seus traços raciais. Os membros da classe média e superior, que têm alguma ascendência negra, não se vêem excluídos nem significativamente limitados em seu intercurso social. Assim, pelo menos, um presidente do Brasil era o que nos Estados Unidos se chamaria um "negro". Pierson refere vários casos de pessoas da classe superior, ostensivamente brancas, porém de ascendência negra definida. O descobrimento de tais fatos por outras pessoas "não acarretará... nenhuma alteração na posição social do indivíduo envolvido, nenhuma modificação na estima social de que êle ou ela desfruta... indicação significativa do caráter, da situação racial brasileira em confronto com a dos Estados Unidos, por exemplo, onde uma revelação dessa natureza provocaria um escândalo" [17].

Tais diferenças acentuadas entre o Brasil e os Estados Unidos refletem contrastes importantes na história e na estrutura social de ambos. O Brasil foi originalmente colonizado por portuguêses, que trouxeram consigo pouca preocupação pelas diferenças raciais — e não trouxeram mulheres. Longo período de dominação moura em Portugal produzira uma população de pele relativamente escura, o gôsto pelas beldades tisnadas e uma disposição para a miscigenação em suas aventuras de além-mar. Como tem ocorrido com freqüência quando a colonização se efetua predominantemente por homens e não por famílias, êles tomaram as índias por espôsas ou amantes, embora explorassem desapiedadamente os nativos. Mais tarde, passaram a escolher amiúde suas mulheres entre as africanas importadas como escravas.

A miscigenação logo se converteu em padrão difundido. O recenseamento de 1950 referiu que 61,6 por cento da população eram brancos, 11 por cento prêtos, e 26,6 por cento pardos, sendo os demais amarelos. Mas, observa Wagley: "Releva lembrar que os dados censitários refletem a identidade racial tal como a entendem os que respondem aos questionários e, às vêzes, o recenseador; um estudo feito de acôrdo com padrões antropológicos objetivos revelaria, por certo, maior percentagem de tipos mesclados" [18]. Muitos brasileiros acreditam agora que se está verificando progressiva homogeneização racial, que vai eliminando sobretudo o grupo de pele mais escura e "clareando" tôda a população. Que pode existir alguma base para essa crença patenteia-se no fato de que a proporção dos que se classificam como *prêtos* diminuiu quase um têrço entre 1940 e 1950.

A escravião, que começou cedo porque os índios não eram numerosos nem fàcilmente adaptáveis às necessidades de mão-de-obra de uma economia rural, só se aboliu legalmente em 1888, mas o processo pelo qual foi eliminada principiou muito mais cedo, foi muito mais prolongado e muito menos violento do que os acontecimentos traumáticos que puseram fim à escravidão nos Estados Unidos. Desde o princípio do período colonial surgiram vários estratagemas, por meio dos quais se podiam libertar os escravos. Os homens freqüentemente libertavam os filhos ilegítimos que haviam de mães escravas e freqüentemente alforriavam outros nos testamentos ou como parte de costumeiras celebrações anuais. Além disso, aos escravos era lícito comprarem a própria liberdade e tanto a lei quanto a opinião pública exigiam que os donos aceitassem o pagamento oferecido por um escravo. Sociedades de emancipação adquiriram a liberdade de muitos escravos e alguns proprietários, voluntàriamente, deram liberdade aos seus. Na ocasião em que a escravidão foi oficialmente abolida, muitos prêtos e mestiços já se achavam livres. A libertação de aproximadamente 600 mil escravos não criou uma comoção comparável à que geraram a Guerra Civil e a emancipação dos negros nos Estados Unidos. Nem se definiu a população de côr como ameaça imediata à ordem social e política existente, como foram definidos os negros no Sul após a Guerra Civil — e como alguns sulistas brancos ainda hoje acreditam que o sejam.

Tais fatos — a difundida miscigenação, o obscurecimento de diferenças físicas na população, a libertação gradativa dos escravos negros — atalharam o desenvolvimento de uma ideologia racista. Ao invés disso, os brasileiros não raro se mostram orgulhosos da ausência de racismo e do seu relativo desprêzo às diferenças raciais. Atributos físicos como a côr da pele não são ignorados, mas não constituem fundamento de significativas divisões de grupos.

Os negros nos Estados Unidos

À diferença do Brasil, onde as variações raciais são tão grandes que não se faz clara distinção entre brancos e prêtos, a sociedade norte-americana traça uma linha nítida entre as raças. Os negros são destacados não só pela côr mas também pela ascendência. A identificação do negro tanto se baseia em atributos visíveis quanto no conhecimento de quem foram seus pais — ou seus avós ou bisavós. Mesmo quando a aparência é ostensivamente caucasóide, a ascendência negra conhecida basta, geralmente, para classificar um indivíduo como negro. Em 1960, o recenseamento dos Estados Unidos classificou como negras tôdas as pessoas de ascendência mista, incluindo "as pessoas que descendiam de índios norte-americanos e negros, a menos que a ascendência índia predominasse de maneira muito nítida ou a menos que o indivíduo fôsse considerado como índio na comunidade"[19].

Assim identificados, os negros foram freqüentemente descritos como casta assinalada por um *status* imutável — e inferior. A justificativa para se considerarem os negros como casta reside na presença de restrições ao casamento entre grupos étnicos diferentes e de barreiras ao íntimo intercurso social com brancos. As leis de vinte e nove Estados proibem o matrimônio entre raças diferentes, que se define de várias maneiras, e existe uma cernça generalizada e profundamente arraigada de que êsse matrimônio é indesejável. À parte raros grupos e indivíduos, sobretudo em certas profissões liberais, de recreação e artísticas, que não traçam uma linha de côr, negros e brancos raramente chegam à intimidade de se visitarem, ou de se reunirem, a não ser em situações formais. Umas poucas pessoas de pele clara com alguma ascendência negra são capazes de "passar" permanentemente para o mundo "branco" e muitas outras com credenciais físicas semelhantes se tornam "brancos temporários" em atividades de recreio, de consumo e profissionais. Mas a maioria dos negros, sejam quais forem suas habilitações ou dotes, se vê na impossibilidade de cruzar a barreira da casta, e muitos cuja aparência lhes permitiria fazê-lo não se dispõem a isso. A maneira pela qual se identifica o negro, como assinala Myrdal, ajuda a manter a divisão social entre as raças. "Houvesse a linha de castas sido traçada de modo diferente — por exemplo, segundo o critério da predominância da ascendência branca ou negra ou da assimilação cultural — não teria sido possível manter tão rígida a linha de casta" [20].

À diferença do sistema de castas hindu, entretanto, nenhuma ideologia religiosa aceita sanciona a inferioridade do negro, conquanto uns poucos advogados vigorosos da "supremacia branca" continuem a citar as Escrituras em apoio de seus pontos de vista. Muitas formas de discriminação cerceiam os direitos políticos dos negros, suas oportunidades econômicas e educacionais, o acesso à boa habitação e o uso de instalações públicas e quase públicas, mas essas restrições não são tão difundidas nem tão difíceis de romper quanto as normas que governam o matrimônio e as relações pessoais. E do ponto de vista dos valôres norte-americanos dominantes, a discriminação contra os negros é uma anomalia que precisa ser constantemente racionalizada e justificada — ou finalmente eliminada.

Nos anos que se seguiram à decisão do Supremo Tribunal, em 1954, no processo de *Brown versus Conselho de Educação de Topeka,* segundo a qual as escolas "separadas mas iguais" eram inconstitucionais, houve, de fato, consideráveis modificações na posição do negro e na estrutura das relações entre negros e brancos. Com efeito, tão substanciais foram essas modificações que muitos observadores chamaram ao que aconteceu e continua a acontecer nos meados da década de 1960 a "Revolução Negra".

Em qualquer revolução social, a especificação de um ponto de partida, de certo modo, é inevitàvelmente arbitrária. Anterior à decisão de 1954 havia uma série de casos, iniciados com o caso decidido em 1938, na qual se requereu à Escola de Direito da Universidade de Missuri a admissão de um estudante negro habilitado. Poderia argumentar-se que muitos outros acontecimentos tiveram importância igual e talvez até maior. O boicote do ônibus de Montgomery, em 1955, dirigido por Martin Luther King, por exemplo, foi o primeiro caso de resistência organizada de massas ao padrão das relações sociais no Sul. A promulgação da Lei dos Direitos Civis, em 1957, foi desde 1875, o primeiro estatuto legal aprovado pelo Congresso com a finalidade de proteger os direitos dos negros. A importância do processo *Brown* reside no fato de que se aplica a escolas de todos os níveis, e não apenas a estabelecimentos de nível superior. Tornou-se, portanto, claramente manifesto, tanto para os brancos quanto para os negros, que êle assinalava uma alteração de monta e proporcionava base legal — que veio, finalmente, contribuir para a base moral — para que se contestasse tôda a trama das relações entre negros e brancos.

Para podermos compreender tais acontecimentos e outras ações dramáticas e importantes — as participações dos estudantes em 1960, as "jornadas da liberdade" em 1961, a Marcha sôbre Washington em 1963, os tumultos de Watts em 1965, a marcha pelo registro de eleitores através do Mississípi, iniciada por James Meredith, em 1966 — precisamos situá-los no contexto estrutural e cultural de que emergiram. Há elementos de continuidade bem como de modificação nas relações entre brancos e negros e na posição do negro na sociedade norte-americana, assim como nas variáveis sociológicas que as afetam — a estrutura do poder político, as instituições econômicas, os valôres, as atitudes e os interêsses variáveis e, não raro, conflitantes. Tanto os brancos quanto os negros agem dentro de um complexo ambiente social, e suas ações sofrem amiúde a influência da maneira pela qual definem a situação muitas vêzes confusa e mal definida em que se encontram.

Discute-se consideràvelmente a velocidade com que se está realizando a Revolução Negra. Para muitos negros ela é demasiado lenta; para muitos brancos, demasiado rápida. Não há dúvida de que, a certos respeitos, a posição do negro melhorou. Mas é igualmente verdadeiro que os negros na sociedade norte-americana continuam substancialmente desfavorecidos.

As desvantagens que sofrem os negros patenteiam-se claramente num cotejo de suas ocupações, renda e educação com as dos brancos. A Tabela 10 apresenta a distribuição profissional de brancos e não brancos (mais de 90 por cento dos quais são negros) em 1960, como se infere do recenseamento decenal naquele ano. Quase três quartos

(74,4 por cento) de não brancos do sexo masculino eram operários não qualificados ou semiqualificados, ou empregados em serviços, em confronto com menos de um têrço (32,7) por cento da população masculina branca. Entre as mulheres não brancas empregadas, mais de 70 por cento estavam empregadas em serviços ou tinham empregos não qualificados ou semiqualificados, e representavam um número mais de duas vêzes superior, relativamente, ao das mulheres brancas nas mesmas condições, das quais apenas 33,6 por cento se encontravam nessas categorias. No Sul, os negros se concentram ainda mais maciçamente em ocupações servis, parcamente remuneradas.

Estas cifras, no entanto, representam melhoria substancial em relação ao passado, pois, em 1930, 60 por cento dos homens negros eram operários não qualificados, em confronto com 36,5 por cento em 1960. As proporções de profissionais liberais, trabalhadores de gravata e operários qualificados aumentaram, embora lentamente, de 1,5 para 3,9 por cento, de 1,7 para 5,0 por cento e de 4,8 para 10,2 por cento, respectivamente [21].

No entanto, nenhum progresso dessa natureza se manifesta no coeficiente de desemprêgo, consistentemente muito mais elevado entre os negros do que entre os brancos. Em 1950, 5 por cento de brancos estavam desempregados, em comparação com 8,5 por cento de não brancos. Em 1960, os algarismos comparáveis eram de 5,6 e 10,2, e, em março de 1965, quando o desemprêgo, afinal, principiava a diminuir após longo período de desemprêgo relativamente elevado, 5,1 por cento de brancos estavam sem trabalho em cotejo com 9,2 por cento de não brancos [22].

No terreno da educação, os negros também se acham em muito piores condições do que os brancos, embora se tenha registrado algum progresso nas últimas décadas. Em 1960, 41,9 por cento de todos os não brancos do sexo masculino com mais de vinte e cinco anos de idade não haviam cursado sequer a oitava série, comparados com apenas 17 por cento de brancos. Entre as mulheres, êsses algarismos eram, respectivamente, 36,1 e 14,9. Apenas 25,8 por cento de não brancos do sexo masculino e 28,8 de não brancos do sexo feminino haviam completado quatro anos de escola secundária, comparados com 49,3 de brancos do sexo masculino e 51 por cento do sexo feminino. Apenas 5,6 por cento de não brancos do sexo masculino tinham completado 4 anos de curso superior, a metade do número dos brancos.

Com o progresso global da educação nos Estados Unidos, a quantidade de negros com um número relativamente pequeno de anos de período escolar diminuiu substancialmente, embora ainda persista uma diferença pronunciada. Em 1960, apenas 13,9 por cento de todos os não brancos entre as idades de 25 e 29 anos não tinham completado a oitava série, em confronto com 29,3 por cento daqueles cuja idade oscilava entre 35 e 44 anos de idade. Não obstante, estas cifras são ainda duas vêzes mais elevadas entre os brancos, dos quais apenas 5,5 por cento no grupo de idade de 25 a 29 anos têm menos do que oito anos de instrução [23].

Além disso, existe acentuada diferença na qualidade da educação disponível. Considerável proporção de negros ainda se encontra em Estados cujos gastos *per capita* são baixos — e nesses Estados os gastos com os negros têm sido, de hábito, inferiores aos que se fazem com os brancos. Muitos outros negros se encontram em áreas intersti-

TABELA 10

STATUS PROFISSIONAL DE BRANCOS E NÃO BRANCOS * NOS ESTADOS UNIDOS, PELO SEXO, EM 1960

	Homens		*Mulheres*	
	Brancos	*Não brancos*	*Brancas*	*Não brancas*
Profissionais liberais, técnicos e similares	11,0%	3,9%	13,8%	7,5%
Administradores, funcionários e proprietários, exceto agrícolas	11,5	2,3	4,0	1,2
Comerciários e similares	7,1	5,0	32,7	8,5
Vendedores	7,4	1,5	8,7	1,7
Oficiais, capatazes e similares	20,5	10,2	1,3	0,7
Indústriários e similares	19,5	23,5	15,7	12,8
Trabalhadores em casas particulares	0,1	0,7	4,1	34,3
Empregados em serviços, exceto em casas particulares	5,2	13,7	12,4	20,7
Fazendeiros e administradores de fazendas	5,6	4,4	0,5	0,7
Operários e capatazes agrícolas	2,3	7,1	0,9	2,9
Operários, exceto agrícolas e mineiros	5,6	19,4	0,5	1,0
De ocupação não referida	4,2	8,4	5,3	8,1
Número total	39 461 680	4 005 266	18 548 577	2 623 724

* Os não brancos incluem índios e orientais, embora os negros constituam mais de 90 por cento do total.

U. S. Bureau of the Census, *U. S. Census of Population: 1960, General Social and Economic Characteristics, United States Summary*, Relatório Final PC[1] — 1C (Washington, D. C.: U. S. Government Printing Office, 1962), Tabela 87, pp. 1-216.

ciais urbanas, onde as escolas são velhas, as instalações inadequadas e mínimas as providências tomadas para resolver os problemas criados pela pobreza e por limitados antecedentes culturais.

Em face das espécies de empregos que têm (quando têm algum), do volume do desemprêgo e do nível de educação, não é muito para admirar que os níveis de rendimento entre os negros sejam muito mais baixos do que entre os brancos. A Tabela 11 mostra os rendimentos de famílias brancas e não brancas desde 1947 até 1965. Conquanto se tenha registrado uma tendência ascencional regular para ambos os grupos, em março de 1965 era muito maior a proporção de famílias não brancas (38,6 por cento comparados com apenas 15,3 por cento) que percebiam rendimentos inferiores a 3 000 dólares. Quase um quarto de famílias brancas percebia rendimentos iguais ou superiores a 10 000 dólares, mas apenas 6,6 por cento de não brancos ganhavam tanto.

Status profissional baixo educação limitada e rendimento inadequado — e os problemas e sintomas que acompanham caracterìsticamente tais condições — refletem circunstâncias históricas e padrões predominantes de discriminação. Arrancados de suas culturas nativas, os negros foram trazidos como escravos para um mundo estranho. Após a emancipação, fizeram-se diversos esforços para ajudá-los, mas muitos negros, talvez a maioria, foram logo abandonados à própria sorte. Com exceção de um número relativamente pequeno, em sua quase totalidade composto de indivíduos de ascendência mista, libertados antes da Guerra Civil, viram-se ràpidamente reduzidos a uma crua existência no Sul, como rendeiros agrícolas (principalmente parceiros locadores), empregados domésticos e operários não qualificados.

Nos primeiros anos do século XX, a maior parte dos noventa por cento dos negros que viviam no Sul haviam sido efetivamente privados dos direitos civis, forçados e segregados por um conjunto complexo de leis e costumes de "Jim Crow", que "se estendiam a igrejas e escolas, a habitações e ocupações, ao comer e ao beber (...) a virtualmente a tôdas as formas de transporte público, aos desportos e recreações, a hospitais, orfanatos, prisões e asilos, e finalmente, a casas funerárias, necrotérios e cemitérios" [24]. Dependentes dos proprietários das terras que arrendavam e dos patrões para os quais trabalhavam, polìticamente impotentes, dispondo de oportunidades mínimas de educação, incapazes de resistir à presão rigorosa e, por vêzes, violenta que buscava conservá-los em sua posição inferior, os negros se achavam enfiados numa região rural e econômicamente não desenvolvida, que constituía, ela mesma, quase uma colônia interna do Norte comercial e industrial.

TABELA 11

PERCENTAGEM DA DISTRIBUIÇÃO DE RENDIMENTO DE FAMÍLIAS POR NÍVEL DE RENDIMENTO, POR CÔR, ENTRE 1947-1965 *

		Nivel de rendimento (distribuição percentual)										
	Total	*Menos de $1 000*	*De $1 000 a $1 999*	*De $2 000 a $2 999*	*De $3 000 a $3 999*	*De $4 000 a $4 999*	*De $5 000 a $5 999*	*De $6 000 a $6 999*	*De $7 000 a $9 999*	*De $10 000 a $14 999*	*$15 000 e mais*	*Rendimento médio*
Famílias brancas												
1947	100,0	9,0	14,9	22,3	20,8	12,4	8,1	9,5		3,0		$3 157
1950	100,0	10,0	12,2	17,3	21,3	14,4	9,6	5,5	6,1	3,5		3 445
1955	100,0	6,6	8,7	10,4	14,3	16,0	13,4	9,9	13,9	5,3	1,5	4 605
1960	100,0	4,1	6,9	8,1	9,4	10,5	13,3	11,2	21,3	11,2	4,1	5 835
1961	100,0	4,2	6,6	7,8	9,1	10,3	12,1	10,6	22,0	12,0	5,1	5 981
1962	100,0	3,3	6,3	7,4	8,6	9,8	11,8	11,3	22,3	13,7	5,3	6 237
1963	100,0	3,2	5,8	6,9	8,2	8,8	11,3	10,5	23,8	15,6	5,9	6 548
Março 1965	100,0	2,7	5,4	7,2	7,7	8,3	10,0	10,1	23,6	24,1		6 858
Famílias não brancas												
1947	100,0	28,8	33,5	18,8	8,4	4,4	3,1	3,0		0,1		1 614
1950	100,0	28,1	25,3	23,5	13,5	4,3	1,9	1,5	1,7	0,3		1 869
1955	100,0	19,0	20,7	17,6	17,2	11,1	5,8	4,8	3,1	0,6	+	2 549
1960	100,0	13,4	18,3	14,8	14,0	10,4	8,7	6,7	8,7	4,3	0,6	3 233
1961	100,0	12,7	18,0	16,8	12,7	11,7	8,0	5,8	9,0	4,4	1,2	3 191
1962	100,0	10,9	17,3	16,3	15,1	11,4	9,2	6,2	8,2	4,3	0,8	3 330
1963	100,0	9,2	16,3	17,6	13,5	10,9	8,7	7,3	10,8	4,1	1,6	3 465
Março 1965	100,0	7,9	14,3	16,4	14,9	11,6	8,8	7,7	11,9	6,6		3 724

* A partir de 1960, as cifras incluem o Alasca e o Havaí.
\+ Menos de 0,05 por cento.
U. S. Bureau of the Census, *Statistical Abstratc of the United States: 1965* (Washington, D. C.: U. S. Government Printing Office, 1965. Tabela 470, p. 342; e *Current Population Reports*, Série P-20, N.º N.º 145 (Washington, D. C.: U. S. Government Printing Office, 27 de Dezembro de 1965).

Êsse sistema de discriminação e segregação persistiu, com mudanças apenas insignificantes, durante várias décadas, como parte de uma ordem social, cuja característica primordial era a "supremacia branca". Sustentava a estrutura das relações entre negros e brancos um conjunto complexo e entrelaçado de fatôres sociológicos e sócio-psicológicos.

Aos brancos dominadores, a subordinação do negro sempre proporcionou lucros importantes. A escravidão não era apenas proveitosa para os donos de escravos, mas também lhes propiciava outras vantagens, menos fàcilmente calculadas: amantes negras, evitação do trabalho pesado, numerosos criados para tornar-lhes a vida mais fácil, o senso de poder e engrandecimento próprio que deriva, inevitàvelmente, do poder de dar ordens e ser obedecido. Mesmo após a abolição da escravatura, puderam os brancos auferir benefícios reais da manutenção de um padrão discriminativo e segregativo. Em sua análise circunstanciada da estrutura social e psicológica de uma cidade do Sul, nos meados da década de 1930, John Dollard demonstra, com pormenores, as vantagens econômicas, de prestígio e sexuais de que fruíam os brancos mercê de sua posição superior. Os negros proporcionavam mão-de-obra barata e submissa, sua deferência e respeito pelos brancos eram fonte de satisfação e exaltação do ego e, se bem as mulheres brancas fôssem vedadas aos homens negros, as mulheres negras eram objeto legítimo de aproches sexuais dos homens brancos [25].

Os diversos aspectos da posição dos negros formavam um conjunto entreligado, um "círculo vicioso", cada uma de cujas limitações ajudava a justificar e sustentar as demais. Em razão da educação restrita, a maioria dos negros estava (e muitos ainda estão) despreparada para quaisquer empregos que não fôssem os mais servis. O rendimento baixo significava baixos padrões de vida e saúde deficiente e, não raro, dinado excede em número o superior, na típica situação colonial ou impedia as crianças de freqüentarem a escola senão por um período muito breve, ainda que pudessem dispor de maior instrução. E no Sul, antes da Segunda Guerra Mundial, sobretudo durante a Depressão, havia pouquíssimos empregos disponíveis e apenas instalações educacionais extremamente precárias. Aliás, sem educação, eram também reduzidíssimas as probabilidades de qualquer participação na vida política, da qual, de qualquer maneira, estavam excluídos os negros por uma série de dispositivos — legais e extralegais. Não podendo votar, não poderiam êles fazer muita pressão no sentido de conseguir aumento das oportunidades educacionais, melhoria das instalações escolares, ou o estabelecimento de políticas oficiais que viessem a elevar-lhes o nível econômico. Com efeito, os negros receberam menos do que a quota que lhes cabia da ajuda concedida ao Sul durante a Depressão da década de 1930 pelo govêrno federal, em virtude da falta de poder político e de habilidade política.

Para os negros da classe inferior, pelo menos, havia algumas satisfações compensadoras em sua maneira de viver [26]. O *status* inferior dava-lhes maior liberdade de expressão emocional. Exprimiam-se abertamente os impulsos agressivos, embora tivessem de ser dirigidos no interior do grupo negro e não contra os brancos, e os desejos sexuais podiam ser mais livremente satisfeitos, visto que não os cerceavam as proibições culturais da classe média. Porque os brancos os supunham indignos de confiança, indolentes e relaxados, exploravam os negros freqüentemente essas imagens em benefício próprio, evitando o trabalho e fugindo à responsabilidade. "O negro aprendeu um milhar de maneiras sutis e disfarçadas de expressar seu ressentimento natural — a vassourada desleixada, o prego torto, o idiota *"yassuh"* *, a ferramenta fora do lugar, a história do Tio Remus — em que o coelho indefeso vence tôdas as fôrças, tronos e potestades armados contra êle" [27]. Êsses padrões de comportamento não tornaram o negro "feliz", mas ajudaram-no a tolerar o *status* desfavorável.

A imagem do "negro feliz", derivada da ausência das restrições da classe média, bem como a ignorância e os padrões inferiores de vida eram associados pelos brancos a teorias sôbre a inferioridade inerente ao negro, à preguiça inata e o suposto desejo de sujeitar-se à autoridade branca, no intuito de racionalizar e justificar a exploração e a subordinação do negro. Diante dos valôres democráticos e igualitários da cultura norte-americana, os defensores do sistema de discriminação e segregação evocavam histórias populares, piadas, experiências pessoais, relatórios científicos sempre que possível e até as Escrituras em apoio do seu ponto de vista de que os negros eram inferiores, incapazes de melhoria e não queriam mudar.

No fundo, porém, um sistema de discriminação que oferece relativamente poucas satisfações a um grupo minoritário repousa na fôrça e na ameaça da fôrça. O contrôle do poder do Estado permitia aos brancos impor as leis — redigidas por êles — que estatuíam a segregação, negavam acesso às instalações públicas ou proporcionavam um financiamento totalmente inadequado às escolas de negros. Quando as normas legais ou convencionais eram ignoradas ou desafiadas, punham-se em prática o linchamento, o bombardeio, a queima na cruz, as surras e ameaças — como aconteceu recentemente — a fim de conter os esforços dos negros para derrubar as barreiras raciais, conquistar novas oportunidades e conseguir um *status* igual.

---

* "Sim-senhor." (N. do T.).

A Revolução Negra desafiou muitas características dêsse sistema, mas o próprio sistema já principiara a mudar antes dos dramáticos sucessos das décadas de 1950 e 1960. A melhoria da posição do negro, que contribuiu para o advento da Revolução Negra, deveu-se, consideràvelmente, às modificações em larga escala que se estão verificando não só no Sul mas também no resto da nação. A industrialização e o crescimento urbano contínuos alteraram a distribuïção geográfica dos negros, as oportunidades que lhes são franqueadas, as necessidades dos brancos dominadores e todo o teor da vida sulista. Atraídos pela perspectiva de melhores trabalhos e maiores oportunidades, grandes contingentes de negros principiaram a deixar o Sul após a Primeira Guerra Mundial. Por volta de 1940, quase um quarto da população negra vivia em outras partes do país e, por volta de 1960, mais de dois quintos. Cêrca de 1975 — e talvez antes — segundo se calculou, mais da metade de todos os negros dos Estados Unidos estarão vivendo fora do Sul [28].

Assim no Sul como alhures, tornaram-se os negros residentes urbanos. Por volta de 1960, três quintos dos negros do Sul moravam em cidades; em outras partes da nação quase todos os negros eram urbanos — catorze em cada quinze no Nordeste, dezesseis em cada dezessete nos Estados centrais do Norte, dez em cada onze no Oeste. Em 1960, um têrço de todos os negros vivia nas vinte e cinco maiores cidades norte-americanas. Na verdade, os negros eram ligeiramente mais urbanos (73 por cento) do que os brancos (70 por cento).

O movimento para fora do Sul e para as cidades não libertou os negros de suas limitações, e os problemas das relações entre negros e brancos se tornaram agudos em muitos centros urbanos. Mas o emprêgo urbano, no Sul e fora dêle, significou salários mais altos, mais elevados padrões de vida, acesso a melhor educação do que os que lhes ensejava o Sul rural. Fora do Sul, pelo menos, libertavam-se os negros de coações legais e consuetudinárias. À proporção que aumentou o seu número nas cidades, sobretudo no Norte e no Meio-Oeste e, mais recentemente, na Costa Ocidental, puderam os negros organizar com maior eficácia seus esforços para lograr concessões políticas, de âmbito tanto local quanto nacional.

Os programas sociais e econômicos iniciados pelo *New Deal* — compensação do desemprêgo, seguro social, padrões mínimos de salários, assistência agrícola — têm sido de especial valia para os negros que estavam, e em grande parte ainda estão, concentrados nas últimas camadas da economia. A eliminação da segregação nas fôrças militares, após a Segunda Guerra Mundial, e o impacto da experiência militar sôbre negros e brancos que serviram com êles contribuíram ainda mais para abaixar as barreiras com que se defrontam os negros e aumentar a não disposição de tolerar um *status* subordinado. Salvante as recessões recorrentes da década de 1950, durante as quais, de maneira típica, foram os negros mais duramente atingidos, a prosperidade e a expansão econômica que se seguiram à Segunda Guerra Mundial proporcionaram a muitos negros a oportunidade de lograr melhores empregos, ganhar mais dinheiro, atingir um padrão de vida mais elevado e oferecer aos filhos maiores oportunidades educacionais.

Em lugar de silenciar-lhes as exigências, as melhorias na sorte dos negros estimularam esforços organizados no sentido de romper barreiras legais, políticas, educacionais, econômicas e sociais. A liderança dêsse esforço foi assumida, de um modo geral, pelos mais cultos: Martin Luther King Jr., por exemplo, doutor em Filosofia pela Universidade de Boston; Stokely Carmichael, que chefiou o Comitê Não Violento de Coordenação Estudantil (SNCC) em 1966, com um diploma da Universidade de Howard, James Farmer, fundador do Congresso de Igualdade Racial (CORE), filho de professor de uma escola superior e estudante de Teologia da Universidade de Howard. Para o grosso da população negra, as melhorias que ocorreram apenas despertaram o desejo de novos progressos — tratamento igual, iguais oportunidades, direito de votar, acesso aos bens, serviços e confortos de uma sociedade próspera. O que outrora talvez parecesse distante e inatingível hoje parece possível; restrições tradicionais já não se toleram nem aceitam, e existem até exigências de que os negros sejam indenizados dos três séculos em que foram explorados.

Os esforços dos negros para lograr *status* e oportunidades iguais na sociedade norte-americana assumiram muitas formas, que vão desde o modesto programa de ajuda própria advogado por Booker T. Washington no início do século, as atividades da Associação Nacional para o Progresso das Pessoas de Côr, fundada em 1909 por intelectuais negros e liberais brancos e o Movimento de Retôrno à África dirigido por Marcus Garvey durante a década de 1920, até os vários grupos de direitos civis e "nacionalistas negros" das décadas de 1950 e 1960. Os programas e as próprias metas explícitas dêsses grupos têm variado, refletindo as diversas reações dos negros às complexas dificuldades que enfrentam. Para a NAACP e a Conferência de Liderança Cristã Sulista, dirigida pelo Dr. King, o objetivo tem sido a igualdade e a plena integração na sociedade norte-americana. No verão de 1966, o tema do "poder negro", interpretado de várias maneiras por grupos diferentes, tornou-se questão primordial. Para grupos extremistas como o dos Muçulmanos Negros, a finalidade tem sido a completa separação dos "diabos brancos" sob uma ideologia de superioridade negra [29].

Grande parcela da luta pela igualdade negra centralizou-se na legislação e na atividade política. Sustentou-se durante muitos anos, inclusive por parte de alguns sociólogos [30], que as relações de raça não poderiam ser modificadas pela ação legal, mas tão-sòmente pela gradativa transformação de atitudes e costumes. Sustentava-se que as leis são incapazes de alterar *folkways* ou *mores,* ou eliminar o preconceito. Na verdade, porém, boa parte da estrutura das relações entre as raças no Sul fôra imposta pela legislação "Jim Crow", e é claramente manifesto que a ação legal pode influir na discriminação. Sob a pressão de líderes negros, que ameaçavam realizar uma marcha de massas sôbre Washington, o Presidente Roosevelt baixou um decreto, em 1941, que proibia a discriminação racial nas companhias que tinham contratos com o govêrno, e alguns progressos se fizeram. Decretos baixados pelo Presidente Truman aboliram a segregação nas fôrças armadas. A primeira Lei das Práticas de Emprêgo Justo efetiva foi promulgada pelo Estado de Nova Iorque em 1945, e muitos outros Estados e muitas cidades, depois disso, promulgaram leis semelhantes, bem como estatutos legais que interditavam várias outras formas de discriminação. O conjunto de Leis sôbre os Direitos Civis de 1964 reforçou o maquinismo e processos estabelecidos na legislação anterior para assegurar e proteger o direito de voto dos negros, vedou a discriminação nas acomodações e instalações públicas, eliminou a discriminação no emprêgo e, de várias outras maneiras, buscou aperfeiçoar os métodos para garantir direitos iguais aos negros.

A efetividade de uma lei, entretanto, depende muito da maneira pela qual é aplicada. Houve queixas consideráveis, da parte dos negros, de que as leis sôbre os direitos civis não estavam sendo postas em prática com energia e agressividade suficiente. Existe, inevitàvelmente, margem para a discrição administrativa, em cujo exercício podem influir considerações legais e políticas — bem como as atitudes dos administradores. Um resultado do fato de que, de um modo geral, as leis sôbre direitos civis não corresponderam às expectativas de seus advogados e apoiadores foi a pressão que se fêz no sentido de se promulgarem novas leis e de se realizar uma ação política mais rigorosa para garantir a estrita aplicação da lei.

Entretanto, é também evidente que muitas limitações e dificuldades dos negros não cedem prontamente à ação direta do govêrno, mas dependem do estado da economia, das medidas de assistência social, dos padrões de crescimento urbano, da política e das práticas educacionais e até das relações internacionais. Por serem êsses elementos também governados ou influenciados pela política oficial, alguns grupos negros estenderam sua advocatura a questões políticas aparentemente sem ligação com as relações de raças, tais como a guerra no

Vietnã, ou fizeram objeções a instituições estabelecidas, tais como a escola vicinal.

A promulgação das leis sôbre direitos civis e algumas das modificações ocorridas na posição do negro são decorrência não só de sua maior agressividade senão também da mais ampla aceitação da legitimidade de sua reivindicação de um *status* e tratamento iguais. Tal aceitação, por seu turno, reflete o fato de que as vantagens outrora derivadas da subordinação do negro já não são tão importantes como o foram para parcelas substanciais da sociedade norte-americana. A nova tecnologia agrícola eliminou a necessidade da mão-de-obra numerosa e barata. A indústria moderna já não requer mão-de-obra não qualificada, e as exigências que faz de trabalhadores mais bem treinados e qualificados — brancos ou prêtos — aumentaram. Com sua organização burocrática, a indústria pode ignorar, na maior parte, a etiquêta racial nas relações dos empregados; a manutenção de distinções raciais, na realidade, mostra-se, às vêzes, cara e ineficaz. Os padrões, que se modificam, de comportamento sexual, não só entre os brancos mas também entre os prêtos, diminuíram a extensão e a importância do contacto sexual entre homens brancos e mulheres negras. O crescimento econômico do Sul, bem como a continuada prosperidade e os altos salários em outras regiões suprimiram algumas preocupações de *status* e tornaram alguns brancos menos apreensivos pela sua associação com negros em base de igualdade — pelo menos no trabalho ou em circunstâncias formais.

As mudanças nas funções do sistema de discriminação não ocorreram por igual em todos os segmentos da estrutura social, e ainda existe considerável resistência a novos progressos dos negros. Ao passo que alguns grupos são capazes de aceitar o colapso dos padrões estabelecidos de segregação e discriminação sem sentir que perigam seus interêsses e seu *status,* outros vêem séria ameaça nos progressos que fizeram e estão fazendo os negros. Há ampla evidência indicativa de que a oposição e a hostilidade mais vigorosas aos esforços dos negros para derrubarem as barreiras legais e convencionais se registram nas classes média inferior e operária dos brancos [31], cujos sentimentos são amiúde explorados por políticos que procuram eleger-se para cargos públicos. Não apenas vêem êles um número sempre crescente de negros lograr ocupações, rendimento e estilo de vida da classe média, mas também em áreas outrora monopolizadas por brancos enfrentam agora uma competição cada vez maior dos negros. Como essa competição parte de pessoas classificadas como inferiores, consideram-na grave ameaça ao seu próprio *status*. Por conseguinte, o movimento dos negros para eliminar as restrições, conseguir seus objetivos por meios políticos e rejeitar qualquer evidência de inferioridade social baseada na raça, encontra não apenas intensa hostilidade senão também, em certas ocasiões, a própria violência.

À proporção que aumentou o número de negros nas cidades fora do Sul, difundiram-se também as atitudes e ações contrárias aos negros. Embora livres de constrangimentos legais fora do Sul, os negros em cidades grandes têm enfrentado salários baixos, amplo desemprêgo, mercê do número limitado de empregos que lhes são franqueados ou para os quais se acham habilitados, habitação inadequada e, freqüentemente, instalações educacionais inferiores. Como se tornasse evidente que as soluções dêsses problemas podiam exigir medidas drásticas, os brancos mais diretamente interessados entraram a oferecer resistência. Brancos da classe média inferior fizeram objeções à mudança de negros para seus bairros com receio de que os valôres imobiliários pudessem baixar. Pais brancos viam com relutância seus filhos transportados em ônibus de um bairro para outro a fim de igualar a distribuição racial nas escolas; para os negros, essa medida significava a igualização de oportunidades, ao passo que, para os brancos, significava, ao mesmo tempo, relações sociais íntimas e, talvez o que era mais significativo, o risco de padrões educacionais inferiores. Justificados ou não, tais receios geraram tensão e hostilidade entre os brancos, das quais resultaram ressentimento e cólera entre os negros. Quando as frustrações e o ressentimento dos negros se tornaram demasiado grandes, êstes apelaram para a violência e para o tumulto — em Los Angeles, Chicago, Omaha, Cleveland, Rochester, Filadélfia, na cidade de Nova Iorque — com predições de novas explosões se não se tomassem providências para melhorar a situação dos negros urbanos.

O problema do negro, assinalou Gunnar Myrdal em seu estudo clássico, *Um Dilema Norte-Americano* (publicado em 1944), é, em grande parte, um problema para brancos.

> É... o grupo majoritário branco que determina naturalmente o "lugar" do negro. Tôda a vida do negro e, conseqüentemente, suas opiniões sôbre o problema do negro (como também suas ações) devem ser consideradas, principalmente, como reações secundárias a pressões mais primárias da parte da maioria branca dominante [32].

À proporção que cresceu a Revolução Negra, essa afirmativa perdeu, provàvelmente, um pouco da sua exatidão. É verdade que os brancos ainda controlam as principais instituições da sociedade norte-americana; podem ceder, resistir, contemporizar; podem aceitar ou iniciar certas mudanças e rejeitar outras. Mas as decisões que os brancos precisam tomar estão sendo cada vez mais influenciadas pelas ações e esforços dos negros, e sua liberdade de ação está sendo mais e mais limitada pelas pressões emanadas da comunidade negra.

Os judeus nos Estados Unidos

À diferença dos negros, orientais e outros grupos racialmente identificáveis, os judeus, ao lado de muitas minorias étnicas, assinalam-se apenas pelos traços culturais distintivos. Têm-se empregado, às vêzes, teorias raciais para justificar o tratamento diferente dispensado aos grupos étnicos dessa natureza, alguns dos quais revelam, de vez em quando, uma "consciência de raça" espúria mas nem por isso menos real, mas as diferenças que existem entre êles e outros são de caráter e origem sociais e culturais, e não biológicos. Nesses grupos étnicos, a ausência de atributos físicos prontamente identificáveis tem amiúde considerável importância sociológica, pois possibilita uma assimilação mais rápida e até a amálgama física de grupos minoritários pela sociedade mais ampla.

Entretanto, a despeito da ausência de traços físicos prontamente visíveis, os judeus nos Estados Unidos são separados por uma "linha de fissura" [33] mais profunda e menos fàcilmente transposta do que qualquer outro grupo étnico branco. Não só a hostilidade e as práticas discriminativas vindas do exterior mas também a vigorosa lealdade interna do grupo mantiveram os judeus persistente e claramente apartados. A identidade de grupo, que, até certo ponto, principiava a degelar no clima social amistoso norte-americano, foi acentuadamente estimulada pela ascensão do nazismo e cobrou novas fôrças com a revivência do interêsse e da participação religiosa após a Segunda Guerra Mundial.

Os judeus chegaram cedo ao Nôvo Mundo; o contingente inicial, pequeno, aportou em Nova Iorque em 1654. Êsses primeiros recém-chegados quase não encontraram preconceito ou discriminação e, antes de escoar-se o século XVIII, os poucos milhares de judeus nos Estados Unidos já possuíam liberdade religiosa e igualdade cívica. Conquanto o seu número crescesse constantemente — por volta de 1880 totalizavam cêrca de um quarto de milhão neste país — depararam com raras dificuldades até as últimas décadas do século XIX, quando surgiu o anti-semitismo declarado e a discriminação contra os judeus se tornou prática aceita em certos segmentos da vida norte-americana.

A emergência e o desenvolvimento do anti-semitismo resultaram bàsicamente da mofidicação da natureza da sociedade norte-americana e da mudança do caráter e do tamanho da população judaica. Antes de 1880, a maioria dos judeus dos Estados Unidos proviera da Alemanha ou da Europa Oriental através da Alemanha. As mudanças revolucionárias introduzidas na Europa Ocidental no século XIX já os haviam libertado de algumas das restrições do gueto antes que migrassem e, já nos Estados Unidos, êles levaram avante o processo de mudança iniciado em sua cultura, desvencilhando-se ràpidamente de grande parte do ritual e tradição antigos. Iniciada na década de 1880, a imigração em massa não foi apenas maior do que as precedentes mas foi também notàvelmente diversa do ponto de vista cultural. Entre 1870 e 1914, mais de 2 milhões de judeus chegaram aos Estados Unidos, mais de três quintos dos quais procediam da Rússia e mais de um quinto da Áustria-Hungria. Êsses judeus da Europa Oriental trouxeram consigo um sistema de vida que diferia, em muitos pontos, do de seus predecessores: falavam antes iídiche do que alemão; muitos se achavam profundamente aferrados a uma ortodoxia religiosa, que prescrevia complicados rituais diários; os que não tinham apegos religiosos compartilhavam, como os demais, de uma cultura popular consciente de si mesma; e chegavam em tais quantidades que puderam sustentar formas tradicionais de vida comunitária nos grandes centros urbanos em que a maioria se estabeleceu.

A discriminação, todavia, principiara antes mesmo da imigração em massa do fim do século XIX. Começou com a exclusão de judeus ricos dos hotéis e clubes sociais das estâncias balneárias e refletiu os esforços de uma classe superior recém-enriquecida, incerta do próprio *status,* para definir e proteger suas prerrogativas impedindo "o ingresso dos judeus na "vida social" da classe superior e, dessa maneira, restringindo sua capacidade competidora". [34]. As tensões e conflitos sociais, econômicos e políticos do fim do século XIX e do início do século XX, associados à imigração em massa, provocaram a extensão do anti-semitismo a outros grupos e a outras formas de discriminação.

Durante os anos da imigração em massa, desenvolveu-se extensa hostilidade em relação a todos os grupos da Europa Oriental e do Sul, e formularam-se novas teorias raciais, que sustentavam a inferioridade inata dos novos imigrantes e foram utilizadas para apoiar severas restrições à nova imigração. Os judeus, que tanto diferiam dos norte-americanos aqui nascidos quanto dos outros imigrantes, não sòmente na língua, no trajo e nas maneiras mas também na religião, despertaram especial atenção. A preeminência de alguns judeus nas capitais financeiras européias emprestou apoio ao mito cada vez mais aceito de uma conspiração financeira judaica para dominar o mundo; e uma hostilidade difundida pela zona rural e nas cidades pequenas em relação a Wall Street prontamente se concentrou nos judeus, sobretudo através de certos populistas frustrados, como Tom Watson da Geórgia, para os quais os judeus, que em sua maior parte moravam nas cidades, também simbolizavam a corrupção urbana. A rapidez com que muitos judeus se firmaram nos negócios despertou inveja e concorreu ainda mais para formar a imagem do judeu como negociante esperto e desapiedado, que movia aos demais uma competição injusta.

O que principiou, em sua maior parte, como exclusão social passou a manifestar-se como discriminação profissional e educacional, com apelos ocasionais à violência ou à ameaça de violência: o linchamento de um judeu em Atlanta em 1915, as atividades do revivido Ku Klux Klan na década de 1920, a "franja lunática" ou os grupos de "ódio" das décadas de 1930 e 1940 [35]. Em várias ocasiões se envidaram esforços para imitar o anti-semitismo político observado na Europa — na França no princípio do século, na Rússia pré-revolucionária, na Alemanha nazista — mas essas tentativas tiveram reduzidíssimo êxito, embora contribuíssem inegàvelmente para o preconceito anti-semita.

Sem embargo do preconceito e da discriminação dirigidos contra êles, lograram os judeus extraordinário sucesso econômico nos Estados Unidos. Warner e Srole referiram que em "Yankee City" os judeus haviam saído de sua posição original na classe operária mais depressa do que qualquer outro grupo imigrante. Estudos recentes sôbre a composição de classe dos judeus norte-americanos encontraram-nos maciçamente — e crescentemente — concentrados na classe média, quer nos negócios quer nas profissões liberais e, no tocante ao rendimento, acima da média nacional [36]. Parte dessa mobilidade se deve ao que Nathan Glazer chamou "paixão pela instrução, única na história norte-americana" [37]. (No meado da década de 1960, mais de três quartos dos jovens judeus em idade universitária freqüentavam algum estabelecimento de ensino superior, em confronto com uma cifra nacional de aproximadamente 40 por cento.)

A prosperidade relativamente contínua a partir do final da Segunda Guerra Mundial e a ênfase predominante emprestada à tolerância das diferenças religiosas reduziram substancialmente as expressões declaradas de anti-semitismo; não obstante, continuam os judeus, na maior parte, apartados, a despeito do marcante sucesso com que se instalaram na vida econômica e política. Continuam a ser excluídos de muitos clubes, do intercurso social íntimo com outros de níveis idênticos de classe, de certas desejáveis comunidades residenciais — e encontram alguma persistente evidência de discriminação profissional, mormente nos níveis mais elevados de alguns tipos de negócios e de indústria.

As barreiras sociais, entretanto, são em parte recíprocas. De todos os grupos religiosos, detêm os judeus o mais baixo coeficiente de matrimônio fora do grupo; segundo revelou um estudo de 1957, "cêrca de 3 1/2 por cento de judeus casados eram casados com não judeus" [38]. Um complicado aparelho comunitário, construído para a satisfação das necessidades coletivas, sustenta a identidade separada e, a certos respeitos, estimula-a. Mas a continuada separação entre judeus e não judeus também reflete uma discriminação ativa e a persistência de um polido anti-semitismo, que não raro exclui os judeus do intercurso "social", e concomitantemente engendra nêles o vigoroso desejo defensivo de permanecerem dentro dos limites confortáveis do próprio grupo — donde os inúmeros hotéis, acampamentos, balneários etc., judeus.

Mesmo quando se afastam essas barreiras sociais, persiste entre muitos judeus, como herança da experiência histórica de mais de 2 milênios e, particularmente, da recente experiência européia, o mêdo escondido de que, debaixo da superfície, exista um reservatório latente de anti-semitismo, pronto para explodir outra vez, como ocorreu no passado. (Os judeus alemães, por exemplo, eram os judeus da Europa mais plenamente assimilados antes que os nazistas iniciassem sua campanha para exterminá-los de todo — fato utilizado por alguns líderes judeus para se oporem à assimilação.) A "epidemia suástica" de 1960, iniciada na Alemanha, mas que assistiu, nos Estados Unidos, a mais de 600 incidentes de profanação de sinagogas e cemitérios judeus com suásticas grosseiramente pintadas e epítetos anti-semitas, além de ataques do mesmo gênero a residências e estabelecimentos comerciais de judeus, constituiu outro memento da persistência do anti-semitismo.

Um escritor judeu expressou da seguinte maneira o dilema que os judeus norte-americanos julgam freqüentemente enfrentar:

> Para o judeu o problema é essencialmente êste: como pode sobreviver o povo judaico diante da hostilidade que ameaça destruir-nos e, por outro lado, diante da amizade que ameaça dissolver nossos laços de grupo e submergir-nos como um todo, absorvendo-nos individualmente [39].

Um resultado do dilema foi a quantidade considerável de pesquisas levadas a efeito por judeus sôbre problemas de identidade numa sociedade de muitos grupos, e suas contribuições a êsses problemas esclarecem não apenas suas próprias dificuldades mas também as de outros grupos.

Preconceito

Êsses casos demonstram claramente a impropriedade do ponto de vista popular segundo o qual as origens da discriminação e dos conflitos raciais e étnicos se encontram no preconceito. As circunstâncias complexas que originam e sustentam tanto o anti-semitismo quanto a discriminação e o preconceito em relação aos negros ministram ampla evidência da insuficiência de qualquer teoria que se concentre exclusivamente, ou mesmo em grande parte, em atitudes e sentimentos com determinantes básicas de relações entre grupos. Entretanto não se deve subestimar a importância do preconceito na ajuda que oferece à manutenção de certos padrões sociais; como já tivemos ensejo de observar, êle desempenhou reiteradamente importante papel nas relações raciais e étnicas e justifica a atenção que se lhe dá neste capítulo. Cumpre-nos aqui examinar a natureza, as fontes e as funções do preconceito.

A natureza do preconceito é difícil de definir-se; o preconceito de um homem é o evangelho de outro. Talvez se compreenda melhor se se definir como consistente em atitudes rígidas e hostis dirigidas contra um grupo ou contra um indivíduo por ser membro de um grupo; como diz Gordon Allport, ter preconceito é "pensar mal dos outros sem justificativa suficiente"[40]. Tais atitudes firmam-se, tìpicamente, em crenças inexatas ou infundadas sôbre o caráter daqueles contra os quais se dirigem. O preconceito, portanto, encerra elementos *afetivos* e *cognitivos,* isto é, sentimentos em relação aos outros e idéias a respeito da sua maneira de ser. Por serem essas idéias emocionalmente carregadas resistem amiúde à mudança; as pessoas que têm preconceitos são, muitas vêzes, imunes até à prova mais concludente da falsidade dos supostos fatos em que se escoram suas atitudes.

A linha entre o preconceito e a crítica nem sempre se traça com facilidade. As objeções à política da Associação Nacional para o Progresso das Pessoas de Côr refletem sentimentos contrários aos negros? Será a desaprovação dos esforços judaicos por ajudar Israel manifestação de anti-semitismo? A dúvida sôbre a conveniência de têrmos um Presidente católico é evidência de preconceito? As marcas do preconceito são os sentimentos que acompanham os juízos críticos, a aceitação de afirmativas errôneas ou infundadas a respeito de outro grupo, e a rigidez com que se sustentam as opiniões. À semelhança da maioria de outras categorias sociológicas e psicológicas, por conseguinte, o preconceito é antes uma *variável* que uma entidade fixa.

O preconceito aprende-se; não é inerente nem automàticamente adquirido. Nasce da experiência social e, com freqüência, deriva de outros. À maneira que o indivíduo adquire a própria identidade social e firma lealdades de grupo, como norte-americano, anglo-saxão, protestante, branco, negro, judeu, italiano ou francês — aprende a estabelecer diferenças entre si e seus compatriotas étnicos, de um lado, e os que socialmente se definem como diferentes, de outro. A própria natureza da sociedade organizada, portanto, encerra as sementes do preconceito, pois a lealdade ao *in-group* e a seus valôres constitui uma das precondições da hostilidade a outros grupos. Com efeito, o preconceito em relação ao estranho serve, freqüentemente, para fortalecer os laços de solidariedade dentro do grupo.

Mas a percepção de diferenças entre a própria pessoa e os outros não conduz, necessàriamente, ao preconceito. As atitudes do indivíduo relativas a outros grupos dependem, em larga escala, da cultura em que foi educado e na qual vive. Dessa cultura e através dos grupos a que pertence, mormente da família, adquire imagens, sentimentos e crenças com respeito a pessoas que possuem valôres diferentes ou aparência distinta. Os pais e outros adultos — professôres, ministros, parentes, amigos — podem transmitir as próprias atitudes e opiniões por meio de piadas, histórias, epítetos e expressões de opinião em conversações informais: por exemplo, que os negros são sujos, musicais por natureza, mas altamente emotivos e bobos, e que seria degradante aceitá-los como iguais em situações sociais; ou, alternativamente, que a côr da pele pouco importa e que cada indivíduo deve ser julgado pelos seus atos, talentos e caráter. Ou, ainda, os pais — ou outros — podem estimular os filhos, direta ou indiretamente, a acreditarem que os judeus são negociantes espertos, demasiado clânicos, desmerecedores de confiança e que, portanto, não se deve ter tratos com êles; ou que os judeus têm crenças e costumes diferentes, alguns atraentes e outros não, e, como os demais grupos, terão sua própria quota de patifes, vilões, heróis, santos e gente comum.

As concepções relativas a outros grupos têm muitas vêzes, raízes profundas em tradições culturais, que contribuem, não raro de maneira sutil, para preconceitos raciais e étnicos. Nossa literatura tradicional, por exemplo, encerra figuras raciais e étnicas que simbolizam difundidos estereótipos ofensivos: Shylock, o judeu rapace e calculista; Fagin, o judeu patife e ganancioso; Pai Tomás, o negro subserviente e leal; o traiçoeiro e furtivo Injun Jim. Estudo recente sôbre a relação entre a crença e as atitudes cristãs tocantes aos judeus demonstrou claramente que "imagens e pontos de vista religiosos parecem encontrar-se na base do anti-semitismo de milhões de adultos norte-americanos" [41].

Os preconceitos — ou as atitudes e sentimentos destituídos de preconceitos — também se transmitem através dos meios de comunicação de massa: livros, revistas, jornais, cinema, rádio e televisão. Os jornais podem contribuir para a persistência de imagens raciais identificando assaltantes, assassinos e viciados em entorpecentes como negros ou pôrto-riquenhos; os criminosos brancos, normalmente, não se identificam pela raça nas reportagens. O rádio, o cinema e a televisão têm projetado estereótipos como o criado negro bôbo, a "mamãe" negra, o *gangster* italiano, o bêbedo irlandês, o oriental calculista. Em cuidadoso estudo realizado sôbre a ficção em revista em 1946, Bernard Berelson e Patricia Salter descobriram que membros de minorias étnicas desempenhavam, habitualmente, papéis subservientes, eram amiúde retratados em têrmos estereotipados, até caricaturais, e se lhes atribuía *status* inferior ou ocupações ilegítimas com maior freqüência que aos "protestantes brancos", que constituíam a maioria dos personagens de ficção [42]. O tratamento das minorias étnicas nos meios de comunicação de massa, entretanto, mudou substancialmente depois dêsse estudo, em resultado da pressão de organizações étnicas e de uma aparente transformação na atmosfera cultural. No cinema e na televisão, pelo menos, agora se evitam os estereótipos grosseiros e os membros de minorias ou desapareceram ou são freqüentemente retratados de maneira simpática, se bem, muitas vêzes, tão pouco realista, quando não crítica, quanto antes.

Em quaquer sociedade, as concepções estereotipadas de membros de outros grupos são acaso inevitáveis; sem um método taquigráfico qualquer identificação e classificação das pessoas seria impossível prosseguir. Nesse sentido, os estereótipos — "retratos guardados em nossas cabeças" generalizados — têm considerável importância. Mas os estereótipos repousam muitas vêzes em generalizações não justificadas e repetidamente se aplicam, sem discriminação, a casos individuais: todo judeu é um Shylock ou um Fagin em potencial; todo negro um Pai Tomás, ou uma criança descuidada, irresponsável e indigna de confiança, ou um selvagem perigoso, hostil e agressivo, obcecado por estuprar mulheres brancas; todo russo é um Raskolnikov dominado por emoções incontroláveis ou um agente — ou vítima — da polícia secreta soviética; todo francês é um cavalheiro cortês, mundano, voltado principalmente a *l'amour*.

Os preconceitos, portanto, e os estereótipos que ajudam a sustentá-los são produtos culturais, adquiridos pelos que partilham a cultura. As pessoas com preconceitos, portanto, estão-se conformando a normas dos próprios grupos e às expectativas dos semelhantes; as manifestações de preconceitos reafirmam-lhes a qualidade de membros do grupo e a unidade com os demais. A não conformidade os expõe à crítica e à pressão social, como o ilustram, em casos extremos, epítetos tais como "amante de negro".

Para explicar o preconceito culturalmente padronizado, cumpre examinar o contexto em que êle toma forma e as funções que exerce. De cetro modo, como já o observamos, o preconceito reflete a realidade, está construído sôbre alguns fatos, ainda que não representativos ou mal interpretados. Os negros, por exemplo, são fìsicamente diferentes, ocupam em conjunto uma posição distinta na estrutura das classes e seu nível educacional e cultural é inferior ao dos brancos. Mas as fontes mais significativas do preconceito são as funções que desempenha. As idéias coletivas emergem porque respondem a certas necessidades e, portanto, pode-se presumir de ordinário que, quando amplamente aceitas, proporcionam respostas a problemas que interessam às pessoas.

Porque o "Credo Norte-Americano" de igualdade, liberdade e democracia é contrariado pela discriminação a que estão sujeitos os negros, os brancos norte-americanos enfrentam um dilema moral, para o qual o preconceito contra o negro e as crenças que o apóiam proporcionam uma válvula de segurança. Afirmando que os negros gostam de ser mandados, os brancos justificam seu poder. Apoucando as habilidades dos negros, desculpam a discriminação profissional. Presumindo que os homens negros nutrem, invariàvelmente, intenções inconfessáveis em relação a mulheres brancas, proporcionam uma razão presumìvelmente legítima para sua hostilidade e para a violência com que são tratadas as atitudes reais ou imaginárias dos negros em relação às mulheres brancas; entende-se que sòmente medidas drásticas manterão o negro "em seu lugar".

O preconceito pode exercer funções tanto econômicas quanto políticas. O anti-semitismo, por exemplo, serve não raro para justificar as restrições à competição; pela exclusão de concorrentes judeus, alguns homens de negócios asseguram vantagens para si. Os judeus — talvez mais do que os membros de qualquer outro grupo minoritário — também têm servido, em várias ocasiões, de bodes expiatórios, que levam a culpa dos males dos tempos ou das dificuldades que afligem determinado grupo. Os nazistas censuraram-nos pela derrota na Primeira Grande Guerra e pelos muitos problemas sérios que atribularam a Alemanha durante a República de Weimar. Concentrando a responsabilidade nos judeus, ofereceram uma explanação simples para uma situação complexa, desonerando-se, dessa maneira, da responsabilidade pelas suas circunstâncias e tornando compreensível, segundo a muitos pareceu, a dura sorte que coube a inúmeros alemães durante os anos de derrota militar, de inflação e depressão.

A hostilidade habitualmente característica do preconceito também faz parte da personalidade do indivíduo afetado, e suas origens e funções na economia psíquica do indivíduo preconceituoso não podem ser ignoradas. Muita pesquisa recente procurou desvelar as fontes psicológicas do preconceito, e parece haver indícios de que as pessoas que se conformam rìgidamente aos valôres preponderantes, submetem-se à autoridade, criticam os que desprezam as normas convencionais e se preocupam com problemas de poder e de *status*, tendem a ter preconceitos.

Uma das fontes principais dêsses traços encontra-se nas relações entre pais e filhos. Pais severos e dominadores, incoerentes nas exigências disciplinares e que não expressam amor e afeto fácil e livremente, propendem a estimular o ressentimento, a rigidez emocional e a aceitação da autoridade associados a uma hostilidade fundamental contra os que exercem a autoridade e os que são capazes de resistir-lhe e suficiente insegurança pessoal para criar uma tendência à rígida conformidade às normas sociais. Êsses traços são acompanhados de uma reserva de agressão e hostilidade, que tende a concentrar-se nos que não têm poder e não representam autoridade — tìpicamente minorias e *"out-groups"* [43]. Para tais pessoas, por conseguinte, o preconceito desempenha importantes funções psicológicas, proporcionando vazão a impulsos refreados, gerados pela experiência de sua vida.

Quando o preconceito tem a sanção da cultura, como ocorre entre muitos sulistas brancos, por exemplo, as necessidades psicológicas a que êle corresponde podem ser satisfeitas de maneira aprovada e legítima, e a personalidade e a cultura caminham em canais coordenados, apoiando-se mùtuamente. Quando os preconceitos não constituem parte aprovada da cultura, aquêles cuja hostilidade contra outros grupos é tão profunda que desafia as coações culturais podem tornar-se membros da "franja lunática" ou seguidores de líderes reacionários — ou radicais — cujo estoque ideológico, de que se valem, é o ódio concentrado em judeus, negros, católicos ou grupos menos especìficamente definidos, como "estrangeiros" ou "subversivos".

Na maior parte das vêzes, contudo, o comportamento franco em relação a outros grupos não é apenas fruto da personalidade mas é produto de uma complexa situação social. Existe um sem-número de evidências, algumas desconexas e anedóticas, outras coligidas sistemàticamente, de que as pessoas que têm poucos preconceitos muitas vêzes fazem discriminação quando é costùmeiro ou conveniente fazê-lo e de que as pessoas que nutrem vigorosos preconceitos se absterão, às vêzes, por motivos semelhantes, de flagrantes manifestações de hostilidade ou discriminação em relação aos objetos de sua aversão. Os padrões de interação guiam-se freqüentemente pelo costume e pela lei e verificam-se no interior de contextos de organização que influem na sua forma e na sua freqüência. Pessoas preconceituosas deixam, às vêzes, de assumir atitudes discriminativas porque a lei o proíbe, a opinião o desaprova ou porque isso pode ameaçar interêsses econômicos, ou outros.

As implicações da distinção entre preconceito e discriminação, entre atitudes e opinião, de um lado, e a ação declarada, de outro, são extensas, particularmente para os que procuram influir nas relações entre os grupos. Se o preconceito tiver raízes emocionais e exercer importantes funções psicológicas, é pouco provável que os esforços racionais de educação e persuasão sejam muito eficazes. Mas a persistência do preconceito não constitui, por si só, obstrução permanente, capaz de modificar as maneiras de agir das pessoas, pois estas, às vêzes, são levadas a ignorar seus preconceitos — ou a falta dêles — em situações concretas, em que as exigências institucionais impedem uma ação hostil ou discriminativa.

Finalmente, assim como a discriminação pode originar-se do preconceito, assim pode o preconceito sofrer a influência dos padrões reais de interação entre membros de diferentes grupos. Os homens aprendem a ter, bem como a não ter preconceitos, e a experiência de relações satisfatórias com membros de outros grupos serve, às vêzes, a êsse propósito educacional. Mas em todos os programas destinados a modificar as relações entre brancos e negros, judeus e gentios, nascidos no lugar e imigrantes, a relevância das funções da discriminação, bem como do preconceito, é talvez de soberana importância. Pois enquanto os homens possuírem interêsses firmados na manutenção do tratamento discriminativo é pouco provável que se disponham a modificar sua maneira de proceder.

Notas

1 Veja, por exemplo, Oliver C. Cox, *Class, Caste, and Race* (Garden City: Doubleday, 1948).

2 E. Franklin Frazier, *The Negro in the United States* (Nova Iorque: Macmillan, 1949), pp. 3-4.

3 Louis Wirth, "The Problem of Minority Groups", em Ralph Linton (ed.), *The Science of Man in the World Crisis* (Nova Iorque: Columbia University Press, 1945), pp. 351-2.

4 Kurt Mayer, *The Population of Switzerland* (Nova Iorque: Columbia University Press, 1952), Cap. 8, apresenta uma análise de algumas das condições que possibilitam o equilíbrio étnico estável na Suíça.

5 Charles Wagley e Marvin Harris, *Minorities in the New World* (Nova Iorque: Columbia University Press, 1958), p. 264.

6 Wirth, *op. cit.*, p. 353.

7 Ruby Jo Reeves Kennedy, "Single or Triple Melting Pot? Intermarriage Trends in New Haven, 1870-1940", *American Journal of Sociology,* XLIX (janeiro de 1944), 331-9.

8 Charles Wagley, *An Introduction to Brazil* (Nova Iorque: Columbia University Press, 1963), p. 87.

9 Harry W. Hutchinson, "Race Relations in a Rural Community of the Bahian Recôncavo", em Charles Wagley (ed.), *Race and Class in Rural Brazil* (Paris: UNESCO, 1952), pp. 27-31.

10 Donald Pierson, "Race Relations in Portuguese America", em Andrew Lind (ed.), *Race Relations in World Perspective* (Honolulu: University of Hawaii Press, 1955), p. 439.

11 Donald Pierson, *Negroes in Brazil* (Chicago: University of Chicago Press, 1942), p. 129.

12 Wagley, *An Introduction to Brazil* p. 142.

13 Pierson, "Race Relations in Portuguese America", p. 437.

14 Wagley, *An Introduction to Brazil,* p. 142.

15 Pierson, "Race Relations in Portuguese America", p. 443.

16 Wagley, *An Introduction to Brazil,* pp. 139-40. Faz-se referência a Marvin Harris, *Town and Country in Brazil* (Nova Iorque: Columbia University Press, 1956), p. 125.

17 Pierson, *Negroes in Brazil,* p. 128.

18 Wagley, *An Introduction to Brazil,* pp. 134-5.

19 Citado por Peter I. Rose, *They and We*: *Racial and Ethnic Relations in the United States* (Nova Iorque: Random House, 1964), p. 9.

20 Gunnar Myrdal, *An American Dilemma* (Nova Iorque: Harper, 1944), p. 669.

21 O leitor encontrará um sumário das mudanças ocorridas até 1950 em: E. Franklin Frazier, "The Negro in the United States", em Andrew W. Lind (ed.), *Race Relations in World Perspective* (Honolulu: University of Hawaii Press, 1955), pp. 348-57.

22 U. S. Bureau of the Census, *Statistical Abstract of the United States*: *1965* (Washington, D. C.: Government Printing Office, 1965), Tabela 470, p. 342.

23 *Current Population Reports,* Série P-20, N.º 138 — (Washington, D. C.: U. S. Government Printing Office, 11 de maio de 1965), pp. 10, 11.

24 C. Vann Woodward, *The Strange Career of Jim Crow* (nova edição revista; Nova Iorque: Oxford, 1957), p. 8.

25 John Dollard, *Caste and Class in a Southern Town* (Garden City: Doubleday Anchor Books, 1957), Caps. 6-8.

26 *Ibid.,* Cap. 17.

27 Robert Penn Warren, *Who Speaks for the Negro?* (Nova Iorque Random House, 1965), p. 374.

28 Ben J. Wattenberg e Richard M. Scammon, *This U. S. A.* (Garden City: Doubleday, 1965), p. 270.

29 Encontram-se relatos sociológicos dêsses grupos em: C. Eric Lincoln, *The Black Muslims in America* (Boston: Beacon, 1961); e Essien Udosen Essien-Udom, *Black Nationalism* (Chicago: University of Chicago Press, 1962). Valiosa contribuição à sua compreensão nos fornece *The Autobiography of Malcom X* (Nova Iorque: Grove, 1964).

30 Myrdal, *op. cit.,* pp. 1048-51, apresenta uma discussão dessas interpretações sociológicas.

31 Veja Melvin M. Tumin, *Desegregation*: *Resistance and Readiness* (Princeton: Princeton University Press, 1958).

32 Myrdal, *op. cit.,* pp. 75-8.

33 Veja Robert M. MacIver, *The More Perfect Union* (Nova Iorque: Macmillan, 1958), pp. 28 e seg.

34 George Eaton Simpson e J. Milton Yinger, *Racial and Cultural Minorities* (3.ª ed.; Nova Iorque: Harper, 1965), pp. 214-5.

[35] O leitor encontrará um estudo cuidadoso da natureza dos grupos de ódio da "franja lunática" em: Leo Lowenthal e Norbert Guterman, *Prophets of Deceit: A Study in the Techniques of the American Agitator* (Nova Iorque: Harper, 1949).

[36] Nathan Glazer e Daniel P. Moynihan, *Beyond the Melting Pot* (Cambridge, Mass.: M. I. T. Press e Harvard University Press, 1963), pp. 143-55, discutem parte da evidência.

[37] *Ibid.*, p. 155.

[38] *Ibid.*, p. 160.

[39] Ben Halpern, "America is Different", em Marshall Sklare (ed.), *The Jews: Social Patterns of an American Group* (Nova Iorque: Free Press, 1958), p. 25.

[40] Gordon Allport, *The Nature of Prejudice* (Cambridge: Addison-Wesley, 1954), p. 6.

[41] Charles Y. Glock e Rodney Stark, *Christian Belief and Anti-Semitism* (Nova Iorque: Harper, 1966), a 205.

[42] Bernard Berelson e Patricia J. Salter, "Majority and Minority Americans: An Analysis of Magazine Fiction", *Public Opinion Quarterly,* X (Verão de 1946), 168-90.

[43] O principal estudo nesse campo é o de T. W. Adorno, Else Frenkel-Brunswik, Daniel J. Levinson, e R. N. Sanford, *The Authoritarian Personality* (Nova Iorque: Harper, 1950). Encontra-se útil sumário dessa e de outras pesquisas sôbre a psicologia do preconceito em Selma Hirsh, *The Fears Men Live By* (Nova Iorque: Harper, 1955).

Sugestões para novas leituras

ADORNO, T. W., ELSE FRENKEL-BRUNSWIK, DANIEL J. LEVINSON, e R. NEVITT SANFORD. *The Authoritarian Personality.* Nova Iorque: Harper, 1950.

Minuciosa tentativa para determinar as raízes psicológicas do preconceito. Estudo de grande influência, que estimulou muita pesquisa nesse terreno, bem como muita crítica.

FRAZIER, E. FRANKLIN. *The Negro in the United States,* ed. rev. Nova Iorque: Macmillan, 1957.

História sociológica da vida, cultura e instituições dos negros e das relações entre negros e brancos. Amplo estudo.

GLAZER, NATHAN. *American Judaism.* Chicago: University of Chicago Press, 1957.

Relato da religião e da vida comunitária dos judeus norte-americanos. Especialmente interessante pela análise da mescla de sentimentos de grupo, religiosos e não religiosos, entre os judeus.

GLAZER, NATHAN, e DANIEL P. MOYNIHAN. *Beyond the Melting Pot.* Cambridge, Mass.: M. I. T. Press e Harvard University Press, 1963.

Importante estudo sôbre negros, pôrto-riquenhos, judeus, italianos e irlandeses na cidade de Nova Iorque.

GORDON, MILTON. *Assimilation in American Life.* Nova Iorque: Oxford, 1964.

Problemas e processos de assimilação de grupos étnicos na sociedade norte-americana.

HANDLIN, OSCAR. *The Newcomers: Negroes and Puerto Ricans in a Changing Metropolis.* Cambridge, Mass.: Harvard University Press, 1959.

Recente análise da posição e dos problemas dos negros e pôrto-riquenhos na cidade de Nova Iorque, comparados com grupos anteriores de imigrantes.

HANDLIN, OSCAR. *The Uprooted.* Boston: Little Brown, 1952.

Sensível e discernente relato da imigração e dos imigrantes nos Estados Unidos.

HIRSH, SELMA. *The Fears Men Live By.* Nova Iorque: Harper, 1955.

Sumário e interpretação de estudos sôbre o preconceito, sobretudo The Authoritarian Personality *e vários volumes correlatos.*

HUGHES, EVERETT C., e HELEN M. HUGHES. *Where Peoples Meet: Racial and Ethnic Frontiers.* Nova Iorque: Free Press, 1952.

Análise comparativa das conseqüêcias do contato entre grupos raciais e étnicos diferentes.

LIND, ANDREW W. (ed.). *Race Relations in World Perspective.* Honolulu: University of Hawaii Press, 1955.

Coletânea de escritos sôbre relações raciais em diferentes partes do mundo.

MASSING, PAUL W. *Rehearsal for Destruction.* Nova Iorque: Harper, 1949.

Estudo do anti-semitismo político na Alemanha imperial.

MYRDAL, GUNNAR. *An American Dilemma.* Nova Iorque: Harper, 1944.

A despeito das mudanças substanciais ocorridas desde a publicação dêste livro e da necessidade de atualizar muitos dos dados que êle contém, êste continua a ser um dos estudos capitais sôbre o negro e o problema das relações entre negros e brancos nos Estados Unidos. Foi resumido em The Negro in America, *de Arnold Rose, Nova Iorque: Harper, 1944.*

ROSE, PETER I. *They and We: Racial and Ethnic Relations in the United States.* Nova Iorque: Random House, 1964.

Breve e utilíssima sinopse e avaliação do nosso conhecimento das relações raciais e étnicas nos Estados Unidos.

SILBERMAN, CHARLES E. *Crisis in Black and White.* Nova Iorque: Random House, 1964.

Análise perceptiva, feita por um jornalista, dos prementes problemas e questões das relações entre negros e brancos nos Estados Unidos.

SIMPSON, GEORGE EATON, e J. MILTON YINGER. *Racial and Cultural Minorities,* 3.ª ed. Nova Iorque: Harper, 1965.

Ampla crítica e interpretação do trabalho realizado no campo das relações raciais e étnicas, que focaliza sobretudo problemas e dados norte-americanos.

SKLARE, MARSHALL (ed.). *The Jews: Social Patterns of an American Group.* Nova Iorque: Free Press, 1958.

Ampla coletânea de escritos sôbre os judeus nos Estados Unidos.

THOMPSON, VIRGINIA M., e RICHARD ADLOFF. *Minority Problems in Shoutheast Asia.* Stanford: Stanford University Press, 1955.

Estudo repleto de fatos sôbre problemas ètnicos numa área de grande diversidade étnica.

WAKEFIELD, DAN. *Island in the City.* Boston: Houghton Mifflin, 1957.

Descrição feita por um jornalista do "Harlem espanhol", parte de Manhattan predominantemente pôrto-riquenha.

WARREN, ROBERT PENN. *Who Speaks for the Negro?* Nova Iorque: Random House, 1965.

Relatório e interpretação extraordinàriamente perceptivos de entrevistas detalhadas com líderes da Revolução Negra por um romancista que conquistou o Premio Pulitzer e que foi nascido, criado e educado no Sul.

BUROCRACIA

O problema da grande organização e a solução burocrática

À proporção que se reúnem em grandes grupos a fim de atingir metas coletivas, enfrentam os homens, inevitàvelmente, novos e complexos problemas de organização. Os métodos tradicionais de direção, contrôle e coordenação dos esforços de muitas pessoas que realizam tarefas variadas, freqüentemente em lugares diferentes, já não são adequados. À proporção que aumentam o tamanho e a complexidade da associação, cresce o volume da administração interna — isto é, das atividades necessárias para manter a própria organização e levar a cabo suas tarefas determinadas. A existência de tais problemas e a necessidade de novos métodos de combinar e coordenar os esforços de grande número de pessoas já haviam sido observadas há muitos séculos por um historiador greco-romano, Dio Cassius. Referindo-se ao Império Romano do primeiro século a. C., escreveu êle:

> A causa de nossas dificuldades é a extensão de nossa população e a magnitude dos negócios do nosso govêrno; pois a população abrange homens de tôda espécie, não só no que se refere à raça mas também no que se refere às suas habilidades, e tanto suas disposições quanto seus desejos são múltiplos; e o negócio do Estado se tornou tão vasto que só pode ser administrado com a maior dificuldade [1].

Importante solução para os problemas da grande organização foi o desenvolvimento da *burocracia,* que Robert K. Merton define como "estrutura social formal, racionalmente organizada, que envolve padrões claramente definidos de atividade nos quais, de uma forma, ideal, tôda a série de ações se relaciona funcionalmente com os propósitos da organização" [2]. Esta definição sociológica, que adotaremos, contrasta nìtidamente com o uso difundido dos têrmos "burocracia" e "burocrata" como epítetos políticos muitas vêzes aplicados a órgãos e funcionários do govêrno, para os quais o estereótipo convencional é o funcionário imbuído de regras, que se esquiva às responsabilidades, enredado em formalidades e preocupado com o serviço de rotina. Alguns cientistas políticos chegaram até a distinguir entre a burocracia, de um lado, e a administração honesta, eficiente e democrática, de outro, entre burocratas — gente desagradável e ineficiente — e funcionários públicos responsáveis e dignos de confiança. "A paixão pela rotina na administração, o sacrifício da flexibilidade à norma, a demora na tomada de decisões e a recusa de fazer experiências", males inerentes à burocracia, de acôrdo com Harold Laski [3], encontram-se, indubitàvelmente, nos organismos burocráticos — públicos e particulares — mas a eficiência e a fidedignidade desejadas nas operações de qualquer grande organização também são *produto* do que os sociólogos denominam burocracia. Uma tarefa da análise sociológica, por conseguinte, consiste em identificar não só as condições que produzem a rotina e a inflexibilidade burocráticas mas também as que conduzem ao desempenho eficiente no alcançamento de metas coletivas.

A burocracia é uma forma de estrutura social que se encontra não apenas no govêrno senão também em muitas outras grandes organizações. A burocracia em larga escala surgiu, provàvelmente, pela primeira vez, como resposta a problemas de organização política e militar no antigo Egito, na China, mais ou menos ao tempo de Cristo, e na Roma Imperial. Com o crescimento de outros grandes organismos — a Igreja Católica, as corporações modernas, os sindicatos nacionais e internacionais, as organizações como o Rotary Internacional e a Legião Americana — e com o tamanho e o âmbito cada vez maiores das instituições educacionais, dos organismos filantrópicos, dos grupos profissionais e dos milhares de outras associações que se encontram na sociedade moderna, a burocracia passou a caracterizar, cada vez mais, a vida contemporânea.

A difusão da burocracia reflete-se de muitas maneiras. Uma proporção sempre crescente de pessoas acha-se empregada em posições burocráticas. Como vimos no capítulo 8, o número e a proporção de trabalhadores de gravata, muitos dos quais empenhados na administração de grandes organizações ou na execução de funções burocráticas rotineiras, aumentaram constante e consideràvelmente. Milhões de outros, em várias espécies de trabalho, estão sujeitos a contrôles burocráticos em seus serviços.

A extensão das funções governamentais coloca amiúde os homens em contato com funcionários do govêrno: coletores de impostos, membros das juntas de alistamento, inspetores de encanamentos, entrevistadores de desempregados, funcionários da censura, agentes do município e assim por diante. Em muitas outras áreas da vida em que se vêem às voltas com grandes organizações, sofrem também os homens continuamente a influência de normas formais, que limitam ou orientam o comportamento. Quando uma pessoa se matricula num estabelecimento de ensino superior, por exemplo, é obrigada a preencher questionários, obedecer a regulamentos, obter as assinaturas apropriadas. Há regras que governam a freqüência, os exames, os pontos. Funcionários especificados decidem quais os regulamentos que se aplicam e quando se podem fazer exceções. Quando um indivíduo hospitalizado tem seguro médico, seu médico precisa preencher os formulários necessários para assegurar-lhe os benefícios — que só lhe serão pagos em condições cuidadosamente prescritas. Quando viajamos temos de obedecer a regulamentos explícitos: um cachorro (a menos que se trate de cachorro de cego) não pode andar de trem; a bagagem a bordo de um navio precisa ser assinalada de maneira especificada; ninguém pode voltar aos Estados Unidos sem ter sido vacinado contra a varíola nos últimos três anos; e assim por diante *ad infinitum*.

Em algumas sociedades totalitárias os contrôles burocráticos são levados ao máximo. O Estado estende seu poder a áreas antigamente livres ou apenas parcialmente dominadas pelos regulamentos políticos: exerce seu contrôle através de regras ditadas e impostas por burocratas empregados em órgãos que recebem ordens do centro. Mas a burocracia não se limita, de maneira alguma, aos Estados totalitários, pois as modernas sociedades democráticas — sejam capitalistas, sejam Estados-Previdência — utilizam extensamente o que Max Weber denominou "a maior invenção social do homem".

As burocracias podem diferir amplamente nos pormenores da organização e das operações mas, nos traços gerais, são assaz semelhantes e permitem que se imagine um *tipo ideal* de estrutura burocrática. Êsse tipo ideal, derivado na maior parte da obra de Weber [4], é um modêlo de estrutura racionalmente ordenada e, por conseguinte, proporciona útil ponto de partida para a análise da natureza e do funcionamento de qualquer burocracia concreta.

As características burocráticas essenciais, cada uma das quais contribui para as operações eficientes da organização está funcionalmente ligada às outras, inclui: (1) Posições ou *cargos* cuidadosamente definidos; (2) Uma *ordem hierárquica* com limites nítidos de autoridade e responsabilidade; (3) Seleção do pessoal estribada nas *qualificações técnicas* ou *profissionais;* (4) *Regras* e *regulamentos* que governam a ação oficial; (5) *Estabilidade* e possibilidade de *carreira* por promoção na hierarquia. Cada uma dessas características requer um comentário.

(1) As precondições e prerrogativas de cada cargo numa hierarquia burocrática, as tarefas que se esperam do seu titular e suas relações com superiores e subordinados estão todos clara e explìcitamente definidos. Em princípio, todos os cargos existem independentemente dos titulares mas, à diferença dos papéis familiais, por exemplo, informal ou tradicionalmente definidos e que só podem ser de-

sempenhados por determinadas pessoas, os papéis burocráticos são estabelecidos formalmente e podem ser exercidos por quem quer que possua as qualificações apropriadas. A natureza dos cargos burocráticos é ilustrada por um anúncio de vagas de examinadores de patentes publicado pela Comissão do Funcionalismo Público dos Estados Unidos:

> As pessoas nomeadas para os cargos de categoria inferior realizarão uma pesquisa profissional, científica ou técnica elementar ao examinar as solicitações de patentes; decidirão sôbre o que se afirma ser nôvo; verificarão se a exposição está completa; e investigarão a arte anterior, representada por patentes já concedidas nos Estados Unidos e em vários países estrangeiros, e pela descrição encontrada na literatura técnica.
>
> As pessoas nomeadas para os cargos de categoria superior examinarão, estudarão e interpretarão os aspectos técnicos das solicitações de patentes, verificando independentemente na maioria dos casos se as petições, declarações, desenhos, especificações e reivindicações preenchem os requisitos formais... O grau de supervisão variará de acôrdo com a categoria do cargo.

Para se habilitarem à categoria inferior, requer-se dos candidatos que tenham completado:

> A. Um currículo completo de estudos num estabelecimento acreditado de ensino superior, que resulte num diploma de bacharel num campo pertinente de Engenharia, ou (...) [várias outras alternativas educacionais equivalentes a um programa de quatro anos de estudos superiores].
>
> B. Adequada experiência anterior, que inclua, pelo menos, quatro anos de prática bem sucedida e progressiva num campo pertinente de Engenharia, Química ou Física...
>
> C. Qualquer combinação, com equivalência de tempo, de A (treinamento) e B (experiência) acima citados [5].

Conseqüências importantes decorrem da nítida separação entre o cargo e o titular. Ela liberta a organização da dependência de determinados indivíduos em determinadas posições. Onde os cargos não são formalmente definidos, tôda pessoa pode desempenhar suas funções da maneira que lho permitam as habilidades e energias; se bem isso se revele útil quando o ocupante do cargo é particularmente capaz, requer considerável ajustamento sempre que se verifica mudança de pessoal. A necessidade do ajustamento é reduzida quando se define e limita explìcitamente o que cada titular deve fazer. Com efeito, a separação entre o cargo e a pessoa aplica ao material humano o princípio das peças intercambiáveis; a organização continuará a operar com eficiência enquanto os cargos forem exercidos por pessoas qualificadas.

(2) Os cargos são habitualmente distribuídos em ordem hierárquica, com uma cadeia formal de comando. O arquétipo dessa espécie de estrutura social é, naturalmente, a organização militar, com suas

fileiras de oficiais superiores e inferiores, o reconhecimento imposto das obrigações e responsabilidades dos que têm autoridade, a insistência na obediência aos superiores. Em qualquer grande organização, entretanto, requer-se alguma forma de coordenação de esforços além da que possa nascer de um epenho partilhado na consecução de metas comuns, pois pode haver pontos de vista divergentes sôbre a melhor maneira de atingir tais metas. A hierarquia situa a responsabilidade em mãos específicas e permite a clara determinação da política que há de ser adotada. Estabelecendo limites de autoridade, possibilita o contrôle da série de cargos e a efetiva coordenação de esforços. Finalmente, e logo voltaremos a êste ponto, estabelece uma linha de progresso que pode ser seguida pelas pessoas que buscam fazer carreira.

(3) Os cargos burocráticos são preenchidos, em princípio, por pessoas que demonstram competência para cumprir as obrigações requeridas. Isto contrasta nìtidamente com a situação em organização não burocráticas, em que vários papéis podem ser preenchidos com base em relações tradicionais ou pessoais — parentes, amigos ou correligionários políticos, que pleiteiam os postos preferidos. O valor da escolha de pessoal profissional ou tècnicamente habilitado é claríssimo; funcionários adestrados têm maior probabilidade de executar bem o serviço — sobretudo em face da maior especialização que se exige numa complexa sociedade industrial — do que aquêles cujas posições se baseiam em laços de família, herança, amizade pessoal ou favores políticos.

Os métodos de seleção numa burocracia, portanto, são de crucial importância. Os exames formais proporcionam um processo impessoal e sistemático de testar candidatos e têm sido extensamente usados, embora às vêzes se utilizem outros métodos, como entrevistas pessoais, averiguação de antecedentes, recomendações de terceiros prova de completação de um treinamente especificado. Os exames já eram empregados na China antes da era cristã, embora o sistema chinês só viesse a florescer plenamente no século VII. O Funcionalismo Público inglês tem-se baseado em exames formais, como acontece com os governos federal, estaduais e locais nos Estados Unidos. O que se testa, entretanto, depende da concepção predominante das habilidades relevantes. Na China, a educação literária e o trato dos clássicos do confucionismo eram aceitos como prova de competência para realizar as tarefas exigidas dos funcionários do govêrno. Uma educação liberal e seus complementos foram, durante muito tempo, definidos como condições para os postos administrativos no funcionalismo público britânico; a competência intelectual e pessoal geral era mais apreçada do que as habilidades práticas. Os exames do funcionalismo público norte-americano concentram-se, caracterìsticamente, nas habilidades precisas requeridas por determinadas posições.

(4) Um corpo de regras explícitas, habitualmente codificadas, governa as ações oficiais dos detentores de cargos. A existência e aplicação dessas regras dão origem às queixas freqüentes contra as formalidades, mas sem elas haveria confusão e ineficiência em qualquer grande organização. Os regulamentos formais que ditam o comportamento adequado ministram relativa uniformidade de ação e atenuam os efeitos diruptivos dos interêsses, predileções, preferências e parcialidades pessoais. Por estarem estabelecidas em normas suas relações formais uns com os outros, os funcionários podem trabalhar juntos, pelos menos em teoria, sejam quais forem seus sentimentos pessoais para com os colegas. Além disso, Merton assinala: "Dessa maneira, o subordinado se vê protegido contra a ação arbitrária do superior, visto que as ações de ambos estão encerradas num conjunto mùtuamente reconhecido de regras" [6]. Finalmente, para os que entram em contato com o aparelho burocrático — para os "clientes" da burocracia — as regras proporcionam tratamento uniforme, ponto êste ao qual voltaremos.

(5) A fim de poderem exercer com competência e imparcialidade suas funções, gozam os funcionários burocráticos, freqüentemente, de estabilidade — quase sempre após um período probatório. Esta estabilidade torna-os menos sujeitos a pressões externas. Estimula-se a eficiência continuada pela oferta de possibilidades de progresso na hierarquia. A promoção ora se baseia simplesmente no tempo de serviço ora no merecimento, medido por exames formais ou pelos juízos menos formais dos superiores.

As fontes da burocracia

Tais atributos, que constituem os princípios do arcabouço da organização burocrática, são conseguidos apenas em doses variáveis em cada caso concreto. Emergem e desenvolvem-se como respostas a problemas específicos em determinadas situações históricas. As condições que deram origem à burocracia nos Estados Unidos, na União Soviética, no antigo Egito, na China clássica e na Roma imperial diferem, evidentemente, em muitos sentidos. Mas, em todos os casos, como assinala Max Weber, "a razão decisiva para o progresso da organização burocrática sempre foi sua superioridade puramente técnica sôbre qualquer outra forma de organização (. . .) A precisão, a rapidez, a ausência de ambigüidade, o conhecimento dos arquivos, a continuidade, a discrição, a unidade, a rigorosa subordinação, a redução do atrito e dos custos materiais e pessoais — são elevados ao seu ponto ótimo na organização estritamente burocrática" [7].

Entretanto, como a admitiu o próprio Weber, a eficiência por si difìcilmente explicará o crescimento da burocracia. É preciso que os homens reconheçam as vantagens técnicas da burocracia, estejam preparados para abrir mão dos processos tradicionais e possuam os valôres e instituições necessários para criar e manter a organização burocrática.

Como o notamos anteriormente, o tamanho e a escala aumentados da organização e o âmbito e a complexidade das atividades que estão sendo exercidas tornaram inadequados os processos e estruturas administrativos tradicionais. O desenvolvimento da nação-Estado, com a qual freqüentemente se identifica a burocracia, e das grandes emprêsas econômicas fomentou vigorosamente as tendências para a organização burocrática.

Com suas regras uniformes e carreiras franqueadas ao talento, a burocracia, nas sociedades democráticas, promete eficiência e métodos justos e eqüitativos. Dessa maneira, a promulgação das leis que dispõem sôbre o serviço público nos Estados Unidos refletiu um esfôrço não só para conseguir um pessoal qualificado, senão também para eliminar o partidarismo na administração do govêrno. Assegurando estabilidade aos servidores do govêrno escolhidos na base do mérito, os regulamentos do serviço público lhes possibilitaram a execução honesta e eficiente de suas obrigações sem perigo de represálias políticas ou de perda do emprêgo. Os cidadãos, portanto, podem insistir em receber tratamento uniforme por parte dos funcionários do govêrno, de acôrdo com a lei e os regulamentos oficiais. Nesse sentido, a burocracia está ìntimamente ligada a valôres democráticos.

Na União Soviética, a burocracia não só prometia eficiência mas também proporcionava um instrumento para dirigir e controlar tôda a nação em seus esforços por atingir metas predeterminadas. Malgrado a hostilidade inicial à burocracia, que os líderes revolucionários identificaram com a norma czarista, o regime soviético não tardou a adotar métodos burocráticos para levar adiante a tarefa do govêrno. Com a introdução do planejamento econômico nacional, tornou-se essencial a organização racional a fim de assegurar o uso apropriado dos recursos disponíveis, inclusive a mão-de-obra. Autoridade centralizada, regras burocráticas e padrões impessoais de competência e desempenho ensejaram a máquina institucional capaz de impor a disciplina exigida pela sociedade industrial a uma fôrça de trabalho não acostumada às suas exigências.

A disposição de usar métodos burocráticos apóia-se em valôres e atitudes apropriados. Na sociedade ocidental, a vigorosa ênfase emprestada ao racionalismo na Ciência, na Filosofia e na Religião (particularmente no calvinismo) estimulou um modo racional de encarar a organização. Além disso, incentivando o trabalho afincado como virtude moral, proporcionou o calvinismo um fundamento cultural e psicológico para a ordem e a disciplina requeridas na estrutura burocrática. Na União Soviética, a parcialidade "científica" racional do marxismo, que critica severamente a "irracionalidade" da economia capitalista competidora, justificou a extrema burocratização da sociedade soviética.

A adoção de dispositivos burocráticos sempre estêve estreitamente ligada ao crescimento de uma economia pecuniária. A burocracia tem existido na ausência de uma economia dessa natureza, mas desenvolveu-se mais plenamente quando o dinheiro se transformou em meio convencional de troca. O dinheiro possui uma qualidade abstrata, que estimula o cálculo racional. Permite o pagamento de salários regulares, método de remuneração que faculta a manutenção do contrôle sôbre os funcionários. Os trabalhadores voluntários podem ser independentes dos supervisores. Os que possuem direitos tradicionais também resistem mais prontamente à direção superior. Funcionários assalariados, por outro lado, mais freqüentemente dependem daquilo que ganham, e podem também encarar as possibilidades de progresso em têrmos de rendimento sempre crescente. O advento da burocracia foi muitas vêzes acompanhado da transformação de obrigações tradicionais em têrmos monetários incentivando, dessa maneira, as relações formais e racionais entre o funcionário e o cliente, o freguês ou o súdito.

Entretanto, as condições sociais e culturais básicas sôbre as quais repousa a burocracia não podem explicar a emergência de formas específicas de organização em determinados tempos e lugares. É preciso que as impropriedades ou limitações dos processos e relações existentes sejam manifestas e que haja alguma vantagem perceptível na adoção de novos arranjos. Conquanto a eficiência e a administração racional sejam, presumìvelmente, as metas da reorganização burocrática, outros interêsses também podem estar em jôgo. Dessarte, as normas do Serviço Público se estenderam, em certas ocasiões, a funcionários do govêrno federal, a fim de dar estabilidade a cargos inicialmente conseguidos através de influência política. Estendendo a funcionários do govêrno as normas do serviço público, os nomeados políticos têm assegurada a estabilidade permanente. Um resultado a longo prazo dessa extensão polìticamente motivada das regras burocráticas é a extensão do princípio do mérito a maior número de funcionários, pois as substituições ulteriores terão de ser feitas de acôrdo com os processos burocráticos usuais.

Visto que vários interêsses podem ser afetados pelas políticas administrativas firmadas, pelos processos particulares adotados e pela maneira por que se atribui a autoridade, ocorrem amiúde conflitos de monta não só dentro da organização mas também entre os que são afetados pelas ações da organização sôbre decisões específicas suas. Quando se reorganizou o Funcionalismo Público britânico na última metade do século XIX e se converteu num aparelho burocrático muito admirado pela eficiência, formou-se uma "classe administrativa" separada, relativamente pequena, de alto nível, com padrões muito elevados de admissão. Os métodos de escolha dos membros dessa classe visavam não só a conseguir homens de grande habilidade, senão também a limitar o recrutamento aos "mebros dos estratos sociais que monopolizam os grandes estabelecimentos de ensino e universidades" [8]. A crítica ao Funcionalismo Público tem-se concentrado amiúde nos interêsses conseqüentemente representados — e não representados — entre os servidores públicos mais graduados do govêrno.

Os processos pelos quais se estende a burocracia não se restringem ao govêrno, pois qualquer grande organização está sujeita a pressões semelhantes. Num estudo sugestivo sôbre uma fábrica de gêsso, Alvin W. Gouldner descreveu algumas das circunstâncias que dão origem a características burocráticas específicas [9]. Logo depois de nomeado, um nôvo gerente da fábrica introduziu novas regras e uma aplicação mais rígida das velhas. Seu predecessor fôra um sujeito indiferente, que mantivera boas relações com os subordinados e era de trato fácil. Sob as suas ordens, afrouxara-se a disciplina na fábrica e as regras não tinham sido rigorosamente aplicadas. A transição para uma administração mais formal e burocrática ocorreu ao tempo do nôvo gerente mercê de "pressões derivadas da própria instituição, que convergiam sôbre a posição do nôvo gerente da fábrica e o levaram a aceitar e encetar padrões burocráticos" [10].

Transferido de outra fábrica, o nôvo gerente não tinha ligações pessoais com os subordinados. No intuito de obter o contrôle da situação, achou de bom alvitre utilizar mais amplamente a máquina formal do que o fizera o predecessor. Carecendo de canais informais de comunicação, por exemplo, instituiu o sistema de relatórios regulares dos subordinados a fim de manter-se informado do que acontecia na fábrica. Muitas regras da companhia haviam sido ignoradas pelo gerente anterior — por exemplo, uma que proibia aos empregados levarem gêsso para casa para uso pessoal. Quando o nôvo gerente, preocupado com o problema dos custos e desejoso de impressionar os superiores, insistiu na obediência a êsse regulamento, provocou considerável irritação e hostilidade. Como não pudesse contar com a lealdade pessoal para lograr eficiência e cooperação, impôs com maior rigor ainda as prescrições burocráticas. Gradualmente, subordinados que vinham ainda do regime anterior foram substituídos por outros, cujas opiniões eram mais consentâneas com as do nôvo gerente, e contribuíram ainda mais para o destaque dado ao acatamento às normas e regulamentos como meio de aumentar a eficiência.

A análise dêsse caso particular sugere duas conclusões de ordem geral. Primeira, as circunstâncias que dão origem a determinadas formas burocráticas — novas regras, maior insistência na obediência a elas, mais nítida definição das responsabilidades do cargo — nascem de situações específicas. Na fábrica de gêsso, os problemas criados pelo advento do nôvo gerente precipitaram as reformas burocráticas. Semelhantemente, em muitas companhias, os esforços para diminuir as despesas conduzem a novos processos ou a definições mais claras de autoridade; quando os lucros são suficientemente elevados, entretanto, podem aceitar-se de boa mente as coisas tais como são na organização. Nos órgãos do govêrno, da mesma forma, acusações de favoritismo conduzem, às vêzes, a novas normas ou à revisão dos regulamentos que definam mais explìcitamente as responsabilidades do cargo.

Uma segunda conclusão é que as operações reais no interior das organizações não são totalmente determinadas pelo plano burocrático. A burocracia ideal, segundo a expressão de Weber, "consegue eliminar dos negócios oficiais o amor, o ódio e todos os elementos puramente pessoais, irracionais e emocionais que escapam ao cálculo"[11]. Mas nenhuma organização atinge êsse ideal; nenhum diagrama lhe abrange tôdas as atividades. Para estudar o funcionamento real da burocracia precisamos, portanto, examinar as espécies de relações sociais que aparecem, os métodos pelos quais a política é posta em prática e os problemas recorrentes ou dilemas inerentes às operações de uma organização burocrática.

A organização informal ou "a outra face da burocracia"

As pessoas que trabalham regularmente juntas não tendem a permanecer nos têrmos impessoais e formais prescritos pelo diagrama da organização. Da associação contínua aparece uma "estrutura informal" de papéis e relações, que desempenham parte importante na determinação das atividades cotidianas. Dentro dessa estrutura, como o indica Charles H. Page, "pode observar-se o desenvolvimento de amizades e igrejinhas, a interação do amor e do ódio... À intensa impessoalidade da burocracia oficial se opõe freqüentemente, em graus variáveis, a qualidade altamente pessoal que se encontra não oficialmente dentro dela"[12]. A estrutura informal, "a outra face da burocracia", para usarmos a expressão sugestiva de Page, corre, às vêzes, paralela à organização formal ou completa-a e, às vêzes, corre em sentido contrário. As secretárias num escritório criam, de maneira característica, relações primárias de grupo, que incorporam obrigações mútuas de ajuda e assistência, ainda que os regulamentos formais interditem tal comportamento. Um grupo de empregados pode achar que a localização das escrivaninhas num escritório simboliza o *status* relativo; uma reordenação das escrivaninhas será, nesse caso, interpretada como alteração de sua posição relativa na hierarquia, ainda que tal alteração não tenha sido cogitada. Os efeitos de padrões informais de organização poderiam ser longamente ilustrados; aqui bastarão alguns casos.

Em estudo pormenorizado sôbre um órgão de aplicação da lei, Peter Blau descobriu que os funcionários encarregados de levar os problemas sérios à apreciação dos superiores haviam, ao invés disso, estabelecido um sistema de consultas informais entre êles mesmos, a despeito dos regulamentos que proibiam trocas de informações relativas a casos particulares. Os funcionários relutavam em levar seus problemas à apreciação dos supervisores porque poderiam mostrar-se, assim, incapazes de resolver casos difíceis e, portanto, prejudicar a apreciação de seus méritos e seu futuro progresso [13].

Um estudo acêrca de um oficial naval pagador revela que êle despregava com freqüência as normas que regulavam o pagamento de vencimentos. Tais infrações, entretanto, eram claramente padronizadas e baseadas em três tipos diferentes de relações: as relações com amigos pessoais, que fundavam seus pedidos nas obrigações da amizade; as relações com outros oficiais, com os quais se verificava uma troca sistemática de favores — o pagamento efetuado antes do tempo em troca de algum favor no refeitório, ou do acesso privilegiado ao paiol de víveres; e as relações com oficiais superiores que podiam, por seu turno, fazer-lhe algum favor — ou abster-se de atos inamistosos [14].

Papéis e relações espontâneos — isto é, não planejados — e a presença de grupos primários, que funcionam no interior do todo mais amplo, suscitam problemas significativos na análise da organização burocrática. Embora não explicada no esquema formal das coisas, "a outra face da burocracia" afeta claramente as operações globais. E cabe aqui uma pergunta: a estrutura informal enfraquece a organização, reduz-lhe a eficiência e impede a consecução de suas metas oficiais? Ou contribui, talvez, direta ou indiretamente, para a estabilidade da organização e o conseguimento bem sucedido de seus objetivos?

Não existem respostas decisivas para essas perguntas, pois a estrutura informal pode ser *ao mesmo tempo* funcional e disfuncional para a organização. Pode, por exemplo, aumentar a estabilidade e a eficiência de uma burocracia por seus efeitos indiretos sôbre o moral. A execução harmônica e efetiva de qualquer tarefa depende não só da habilidade e do esfôrço, mas também dos sentimentos que nutrem os homens em relação ao seu trabalho. Numa burocracia, como em qualquer grupo, a eficiência está geralmente ligada ao moral, e há substancial evidência de que êste é influenciado pelas relações entre as pessoas que trabalham juntas. Na medida em que enseja satisfatórias relações de grupo primário no local de trabalho, a estrutura informal numa burocracia exerce, portanto, funções positivas para a organização como um todo.

Arranjos informais que se desenvolvem no local de trabalho aumentam amiúde a eficiência dos empregados, propiciando mecanismos não só para resolver problemas não previstos pelos funcionários que estabelecem e controlam a estrutura formal mas também para resolver problemas criados pela própria estrutura. O sistema de consultas informais no órgão de aplicação da lei, estudado por Blau, concorria não só para elevar o moral dos funcionários mas também para aumentar-lhes os conhecimentos, a confiança em si e a habilidade:

> Transformou um agregado de indivíduos que adergavam de ter o mesmo supervisor num grupo coeso. A experiência recorrente de depender do grupo, cujos membros lhe forneciam a ajuda precisada, e de ser apreciado pelos companheiros, como o indicavam as solicitações de assistência dêstes últimos, criava robustos laços mútuos... Em segundo lugar, essa prática possibilitava a aplicação mais efetiva da lei porque melhorava a qualidade das decisões dos funcionários. Todo funcionário tinha a certeza de obter auxílio para a solução de problemas sempre que dêle necessitasse. Essa certeza, reforçada pelo sentimento de estar integrado num grupo coeso, diminuía a ansiedade em relação à tomada de decisões. Simultâneamente, o fato de ser procurado para dar pareceres aumentava a confiança própria do investigador. A mesma existência dessa prática realçava a habilidade de todos os funcionários, especializados ou não, para tomar decisões independentemente [15].

Paradoxalmente, a estrutura informal pode ajudar a atingir metas de organização precisamente *porque* ignora os requisitos formais. Na Marinha, assinala Page, como em qualquer organização altamente burocratizada,

> (...) o contornamento do regulamento (segundo o qual "tôdas as comunicações oficiais (...) devem ser (...) encaminhadas através da "cadeia de comando"" — "canais") surge precisamente como solução para um problema premente. Quando ocorre um desenvolvimento dessa natureza, os indivíduos envolvidos, se estiverem familiarizados com os métodos de sua organização, operarão no nível da estrutura informal, em que é habitualmente possível a solução e, assim, evitarão a frustração burocrática tantas vêzes experimentada pelos rigorosos seguidores do "livro" [16].

Tão importantes são os grupos e práticas informais que um dos mais atilados estudiosos da grande organização, antigo e importante chefe de emprêsa, sustentou que a organização informal não é apenas uma característica inevitável de qualquer grande estrutura burocrática, senão também uma característica essencial: é "necessária à operação de organizações formais como meio de comunicação, coesão e proteção da integridade do indivíduo" [17]. A fim de conseguir a máxima eficiência deve, portanto, o administrador ou diretor hábil utilizar as relações, normas e opiniões não incorporadas na tabela formal da organização e nas regras. As maneiras pelas quais os processos informais podem ser usados sistemàticamente foram exploradas por Blau [18], que assinala que o afrouxamento de requisitos formais — o uso de nomes próprios, o estabelecimento de relações pessoais, o descaso das infrações de regulamentos secundários — estabelece uma rêde de obrigações de que se pode valer às vêzes o diretor para conseguir esforços especiais dos subordinados. A possibilidade de aplicar uma regra habitualmente ignorada também dá ao supervisor uma sanção adicional, embora o descaso continuado da regra se torne, às vêzes, tão rotineiro que sua súbita aplicação pode ser considerada como uma injustiça e um "golpe baixo". Se os laços pessoais que emergem, as práticas que se desenvolvem espontâneamente e os valôres e atitudes partilhadas nos grupos pequenos não forem levadas em consideração pelo administrador ou pelo diretor, poderão tornar-se disfuncionais e conduzir à resistência à política, ao bloqueio das linhas de comunicação e até à sabotagem deliberada de metas da organização.

Entretanto, a despeito do corpo substancial de evidência em que se funda, esta análise das relações informais dentro da organização formal precisa ser cautelosamente aplicada. Releva observar que todos os estudos citados foram realizados por sociólogos norte-americanos em ambientes norte-americanos. Por conseguinte, a análise talvez não se aplique a tôdas as burocracias, como já se argumentou, porque se baseia em premissas culturais não encontradas em tôdas as sociedades. Recente estudo da burocracia na França, feito por Michel Crozier, refere que não se notava ali uma tendência comparável para o desenvolvimento de estreitas relações pessoais entre os colegas. No departamento oficial que êle estudou:

> As môças permaneciam isoladas, muito embora isso implicasse dificuldades para muitas delas, estranhas na cidade e repentinamente separadas das famílias e dos laços de amizade. Contavam elas que muito raro tinham amigas na repartição. Reiteravam preferir ter amigas fora. Mesmo entre as que tinham amigas, as amizades jamais pareciam desenvolver-se em grupos articulados. Havia pouquíssimas associações de qualquer espécie — e nenhuma atividade conjunta cultural, educacional ou de lazer digna de menção [19].

Na fábrica por êle investigada "encontraram-se mais amizades... mas estas não se desenvolviam em igrejinhas nem mesmo em grupos informais estáveis. Encaravam-se as igrejinhas com muito desfavor, e os grupos capazes de transcender várias categorias eram inconcebíveis" [20].

Crozier encontrou nos traços culturais franceses a razão dêsse não estabelecimento de laços pessoais: "a situação inferior das atividades livres de grupo e a dificuldade que os franceses experimentam em cooperar numa base formal" e o fato de tenderem as atividades informais a ser "negativas, instáveis e nunca expressas abertamente" [21]. Êsses traços, sugere Crozier, podem, na verdade, proporcionar uma das razões culturais do desenvolvimento das espécies particulares de organização formal e de comportamento burocrático que se encontram na França.

Os dilemas da organização formal

De acôrdo com o plano burocrático, a política é traçada pela cúpula e o resto da organização representa o instrumento técnico que a põe em prática. Presume-se, por exemplo, que o funcionalismo público seja apartidário; espera-se que funcione com eficiência, sejam quais forem as políticas adotadas pelo legislativo e pelo chefe do executivo e seus assessôres políticos. Os funcionários de uma grande firma também devem seguir as políticas dos diretores. Um pessoal científico pode ser acorçoado a ampliar o âmbito de suas atividades ou a cingir-se a projetos limitados; os gerentes de fábricas talvez recebam instruções no sentido de exigir dos sindicatos que se tenham à letra do contrato ou, pelo contrário, talvez sejam autorizados a ceder à maioria dos pedidos dos sindicatos; os gerentes de vendas são instigados a forçar mais a venda de um produto que a de outro; e assim por diante. Supõe-se que essas políticas sejam levadas a cabo de acôrdo com as regras estabelecidas pelos seus responsáveis e de acôrdo com a atribuição formal da responsabilidade e da autoridade.

Como vimos, entretanto, pode existir, de fato, uma estrutura informal dentro da organização burocrática. O administrador ou diretor precisa, portanto, equilibrar continuamente as vantagens da hierarquia, da autoridade e da conformidade às regras com os benefícios que podem advir do reconhecimento e emprêgo de práticas e relações não incluídas no livro de regras e no diagrama da organização.

Um segundo dilema para o qual também concorre a organização informal centraliza-se em tôrno da necessidade de um sistema efetivo de comunicação. Como tem sido freqüentemente assinalado, a formulação de uma política requer um fluxo seguro de informações da base à cúpula e o fluxo das políticas e instruções da cúpula à base. Espera-se que os fatos e as idéias galguem os degraus da hierarquia até chegar aos responsáveis pela política. Traçada a política, as ordens e instruções precisam descer ao nível das operações. O dilema burocrático reside no fato de terem os processos altamente padronizados e as relações formais probabilidades de estorvar o livre fluxo das informações, ao passo que uma estrutura mais frouxa, mais informal, o facilita. Refere Crozier que estudou, nas organizações burocráticas francesas, a existência de rígidas divisões entre os diversos níveis da hierarquia, que tornavam muito difícil às informações tanto o subir quanto o descer [22]. De acôrdo com Peter Blau e W. Richard Scott,

> Estudos de grupos experimentais e de trabalho demonstraram que as diferenças de *status* restringem a participação de membros de *status* baixo, canalizam uma quantidade desproporcionada de comunicações aos membros de *status* elevado, desacorçoam a crítica das sugestões feitas pelos superiores, estimulam a rejeição de sugestões corretas feitas pelos inferiores e reduzem a satisfação que êstes últimos encontram no trabalho e sua motivação para prestarem contribuições [23].

O contrôle sôbre o fluxo e o conteúdo da comunicação é difícil de obter-se e os subordinados exercem, muitas vêzes, considerável influência não só sôbre a formulação da política mas também sôbre sua execução. Retendo informações, podem influir nas definições feitas por seus superiores das situações em que terão de agir e, ao fazê-lo, influirão nas decisões finais. Em certas condições pode formar-se até uma pressão interna no sentido de adulterar os fatos enviados aos funcionários superiores; quando um relatório preciso ameaça desacreditar o funcionário (ou seus amigos), por exemplo, aquêle talvez não apresente um quadro da situação sem os retoques que julgar convenientes.

Os que dirigem o fluxo de informações no interior da estrutura, encontram-se em posição privilegiada para influir assim na política como na ação. Sidney Webb referiu certa vez que, como presidente da Junta Comercial da Inglaterra, recebia, em média, mais de 8 000 cartas por dia, poucas dentre as quais chegava a ver. Os funcionários vitalícios que lhe joeiravam a correspondência controlavam, de certo modo, não só suas atividades diárias mas também as informações e problemas que chegavam à sua atenção. Permitindo que um número excessivo de comunicações e problemas se amontoem sôbre a mesa do administrador, os subordinados podem afundá-lo tão completamente em pormenores que êle talvez jamais consiga tomar conhecimento das questões que poderia — ou deveria — tratar. A menos que se façam sentir vigorosas pressões externas (ou que o diretor possa fiar-se de canais informais de comunicação), os problemas particulares que lhe chegam às mãos para decidir são, em grande parte, escolhidos pelos subordinados. À medida em que funcionários públicos vitalícios podem influir na política é, evidentemente, um problema de grande importância para o govêrno, cujo funcionalismo pode constituir um grupo social distinto, com interêsses e pontos de vista próprios, que talvez espere ver refletidos na política oficial.

As linhas de comunicação e o fluxo de informações são de importância crucial na execução da política depois de formulada. Mais uma vez, o diretor, até cetro ponto, está à mercê dos subordinados. Diretivas gerais emanadas da cúpula precisam traduzir-se em decisões concretas, que governam as atividades cotidianas. A insistência no contrôle cuidadoso das despesas, por exemplo, pode surtir escasso efeito sôbre os gastos reais; as contas de despesas são difíceis de se rastrearem, e os contrôles fiscais nem sempre bastam a impedir-lhes o falseamento, processo que, hoje em dia, parece sancionado pelas convenções de uma vida em que os patrões se vêem obrigados a fiar-se nas contas apresentadas pelos subordinados. Em estudo sôbre um govêrno socialista em Saskatchewan, no Canadá, Lipset referiu que "um ministro de gabinete decidiu que certa obra do govêrno, prèviamente contratada com firmas particulares, deveria ser realizada, sempre que possível, por servidores do govêrno. Seu subordinado (funcionário de alta categoria), entretanto, continuou a permitir que as firmas particulares fizessem o serviço" [24]. Se as ordens e políticas de cúpula não forem exatamente transmitidas pelos escalões da hierarquia, o que se faz talvez não se conforme aos planos e expectativas oficiais. E se os diretores não puderem obter informações fidedignas sôbre o que está realmente acontecendo nas camadas inferiores da organização, não poderão controlar-lhe, efetivamente, as operações. O se acharem ou não disponíveis os fatos necessários depende não só da máquina formal existente para sua obtenção mas também dos canais informais através dos quais se podem transmitir — ou reter — as informações. A dificuldade inerente e talvez inevitável consiste em que a máquina formal indispensável à direção das operações e destinada a assegurar a responsabilidade e a previsibilidade pode entravar o fluxo de informações necessárias à formulação da política e à manutenção do contrôle efetivo.

Com o propósito de diminuir a necessidade de contrôle direto, a burocracia estimula a *profissionalização* do pessoal [25]. A competência repousa no adestramento apropriado, durante o qual o médico, o advogado, o contador, o engenheiro, o cientista ou qualquer outro profissional liberal se assenhoreia de um conjunto aceito de conhecimentos, adquire habilidades apropriadas e incorpora critérios universalistas de desempenho. Governado por êsses critérios, independentes de considerações pessoais ou locais, presume-se que o profissional possa realizar seu trabalho com uma direção ou vigilância relativamente reduzidas. O não cumprimento de suas responsabilidades resultaria não só em sanções impostas pela organização mas também em críticas e perda de posição entre os colegas e acaso também em sentimentos de culpa por haver transgredido os próprios padrões de desempenho profissional.

A tendência para a profissionalização em grandes organizações, claramente manifesta no número cada vez maior de profissionais especializados de todos os gêneros hoje empregados por elas, cria outro dilema burocrático recorrente. Qualquer organização estimula necessàriamente a lealdade a seus valôres e metas, ao passo que a essência do profissionalismo reside no acatamento das normas estabelecidas pelo grupo profissional. Como assinalam Blau e Scott, "estudos de profissionais e semiprofissionais em organizações formais chegaram sistemàticamente à conclusão de que o conflito entre as orientações burocráticas e profissional é questão fundamental" [26]. Pode haver ocasiões em que entrem em choque os interêsses da organização e as exigências da prática profissional. Deverá o médico de uma companhia mandar para casa, com licença para tratamento de saúde, um trabalhador acometido apenas de ligeira indisposição física? Deverá o professor de curso superior concentrar suas energias principalmente nos alunos e nos problemas do estabelecimento, ou deverá consagrar-se a esforços eruditos que lhe proporcionarão mais ampla consideração? Deverá o trabalhador social ater-se rigorosamente às regras formais e recusar ajuda a um cliente cujas habilitações são incertas, ou deverá preocupar-se fundamentalmente com as necessidades humanas que o adestramento profissional o leva a focalizar? "Embora uma orientação profissional motive uma pessoa a trabalhar melhor em têrmos de padrões profissionais", observam Blau e Scott, baseados em seu minucioso estudo de um órgão de assistência pública, "também lhe proporciona base para ignorar as considerações administrativas e, dessa maneira, pode conduzir a um desempenho inferior em função dos padrões da organização" [27]. A ênfase emprestada ao profissionalismo pode, portanto, diminuir a lealdade à organização e a autoridade do funcionário burocrático. A pressão sôbre as obrigações para com a organização e suas metas, por outro lado, reduz, às vêzes, os padrões profissionais e o nível de desempenho.

As disfunções da organização burocrática

Como dão a entender êstes dilemas, a burocracia não é uma entidade fixa ou precisamente definida, senão uma forma de organizar o esfôrço humano para enfrentar um conjunto de problemas constantemente recorrentes, que não têm solução final. O modêlo burocrático tal como foi definido por Weber consiste, aparentemente, numa organização racional que eleva ao máximo a previsibilidade, a fidedignidade e a eficiência. Está visto que, segundo o indicam nossas observações anteriores, a dinâmica da burocracia, naturalmente, é muito mais complexa do que a admitida pelo modêlo weberiano. Além disso, como assinala Merton numa análise penetrante, os dispositivos da organização ostensivamente destinados a elevar ao máximo a eficiência podem explodir pela culatra, gerando os males convencionalmente associados às estruturas burocráticas [28].

Há muitos anos, êsses "defeitos congênitos" foram personificados por um autor inglês no Formalista, no Misterioso, no Impertinente e no Malandro [29]. O Formalista é tão conhecido que não requer muitas explicações. Consiste o formalismo numa ênfase exagerada emprestada às regras, aos processos e à papelada. Sintetiza-se na história, contada na União Soviética, durante o regime de Stalin, do trabalhador que foi a uma repartição pública para conseguir um pouco de lenha. Um amigo que o viu voltar com um saco pesado às costas cumprimentou-o pela sorte de haver conseguido a lenha tão depressa, mas o outro lhe explicou que o saco só continha os formulários que precisavam ser preenchidos. O Misterioso revela uma tendência para ocultar dos estranhos os processos administrativos, deixando-os, até certo ponto, à mercê do funcionário, e não se encontra apenas entre burocratas; existe no seio de muitos grupos cujos membros procuram conservar o poder e o prestígio acentuando as dificuldades das suas tarefas e a soma de conhecimentos necessários para executá-las. O Impertinente é o burocrata metido a sebo, cujo poder e cuja segurança lhe subiram à cabeça. O Malandro já não acha necessário trabalhar muito em virtude da estabilidade que lhe assegura o emprêgo.

Êsses males poderiam ser atribuídos às fraquezas humanas comuns, aos efeitos corruptores do poder ou às conseqüências debilitantes do excesso de segurança, não fôra o fato de que não aparecem universalmente e de que sua difusão parece variar com condições específicas. Tais fatos dão a entender que suas origens residem antes na própria burocracia do que nas qualidades pessoais (individuais).

Para assegurar "a fidedignidade da reação e o rigoroso acato aos regulamentos" a burocracia promete estabilidade e progresso aos que se conformam às suas normas. Inculcando um respeito apropriado às normas e processos, observa Merton, a organização incute no funcionário, quase inevitàvelmente, exagerada preocupação com rotinas e regulamentos [30]. Finalmente, os meios se acabam transformando em fins em si mesmos. As metas da organização tornam-se menos importantes para seus membros do que a manutenção da própria organização — sobretudo daqueles dentre os seus traços que adquiriram a pátina da idade e da tradição ou foram incorporados na estrutura informal.

A insistência na rígida aplicação de regras cria dificuldades não apenas no interior da organização, onde pode retardar as operações e elevar os custos, mas também nas relações entre a organização e seus "clientes". Muitas posições burocráticas exigem do funcionário que aplique regras a situações e pessoas específicas. A pessoa que requer os benefícios do seguro contra desemprêgo ou da pensão por velhice tem direito a salários? Em caso afirmativo, quanto lhe deve ser pago? Qual dentre os muitos solicitadores de emprêgo numa agência de colocações deve ser mandado em resposta ao pedido de um empregador? Deve um estudante, que carece das precondições formais, ser autorizado a ingressar num curso que deseja seguir? É legítima certa solicitação dos benefícios da hospitalização em determinado plano de seguro médico? Como já tivemos ocasião de assinalar, as regras são indispensáveis para assegurar um tratamento uniforme, evitar a influência dos sentimentos pessoais do funcionário e aumentar a rapidez com que os casos são resolvidos. Mas um acatamento demasiado rígido às regras pode levar fàcilmente ao rigor e à inflexibilidade; a difundida identificação da formalidade com a burocracia denota a freqüência com que isso acontece.

Não se devem subestimar os problemas dos funcionários que precisam conformar-se a um corpo complexo de normas e aplicá-las a diversas situações, nem esperar que êles mantenham uma média ótima de serviço. A suposição burocrática é de que tôda situação pode ser — e na verdade deve ser — tratada de acôrdo com os regulamentos. Para cada cliente, entretanto, seu problema é único. Como observa Everett Hughes no estudo que fêz sôbre o trabalho, a emergência de um homem é a rotina de outro; a pessoa que julga ter necessidades particulares ou problemas peculiares provàvelmente não gostará de ser tratada de modo rotineiro [31].

Naturalmente é quase inevitável que alguns casos surgidos na mesa de um burocrata sejam fora do comum e que as regras ou processos disponíveis não se apliquem de pronto a êles. O burocrata inveterado, que não sabe enxergar além das normas, transforma-as num leito de Procusto, a cujas dimensões procura adaptar o caso especial. Por exemplo, o funcionário de um plano médico de grupo precisou resolver o caso seguinte: um homem e uma mulher que trabalhavam para a mesma companhia possuíam seguro de hospitalização individual. Dois anos depois de se casarem, deixaram de trocar suas apólices individuais por uma apólice conjunta; o departamento do pessoal da companhia não lhes chamou a atenção para o caso nem tomou qualquer iniciativa a respeito. Um mês depois que êles fizeram a transferência da apólice, a mulher engravidou e a criança nasceu no tempo previsto. O funcionário recusou-se a conceder os benefícios da maternidade habitualmente concedidos alegando que as regras exigiam que o casal já estivesse assegurado pelo plano por doze meses. O argumento de que haviam pago individualmente o seguro de hospitalização durante vários anos (dez anos, no caso do marido) não impressionou o funcionário nem, subseqüentemente, nenhum dos superiores. O casal frustrado deblaterou contra a inflexibilidade dos burocratas; os funcionários responderam que estavam apenas aplicando as regras. Quando surgem situações inusitadas dêsse tipo, requer-se òbviamente uma nova regra ou uma decisão qualquer de ordem política. O mêdo de errar ou de levar aos superiores dificuldades não resolvidas estimula a rigidez e os próprios superiores podem estar tão aferrados a um ponto de vista burocrático que se torna difícil proceder às constantes modificações que requer a vida numa sociedade complexa e mutável.

Entretanto, os "defeitos congênitos" da burocracia são antes tendências do que qualidade inerentes; são potenciais e não inevitáveis. Podem ser minorados pelas práticas e relações informais, que emergem dentro da organização: como, por exemplo, a consulta informal aos funcionários encarregados da aplicação da lei, os padrões de ajuda mútua que podem criar-se entre as secretárias de um escritório, o desprêzo ocasional de "canais" entre os oficiais navais mais espertos — todos já anteriormente descritos. Êsses defeitos talvez propendam menos a manifestar-se entre profissionais liberais — médicos, professôres, trabalhadores sociais, engenheiros, cientistas — cujo senso de responsabilidade e cujos padrões de desempenho, como já observamos, independem, até certo ponto, da organização, do que entre burocratas que se limitam a tarefas mais ou menos rotineiras.

Claro está que muita coisa depende das políticas e práticas dos diretores de cúpula e dos supervisores em cada nível da hierarquia, pois a êstes compete traçar uma linha divisória entre a burocracia excessiva e a falta de burocracia. Como já notamos, se desprezarem "a outra face da burocracia" provocarão insatisfação, atrito e diminuição de eficiência. Por outro lado, se não formularem políticas coerentes e nítidas, criarão confusão e incerteza, que os subalternos talvez tentem dissipar apegando-se ainda mais rìgidamente às regras existentes. Se recompensarem e incentivarem a iniciativa por parte dos subordinados, poderão impedir a rigidez e a inflexibilidade; mas um contrôle e uma direção muito escassos acarretarão porventura a perda da uniformidade e da previsibilidade, duas das virtudes da organização burocrática.

Todavia, como faz ver Blau, as disfunções potenciais também podem ser reduzidas ao mínimo por dispositivos estruturais. Sugere êle, por exemplo, que uma "cisão na autoridade do gerente" — a separação da supervisão cotidiana do contrôle dos salários, das condições de trabalho e dos processos que governam a promoção — melhoraria as relações entre superior e subordinado e contribuiria para a concentração nas tarefas imediatas. O emprêgo de escalas de pontos, baseada em "resultados claramente especificados" e não apenas na conformidade aos regulamentos, argumenta Blau, também ajudaria a impedir o ritualismo e a rigidez potencialmente encontrados na burocracia [32].

Tais sugestões para aprimorar a estrutura formal da burocracia comprovam a necessidade de sua contínua racionalização. Muitas deficiências atribuídas à burocracia nascem do fato de não se obedecer à lógica de sua organização. Por exemplo, a não atribuição de autoridade de acôrdo com a responsabilidade pode conduzir a transferência da responsabilidade para outros, à evitação da responsabilidade e à dependência exagerada das regras. Numa organização de tamanho médio, em que o autor já estêve empregado, a principal diretora relutava em permitir que os chefes de departamentos tomassem certas decisões, sobretudo relacionadas com o pessoal — os pedidos de licença especial exigiam sua aprovação, bem como o horário rotineiro do trabalho e das folgas. Mesmo quando os chefes de departamento podiam tomar decisões, estas eram quase sempre revistas se bem, na prática, raramente fôssem modificadas. Êsses chefes logo se mostraram pouco propensos a tomar decisões sem prévia aprovação superior. Em conseqüência disso, retardaram-se as atividades relativas ao pessoal, o moral enfraqueceu e o número de empregados substituídos foi grande, de modo que o quadro de auxiliares se viu sobrecarregado de novos funcionários apenas parcialmente adestrados.

Os estudiosos de administração estão contìnuamente empenhados em descobrir dispositivos e normas de processos formais destinados a aumentar a eficiência da organização — definindo o número adequado de subordinados que podem ser efetivamente controlados por um homem (amplitude de contrôle), melhorando o trabalho de secretaria, aprimorando os processos de seleção, etc. Entretanto, pesquisas empíricas detalhadas, levadas a cabo durante as duas ou três últimas décadas, demonstraram claramente que os processos formais e os dispositivos da organização, por mais requintados e úteis que sejam, não produzirão, por si mesmos, os resultados almejados.

> O problema que mais preocupa é a pronta remoção dos obstáculos às operações eficientes, que surgem recorrentemente. Isto não pode ser realizado por um sistema preconcebido de processos rígidos... senão pela criação de condições favoráveis a contínuos ajustamentos na organização. Para se estabelecer um padrão dessa natureza de auto-ajustamento numa

burocracia, é mister que preponderem condições capazes de animar-lhe os membros a enfrentar os problemas advenientes e a encontrar o melhor método de produzir resultados especificados por sua própria iniciativa, e que obstem à necessidade de práticas não oficiais, que entravam os objetivos da organização, tais como a restrição da produção [33].

As conseqüências sociais da burocracia

O interêsse pelos problemas internos e pelo complexo funcionamento da organização burocrática não deve toldar-lhe as mais amplas conseqüências sociais. Para Weber, o crescimento e a difusão da burocracia fazem parte do "desencanto do mundo" — a decadência da tradição, o interêsse pela eficiência em lugar da preocupação pelos valôres fundamentais, a substituição do mito e da imaginação pela racionalidade e pela rotina. Para Weber, a burocracia não foi a única fonte dêsse "desencanto", nem é êle particularmente moderno; a racionalização progressiva da vida tem uma longa história e não se encontra apenas — ou talvez nem mesmo de maneira central — nas formas de organização por meio das quais os homens lutam por seus interêsses, mas também na Filosofia, na Religião, na Lei e na Ciência.

De maneira mais concreta, os críticos da burocracia vêem sua influência alastrante estender-se a áreas da vida social até aqui relativamente livres e não sujeitos a uma disciplina rígida: as livres profissões do Direito e da Medicina, os estudos superiores, a Igreja, a pesquisa científica, a recreação e os desportos. O médico depende cada vez mais do hospital, com sua ordem burocrática e suas instalações modernas. Mais especialista do que clínico geral, hoje em dia, o médico precisa tornar-se, até certo ponto, curador e administrador ao mesmo tempo. Seu sucesso depende, em parte, da habilidade em pôr-se de acôrdo com a estrutura formal hierárquica do hospital e utilizar eficazmente os vários assistentes qualificados de que dispõe: a enfermeira, o técnico de laboratório, o farmacêutico, o dietista, o trabalhador social.

O advogado também se torna, cada vez mais, parte das grandes "fábricas jurídicas", como foram chamadas, com uma hierarquia estabelecida, processos padronizados e clara divisão do trabalho — em que cada advogado se especializa em determinada área do Direito e é ajudado por funcionários da Justiça, secretários e, de vez em quando, guarda-livros, contadores e investigadores. Além disso, as grandes firmas de advocacia estão ìntimamente ligadas às hierarquias coletivas que dominam a economia, e a carreira jurídica freqüentemente exige dos que pretendem segui-la o ingresso numa delas para poder subir a escada como advogado de companhia ou administrador cujos conhecimentos jurídicos lhe são de grande valia [34].

Na educação, como Robert e Helen Lynd observaram certa feita, observa-se uma tendência para "o cavalo administrativo sair galopando com o carro educacional" [35]. Queixam-se os professôres de que passam mais tempo preenchendo formulários do que ensinando. Na educação superior, como nos anos de escola inferior, os testes são amiúde padronizados e a distribuição de pontos precisa seguir uma curva estatística predeterminada. Num ataque selvagem desfechado contra o ensino superior nos Estados Unidos, há mais de meio século, Thorstein Veblen descreveu-lhe a "presunção fundamental" como a opinião de que o saber era

> um artigo de comércio, para ser produzido num sistema de trabalho por peça, avaliado, comprado e vendido por unidades padrões, medido, contado e reduzido à equivalência de mercadoria por testes impessoais, mecânicos. Em tôdas as suas aplicações, o trabalho, por isso, reduz-se a uma consistência mecânica, estatística, com unidades e padrões numéricos; e conduz a um resultado geral perfunctório e medíocre, impedindo estudantes e professôres de se lançarem a uma busca livre do conhecimento, em contraste com a busca de créditos acadêmicos [36].

Os acontecimentos explosivos ocorridos no *campus* da Universidade da Califórnia, em Berkeley, em 1964 e 1965, e o descontentamento que ali se evidenciou, bem como em tôdas as outras partes, entre os estudantes nos Estados Unidos no meado da década de 1960, foram atribuídos, pelo menos em parte, à burocratização da grande Universidade nos últimos anos [37]. (No capítulo 15 encontrará o leitor uma discussão mais ampla da educação.) Um dos traços básicos da ideologia da "nova esquerda" entre os estudantes é o "Morra a burocracia".

Dentro da profissão acadêmica, seguem os salários um padrão regular e aumentam não apenas com o tempo de serviço, mas também com a obtenção de diplomas, em que se destacam os de M. A. ou de Ph. D. Tão formais se tornaram os requisitos acadêmicos de promoção em algumas universidades que o doutorado é amiúde conhecido como o "cartão do operário (ou do sindicato)". Até as carreiras acadêmicas, de certo modo, se modificaram. Para muitos, o triunfo no campo do saber ainda é a medida do sucesso mas, para outros, existem agora novas possibilidades na hierarquia administrativa, estando estreitamente ligadas as duas carreiras — a erudita e a burocrática — pela profusão de comitês que brotam nos estabelecimentos de ensino superior [38].

A Igreja Católica possui, há muito, minuciosa estrutura burocrática, com sua hierarquia manifesta, sua divisão de trabalho — que incorpora, entre outros, párocos, missionários, professôres, eruditos, diplomatas — suas normas e regulamentos formais, e um sistema necessàriamente complicado de administração interna. "Essa grande organização", comenta Page, "sofre as conseqüências de tôdas as burocracias cerradas — conservantismo, formalismo, ritualismo, etc. — e goza, ao mesmo tempo, de suas vantagens — ordem, ação previsível, rapidez nos negócios (até quando o "negócio" é a salvação das almas)" [39]. A Igreja evitou ou reduziu ao mínimo algumas desvantagens burocráticas potenciais graças aos laços freqüentemente íntimos entre o pároco e o paroquiano, a influência das obrigações religiosas básicas e uma notável adaptabilidade aos problemas concretos que enfrenta. Nos próprios organismos religiosos menos formais e menos hierárquicos se manifestaram tendências burocráticas. O tamanho crescente de algumas igrejas e o âmbito cada vez maior de suas atividades conduziram a extensa divisão do trabalho — ensino, angariação de fundos, pregação, supervisão dos jovens, aconselhamento matrimonial, visitação dos velhos e doentes — que produziu uma série de especialistas ministeriais. O chamado telefônico a uma igreja urbana moderna, em que se pede para falar com o "ministro", provocará, provàvelmente, a resposta: "Qual dêles?". Muitos ministros e muitas igrejas escapam a essa tendência mercê do seu tamanho limitado ou da sua pobreza; embora talvez eficiente, a burocracia também é cara. Mas a elaboração da organização da igreja, com organismos centralizados e serviços especializados, origina invariàvelmente, até certo ponto, a organização burocrática, com todos os seus defeitos e tôdas as suas virtudes.

Em certos sentidos, as exigências que tôda burocracia faz a seus membros são as mesmas — habilidade para lidar com os outros, respeito às regras e competência técnica. Essas contínuas exigências à personalidade e aos valôres aceitos pelos homens criam, segundo se diz, o "homem de organização" — bem treinado, eficiente, leal, suave, controlado, conformista e tão preocupado em viver quanto em vencer na vida [40]. As pessoas dotadas dêsses atributos podem encaixar-se fácil e suavemente nos sulcos burocráticos onde se exigem trabalho por equipe e esfôrço coletivo. Recrutadores para companhias tendem a procurar pessoas que se aproximem dêsse tipo — ou que possam ser moldadas nesse sentido. Por conseguinte, sustentou William H. Whyte, as instituições educacionais que produzem os futuros diretores, técnicos, administradores, — e a maioria dos diplomados em estabelecimentos de ensino superior vê seu futuro mais como membros de alguma grande organização do que como empresários ou profissionais liberais independentes — vêm engrenando cada vez mais seus esforços no sentido de criar o tipo apropriado.

O homem de organização aceita valôres que diferem dos valôres do passado: a "qualidade de membro de grupo", a "condição de estar junto com outros", e a confiança no grupo substituíram o individualismo e a confiança em si próprio; passou-se da "moralidade para o moral", segundo a expressão de David Riesman e "da conta no banco para a conta de despesas", segundo a expressão de Paul Lazarsfeld. Por mais adequadas — ou funcionais — que sejam êsses valôres e as características pessoais associadas a êles para as operações usuais de uma organização burocrática, êles inevitàvelmente invadem áreas onde se mostram, em certos sentidos, destrutivos ou disfuncionais. Na pesquisa de laboratório, como assinala Whyte, as principais precondições de sucesso são antes a imaginação e a originalidade do que a habilidade de se dar bem com os outros; as qualidades do administrador não se combinam necessàriamente com as do cientista criativo mas, em muitos casos, os valôres relevantes se invertem na seleção do pessoal. Da mesma forma, ao escolherem novos membros para o seu quadro de auxiliares, os departamentos universitários talvez optem pela pessoa agradável, afável e competente, em detrimento da personalidade difícil, áspera talvez, mas que revela sinais de imaginação e habilidade incomuns [41].

Essas diversas conseqüências da difusão da burocracia — seu impacto sôbre a prática médica e jurídica a educação, a religião, os valôres sociais — provocaram grande dose de alarma. Parecem indicar mudanças fundamentais, que contrariam valôres amplamente aceitos, e predizer um mundo diferente e menos atraente. Mas as mudanças que se verificaram — ou que se estão verificando — fazem parte do preço pago pelas vantagens que oferece a burocracia. A racionalização ajuda a possibilitar as maravilhas da produção em massa e da distribuição que, por si mesmas, talvez concorram para novas espécies de liberdade. Utilizando com eficiência os recursos humanos, a burocracia pode aumentar-lhes a contribuição coletiva para a sociedade e ensejar consecuções que um esfôrço menos cuidadosamente controlado não teria obtido. As normas e regulamentos burocráticos asseguram tratamento uniforme para os que entram em contato com grandes organizações como fregueses ou clientes, ou como cidadãos em relação ao seu govêrno. Até certo ponto repousa a própria democracia em formas burocráticas racionais. Qualquer avaliação final, por conseguinte, deverá tomar em consideração também essas conseqüências e, na verdade, as muitas outras cuja finalidade, extensão e implicações ainda precisarão ser estudadas.

A burocracia e o poder

De um interêsse talvez mais persistente do que as conseqüências sociais da burocracia tem sido o problema do poder que os burocratas passam a exercer. As funções cada vez mais amplas do govêrno na Europa e nos Estados Unidos, nos séculos XIX e XX, acarretaram substancial aumento da burocracia oficial. Os advogados do acréscimo das responsabilidades do govêrno insistiam na necessidade da ação política para obviar ao crescimento e ao poder da emprêsa privada e para ministrar soluções aos problemas sociais criados pela expansão urbana e industrial. Punham em destaque os aspectos racionais da administração burocrática e argumentavam ser possível manter contrôles políticos efetivos sôbre funcionários públicos.

Acentuando as vantagens que viam na emprêsa privada não controlada, os críticos da burocracia governamental expressavam o receio do crescente poder dos funcionários burocráticos, que lhes permitiria exercer contrôle sôbre as ações de outros, particularmente sôbre empresários individuais. Insistiam nas disfunções da burocracia — formalidades e intromissões — que deixavam o cidadão à mercê do funcionalismo, e nas possibilidades de ineficiência e irresponsabilidade que podiam decorrer da estabilidade e da ausência de competição.

Pôsto que a burocracia deva ser o instrumento eficiente dos formuladores de política, não há dúvida, como o indica o exame anterior da comunicação, que os diretores das atividades de uma organização burocrática se encontram, até certo ponto, nas mãos dos subordinados. Os possuidores de habilidades importantes, mormente se forem profissionais liberais, são capazes de manter certa autonomia e reduzir a efetividade dos contrôles hierárquicos. Os "funcionários públicos mais graduados", em particular, ocupam lugar importante pelo que toca à formulação e execução da política.

Talvez seja inevitável que assinale a burocracia oficial, como as demais, uma tensão entre o "serviço" e o poder. Oficialmente empenhados num serviço anônimo e impessoal no alcançamento das metas estabelecidas para a organização pelos formuladores de sua política, êles também seguem os próprios interêsses. O alto interêsse burocrático, entretanto, não precisa ser expressamente definido em têrmos de poder *per se,* nem é provável que o seja. Mas no intuito de se proteger contra a interferência externa e evitar mudanças que talvez perturbem a rotina das relações estabelecidas, os funcionários podem tentar libertar-se da autoridade superior. A organização informal lhes oferece, às vêzes, os meios para fazê-lo, bem como a manipulação dos canais de comunicação. Na medida em que conseguem escapar ao contrôle superior, os empregados burocráticos, podem impor seus juízos acêrca dos outros da mesma maneira pela qual interpretam as normas e exercem a autoridade inerente aos cargos que ocupam.

Os funcionários nas camadas superiores acham-se em posição particularmente favorável para influir na definição e execução da política do govêrno. Seus talentos e conhecimentos especiais são úteis — e até, em certas ocasiões, essenciais — à determinação do que deve ser feito, mas a linha divisória entre o oferecimento de um parecer desinteressado e a obrigatoriedade de um curso específico de ação não se traça prontamente e cruza-se com facilidade. Dramático exemplo dos problemas implícitos nessa situação encontra-se na questão recorrente de como manter um contrôle efetivo sôbre o Órgão Central de Informações dos Estados Unidos. Outros exemplos podem aduzir-se prontamente, tirados da experiência de muitas outras nações.

Em qualquer organização, até na mais democrática, afirmou Robert Michels em seu clássico *Political Parties,* manifesta-se inevitável tendência por parte dos funcionários mais graduados de assumir e manter o contrôle efetivo. De acôrdo com essa "lei de ferro da oligarquia", êles conseguem ascendência mercê das suas habilidades e conhecimentos técnicos e do seu domínio da maquinaria administrativa e dos canais de comunicação. Justificam suas ações identificando a organização consigo mesmos e destacando a própria experiência, capacidade e serviços [42].

Embora não se possa pôr em dúvida a existência de tendência "oligárquicas" na organização, pode-se duvidar sèriamente da sua inevitabilidade. Num estudo circunstanciado sôbre a União Tipográfica Internacional, singular por causa do seu sistema bipartido, institucionalizado e efetivo, Lipset, Coleman e Trow identificaram alguns dos fatôres que entravam a operação da "lei de ferro" de Michels — a estrutura da indústria, a "cultura" dos impressores, as instituições que regulam o acesso ao poder, a acessibilidade do conhecimento das questões políticas [43]. Fatôres semelhantes são provàvelmente de monta em qualquer burocracia pública — a estrutura social da nação, seus valôres predominantes, a organização da burocracia e suas relações com a legislatura, os funcionários eleitos e o judiciário, a complexidade das questões que surgem, a extensão da participação pública na política.

A medida em que a burocracia pode influir na política — direta ou indiretamente — deu origem a considerável discussão sôbre seu papel em relação à mudança social. Enquanto partilhar dos valôres dos que dominam o Estado, será a burocracia, provàvelmente, dedicado instrumento do govêrno, sejam quais forem suas metas, conservadoras ou radicais. Como fêz ver J. Donald Kingsley, o Funcionalismo Público britânico que se desenvolveu durante o século XIX, extraído da classe governante britânica, partilhava dos seus valôres, tendo participado assídua e eficientemente da construção e da administração do Império [44]. Num período de rápida mudança social, todavia, quando mudam os governos — ou são derrubados — o papel da burocracia torna-se mais problemático.

Afirmou-se que uma burocracia estabelecida é intrìnsecamente conservadora. Se for extraída de grupos sociais que já não dominam a política pública, seus próprios valôres podem não afinar com os novos dirigentes e suas ações serão governadas de maneira correspondente. Assim "a administração de medidas de reforma agrária tem-se revelado difícil em países onde os grupos mais elevados da burocracia se acham ligados aos grandes proprietários de terras" [45]. Mais fundamentalmente, afirmou-se, a burocracia é intrìnsecamente conservadora.

> Como questão atual [escreve Fritz Morstein Marx, que durante muitos anos estudou a burocracia governamental] encerra um traço distintamente conservador. Responde ao presente à luz do passado, limitando o futuro ao imediatamente previsível. Tem um interêsse operacional pela estabilidade, pelo ritmo de trabalho não perturbado, pela repetição, hoje, de ontem. De maneira assaz natural, o funcionalismo público mais elevado é geralmente partidário de uma firme estrutura de poder político como algo em que se possa apoiar. Expresso em têrmos diferentes, os sistemas administrativos revelam normalmente predileção profissional pelo *status quo*. Os funcionários públicos mais graduados apresentam-se, não raro, como defensores emocionais da ordem estabelecida de coisas [46].

De acôrdo com Karl Mannheim, a burocracia propende "para transformar todos os problemas de política em problemas de administração" [47]. Por êsse aspecto, o teste de qualquer política cifra-se em saber se pode ser posta em prática dentro da maquinaria administrativa existente. Em caso negativo, define-se como "impraticável", limitando assim qualquer meta às possibilidades que se enquadrem nas estrutura existente e entravando a praticabilidade de mudanças.

Entretanto, a burocracia não acompanhou, na realidade, um padrão coerente em suas reações à mudança. Muitos casos houve em que burocratas embaraçaram ou sabotaram efetivamente novos programas, quer obstando à sua execução, quer persuadindo os superiores de que os planos de mudança eram desarrazoados ou impraticáveis. Por outro lado, em muitas ocasiões, funcionários públicos têm aceito inovações e cumprido fielmente suas obrigações como instrumentos neutros do Estado.

Nosso conhecimento dos motivos das reações burocráticas à mudança social — com referência não só às circunstâncias imediatas mas também aos fatôres ocultos — ainda é muito limitado. O problema, contudo, não possui apenas interêsse histórico senão também uma importância cada vez maior, sobretudo à medida que as novas nações do mundo buscam firmar-se e, na maioria dos casos, modernizar sua economia e sua estrutura social. Nesses esforços, a burocracia, não raro de origem colonial e que, em muitos casos, representa um dos grupos principais da classe média, ocupa posição estratégica. Sem a sua contribuição e apoio efetivos, pouco progresso se fará no sentido da modernização. Não obstante, seu *status* tradicional e seus interêsses próprios podem ser ameaçados pelas possibilidades de uma mudança importante, e falta-lhe, muitas vêzes, a tradição de serviços e obrigações capaz de levá-la a servir como instrumento de um programa radical, sejam quais forem suas próprias opiniões. Em tais circunstâncias, a transformação da própria burocracia pode ser assim parte como precondição de modernização.

Notas

1 Citado por G. H. Stevenson, "The Imperial Administration", em *The Cambridge Ancient History,* X (Cambridge, Eng.: Cambridge University Press, 1934), 182.

2 Robert K. Merton, *Social Theory and Social Structure* (ed. revista e aumentada; Nova Iorque: Free Press, 1957), p. 195.

3 Harold Laski, "Bureaucracy", em *Encyclopedia of the Social Sciences,* III (Nova Iorque: Macmillan, 1930), 70.

4 Max Weber, *De Max Weber: Ensaios de Sociologia,* traduzido para o inglês e editado por H. H. Gerth e C. Wright Mills (Nova Iorque: Oxford, 1946), Cap. 8.

5 Comissão do Funcionalismo Público dos Estados Unidos, Anúncio n.º 130B, 12 de novembro de 1957.

6 Merton, *loc. cit.*

7 Weber, *op. cit.,* p. 214.

8 R. K. Kelsall, *Higher Civil Servants in Britain* (Londres: Routledge, 1955), p. 3. Veja também J. Donald Kingsley, *Representative Bureaucracy* (Yellow Springs: Antioch Press, 1944).

9 Alvin W. Gouldner, *Patterns of Industrial Bureaucracy* (Nova Iorque: Free Press, 1954).

10 *Ibid.,* p. 98.

11 Weber, *op. cit.,* p. 216.

12 Charles H. Page, "Bureaucracy's Other Face", *Social Forces,* XXV (outubro de 1946), 91.

13 Peter M. Blau, *The Dynamics of Bureaucracy* (Chicago: University of Chicago Press, 1955), Cap. 7.

14 Ralph H. Turner, "The Naval Disbursing Officer as Bureaucrat", *American Sociological Review,* XII (junho de 1947), 342-8.

15 Blau, *op. cit.,* p. 113.

16 Page, *op. cit.,* p. 90.

17 Chester A. Barnard, *The Functions of the Executive* (Cambridge, Mass.: Harvard University Press, 1938), p. 123.

18 Peter M. Blau, *Bureaucracy in Modern Society* (Nova Iorque: Random House, 1956), pp. 70-4. Veja também a discussão do "padrão de indulgência" em Gouldner, *op. cit.,* Cap. 2.

19 Michel Crozier, *The Bureaucratic Phenomenon* (Chicago: University of Chicago Press, 1964), p. 214.

20 *Ibid.*, p. 215.

21 *Ibid.*, pp. 216, 219.

22 *Ibid.*, pp. 51-3.

23 Peter M. Blau e W. Richard Scott, *Formal Organizations* (São Francisco: Chandler, 1962), p. 243.

24 Seymour M. Lipset, *Agrarian Socialism* (Berkeley: University of California Press, 1950), pp. 266-7.

25 Talcott Parsons, *Essays in Sociological Theory* (ed. rev.; Nova Iorque: Free Press, 1964). O Cap. 2 apresenta uma análise das profissões.

26 Blau e Scott, *op. cit.*, p. 246.

27 *Ibid.*

28 Merton, *op. cit.*, Cap. 6.

29 Ramsey Muir, *Peers and Bureaucrats* (Londres: Constable, 1910), pp. 48 e segs.

30 Merton, *op. cit.*, pp. 198-202.

31 Everett C. Hughes, *Men and Their Work* (Nova Iorque: Free Press, 1959), pp. 54-5.

32 Blau, *Bureaucracy in Modern Society*, pp. 64-6.

33 *Ibid.*, pp. 60-1.

34 O leitor encontrará breves e decisivos estudos sôbre a burocratização das profissões jurídica e médica em C. Wright Mills, *White Collar* (Nova Iorque: Oxford, 1951), pp. 115-29. Veja também Erwin O. Smigel, *The Street Lawyer* (Nova Iorque: Free Press, 1964).

35 Robert S. e Helen M. Lynd, *Middletown in Trasition* (Nova Iorque: Harcourt, 1937), p. 206.

36 Thorstein Veblen, *The Higher Learning in America* (Stanford: Academic Reprints, 1954; publicado pela primeira vez em 1918), pp. 221-2.

37 Veja as freqüentes referências à burocratização em Seymour M. Lipset e Sheldon S. Wolin (eds.), *The Berkeley Student Revolt* (Garden City: Doubleday Anchor Books, 1965).

38 Sugestivo exame encontra-se em Charles H. Page, "Bureaucracy and Higher Education", *The Journal of General Education,* V (janeiro de 1951), 91-100.

39 Charles H. Page, "Bureaucracy and the Liberal Chruch", *The Review of Religion,* XVI (março de 1952), 144-5.

40 Veja William H. Whyte Jr., *The Organization Man* (Nova Iorque: Simon & Schuster, 1956).

41 Boa análise das práticas de recrutamento nas grandes universidades apresentam Theodore Caplow e Reece J. McGee, *The Academic Marketplace* (Nova Iorque: Basic Books, 1958).

42 Robert Michels, *Partidos Políticos,* traduzido para o inglês por Eden e Cedar Paul (Nova Iorque: Free Press, 1949; publicado pela primeira vez em 1915).

43 Seymour M. Lipset, Martin A. Trow e James S. Coleman, *Union Democracy* (Garden City: Doubleday Anchor Books, 1962).

[44] J. Donald Kingsley, *Representative Bureaucracy* (Yellow Springs: Antioch Press, 1944).

[45] Fritz Morstein Marx, "The Higher Civil Service as an Action Group in Western Political Development", em Joseph La Palombara (ed.), *Bureaucracy and Political Development* (Princeton: Princeton University Press, 1963), p. 86.

[46] *Ibid.*, p. 87.

[47] Karl Mannheim, *Ideologia e Utopia,* traduzido para o inglês por Louis Wirth e Edward Shils (Nova Iorque: Harcourt, 1946), p. 105.

Sugestões para novas leituras

BARNARD, CHESTER A. *The Functions of the Executive.* Combridge, Mass: Harvard University Press, 1938.

Ponderada discussão dos problemas de organização por um diretor com ampla experiência administrativa. Um dos primeiros livros a dar ênfase à importância das relações informais dentro de uma grande organização formal.

BERGER, MORROE. *Bureaucracy and Society in Modern Egypt.* Princeton: Princeton University Press, 1957.

Estudo do papel dos funcionários públicos mais graduados na sociedade egípcia moderna. Mais preocupado com o papel social dêsse grupo do que com suas atividades administrativas.

BLAU, PETER M. *Bureaucracy in Modern Society.* Nova Iorque: Random House, 1956.

Excelente e breve exposição crítica e apreciação não só da teoria mas também de importantes estudos empíricos sôbre a burocracia.

BLAU, PETER M. e W. RICHARD SCOTT. *Formal Organizations.* São Francisco: Chandler, 1962.

Sumário e análise utilíssimos de um grande conjunto de pesquisas e teorias sôbre a estrutura e o funcionamento de organizações complexas.

CROZIER, MICHEL. *The Bureaucratic Phenomenon.* Chicago: University of Chicago Press, 1964.

Estudo da burocracia francesa, que esclarece muitas variações na organização burocrática.

EISENSTADT, S. N. "Bureaucracy and Bureaucratization: A Trend Report and Bibliography", *Current Sociology,* VII, N.º 2 (1958), número inteiro.

Sumáro da posição da pesquisa e da teoria relativas à burocracia, com bibliografia classificada e anotada.

GOULDNER, ALVIN W. *Patterns of Industrial Bureaucracy.* Nova Iorque: Free Press, 1954.

Estudo interessante, se bem que prolixo, da emergência de formas burocráticas numa fábrica de gêsso.

KINGSLEY, J. DONALD. *Representative Bureaucracy.* Yellow Springs: Antioch Press, 1944.

Análise das relações entre o Funcionalismo Público britânico e a política e estrutura social britânicas.

LA PALOMBARA, JOSEPH (ed.). *Bureaucracy and Political Development.* Princeton: Princeton University Press, 1963.

Coleção de ensaios sôbre o papel da burocracia e dos burocratas no processo de desenvolvimento e modernização políticos que agora se verificam em muitas partes do mundo.

MERTON, ROBERT K., et al. (eds.). *Reader in Bureaucracy.* Nova Iorque: Free Press, 1952.

Coletânea de escritos sôbre burocracia, que contém materiais tanto teóricos quanto empíricos (históricos e modernos). Veja especialmente os ensaios de Merton e Reinhard Bendix.

MOORE, WILBERT. *The Conduct of the Corporation.* Nova Iorque: Random House, 1962.

Vivo e inteligente estudo da natureza da companhia moderna.

SELZNICK, PHILIP. *TVA* and the *Grass Roots.* Berkeley: University of California Press, 1949.

Estudo da maneira pela qual as relações de uma organização com fôrças externas influíram em suas operações.

WEBER, MAX. *De Max Weber: Ensaios de Sociologia.* Traduzido para o inglês e editado por H. H. Gerth e C. Wright Mills. Nova Iorque: Oxford, 1946. Cap. VIII.

O ensaio clássico sôbre burocracia, que foi o ponto de partida da maior parte do trabalho recente, teórico e empírico.

WHYTE, WILLIAM H. *The Organization Man.* Nova Iorque: Simon & Schuster 1956.

Vivo relato, feito por um jornalista inteligente, da vida nas grandes organizações, que dominam a sociedade norte-americana, e do seu impacto sôbre os valôres e o comportamento de seus empregados assalariados.

COMUNIDADES: ECOLOGIA E URBANIZAÇÃO

A pequena comunidade

Dissemos que as comunidades (capítulo 2) são grupos sociais inclusivos, territorialmente definidos, dentro dos quais os homens podem seguir todo o curso de sua vida. Se bem possam conter divisões internas — famílias, clãs ou linhagens, classes, grupos étnicos, associações — as comunidades proporcionam uma identidade social comum e obtêm lealdades que transcendem as exigências de muitos outros grupos. Dentro de uma comunidade, assinala MacIver, os homens "revelam características comuns de certo gênero e até certo ponto distintivas — maneiras, tradições, modos de falar... sinais e conseqüências da vida em comum"[1].

Visto que "tôda comunidade é uma questão de graduação", e a maior freqüentemente engolfa a menor, seus limites são muitas vêzes difíceis de se traçarem. Aldeias e cidades estão encerradas em regiões, bairros em cidades, regiões em nações, e as próprias nações numa comunidade internacional. Pode-se dizer que cada área constitui um todo geográfico ou territorial, cujos membros, de certo modo, estão ligados por laços significativos. "Até o mais pobre nas relações sociais", escreve MacIver, "é membro de uma cadeia de contatos sociais, que se estende até o fim do mundo. Na série infinita de relações sociais, que surgem dessa maneira, distinguimos os núcleos de vida comum mais intensa, cidades, nações e tribos, e pensamos nêles como nas comunidades *par excellence*"[2]. Aqui nos ocuparemos tão-sòmente das pequenas comunidades — a tribo, a aldeia, o bairro rural — e das cidades, com suas relações recíprocas. Como uma nação é essencialmente uma unidade política — real ou potencial — adiaremos a consideração de suas características sociológicas até o capítulo 13.

Durante a maior parte de sua história, o homem viveu principalmente em pequenas comunidades, ìntimamente ligado à terra ou à água, de que tirava o sustento. Ainda hoje, talvez dois terços dos três bilhões e tantos sêres humanos que povoam a Terra são membros de tribos ou aldeões. A menos de se terem integrado numa economia nacional ou mundial, mantêm-se num nível pouco acima do mínimo necessário à subsistência, pouco produzindo do excedente necessário à edificação de uma cultura cada vez mais complexa e diferenciada.

A estrutura social e a cultura da pequena comunidade são tìpicamente retratadas em têrmos que semelham a sociedade comunitária descrita no capítulo 2. O tamanho limitado e o relativo isolamento associam-se à homogeneidade, à estabilidade e à resistência à mudança. Só pode haver uma divisão limitada de trabalho e uma proliferação mínima de papéis sociais. O grupo familial ou de parentesco tende a ser de soberana importância e existem relativamente poucos outros grupos funcionando dentro da sociedade. A vida flui ao longo de canais tradicionais e um vigoroso sentido de solidariedade congrega o todo. Estas generalizações flagrantes, mas em boa parte exatas, abarcam ampla variedade de costumes, estruturas sociais e crenças. Malgrado suas semelhanças globais, as tribos e aldeias não raro diferem tanto umas das outras quanto das grandes comunidades no tocante à organização do parentesco e da família, às crenças e práticas religiosas, aos arranjos tecnológicos e econômicos, etc. As origens históricas das características institucionais, culturais e estruturais distintivas de muitas comunidades pequenas perdem-se num passado de que não há memória, particularmente entre povos insulados e analfabetos. As relações recíprocas dêsses atributos e suas funções na ordem social podem freqüentemente explicar-se sem referência à comunidade como tal. Mas em certos sentidos — e são êstes que aqui nos interessam — a cultura e a organização social de uma comunidade, pequena ou grande, estão ligadas à base territorial, à área circunscrita dentro da qual os homens levam sua vida em comum.

A natureza da base territorial influi de muitas maneiras na estrutura social e nos modos de vida de uma comunidade. As condições geográficas explicam, em parte, as variações locais: as comunidades do deserto diferirão, em certos sentidos, das comunidades do jângal, das áreas temperadas e boscosas, ou do Ártico. Mas o terreno, os recursos e o clima, como já se observou, suscitam problemas, impõem limites e criam oportunidades; não determinam, por si mesmos, a reação cultural. Algumas áreas são incapazes, sejam quais forem as condições, de suportar mais que uma escassa população mas, na maioria dos casos, o tamanho da comunidade depende de sua habilidade em enfrentar o ambiente natural e utilizar e explorar seus recursos. Muitas comunidades pequenas ainda não possuem uma cultura ou, melhor, uma tecnologia que lhes permita proporcionar muito mais que a satisfação das necessidades básicas de alimento e abrigo de um número limitado de pessoas.

As condições geográficas também afetam a *ecologia* de uma comunidade — isto é, a maneira pela qual ela distribui, no espaço, sua gente e suas atividades. Muitas aldeias, por exemplo, localizam-se ao longo de um único eixo, dando a impressão de "uma longa aldeia de uma rua só, a ziguezaguear através da paisagem"[3]. As origens dessas aldeias em linha, como são chamadas,

> parecem residir nas características geográficas peculiares da paisagem, que se combina com necessidades e práticas culturais, de maneira que valorizam as margens dos rios, os cones aluviais (depósitos sedimentares deixados pelos rios) ao pé de íngremes escarpas, intervalos ao longo dos leitos de cursos d'água, que fluem através de estreitos vales entre montanhas, "pontos secos" ao longo de antigas dunas e diques de uma região pantanosa, etc.[4].

Dentro dêsse cenário geográfico, entretanto, os interêsses e valôres dos membros da comunidade acarretam uma disposição linear das casas e das quintas. Visto que o melhor solo para a lavoura nessas áreas é limitado, cada família só pode ter certeza de possuir alguma terra aproveitável se esta fôr dividida em faixas estreitas, que se afastam da margem do rio ou das escarpas.

Muitas vêzes, as comunidades seguem modelos, valôres e práticas tradicionais derivadas de outras situações e talvez mais apropriadas a elas. A topografia e os recursos locais são ignorados e impõem-se arbitràriamente padrões convencionais ao solo. Aldeias em linha estabeleceram-se, algumas vêzes, quando as condições geográficas não as requeriam e, inversamente, outros padrões se adotaram em áreas onde as aldeias em linha teriam sido mais práticas.

A própria ecologia é um aspecto da estrutura social, cujo desenvolvimento e cujas conseqüências merecem — e obtiveram — estudo sociológico. Os padrões espaciais não raro refletem a cultura e a organização social de uma comunidade e delas resultam. Na Jordânia, por exemplo, cada aldeia

> é habitualmente dividida em certo número de seções ou bairros (*harah*), e cada um dêles tende a ser ocupado por pessoas que pertencem à mesma linhagem. De ordinário, não existem demarcações visíveis entre as várias seções da aldeia, que é tìpicamente uma confusão de casas ligadas por passagens estreitas. O conjunto não dá mostras de plano além da tendência, que se nota nas casas, de se orientarem da mesma forma em relação às características topográficas dominantes do lugar.
>
> A maioria das aldeias tem um espaço aberto (*sahah*) onde duas ou uma vez por mês funciona o mercado e serve geralmente de sítio de reunião em ocasiões sociais. A mesquita da aldeia tende a situar-se no *sahah*, ou perto dêle, bem como as lojas ou cafés que possam existir. Nas aldeias maiores, ou naquelas em que mais de uma seita religiosa se acha bem representada, pode haver mais de um *sahah*, cada qual com sua própria mesquita ou igreja[5].

No Punjabe, no Nordeste da Índia,

> as aldeias são subdivididas, sejam seus habitantes preponderantemente jats, hindus ou muçulmanos. E os habitantes conhecem os limites das divisões dentro da aldeia embora saibam que famílias pertencentes à divisão A podem estar vivendo na divisão B em virtude de certas circunstâncias, como o excesso de população ou a disponibilidade de habitações. As subdivisões das aldeias têm fronteiras e a condição de seus membros é reconhecida, embora tais fatos, às vêzes, não coincidam exatamente. Cada subdivisão pode ter também seu sítio de reunião, suas lojas e seus lugares sagrados. Contaram-me (...) que até os cachorros conhecem as fronteiras dos *pattis* (bairros) a que pertencem e não permitem a entrada de intrusos caninos [6].

Os nômades ou tribos migradoras, que se deslocam de um lugar para outro sem um sítio fixo de residência, costumam localizar, no entanto, suas habitações de uma forma que lhes reflete a estrutura social. Entre os comanche, por exemplo, a disposição do acampamento seguia um padrão estabelecido. O líder erguia primeiro o seu tipi e outras famílias, a seguir, tomavam posições que obedeciam certa relação predeterminada com êle. Deixavam-se vagos os lugares para as famílias que não se achavam presentes no momento em que se erguia o acampamento. Se bem a topografia do sítio influísse inevitàvelmente na disposição dos tipis, "os vizinhos de um acampamento seriam vizinhos em todos os acampamentos" [7].

Em nítido contraste com as aldeias concentradas, que se encontram em quase tôdas as partes do mundo, surge o padrão de instalações dispersas ou abertas, encontrado em muitas comunidades rurais norte-americanas. Os primeiros povoadores trouxeram consigo uma tradição de vida aldeã que se apressaram a reproduzir, mas essas formas desapareceram com o movimento para a fronteira. Os lavradores acharam vantagens econômicas em estabelecer-se nas próprias terras; poderiam assim estar próximos do seu gado e livres da caminhada diária de casa até os campos. A terra na fronteira era freqüentemente adquirida pela simples "ocupação dela" o tempo suficiente para reivindicar-lhe a posse. (O *Homestead Act* de 1862 endossou êsse padrão, exigindo a residência na terra para a concessão do título legal de propriedade). Um rígido sistema de locação em forma de tabuleiro de xadrez, que não fazia caso do terreno e dividia o solo em seções quadradas, contribuiu ainda mais para o povoamento ao acaso; na ausência de quaisquer pressões econômicas ou culturais no sentido de se edificar uma aldeia concentrada, cada lavrador tinha a liberdade de erguer seus edifícios onde quer que lhe aprouvesse, e era estimulado a fazê-lo pela ênfase preponderante que se emprestava ao individualismo. Uma vez estabelecidos, os arranjos espaciais, por seu turno, exercem influência na cultura e na estrutura social. A aldeia concentrada, por exemplo, possibilita a vida comunitária íntima, mais difícil de se conseguir num "bairro" rural disperso. Na Índia, assinalou N. N. Srinivas, a aldeia como um todo assume a responsabilidade da proteção não só contra os animais ferozes mas também contra os inimigos humanos, ao passo que as famílias isoladas, nas áreas de povoamento aberto, encontradas em certas regiões, precisam encarregar-se da própria defesa. (Srinivas também sugere a possibilidade, para a qual, aliás, não oferece nenhuma evidência empírica, de que os grandes grupos de parentesco unilinear e uma tradição marcial tendem mais a encontrar-se entre as famílias isoladas do que entre os habitantes de uma aldeia [8].)

As possíveis conseqüências do povoamento disperso foram indicadas já no século XIX por Timothy Dwight, pregador e ex-presidente da Universidade de Yale:

> (...) o lavrador (que reside em suas terras) pode gerir com maiores vantagens sua propriedade, supervisá-la mais prontamente e trabalhar nela com menores interrupções...
>
> Mas as lavouras espalhadas estão sujeitas a muitas desvantagens sérias. As escolas e igrejas só com muita dificuldade podem ser construídas ou sustentadas pelos lavradores. As crianças não precisam estar demasiado afastadas da escola, nem as famílias da igreja, para desacorçoar todos os zelosos esforços feitos no sentido de ministrar essas interessantes acomodações (...) (se forem edificadas); enfermidades passageiras, o mau tempo e o mau estado das estradas impedirão uma freqüência regular (...)
>
> Ao mesmo tempo, as pessoas que vivem em lavouras espalhadas vêem-se, em grande parte, alijadas do intercurso diário que suaviza e pule o homem. Quando moramos longe de vizinhos, uma visita exige esfôrço e transforma-se num empreendimento formal... O intercurso social, portanto, muito pouco exercido para começar a ser agradável, será considerado um transtôrno; e as afeições que o nutrem e que êle, por seu turno, nutre e requinta, dormirão ou expirarão. As maneiras delicadas e afáveis, que se desenvolvem naturalmente com êle, nunca se desenvolverão aqui. Pelo contrário, a conduta áspera e desagrável, que nasce do trato com bois e cavalos ou com os que só conversam para fazer barganhas de bois e cavalos, uma rústica timidez ou uma impudência mais inconveniente e provocante apoderam-se do homem, em cujo proceder manifestam seu império. O estado das maneiras e o estado do espírito são mùtuamente, causas e efeitos. Como as maneiras, o espírito será distante, áspero, repelente, grosseiro, solitário e universalmente desagradável [9].

Êsse quadro, sem dúvida carregado nas tintas, não atenta para as "visitas" e "práticas de boa vizinhança" que amiúde ocorrem nas comunidades rurais, nem se adverte das formas de assistência mútua que elas desenvolvem — o mutirão para a construção de cocheiras, a debulha do milho, o preparo de acolchoados, e assim por diante. Sem embargo, é muito provável que o sentido de comunidade e o envolvimento numa vida comunitária coletiva estejam muito menos difundidos em áreas de povoamento aberto, do que nas aldeias e que os níveis de "requinte" possam diferir entre elas.

O isolamento de indivíduos ou comunidades é uma questão de graduação, que depende da distância, dos meios de transporte e comunicação e da estrutura existente das relações sociais. Poucas comunidades carecem totalmente de relações com outras. Até as pequenas tribos primitivas, relativamente isoladas, estabelecem freqüentemente laços significativos com outras comunidades, que influem em sua organização interna e seus modos de vida. A exogamia, por exemplo, liga necessàriamente pequenas comunidades ou grupos de comunidades diferentes, criando rêdes de obrigações e expectativas mútuas. No caso dos *vataita* da África Oriental, por exemplo, pactos de sangue entre os anciãos de aldeias diferentes estabelecem elos efetivos que ligam não só os indivíduos particulares mas também seus grupos de linhagem e até suas comunidades inteiras [10]. As relações de comércio, como as que ocorrem entre os habitantes das Ilhas Trobriand, no Pacífico Ocidental, também reúnem membros de comunidades diferentes numa rêde de obrigações recíprocas, que influi, de maneira significativa, na vida de cada aldeia.

Com a expansão da cultura ocidental e a melhoria dos meios de transporte e comunicação, muitas comunidades outrora relativamente insuladas viram-se arrastadas para um mundo maior, cada vez mais interdependente. O contato com estranhos traz novas técnicas, novos implementos e novas idéias ao campo de visão do membro da tribo e do camponês. Nativos africanos, por exemplo, que passaram a trabalhar em minas de ouro e diamantes ou nas plantações de propriedades de europeus levaram — ou mandaram — de volta para suas tribos novos artigos ou riquezas que alteraram a ordem tradicional de prestígio e influência; a própria ausência dêles provocou mudanças na estrutura social de suas aldeias.

A conquista, a dominação política ou a exploração econômica de comunidades primitivas isoladas por europeus e norte-americanos influenciaram, quase inevitàvelmente, a estrutura local de poder e enfraqueceram o império dos valôres tradicionais. (De vez em quando, entretanto, as comunidades primitivas reagem a pressões externas com intensa revivência de crenças tradicionais, como na Dança do Fantasma dos índios norte-americanos, ou o Mau-Mau entre os quicuio de Quênia, que desferiram violentos ataques aos estrangeiros e nativos submetidos à dominação inglêsa.) Nas nações novas — ou velhas — da África, da Ásia e da América Latina, que agora se estão "modernizando", comunidades outrora isoladas vão sendo arrastadas para contextos políticos mais amplos, dentro dos quais estão sujeitas às fôrças que emanam de centros urbanos em vias de rápida expansão.

O relativo isolamento e independência de comunidades camponesas na Europa e na Ásia e do lavrador independente nos Estados Unidos foram tão consideràvelmente atenuados pelas tendências tecnológicas, econômicas e políticas que Max Weber, em 1906, escrevia: "Numa grande parte do mundo civilizado moderno já não existe, presentemente, a sociedade rural separada da comunidade social urbana" [11]. A agricultura de tal maneira se tornou parte da economia mundial que os altos e baixos do mercado têm amplas repercussões inevitáveis na comunidade rural, e acarretam, muitas vêzes, mudanças significativas em sua cultura e organização social. O acesso mais fácil à cidade e novos sistemas de comunicação redundaram na introdução de novas idéias, implementos, costumes e valôres, enfraqueceram o domínio da tradição, influíram na estrutura existente do prestígio e da influência e, não raro, diminuíram a solidariedade da comunidade.

A aldeia na Europa e na Ásia, o bairro rural ou a cidade rural nos Estados Unidos, talvez ainda constituam o foco da vida social para o camponês e para o lavrador, mas essas comunidades pequenas já não podem ser realìsticamente consideradas apartadas de seus laços com o mundo que as rodeia. Com efeito, nas sociedades industriais mais "avançadas", o número e a proporção de lavradores vem diminuindo constantemente. Tão longe foi êsse processo em algumas nações que Kingsley Davis insinuou que elas podem ser descritas como quase totalmente urbanizadas, como ocorre na Grã-Bretanha, onde quase dois quintos da população moram em cidades de mais de 100 000 habitantes e mais de quatro quintos são designados como urbanos.

O crescimento das cidades

As cidades tomaram forma pela primeira vez cêrca do ano 5 000 A. C. no Egito, na Índia e na Mesopotâmia, mas o número de habitantes urbanos no mundo permaneceu relativamente escasso até o século XIX. A antiga Roma, provàvelmente a maior cidade que se desenvolveu antes da Londres do século XIX, não continha, em seu fastígio, mais de 1 milhão de habitantes (embora alguns cálculos reduzam o total para um quarto de milhão), mas talvez um ou dois por cento apenas dos habitantes do mundo antigo vivessem em cidades. Poucas das grandes cidades européias anteriores ao século XX foram muito grandes: a Veneza do século XV tinha pouco mais de 100 000 habitantes, a Londres elisabetana entre 100 e 200 mil e Paris, no reinado de Luiz XIV, quando era a maior cidade da Europa, contava apenas com 200 mil. A despeito de suas populações relativamente reduzidas, as cidades da Europa, da Ásia e da África exerceram grande influência sôbre suas sociedades. Diz-se às vêzes que a História se faz nas cidades; a zona rural e as tribos isoladas só desempenham um papel histórico em razão de suas relações com as cidades. Amarrada à terra, com raízes profundas na tradição e perspectivas limitadas ao foco estreito da vida rural ou tribal, pode-se dizer que a pequena comunidade só entra na história do mundo quando é ali arremessada por fôrças externas.

Em 1800, calculou Davis, aproximadamente 2,4 por cento da população mundial viviam em cidades de 20 000 habitantes ou mais [12]. A partir do início do século XIX verificou-se notável aumento do número e da proporção das populações urbanas. Como o indica a Tabela 12, a proporção de pessoas que viviam em cidades de mais de 20 000 habitantes, dobrou aproximadamente em cada 50 anos a partir de 1800; entre 1800 e 1950, a proporção nas cidades de mais de 100 000 habitantes aumentou quase 8 vêzes; por volta de 1960 mais de uma quarta parte da população mundial vivia em centros urbanos. Em 1800 não havia cidades com mais de 1 milhão de habitantes. Em 1950 havia quase cinqüenta e perto de 900 cidades tinham populações superiores a 100 000 habitantes. Por volta de 1960, quase 1 400 cidades tinham mais de 100 000 habitantes. A continuar a tendência atual, por volta do ano 2050 mais de quatro quintos da população mundial viverão em cidades de mais de 20 000 habitantes e mais da metade em cidades de 100 000 habitantes, ou mais.

O crescimento urbano nos Estados Unidos processou-se em ritmo muito mais acelerado que na maioria das outras partes do mundo (veja a Tabela 13). Em 1790, apenas cinco por cento da população da nação eram habitantes urbanos. No princípio da Guerra Civil havia quase tantos habitantes de cidades, proporcionalmente, quantos hoje há no mundo inteiro. Cêrca de 1920, mais da metade da população morava em cidades e por volta de 1960 mais de dois terços eram residentes urbanos. Em 1790, nenhuma cidade chegava a 50 000 habitantes; um século depois havia vinte e três cidades com populações que oscilavam entre 100 000 e 500 000, e três cidades com mais de 1 milhão. Por volta de 1960, cinco cidades continham mais de 1 milhão de habitantes e dezesseis entre 500 000 e 1 milhão.

Até recentemente, as cidades maiores cresciam mais depressa do que as menores, e uma proporção crescente da população se concentrava em cidades de mais de 100 000 habitantes. Em 1860, apenas 8,8 por cento da população moravam em cidades de mais de 100 000 habitantes. Por volta de 1900 estas cifras tinham-se elevado para 18,9 por cento e, por volta de 1930, para quase 30 por cento; a partir de 1930, a proporção nas cidades de mais de 100 000 habitantes permaneceu mais ou menos constante. Em 1860 apenas 4,4 por cento da população da nação moravam em cidades de mais de meio milhão; cêrca de 1930 a proporção se elevara a 17 por cento e cêrca de 1950 a 17,6 por cento. Entre 1950 e 1960, êsses algarismos caíram para 16 por cento, à proporção que as cidades menores e os subúrbios cresciam mais depressa do que os centros das grandes áreas metropolitanas.

TABELA 12

PERCENTAGEM DA POPULAÇÃO MUNDIAL QUE VIVE EM CIDADES, ENTRE 1800 E 1960

	Cidades de 20 000 habitantes ou mais	*Cidades de 100 000 habitantes ou mais*
1800	2,4	1,7
1850	4,3	2,3
1900	9,2	5,5
1950	20,9	13,1
1960	28,1	19,9

Os dados relativos a 1800, 1850, 1900 e 1950 foram extraídos de Kingsley Davis "The Origin and Growth of Urbanization in the World", *American Journal of Sociology,* LX (março de 1955), 433; reproduzidos com licença de The University of Chicago Press. Os dados relativos a 1960 foram tirados de Gideon Sjoberg, "The Rural-Urban Dimension in Preindustrial, Trasitional, and Industrial Societies", em Robert E. L. Faris (ed.), *Handbook of Modern Sociology* (Chicago: Rand MacNally, 1965), p. 134.

Os algarismos por si mesmo ainda não fazem justiça ao impacto urbano, pois à volta das maiores cidades se desenvolveram hinterlândias que incluem áreas rurais próximas, subúrbios residenciais e industriais e cidades-satélites dominadas pelo centro. Em 1900, menos de um têrço da população vivia nessas "áreas metropolitanas"; por volta de 1960, nelas se incluíam 66 por cento. E à maneira que as cidades cresceram em número e tamanho, o contraste entre a vida rural e urbana diminuiu sensìvelmente. Novos modos de transporte e comunicação trouxeram os lavradores e habitantes de cidades pequenas mais fácil e mais freqüentemente à cidade e expuseram-nos, de contínuo, a influências culturais que emanavam dos centros urbanos ainda que êles ficassem em casa.

Antes que os homens pudessem reunir-se em cidades, foi preciso que as técnicas agrícolas se tornassem suficientemente eficientes para proporcionar sustento não só aos que lavravam o solo mas também à

TABELA 13

CRESCIMENTO URBANO NOS ESTADOS UNIDOS, ENTRE 1790 E 1960

	1790	*1800*	*1820*	*1840*	*1860*	*1880*	*1900*
Território urbano	*5,1*	*6,1*	*7,2*	*10,8*	*19,8*	*28,2*	*39,7*
Lugares de							
1 000 00 ou mais	—	—	—	—	—	2,4	8,5
500 000 a 1 000 000	—	—	—	—	4,4	3,8	2,2
250 000 a 500 00	—	—	—	1,8	0,8	2,6	3,8
100 000 a 250 000	—	—	1,3	1,2	3,2	3,6	4,3
50 000 a 100 00	—	1,1	1,3	1,1	1,4	1,9	3,6
25 000 a 50 00	1,6	1,3	0,7	1,4	2,1	2,9	3,7
10 000 a 25 000	1,2	1,0	1,3	2,4	2,8	4,4	5,7
5 000 a 10 000	1,2	1,8	1,6	1,9	3,1	3,4	4,2
2 500 a 5 000	1,1	0,9	1,0	1,0	1,9	3,2	3,8
Território rural	94,9	93,9	92,8	89,2	80,2	71,8	60,3
Lugares de 1 000 a 2 500	—	—	—	—	—	—	4,3
Percentagem da população total dos Estados Unidos	100,0	100,0	100,0	100,0	100,0	100,0	100,0
População total dos Estados Unidos	3 929 214	5 308 483	9 638 453	17 069 453	31 443 321	50 155 783	75 994 575

Classe e tamanho	*1910*	*1920*	*1930*	*1940*	*1950 **		*1960 +*	
					Antiga definição urbana	*Nova definição urbana*	*Antiga definição urbana*	*Nova definição urbana*
Território urbano	45,7	51,7	56,2	56,5	59,6	64,0	63,0	69,9
Lugares de								
1 000 000 ou mais	9,2	9,6	12,3	12,1	11,5	11,5	9,8	9,8
500 000 a 1 000 000	3,3	5,9	4,7	4,9	6,1	6,1	6,2	6,2
250 000 a 500 000	4,3	4,3	6,5	5,9	5,5	5,5	6,0	6,0
100 000 a 250 000	5,3	6,2	6,1	5,9	6,5	6,3	6,4	6,5
50 000 a 100 000	4,5	5,0	5,3	5,6	6,1	5,9	7,8	7,7
25 000 a 50 000	4,4	4,8	5,2	5,6	6,6	5,8	8,2	8,3
10 000 a 25 000	6,0	6,7	7,4	7,6	8,5	7,9	9,9	9,8
5 000 a 10 000	4,6	4,7	4,8	5,1	5,2	5,4	5,2	5,5
2 500 a 5 000	4,1	4,1	3,8	3,8	3,7	4,3	3,5	4,2
Lugares de menos de 2 500	—	—	—	—	—	0,4	—	0,4
Partes não incorporadas de áreas urbanizadas	—	—	—	—	—	4,9	—	5,5
Território rural	54,3	48,8	43,8	43,5	41,0	36,0	37,0	30,1
Lugares de								
1 000 a 2 500	4,6	4,5	3,9	3,8	3,6	4,3	3,1	3,6
Percentagem da população total dos Estados Unidos	100,0	100,0	100,0	100,0	100,0	100,0	100,0	100,0
População total dos Estados Unidos	91 972 266	105 710 620	122 755 046	131 669 275	150 697 371	150 697 371	179 323 175	179 323 175

* Antes de 1950 tôdas as pessoas de lugares polìticamente incorporados de 2 500 ou mais habitantes e certos outros casos especiais eram classificados como urbanas. Nova definição, introduzida em 1950, incluiu lugares não incorporados de 2 500 ou mais habitantes e áreas densamente povoadas, incorparadas ou não, fora das cidades, com uma população de 50 000 habitantes ou mais.

\+ Os algarismos referem-se aos Estados Unidos continentais, excluindo-se o Alasca e o Havaí.

U. S. Bureau of the Census, *Statistical Abstract of the United States* (Washington, D. C.: U. S. Government Printing Office), relativo a 1790-1940 (79.ª ed.; 1958), Tabela 15, p. 21; relativo a 1940, 1950 e 1960 (84.ª ed.; 1963), Tabela 13, p. 21.

população urbana. O crescimento das cidades se verificou paralelamente ao aumento da produção de artigos alimentícios e, em grande parte, nêle se apoiou. Entretanto, o excedente agrícola não é necessàriamente medido pela propriedade da dieta que proporciona nem mesmo pelo que seus produtos acaso desejam consumir. Conquistadores ou um grupo governante emergente impuseram, muitas vêzes, suas exigências sem atender ao padrão de vida que os camponeses precisavam aceitar. "O crescimento da vida na cidade (no mundo antigo)", escrevem MacIver e Page, "estribava-se nos fundamentos precários da escravidão, do trabalho forçado e da tributação pela classe conquistadora ou dirigente; e em certas civilizações modernas, como a chinesa e a indiana (e, poder-se-ia ajuntar, a russa), o fator exploratório continua altamente significativo na manutenção das grandes cidades" [13].

Duas outras condições se requeriam para que as cidades pudessem erguer-se ou crescer. Primeira, a acessibilidade do alimento e das outras matérias-primas sôbre as quais repousa a vida urbana. As colheitas têm escasso valor quando não podem ser prontamente transportadas para as cidades onde são necessárias. O aumento da produção agrícola, por conseguinte, precisava efetuar-se paralelamente aos progressos da tecnologia do transporte: a domesticação do cavalo e de outros animais de carga, a invenção da roda, do bote e, finalmente, dos modernos meios de transporte. Segunda, visto que novos problemas surgiam quando grande número de pessoas se juntava numa só comunidade, faziam-se necessários novos conhecimentos, habilidades, técnicas e materiais. Nas antigas cidades do Oriente-Próximo, o comércio e as trocas tinham capital importância para a solução dêsses problemas. A história do crescimento urbano no antigo Egito, na Mesopotâmia e no vale do Indo "é uma história de acumulação de riquezas, de aprimoramento de habilidades técnicas, de aumento da especialização da mão-de-obra e da expansão do comércio" [14]. Tôdas essas condições contribuíam, por sua vez, para aumentar a população em que a cidade recrutava seus habitantes.

Em muitas partes do mundo antes do século XIX havia centros urbanos de grandes proporções, mas o rápido crescimento das cidades a partir de 1800 é, essencialmente, um produto do moderno industrialismo. As nações pesadamente urbanizadas são as que possuem tecnologia industrial avançada, capaz de produzir os bens que serão trocados por produtos agrícolas, fornecer os meios para trazer êsses produtos à cidade e ministrar as técnicas e materiais para a construção e manutenção dos centros urbanos. Da indústria e dos conhecimentos científicos em que ela se apóia cada vez mais vieram também as máquinas os produtos químicos e a perícia indispensáveis ao incremento da produção agrícola. Em 1790, era preciso o trabalho de mais de 9 famílias rurais para sustentar uma família urbana nos Estados Unidos. Na década de 1960, menos de dez por cento da fôrça de trabalho norte-americana produz produtos alimentícios e outros produtos agrícolas em quantidades suficientes não só para sustentar tôda a população, mas também para exportar grandes quantidades e guardar excedentes nos armazéns do govêrno.

Imagens da cidade

Desde seus primeiros dias, como sítio e modo de vida tem constituído a cidade objeto de hostilidade e crítica. Os duplos temas da cidade pecaminosa e decadente e do campo virtuoso e forte podem ser rastreados, pelo menos, desde o Antigo Testamento até os dias de hoje. Sodoma e Gomorra continuam a ser símbolos flagrantes do vício e da podridão urbanos, com os quais o lavrador operoso e virtuoso é colocado em nítido contraste. "Desde a cidade populosa gemem os homens e brada a alma dos feridos", diz o Antigo Testamento. "As grandes cidades são apenas uma como que ampla prisão para a alma, como as gaiolas para os pássaros", declarou um francês do século XVI. Jean Jacques Rousseau descreveu as cidades como "a cloaca da raça humana", e um poeta inglês do século XVII afirmou: "Deus fêz o primeiro jardim, Caim a primeira cidade". Thomas Jefferson sustentava: "Os populachos das grandes cidades proporcionam tanto apoio ao govêrno puro quanto as feridas à fôrça do corpo humano". E Ralph Waldo Emerson asseverou: "As cidades não dão aos sentidos humanos espaço suficiente". Nos tempos recentes, os coeficientes mais elevados de mortalidade e os coeficientes mais baixos de natalidade das cidades, em confronto com as áreas rurais têm sido amplamente interpretados como sinais de degeneração moral e física.

Completando êsse quatro infeliz da cidade artificial, imoral e degenerada existe a imagem ainda difundida da virtude, da saúde e da felicidade rurais. Essa imagem tem talvez mais ampla aceitação nos Estados Unidos do que na maioria das outras partes do mundo, pois o lavrador norte-americano nunca foi o campônio "curvado ao pêso dos séculos", senão o proprietário de terras independentes, numa sociedade individualista e fluida, sem passado feudal. Num editorial, em 1956, comentando o declínio do número de lavradores e o estilo rural de vida que estava mudando — ou desaparecendo — concluiu *The New York Times*:

> Confiamos em que a imagem do lavrador nunca morra completamente em nossa vida nacional. Esperamos que o quadro da casinha branca; da grande cocheira vermelha; das vacas, cavalos, carneiros, galinhas e porcos fartos; dos campos ondulantes de trigo, milho, batatas, rabanetes, tomates, pepinos e salsa; da familiazinha feliz e de bom proceder, que se levantava às quatro e meia da madrugada e ia para a cama logo depois das oito, nunca desapareça dos nossos sonhos [15].

As cidades, entretanto, não deixaram de ter seus defensores. "A cidade é a mestra do homem", disse Plutarco. "Em tôdas as idades e em tôdas as áreas, desde o antigo Egito até os modernos Estados Unidos, o mais alto desenvolvimento da mentalidade, da iniciativa e das consecuções do homem ocorreu nas comunidades humanas", escreveu um erudito norte-americano para a *Enciclopédia das Ciências Sociais* [16]. O requinte, a cultura e a faculdade criativa da cidade são postos em contraste com a "estupidez da vida rural"; a cidade tem seus malandros, mas a zona rural tem seus tabaréus e seus cascas-grossas. Enquanto Jefferson se preocupava com os "populachos" o pregador e escritor norte-americano do século XIX, Theodore Parker, escreveu: "As cidades sempre foram os lares de onde se irradiaram a luz e o calor para as trevas".

Essas atitudes contrastantes constituem, por si sós, fatos de considerável importância sociológica. A própria sociologia urbana, sobretudo nos Estados Unidos, tem sido sèriamente influenciada pela aceitação implícita de atitudes críticas em relação à cidade. Grande parte dos primeiros trabalhos da sociologia norte-americana concentrava sua atenção na difusão da imoralidade, da decadência e da desorganização social da cidade. Por outro lado, em estudos feitos sôbre as comunidades suburbanas surgidas após a Segunda Guerra Mundial, alguns sociólogos revelaram um preconceito contra a cidade, salientando as tendências para a padronização, a ausência de estimulação urbana e as pressões no sentido da conformidade.

As imagens da cidade também têm outras conseqüências, talvez até mais importantes. Tanto as virtudes quanto os vícios imputados às cidades atraem migrantes rurais e de vilarejos, que concorrem tão maciçamente para o aumento da população urbana. É difícil explicar o impacto real da imagem da "cidade de ouro", como lhe chamou Thomas Wolfe, sôbre a migração, mas parece provável que a promessa de riqueza e luxo, de deleites sensuais e oportunidades culturais, e até da realidade ou da esperança do fruto proibido, concorram para o movimento na direção da cidade.

Polìticamente, as atitudes difundidas em relação à cidade e à zona rural têm sido de importância considerável nos Estados Unidos, pois proporcionam racionalizações e justificações a favor ou contra determinadas instituições políticas. Para certas pessoas, a "imagem do lavrador", presumìvelmente tão cara ao coração de *The New York Times,* constitui a base do excesso de representantes das áreas rurais nos legislativos estaduais bem como no Senado dos Estados Unidos. Os lavradores têm conseguido vultosos subsídios, ao passo que as cidades, até muito recentemente, só haviam recebido uma ajuda relativamente pequena para a solução de seus problemas, cada vez mais difíceis. As reações a recentes decisões legislativas e judiciárias — o estabelecimento de nôvo cargo ministerial para tratar dos problemas urbanos e as decisões do Supremo Tribunal relativas às percentagens da representação legislativa — sofreram, sem dúvida alguma, o influxo dessas imagens bem como das considerações de interêsse próprio, econômico e político.

Finalmente, as imagens que têm os homens do que é ou devia ser a cidade também influem nas maneiras por que procuram construir ou reconstruir suas comunidades urbanas. Podem tentar captar as virtudes — reais ou imaginárias — da zona rural ou de uma cidadezinha ou, alternativamente, procurar criar cidades com as qualidades que os defensores da vida urbana sustentam que uma grande cidade deve possuir.

Urbanismo: Cultura e estrutura social

Dentre os muitos pronunciamentos sôbre a cidade cumpre distinguir os que se limitam a descrever a vida e a sociedade urbanas dos que contém julgamentos de valor. O baixo coeficiente de natalidade urbano é um fato cuja veracidade pode ser comprovada ojetiva e seguramente. Que tal fato demonstre a decadência da cidade é um juízo que se arrima em premissas de valor, a cujo respeito os homens talvez discordem. Nossa tarefa não consiste aqui em julgar, senão em estudar a natureza da cidade e as conseqüências sociais e culturais do crescimento urbano. (Essa tarefa, contudo, não é irrelevante para problemas de valor, pois os juízos de valor se apóiam com freqüência em afirmativas que podem ou não ser verdadeiras.)

O tamanho e a densidade da população constituem de ordinário, as marcas distintivas da comunidade urbana. Mas há muita discordância no tocante ao ponto em que deve ser traçada a linha divisória entre o rural e o urbano. Nos Estados Unidos — bem como no México e na Venezuela — qualquer povoação com população de 2 500 habitantes ou mais é classificada de urbana. (Esta não é a definição completa dada pelo Censo dos Estados Unidos, que também inclui referência a áreas adjacentes às cidades com suficiente densidade demográfica mas ainda não legalmente agrupadas como cidades.) Na Índia, no Ceilão, na Bélgica e na Grécia a linha divisória passa pelos 5 000 habitantes; vários outros países traçam-na em 2 000; e a Nova Zelândia considera um total de 1 000 habitantes como o tamanho mínimo de uma comunidade urbana. Tais definições são inevitàvelmente arbitrárias e nada nos dizem sôbre as maneiras características de vida ou as formas de estrutura social encontradas na cidade. Não obstante, o tamanho e a densidade constituem as características básicas das quais se derivou uma teoria da sociedade urbana [17].

Com o aumento do número surge uma heterogeneidade maior da população. A cidade recruta contìnuamente seus residentes alhures — nas fazendas, nas aldeias, talvez em outras cidades ou até em outras sociedades ou nações — e êsses migrantes trazem consigo crenças, valôres e modos de vida diversos. Um tamanho maior requer maior divisão de trabalho e o advento de novos papéis, não raro altamente especializados. Tanto o tamanho quanto a heterogeneidade impedem a difundida familiaridade com outros, que caracteriza a pequena comunidade. A vida social da pessoa baseia-se, cada vez mais, em relações formais e impessoais, que desestimulam a possibilidade de intimidade; a associação formal suplanta o grupo primário como o contexto em que a pessoa executa muitas das rotinas da vida cotidiana.

Alterações culturais acompanham essas mudanças nas relações sociais. Como assinala George Simmel, a variedade e o número de estímulos externos e contatos sociais tendem a aumentar. Por conseguinte, as exigências psíquicas tornam-se maiores e só com o desenvolvimento de uma camada protetora de sofisticação (indiferença, uma atitude *blasé*) e de racionalidade pode o indivíduo proteger-se das pressões incessantes do ambiente social. A economia pecuniária característica da cidade contribui ainda mais para a racionalidade e a objetividade do habitante urbano, pois o dinheiro é um meio abstrato, que reduz ao mínimo os critérios pessoais de julgamento e dá à interação social seu caráter formal. Destarte escreve Simmel:

> A pontualidade, a possibilidade de cálculo e a exatidão são impostas à vida pela complexidade e extensão da existência metropolitana e não se ligam mais ìntimamente apenas à sua economia pecuniária e ao seu caráter intelectualista. Êsses traços terão de alterar também o conteúdo da vida e favorecer a exclusão dos traços e impulsos irracionais, instintivos, soberanos, que visam a determinar, do interior, o modo de vida [18].

A impessoalidade, a racionalidade e a diversidade urbanas também engendram a tolerância das diferenças e uma despreocupação pelo comportamento alheio que possibilita — e até estimula — a inovação e o desprêzo da tradição. Todo indivíduo pode tratar dos próprios interêsses, adotar novas crenças e seguir novas linhas de ação, pois lhe é dado escapar às coerções inerentes às íntimas relações com os demais. Se os outros lhe desaprovarem o comportamento, êle pode mudar não só de residência mas também de parceiros, procurando os que partilham de suas inclinações ou pontos de vista. Daí que um milhar de mundos sociais — os bairros, as profissões liberais, o teatro, os círculos acadêmicos, os clubes sociais fechados, os clubes políticos, o submundo — possam emergir na cidade, cada qual com suas crenças, valôres e modos de ação distintos — dentro dos limites impostos pelas formas urbanas de contrôle social.

A tradição e as opiniões da família e dos amigos perdem um pouco de sua fôrça na comunidade urbana, pois é fácil escapar à estreita vigilância, perder-se na anônima multidão citadina. Em compensação, a máquina formal da lei e das normas e regulamentos burocráticos, bem como as molas do interêsse próprio, constituem os meios pelos quais se mantém a ordem social. Mais do que a família, as organizações formais predominam e proporcionam meios de expressão para os diversos interêsses de uma população variada. Essas organizações tornam-se elementos significativos da vida organizada da comunidade, afeiçoando-lhe a forma e influenciando as decisões políticas que lhe afetam ou dirigem o destino coletivo.

Uma realidade tão complexa quanto a cidade só pode ser imperfeitamente contida nestas extensas generalizações — ou em quaisquer outras. Portanto, a despeito de sua plausibilidade como descrição e interpretação da sociedade e da cultura urbanas, elas têm de ser necessàriamente comprovadas pela observação sistemática, modificadas ou rejeitadas sempre que os fatos revelem um padrão diferente de vida social. As cidades diferem uma das outras não apenas no que concerne ao tamanho e à densidade, senão também em muitos outros atributos salientes: composição da população, características econômicas, formas de govêrno, topografia, etc. Além disso, como o demonstrou Gideon Sjoderg, as cidades pré-industriais diferem, de maneiras significativas, das cidades industriais [19], e a maioria das teorias da sociedade e da cultura urbanas tem-se ocupado destas últimas. Na melhor das hipóteses, portanto, a teoria da cidade tão ràpidamente sumariada acima só descreve tendências prevalecentes ou padrões dominantes; oferece hipóteses para orientar a pesquisa e não comprovadas generalizações empíricas.

Existe, entretanto, certa evidência comprobatória de várias das generalizações acêrca das diferenças entre o rural e o urbano e da natureza da sociedade urbana. Em seu "inventário de achados científicos" sôbre o comportamento humano, Bernard Berelson e Gary Steiner afirmam existir base substancial para concluir que há "maior tolerância política e religiosa nas cidades do que nas áreas rurais", que há "menos observância religiosa nas cidades do que nas áreas rurais, sobretudo em forma de freqüência à igreja por parte dos homens", que há "mais mudança nas cidades, maior estabilidade na zona rural", e mais divórcio, crime e suicídio nas áreas urbanas do que nas áreas rurais [20]. Além disso, muitos atributos presumìvelmente urbanos variam com o tamanho da comunidade. Firmados em meticulosa análise de dados do Recenseamento de 1950, Otis D. Duncan e Albert J. Reiss concluem:

> Falando de um modo geral, quanto maior é a comunidade tanto menor é a proporção dos casados e tanto maiores são os indícios de desagregação da família. Nas grandes comunidades, a participação de mulheres na fôrça de trabalho é relativamente elevada e a fertilidade efetiva é baixa... O estudo descobre uma direta correlação entre o tamanho da comunidade e a proporção da fôrça de trabalho empregada em ocupações de trabalhadores de gravata... Pode-se conjeturar que a elevada proporção de trabalhadores em escritórios nos grandes centros urbanos representa tendência para a organização em larga escala das atividades humanas... Talvez a proporção de trabalhadores em escritórios seja a melhor indicação profissional isolada da complexidade da divisão do trabalho [21].

Êsses fatos também atestam a probabilidade de que, à proporção que aumenta o tamanho da comunidade, as relações formais, impessoais, ganham em freqüência relativa comparadas com os laços primários e, sobretudo, familiais.

Como dão a entender êsses dados, o urbanismo, o conjunto entreligado de atributos que caracterizam a cidade, é uma questão de graduação. Muitas relações sociais urbanas são formais e impessoais, mas também persistem as relações e grupos primários. Os super-mercados, com seus carrinhos manobrados pelos fregueses e seus caixas que se limitam a acionar a máquina registradora, substituem o merceeiro da esquina, que conhecia os fregueses — seus gostos, suas preferências, seus filhos e, não raro, seus problemas pessoais — mas aqui e ali perdura a mercearia da esquina. A maior parte da medicina urbana é exercida por especialistas que freqüentemente parecem mais interessados pelo coração, pelo apêndice ou pela garganta do que pelo paciente, mas ainda existem alguns clínicos gerais que se preocupam com o paciente inteiro. A maioria dos homens está empregada em estruturas burocráticas, mas os grupos primários se desenvolvem, como assinalamos no capítulo 10, dentro de qualquer grande organização.

Entretanto, muitos padrões de interação nas cidades não parecem encaixar-se em nenhuma dessas categorias alternativas de primário ou impessoal. Pode-se falar em relações "vicinais" que envolvem ajuda mútua mas não atingem a intimidade do grupo primário, ou em "contatos personalizados", que permitem relações amistosas sem intimidade [22]. O caráter de tais relações foi muito bem descrito por James Jacobs numa vigorosa defesa de certos traços da vida urbana:

> (...) É possível numa rua de bairro da cidade conhecer todos os tipos de pessoas sem enredamentos desagradáveis, sem fastio, necessidade de escusas, explicações, receio de ofender, constrangimentos tocantes a imposições ou compromissos e todo êsse conjunto de obrigações que às vêzes acompanham relações menos limitadas. É possível estarmos em excelentes têrmos de calçada com pessoas muito diferentes de nós, e até, à proporção que passa o tempo, em têrmos públicos familiares [23].

Quando se encontram na cidade, as relações primárias não se baseiam tìpicamente na proximidade geográfica, como acontece com freqüência na cidade pequena ou na zona rural. As práticas de "boa vizinhança" não constituem, habitualmente, virtude urbana; com efeito, do ponto de vista de muitos citadinos, transformam-se em vício, que se traduz por abelhudismo, desrespeito à intimidade e intromissão nos negócios alheios. "Proximidade espacial e distância social" é um chavão sociológico amiúde aplicado à vida urbana, pois mesmo quando os homens estão profundamente enredados em tramas significativas de relações primárias, tendem a escolher os parceiros muito mais na base dos interêsses comuns ou da experiência partilhada do que pelo fato de morarem perto um do outro. As práticas da "boa vizinhança" não estão necessàriamente ausentes, mas só emergem em condições especiais — depois de longa residência num lugar, quando famílias com filhos demoram próximas umas das outras, quando barreiras físicas delimitam uma área distinta dentro da qual se desenvolvem lealdades locais, quando os residentes de uma área partilham dos mesmos antecedentes culturais, ou quando interêsses comuns reúnem os vizinhos num esfôrço concentrado para enfrentar um problema local como, por exemplo, a eliminação de um senão do bairro ou o movimento para obter melhor proteção policial.

As diferenças entre as cidades nas atividades em que se empenham seus habitantes complicam o problema de formular generalizações acêrca da cultura urbana e da estrutura social. Embora poucas cidades de grandes dimensões de dediquem exclusivamente a uma só atividade — o simples tamanho requer alguma diversificação ainda que seja apenas para a satisfação de necessidades locais — muitas cidades tendem para certo grau de especialização. Washington é uma cidade esmagadoramente política, tal como é Brasília. Atlantic City e Miami Beach, Brighton na Inglaterra e Nice na França são cidades balneárias. Pittsburgh e Detroit, Lille e Lião, Leeds e Manchester são cidades predominantemente industriais.

Pouca investigação sistemática se tem realizado acêrca das conseqüências da especialização ou da presença ou ausência de organizações e atividades distintivas sôbre a cultura e a estrutura social das comunidades urbanas [24]. Parece claro, porém, que os centros políticos, por exemplo, diferem significativamente na composição da população, na vida societária, na liderança e nos interêsses e valôres políticos, dos centros industriais ou dos balneários. A presença de uma universidade não apenas carreia para a cidade um grupo especial de estudantes e eruditos, mas também proporciona oportunidades e estimulação (bem como, talvez, crie problemas) que não se encontram em outros lugares. A estrutura social e o teor de vida numa cidade como St. Augustine na Flórida, ou Santa Cruz na Califórnia, sofrem indubitàvelmente a influência do grande número de pessoas idosas que para lá se retiraram, exatamente como a cidade de Nova Iorque reflete a presença da principal bôlsa financeira da nação e Chicago e Omaha, a presença de grandes concentrações de gado.

Entretanto, mesmo dentro de uma cidade, as diferenças entre os muitos grupos que ela contém — classes, grupos étnicos, raças, comunidades religiosas, bairros — dificultam a generalização. Como se observou no capítulo 8, por exemplo, há variações substanciais na freqüência com que membros de classes diferentes pertencem a associações voluntárias consideradas características da sociedade urbana. Num estudo realizado em 1946 na cidade de Nova Iorque, Mirra Komarovsky verificou que 60 por cento dos industriários do sexo masculino não pertenciam a qualquer organização voluntária, em confronto com 53 por cento de trabalhadores de gravata, que percebiam menos de 3 000 dólares por ano, e 21 por cento de profissões liberais [25]. Dez anos depois, Morris Axelrod descobriu que a proporção de pessoas pertencentes a associações voluntárias em Detroit caía de 81 por cento entre as que ganhavam 7 000 dólares por ano ou mais para apenas 42 por cento entre as que ganhavam menos de 3 000 dólares [26]. Outros estudos mostraram que a classe trabalhadora urbana dedica à família e ao grupo de iguais maior parte da sua vida social fora do trabalho do que a classe média [27].

Em muitos tipos de bairros da cidade existem diversos modos de vida social: o anonimato do distrito das casas de cômodos, a vida febril das ruas de uma área intersticial, a violenta frustração do gueto racial, a atividade dos compromissos sociais na Costa do Ouro, a discreta respeitabilidade da área residencial da classe média, a amistosa mas indiferente vizinhança dos abastados numa área de casas de uma única família com extensos relvados. Até certo ponto, portanto, a vida social e a estrutura social urbanas refletem a forma ecológica da cidade, forma essa que é, em si mesma, produto de complexas fôrças econômicas, culturais e políticas que operam num contexto geográfico.

Muitos esforços se fizeram a fim de descobrir na cidade padrões ecológicos regulares, mas cada série de generalizações parece aplicar-se apenas a um número limitado de casos. Em 1925, Ernest Burgess afirmou que as cidades norte-americanas poderiam ser descritas como uma série de círculos concêntricos que se irradiavam do distrito comercial central, dentro de cada um dos quais podiam identificar-se também bairros distintos [28]. (Veja a figura 3 A.) Baseado num estudo cuidadoso de Chicago, resultava êsse padrão de circunstâncias locais distintas bem como de fôrças institucionais difundidas. Chicago ergue-se sôbre uma área plana, que se afasta do Lago Michigan e centraliza-se em tôrno do *"Loop"*, o distrito comercial central. Seu crescimento foi rápido e, na maior parte, modelado pela ação livre dos interêsses econômicos privados. Em condições geográficas e sociais análogas, outras cidades revelam amiúde um padrão semelhante mas, quando não prevalecem as mesmas condições, surgem acentuadas divergências da forma de círculos concêntricos.

Proposta em 1939 por Homer Hoyt, uma segunda "teoria" modificava o esquema de Burgess chamando a atenção para o movimento de tipos de bairros dentro de "setores" talhados em formas de cunha do centro para fora [29]. (Veja a figura 3 B.) De importância capital na definição dêsses setores e canalizando o crescimento estão as principais artérias. Embora se trate de uma exata descrição de algumas cidades, não se aplica a tôdas. Um terceiro padrão observado pelos geógrafos Edward Ullman e Chauncey Harris consiste em "núcleos" em tôrno dos quais ocorre um tipo especial de crescimento [30]. (Veja a figura 3 C.) Por fim, surgem áreas mais ou menos diferenciadas — comerciais, de indústria leve, de indústria pesada, de residências de baixo custo, de residências de custo médio ou elevado. Essa estrutura nucleada desenvolve-se em várias circunstâncias diferentes: quando comunidades separadas se expandem até se transformarem numa única massa urbana, quando a proximidade é uma vantagem para pessoas empenhadas em atividades semelhantes, quando atividades diferentes não se dão bem juntas — como, por exemplo, a indústria pesada e as residências de custo elevado.

Embora nenhuma dessas generalizações empíricas sôbre as formas espaciais das comunidades urbanas — círculos concêntricos, setores, núcleos múltiplos — seja válida quando aplicadas a cidades com topografia, história e economia variáveis, diversos tipos de áreas ecológicas repetem-se com freqüência considerável. Algumas dessas áreas estão enumeradas na figura 3 D., que contém um guia para 3. A., 3. B., 3. C.. No distrito comercial central concentram-se os edifícios de escritórios, as lojas e uma série diversa de outros estabelecimentos de comércio varejista e serviços profissionais e comerciais. Poucas residências particulares ali se encontram, embora seja provável a existência de hotéis para as pessoas que estão na cidade de passagem. A área que cerca o núcleo comercial, com estabelecimentos comerciais atacadistas e de indústria leve, é freqüentemente descrita como zona de transição, pois foi outrora localidade residencial, abandonada depois pelos moradores, e caracteriza-se por usos mistos do terreno.

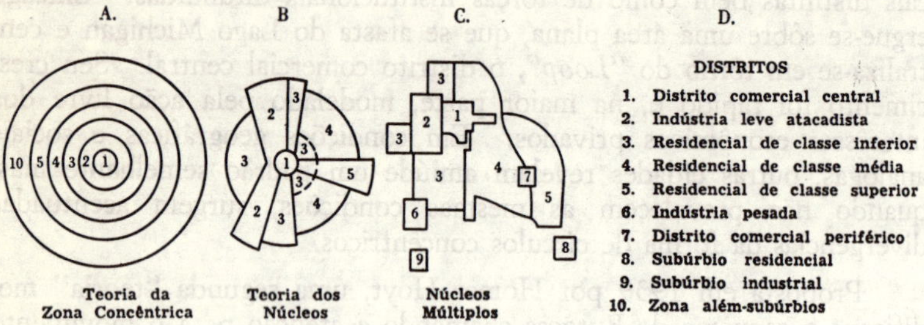

A teoria dos círculos concêntricos foi proposta como uma generalização aplicável a tôdas as cidades. O arranjo dos setores na teoria dos setores varia de cidade para cidade. O diagrama dos núcleos múltiplos representa uma configuração possível entre inúmeras variações.

Figura 3. Generalizações sôbre a Estrutura interna de cidades

Chauncey D. Harris e Edward L. Ullman, "The Nature of Cities", *The Annals of the American Academy of Political and Social Science,* CCXLII (novembro de 1945), 13. Reproduzido com licença de The American Academy of Political and Social Science.

Por se estarem deteriorando suas velhas residências, contém freqüentemente — ou continha, pois a situação está mudando depressa — casas de cômodos utilizadas por uma população flutuante constituída, na maior parte, de pessoas sós e cortiços habitados por grupos étnicos ou raciais que se encontram no fundo da estrutura de classes. As avenidas desta zona são orladas de belchiores, restaurantes mambembes, bares e lojas que vendem roupas usadas, móveis de segunda mão e artigos domésticos baratos. Este é o lar dos malandros e dos cabarés mais ordinários, o local da "boêmia", a parte da cidade visitada por membros da classe média que se interessam pelo estudo das áreas intersticiais, e buscam a vida ao natural, e o gueto racial evitado pelos estranhos. Na década de 1920, foi também o campo de muitas investigações sociológicas, *The Gold Coast and the Slum,* de Harvey Zorbaugh, *The Taxi Dance Hall,* de Paul Cressey e *The Gang,* de Frederick Thrasher, e outros. Agora é uma área que, em certas cidades, está passando por uma fase de renovação ou redesenvolvimento.

Dentro de cada uma das zonas residenciais descritas por Burgess há, com freqüência, importantes diferenças sociológicas. O distrito residencial da classe inferior, por exemplo, inclui, às vêzes, bairros de casas pequenas de uma família só, e outros com edifícios de unidades habitacionais múltiplas, e pode conter subcomunidades étnicas mais ou menos distintas. Da mesma forma, as áreas residenciais da classe superior podem abranger ruas de edifícios de apartamentos caros (às vêzes, na cidade de Nova Iorque e outros centros metropolitanos, ao lado de cortiços) e igualmente áreas fechadas, caras, de residências de uma família só. A zona dos que viajam todos os dias para seus locais de trabalho, definida por Burgess, inclui hoje, ao mesmo tempo, subúrbios residenciais e industriais bem como distritos comerciais ou de negócios relativamente afastados.

Numa "economia livre" o valor dos terrenos desempenha papel importante na determinação dos usos que se fazem da área. Os proprietários tendem a dedicar seus terrenos aos usos que lhes proporcionem maior lucro; se puderem ganhar mais edificando lojas ou fábricas do que construindo residências, tentarão fazê-lo. A aplicabilidade da propriedade a vários usos, depende, por seu turno, das facilidades de transporte, da topografia e das atividades exercidas nas imediações. Se uma indústria ou certos tipos de negócios se mudam para um bairro residencial, êste propende a declinar porque se torna menos atraente como área em que se possa viver. Não é, contudo, o uso misto do terreno *per se,* como o demonstraram Jane Jacobs e outros, que produz a deterioração de um bairro urbano, pois a diversidade pode, de fato, ser muito desejável se oferecer um ambiente animado, variedade de serviços prontamente acessíveis, e não impuser riscos ou dificuldades aos moradores locais [31]. É antes a presença de certos tipos de utilização do terreno — estacionamento de automóveis, pátios de refugos, postos de gasolina, emprêsas que acarretam tráfego pesado — que conduz ao estrago ou à decadência urbana ou que serve de evidência de que uma área já está começando a deteriorar-se.

Essa parte da cidade com utilizações incompatíveis do terreno tende a transformar-se em áreas intersticial, com edifícios mal conservados e instalações públicas inadequadas, que propiciam acomodações baratas às pessoas de rendimento limitado. As áreas intersticiais persistem, entretanto, não só porque há procura de alojamentos baratos mas também porque êstes são lucrativos para os proprietários. Amontoam-se muitas famílias no mesmo lugar, aumentando assim o volume total dos aluguéis, sobretudo entre os grupos raciais ou étnicos que não encontram fàcilmente acomodações em outras partes da cidade.

Se bem o valor dos terrenos e a competição econômica desempenhem o papel principal na determinação dos padrões ecológicos numa economia de mercado livre, variáveis não econômicas também se incluem nos padrões de utilização do solo e da distribuição espacial de grupos e atividades. Como o demonstrou Walter Firey (em estudo publicado em 1947), o padrão espacial de Boston sofreu significativamente a influência de valôres tradicionais [32]. O *Common* de Boston, por exemplo, à semelhança de muitos outros parques comparáveis no centro de grandes cidades, permaneceu inviolado, a despeito dos grandes lucros que poderia produzir se fôsse utilizado com finalidades comerciais. Até um projeto de construção de uma garagem debaixo do *Common,* destinada a acomodar alguns dos carros que enchem as ruas estreitas do centro da cidade foi inicialmente rejeitado por motivos sentimentais, e só veio a ser pôsto em execução em 1961. À proporção que se processam as construções e reconstruções nas seções mais antigas das cidades norte-americanas, fazem-se amiúde campanhas no sentido de salvar algum velho marco ou alguma estrutura incomum.

O movimento de diversos grupos dentro das cidades repousa, não raro, em valôres culturais de várias espécies. No *North End,* de Boston, assinalou Walter Firey, muitos italianos que poderiam conseguir melhores acomodações em outros lugares recusaram-se a sair do bairro porque preferiam permanecer junto do próprio grupo étnico, e Herbert Gans encontrou a mesma reação entre italianos no *West End* de Boston [33]. As barreiras à residência dos negros geralmente se firmam no preconceito racial e a distribuição ecológica de outros grupos é afetada não só pelas obrigações do *in-group* mas também pela hostilidade de fora.

As teorias ecológicas do passado tendiam a destacar as fôrças impessoais e os processos sociais que se expressavam, caracterìsticamente, numa quantidade de decisões individuais — de construir, de mudar-se, de comprar, de vender. Está visto que a História, no entanto, registra o caso de muitas cidades construídas de acôrdo com um plano preconcebido ou reconstruídas segundo determinado projeto, como o Barão Haussman reconstruiu Paris durante o reinado de Napoleão III. Mesmo nas cidades norte-americanas, o contexto no qual se tomaram decisões individuais a respeito do uso do terreno tem sido, tìpicamente, o desenho predeterminado de ruas que se cruzam em forma de grade, padrão êsse que recua na história urbana pelo menos até Mohemjo-Daro, cidade da Índia edificada no vale do Indo vários milênios antes do nascimento de Cristo. O plano reticulado foi impôsto a Manhattan em 1811 por recomendação de uma comissão nomeada pelo legislativo estadual. Observou a comissão que, em face do desenho da cidade, "não poderia senão chegar à conclusão de que uma cidade se compõe de habitações humanas, e que as casas de lados estreitos e ângulos retos são as mais baratas para se construírem e as mais convenientes para se habitarem" [34]. A estrutura física ou ecológica de uma cidade, portanto, sofre claramente a influência de fatôres complexos, como as modas arquitetônicas predominantes e as imagens do que uma cidade ou um bairro urbano podem ou devem ser.

Os contornos das cidades norte-americanas repousam, cada vez mais, antes nas mãos de funcionários públicos e incorporadores em larga escala do que numa quantidade de indivíduos separados, cada um dos quais faz o que bem entende. As normas de zoneamento procuram controlar as mudanças e o crescimento futuros. Projetos públicos de habitações, incorporações "centrais", planos de reconstrução de bairros como o *Lincoln Square* na cidade de Nova Iorque ou o *Scollay Square* em Boston, e projetos particulares tais como *Fresh Meadows* em Queens, patrocinado pela companhia de seguros, estão agora definindo a forma de grande parte da cidade futura. Os interêsses econômicos encerrados em decisões individuais, pôsto não sejam irrelevantes, precisam operar, muitas vêzes, através dos canais, ora abertos, ora sinuosos, da política urbana e da administração pública.

Estas generalizações empíricas e interpretações teóricas acêrca da ecologia urbana derivam principalmente das cidades norte-americanas e sua relevância para o desenvolvimento urbano em outras partes do mundo ainda não foi determinada. Um esfôrço para aplicar o esquema do círculo concêntrico a Paris e seus arredores identificou sete zonas, embora não possuíssem limites nìtidamente definidos nem forma circular muito clara. Além disso, era necessário reconhecer a medida em que Paris se dividia ao longo dos limites de classes, sobretudo a classe média a oeste a classe trabalhadora a leste [35]. A forma de muitas cidades francesas difere, a vários respeitos significativos, das cidades norte-americanas. Há, nas primeiras, menos probabilidades de se encontrarem distritos comerciais centrais comparáveis aos que se encontram na maioria das cidades estadunidenses. Em virtude da altura controlada dos edifícios, o valor dos terrenos não subiu e as atividades semelhantes tendem mais a espalhar-se do que a se concentrarem num só lugar. A segregação ecológica, característica dos Estados Unidos, não se desenvolveu no mesmo grau. Em lugar da alta densidade de população, encontrada em algumas áreas dos centros urbanos norte-americanos, a população distribui-se mais uniformemente. O crescimento muito mais lento e a história mais longa das cidades francesas produziram muito maior variedade de formas urbanas. Finalmente, o *quartier* demonstrou viabilidade muito mais acentuada como unidade social significativa do que o bairro urbano nos Estados Unidos [36].

A metrópole e os subúrbios

Os padrões urbanos tradicionais modificaram-se à maneira que um número cada vez maior de centros metropolitanos incorporou uma proporção crescente da população. Êsse processo não se verificou apenas nos Estados Unidos, onde, como já o notamos, dois terços da nação residem agora (1966) em 224 áreas metropolitanas, mas também em outras nações. Na Inglaterra, por exemplo, mais de 40 por cento do povo vivem em 6 grandes áreas metropolitanas ou conurbações, como lhes chamam os inglêses, em tôrno de Londres, Liverpool, Manchester, Birmingham, Leeds e New Castle. Conquanto a tendência seja mais pronunciada na Inglaterra e nos Estados Unidos, ás areas metropolitanas multiplicaram-se e incorporaram parcelas cada vez maiores das populações em diversos países, como a Austrália, o Canadá, a Dinamarca, a França, a Itália, a U. R. S. S., o Japão e a Índia e até, de certo modo, partes da América Latina e da África [37]. O difundido aumento de áreas metropolitanas não significa apenas o aumento do urbanismo, senão também do *suburbanismo,* de uma forma ou de outra, em muitas partes do mundo.

Dentro das áreas metropolitanas nos Estados Unidos, os "anéis" que cercam as cidades centrais cresceram firmemente por mais de meio século e, a partir de 1930, ainda mais rápido que as cidades centrais (Veja a Tabela 14). Embora as áreas metropolitanas continuem a crescer mais depressa do que outras partes do país, seu crescimento se verifica principalmente nas seções afastadas. Em muitos lugares, a cidade central acha-se agora estacionária ou até sofrendo um declínio da população, à medida que muitos dos seus moradores se mudam para os subúrbios. Entre 1950 e 1960, os anéis de mais de um têrço das áreas metropolitanas aumentaram mais ràpidamente que as cidades centrais, as quais, em quase um quarto dos casos efetivamente perderam população. Milwaukee, por exemplo, aumentou 16,3 por cento enquanto seus subúrbios aumentaram 41,7 por cento. St. Louis diminuiu de um oitavo ao mesmo tempo que seus subúrbios duplicaram.

Fora do centro da cidade, a área metropolitana inclui vários tipos de comunidades: cidades-satélites, freqüentemente com sua própria diferenciação interna e sua própria orla suburbana; cidades industriais; subúrbios-dormitório para homens de negócios e profissionais liberais abastados, trabalhadores industriais e os diversos níveis da classe média. A expansão das áreas fora da cidade central, particularmente a partir do fim da Segunda Guerra Mundial, representa em parte apenas o resultado do aumento da população — entre 1950 e 1960 a população da nação aumentou quase 30 milhões e, no meado da década de 1960, já amentara mais da metade dêsse número. Até certo ponto, a expansão metropolitana é também produto de fôrças econômicas: os altos valôres dos terrenos empurram as indústrias para as orlas, onde os custos são menores, levando em sua esteira os operários e os serviços de que êstes necessitam. Tanto o movimento residencial quanto a migração industrial repousam no automóvel e no caminhão, que possibilitaram o pleno uso de áreas suburbanas, longe do acesso fácil às estradas de ferro e outros meios de transporte público.

Mas a mudança para os subúrbios também reflete um esfôrço para lograr valôres não fàcilmente conseguidos na cidade. Uma ênfase maior dada à vida familial, o desejo de possuir casa própria e uma aversão, pelo menos em certos casos, à vida urbana, impeliram muitas pessoas para os subúrbios. Êsse êxodo não representa mera rejeição da cidade, senão antes do estado a que ficaram reduzidas muitas cidades (veja a figura 4). O alojamento adequado para famílias a preços razoáveis, não raro, é difícil de se conseguir. Em virtude dos altos valôres dos terrenos, dos impostos e do custo da construção, poucas casas se constroem na cidade para famílias de rendimento médio, as quais, portanto, não têm outra alternativa senão mudar-se. (Na cidade de Nova Iorque, em 1960, os apartamentos cujos aluguéis oscilavam entre 80 e 120 dólares mensais — custo presumível de habitação para a classe média — representavam apenas cêrca de 25 por cento de tôdas as unidades residenciais. Entre as pessoas que alugavam tais apartamentos, um têrço pagava, de aluguel, mais de um quarto do que percebia, ao passo que quase um quinto pagava mais de um têrço. Das quase 30 mil novas unidades de aluguel, construídas em 1959, e nos primeiros meses de 1950, mais de 50 por cento cobravam aluguel superior a 120 dólares por mês [38]. A situação, provàvelmente, não melhorou depois disso e, na verdade, pode até haver piorado.) Ainda que as habitações estivessem disponíveis, as escolas são freqüentemente velhas e vivem abarrotadas, fato de grande importância para os pais da classe média, que se preocupam com a educação dos filhos, e outras instalações públicas também tendem a ser inadequadas e desatendidas.

TABELA 14

ÁREAS METROPOLITANAS PADRÕES, NOS ESTADOS UNIDOS, ENTRE 1900 E 1960

		Percentagem do total norte-americano				*Coeficiente de crescimento durante a década anterior*			
Tôdas as A. M. P.	*Número de A.M.P.*	*População*	*Nas A.M.P.*	*Nas cidades centrais*	*Nos anéis*	*Nos Estados Unidos*	*Nas A.M.P.*	*Nas cidades centrais*	*Nos anéis*
1960	212	112,9	63,0	32,0	30,6	18,5	26,4	10,8	48,5
1950	162	85,6	56,8	32,8	24,0	14,5	21,8	13,9	34,7
Principais A. M P. *									
1950	147	84,3	56,0	32,3	23,8	14,5	21,8	13,7	34,8
1940	125	67,1	51,1	31,6	19,5	7,2	8,3	5,1	13,8
1930	115	61,0	49,8	31,8	18,0	16,1	27,0	23,3	34,2
1920	94	46,1	43,7	28,9	14,8	14,9	25,2	26,7	22,4
1910	71	34,5	37,6	28,0	12,7	21,0	32,6	35,3	27,6
1900	52	24,1	31,9	21,2	10,7	20,7	—	—	—

* As principais A. M. P. (áreas metropolitanas padrões), são as que têm mais de 100 000 habitantes.

Dados até 1950 extraídos de Donald J. Bogue, "Urbanism in the United States, 1950", *American Journal of Sociology,* LX (março de 1955), Tabelas 4 e 5, p. 480; reproduzidos com autori zação de The University of Chicago Press. Dados para 1960 extraídos do U. S. Bureau of the Census, *Statistical Abstract of the United States, 1963* (84.ª ed.; Washington, D. C.: U. S. Government Printing Office, 1963), p. 13.

O próprio crescimento suburbano contribui para os problemas cada vez maiores da área metropolitana. O grande volume do tráfego dos que viajam de suas casas para os locais de trabalho atravanca as ruas da cidade e torna a residência urbana ainda menos desejável. À medida que o fazer compras na cidade se torna mais difícil e mais concorrido, surgem nos subúrbios novos centros, que dessangram a saúde econômica da cidade e lhe aceleram o ritmo da decadência. As pessoas que têm maiores probabilidades de fugir às desvantagens da vida urbana são famílias da classe média, entre as quais se recruta com freqüência a liderança pública para o trato de problemas urbanos.

No lugar dos que deixam as cidades centrais chegam migrantes das áreas rurais e das cidades pequenas, cada vez mais representados por negros do Sul e pôrto-riquenhos. Por volta de 1960, mais da metade da população de Washington se compunha de negros, bem como 35 por cento da população de Baltimore, quase um quarto da população de Chicago e quase um têrço da população de Detroit. Tais proporções continuaram a aumentar, e o tamanho das comunidades negras em muitas outras cidades aumentou também. Entre 1950 e 1960, as vinte e quatro maiores áreas metropolitanas, as que têm uma população de 500 000 habitantes ou mais, perderam . . 2 399 000 brancos e ganharam . . 2 641 000 residentes negros. Poucos negros conseguiram fugir da ci-

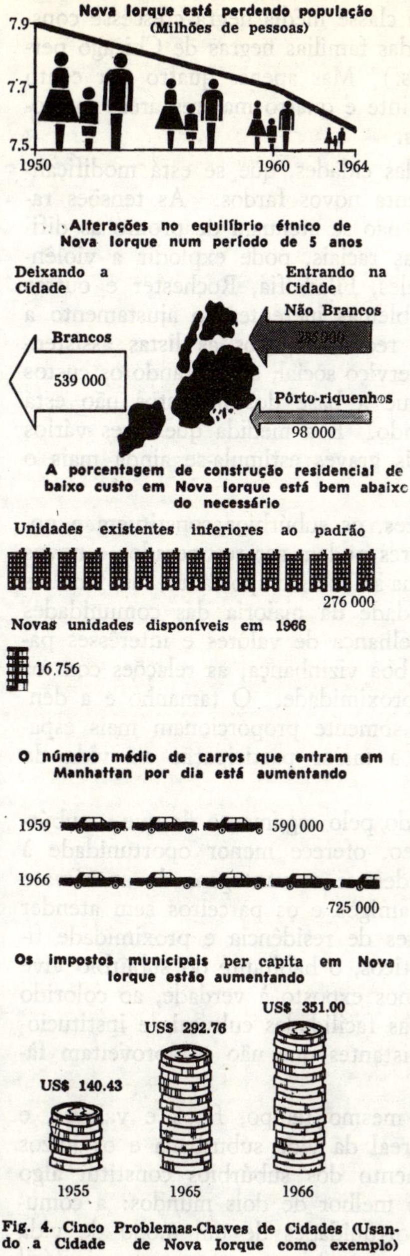

Fig. 4. Cinco Problemas-Chaves de Cidades (Usando a Cidade de Nova Iorque como exemplo)

dade ainda que em algumas delas a classe média negra crescesse constantemente. (Em 1960, um têrço das famílias negras de Chicago percebia 6 000 dólares anuais ou mais.) Mas apenas quatro por cento dos moradores dos subúrbios das vinte e quatro maiores áreas metropolitanas eram compostos de negros.

O caráter de classe e étnico das cidades, que se está modificando, cria novos problemas e acrescenta novos fardos. As tensões raciais muitas vêzes se agravam e, se não se atenuam de pronto as dificuldades que enfrentam as minorias raciais, pode explodir a violência, como aconteceu em Los Angeles, Filadélfia, Rochester e outras cidades nos últimos anos. Os problemas inerentes ao ajustamento a um ambiente urbano atira muitos recém-chegados às listas assistenciais ou às mãos de organismos de serviço social, aumentando os custos governamentais numa época em que a base dos impostos não está crescendo e pode até estar declinando. E à medida que êsses vários problemas se tornam cada vez mais graves estimula-se ainda mais o êxodo para os subúrbios.

Como já se disse algumas vêzes, os subúrbios constituem a nova "fronteira", onde os velhos valôres podem ser recuperados e novos conseguidos. A vida familial torna-se mais importante; as famílias são maiores. A relativa uniformidade da maioria das comunidades suburbanas assegura suficiente semelhança de valôres e interêsses para estimular o desenvolvimento da boa vizinhança; as relações com os outros baseiam-se, largamente, na proximidade. O tamanho e a densidade menores da população não sòmente proporcionam mais espaço livre mas também incentivam a maior participação na vida da comunidade.

Êsse ponto de vista é contestado pelo argumento de que o subúrbio amistoso, congenial, homogêneo, oferece menor oportunidade à vida "privada" que a cidade. Perdem-se as vantagens do anonimato e da oportunidade de escolher os amigos e os parceiros sem atender a critérios possìvelmente irrelevantes de residência e proximidade física. Além disso, asseguram os críticos, o habitante do subúrbio vive num ambiente uniforme e está menos exposto à verdade, ao colorido e ao excitamento da vida urbana; as facilidades culturais e institucionais da metrópole se acham tão distantes que não se aproveitam fàcilmente.

Tais assertivas encerram, ao mesmo tempo, fatos e valôres, e cumpre distinguir entre o caráter real da vida suburbana e os juízos feitos a seu respeito. O crescimento dos subúrbios constitui algo nôvo, um esfôrço para combinar o melhor de dois mundos: a comunidade mais coesa, as maiores oportunidades de um modo de vida centralizado na família, mais espaço para viver e o acesso mais fácil à natureza, que proporciona a vida rural; tudo isso, entretanto, ao lado de um fácil acesso às amenidades da cidade, mas sem suas desvantagens — excesso de gente, sujeira, barulho, instalações públicas que se deterioram, anonimato, impossibilidade de participar dos centros de poder da comunidade ou de controlá-los e, presumìvelmente, impostos mais elevados. Essa combinação em si mesma não é nova; os subúrbios mais antigos ofereciam as mesmas vantagens a um número relativamente limitado de famílias abastadas, que se achavam em condições de fruí-las. A novidade da situação reside na oportunidade mais recente que se oferece a milhões de famílias para conseguirem tais valôres.

O esfôrço no sentido de realizar uma utopia suburbana para as "massas" talvez seja discutível, mas seu valor ou sua conveniência não nos interessam imediatamente. O fato de os homens atingirem ou não as metas que buscam, e as conseqüências da busca e da sua realização são problemas sociológicos *par excellence*. Já existem indícios consideráveis de que êsse esfôrço utópico encontrou dificuldades pela frente e que estas poderão revelar-se maiores ainda. Se se deixarem os padrões do crescimento suburbano entregues à ação relativamente livre das fôrças econômicas, em que a regra é cada um para si e Deus para todos, importantes requisitos da vida coletiva serão, provàvelmente, ignorados e, em resultado disso, as necessidades da vida particular não se verão satisfeitas. O espaço livre é amiúde devorado pelos incorporadores, que não se preocupam com a necessidade ou a conveniência de espaço livre para parques, matas, passeios, campos. Cada construção nova aumenta o fardo do impôsto suburbano, que logo se iguala ao da cidade. O acesso às amenidades da cidade — lojas, teatros, museus, serviços profissionais, escolas especiais etc. — torna-se cada vez mais difícil e, em resultado disso, as instalações urbanas podem até deteriorar-se por falta de um público efetivo e interessado. As virtudes do subúrbio — sua menor densidade, seu maior espaço, seu tamanho limitado e, portanto, seus recursos menores — impedem que se levem muitas vantagens urbanas às áreas afastadas.

O habitante do subúrbio procura, muitas vêzes, proteger seu nôvo modo de vida insistindo na existência política independente de sua comunidade e esquivando-se a qualquer responsabilidade pelo centro metropolitano ou pela área metropolitana como um todo. O tamanho limitado, a homogeneidade e a libertação das deficiências urbanas mais óbvias fazem que o subúrbio pareça não só um lugar mais agradável para se habitar, mas também um mundo mais manejável e confortável. Todavia, ainda que possa constituir-se efetivamente em núcleo "de vida comum mais intensa", segundo a expresão de

MacIver, também faz parte hoje de uma comunidade mais ampla, em que o destino de cada indivíduo, bem como o de cada comunidade, está inevitàvelmente ligado ao do todo maior.

As dimensões dessa comunidade maior expandiram-se contìnuamente e já se pode identificar, em várias partes do país, uma incipiente *megalópole,* faixa urbanizada e suburbanizada contínua, que abrange muitas cidades, à proporção que as áreas metropolitanas principiaram a imbricar-se em suas orlas e a crescer juntas. O geógrafo francês Jean Gottman analisou êsse processo pormenorizadamente no litoral nordeste, desde o norte de Boston até o sul de Washington, D. C.[39]. Tendências semelhantes, embora muito menos avançadas, observam-se em outros lugares — ao longo das praias setentrionais dos Grandes Lagos, de Dallas até Fort Worth, no Texas, no sul e no norte da Califórnia, bem como em certas partes da Europa, como o Ruhr, a Holanda e o norte da Inglaterra. À proporção que se constrói nos espaços livres no interior das áreas metropolitanas e entre elas, argumenta Gottman, torna-se necessário, em muitos sentidos, pensar na megalópole como na importante entidade sociológica, mais do que a cidade central, o subúrbio ou mesmo a área metropolitana.

A significação da megalópole é uma questão contestável; um crítico recente lhe diminui a importância atual. "Cada uma das áreas metropolitanas ao longo do litoral (oriental)", assevera êle, "continua vigorosamente orientada para o próprio centro"[40]. Entretanto, muitas questões subsistem a respeito da natureza real da comunidade metropolitana e de suas relações com as diversas comunidades menores que ela encerra. Pode a cidade central manter os serviços que faculta a tôda a área e proporcionar as amenidades que aproveitam tanto aos habitantes urbanos quanto aos suburbanos? Continuará a cidade a tornar-se o lar das classes superior e inferior, com as minorias raciais segregadas nos guetos da classe inferior e a classe média em subúrbios homogêneos? Quais seriam as conseqüências a longo prazo de um padrão ecológico dessa natureza? Poderão os subúrbios evitar um ônus fiscal crescente e talvez opressivo e, ainda assim, manter o tipo de vida e serviços comunitários que desejam? Perderão os subúrbios mais antigos as vantagens de localização que possuem — proximidade de campos abertos e ausência de tráfego pesado, por exemplo — à medida que a onda de crescimento suburbano se distanciar cada vez mais da cidade central? Poderão ser resolvidos os problemas que enfrenta tôda a área metropolitana — suprimento de água, estradas e tráfego, manutenção de parques e áreas de recreação, policiamento coordenado e proteção contra incêndios — sem diminuir ou eliminar a identidade política separada das comunidades suburbanas? Na verdade, será possível que alguns dêsses problemas requeiram a ação em larga escala da megalópole? Nessa complexa confusão de problemas, um fato sociológico e político, ao menos, parece não ser contestado: muitos dos problemas cruciais da vida comunitária, não só na cidade mas também nos subúrbios, tomam forma no interior de uma área maior e as menores unidades dentro dessa área não podem enfrentá-los independentemente [41].

Notas

1 Robert M. MacIver, *Community,* (Londres: Macmillan, 1920), p. 23.

2 *Ibid.*

3 T. Lynn Smith, *The Sociology of Rural Life* (3.ª ed.; Nova Iorque: Harper, 1953), p. 214.

4 *Ibid.,* pp. 233-5.

5 George L. Harris *et al., Jordan* (Nova Iorque: Grove, 1958), p. 61.

6 Marian L. Smith, "Social Structure in the Punjab", em *India's Villages* (Calcutá: Imprensa Oficial da Bengala Ocidental, 1955), p. 148.

7 Ralph Linton, *The Study of Man* (Nova Iorque: Appleton, 1936), p. 212.

8 M. N. Srinivas, "Introductions", em *India's Villages* (Calcutá: Imprensa Oficial da Bengala Ocidental, 1955), p. 3.

9 Citado por T. Lynn Smith, *op. cit.,* pp. 219-20.

10 Alfred Harris, "The Political Role of Blood Pacts in Taita", (trabalho não publicado).

11 Max Weber, *De Max Weber: Ensaios de Sociologia,* traduzido para o inglês e editado por H. H. Gerth e C. Wright Mills (Nova Iorque: Oxford, 1946), p. 363.

12 Kingsley Davis, "The Origin and Growth of Urbanization in the World", *American Journal of Sociology,* LX (março de 1955), p. 433.

13 Robert M. HacIver e Charles H. Page, *Society: An Introductory Ana lysis* (Nova Iorque: Holt, 1949), p. 314.

14 V. Gordon Childe, *Man Makes Himself* (Londres: Watts Thinkers' Library, 1948), pp. 146-7.

15 *The New York Times,* 29 de janeiro de 1956.

16 William B. Munro, "City", em *Encyclopedia of the Social Sciences,* III (Nova Iorque: Macmillan, 1930), 474-8.

17 O desenvolvimento dessa teoria encontra-se, quase todo, em dois ensaios prestigiosos: Georg Simmel, "The Metropolis and Mental Life", em Simmel, *The Sociology of Georg Simmel,* traduzido para o inglês por K. Wolff (Nova Iorque: Free Press, 1950), pp. 409-24; e Louis Wirth, "Urbanism as a Way of Life", *American Journal of Sociology,* XLIV (julho de 1938), 1-24.

18 Simmel, *op. cit.,* p. 413.

19 Gideon Sjoberg, *The Preindustrial City* (Nova Iorque: Free Press, 1960).

20 Bernard Berelson e Gary Steiner, *Human Behavior: An Inventory of Scientific Findings* (Nova Iorque: Harcourt, 1964), pp. 606-7.

21 Otis Dudley Duncan e Albert J. Reiss Jr., *Social Characteristics of Urban and Rural Communities, 1950* (Nova Iorque: Wiley Census Monograph Series, 1956), pp. 4-5.

22 Ernest W. Burgess e Donald J. Bogue (eds.), *Contributions to Urban Sociology* (Chicago: University of Chicago Press, 1964), pp. 231-2, comentários prefaciais dos editôres a "The City and the Primary Group", de Marion Wesley Roper.

23 Jane Jacobs, *The Death and Life of Great American Cities* (Nova Iorque: Random House, 1961), p. 62.

24 O leitor encontrará uma tentativa dêsse gênero, que focaliza principalmente dados econômicos, demográficos e profissionais em Albert J. Reiss Jr., "Functional Specialization of Cities", em Paul K. Hatt e Albert J. Reiss Jr. (eds.), *Cities and Society* (Nova Iorque: Free Press, 1957), pp. 555-75.

25 Mirra Komarovsky, "The Voluntary Associations of Urban Dwellers", American Sociological Review, XI (dezembro de 1946), 686-98.

26 Morris Axelrod, "Urban Structure and Social Participation", *American Sociological Review,* XXI (fevereiro de 1956), 13-8.

27 Floyd Dotson, "Patterns of Voluntary Association among Working-Class Families", *American Sociological Review,* XVI (outubro de 1951), 687-93; e Herbert Gans, *The Urban Villagers* (Nova Iorque: Free Press, 1962).

28 Ernest W. Burgess, "The Growth of a City: An Introduction to a Research Project", em Robert E. Park, Ernest W. Burgess, e Roderick D. McKenzie, *The City* (Chicago: University of Chicago Press, 1925), pp. 47-62.

29 Homer Hoyt, *The Structure and Growth of Residential Neighborhoods in American Cities* (Washington, D. C.: U. S. Federal Housing Administration, 1939).

30 Chauncey D. Harris e Edward L. Ullman, "The Nature of Cities", *The Annals of the American Academy of Political and Social Science,* CCXLII (novembro de 1945), 13.

31 Jacobs, *op. cit.,* Segunda Parte.

32 Walter Firey, *Land Use in Central Boston* (Cambridge, Mass.: Harvard University Press, 1947).

33 Gans, *op. cit.*

34 Citado em Christopher Tunnard e Henry Hope Reed, *American Skyline* (Nova Iorque: New American Library, 1956), p. 57.

35 P. H. Chombart de Lauwe *et al., Paris et L'Agglomération Parisienne* (Paris: Presses Universitaires de France, 1952), Parte I.

36 Theodore Caplow, "Urban Structure in France", *American Sociological Review,* XVII (outubro de 1952), 544-9.

37 Encontram-se dados sôbre a extensão do crescimento metropolitano em várias partes do mundo em Jack P. Gibbs e Kingsley Davis, "Conventional versus Metropolitan Data in the International Study of Urbanization", *American Sociological Review,* XXIII (outubro de 1958), 504-14.

38 Dados do U. S. Bureau of the Census, *U. S. Census of Housing, 1960,* II, *Metropolitan Housing,* Parte 5 (Washington, D. C.: U. S. Government Printing Office, 1963), Tabela B-2, pp. 128-33.

39 Jean Gottman, *Megalopolis* (Cambridge, Mass.: M. I. T. Press, 1961).

40 Hans Blumenfeld, "The Modern Metropolis", em Scientific American, *Cities* (Nova Iorque: Knopf, 1965), p. 53.

41 Robert C. Wood, *Suburbia: Its People and Their Politics* (Boston: Houghton Mifflin, 1959).

Sugestões para novas leituras

CENTER FOR URBAN STUDIES. *London: Aspects of Change.* Londres: Macgibbon & Kee, 1964.

Ensaios sôbre o recente crescimento de Londres, suas mudanças de forma, as novas comunidades na área londrina e dois grupos étnicos.

DOBRINER, WILLIAM (ed.). *The Suburban Community.* Nova Iorque: Putnam 1958.

Coletânea de escritos sôbre o crescimento, a organização social e o estilo de vida dos subúrbios norte-americanos. Excelentes e extensos pronunciamentos.

DUNCAN, OTIS D., e ALBERT J. REISS JR. *Social Characteristics of American Cities.* Nova Iorque: Wiley Census Monograph Series, 1956.

Análise minuciosa de cidades norte-americanas, baseada em dados censitários.

EDITORS OF FORTUNE. *The Exploding Metropolis.* Garden City: Doubleday Anchor Books, 1958.

Ensaios seletos sôbre o caráter variável das áreas metropolitanas nos Estados Unidos. Contém escritos sociológicos sugestivos sôbre cidades norte-americanas, embora quase todos de autoria de jornalistas.

GANS, HERBERT J. *The Urban Villagers.* Nova Iorque: Free Press, 1962.

Relato percuciente da "sociedade de grupos de iguais" num bairro italiano de classe inferior em Boston.

HATT, PAUL K., e ALBERT J. REISS JR. *Cities and Society: The Revised Reader in Urban Sociology.* Nova Iorque: Free Press, 1957.

Excelente coletânea de escritos sôbre a natureza da comunidade urbana e da vida urbana.

JACOBS, JANE. *The Death and Life of Great American Cities.* Nova Iorque. Random House, 1961.

Ponto de vista que contesta as vantagens da vida urbana muito apertada e a maneira de lográ-la, bem como um vigoroso ataque a inúmeras idéias tradicionais de planejamento urbano.

LYND, ROBERT S., e HELEN M. LYND. *Middletown.* Nova Iorque: Harcourt, 1929.

LYND, ROBERT S., e HELEN M. LYND. *Middletown in Transition.* Nova Iorque: Harcourt, 1937.

Dois estudos circunstanciados de uma comunidade norte-americana, feitos com dez anos de distância. Marcos da sociologia norte-americana.

MUMFORD, LEWIS. *The City in History.* Nova Iorque: Harcourt, 1961.

Importante contribuição à história da cidade desde os seus primórdios. Veja também o tratado anterior, The Culture of Cities, *Nova Iorque: Harcourt, 1938.*

PARK, ROBERT E. *Human Communities.* Nova Iorque: Free Press, 1952.

Coletânea de ensaios do homem que imprimiu o ímpeto principal à sociologia urbana nos Estados Unidos e cujas sugestões proporcionaram a base de muitos estudos empíricos sôbre o urbanismo e a cidade.

SCIENTIFIC AMERICAN. *Cities.* Nova Iorque: Knopf, 1965.

Útil coleção de ensaios sôbre problemas de urbanização nos Estados Unidos e alhures.

SIMMEL GEORG. *Sociologia.* Traduzido para o inglês, editado e com uma introdução de Kurt H. Wolff. Nova Iorque: Free Press, 1950, pp. 409-24, "The Metropolis and Mental Life".

Ensaio enormemente sugestivo e prestigioso.

SJOBERG, GIDEON. *The Pre-Industrial City.* Nova Iorque: Free Press, 1960.

Descrição e análise da natureza das cidades nas partes não industrializadas do mundo.

VIDICH, ARTHUR, e JOSEPH BENSMAN, *Small Town in Mass Society.* Princeton: Princeton University Press, 1958.

Tentativa de mostrar como a comunidade pequena nos Estados Unidos está sendo cada vez mais dominada por fôrças externas, que emanam dos centros metropolitanos e nacionais de poder.

WEBER, MAX. *A cidade.* Traduzido para o inglês e editado por Don Martindale e Gertrud Neuwirth. Nova Iorque: Free Press, 1958.

Análise histórica e comparativa das instituições que crescem caracteristicamente na cidade.

WEST, JAMES (Pseud.). *Plainville, U. S. A.* Nova Iorque: Columbia University Press, 1945.

Estudo da cultura e da estrutura social de uma comunidadezinha rural norte-americana.

WOOD, ROBERT C. *Suburbia: Its People and Their Politics.* Boston: Houghton Mifflin, 1959.

Análise penetrante dos problemas emergentes de subúrbios norte-americanos, que busca relacionar valôres e modos de vida suburbanos a instituições políticas.

TERCEIRA PARTE

INSTITUIÇÕES SOCIAIS

A TECNOLOGIA E AS INSTITUIÇÕES ECONÔMICAS

A escassez e o homem econômico

Desde a queda mítica de Adão, o homem precisou trabalhar para conseguir alimento, abrigo e roupas e lograr as outras comodidades materiais que veio a desejar. Não fêz isso como criatura isolada, senão como participante de uma ordem social; Robinson Crusoé é personagem de romancista e ficção de economista, mas não é o protótipo do homem na sociedade. Da cultura do seu grupo adquire o homem o conhecimento e habilidades necessárias a fim de utilizar os recursos que lhe são acessíveis; como membro do grupo, participa do esfôrço coletivo para a satisfação das necessidades materiais.

As próprias necessidades, todavia, não são simples exigências biológicas. Os homens passaram a desejar tipos *particulares* de alimentos e materiais *específicos* para fazer roupas e construir abrigo; aprendem a ambicionar muitas outras coisas além das que exige a sua subsistência: ornamentos, implementos e equipamentos variados. Os desejos dos homens, assim como suas necessidades, provocam-lhes os esforços; e os desejos se expandem ràpidamente, passando dos simples requisitos de sobrevivência a uma quantidade de outros artigos. Refletindo os valôres da cultura, êstes últimos podem ir desde as exigências relativamente limitadas do selvagem caçador de cabeças ou do camponês primitivo, preocupados com pouca coisa além do essencial, até os anseios aparentemente infinitos de um norte-americano moderno, contìnuamente estimulado por um maciço aparelho de persuasão a comprar, a possuir, a fruir, a gastar.

Visto que as energias dos homens e os recursos disponíveis para satisfazer-lhes os desejos são limitados, cumpre-lhes, inelutàvelmente, escolher entre valôres alternativos.

> *Alguns* valôres, como os da devoção religiosa, do orgulho de grupo, da recreação comunitária, são essencialmente não distributivos; os homens antes participam dêles do que os distribuem. O prazer de uma pessoa não diminui a participação de outra no mesmo complexo de valôres — na

verdade, pode dar-se até que o valor *exija* que outros o partilhem. Outros valôres, porém, são distributivos: são divisíveis, e aquilo de que uma pessoa se apropria diminui o que, de outro modo, seria acessível a outros [1].

Quando não há quantidade disponível suficiente dêsses valôres distributivos para satisfazer livre ou completamente todos os desejos dos homens, é mister que se disponha de mecanismos insitucionais para atribuir recursos e distribuir bens pois, do contrário, a sociedade seria substituída por aquela "guerra de todo homem contra todo homem" de que fala Thomas Hobbes. "O problema econômico básico (...) é, asim, a atribuição de meios escassos a fins alternativos" [2].

A economia, como disciplina distinta que se ocupa especialmente do uso de recursos escassos, focalizou sua atenção sobretudo em coisas como preços, lucros, salários, aluguéis, taxas de juros e produto nacional bruto. O "comportamento" dessas variáveis, claro está, é produto de decisões humanas, mas a análise econômica, na maior parte, não estuda as complexas fôrças sociais e culturais que modelam tais decisões. Durante muitos anos, de um modo geral, a economia cuidou estabelecida uma ordem social dentro da qual os homens poderiam fazer livremente o uso mais proveitoso de materiais disponíveis, incluindo a mão-de-obra. Supunha que os homens fôssem racionais, e seus desejos escolhidos ao acaso. Com base nessas premissas, estudaram os economistas as relações recíprocas entre suas variáveis econômicas altamente abstratas. As teorias que apresentaram são amiúde sutis, complexas, elegantes até e, dentro dos limites impostos pelas suas suposições, têm considerável valor.

A ficção do "homem econômico" racional, que se encontra na teoria econômica clássica — o homem que talvez se possa descrever como máquina de calcular humana, que desdenha tudo o que é sentimento e tradição enquanto soma lucros e prejuízos possíveis — tem sido criticado com severidade e justeza. Os banqueiros, administradores, trabalhadores, capatazes, vendedores e muitos outros sofrem, não raro, o influxo dos valôres sociais, dos costumes tradicionais e dos laços pessoais que os ligam a outros. Que a "propensão para trocar, barganhar e permutar", postulada por Adam Smith, não é inerente ao homem demonstra-o a freqüente ausência dela nos povos primitivos, que também revelam poucos indícios do que consideramos como racionalidade econômica. Além disso, seu comportamento econômico e suas instituições econômicas não são prontamente estremadas — nem por êles nem pelos antropologistas que os visitam — de outros aspectos da vida social.

Quando os economistas aplicam modelos de comportamento econômico racional a situações concretas, vêem-se freqüentemente obrigados a levar em conta variáveis adicionais; segundo observa Wilbert Moore, conceitos como "a propensão para consumir (e) a propensão para poupar... representam uma tentativa por parte dos economistas de tomar em consideração fatôres sociais e psicológicos não deriváveis da teoria econômica, mas apropriados à política econômica" [3]. Tratando de situações imediatas, inevitàvelmente mais complexas do que o que permitem até as teorias mais complicadas — por exemplo, estudando as relações de trabalho em que se encontram amiúde problemas de sentimentos e organização, analisando o crescimento econômico, sobretudo nas chamadas áreas subdesenvolvidas, e examinando o comportamento do consumidor — os economistas viram-se obrigados a reconhecer a presença e a importância de instituições, valôres e estruturas sociais. O imbricamento que resultou do trabalho das diferentes ciências sociais está-se revelando benéfico a tôdas [4].

Malgrado suas limitações, entretanto, a teoria econômica clássica e seu "homem econômico" conservam dupla importância. Em primeiro lugar, o conceito do homem econômico pode ser usado como legítima abstração científica, enquanto não fôr tratado como entidade concreta. Em segundo lugar, o que é ainda mais significativo do ponto de vista sociológico, êle reflete também um aspecto característico e peculiar da sociedade ocidental, que emprestou, em grau inusitado, existência "independente" a valôres, atividades e instituições econômicas. Os papéis profissionais e de parentesco são separados, e êsse é um padrão que não se encontra amiúde na maioria das outras sociedades. O dinheiro, cuja natureza abstrata possibilita e estimula relações limitadas, formais e impessoais, é o meio universal de troca. As obrigações tradicionais entre amo e criado, empregador e empregado, vendedor e comprador, são substituídas por vínculos mercantis (*cash nexus*). Espera-se que os homens busquem o maior lucro possível nas transações econômicas, e as considerações sentimentais são reputadas irrelevantes; o princípio do *caveat emptor* ainda é extensamente aplicável. E a medida mais importante do sucesso de um homem de negócios continua a ser o lucro que aufere.

A sociedade ocidental institucionalizou o "homem econômico" incentivando a ação econômica racional, sancionando uma ganância constante e tratando o trabalho e a terra — o homem e a natureza — como artigos de comércio. Tais pressuposições — a racionalidade econômica, a ganância e a forma estreitamente econômica de encarar o mundo — tornaram-se, até certo ponto, parte da perspectiva pela qual os ocidentais vêem a vida econômica, não apenas a da sua mas também a de outras sociedades.

Estudos comparativos de outros povos demonstraram não só a natureza peculiar dessas pressuposições mas também a singularidade de muitas instituições econômicas ocidentais e a precariedade das distinções convencionais entre o econômico e o social. A compreensão não só da natureza das instituições econômicas mas também de suas relações com outros aspectos da cultura e da estrutura social exige que se reconheça o fato de que "a economia do homem, por via de regra, mergulha em suas relações sociais" [5].

As instituições de propriedade

De importância capital na determinação da maneira pela qual serão utilizados os recursos são as instituições de propriedade — as normas sociais que definem quem possui o quê. Como ocorre com freqüência, entretanto, tão confusos ficamos com as associações das palavras que empregamos e as concepções de realidade que elas sugerem, que às vêzes encontramos dificuldade para demonstrar o caráter geral da propriedade, quer em nossa sociedade quer em outras. Como observam Walton Hamilton e Irene Till, "Criatura de sua própria história intelectual, a palavra (*propriedade*) pertence a uma cultura, a uma sociedade e a um vocabulário. O perigo de incluir as associações da palavra no tema da investigação acompanha-lhe constantemente o emprêgo; na melhor das hipótese, trata-se de um espelho escurecido onde se mostram sistemas transitórios de propriedade" [6].

O têrmo *propriedade* aplica-se usualmente às coisas que os homens possuem, mas também se refere ao sistema de "direitos e obrigações de uma pessoa ou grupo (o proprietário) em face de tôdas as outras pessoas e grupos com respeito a algum bem escasso" [7]. A idéia européia e norte-americana da propriedade privada, com sua sugestão de direitos irrestritos do proprietário de fazer o que bem entende com o que lhe pertence, parece implicar uma antítese entre o indivíduo e a sociedade em relação à propriedade — como se o indivíduo mantivesse seus direitos *contra* as reivindicações da sociedade. Essa antítese, reforçada pela nítida dicotomia muitas vêzes estabelecida entre a propriedade pública e a privada, induz grosseiramente em êrro; pois a propriedade privada, como qualquer outra espécie, não está apenas inevitàvelmente sujeita a vários contrôles sociais mas também só existe em virtude de instituições sociais aceitas. Os homens só possuem propriedade privada porque a sociedade lhes faculta o possuí-la. De mais a mais, como assinalam Hamilton e Till, "No seio de todos os povos a convenção limita as oportunidades que a propriedade enseja; firmada no costume, a lei salda a propriedade entre os indivíduos e a comunidade; e a própria moral restringe o prazer de um homem "de fazer o que quer com o que tem" "[8].

Nos Estados Unidos, por exemplo, o que se define como propriedade privada é limitado por restrições de várias espécies. De um modo geral, os homens podem fazer o que querem com seus haveres pessoais e, presumìvelmente, gastar seu dinheiro da maneira que bem entendem, mas o homem que compra jóias para a espôsa de outro talvez esteja procurando encrencar. Em muitas cidades, as regras relativas ao zoneamento vedam aos proprietários de terreno urbanos fazer certos usos de sua propriedade; não lhes é permitido, por exemplo, construir um curtume ou um pôsto de gasolina ou mesmo, talvez, um prédio de apartamentos de muitos andares em algumas áreas residenciais. Recentemente, muitos subúrbios impuseram limites ao número de casas que podem ser construídas numa área de terreno, exigindo, em certos casos, vários acres para cada residência. O costume e a pressão social mantêm, não raro, o habitante dos subúrbios trabalhando, a fim de conservar aparado e limpo o relvado diante de sua casa, ao passo que êle talvez preferisse deixá-lo levar o diabo ou resolver o problema do gramado asfaltando tudo. Grande número de regulamentos estatui as maneiras como os homens devem dirigir os carros que possuem, onde podem fazê-lo e onde estacionar. A posse de ações de companhias dá ao proprietário o direito de votar nas reuniões anuais de acionistas e reivindicar os lucros que lhe cabem, mas não lhe proporciona o contrôle direto dos ativos físicos que as ações presumìvelmente representam.

As instituições de propriedade, por conseguinte, definem os *direitos* que têm os homens sôbre seus cabedais, as *pessoas* ou grupos que possuem direitos, privilégios e podêres sôbre objetos de valor e as *coisas* às quais se estendem os direitos de propriedade [9].

Nenhuma sociedade outorga aos homens liberdade ilimitada no uso das coisas que possuem. O fazê-lo, observou, de uma feita, um estudioso alemão, "resultaria na dissolução da sociedade" [10], pois permitiria aos homens não atentar para os requisitos da vida social organizada. A posse da propriedade não é tão-sòmente, nem sequer primàriamente, uma relação entre pessoas e coisas; também estabelece relações entre pessoas. Os direitos do proprietário devem ser respeitados por outros e sustentados pela comunidade contra quem quer que possa contestá-los. As muitas leis contra o roubo e a invasão da propriedade, por exemplo, contêm não só as regras codificadas, mas também as sanções impostas pela sociedade contra os infratores das normas que protegem os direitos de propriedade.

A propriedade também traz consigo o poder sôbre outras pessoas, bem como direitos socialmente aceitos e protegidos sôbre coisas Na medida em que os outros são afetados pela maneira como se usa a propriedade, estão sujeitos ao poder dos que a controlam. Com efeito, visto que o modo pelo qual se utilizam os recursos escassos influi em tôda a sociedade, os que determinam como devem ser destinados êsses recursos a propósitos alternativos podem possuir um poder considerável, que depende em grande parte da distribuição da propriedade e dos limites convencionais impostos aos direitos de propriedade.

Na sociedade ocidental, os direitos de usar e dispor estão, de ordinário, ìntimamente ligados entre si; os proprietários podem não só decidir o que fazer com seus bens, sujeitos às restrições consuetudinárias ou legais, mas também transferi-los a outros, se o entenderem conveniente. Embora, portanto, nos inclinemos a supor que êsses direitos se acham invariável e recìprocamente ligados, a evidência comparativa revela que são freqüentemente separados e atribuídos a pessoas diferentes. Em aldeias autônomas da Indonésia, por exemplo, tôda a terra pertence à aldeia como um todo, o qual consiste, de ordinário, nos membros do mesmo clã. A todo aldeão assiste o direito de cultivar a quantidade que puder de terra comunal não lavrada, depois de informar o chefe da aldeia, obter-lhe a autorização e cumprir o necessário sacrifício ritual. Enquanto êle trabalhar a terra, terá direitos exclusivos sôbre ela, e ela será sua para que a lavre até que êle permita ao mato assenhorear-se dela. Se bem possa usar a terra como garantia para obter empréstimos, não pode vendê-la; nem poderão os credores obter a posse completa da terra ainda que ela seja confiscada. A terra não pode ser alienada da comunidade [11].

A unidade dos direitos de propriedade nos Estados Unidos, nas últimas décadas, sofreu substancial influência de tendências econômicas fundamentais. À maneira que as companhias cresceram e aumentou o número de acionistas, o contrôle dos ativos e operações das companhias passaram, cada vez mais, para as mãos dos diretores. Embora possuam, de hábito, algumas ações das firmas que dirigem, êsses administradores raro possuem mais que uma proporção muito pequena do total. Os acionistas que "possuem" a firma detêm, portanto, pequeno ou nenhum contrôle de suas operações; sua "propriedade", como já se observou, só lhes dá o direito de votar em diretores e nas questões apresentadas na reunião anual dos acionistas, além de reivindicar os lucros que lhes cabem. Essa separação entre a propriedade e o contrôle foi descrita por A. A. Berle e Garner Means em seu estudo clássico *The Modern Corporation and Private Property,* como a "cisão do átomo da propriedade" [12].

Quando se investiga a complexa estrutura dos direitos de propriedade encerrados na companhia moderna — ou em muitas sociedades primitivas ou camponesas — logo se percebe a inexatidão das classificações simples da propriedade como privada e pública, da propriedade individual em oposição à propriedade da comunidade, do Estado ou da sociedade. Como nossas ilustrações deram a entender até agora, não existe o direito irrestrito de propriedade privada, nem sequer na sociedade norte-americana, onde se pressume que seja altamente apreçada. E muitas formas de propriedade nos Estados Unidos são possuídas de diversas maneiras: por indivíduos; por sócios; por famílias; por coletividades como a companhia, a igreja, o sindicato e a instituição educacional. Muita propriedade é possuída pelas várias entidades políticas, que vão desde os distritos escolares até o govêrno federal. Pode-se, realìsticamente, descrever ainda o sistema de propriedade em seu todo como "privado", pois grande parte dela — e talvez sua porção estratégica, a saber, a indústria — está livre de contrôles diretos do Estado, e a propriedade possuída individualmente pode ser transmitida de pais para filhos, sujeita apenas a uma tributação moderada.

Na maioria das sociedades se encontram estruturas complexas de normas e regulamentos de propriedade; a propriedade indivdual de algumas coisas coexiste com várias espécies de contrôles de grupo sôbre outros objetos de valor e os direitos estão estruturados em padrões diversos e, não raro, intrincados. Até onde se presume que domine a propriedade pública, os indivíduos possuem, freqüentemente, tanto o direito quanto a responsabilidade de determinar como várias espécies de propriedade devem ser usadas. Na União Soviética, por exemplo, são permitidas algumas formas de propriedade privada, sobretudo das coisas pessoais que se requerem na vida cotidiana — roupas, móveis, livros, automóveis, jóias, etc. Recentemente, alguns indivíduos na U. R. S. S. receberam permissão para construir suas casas, mas o terreno que lhes é atribuído continua a ser propriedade pública, e nenhuma construção pode fazer-se com propósitos especulativos ou de lucro. A propriedade produtiva — fábricas, instrumentos, máquinas, terras — continua a ser de propriedade pública, mas descrever apenas tais coisas como propriedade do Estado ou do povo, sem fazer referência às maneiras complexas pelas quais se lhes atribui e determina o contrôle do uso, seria simplificar em demasia e desfigurar significativas instituições econômicas da sociedade soviética. Na medida em que o ministro soviético ou o gerente de fábrica possui o direito legítimo de determinar como serão utilizados a terra, o equipamento ou outros recursos, sujeito aos limites e coações que lhe são impostos, encontra-se em posição muito semelhante à da sua contrapartida norte-americana ou à do proprietário particular de instalações produtivas [13].

Pois tanto para a definição dos direitos de propriedade como para sua atribuição a indivíduos ou grupos se fazem com freqüência distinções entre as várias espécies de propriedade. Um conjunto de normas pode aplicar-se à terra, outro aos edifícios erguidos sôbre ela, outros ainda a instrumentos ou máquinas, bens pessoais ou à propriedade "incorpórea" ou intangível, como marcas de fábricas registradas, a freguesia e o conceito de uma firma comercial, os encantos mágicos vendidos na África Ocidental, ou os nomes de pessoas considerados propriedade de família nas Ilhas Marquesas do Pacífico Sul. A distinção mais significativa de tipos de propriedades é, talvez, a què se faz entre instalações produtivas, como a terra, os instrumentos e as máquinas, que os economistas denominam *capital,* e as coisas usadas diretamente para satisfação pessoal, que os economistas denominam *bens de consumo.* A posse dos últimos é de manifesta importância para os indivíduos, pois possibilita a satisfação de importantes necessidades. Mas o emprêgo que se dá ao capital exerce manifesta influência em tôda a sociedade; os que possuem instalações produtivas são, não raro, capazes de adquirir poder e prestígio consideráveis, visto que suas decisões podem ter conseqüências de longo alcance na determinação da espécie e da quantidade de bens produzidos, do nível geral da atividade econômica e também das oportunidades de emprêgo acessíveis a outros.

A tecnologia

Os materiais com que uma sociedade satisfaz suas necessidades incluem, ao mesmo tempo, os recursos e a tecnologia, que transforma os recursos nas coisas que os homens desejam. A tecnologia inclui, entretanto, não apenas instrumentos, máquinas e outros implementos, mas também os conhecimentos e a habilidade acumulados necessários à utilização de quaisquer instrumentos disponíveis. Sem a perícia necessária, a maquinaria complexa tem pouco valor; com ela, até instrumentos grosseiros podem ser eficientíssimos. Um simples instrumento cortante nas mãos de um prático experimentado é capaz de produzir resultados extraordinários, ao passo que a maquinaria moderna nas mãos de camponeses ou membros de tribos analfabetas ou semianalfabetas logo se torna inútil — como o estão descobrindo, para seu desalento, muitas nações que hoje procuram industrializar-se. (Às vêzes, contudo, como acontece entre os manu do Pacífico Sul, nativos não familiarizados com a tecnologia moderna acostumam-se a usar máquinas e novos dispositivos complexos com grande entusiasmo e considerável facilidade.) Uma completa descrição da tecnologia. portanto, deve incluir não só os implementos específicos usados pelos homens, mas também o conhecimento tradicional, as habilidades práticas e, onde existem, os antecedentes relevantes de princípios científicos ou do conhecimento generalizado.

O nível de desenvolvimento tecnológico logrado por qualquer sociedade depende de muitos fatôres. Existe uma relação óbvia entre a tecnologia e o ambiente geográfico, que suscita muitos dos mais importantes problemas que os homens precisam enfrentar e proporciona os recursos de que podem utilizar-se. O beduíno que habita o deserto necessita de habilidades, técnicas e equipamento diferentes dos que requerem o camponês tibetano, o africano que vive no jângal ou o europeu urbano. Entretanto, embora suscitem problemas e limitem as opções dos homens, as coerções do ambiente "não ditam, de maneira precisa, as linhas ao longo das quais uma economia (tecnologia) deverá desenvolver-se. Por meio da habilidade e do trabalho, o homem produz uma espécie de ambiente secundário, que é função tanto de técnicas quanto de recursos" [14]. Sem embargo disso, quando a natureza oferece poucos recursos, a tecnologia tem sido caracterìsticamente grosseira ou restrita a campos limitados. Em áreas onde se encontram recursos abundantes — carvão e ferro, por exemplo, ou grandes rios, florestas e planícies de aluvião — torna-se possível uma tecnologia mais complexa e produtiva.

Mas a presença ou a ausência das dádivas da natureza são apenas parte da história. A riqueza de recursos, por si mesma, não assegura uma rica tecnologia; prova disso são as culturas dos índios norte-americanos antes da chegada do homem branco. Os recursos, como as necessidades humanas, não são entidades fixas; a terra e seus produtos só se transformam em "recursos" quando os homens aprendem a utilizá-los. O petróleo era um elixir apregoado por charlatães itinerantes até que alguém descobriu a maneira de refiná-lo. Mesmo depois que os cientistas revelaram a existência do urânio, êste despertou pouco mais que um interêsse acadêmico até se converter no ingrediente essencial da bomba atômica, quando se lhe reconheceu o valor como fonte potencial de poder. As quedas d'água não passavam de maravilhas cênicas ou obstáculos à navegação, ou ainda, em certas ocasiões, objetos de culto, até que os homens aprenderam a aproveitar-lhes a energia. "A marcha da invenção sujeita a terra êrma com a lavoura, converte um relâmpago em grande indústria e conserva em fluxo perpétuo o catálogo dos recursos naturais" [15].

Por conseguinte, a tecnologia se apóia no conhecimento. Todos os progressos técnicos, bem como todo o conhecimento científico, são construídos sôbre o que já se usa ou já se sabe. Durante a maior parte da história humana, o conhecimento e as habilidades relevantes para as artes industriais foram transmitidos de uma geração a outra, à proporção que os pais ensinavam os filhos, os amos adestravam os aprendizes ou os mais velhos educavam os mais moços. De vez em quando, umas poucas pessoas imaginativas, tìpicamente empenhadas num processo de ensaio e êrro, inventavam novos instrumentos ou técnicas ou descobriam novos fatos, sôbre os quais se podiam construir novos progressos tecnológicos.

Recentemente, a tecnologia passou a firmar-se, cada vez mais, não no conhecimento tradicional, nem sequer no empirismo racional centralizado em tôrno de problemas práticos, mas no conhecimento científico abstrato. O inventor prático, como Thomas Edison ou George Westinghouse, e o mecânico teimoso — por exemplo, Henry Ford — foram substituídos pelo engenheiro tècnicamente treinado e pelo cientista de laboratório ou de escritório. As maravilhas da indústria moderna são, cada vez mais, resultados da elaboração de concepções abstratas como $E = EC^2$, e produtos do tubo de ensaio, da régua de cálculo, do microscópio, do computador eletrônico e outros instrumentos de investigação científica contemporânea. (O leitor encontrará uma exposição da Ciência como instituição social no capítulo 16.) Está visto que a Ciência pode compensar a ausência de recursos, uma usina de força atômica substituirá o carvão ou a energia hidráulica, e métodos baseados na Ciência para a dessalgação da água ainda ajudarão talvez o deserto a florescer.

Até certo ponto, a tecnologia também é autogeradora; suas partes componentes acham-se, amiúde, tão ìntimamente ligadas que uma brecha num ponto acarreta progressos em outro. De especial importância no desenvolvimento tecnológico são a fonte e a quantidade de energia disponível para usos produtivos. Muitas coisas estarão fora do alcance do homem enquanto êste depender apenas da própria energia ou mesmo da fôrça de animais domésticos. Homens equipados com machados e ombros largos só podem derrubar umas poucas árvores por dia; uma serra mecânica lhes aumenta pronunciadamente a produtividade. Por essa razão, consecuções como a invenção da máquina a vapor, a conquista da eletricidade e o aproveitamento de grandes rios tiveram enorme impacto sôbre o desenvolvimento tecnológico em geral e prometem surtir efeitos igualmente significativos sôbre o futuro da tecnologia e da sociedade em tôdas as terras.

A aceitação de novos instrumentos, máquinas ou processos, entretanto, não é automática, mas depende, em grande parte, das idéias e valôres predominantes. Na sociedade industrial moderna, a mudança e a inovação tecnológicas são, de ordinário, não apenas bem recebidas. mas também estimuladas de maneira positiva, assim pelos nossos valôres preponderantes como pelos incentivos institucionalizados à faculdade criadora como o sistema de patentes. Tão receptivos são os homens na sociedade industrial a inovações técnicas que adotam freqüentemente novas técnicas ou produtos sem se preocupar com suas possíveis conseqüências sociais — para os trabalhadores, para a comunidade, para as práticas e valôres aceitos.

A atitude racional em relação à tecnologia característica da vida urbana, industrial — uma atitude que cogita sobretudo da pura eficiência tecnológica prometida por algo nôvo — não se encontrou històricamente na maioria das outras sociedades. Em muitos grupos, novos instrumentos, técnicas ou implementos podem ser adotados quando prometem facilitar tarefas tradicionais ou produzir maiores ou melhores quantidades das coisas que os homens desejam. Mas, como assinala Linton, "uma sociedade não aceitará uma nova invenção simplesmente porque funciona melhor do que alguma coisa que ela já possui, se se tratar de um campo a que a sociedade não dá importância"[16]. As vantagens que se poderão lucrar não bastam a compensar o aborrecimento e as dificuldades que tais mudanças muitas vêzes supõem.

Uma sociedade que aceita a inevitabilidade ou a conveniência do trabalho manual não procura dispositivos capazes de poupar trabalho. E a menos que haja um desejo considerável de novos instrumentos e novas técnicas, os malogros e colapsos ocasionais, que muita vez ocorrem quando se põem a funcionar pela primeira vez as invenções, podem destruir qualquer interêsse que acaso já tenha existido. Quando as inovações contrariam idéias preconcebidas profundamente arraigadas ou ameaçam valôres estabelecidos, podem ser rejeitadas, a despeito das vantagens que possuam. Por exemplo, o arado de ferro fundido, inventado em 1914, era temido por muitos lavradores norte-americanos por acharem êstes que êle envenenaria o solo; só depois que se acalmaram os temores passou a ser amplamente usado o eficiente implemento.

Em sociedades tradicionais pequenas, relativamente homogêneas, em que o indivíduo encontra dificuldade para fugir aos contrôles impostos pelo grupo, a aceitação de qualquer inovação tecnológica depende de sua utilidade evidente, de sua compatibilidade com valôres prevalecentes, de seu efeito potencial sôbre a estrutura social e da fôrça ou da capacidade de persuasão do inovador. Em sociedades maiores, mais complexas e diferenciadas, existem disparidades significativas entre grupos e indivíduos nas atitudes e reações em relação às novas e às velhas técnicas de produção. Novos instrumentos, máquinas ou métodos muitas vêzes só são adotados depois de lutas longas e difíceis em que inovadores, apoiadores, opositores e outros, passivos ou desinteressados — conquanto, em muitos casos, não deixem de ser interessados — representam um drama complexo no palco histórico. Ocorreram motins freqüentes nos primeiros dias da Revolução Industrial na Inglaterra, quando os trabalhadores atacaram as máquinas que lhes modificavam o modo de vida e influíam na fonte de subsistência. Sindicatos contemporâneos resistem, às vêzes, a mudanças tecnológicas que ameaçam romper as rotinas de trabalho de seus membros ou podem acarretar diminuição de salários. (Quando não é possível obstar às mudanças, os sindicatos tentam controlar-lhes a introdução, amortecer-lhes os efeitos sôbre os membros e colhêr alguns dos proveitos que elas ensejam.) Em mais de uma ocasião, só se adotaram as invenções depois de dramas pessoais, de proposta, rejeição, perseverança e sucesso final. Em 1913, Lee De Forest quase foi condenado por utilizar fraudulentamente o correio para vender ações do tubo *audion*, dispositivo que subseqüentemente se revelou passo importante no desenvolvimento da eletrônica moderna. O automóvel, a princípio, foi considerado pura e simplesmente como brinquedo de gente rica, e só depois que Henry Ford encetou, como pioneiro, a produção de um carro barato, padronizado ("você pode comprá-lo da côr que quiser, contanto que seja prêto") tornou-se êle meio comum de transporte.

O sistema institucional, a estrutura do poder e do contrôle e o caráter dos participantes ajudam a afeiçoar o resultado dêsses dramas. Os que possuem poder sôbre propriedades e pessoas podem insistir no emprêgo de novos dispositivos apesar da oposição de outros. Assim, os fabricantes inglêses, no princípio do século XIX, prosseguiram em sua marcha inexorável, apesar da resistência dos trabalhadores. À proporção que a tecnologia se torna mais complicada, torna-se cada vez mais importante, como precondição de novos progressos, a habilidade para manejar recursos e mão-de-obra. Muita discussão se tem travado ùltimamente a respeito das relativas capacidades de uma sociedade planejada, como a União Soviética, e de uma sociedade organizada mais frouxamente, como os Estados Unidos, na obtenção de um ritmo rápido de progresso tecnológico. Com o propósito de conseguir um coeficiente elevado de crescimento econômico, muitos líderes das novas nações da África e da Ásia, bem como dos países mais velhos porém econômicamente atrasados, estão procurando organizar suas economias de maneira que facilite o emprêgo da tecnologia moderna. Mas o poder também pode ser usado para impedir a mudança, pois os que controlam o capital e os recursos podem recursar-se a fazer uso de novas invenções ou colocar obstáculos no caminho do inventor; companhias compraram, às vêzes, novas invenções a fim de impedir perdas econômicas, puseram de lado novos métodos ou produtos por não se coadunarem efetivamente com o sistema existente de produção, ou se mantiveram aferradas aos processos tradicionais (embora, numa economia de competição, isso represente um risco de malôgro)[17].

Em síntese, portanto, os empregos da tecnologia e seu desenvolvimento precisam ser encarados num contexto de habilidade e conhecimentos existentes e de valôres apoiadores ou inibidores — e em relação ao sistema prevalecente de poder e contrôle.

As complexas relações recíprocas entre a tecnologia e os fatôres sociais e culturais podem ser vistas em nítidos contornos nos problemas das áreas subdesenvolvidas, que agora procuram industrializar-se. Tais sociedades predominantemente agrícolas enfrentam os problemas puramente econômicos da acumulação de um excedente de capital suficiente para possibilitar a aquisição ou o fabrico dos instrumentos e máquinas de que necessitam. Mas essa tarefa econômica sofre o influxo de muitas condições culturais e sociais. Valôres e crenças tradicionais não raro geram resistência a novas técnicas. Aldeões árabes, por exemplo, resistiram à instalação de uma bomba na aldeia porque ela eliminaria a tradicional tarefa feminina de carregar água, e os trabalhadores nos cavaniais pôrto-riquenhos se opuseram ao emprêgo de dispositivos mecânicos porque "a cana de açúcar necessita do toque humano para crescer direito"[18]. Os camponeses e os membros de tribo mostram-se freqüentemente sem vontade ou incapazes de aceitar as exigências impostas por um trabalho continuado na fábrica e, em certos casos, só se encontra um número demasiado pequeno de técnicos, gerentes e operários qualificados com os conhecimentos e habilidades indispensáveis à operação de uma indústria.

Sem embargo da oposição — não aos frutos da industrialização, para os quais, muitas vêzes, os pedidos são grandes, senão às suas exigências — os que possuem poder político e econômico vêem-se geralmente em condições de impor, direta ou indiretamente, sua decisão de introduzir a tecnologia moderna. Mas êles podem ver-se tolhidos em suas políticas ou programas minuciosos pelas situações que enfrentam — pela pressão de uma população crescente sôbre os recursos disponíveis (veja o capítulo 17); pelo descontentamento entre os incapazes de lograr as satisfações presentes porque seu trabalho é empregado na manufatura de instrumentos, máquinas e fábricas e não dos bens que êles desejam; pela relutância dos homens de negócios em investir em campos arriscados, mas socialmente necessários, de produção, ou dos camponeses em mudar seus métodos agrícolas tradicionais ou ir trabalhar nas novas fábricas. De vez em quando, como acontece na China contemporânea ou como aconteceu na União Soviética, os dirigentes enfrentam estas fôrças inibidoras com punho de ferro, sem contar o custo humano imediato que precisa ser pago para criar uma tecnologia industrial em curto espaço de tempo.

O determinismo tecnológico

Tão difundidos se acham os efeitos da tecnologia que alguns analistas sociais foram levados a uma interpretação tecnológica monística da sociedade e da história. De acôrdo com êsse ponto de vista, cujo porta-voz principal é Thorstein Veblen, a tecnologia determina, inevitàvelmente, os hábitos e maneiras de pensar dos homens. As mudanças da técnica requerem reajustamento institucional e adaptação cultural contínuos, pois novos instrumentos e máquinas impõem novas rotinas, exigem novas habilidades e modelam a "atitude intelectual e espiritual do trabalhador". A "indústria da máquina", em pronunciado contraste com o sistema manual anterior, requer longo aprendizado e "pronta apreensão de fatos exatos, em têrmos quantitativos passàvelmente exatos"; contraria, sustenta Veblen, a "difusão do ... conhecimento com sutilezas animísticas ou antropomórficas, putativas, interpretações quase pessoais dos fenômenos observados e de suas relações recíprocas". Além disso a "rotina e ... a disciplina (imposta pela máquina) estendem-se além das ocupações mecânicas como tais, de modo que, em grande parte, determina os hábitos de todos os membros da comunidade moderna" [19].

Nem todos os grupos estão igualmente expostos às "fôrças coercitivas do ambiente", isto é, à tecnologia e aos problemas concretos de sobrevivência e manutenção, ao mesmo tempo. Os que se acham empenhados mais em "negócios" do que em "indústria" estão mais afastados das "exigências econômicas" e têm pouco contacto com as duras exigências da tecnologia. São, portanto, mais resistentes à mudança do que operários e engenheiros, que precisam, constantemente, satisfazer aos requisitos de uma tecnologia mecânica, baseada na Ciência. À diferença de Marx, entretanto, que enxergava um conflito interminável entre o proletariado e a burguesia, cujo final seria o triunfo da classe operária, que se presumia tecnològicamente progressista, Veblen, mais pessimista, mostrou como a "classe do lazer", porque possui poder e prestígio, pode amiúde inibir ou restringir as mudanças requeridas pelo progresso tecnológico e para êle [20]. A longo prazo, entretanto, Veblen — e outros — supõe que a tecnologia contenha as fôrças dinâmicas que ajudam a realizar a mudança social, e que outros componentes da cultura e da estrutura social se adaptam inevitàvelmente às novas circunstâncias criadas pela tecnologia. (Apesar da importância fundamental por êle atribuída à tecnologia, o próprio Veblen, cumpre notá-lo, dedicou muito de sua atenção, na obra que publicou, ao papel do hábito, do instinto e dos interêsses na vida social e econômica [21].)

A interpretação tecnológica da mudança social e da estrutura social, a despeito da sutileza e da complexidade com que Veblen a elaborou, possui óbvias limitações. Como já o notamos, o progresso da tecnologia, se bem que de certo modo autogerado, é também influenciado, vigorosamente às vêzes, por outras variáveis: valôres, conhecimentos, instituições sociais e estrutura social. As opções entre alternativas tecnológicas podem basear-se simplesmente em critérios de eficiência ou em outros elementos, como seus efeitos sôbre os trabalhadores, as possibilidades de lucro e perda, suas conseqüências para a comunidade total, ou até o desejo de manter-se em dia com a moda tecnológica — testemunho disso são os tratores em fazendas demasiado pequenas para o emprêgo econômico dêles e os computadores que custam aos adquirentes mais que os trabalhadores de gravata que se destinam a substituir.

O impacto da tecnologia é sempre condicionado, até certo ponto, pelo contexto social e cultural. Uma linha de montagem pode ser usada em ritmo incessante e exaustivo para os operários, ou pode funcionar em velocidades mais moderadas e razoáveis. Não só os valôres sociais senão também as relações entre operários e empregadores, entre o sindicato e a administração, e outras considerações também concorrem para o resultado final. O impacto dos meios modernos de comunicação de massa sôbre os valôres, as crenças e a ação depende das imagens, idéias, informações e valôres que os meios transmitem, e muitos fatôres entram em seu conteúdo. As armas nucleares têm enorme poder destrutivo, mas a decisão de usá-las se fundará em considerações de ordem política e moral, bem como em considerações de ordem puramente tecnológica.

Entretanto, ao rejeitar o determinismo tecnológico, não se deve ignorar nem subestimar o impacto substancial da tecnologia sôbre a vida social. Nas sociedades de tecnologia primitiva, a vida permanece próxima do nível de simples subsistência. "A preocupação com os suprimentos diários ou sazonais de alimentos, a freqüência das dificuldades e os riscos de fome são características óbvias de uma economia (e tecnologia) primitiva" [22]. Com técnicas aprimoradas para enfrentar o mundo que os rodeia, os homens podem fugir à preocupação constante com as necessidades imediatas; os excedentes possibilitam o lazer, a previsão e o planejamento, e uma diversificação de interêsses e atividades, todos os quais, por seu turno, tendem a contribuir para novos progressos tecnológicos e para mudanças na cultura e nas relações sociais.

De um modo geral, o impacto das novas técnicas e produtos deve ser prontamente aparente a quem quer que viva num mundo em que cada dia traz notícias de nova ou iminente maravilha técnica: fábricas sem operários, máquinas que "pensam", novos métodos de preservação e empacotamento de alimentos, o "aromarama", a televisão tridimensional, as viagens espaciais, e assim por diante. Colunistas e autoridades políticas especulam contìnuamente sôbre o efeito da televisão nas práticas políticas tradicionais e nos resultados da substituição do trem de campanha pelo avião a jato. A arte da guerra foi revolucionada pelas novas armas e pelo equilíbrio mutável de facilidades de produção.

Os desenvolvimentos tecnológicos revolucionários, habitualmente citados como "automatização" — sistema de contrôle eletrônico e velocíssimo e processamento de dados — tiveram resultados de longo alcance, cuja extensão e natureza ainda não são muito claras e são, em algumas áreas, vigorosamente debatidas. Os industriais e líderes sindicais têm discutido sôbre a extensão do desemprêgo provocado pela automatização. A questão tradicional — serão os desempregados pela nova tecnologia finalmente absorvidos em resultado do contínuo crescimento econômico? — está sendo redefinida, até certo ponto, graças à possibilidade de que máquinas e processos complexos, que agora estão sendo usados, possam eliminar tôda uma classe de operários, a dos que não possuem qualificações. Existe a possibilidade de que venha logo a faltar um lugar útil na economia para os muitos milhões cuja educação não foi além do oitavo ou mesmo do décimo ano.

A maneira pela qual os homens enxergam as conseqüências da automatização e as sugestões que se fizeram para enfrentar os problemas surgidos refletem as perspectivas e interêsses de vários grupos. O diretor de uma companhia de automóveis, mostrando a Walter Reuther, Presidente do Sindicato dos Trabalhadores das Indústrias de Automóveis, uma fábrica automatizada, observou que as máquinas não recebem horas extras nem pagam mensalidades ao sindicato, ao que Reuther respondeu: "E o senhor vai ver como é difícil vender automóveis a elas". Os líderes sindicais advogam o pagamento de indenizações aos que perderam o emprêgo em virtude da nova tecnologia e ressaltam a necessidade de programas substanciais, patrocinados pelas firmas e pelo govêrno, de retreinamento daqueles cujas habilidades ou são inadequadas ou já não são necessárias. Muitos diretores de companhias, por outro lado, não vêem a necessidade de uma ação positiva e preferem deixar o resultado à "ação livre" das fôrças econômicas, isto é, à quantidade de decisões individuais tomadas pelos trabalhadores, proprietários e administradores no contexto das instituições econômicas existentes [23].

Além dos problemas de desemprêgo, a automatização pode influir na natureza do trabalho dos homens, na estrutura das classes (através do seu impacto sôbre a distribuição profissional), na educação, na tomada de decisões políticas e de companhias e até, por fim, assim direta como indiretamente, nos valôres da sociedade moderna. Os computadores criam índices alfabéticos das palavras usadas numa obra literária, que levaram muitos anos para fazer-se ou nunca foram feitos, e possibilitam os cálculos necessários à exploração do espaço e à construção de mísseis balísticos intercontinentais [24].

O pleno impacto da tecnologia, tanto em têrmos gerais quanto em relação a inovações específicas, requer, naturalmente, uma análise muito mais pormenorizada do que a que é possível aqui, pois as ramificações se espalham extensamente através da ordem social. A vida familial é afetada, à maneira que novos produtos alteram as tarefas diárias do marido e da mulher, os métodos de criação dos filhos, a freqüência e regulação da procriação de filhos. A produtividade da indústria moderna abre a "nova fronteira" do lazer, alterando os valôres tradicionais atribuídos ao trabalho. A expectativa de vida é aumentada à proporção que novas técnicas e novos materiais possibilitam não só progressos médicos — substitutos plásticos de tecidos humanos e computadores que fornecem diagnósticos mais seguros do que os que eram possíveis no passado — mas também condições materiais de vista aperfeiçoadas. Os governantes descobrem novas técnicas para manter seu poder ou esmagar a oposição, e alguns dispõem agora de instrumentos capazes de destruir-nos a todos. A liderança militar transformou-se, passando das qualidades que se exigiam no campo de batalha à habilidade para utilizar os produtos da tecnologia avançada, baseada na ciência moderna. Os valôres, hábitos e expectativas dos homens, assim como seus papéis sociais, são inexoràvelmente transformados pelas novas maneiras de executar velhas tarefas, pelas novas oportunidades que se lhes oferecem e pelas novas possibilidades franqueadas por instrumentos mais poderosos para adquirir novos conhecimentos, métodos mais eficientes de comunicação e meios mais rápidos de locomoção.

Vários esforços têm sido feitos para relacionar tipos de sistemas tecnológicos a formas de cultura e estrutura social mas, até agora, sem resultados claros ou consistentes. Entretanto, ainda que não surja nenhum padrão global, parece haver relações coerentes entre algumas variáveis tecnológicas e determinadas características de vida social. Tôdas as sociedades industriais, seja qual fôr sua natureza econômica ou política, parecem-se umas com as outras em vários aspectos de monta: os empregos que os homens buscam; os conhecimentos e habilidades exigidos de trabalhadores, técnicos e administradores; importantes aspectos da organização das fábricas: e até como se observou no capítulo 7, tendências da estrutura familial. Nosso conhecimento dessas semelhanças e da extensão dos limites que a tecnologia industrial estabelece e dentro dos quais só podem ocorrer certos desenvolvimentos sociais e culturais, entretanto, é ainda tentativo e incerto, pois até há muito pouco tempo a industrialização se limitava quase totalmente às sociedades "capitalistas" — a Inglaterra, os Estados Unidos, a França, a Alemanha, e outras nações da Europa Ocidental. A relativa importância das instituições econômicas e dos meios de produção, por conseguinte, não se determina fàcilmente. À medida que descobrimos mais coisas a respeito da União Soviética e observamos as mudanças provocadas pela industrialização em outras partes do mundo, onde variam os sistemas econômicos e políticos, podemos aprender mais a respeito dos efeitos da tecnologia moderna, como *tal,* sôbre a sociedade e a cultura.

A divisão do trabalho

A industrialização trouxe consigo — e nela se apóia — acentuada especialização e divisão do trabalho. Instrumentos mais requintados, máquinas mais complexas e o complicado aparelho de organização necessário a pôr em movimento a tecnologia moderna criam um número quase infinito de novas tarefas. A terceira edição do *Dicionário de Títulos Profissionais,* publicada em 1965 pelo Departamento do Trabalho dos Estados Unidos, descreve 21 741 ocupações "que são conhecidas por 13 809 títulos adicionais, que perfazem um total de 35 550 títulos definidos"[25]. Essa edição continha 6 439 empregos não contidos na segunda edição (1949), se bem o número total de ocupações fôsse, na realidade, ligeiramente inferior. A extensão da especialização é dada a entender pelas seguintes ilustrações:

> MONTADOR PARA PUXADOR, MANUAL (Calçados [indústria]) ... Insere o contraforte, coberto de cola, entre o fôrro e a parte superior do calçado, a fim de preparar esta última para novas operações do pano: coloca o contraforte sôbre a tela de arame, mergulha a tela na cola líquida e tira o excesso de cola do contraforte. Coloca em posição a fôrma sôbre o pino. Insere o contraforte entre o fôrro e a parte superior. Puxa a parte superior do calçado sôbre a fôrma e alinha a costura de trás da parte superior com as marcas existentes na fôrma. Prega a parte superior na fôrma, usando ferramenta.

> MONTADOR PARA PUXADOR, MECÂNICO (Calçados [Indústria]) ... Faz funcionar a máquina que prega as partes do calçado na fôrma a fim de

preparar a parte superior do calçado para novas operações do pano. Coloca o contraforte e o suporte do ponteiro na grade, mergulha a grade em cola líquida e tira o excesso de cola das partes. Insere as partes pré-coladas entre o fôrro e a parte superior. Puxa e alinha a parte superior sôbre a fôrma. Coloca a fôrma sôbre o pino da máquina. Empurra o pino e a parte superior para a máquina que prega a parte superior à fôrma ao nível da costura do salto e da base do salto [26].

Seis páginas do *Dicionário* são dedicadas a montadores de várias espécies, que diferem segundo o que montam ou a parte específica do processo de montagem que realizam.

Outros exemplos de especialização, tiradas quase ao acaso do *Dicionário* são:

Investigador do sexo dos pintos... Examina os órgãos genitais dos pintinhos para determinar-lhes o sexo, virando para trás a prega da pele sôbre o ânus ou inserindo o visor iluminado no ânus. Coloca os pintos em caixas, de acôrdo com o sexo [27].

Tapulhador de colchões... Corta tubos de borracha em tamanhos especificados com tesouras e insere os pedaços cortados em buracos nos colchões de borracha para reforçá-los e dar-lhes elasticidade [28].

Enrolar de cequins... Enrola cordões de cequins plásticos em carretéis antes da expedição. Puxa o cordão de cequins através do medidor e corta em tamanhos especificados. Examina cordões à procura de fios partidos, nós e disposição irregular dos cequins. Coloca cordões na máquina enroladora, que os entola nos carretéis [29].

Especialização semelhante encontra-se também entre trabalhadores de gravata e profissionais liberais. O *Dicionário* descreve vinte e quatro tipos diferentes de redatores e contém referências a trinta e dois outros títulos profissionais entre redatores. Na descrição do "empregado de escritório", observa o *Dicionário* que tal empregado "pode ser designado de acôrdo com o campo de atividade como EMPREGADO OBITUÁRIO (seguros); ou de acôrdo com a localização do emprêgo como EMPREGADO DE AEROPORTO (transportes aéreos); EMPREGADO DE ACAMPAMENTO; EMPREGADO DE MINAS (minas e pedreiras)". Seis tipos específicos de empregados são então definidos com pormenores [30]

Embora essa extraordinária proliferação de categorias profissionais seja relativamente recente, a divisão do trabalho não se limita à sociedade industrial mas encontra-se, de uma forma ou de outra, em tôda a parte. Até nas sociedades mais primitivas, aos homens e às mulheres se atribuíam tarefas diferentes e em muitas culturas não industriais existe considerável especialização em misteres específicos. Em muitas partes da África, por exemplo, o trabalho com ferro é uma habilidade altamente desenvolvida, em cuja execução se empenham artífices reconhecidos e, entre os polinésios, melanésios e outros ilhéus e habitantes do litoral, a construção de botes constitui ofício especializado. Mas apenas nas sociedades industriais levaram os homens a divisão do trabalho a tão complicadas extensões que Henry Ford, de uma feita, definiu a meta da produção em massa como a redução da tarefa do operário que trabalha na linha de montagem a fazer "o quanto possível uma coisa com um movimento só" [31].

A divisão do trabalho produzida pela tecnologia moderna e a complexa organização da economia moderna resultam não apenas nas tarefas simplificadas do trabalhador de fábrica (muitos dos quais, como já observamos, estão sendo agora eliminados pelo contínuo progresso tecnológico) senão também num aumento cada vez maior de serviços, que requerem grande soma de habilidades e conhecimentos altamente especializados. O grau de especialização entre médicos, advogados, cientistas e engenheiros é talvez um lugar-comum, mas há também os que se especializam, por exemplo, nas vendas pelo reembôlso postal, no emprêgo de acessórios áudio-visuais na educação, na redação de compêndios escolares, na determinação das causas dos acidentes de aviação ou na extensão dos danos sofridos pelas plantações em virtude de uma chuva de pedras.

A especialização profissional conduz à multiplicidade de papéis sociais diferenciados, que requerem não sòmente perícia técnica mas também habilidades, valôres e atitudes sociais. Além do conhecimento do processo de fabricação, o administrador de uma fábrica precisa ser capaz de conseguir a cooperação e o esfôrço dos auxiliares e operários; talvez se veja na contingência de barganhar com líderes sindicais, enfrentar fiscais do govêrno, lidar com fregueses e tratar com superiores na companhia. As qualidades pessoais, complexas e não raro sutis, exigidas em algumas ocupações, são ilustradas claramente nos anúncios que se fazem para contratar diretores. O "lado *público*" da ocupação inclui "habilidade administrativa, discernimento e senso comercial", além de "talento e habilidade técnica". Para ser bem sucedido, entretanto, o diretor precisa possuir também "fibra", isto é, capacidade de trabalhar "sob a pressão constante do volume, da demasia, da crítica possível e da imagem sempre presente do malôgro total", bem como "calma, tato, deferência, bom humor e lealdade às pessoas certas". E precisa, muitas vêzes, revelar estas últimas qualidades em situações extremamente difíceis.

> Numa atividade comercial onde os custos são um fator, onde as pressões são maiores do que as que uma pessoa pode absorver, a habilidade para resistir a pressões destrutivas para o indivíduo é elemento imprescindível de êxito e sobrevivência. Por exemplo, um cliente pode fazer

exigências demasiado onerosas, que consomem muito tempo ou cuja satisfação é impossível. O diretor, nesse caso, precisa persuadir o cliente a modificar suas exigências ou convencê-lo de que elas foram satisfeitas quando não o foram. Em certas ocasiões, poderá até capacitar o cliente de que suas exigências são totalmente desarrazoadas. Mas, faça o que fizer, o diretor terá de fazê-lo de tal maneira que conquiste o respeito ou a simpatia do cliente [32].

Algumas ocupações, sobretudo as que requerem conhecimentos e adestramento especiais ou impõem exigências características — de médicos, impressores, marinheiros, ferroviários, caixeiros-viajantes — criam subculturas próprias, completas, com seu jargão, seus costumes e seus valôres. Os vocabulários técnicos, encontrados na maioria dos tipos de trabalho, ministram útil taquigrafia verbal, que facilita a comunicação rápida e fácil, bem como exerce outras funções importantes. Porque a gíria de uma ocupação não pode ser compreendida pelos não iniciados, impressiona-os com as complexidades e dificuldades do trabalho, carreando respeito e, simultâneamente, excluindo o estranho. A qualidade de membro de um grupo profissional implica amiúde o aprendizado de seus costumes — técnicos e não técnicos. Existem freqüentes "cerimônias de iniciação", que demonstram, ao mesmo tempo, os conhecimentos e habilidades superiores dos trabalhadores mais antigos e experimentados e põem à prova a habilidade do recém-chegado para ingressar no grupo de trabalho. "O nôvo empregado de uma serraria recebe ordens para ir buscar o esticador de tábuas, o nôvo aprendiz numa fábrica de vidro é mandado à cata de um esticador de moldes na sala de depósitos e, desde tempos imemoriais, mandam-se os ajudantes de mecânico procurar uma chave-inglêsa canhota" [33].

À proporção que os homens exercem ocupações diferentes, com valôres e interêsses diversos, os laços que os unem tornam-se mais e mais tênues. Essas tendências são visíveis não só nas diferenças entre operários e administradores, ou entre lavradores e operários industriais, mas também entre as profissões liberais ou entre as fileiras de diretores, ou ainda no seio delas. Entre estudiosos, por exemplo, a concentração de esforços numa área restrita de investigação torna-os, às vêzes, incapazes de compreender os estudos uns dos outros ou de conversar com erudição sôbre quaisquer aspectos, senão os mais elementares, da vida social que presumìvelmente partilham. Quando os homens já não compartem de valôres comuns, ou quando os valôres e interêsses paroquiais do grupo profissional, seja êste o sindicato, a sociedade profissional ou a organização comercial, assumem precedência sôbre os do todo, ou os contrariam, a sociedade se vê diante de um enfraquecimento dos laços que lhe congregam os membros.

Entretanto, a própria divisão do trabalho, como assinalou numa análise clássica o sociólogo francês Émile Durkheim, também pode ser fonte importante de solidariedade [34]. À medida que os homens se empenham em tarefas novas e diferentes, tornam-se, necessàriamente, cada vez mais dependentes um do outro. A solidariedade "mecânica" da sociedade primitiva, que repousa extensamente nas semelhanças entre seus membros, é substituída, afirma Durkheim, pela solidariedade "orgânica" da sociedade complexa, baseada na necessidade mútua e na contribuição de cada homem à vida coletiva em que êle tem parte distinta.

Mas o fato em si da interdependência nem sempre — e talvez nunca — basta a manter unida a sociedade. Como assinalou o próprio Durkheim antes do fim do século XIX, o individualismo, a racionalidade econômica e a impessoalidade da sociedade ocidental estavam ameaçando sèriamente sua unidade e coerência. O consenso e a solidariedade estribam-se em conhecimentos partilhados e valôres comuns, bem como em interêsses racionalmente ajustados e na consciência da interdependência. Carecem, portanto, os indivíduos de uma fonte de unidade moral, que pode ser proporcionada, no entender de Durkheim, já pelo Estado, já talvez pelos grupos profissionais que poderiam organizar-se de maneira que criassem uma fôrça moral respeitada pelos homens [35].

Uma fonte da forma "anormal" da divisão do trabalho — isto é, a forma que debilita a solidariedade social — encontrou-a Durkheim na incapacidade do trabalhador para descobrir significado em suas limitadas atividades; não conseguindo enxergar o seu lugar no esquema das coisas, é incapaz de estabelecer relações significativas com outros ou de participar da unidade moral, fundamental para a ordem social. Êsse problema — o impacto do trabalho industrial sôbre os trabalhadores — tem preocupado os estudiosos da sociedade industrial desde os seus primórdios. Dessa maneira, em *A Riqueza das Nações*, publicado em 1776, Adam Smith comentou:

> O homem cuja vida se passa na execução de umas poucas operações simples, cujos efeitos são quase sempre os mesmos, ou quase os mesmos, não tem ocasião de exercer sua compreensão ou aplicar sua invenção no descobrimento de expedientes para afastar dificuldades que jamais ocorrem. Perde, portanto, naturalmente, o hábito dêsse esfôrço e, por via de regra, torna-se tão estúpido e ignorante quanto é possível se torne uma criatura humana [36].

Cêrca de meio século depois, Alexis de Tocqueville, francês que visitou os Estados Unidos e cujo *Democracia na América* continua a ser uma das análises mais percucientes da sociedade e da cultura norte-americanas já escritas, observou:

Quando um trabalhador se empenha incessante e exclusivamente na fabricação de uma coisa, acaba realizando seu trabalho com singular destreza; mas, ao mesmo tempo, perde a faculdade geral de plicar o espírito à direção do trbalho. A cada dia que passa, torna-se mais destro e menos industrioso; e pode-se dizer que, à proporção que se aperfeiçoa o trabalhador, degrada-se o homem. Que é o que se pode esperar de um homem que passou vinte anos de sua vida fazendo cabeças de alfinêtes? E a que se pode aplicar nêle a vigorosa inteligência humana, que tantas vêzes sacudiu o mundo, senão a investigar os melhores métodos de fazer cabeças de alfinête? Depois que um trabalhador passa parte considerável da existência dessa maneira, os pensamentos se lhe concentram para sempre no objeto de sua lida diária... êle já não pertence a si mesmo, senão ao mister que escolheu... Na proporção em que o princípio da divisão de trabalho se aplica mais extensamente, o trabalhador torna-se mais fraco, mais curto de vistas, mais dependente. A arte progride, o artífice regride[37].

Com o advento da linha de montagem, do engenheiro de métodos e do relógio de ponto, aumentou a crítica da tecnologia que reduz o operário a simples acessório da máquina. Tal crítica era refutada pela afirmativa de que o aumento de produção tornava acessível uma quantidade maior de bens a um número maior de pessoas, inclusive os trabalhadores, e pela asserção de que os trabalhadores, na realidade, não faziam caso das dificuldades que os estudiosos, artistas ou filósofos enxergavam nas tarefas rotineiras e sempre repetidas que aquêles executavam. O operador de máquinas, que realiza a mesma tarefa rotineira hora após hora, cinco ou seis dias por semana, dizia-se, talvez não seja mais limitado em seu trabalho do que o camponês que precisa trabalhar, desde que o Sol nasce até que o Sol se põe, num pedaço nu de terra. Na União Soviética, asseguravam os teóricos do marxismo, a abolição da propriedade privada e a fundação de um "Estado dos trabalhadores" eliminou a "exploração inerente ao capitalismo e emprestou até à tarefa mais rotineira significação e valor suficientes para impedir a insatisfação e a degradação do trabalho.

Tais alegações sôbre o impacto da extensa divisão do trabalho na indústria mecanizada são de comprovação difícil; expressões como *estreiteza de vistas* e *degradação* e temas como dependência e estultificação intelectual não se podem transformar prontamente em medidas observáveis, aplicáceis a homens no trabalho. Entretanto, na medida em que as críticas de Adam Smith, Tocqueville e muitos outros são submetidas à comprovação empírica, parecem encerrar considerável dose de validade. Até na União Soviética se dirá que existe agora um reconhecimento público das conseqüências das exigências tecnológicas sôbre os trabalhadores. Estudando "As maneiras de encarar o trabalho sob o comunismo", escreveu um sociólogo soviético:

> O trabalho numa esteira transportadora é muitíssimo fragmentado e cifra-se na execução de operações simples ou até de simples movimentos. À fadiga muscular do trabalho físico, *acrescenta-se* a fadiga resultante da intérmina e fisicamente opressiva repetição de operações idênticas. Estudos realizados por pesquisadores mostram que a tensão nervosa dos trabalhadores numa esteira transportadora, em certos casos, excede a das pessoas empenhadas em trabalhos mentais. O serviço monótono executado na esteira transportadora, na forma em que hoje existe em muitas emprêsas, origina insatisfação entre os trabalhadores, particularmente entre os jovens, que vão fazer êsse trabalho depois de haver completado um curso secundário [38].

Há, naturalmente, variações individuais em resposta a naturezas e condições específicas de trabalho, e a evidência de que dispomos mostra também claramente que o impacto da divisão do trabalho e da crescente mecanização depende muitíssimo da organização social do trabalho e dos valôres que os homens atribuem às tarefas que precisam realizar.

A organização do trabalho

Nas sociedades não industriais, a organização do trabalho é governada, em sua maior parte, pela tradição. A atribuição de tarefas faz-se com base no sexo, na idade, na posição ou, em alguns casos, na habilidade adquirida e demonstrada. Quando os homens precisam cooperar na aração dos campos, no pastoreio do gado, na pesca do peixe ou na caça, obtém-se a coordenação dos esforços porque êles conhecem as obrigações e habilidades um do outro e levam a cabo as tarefas respectivas com escassa supervisão. Quando o empreendimento se torna maior e mais complexo, o líder tribal, o chefe da família ou a pessoa reconhecida como a mais proficiente assume a responsabilidade de dirigir o esfôrço coletivo. Assim é que Firth resume a descrição de complicada expedição de pesca dos maoris da seguinte maneira:

> ... o contrôle final de todo o negócio achava-se nas mãos do chefe Popota. Êle tinha o direito de declarar quais seriam os dias de pesca, e a obrigação de manter informados os vários acampamentos, dar o sinal de reunião e a ordem final para sair à cata da prêsa. E tais privilégios e obrigações de contrôle não se baseavam em nenhuma proficiência específica e imediata na arte piscatória, senão num *status* social que lhe cabia por herança, na *mana* que descera sôbre êle de gerações de antepassados... Privilégios sociais, dessarte, eram freqüentemente incluídos no serviço da liderança econômica.
>
> Dentro da esfera de contrôle do chefe, chefes menores se encarregavam de outros aspectos do trabalho. Dessa maneira, os peritos em

cada acampamento verificavam o equipamento das canoas, a preparação de anzóis e tralha de pesca e, quando navegava, cada canoa tinha seu próprio comandante ou chefe, cuja autoridade derivava da posição social...

Para a organização da pesca pròpriamente dita, vigorava um sistema de regras, que estipulavam não apenas a ocasião e o lugar da pesca, senão também o próprio método de matar o peixe. E para evitar confusão no trabalho, empregavam-se sinais convencionais, tais como o grito de "Desvia" para evitar que se enredassem as linhas quando se fisgava um peixe [39].

Em tais circunstâncias, até as tarefas que se repetem e exigem pouca habilidade ou iniciativa são significativas para todos, porque constituem parte de um esfôrço coletivo dirigido para um fim reconhecido e apreçado.

Em compensação, na sociedade industrial, os métodos formais, racionais, de distribuir tarefas e organizar relações de trabalho tenderam a substituir processos tradicionais. Na Inglaterra, onde a industrialização atingiu primeiro a maturidade, tanto as necessidades tecnológicas quanto as instituições capitalistas não tardaram a modificar as relações estabelecidas entre trabalhadores e empregadores. Eric Lampard sintetizou essa transformação da seguinte maneira:

No sistema chamado de "extinção" (que precedeu a "Revolução Industrial") um mercador ou um grupo de mercadores decidia organizar e financiar determinada produção. As técnicas reais de produção não se haviam modificado; os artesãos realizavam suas tarefas tradicionais num ambiente familiar de loja, ou as famílias de lavradores exerciam seus ofícios caseiros sem qualquer supervisão direta ou regular do mercador-empregador, que lhes contratava os serviços e fornecia os materiais. No ofício manufatureiro, as relações entre patrões e criados eram pessoais e estreitas. Se bem o patrão tivesse posição superior, precisava também conformar-se ao costume e à opinião de seus pares: trabalhava com os operários e aprendizes de modo avuncular, quando não paternal. Os últimos eram protegidos em seu *status* atribuído pela tradição do ofício e pelo uso local. Os dependentes solteiros viviam em alojamentos domésticos, faziam suas refeições no local de trabalho. O operário podia aspirar a ter a sua propriedade e a alçar-se à categoria de patrão. Podia nutrir intenções acêrca da filha do patrão e, por conseguinte, herdar a loja e conquistar-lhe a boa vontade. O ritmo de trabalho e a rotina do serviço estavam de acôrdo com êsse ciclo íntimo de vida cotidiana. Mas à proporção que o patrão se afasta da loja, à proporção que aumenta o número de operários e o trabalho dêles se torna ocasional, o estabelecimento vai-se transformando em fábrica. A disciplina de trabalho é menos habitual e mais organizada: as normas e regulamentos fazem-se impessoais e objetivos. O padrão desaparece do centro da cena, tem um ôlho fito nos empregados e outro nos competidores. Correspondentemente, a posição do operário reduz-se, inferioriza-se-lhe o *status*...

É fácil romantizar uma idade áurea dos ofícios antes do ritmo febril da máquina ou do apito insistente da fábrica. Existe uma imagem familiar do patrão benévolo a orientar os empregados de confiança através das tarefas diárias, enquanto brincam a seus pés os jovens aprendizes. Isso nunca foi assim. Mas, deixando de parte os patrões tirânicos, os operários indolentes e os aprendizes acovardados, as organizações de ofício e de mercador-empregador funcionavam dentro da domesticidade e do costume aceitos de sua época menos apressada. A fábrica instaurou um ritmo furioso e modelou uma disciplina constante, quebrada apenas quando as máquinas grosseiras se quebravam ou as águas deixam de fluir. À medida que novos processos se integravam debaixo do mesmo teto e quando, durante a revolução industrial, a fábrica se mudou para a cidade, os homens viram-se metidos num mundo rigoroso e não familiar. A qualidade essencial, mas fugidia, da fábrica parece residir nas relações do empregador e do empregado e no estilo da rotina de trabalho... [40]

Libertos das coações — e da segurança — tradicionais de um *status* feudal, os operários foram atirados a um mercado impessoal de competição, em que os salários eram fixados pelas "leis" da oferta e da procura. Considerando a mão-de-obra como mercadoria, cujo preço era determinado pelo mercado, podiam os empregadores repudiar qualquer responsabilidade pessoal pelo bem-estar dos empregados e impor uma rígida autoridade sôbre homens que, presumia-se, haviam decidido aceitar livremente determinado trabalho. Os trabalhadores concordavam com sua sorte e com a autoridade do empregador, em parte porque aspiravam a tornar-se proprietários-empresários também (embora essa ideologia difundida do "êxito" só emergisse na Inglaterra em pleno século XIX [41]) e, em parte, porque não tinham muitas outras alternativas. Como assinalou Marx corretamente, os trabalhadores que não possuíam propriedade da qual auferissem renda tinham apenas a fôrça de trabalho para vender — num mercado em que havia excedente de trabalho.

Por causa da vastidão da terra, da riqueza dos recursos, da escassez da população e da ausência de uma herança feudal e aristocrática, o industrialismo desenvolveu-se nos Estados Unidos sem criar muitas das dificuldades que afligiram a Inglaterra. Mas nos Estados Unidos as relações entre operários e empregadores também se reduziram, largamente, a um vínculo mercantil (*cash nexus*), à proporção que as fábricas aumentavam e se difundia o espírito comercial. Com as modificações processadas na indústria, notadamente o crescimento de gigantescas companhias burocráticas, o aparecimento de poderosos sindicatos e a intervenção cada vez maior do govêrno na vida econômica, dissipou-se em parte a severidade anterior. O trabalhador individual já não se encontra inteiramente destituído de recursos ao "barganhar" com o empregador; os salários e condições de trabalho são tìpicamente decididos pela barganha coletiva; os próprios trabalhadores não organizados estão protegidos, até certo ponto, pelas leis que estabelecem padrões mínimos. A autoridade, antigamente não contestada, do empresário-proprietário foi cerceada pela lei e pelas restrições impostas por sindicatos; o patrão que não admitia que se lhe questionasse o poder ou que se lhe prejudicassem os lucros foi substituído pelo administrador "profissional", que busca aprimorar o moral de sua organização, tratando os empregados mais como sêres humanos que como mercadorias (embora sua concepção do homem talvez ainda encerre algumas noções duvidosas), e empregando tôdas as técnicas modernas de persuasão para justificar suas ações, sua política, seu poder.

A despeito dessas mudanças e do padrão de vida continuamente elevado, possibilitado por métodos aperfeiçoados de produção, ainda persistem os problemas criados pela complicada divisão do trabalho. O mercado que "se regula a si próprio" foi grandemente modificado, mas suas operações impessoais foram substituídas pela impessoalidade da burocracia, que constitui, por si mesma, importante fator do continuado desenvolvimento da tecnologia. (Veja o capítulo 10.) As contínuas inovações tecnológicas, geradas pela busca incessante de máquinas e métodos novos e mais eficientes, rompem rotinas estabelecidas; numa tecnologia que se altera constantemente, a tradição não cria raízes depressa e é mister descobrir outros métodos — usualmente burocráticos — para organizar o processo de trabalho.

Na medida em que os laços sociais entre os homens que trabalham são enfraquecidos ou destruídos pelas exigências impessoais do mercado e da burocracia, os trabalhadores perdem os laços e compreensões partilhadas que tornam satisfatório seu trabalho e lhe dão significado. Em tais circunstâncias, as tarefas rotineiras, sempre repetidas, são consideradas monótonas e insatisfatórias. Existe muita evidência empírica para mostrar que, quando os homens carecem de relações sociais satisfatórias no local de trabalho, seu moral, a satisfação que encontram no serviço e, muitas vêzes, sua produtividade, declinam. Inversamente, a participação em grupos informais de trabalho, congregados por laços pessoais, práticas comuns e valôres e crenças aceitos, melhoram, de ordinário, os sentimentos dos homens acêrca do próprio trabalho, de si mesmos e de seus empregadores, ainda que estejam realizando um trabalho não qualificado ou semiqualificado [42]. (Encontra-se uma exposição da natureza geral e da importância dos grupos primários no capítulo 6.) Outros estudos analisaram os efeitos das relações com os supervisores sôbre o moral e a produtividade; um supervisor duro, autoritário, antipático, impessoal, diminui a satisfação que os homens encontram no trabalho, ao passo que um superior que leva em conta as necessidades individuais e estabelece relações pessoais com os subordinados acentua assim a disposição para o trabalho como as satisfações dêle derivadas [43].

Tais descobrimentos levaram alguns autores a protestar contra a importância da tecnologia e a ignorar a relevância do contexto institucional e cultural mais amplo dentro do qual os homens realizam seu trabalho. Porque as relações agradáveis com colegas e superiores diminuem a monotonia e a fadiga e elevam o moral, e os trabalhadores se recusam às vêzes, a abrir mão de serviços presumìvelmente monótonos e sempre repetidos em razão dos laços que os unem aos colegas ou do confôrto das rotinas estabelecidas, tem-se afirmado que o impacto "destruidor da alma" da mecanização é um mito [44]. Mas a própria tecnologia, além dos efeitos diretos sôbre os trabalhadores, pode também determinar amplamente as oportunidades de interação social dentro da sala pelo barulho, cuja extensão fixa os trabalhadores em determinado lugar ou lhes permite liberdade de locomoção no recinto, e pelas exigências espaciais — quer juntando os trabalhadores quer mantendo-os separados. (Só em épocas relativamente recentes principiaram os estudiosos do trabalho a examinar problemas sutis, como o impacto de ritmos impostos sôbre os trabalhadores, embora há muito tempo Marx já tivesse penetrantemente observado que "o trabalho constante de uma espécie uniforme perturba a intensidade e o fluxo dos espíritos animais de um homem, que encontra recreação e deleite na simples mudança de atividade" [45]. Existem indícios de que, quando o ritmo de trabalho requerido por máquinas automáticas ou semi-automáticas não coincide com os "ritmos naturais", os trabalhadores experimentam muito desconfôrto [46].)

Inúmeros problemas do trabalho na indústria moderna podem ser finalmente resolvidos pela própria tecnologia, pois a automatização talvez não tarde a substituir a maioria dos trabalhadores e a transformar os que ficarem em mecânicos hábeis, capazes de manter a complexa maquinaria em condições de funcionamento, e em técnicos que operam as maravilhas tecnológicas elaboradas por engenheiros e cientistas altamente adestrados. Ameaçando — ou prometendo — não só desempregar muitos trabalhadores mas também reduzir ou eliminar o próprio trabalho como a principal atividade da maioria das pessoas, a automatização está contribuindo para modificar os valôres fundamentais que existem debaixo do esfôrço econômico. O trabalho tem sido considerado em várias épocas da História como degradante ou enobrecedor, como mal necessário ou oportunidade para o desenvolvimento pessoal, como sinal da perda da graça por parte do homem ou como meio de demonstrar virtude moral e as glórias de Deus. Todavia, sejam quais forem os valôres que se lhe atribuíram, sempre foi êle o centro ao redor do qual os homens organizaram suas vidas. Numa economia cada vez mais abundante, que requer esforços cada vez menores, os norte-americanos, como o assinalaram muitos observadores, têm dado constantemente maior importância aos "valôres de consumo" do que aos "valôres de produção" [47], e o trabalho parece estar perdendo seu lugar central na cultura norte-americana. Mas se o trabalho, que outrora proporcionava significação à existência humana e ligava o indivíduo ao mundo que o cerca, se transformar simplesmente em breve interlúdio diário o que exercerá as funções que êle durante tanto tempo exerceu? [48].

Distribuição e troca

Está visto que o proprietário principal do trabalho e da tecnologia é a provisão de bens e serviços para satisfazer às necessidades humanas. Visto que poucas pessoas, se é que existe alguma, são auto-suficientes, sobretudo numa sociedade de complicada divisão de trabalho, fazem-se mister certos arranjos para assegurar a distribuição e a troca de bens e serviços. Nas sociedades tradicionais, a distribuição ocorre, caracterìsticamente, no interior do contexto de relações familiais ou outras relações bem estabelecidas. As pessoas recebem os bens e serviços de que precisam — ou que desejam — como presentes, que habitualmente lhes cumpre retribuir, ou como satisfação de obrigações tradicionais. As trocas que assim se realizam são costumeiramente reguladas por normas muito antigas. Entre os ilhéus de Trobriand, minuciosamente estudados por Malinowski, por exemplo, a maior proporção da colheita de um homem era, em parte, entregue ao marido e à família de sua irmã e, em parte, como tributo, ao chefe. Êle, por sua vez, recebia colheitas do marido de sua irmã e fruía, de várias maneiras, da generosidade do chefe. Êsses ilhéus participavam também de um sistema mais amplo de trocas, o anel *Kula,* que abrangia todo o arquipélago de que faziam parte. Habitantes da área viajavam periòdicamente de uma ilha para outra, levando consido presentes de valor "cerimonial", que consistiam em pulseiras de conchas brancas e colares de conchas vermelhas. As trocas obedeciam a um padrão uniforme entre parceiros de longa data, e os colares se moviam numa direção e as pulseiras na outra, não permanecendo por muito tempo nas mãos de ninguém. Se bem o propósito manifesto das expedições — tão complicadas que Malinowski se viu induzido a chamar aos seus participantes os "Argonautas do Pacífico Ocidental" — não fôsse econômico, as visitas de um grupo a outro ensejavam festas, comércio e distribuição de alimentos, assim como várias cerimônias públicas [49].

Em contraste com tais instituições, que distribuíam bens através de complexo sistema de obrigações, encerrado em várias estruturas sociais, o mercado livre do capitalismo ocidental tem sido governado pelas "leis" impessoais da oferta e da procura. As considerações de papel e *status* são irrelevantes no mercado livre, pois os vendedores procuram auferir o maior lucro possível de seus artigos e os compradores pagar o menos possível. Visto que nenhum organismo central regula as transações que se processam, e nenhum padrão como, por exemplo, a concepção medieval do "preço justo", entra na barganha, os preços flutuam de acôrdo com o suprimento de bens e a procura dêles. A impessoalidade do mercado é estimulada pelo uso do dinheiro como meio de troca, que permite o cálculo abstrato e está livre das implicações tradicionais e usos costumeiros atribuídos a artigos específicos.

De acôrdo com a teoria econômica clássica, que recebeu sua primeira formulação autorizada no livro *A Riqueza das Nações,* de Adam Smith, publicado em 1776, as operações do mercado livre, que se regulam a si mesmas, propiciariam os meios mais eficientes para elevar ao máximo a produção e prover às necessidades humanas. Se a procura aumentasse, os preços subiriam e novos bens seriam trazidos ao mercado à medida que os produtores vissem oportunidades de lucro. Se a procura diminuísse e os preços a acompanhassem, diminuiriam os lucros e os produtores desviariam seus recursos para campos onde houvesse maior procura e maiores probabilidades de ganhar dinheiro.

Tal ponto de vista do mercado, entretanto, supunha não só um conjunto de valôres mas também um sistema institucional dentro do qual pudesse ocorrer a livre troca. Presumia-se que assim compradores como vendedores estivessem tentando aumentar ao máximo seu rendimento e fôssem, portanto, motivados para agir de maneira racional. Na realidade, como já nos foi dado observar (veja pág. 26), tais motivações, naturalmente, não são nem universais nem se encontram encerradas na natureza humana. Embora a busca do lucro seja um componente importante na atividade econômica, e até sua meta predominante, não é o único valor nem a única preocupação que entra no trabalho ou na troca. Entretanto, uma teoria que supõe a busca universal do interêsse próprio justifica o egoísmo irrestrito, a remoção de quaisquer restrições culturais aos esforços econômicos e a manutenção de instituições que facilitem as operações do mercado livre. Deve-se notar que o que distingue o capitalismo de outros sistemas econômicos não é a busca do interêsse próprio, difundido e talvez encontrado em tôda parte, senão a institucionalização dessa busca como normal e socialmente desejada.

Embora a maioria dos teóricos da economia considerem como estabelecido o arcabouço institucional subjacente, o mercado livre só poderia funcionar da maneira esperada em determinadas condições. Os direitos da propriedade privada teriam de ser aceitos e protegidos pelo

Estado, que evitaria escrupulosamente interferir nas atividades econômicas dos indivíduos. Os acôrdos feitos teriam de ser honrados ou seu cumprimento impôsto. Compradores e vendedores deveriam ter fôrças aproximadamente iguais, e nenhum dêles poderia exercer o contrôle monopolístico do suprimento de bens. Não sòmente seria necessário ao capital que estivesse livre de restrições, de modo que pudesse deslocar-se de um uso para outro, à maneira que mudasse a procura, mas a própria mão-de-obra gozaria da liberdade de transferir-se de um trabalho para outro, condição essa que só seria satisfeita se se permitisse ao preço do trabalho (isto é, os salários) flutuar também em resposta à oferta e à procura.

Ora, tais condições raro ocorreram plenamente, se é que ocorreram alguma vez, muito embora a natureza e a distribuição da maioria dos bens e serviços, exceto os serviços públicos, como educação, estradas, provisões de algumas instalações educativas, polícia, proteção contra o fogo, serviços postais e, na Europa Ocidental, transporte ferroviário, fôssem deixadas à mercê do livre funcionamento do mercado. Por conseguinte, a teoria elaborada pelos economistas nunca explicou cabalmente muitas características do comportamento econômico e das operações da economia. A procura, por exemplo, regula-se não só pelo rendimento e pelos preços, mas também pelas normas e valôres atribuídos aos padrões de consumo. O que as pessoas querem e como gastam sua renda dependem de fatôres como a idade, o estado civil, o *status* social e a experiência anterior, bem como da soma de dinheiro de que dispõem. Nos Estados Unidos, as pessoas da classe média propendem mais a tomar uísque e as pessoas da classe trabalhadora cerveja, conquanto alguns grupos étnicos prefiram o vinho, que também conquistou certa popularidade na classe média nos últimos anos. Os padrões de consumo são governados por concepções do que é direito, apropriado ou necessário, e pelo desejo de estar a par dos outros, ou de suplantá-los, e estão sujeitos a pressões externas, como a propaganda e o impulso da moda.

O que é porventura mais significativo é que os participantes do mercado livre não têm, freqüentemente, fôrcas iguais, fato êsse que influi nas barganhas que fazem. Um trabalhador individual sem outros recursos e nada que possa vender senão o seu trabalho, vê-se obrigado, como assinalou Marx, a aceitar os salários que lhe são oferecidos. A menos que ocorram fatôres externos, isto é, contrôle do govêrno ou organização dos trabalhadores, os salários determinam-se pelas leis da oferta e da procura; elevam-se quando se verifica escassez de mão-de-obra e declinam quando existe excesso. Se uma ou umas poucas grandes emprêsas dominam uma indústria, podem fixar preços arbitràriamente, sem se preocupar com as necessidades individuais ou comunitárias nem como a capacidade aquisitiva dos consumidores individuais, a menos que o govêrno intervenha ativamente na economia.

Com efeito, o papel do govêrno raro tem sido tão indiferente quanto o quereria a ideologia do *laissez-faire*. Uma das contribuições importantes de Marx foi a observação de que um Estado "imparcial", que se limitasse a manter a lei e a ordem de modo que a emprêsa individual pudesse continuar funcionando, na realidade protegeria os que tivessem maior fôrça de mercado. Defendendo e impondo os direitos de propriedade, asseguraria o Estado as vantagens dos proprietários contra os que não tivessem propriedades. Além disso, enquanto o Estado fôsse dominado pelos que se encontrassem em níveis econômicos mais elevados — proprietários de terras, banqueiros, industriais, comerciantes — as políticas do govêrno poderiam ser formuladas em seu benefício. (O leitor encontrará um estudo da natureza e das funções do Estado no capítulo 13.)

Porque o mercado livre foi acompanhado de instituições políticas democráticas, o papel do govêrno na vida econômica constituiu-se numa questão política primordial. Os que tinham a ganhar com uma economia não controlada, governada pela "mão invisível" analisada por Adam Smith, tentaram manter o govêrno fora dos negócios. No século XIX, por exemplo, promulgou-se na Inglaterra uma lei contra as coalizões de operários para pleitearem maiores salários. Com o advento das "grandes emprêsas", utilizou-se a retórica da competição e do mercado livre para atacar as restrições à liberdade dos homens de negócios de agirem como bem entendessem. Mas os problemas criados pelo mercado livre conduziram em todos os países capitalistas da Europa Ocidental e dos Estados Unidos ao "Estado-Previdência" e à ativa participação do govêrno nas operações da economia.

Por causa da ênfase emprestada ao interêsse próprio e da tendência da economia de mercado para reduzir as relações sociais ao simples vínculo mercantil (*cash nexus*), ninguém era responsável pelos incapazes de trabalhar ou de encontrar empregos ou pelos que percebiam rendimentos inadequados. As flutuações da economia, "normais" num sistema livre de competição, produziram inevitàvelmente baixas — desemprêgo, malogros comerciais, lavradores incapazes de vender suas colheitas. Além disso, conforme assinalou John Kenneth Galbraith em sua crítica contundente da "sociedade próspera", muitos serviços e instalações necessários num cenário urbano — escolas, parques, estradas, economia doméstica municipal — foram mantidos de maneira inadequada; não são prontamente ministrados pela emprêsa privada de finalidades lucrativas, e o público prefere gastar suas rendas em consumo particular a pagar impostos que serão empregados no bem-estar comum [50]. Tais problemas, entretanto, geraram pressões no sentido de se fazerem esforços para remediar a situação, que só poderiam ser envidados pela ação governamental — segurança social, leis sôbre o salário mínimo, assistência médica, seguro contra desemprêgo e indenização aos trabalhadores.

Além de criar tais problemas, os quais impuseram soluções que lhe modificaram o funcionamento, o mercado livre também gerou mudanças estruturais, que o puseram em perigo. A competição e o crescimento econômico originaram emprêsas cada vez maiores, que ameaçaram dominar o mercado. O monopólio não é nôvo. "A coisa mais próxima do monopólio que já tivemos no ramo da mercearia a varejo", observou um economista, "foi a velha mercearia da aldeia. Os preços que cobrava não eram elásticos e, de ordinário, não muito competitivos, até o momento em que o automóvel os fêz assim" [51] Mas o crescimento de companhias gigantescas exerceu tamanha influência na economia que muitos grupos advogaram a intervenção oficial, embora com propósitos diversos. Os defensores das pequenas emprêsas propuseram medidas para refrear o monopólio e manter a competição, ao passo que outros aceitavam a grande emprêsa e propunham que o govêrno regulasse a ação dos negócios e da administração a fim de manter um nível adequada de atividade econômica. Com efeito, medidas em todos êsses sentidos foram adotadas em várias ocasiões nos Estados Unidos — leis antitruste, para impedir ou derrubar monopólios, comissões reguladoras para controlar os preços do gás natural e da energia elétrica e estabelecer tarifas ferroviárias e aéreas, e políticas fiscais e verbas do govêrno destinadas a fomentar o desenvolvimento econômico e o pleno emprêgo.

A organização econômica em larga escala e o Estado

A moderna sociedade industrial é dominada pela grande emprêsa econômica, pública e particular. Se bem os pequenos negócios hajam sobrevivido, como se infere da quantidade de pequenas emprêsas existentes, a companhia, e sobretudo a companhia de proporções gigantescas, converteu-se na instituição econômica central. Caracterizadas por uma extrema difusão da propriedade e uma administração altamente centralizada, as grandes companhias atualmente representam uma quota considerável do total dos ativos comerciais, da produção, das entradas comerciais e do emprêgo. A. A. Berle, que foi, durante muitos anos, uma das maiores autoridades sôbre companhias, escreveu em 1964:

> Hoje em dia, aproximadamente cinqüenta por cento das indústrias norte-americanas — isto é, de tudo o que não seja finanças e transportes

— se encontram nas mãos de cêrca de 150 companhias, calculadas, pelo menos, pelo valor dos ativos. Se se considerar um grupo maior, as estatísticas provàvelmente revelarão que cêrca de dois terços dos ativos econômicamente produzidos nos Estados Unidos, excluindo-se a agricultura, são propriedade de um grupo não superior a 500 companhias [52].

Em 1960, havia 54 companhias com mais de 1 bilhão de dólares em ativos. As 100 maiores companhias industriais realizaram vendas totais, em 1960, de mais de 133 bilhões de dólares, 41 das quais realizaram vendas, em 1961, de mais de 1 bilhão de dólares.

Os norte-americanos estão-se tornando, cada vez mais, empregados em lugar de homens de negócios, profissionais ou agricultores independentes. Em 1960, aproximadamente 90 por cento de todos os norte-americanos tinham empregos remunerados ou salariados; no ano anterior, 30 milhões dos 65 milhões de pessoas com emprêgo remunerado eram empregados de companhias, além dos dez milhões que trabalhavam para algum órgão do govêrno — estadual, federal ou local. Muitas companhias gigantescas empregam quantidades imponentes de trabalhadores: a General Motors, por exemplo, tem mais de 600 mil empregados em tôdas as suas ramificações pelo mundo, e as 500 maiores companhias industriais empregam, sòzinhas, quase 10 por cento dos norte-americanos empregados.

As conseqüências da "tomada do contrôle pela companhia", como Andrew Hacker caracterizou o papel emergente da companhia nos Estados Unidos, são de longo alcance [53]. Os empregados fazem parte de amplíssimas estruturas burocráticas, cujas características foram estudadas no captíulo 10. Modificaram-se os canais de mobilidade, como se modificaram as condições de sucesso. O império da organização, afirmou William H. Whyte, contribuiu para modificações de valôres fundamentais, desde o individualismo e o "ético protestante" (veja o capítulo 14) até o "ético social", que põe em relêvo o grupo e a "condição de pertencer a um grupo" [54]. As instituições da propriedade foram transformadas, pois a propriedade de ações de uma companhia já não traz consigo qualquer medida significativa de contrôle sôbre a emprêsa, ao passo que a administração, com um investimento econômico relativamente pequeno na companhia, toma decisões significativas no que concerne à política da companhia.

O crescimento de companhias gigantescas, observou Berle, conduziu à "mais alta concentração de poder econômico que se registra na História... Muito superior a quanto já vimos até agora" [55]. As decisões dos homens que dirigem as companhias no tocante ao que produzir, onde localizar novas fábricas, quanto gastar dos fundos da companhia em pesquisa científica, que produtos divulgar, proporcionar aumentos de salários ou arriscar-se a uma greve dos funcionários, com quanto contribuir para as instituições de caridade ou educacionais — têm um impacto substancial sôbre indivíduos, grupos, comunidades e tôda a sociedade.

Entretanto, não existem meios institucionalizados de contrôle sôbre tais decisões, exceto no que toca às restrições que podem ser impostas pelo govêrno. Os advogados da emprêsa livre, não controlada, resistem à imposição de quaisquer contrôles, alegando que o critério particular e o interêsse próprio são mais dignos de confiança do que as decisões do govêrno. Alternativamente, sustentam outros que a administração se tornou cada vez mais "profissionalizada" de modo que os administradores tomam agora necessàriamente em consideração o interêsse público.

Que se modificaram as atitudes e valôres dos administradores é, sem dúvida, um fato. Foi-lhes preciso aceitar, embora muitas vêzes com relutância, a existência de sindicatos e a participação maior do govêrno na economia e levar em conta mais as necessidades a longo prazo da organização que seus interêsses imediatos. Como instituição "em perpetuidade", a companhia impõe agora seus próprios requisitos. A despeito de rejeitarem, pública e freqüentemente, o "planejamento", tal como é realizado pelo govêrno, os administradores são obrigados a planejar para um longo futuro, não raro à custa de vantagens a curto prazo.

Não obstante, apesar das crescentes exigências de conhecimentos e habilidades e do crescimento de escolas profissionais de administração de emprêsa, a administração carece de plena profissionalização. Como o demonstrou Bernard Barber, não existe nem a orientação institucionalizada para interêsses comunitários, o característico "desinterêsse" do profissional liberal ao representar seu papel, nem um código de ética e padrões profissionais aceitos, pelos quais se possam julgar suas ações [56]. Em conjunto, espera-se que os administradores busquem seus próprios interêsses e a medida do sucesso do administrador continua a ser a demonstração de lucros e perdas.

Em parte, o aumento da participação do govêrno na economia representa um esfôrço para enfrentar o poder, aliás não controlado, da companhia, bem como uma resposta aos problemas criados pelo mercado livre. Além disso, o impacto do govêrno aumentou à proporção que aumentou o tamanho dos orçamentos do govêrno, seja para finalidades de defesa, seja para alcançar metas de bem-estar. Mais fundamentalmente talvez, a idéia de que a atividade econômica está sujeita a "leis" impessoais que não poderiam — nem deveriam — ser tocadas foi substituída pela crença de que o desenvolvimento econômico e o emprêgo razoàvelmente pleno podem e devem ser mantidos pela ação do govêrno.

A divisão entre política e economia, que assinalou o século XIX por conseguinte, foi gradativamente diminuindo. A destinação de recursos, o coeficiente de progresso tecnológico e de crescimento econômico, o nível de atividade econômica, resultam agora, na Europa Ocidental e nos Estados Unidos, de um complexo padrão de decisões políticas, ações administrativas e opções individuais, tôdas entreligadas de diversas maneiras. A política do govêrno destina-se a influir no nível do consumo e na política da companhia através de coeficientes de impostos, despesas governamentais e ações reguladoras, ao mesmo passo que a administração toma em consideração ou é constrangida pelas ações dos órgãos governamentais.

Está visto que na União Soviética, na China e em outras partes a separação entre o govêrno e as emprêsas desapareceu quase completamente, embora existam ainda paralelos significativos na estrutura e na organização da complexa e complicada tecnologia da indústria moderna. Como o mostrou David Granick, o administrador russo também tem, até certo ponto, liberdade de ação na direção da emprêsa econômica, ainda que lhe seja preciso trabalhar dentro de diretrizes que lhe são fixadas por um órgão do govêrno central e impostas por uma complicada estrutura de contrôles [57].

Em qualquer sistema industrial moderno, o conflito entre a autoridade centralizada e o planejamento, de um lado, e a necessidade de autonomia e certa dose de liberdade de ação em vários níveis no interior da estrutura, de outro, será provàvelmente um problema contínuo — e bàsicamente não resolvido. Dir-se-á que na União Soviética, muitos dos principais problemas decorrem da super-centralização; as várias reorganizações administrativas do fim da década de 1950 e da década de 1960 representam esforços para solucioná-los. Nos Estados Unidos, a ausência de contrôles efetivos constitui uma fonte principal de dificuldades em manter a economia nos níveis desejados de atividade e crescimento. As maneiras pelas quais essa contínua tensão é enfrentada refletem não apenas preocupações econômicas e interêsses políticos de vários grupos dentro de cada sociedade, senão também compromisssos ideológicos e orientações de valor.

Notas

1 Robin Williams, *American Society* (2.ª ed.; Nova Iorque: Knopf, 1960), p. 151.

2 *Ibid.*

3 Wilbert E. Moore, *Economy and Society* (Garden City: Doubleday, 1955), p. 3.

4 Veja, por exemplo, a obra dos economistas "institucionais", nomeadamente Thorstein Veblen, John R. Commons, Wesley C. Mitchell, e Walton Ha-

milton; os estudos regulares de gastos e expectativas do consumidor, patrocinados pela Federal Reserve Board e publicados todo ano no *Federal Reserve Bulletin;* Moore, *op. cit.,* Bert F. Hoselitz, *Sociological Aspects of Economic Growth* (Nova Iorque: Free Press, 1959); Bert F. Hoselitz (ed.), *The Progress of Underdeveloped Areas* (Chicago: University of Chicago Press, 1952); e Mirra Komarovsky (ed.), *Common Frontiers of the Social Sciences* (Nova Iorque: Free Press, 1957), II Parte, "Economics and Sociology".

5 Karl Polanyi, *The Great Transformation* (Nova Iorque: Farrar, 1944), p. 46.

6 Walton Hamilton e Irene Till, "Property", em *Encyclopedia of the Social Sciences,* XII (Nova Iorque: Macmillan, 1930), 528-38.

7 Kingsley Davis, *Human Society* (Nova Iorque: Macmillan, 1948) p. 452.

8 Hamilton e Till, *op. cit.*, pp. 529-30.

9 O leitor encontrará sugestiva exposição sôbre a natureza da propriedade em A. Irving Hallowell, *Culture and Experience* (Filadélfia: University of Pennsylvania Press, 1955), Cap. 12.

10 R. von Jhering, citado em *ibid.*, p. 240.

11 E. Adamson Hoebel, *Man in the Primitive World* (2.ª ed.; Nova Iorque: McGraw-Hill, 1958), p. 439.

12 A. A. Berle e Gardner Means, *The Modern Corporation and Private Property* (Nova Iorque: Macmillan, 1933).

13 David Granick, *The Red Executive* (Garden City: Doubleday, 1960), apresenta uma análise do papel do administrador soviético e uma comparação com sua contrapartida norte-americana.

14 Daryll Forde e Mary Douglas, "Primitive Economics", em Harry L. Shapiro (ed.), *Man, Culture, and Society* (Nova Iorque: Oxford, 1956), p. 331.

15 Hamilton e Till, *op. cit.*, p. 529.

16 Ralph Linton, *The Study of Man* (Nova Iorque: Appleton, 1936, p. 321.

17 Veja, por exemplo, os casos descritos por Bernhard J. Stern "Resistances to the Adoptions of Tecnological Innovations", Cap. 4, em National Resources Committee, *Technological Trends and National Policy* (Washington, D. C.: U. S. Government Printing Office, 1937), pp. 39-66.

18 Citado por Margaret Mead (ed.), *Cultural Patterns and Technical Change* (Nova Iorque: New American Library, 1955), pp. 238, 241.

19 Thorstein Veblen, *The Instinct of Workmanship* (Nova Iorque: Huebsch, 1922 (publicado pela primeira vez em 1914), especialmente o cap. 7, pp. 309-11.

20 Veja Thorstein Veblen, *The Theory of the Leisure Class* (Nova Iorque: Random House, 1931 (publicado pela primeira vez em 1899), cap. 8.

21 O leitor encontrará o mais completo relato da vida e da obra de Veblen em Joseph Dorfman, *Thorstein Veblen and His America* (Nova Iorque: Viking, 1934).

22 Forde e Douglas, *op. cit.*, pp. 331-2.

23 Veja *Technology and the American Economy*: *Report of the National Commission on Technology, Automation, and Economic Progress,* Vol. I (Washington, D. C.: U. S. Government Printing Office, 1966).

24 Excelente coletânea de ensaios que tratam da natureza e das conseqüências da automatização encontra-se em Morris Philipson (ed.), *Automation*: *Implications for the Future* (Nova Iorque: Random House Vintage Books, 1962).

25 U. S. Department of Labor, *Dictionary of Occupational Titles,* I (3.ª ed.; Washington, D. C.: U. S. Government Printing Office, 1965), XV.

[26] *Ibid.*, p. 24.

[27] *Ibid.*, p. 124.

[28] *Ibid.*, p. 459.

[29] *Ibid.*, p. 680.

[30] *Ibid.*, p. 135.

[31] Henry Ford, *My Life and Work* (Garden City: Doubleday, 1922) p. 80.

[32] Ian Lewis, "In the Courts of Power — The Advertising Man", em Peter Berger (ed.), *The Human Shape of Work* (Nova Iorque: Macmillan, 1964), pp. 143-4.

[33] Wilbert E. Moore, *Industrial Relations and the Social Order* (ed. rev.; Nova Iorque: Macmillan, 1951), p. 282.

[34] Émile Durkheim, *A Divisão do Trabalho na Sociedade,* traduzido para o inglês por George Simpson (Nova Iorque: Free Press, 1947).

[35] *Ibid.,* Prefácio à 2.ª ed.

[36] Adam Smith, *The Wealth of Nations,* II (Londres: Dent Everyman Edition, 1910), 263-4.

[37] Alexis de Tocqueville, a *Democracia na América,* II, texto de Henry Reeve, editado por Phillips Bradley (Nova Iorque: Random House Vintage Books, 1954), 168-9.

[38] A. Zvorykin, "Approaches to Work Under Communism", *Soviet Sociology,* I (Fall, 1962), 29.

[39] Raymond Firth, *Primitive Economics of the New Zealand Maori* (Londres: Routledge, 1929), pp. 218-9.

[40] Eric E. Lampard, *Industrial Revolution*: *Interpretations and Perspectives* (Washington, D. C.: American Historical Association, 1957), pp. 24-5.

[41] Veja Reinhard Bendix, *Work and Authority in Industry* (Nova Iorque: Wiley, 1956), I Parte.

[42] O leitor encontrará uma sumária exposição das relações entre grupos de trabalho e produtividade em Robert Dubin, *The World of Work* (Englewood Cliffs: Prentice-Hall, 1958), cap. 16. E encontrará também um sumário e uma exposição crítica de vários estudos empíricos importantes em Georges Friedmann, *Industrial Society* (Nova Iorque: Free Press, 1955), pp. 304-50.

[43] Veja, por exemplo, Friedmann, *op. cit.*, pp. 296-301, e referências citadas nas pp. 302-3.

[44] "Ouvimos, com freqüência, a afirmação de que a administração moderna e a era da máquina estão promovendo um processo acelerado, física e emocionalmente não sadio. Para nossa grande surprêsa, descobrimos que o trabalhador superacelerado é, em sua quase totalidade, um mito. Existe principalmente na imaginação do autor popular e do observador casual". Stanley Mathewson, *Restriction of Output Among Unorganized Workers* (Nova Iorque: Viking, 1934), p. 151.

[45] Karl Marx, *Capital* (Nova Iorque: Modern Library, 1936), p. 374.

[46] Friedmann, *op. cit.*, pp. 157-62.

[47] Encontra-se alguma documentação dessa transferência em Leo Lowenthal. "Biographies in Popular Magazines", em Paul F. Lazarsfeld e Frank Stanton (eds.), *Radio Research, 1942-43* (Nova Iorque: Duell, Sloan, 1944), pp. 507-48. Sugestiva análise de algumas das fontes e conseqüências da mudança de valôres encontra-se nas páginas de David Riesman, *The Lonely Crowd* (New Haven: Yale University Press, 1950).

48 Veja Daniel Bell, *Work and Its Discontents* (Boston: Beacon, 1956), especialmente as pp. 55-6.

49 Leia o relato circunstanciado do anel de *kula* em Bronislaw Malinowski, *Argonauts of the Western Pacific* (Londres: Routledge, 1922). Veja também Marcel Mauss, *The Gift,* traduzido para o inglês por I. Cunnison (Londres: Cohn & West, 1954).

50 John Kenneth Galbraith, *The Affluent Society* (Boston: Houghton Mifflin, 1958).

51 Citado por C. Wrigth Mills, *White Collar* (Nova Iorque: Oxford, 1951), pp. 36-7.

52 A. A. Berle "Economic Power and the Free Society", em Andrew Hacker (ed.), *The Corporation Take-Over* (Garden City: Doubleday Anchor Books, 1965; publicado pela primeira vez em 1964), p. 96.

53 Hacker, *op. cit.*

54 William H. Whyte Jr., *The Organization Man* (Nova Iorque: Simon & Schuster, 1956).

55 Berle, *op. cit.*, p. 97.

56 Bernard Barber, "Is American Business Becoming Professionalized? Analysis of a Social Ideology", em Edward A. Tiryakian (ed.), *Sociological Theory, Values, and Sociocultural Change* (Nova Iorque: Free Press, 1963), pp. 121-45.

57 Granick, *op. cit.*

Sugestões para novas leituras

BELL, DANIEL. *Work and Its Discontents.* Boston: Beacon, 1956.
Breve mas penetrante ensaio sôbre a natureza e os problemas do trabalho na sociedade industrial.

BERLE, ADOLF A. e GARDNER MEANS. *The Modern Corporation and Private Property.* Nova Iorque: Macmillan, 1932.
O estudo explosivo que primeiro revelou com pormenores o impacto da difundida distribuição da propriedade das companhias sôbre as instituições da propriedade nos Estados Unidos. Pronunciamento mais recente é o de Berle, Power Without Property, *Nova Iorque: Harcourt, 1959.*

BERLINER, JOSEPH S. *Factory and Manager in the U. S. S. R.* Cambridge, Mass.: Harvard University Press, 1957.
Estudo da organização industrial na União Soviética.

CAPLOW, THEODORE. *The Sociology of Work.* Mineápolis:University of Minnesota Press, 1954.
Interessante análise dos papéis profissionais e instituições que regulam o trabalho na moderna sociedade industrial.

DURKHEIM, ÉMILE. *A Divisão do Trabalho na Sociedade.* Traduzido para o inglês por George Simpson. Nova Iorque: Free Press, 1947.
Ensaio clássico sôbre as funções e disfunções da divisão do trabalho na sociedade.

FIRTH, RAYMOND. *Primitive Economics of the New Zealand Maori.* Nova Iorque: Dutton, 1929.
Circunstanciada descrição da vida econômica dos maoris, aborígines da Nova Zelândia.

GEORGES FRIEDMANN. *Industrial Society.* Nova Iorque: Free Press, 1955.
Exposição crítica e interpretação da pesquisa sôbre os problemas oriundos da crescente automatização da produção na indústria moderna.

GALBRAITH, JOHN KENNETH. *The Affluent Society.* Boston: Houghyon Mifflin, 1958.
Pronunciamento interessantíssimo — e muito debatido — dos problemas econômicos e sociais de uma sociedade de abundância.

GRANICK, DAVID. *The Red Executive.* Garden City: Doubleday, 1960.
Estudo criterioso da composição, origens sociais, papel e problemas dos administradores industriais na sociedade soviética. Fazem-se amiudadas comparações com administradores norte-americanos.

HOSELITZ, BERT, e WILBERT E. MOORE (eds.). *Industrialization and Society.* Haia: UNESCO-Mouton, 1963.
Ensaios sôbre os problemas e processos de industrialização nas áreas "subdesenvolvidas".

HUGHES, EVERETT C. *Men and Their Work.* Nova Iorque: Free Press, 1958.
Coleção de ensaios sugestivos sôbre diferentes aspectos do trabalho.

MILLER, DELBERT C., e WILLIAM H. FORM. *Industrial Sociology.* Nova Iorque: Harper, 1951.
Texto sôbre a estrutura social e a cultura da indústria moderna, que inclui alguma pesquisa empírica original.

MOORE, WILBERT E. *The Conduct of the Corporation.* Nova Iorque: Random House, 1962.
Vigoroso relato sociológico da estrutura e do funcionamento da companhia.

MOORE, WILBERT E. *Industrial Relations and the Social Order,* ed. rev. Nova Iorque: Macmillan, 1951.
Completa e ampla introdução aos aspectos sociológicos da vida econômica na sociedade moderna.

PHILIPSON, MORRIS (ed.). *Automation: Implications for the Future.* Nova Iorque: Random House Vintage Books, 1962.
Excelente coleção de escritos sôbre os vários aspectos da automatização.

SHONFIELD, ANDREW. *Modern Capitalism.* Londres: Oxford, 1965.
Esfôrço importante no sentido de estudar o padrão emergente das relações entre o govêrno e as emprêsas na Europa Ocidental e nos Estados Unidos.

SOMBART, WERNER. "Capitalism", *Encyclopedia of the Social Sciences,* III. Nova Iorque: Macmillan, 1930, pp. 195-208.
Excelente e breve pronunciamento sôbre as características institucionais e culturais do capitalismo.

TAWNEY, R. H. *The Acquisitive Society.* Nova Iorque: Harcourt, 1920.
Crítica clássica da institucionalização da capacidade de aquisição no capitalismo.

VEBLEN, THORSTEIN. *The Theory of Business Enterprise.* Nova Iorque: Scribner, 1932. Republicado com uma introdução de C. Wright Mills; Nova Iorque: New American Library, 1958.
Um dos vários livros que expõem as idéias de Veblen sôbre os negócios e a indústria. O capítulo 7 "A Incidência Cultural do Processo da Máquina' oferece uma discussão característica do impacto da tecnologia.

WALTER, CHARLES H. Toward the Automatic Factory. New Haven: Yale University Press, 1957.
Casuística social do impacto da automação sôbre operários numa usina siderúrgica.

O PODER, A AUTORIDADE E AS INSTITUIÇÕES POLÍTICAS

A natureza do poder e da autoridade

Os fatos do poder e da autoridade são inerentes às relações recíprocas de grupos e indivíduos. O poder social, como já observamos (veja pág. 254) é a capacidade de controlar as ações dos outros. Acha-se presente em tôdas as áreas da vida social — família, religião, escola, atividade econômica e, naturalmente, govêrno e política. Exerce-se o poder não só quando o Congresso vota uma lei, ou quando o Presidente a veta, mas também quando os pais disciplinam uma criança, o professor dá tarefas para serem feitas em casa, os diretores de uma companhia fixam preços e o produtor de televisão escolhe um programa. Revela-se o poder quando o Primeiro Ministro soviético anuncia a política de sua nação, um exército latino-americano depõe um Presidente, ou um populacho colérico faz demonstrações contra o imperialismo ocidental em alguma capital do Oriente-Médio. Maniefsta-se quando negros — e brancos — dirigem demonstrações "de participação" e quando os membros de um sindicato votam a favor de uma greve; emerge quando os produtores de gás natural organizam uma campanha para libertar os dutos de gás do contrôle federal e quando católicos buscam angariar fundos públicos para transportar estudantes a escolas paroquiais.

O poder abrange não só a habilidade para comandar — exigir obediência às ordens de alguém — mas também para tomar decisões no exercer influências sôbre elas, que afetam, direta ou indiretamente, a vida e ações de outros, bem como a própria sorte da pessoa. A posse da propriedade, sobretudo da propriedade produtiva, como assinalamos no capítulo precedente, traz em si poder sôbre outras pessoas em razão dos direitos reconhecidos de controlar o uso das coisas. Quando considerada como luta pelo poder, centraliza-se a política em tôrno de quem determinará a política pública e do que será essa política — quais os impostos que serão criados, como será distribuído o ônus fiscal, se o govêrno edificará habitações públicas ou incentivará a emprêsa privada a fazê-lo, como serão escolhidos os membros das fôrças armadas e durante quanto tempo servirão, qual a natureza das relações do país com outras nações, a conveniência de recrutar capital bem como mão-de-obra para levar adiante uma guerra. O poder, escreveu Max Weber, é "a oportunidade de um homem ou de certo número de homens de realizarem sua própria vontade na ação comunitária, mesmo contra a resistência de outros que participam da ação" [1].

O poder pode apoiar-se na fôrça pura e simples, pode ser camuflado por ideologias que lhe negam a existência ou apoucam a importância, pode ser deliberadamente obscurecido graças à complexidade da estrutura social, ou pode ser "legitimado" e transformado em autoridade. Quando os homens possuem autoridade, escreve Robert M. MacIver, possuem "o *direito* estabelecido, dentro de qualquer ordem social, de determinar políticas, pronunciar julgamentos sôbre questões relevantes e decidir controvérsias ou, de modo mais geral, proceder como líderes ou guias de outros homens" [2].

A História nos ministra um sem-número de exemplos de poder impôsto pela espada: bandidos que exercem sua vontade sôbre infelizes vítimas, conquistadores que impõem suas normas aos vencidos, revolucionários que assumem o contrôle pela fôrça. Tão difundidos têm sido tais casos na história humana que alguns homens afirmaram que "a fôrça faz o direito", e, no dizer de Trasímaco, que discute com Sócrates na *República* de Platão, "a justiça nada mais é que o interêsse do mais forte". Dir-se-á, entretanto, que o poder apoiado apenas na fôrça pura e simples é inevitàvelmente instável e transitório. "O mais forte nunca é suficientemente forte", escreveu o filósofo francês do século XVIII, Jean Jacques Rousseau, "para ser sempre o amo, a menos que transforme a fôrça no direito e a obediência em obrigação" [3]. Os que firmam seu poder apenas na fôrça enfrentam a possibilidade de encontrarem relutância em obedecer às suas ordens e esforços violentos para derrubá-los, a menos que possam fortalecer de outra maneira a própria posição. Podem assegurar o poder por uma repressão tão rígida à oposição que esta se dissolva em apatia e incapacidade de defesa, com um enfraquecimento inevitável de tôda a fábrica social; oferecendo a alguns homens vantagens sociais ou econômicas suficientes para conquistar-lhes a lealdade e o apoio; ou, finalmente, transformando o poder em autoridade, sustentando dessarte o seu contrôle através de sanções morais e institucionais.

Claro está que, na prática, o poder pode fundar-se em tôdas essas fontes: a fôrça, o interêsse próprio, a ideologia, a apatia. O regime soviético, por exemplo, assumiu originalmente o poder pela revolução violenta e o manteve, durante algum tempo, pelo uso continuado da fôrça e do terror. Mas também procurou conseguir a lealdade do povo oferecendo oportunidades de educação e progresso. Prometeu e já principiou a proporcionar melhorias materiais no padrão de vida. E seus dirigentes têm reiterado, de contínuo, com todos os meios à sua disposição, uma justificação moral e filosófica da Revolução, da 'ditadura do proletariado" e das instituições soviéticas.

A *legitimidade* — a justificação social do poder — pode assumir muitas formas. Os homens talvez aceitem a autoridade porque esta se funda na tradição e no uso convencional: o respeito consagrado aos pais, ao sacerdote ou ao ministro; a lealdade ao monarca hereditário; as lealdades partidárias, que transcendem questões e personalidades. Os homens talvez aceitem o exercício do poder como legítimo porque a formulação das ordens ou das políticas obedece a regras que todos endossam; os Estados Unidos, como se tem afirmado amiúde, possui um govêrno "de leis e não de homens". Por mais impopulares que sejam, as leis deverão ser obedecidas enquanto forem constitucionais; a oposição, em regra geral, assume a forma de esforços para modificar a lei — ou a constituição — mais que a de uma desobediência ou rebelião total. (Em certas circunstâncias, entretanto, verifica-se uma fuga difundida e reconhecida a certas espécies de leis; por exemplo, o descaso da proibição durante a década de 1950 nos Estados Unidos, os conchavos para a obtenção de divórcios, ou a diminuição das rendas e o aumento das despesas no preparo das declarações de impostos sôbre a renda. O leitor encontrará uma análise geral das fontes da *evasão institucionalizada* das normas sociais no capítulo 19.) Ou, finalmente, os homens talvez obedeçam apenas por causa das qualidades pessoais — o *carisma* — da pessoa que comanda; o fascínio do "líder natural" pode transcender as instituições estabelecidas e desafiar valôres aceitos.

A estrutura do poder, entretanto, nem sempre se acha claramente definida ou reconhecida; seu *locus,* ou mesmo sua própria existência, são não raro incertos ou sujeitos a contestações. Alguns observadores asseveraram, por exemplo, que os diretores das companhias gigantescas da moderna sociedade capitalista exercem grande poder. Escreve C. Wright Mills:

> Suas decisões privadas, tomadas responsàvelmente no mundo quase feudal da propriedade e do rendimento privados, determinam o tamanho e a forma da economia nacional, o nível do emprêgo, o poder aquisitivo do consumidor, os preços anunciados, os investimentos canalizados. Não são os "financistas de Wall Street" nem os banqueiros, senão os grandes proprietários e diretores nas suas companhias autofinanciadoras que detêm as chaves do poder econômico. Não são os políticos do govêrno visível, senão os principais diretores instalados no diretorado político, de fato e de direito, que detêm o poder e os meios de defender os privilégios do seu mundo comercial. Se não reinam, governam muitos dos pontos vitais

da vida cotidiana dos Estados Unidos, e não há podêres que se lhes possam opor eficaz e consistentemente, nem criaram êles, como homens de companhia, qualquer consciência efetivamente restritiva [4].

O presidente de uma das principais emprêsas industriais dos Estados Unidos contestou vigorosamente êsse ponto de vista:

> Os "podêres" das companhias são um mito tão afastado da realidade quanto a lâmpada de Aladim ou a extraordinária vara de feijão do Joãozinho.
>
> Quer-me parecer que qualquer companhia possui seu próprio sistema de contrôles e equilíbrios e é provàvelmente mais sensível à vontade do público do que o próprio govêrno. A razão disso é que a organização comercial, além dos seus contrôles internos, está sujeita à soberania da praça do mercado, fôrça que pode expressar-se mais ràpidamente e com maior efeito que um eleitorado indignado e completamente desperto. Não conheço nenhuma terapia comercial capaz de imunizar contra as sanções do freguês. Se dúvida alguma pouco vale o tamanho da firma no trato com a senhora colérica, diante do balcão da mercearia, depois que se enfeza e se põe a brandir o guarda-chuva [5].

Essa negação do poder apresentada pela companhia reflete muitas coisas: a suposição difundida, mormente nos Estados Unidos, de que o poder é em si mesmo mau, "conceito suspeito", segundo a expressão do mesmo diretor; a concepção errônea de que o poder precisa ser total ou inexistente; a persistência de uma concepção da vida econômica que já não é exata; o esfôrço da grande emprêsa para defender-se da crítica por causa do poder que possui. Uma mulher que brande o guarda-chuva diante de um balcão de reclamações pode exercer escasso impacto sôbre os diretores de uma companhia cujo poder é manifesto em cada decisão de seguir uma nova linha de pesquisas, aumentar ou diminuir preços, ou erguer uma nova fábrica nesta ou naquela comunidade, ainda que um número suficiente de queixas dos consumidores possa acarretar alguma alteração no produto ou na embalagem, no tamanho e na natureza da campanha publicitária.

Nos Estados Unidos dos séculos XVIII e XIX, o poder era limitado e disperso, e seu exercício amplamente considerado como inimigo das liberdades de outros. Mas hoje, na realidade, o poder está concentrado no govêrno, nas corporações gigantescas, nos sindicatos e outras organizações de grandes proporções. Se bem persista a difundida desconfiança do poder e algumas pessoas ainda endossem a idéia de que "o melhor govêrno é aquêle que menos governa", admite-se cada vez mais que, ao dar ordens, os homens podem não apenas sujeitar os outros à sua vontade, mas também alcançar metas mais amplas. O poder pode ser usado para pequenos ou grandes propósitos, não apenas para satisfação pessoal senão também para o benefício coletivo. Os generais não se limitam a dar ordens aos subordinados, mas também procuram proteger a nação. Buscando aumentar os lucros da companhia e os ganhos pessoais, os diretores de companhias talvez ponham em movimento vastos planos que podem beneficiar — ou prejudicar — a nação como um todo ou grupos específicos dentro dela. Os políticos aquirem fama, influência e, em raras ocasiões, riqueza, mas podem adotar políticas que influem no bem-estar de vários grupos e fortalecem ou enfraquecem tôda a sociedade. "A vontade de poder", escreveu Robert Penn Warren, "embora pareça sinistra a certas luzes, pode casar-se ainda que constrangidamente, com o amor da justiça e o altruísmo dedicado"[6].

O poder é uma fôrça protéica na sociedade. Raras vêzes assume contornos nítidos e raras vêzes deixa de encontrar oposição, mas é, de ordinário, parte de uma estrutura complexa de fôrças concorrentes e de manobras às vêzes visíveis, às vêzes ocultas, dentro de um sistema institucional que define e canaliza a luta pelo contrôle. Não nos cabe aqui a tarefa de criticar um "conceito suspeito", ainda que o abuso do poder tenha sido sempre um dos males atrozes da Humanidade, senão verificar a forma que assume, onde se localiza e como é usado.

O Estado e suas funções

Conquanto o poder e a autoridade se encontrem nos papéis e relações sociais em tôdas as áreas da vida social, centralizam-se de maneira mais clara no *Estado*. Como conceito da ciência social, o Estado se refere às instituições que estabelecem quem possuirá *"o monopólio do uso legítimo da fôrça física* dentro de dado território"[7] e que define como será organizado e utilizado o poder que se apóia nesse monopólio. As pessoas que exercem o poder compõem o govêrno.

Em virtude do seu legítimo (mas jamais completo) monopólio da fôrça, o govêrno, evidentemente, detém o poder supremo na sociedade. Donos de propriedades e funcionários de organizações privadas, por exemplo, não podem, em princípio, empregar a fôrça para manter seu contrôle, se bem possam apelar para o poder coercitivo do Estado a fim de proteger seu direito de mandar e tomar decisões dentro de suas esferas limitadas de ação. O fato de poder o Estado, em última instância, afirmar sua superioridade não significa, entretanto, que êle seja inerentemente totalitário. Está visto que existem Estados totalitários que procuram impor contrôles sôbre muitas áreas da vida "privada". Mas até nos Estados totalitários, bem como em outros, tanto a natureza quanto as operações do govêrno estão estreitamente ligadas a outras instituições e, até certo ponto, delas dependem.

As diferentes instituições políticas e papéis sociais que constituem o Estado — leis, tribunais, juízes, corpos legislativos, fôrças militares, diretores e administradores — muitas vêzes não se encontram em sociedades primitivas. O bantu cavirondo da Quênia Ocidental, por exemplo, antes da imposição do contrôle europeu, não possuía estrutura política que pudesse distinguir-se de outros aspectos da estrutura social. A ordem social era mantida por um complexo sistema de parentesco; seus "liames, estabelecidos entre cada membro do clã e seus parentes materiais, assim como seus parentes por afinidade, são tão numerosos e tão fortes que estabelecem laços entre os clãs que ... de muitas maneiras, unem tanto quanto se houvesse uma autoridade central sobreposta à autoridade dos clãs" [8]. As normas sociais eram vigorosamente mantidas pela tradição; de ordinário não se fazia mister uma autoridade adicional para mantê-las. A convenção estabelecia as penalidades pela violação dos tabus tribais e a compensação apropriada para o dano pessoal. Quando o membro de um clã infringia alguma norma, ofereciam-se sacrifícios propiciatórios e exigia-se a purificação ritual do infrator; transgressões persistentes acarretavam a expulsão do grupo e a própria morte se o réu viesse a ser apanhado em novas violações. Quando dois homens do mesmo clã se empenhavam numa disputa, o que se sentia prejudicado tentava resolver o assunto pelos próprios meios. Quando se baldavam os esforços particulares, o assunto era levado à consideração dos anciãos do clã, que passavam a decidir. Quando os anciãos não concordavam entre si e a questão era suficientemente grave, o clã podia cindir-se em dois partidos. O indivíduo que achasse que um membro de outro clã lhe causara algum dano, levava a questão aos anciãos daquele clã; um dano sério acarretava barganhas entre os anciãos de ambos os clãs. Um conflito irreconciliável redundaria em hostilidades, normalmente encerradas por negociações, depois da morte de alguns homens.

Instituições políticas distintas surgiram em muitos contextos históricos diferentes e por muitas razões: as necessidades da guerra e das campanhas militares, a migração e a conquista em massa, o aumento do tamanho e da diversidade da população, novos problemas que exigiam uma ação organizada da sociedade como um todo. O Estado tomava forma à maneira que grupos e indivíduos dentro da sociedade entendiam ser de seu interêsse centralizar a autoridade, estabelecer métodos para solucionar disputas e empregar a fôrça para manter a conformidade a algumas normas sociais.

Os autores antigos e medievais não faziam distinção entre Estado e sociedade. Todos os homens pertenciam à comunidade política; todos os grupos e associações, com exceção da Igreja medieval, cujo papel político era sujeito a controvérsias, e da família, considerada como "unidade natural", se entendiam subordinados ao Estado ou partes dêle. A distinção entre Estado e sociedade só veio a surgir, gradativamente, durante os séculos XVI e XVII, à proporção que a classe média crescente procurava derrubar a dominação feudal. Por volta do século XVIII muitos escritores franceses e inglêses já não tinham os dois na conta de sinônimos; o Estado passou a ser considerado tão-sòmente um aspecto do todo — a sociedade organizada para propósitos políticos.

O conceito liberal moderno de Estado, sobretudo como evolveu nas democracias ocidentais, enxerga nêle um árbitro colocado no meio de interêsses competidores, mantendo as regras que possibilitam uma vida social ordenada. Espera-se que os que exercem cargos de govêrno sejam tão neutros quanto possível nas lutas sociais que se verificam na sociedade, e que sejam capazes de subordinar seus próprios interêsses pessoais, de classe ou secionais ao bem-estar comum. Porque se podem verificar abusos do poder, a teoria liberal sustenta que os funcionários públicos precisam ser contidos por uma divisão do poder e um sistema de contrôles e equilíbrios ou por limitações institucionalizadas (constitucionais) impostas ao âmbito da ação governamental legítima.

Em nítido contraste com êsse ponto de vista, surge a concepção marxista do Estado, o qual seria essencialmente um instrumento por cujo intermédio uma classe econômica mantém seu poder sôbre a sociedade. Afirmam os marxistas que o Estado sustenta e protege instituições de propriedade que normalmente dividem a sociedade em classes antagônicas e que, portanto, se coloca necessàriamente ao lado dos que possuem. Por causa da posição de sua classe e em defesa dos interêsses de classe, os proprietários modelam, direta ou indiretamente, as formas de govêrno e ditam a política pública. Na sociedade capitalista, diz-nos *O Manifesto Comunista,* "a direção do Estado moderno não passa de um comitê para administrar os negócios comuns da burguesia". Os conflitos políticos refletem as divisões de classe, os partidos políticos refletem os interêsses de classes e as instituições políticas são fenômenos de superfície, debaixo dos quais se movem os fatos que determinam a estrutura das classes. Surge o Estado como instrumento *nu* dos interêsses de classe, mas só quando se torna intensa a luta pelo poder; em épocas mais pacíficas, sua base de classe pode ser obscurecida por uma retórica — ou ideologia — que lhe afirma a neutralidade ou a contribuição para o bem-estar geral.

Uma terceira concepção do Estado põe em destaque suas relações com valôres transcendentais que lhe aumentam a importância e tendem a justificar a extensão de sua autoridade a áreas até então "livres" ou separadas da vida social. Para o filósofo do século XIX

Hegel, por exemplo, o Estado, particularmente como era corporificado na Alemanha, representava a realização da razão na História. A doutrina nazista via o Estado como expressão e instrumento do *Volk*, ou raça, ou como fim em si mesmo. Realçando a subordinação de indivíduos e grupos, de instituições e da cultura, às necessidades do Estado, tendiam as citadas teorias a toldar as diferenças entre Estado e sociedade e a uni-los numa unidade totalitária.

Nenhuma dessas concepções do Estado lhe descreve adequadamente o caráter, exceto talvez nos raros períodos em que as fôrças da sociedade são aproximadamente iguais, quando o govêrno representa clara e inequìvocamente apenas o interêsse de determinada classe, ou quando um poder político centralizado procura impor um sistema totalitário à sociedade. Na maioria dos casos, contudo, a realidade é tão complexa que não pode ser encaixada em modelos teóricos — e em nenhuma das numerosas teorias alternativas do Estado que têm sido formuladas. O Estado pode manter tôda a ordem social — impondo alguns dos *mores,* resolvendo certas disputas, protegendo a sociedade dos inimigos externos — e pode impor padrões de comportamento e proporcionar serviços de várias espécies; mas assim faz em benefício de uma ou outra classe social ou de qualquer um dos diversos grupos que se encontram na sociedade. E o poder pode ser apreçado como fim em si mesmo por indivíduos ou por tôda a cultura; o contrôle sôbre os outros e o exercício da autoridade pode satisfazer o ego, bem como proteger a propriedade ou defender outros valôres.

Uma análise sociológica das instituições políticas e da estrutura do poder e da autoridade não precisa copiar a obra de cientistas políticos, que focalizaram grande parte de sua atenção na maquinaria do govêrno — na organização administrativa, legislativa e judiciária, nas leis, constituições, partidos políticos — embora o estudo sociológico da burocracia, do costume e das instituições sociais também possa contribuir para a nossa compreensão dessa maquinaria. Como estudiosos de Sociologia nosso interêsse principal reside nas intricadas relações recíprocas entre o Estado e a sociedade, área de investigação em que a ciência política e a Sociologia se acham inevitàvelmente imbricadas.

A política e a estrutura social: o voto e as atitudes políticas

As conexões entre a política e a estrutura social descobrem-se prontamente no estudo do voto nas sociedades democráticas. Malgrado as freqüentes afirmativas de alguns políticos de que nenhum partido deve refletir os interêsses de uma classe apenas e as negações ocasionais da relevância política das classes, a maioria dos partidos políticos, na realidade, representa, até certo ponto, diferentes interêsses de classes. "Em escala mundial", escreve S. M. Lipset, "a principal generalização que se pode fazer é que os partidos se baseiam fundamentalmente nas classes inferiores ou nas classes média e superior" [9]. Outras divisões sociais desempenham muitas vêzes seu papel na determinação das lealdades políticas e da maneira como votam os homens, e são possíveis importantes variações dentro das classes e mudanças ocasionais; sem embargo disso, porém, as diferenças de classes raro são polìticamente irrelevantes, se é que chegaram a sê-lo alguma vez. Mesmo nos Estados Unidos, onde não existem partidos fortes com ideologias explìcitamente baseadas em diferenças de classes, como acontece em alguns países europeus, as lealdades políticas se dividem, em extensão considerável, ao longo das linhas de classe.

Muitas investigações acêrca do voto nos Estados Unidos documentam as diferenças sociais entre os apoiadores dos partidos Democrático e Republicano. Pelo menos nas últimas eleições, a proporção de eleitores que votam no Partido Democrático (ou que não votam em ninguém) tem diminuído sistemàticamente a cada nível mais elevado da ordem de classes, ao passo que tem aumentado a proporção dos eleitores que votam no Partido Republicano. Estudos levados a efeito no município de Erie, Ohio, em 1940, em Elmira, Nova Iorque, em 1948, e as amostras nacionais em tôdas as eleições presidenciais a partir de 1948, bem como numerosas outras investigações, revelam todos o mesmo padrão geral, como o fazem os estudos ecológicos do voto, que cotejam resultados de eleições em áreas que possuem diferentes características sociais e econômicas. Uma síntese de alguns dos resultados de vários estudos encontra-se na Tabela 15.

Entretanto, a extensão em que o voto sofre a influência da posição de classe varia de tempos a tempos, à proporção que mudam os problemas e outras considerações se tornam mais ou menos relevantes. Em 1956, por exemplo, quando o Presidente Eisenhower foi reeleito com grande maioria, a metade dos trabalhadores manuais votou nêle. Em 1964, por outro lado, o Presidente Johnson recebeu maioria de votos até de grupos de profissionais liberais e homens de negócios que caracterìsticamente dão maioria ao candidato republicano.

Diferenças de classe ainda mais nítidas no exercício do voto se manifestam tìpicamente na Europa Ocidental. Na Inglaterra, a classe trabalhadora deu maioria de dois para um ao Trabalhismo nas eleições de 1945 e 1951. Em 1945, os Conservadores obtiveram maioria de três para um da classe média — e perderam a eleição; em 1951, obtiveram maioria de cinco para um e ganharam. O inquérito Gallup britânico, que divide suas amostras em quatro classes sócio-econômicas — acima da média, média, abaixo da média e muito pobre — re-

TABELA 15

POSIÇÃO DE CLASSE E VOTO *

A. Município de Erie, Ohio, 1940

"Status" sócio-econômico †	*Preferências por dois partidos em maio de 1940*	
	Republicano	*Democrático*
A	71	29
B	68	32
C+	56	44
C−	46	54
D	35	65

B. Elmira, Nova Iorque, 1948

"Status" Sócio-econômico §	*Votos dados a dois partidos em 1948*	
	Republicano	*Democrático*
Superior	89	11
Superior médio	77	23
Médio	66	34
Inferior médio	56	44
Inferior	57	43

* Tôdas as cifras são percentagens.

† Baseados em estimações dos entrevistadores.

§ Baseados num índice composto de estimações profissionais, educacionais e dos entrevistadores.

Dados relativos ao Município de Erie, de Paul F. Lazarsfeld, Bernard Berelson, e Hazel Gaudet, *The People's Choise* (2.ª ed.; Nova Iorque: Columbia University Press, 1948), Mapa III, p. 19; dados relativos a Elmira, de Berelson, Lazarsfeld, e William N. McPhee, *Voting* (Chicago: University of Chicago Press, 1954), Mapa XX, p. 55; dados da amostragem nacional de 1952, de Angus Campbell, Gerald Gurin e Warren E. Miller, *The Voter Decides* (Evanston: Row, Peterson, 1954), Tabela 5.1, p. 72; dados para amostragens nacionais (1952-1964) de The American Institute of Public Opinion (Gallup Poll) Release, 13 de dezembro de 1964.

C. Amostragem Nacional, 1952

Grupo profissional	*Votação, 1952*			
	Republicano	*Democrático*	*Outros*	*Abstenções*
Profissionais liberais e administradores	59	27	2	12
Outros trabalhadores de gravata	52	28	1	19
Qualificados e semiqualificados	34	39	1	26
Não qualificados	19	40	1	40
Operadores agrícolas	42	24	1	33

D. Amostragens nacionais, 1952-1964

	Proporção republicana dos votos dados aos dois partidos			
	1952	*1956*	*1960*	*1964*
Profissionais liberais e homens de negócios	64	68	58	46
Trabalhadores de gravata	60	63	52	43
Trabalhadores manuais	45	50	40	29
Lavradores	67	54	52	47

feriu que em 1955, 84 por cento da primeira classe e 66 por cento da segunda apoiaram os Conservadores, em confronto com apenas 34 por cento e 31 por cento das duas últimas classes. Em 1964, de acôrdo com outro inquérito de âmbito nacional, o padrão permaneceu idêntico, conquanto os Conservadores houvessem perdido ligeiramente em cada classe. Padrões semelhantes encontram-se na França, na Alemanha e na Itália, onde os partidos radicais tiram maciçamente — embora não exclusivamente — seus votos das classes inferiores e os partidos mais conservadores das classes média e superior.

Essas diferenças de classe na lealdade e no apoio partidários seguem a par das diferenças nas atitudes e opiniões políticas. Os estudos das atitudes políticas referem constantemente que as classes média e superior são mais hostis à intervenção do govêrno na economia e às medidas de previdência social, e mais simpáticas à legislação antitrabalhista do que a classe operária. Embora quaisquer definições de conservantismo, liberalismo e radicalismo sejam incertas, e o significa-

TABELA 16

ATITUDES POLÍTICAS DE ESTRATOS PROFISSIONAIS: CONSERVANTISMO-RADICALISMO, * 1945

Grupos profissionais	*Percentagem dos que são*					
	Ultra-conservador	*Conservador*	*Indeterminado*	*Radical*	*Ultra-radical*	*Total*
Grandes emprêsas	55,5	31,5	11,1	0,0	1,9	100,0
Profissionais liberais	30,2	39,7	19,2	4,1	6,8	100,0
Pequenas emprêsas	45,8	28,2	17,6	6,9	1,5	100,0
Trabalhadores de gravata	24,4	31,4	28,5	10,5	5,2	100,0
Trabalhadores manuais qualificados	12,2	26,4	34,4	17,2	9,8	100,0
Trabalhadores manuais semiqualificados	5,2	16,1	29,3	28,7	20,7	100,0
Trabalhadores manuais não qualificados	2,5	20,8	39,0	20,8	16,9	100,0
Proprietários e administradores rurais	32,8	35,9	24,8	3,9	2,6	100,0
Rendeiros e operários rurais	11,7	31,9	30,4	18,8	7,2	100,0

* Baseada numa amostragem nacional de homens.

Richard Centers, *The Psychology of Social Classes, Tabela* 8, p. 57 (Direitos autorais 1949 da Princeton University Press). Reproduzido com permissão da Princeton University Press.

do dêsses têrmos se modifique entre um período e outro, a proporção de pessoas geralmente tidas por conservadoras quase sempre cresce com a elevação da posição de classe, decrescendo a proporção dos liberais ou radicais. Em 1945, Richard Centers comparou membros de diferentes grupos profissionais numa amostragem nacional numa escala de conservantismo-radicalismo baseada em seis perguntas: São os Estados Unidos "realmente uma terra de oportunidades"? Deveriam as pessoas que trabalham ter mais poder? Seriam as coisas melhores ou piores se o govêrno assumisse o contrôle da indústria? Quanta responsabilidade deveria assumir o govêrno para manter padrões mínimos de vida? As simpatias nas disputas trabalhistas pendem geralmente para os trabalhadores ou para a administração? A administração procura tratar bem seus operários ou explorá-los? Os resultados estão sumariados na Tabela 16. Está claro que houve mudanças em várias questões nos últimos anos; em algumas diminuíram as diferenças, como as que se referem às medidas de previdência pública e ao "Estado-Previdência", mas em outras, como no apoio aos sindicatos, as diferenças aumentaram [10]. A relevância da classe e de suas relações com outras divisões sociais pode ter perfeitamente mudado numa sociedade cada vez mais próspera, mas é evidente que a classe continua ser determinante importante de atitudes e ideologias políticas.

Em contraste com as atitudes sôbre questões econômicas, que sempre foram, por via de regra, consideradas como o teste do "liberalismo" e do "conservantismo", as atitudes em relação às liberdades civis se mostraram, segundo se verificou, mais "liberais" nos níveis superiores de classe do que nos níveis inferiores [11]. Paradoxalmente, entretanto, a liderança da proteção e da defesa da liberdade de expressão e de reunião e de outros direitos civis tem provindo històricamente, com mais freqüência, de partidos que haurem sua principal fôrça nos níveis inferiores de classe.

TABELA 17

GRAU DE HOSTILIDADE AO SISTEMA SOVIÉTICO DE ACÔRDO COM O GRUPO SOCIAL

Grau de hostilidade	*Grupos profissionais*				
	"Intelligentsia"	*Empregados de gravata*	*Operários qualificados*	*Operários comuns*	*Camponeses de fazendas coletivas*
Menor	71	59	54	42	40
Médio	17	25	26	24	24
Maior	12	16	20	34	36
	100%	100%	100%	100%	100%
Número total de pessoas que responderam	567	607	143	410	312

Alex Inkeles e Raymond A. Bauer, *The Soviet Citizen* (1959), Tabela 68, p. 260. Reproduzido com licença da Harvard University Press.

As diferenças nas atitudes políticas — ou nas atitudes polìticamente relevantes, isto é, nas atitudes em relação a problemas que se tornam focos de ação política — seguem freqüentemente as linhas de classe não só nas sociedades democráticas, mas também em nações onde a oposição política franca é severamente limitada ou impossível. Num estudo de refugiados da União Soviética (a maioria dos quais de lá saiu durante a Segunda Guerra Mundial), Alex Inkeles e Raymond Bauer verificaram haver consideráveis diferenças nas atitudes em relação ao regime entre os membros de diferentes grupos profissionais. A Tabela 17 resume a extensão da hostilidade em relação ao regime entre êsses grupos. Uma investigação das atitudes de estudantes poloneses em relação à igualdade revela que quanto mais elevada a posição de classe (medida pela profissão dos pais e pelo rendimento da família) tanto maior a aprovação das disparidades de rendimento e tanto maiores diferenças de rendimento achavam êles aceitáveis ou desejáveis. Tais relações, entretanto, não são sempre constantes, pois dentro de cada grupo profissional a aprovação da desigualdade nem sempre aumentava com o aumento de renda da família. As atitudes dos estudantes também eram influenciadas por suas expectativas de ganhos e *status* futuros próprios [12].

A recorrência das diferenças de classes nas atitudes e comportamento políticos em muitas sociedades diversas parece proporcionar uma evidência *prima facie* para a interpretação econômica da política. Na realidade, porém, a despeito de sua óbvia importância, as diferenças de classes e as questões econômicas não explicam adequadamente, por si mesmas, os padrões de voto ou as mudanças que ocorrem no poder. As lealdades partidárias também podem variar com a religião, a identidade étnica, o sexo, a idade, a residência rural e urbana e outros atributos sociais. (Veja a Tabela 18.) Nos Estados Unidos, por exemplo, os protestantes propendem mais a votar no Partido Republicano do que católicos ou judeus, ainda que a posição de classe permaneça constante. Na França, na Bélgica, na Alemanha, na Itália e em outras nações européias há partidos explìcitamente católicos, que recebem apoio de trabalhadores católicos, a despeito de sua posição relativamente conservadora sôbre questões econômicas. É característico das mulheres apoiarem os partidos conservadores com maior freqüência do que os homens, provàvelmente, insinua Lipset, porque o papel feminino as leva, de hábito, a dar importância à estabilidade e à tradição [13]. Pessoas mais velhas tendem a ser mais conservadoras do que as mais môças, embora os problemas dos velhos numa sociedade industrial, em que êles já não desempenham função social importante, reconhecida, e enfrentam amiúde sérias dificuldades econômicas, possam gerar atitudes e comportamento radicais, como aconteceu na Califórnia na década de 1930. As diferenças habituais de idade, entretanto, sofrem não raro o efeito de acontecimentos históricos distintos; a experiência política inicial de qualquer grupo de idade parece firmar-lhe a orientação política num padrão fixo, que tende a persistir a despeito das circunstâncias mutáveis. Dessa maneira, a geração que chegou à maturidade nos Estados Unidos durante a depressão da década de 1930 tem mais probabilidades de ser "liberal" do que as gerações anteriores ou, pelo que parece, do que o grupo que votou pela primeira vez nos anos seguintes à Segunda Guerra Mundial.

TABELA 18

VOTAÇÃO POR GRUPOS EM ELEIÇÕES PRESIDENCIAIS, DE 1952 A 1964

	1952		1956		1960		1964	
	Dem.	*Rep.*	*Dem.*	*Rep.*	*Dem.*	*Rep.*	*Dem.*	*Rep.*
Nacional	44,6	55,4	42,2	57,8	50,1	49,9	61,3	38,7
Homens	47	53	45	55	52	48	60	40
Mulheres	42	58	39	61	49	51	62	38
Brancos	43	57	41	59	49	51	59	41
Não Brancos	79	21	61	39	68	32	94	6
Escolas superiores	34	66	31	69	39	61	52	48
Escolas secundárias	45	55	42	58	52	48	62	38
Escolas primárias	52	48	50	50	55	45	66	34
21-29 anos	51	49	43	57	54	46	64	36
30-49 anos	47	53	45	55	54	46	63	37
50 anos e mais velhos	39	61	39	61	46	54	59	41
Protestantes	37	63	37	63	38	62	55	45
Católicos	56	44	51	49	78	22	76	24

The American Institute of Public Opinion (Gallup Poll) Release, 13 de dezembro de 1964. Reproduzido com autorização de The American Institute of Public Opinion, Princeton.

Os padrões de voto, portanto, são influenciados não apenas pela posição de classe das pessoas, mas também pelo fato de pertencerem a outros grupos, cujos interêsses podem estar em jôgo numa eleição, ou cujas atitudes e valôres as predispõem para apoiar um ou outro partido ou candidato. A presença de quantidades não raro grandes em cada classe, que divergem do padrão usual, procede, na maior parte, da complexa estrutura da sociedade moderna e das múltiplas filiações de grupos da maioria das pessoas. Tanto os estudos sôbre votos quanto a investigação das diferenças de classes nas atitudes revelam que muitas pessoas não possuem as perpectivas ou valôres característicos de sua classe objetivamente definidos; ao invés disso, endossam as atitudes de outra classe e votam de acôrdo com suas concepções dos lugares que ocupam na sociedade muito mais do que de acôrdo com suas circunstâncias objetivas. Os que adotam atitudes e valôres de uma classe que não é a sua são, em tegra, membros também de grupos cuja predisposição política contraria a de sua classe ou tiveram alguma experiência não característica de outros do mesmo nível social e econômico. Os judeus norte-americanos da classe média apoiaram o Partido Democrático em recentes eleições com muito mais vigor do que os protestantes da classe média. Nos países europeus, católicos pertencentes à classe operária preferem freqüentemente apoiar as alas do centro ou da direita dos partidos católicos a apoiar os socialistas ou comunistas, e existe ampla proporção de "trabalhadores *Tory*" na Inglaterra. Centers mostrou que os trabalhadores norte-americanas de atitudes conservadoras, que votam em candidatos Republicanos, derivam, provàvelmente, de famílias da classe média ou receberam mais instruções do que os trabalhadores que apóiam os Democráticos [14]. A tendência da política e o resultado de eleições específicas refletem os mutáveis alinhamentos e lealdades de vários segmentos da sociedade em resposta a questões que se modificam e a acontecimentos específicos, e estas, em certas ocasiões, têm pêso suficiente para transtornar o típico padrão de classe. Pôsto que uma proporção substancial de eleitores, talvez a maioria, continue aferrada a uma única posição política, muitos transferem seu apoio de uma eleição para outra, à medida que surgem novas questões ou à proporção que o seu lugar na sociedade sofre a influência das contínuas mudanças que ocorrem na estrutura social. Samuel Lubell sustentou, de maneira persuasiva, que a história política norte-americana das décadas de 1930 e 1940 foi produto de sentimentos de classe aguçados e do impulso, no sentido de um *status* mais elevado e de maiores oportunidades de vários grupos raciais e étnicos, e que a década de 1950 presenciou o ocaso de algumas dessas diferenças [15]. Em 1960, John F. Kennedy atraiu muitos votos católicos, que se teriam provàvelmente canalizado para o candidato Republicano, embora Lyndon Johnson recebesse quase tão grande maioria de votos católicos em 1964, provàvelmente por outras razões (veja Tabela 18.)

Tais fatos, particularmente a ausência de uma nítida clivagem política baseada em diferenças de classes, concorre, segundo se afirmou, para a manutenção de uma sociedade democrática estável. Múltiplas lealdades impedem a polarização da sociedade em grupos rìgidamente hostis, incapazes de aceitar concessões. Porque precisam, normalmente, tentar conquistar alguns votos de tôdas as classes, os partidos políticos moderam seus programas e, chegados ao poder, suas práticas, evitando assim os extremos, que poderiam levar a um conflito irreconciliável. Os partidos da classe média e da classe superior costumam representar a minoria da população e precisam, portanto, buscar o apoio dos trabalhadores com um programa que, de certo modo, lhes fale aos interêsses. Já os partidos baseados principalmente no apoio da classe operária possuem base mais ampla de que podem tirar seus votos. Mas, entre seus apoiadores potenciais, precisam sobrepujar o pêso da tradição, as esperanças de progresso que levam amiúde os homens a identificar-se com classes mais elevadas, a influência de homens freqüentemente admirados pela classe trabalhadora por seus triunfos e pelo seu *status,* e a apatia e falta de interêsse encontrados, não raro, entre os que têm educação limitada.

Qualquer análise de resultados de eleições, entretanto, precisa tomar em consideração não apenas os diversos grupos onde cada partido vai buscar apoio mas também as instituições que definem o eleitorado e estabelecem a estrutura da representação. As limitações do direito de votar afetam, naturalmente, o equilíbrio de fôrças que determinam os resultados da eleição. A eliminação da condição de proprietário para votar trouxe as classes mais pobres para as lutas políticas democráticas; a plena emancipação dos negros no Sul lhes aumentará, sem dúvida, a influência na política, já evidente no meado da década de 1960 com a eleição de vários negros para cargos públicos locais. As preferências do eleitorado por determinados candidatos e determinado partido são dados que também podem sofrer a influência da forma de organização política que prevalece — a existência dois partidos ou muitos partidos menores, de pequenos colégios eleitorais, cada um dos quais elege um representante, ou de grandes colégios eleitorais, que escolhem grande número de representantes, de representação territorial ou proporcional. As próprias formas políticas, entretanto, capazes de influir na escolha dos candidatos que logram o poder, são, por seu turno, muitas vêzes modeladas, em parte, pela pressão de diversos grupos, que procuram estabelecer normas fundamentais que lhes aumentarão a influência ou limitarão o poder dos outros, cada qual justificando freqüentemente sua posição em têrmos ideológicos.

O Poder e a estrutura social

Quando terminam as eleições e se dissipam o calor e a fumaça das batalhas políticas, os candidatos bafejados com o apoio do eleitorado assumem o contrôle da maquinaria do govêrno. Na medida em que os detentores de cargos eletivos representam grupos populares, pode-se dizer que êsses grupos detêm, então, o poder. Por conseguinte, as eleições numa sociedade democrática não indicam apenas o indivíduo ou o partido que passará a governar, mas também os interêsses, perpectivas e valôres que dominarão a política adotada pelo govêrno. Visto que os partidos não se restringem, de hábito, a um segmento apenas da população, a vitória — ainda que assuma proporções esmagadoras — raro produz a dominação total de um grupo — ou de vários. Ao invés disso, a promulgação dos estatutos legais, a formulação da política executiva e a administração das leis são tôdas afeiçoadas pelas pressões continuamente exercidas por grupos interessados sôbre os homens públicos, que terão de conciliar suas próprias idéias e preferências com as exigências da vida política.

Claro está que o poder não é apenas derivativo, refletindo simplesmente os interêsses de diversos grupos. Seu *locus* e seu exercício sofrem ambos a influência das instituições políticas específicas, que estatuem como se escolhem os funcionários públicos e lhes definem os limites do poder e os processos que deverão adotar. Tais instituições políticas, como o sistema federal, a organização partidária, os processos legislativos, etc., são também produtos de complexas fôrças sociais, mas depois que principiam a operar, exercem efeitos independentes sôbre a luta pelo poder político.

Tão complexa é a estrutura da sociedade norte-americana, tão aparentemente franqueada a todos os grupos a luta pelo poder, tão variável e mutável a tomada de posição das fôrças em relação às diferentes questões, tão confusa e, não raro, irrelevante, boa parte da retórica política, que a real estrutura do poder não se identifica de pronto. Como já tivemos ensejo de assinalar, alguns observadores sustentam que a grande emprêsa ocupa posição dominante na sociedade norte-americana, que o govêrno lhe protege os direitos de propriedade contra qualquer contestação e que a política, de um modo geral, lhe favorece os interêsses. A influência da emprêsa sôbre o govêrno, com efeito, foi soberana durante quase todo o século passado. "O negócio dos Estados Unidos são os negócios", disse Calvin Coolidge e, com apenas alguns intervalos ocasionais de oposição bem sucedida, êsse ponto de vista foi aceito como exato por muitos estudiosos. Entretanto, a oposição, possibilitada pela existência de instituições políticas democráticas e estimulada pela ocorrência de crises econômicas, impediu a completa consolidação do poder da emprêsa. Em vários períodos — sobretudo em conexão com a Nova Liberdade de 1913 e 1914 e o *New Deal* da década de 1930, como também antes e depois dêsses dois períodos — várias restrições e contrôles se impuseram ao poder da emprêsa.

Tais restrições e a presença de muitos outros grupos mais ou menos organizados — sindicatos, minorias étnicas, agricultores, conservadores, igrejas, pequenos homens de negócios, a competição entre indústrias (o petróleo contra o carvão, ou as estradas de ferro contra os proprietários de caminhões, por exemplo) — acarretaram, em épocas recentes, como o demonstra David Riesman, uma "distribuição amorfa do poder". "O poder nos Estados Unidos", escreve êle, "parece situacional e volátil; resiste às tentativas de localizá-lo da mesma forma que uma molécula... resiste, simultâneamente, às tentativas de localizá-la e determinar-lhe a velocidade" [16]. No passado, os homens de negócios constituíam realmente uma espécie de "classe dirigente" mas agora, sustenta êle, cada grupo, cooperando com outros, pode obstar que aconteçam as coisas que lhe desagradam, ainda que não seja capaz de conseguir nenhuma ação de natureza positiva.

Existe alguma justificativa para esta interpretação da atual situação política nos Estados Unidos, mas a análise de Riesman, assevera Mills em crítica vigorosa, não "procura esclarecer a confusão classificando êsses grupos, ocupações, estratos e organizações, de acôrdo com sua relevância política, nem sequer de acôrdo com o fato de estarem ou não pollticamente organizados" [17]. Nem tôdas as questões são de igual importância; muitos grupos se preocupam apenas com problemas limitados; alguns exercem pressão maior, direta ou indireta, do que outros; muitas coalizões freqüentemente existem capazes de alcançar suas metas a despeito da oposição; e a grande emprêsa continua a ser, a despeito das restrições impostas, da presença de grupos de interêsses concorrentes e de certas divisões internas, o principal *locus* do poder na sociedade norte-americana.

As complexas relações entre a estrutura social e o poder político manifestam-se também em tôda comunidade local. Alguns estudos sôbre a estrutura do poder em comunidades específicas revelaram a presença de um grupo dominante, composto de homens de negócios e profissionais liberais importantes [18]. Tais "poderosos" da comunidade, como foram chamados, logram sua influência através do contrôle das emprêsas e indústrias locais e do elevado prestígio derivado da riqueza, da posição econômica e, de vez em quando, dos antecedentes familiais. Em lugar de assumirem pessoalmente cargos públicos, entretanto, exercem indiretamente sua influência, por meio de contatos pessoais com homens públicos e outros cidadãos importantes, por meio de posições em organizações cívicas e da participação em partidos políticos, ou ainda por meio do emprêgo dos recursos financeiros que controlam.

Essa versão da "estrutura do poder" todavia, tem sido àsperamente criticada, oferecendo-se-lhe em troca uma interpretação "pluralista" do poder na comunidade [19]. Segundo êsse ponto de vista alternativo, não existe um grupo único de "poderosos", senão certo número de grupos orientados para "áreas de problemas" específicas — escolas, habitações, nomeações políticas. Em New Haven, por exemplo, Robert Dahl não encontrou um grupo dominante, porém diversos, cada qual preocupado com problemas específicos e capaz de exercer considerável influência na determinação da política naquela área [20]. Mas a fim de exercitar qualquer poder, êsses poderosos precisam mobilizar ou conservar o apoio público e, em certos casos, influir no processo político.

Está visto que as comunidades variam amplamente e é muito provável que não exista uma interpretação só capaz de abarcar a variedade encontrada na estrutura do poder. A escolha dos indivíduos que conquistam influência ou poder depende, em grande parte, da estrutura social da comunidade. Em certos casos, sobretudo onde a classe média é pequena e ineficaz, o operariado tem possibilidades de obter o contrôle do govêrno local ou os líderes trabalhistas alcançam importantes postos públicos, diminuindo de maneira considerável o poder de banqueiros, industriais e comerciantes [21]. Onde se encontra uma grande minoria étnica, seus líderes também podem ser eleitos para cargos públicos ou granjear influência mercê do tamanho do grupo que representam. Entretanto, conquistado o cargo público, ou eleitos para posições políticas, muitas vêzes se lhes afigura vantajoso acomodarem-se ao poder e à influência dos membros importantes da comunidade. Por conseguinte, a localização e o exercício do poder na comunidade local não reflete pura e simplesmente a distribuição existente da riqueza e do prestígio, embora êstes não possam ser ignorados. Influem estratègicamente na estrutura do poder a natureza das instituições políticas locais, as exigências dos papéis políticos, as divisões sociais dentro da comunidade e a eficácia com que vários interêsses podem mobilizar-se em tôrno de questões particulares — uma das quais pode ser a própria estrutura do poder.

Em virtude da crescente complexidade da sociedade norte-americana, a elaboração de contrôles centralizados e o desenvolvimento de organizações nacionais, como companhias, sindicatos, sociedades profissionais, associações comerciais, grupos de veteranos e outras estruturas burocráticas de amplas proporções, a importância relativa da liderança política local e dos poderosos da comunidade vem diminuindo sensìvelmente. "No correr do século passado", observa Mills, "a sociedade local tornou-se parte da economia nacional; suas hierarquias de *status* e poder passaram a subordinar-se às mais amplas hierarquias da nação" [22]. As decisões tomadas em Washington, nas capitais dos Estados, na cidade de Nova Iorque, em Detroit ou em Chicago, modelam o curso dos acontecimentos nos centros menores, mais afastados. As variações locais da estrutura do poder submergem, portanto, na estrutura nacional maior e abarcante, e a liderança local depende amiúde das suas relações com os líderes estaduais ou nacionais. Apesar do sistema federal, que entrava, de certo modo, a concentração do poder, os principais dramas políticos ocorrem na cúpula, onde se tomam decisões importantes e onde se formulam políticas de longo alcance. A estrutura local do poder continua a influir em políticos e práticas mais amplas, onde quer que as instituições políticas requeiram detentores de cargos públicos para conservar o apoio local, como acontece na Câmara dos Representantes, se bem o próprio Congresso, como têm sustentado alguns estudiosos, haja perdido muito do seu poder e influência em benefício do ramo executivo do govêrno federal.

E outras sociedades democráticas, a luta pelo poder — e seu resultado — corre paralela, em muitos sentidos, ao processo político nos Estados Unidos. As diferenças não raro substanciais que existem relacionam-se com os traços distintivos de cada sociedade — por exemplo, a fôrça dos lavradores e da pequena burguesia na França, a estrutura altamente centralizada do govêrno francês e suas dificuldades parlamentares. Na Inglaterra, as divisões mais nítidas de classes e a maior consciência de classe dos trabalhadores emprestaram à vida política algumas de suas características especiais. A Inglaterra caminhou firmemente na direção de um "Estado-Previdência", embora o Partido Trabalhista, que se arrima principalmente nos sindicatos, tenha galgado o poder apenas por breves intervalos desde que organizou o Govêrno, pela primeira vez, em 1924. Muitos Conservadores britânicos têm maior semelhança com Democráticos liberais do que com Republicanos conservadores.

A luta pelo poder em qualquer sociedade — democrática, autoritária, totalitária — traduz-se em competição ou conflito não só entre indivíduos, facções e partidos políticos, mas também entre grupos sociais que buscam proteger ou assegurar seus interêsses (incluindo o interêsse pelo próprio poder político), conquistando o contrôle da maquinaria governamental. Até nas sociedades totalitárias, em que se reprime a oposição política, persistem as lutas políticas baseadas em divisões estruturais, embora sejam, de ordinário, silenciadas ou transformadas em brigas intrapartidárias ou manobras da guarda palaciana. Os observadores ocidentais procuram, constantemente, verificar quais os grupos que na União Soviética — funcionários do partido, exército, polícia secreta, técnicos e administradores — estão logrando ascendência no Kremlin.

Onde não se encontram instituições políticas democráticas que permitam o contínuo ajustamento de interêsses de grupos através de processos políticos pacíficos, é provável o emprêgo de métodos violentos à medida que cada grupo tenta empolgar o poder. Na América Latina, por exemplo, os ditadores, as revoluções e os regimes democráticos têm-se sucedido uns aos outros numa seqüência não raro espantosa, à proporção que soldados burocratas, proprietários de terras, uma crescente classe média e, em certas nações, uma classe trabalhadora cada vez mais articulada e organizada, lutam pelo poder.

Nessa área, como em outras partes do mundo onde as instituições democráticas ainda não estão firmemente estabelecidas, o contrôle das fôrças armadas é de importância considerável. Um govêrno não aceito como legítimo por todos os grupos da sociedade precisa da fôrça para assegurar a estabilidade do regime. Os militares, portanto, desempenham na política papel fundamental. Um grupo de oficiais do exército dirigiu a rebelião que derrubou o Rei Faruk do Egito em 1952; um dêles, o Coronel Gamal Abdel Nasser, governa ainda hoje. A revolta contra Juan Perón na Argentina, em 1955, foi feita por militares, que tornaram a derrubar um presidente civil em 1966. O govêrno turco foi derrubado em 1960 por um golpe militar e os militares ainda desempenham papel de relêvo no govêrno turco. Em 1966, Kwame Nkrumah foi afastado do cargo por um grupo de oficiais do exército; intervenções semelhantes verificaram-se em muitos outros Estados africanos nos poucos anos que se seguiram à conquista da sua independência.

A intervenção militar na política tornou-se tão amiudada a partir de 1918, como o demonstrou Samuel Finer [23], que pode ser quase considerada o padrão típico em lugar da exceção. Nas áreas subdesenvolvidas, líderes militares que tiveram a vantagem de cursar universidades ou escolas militares de nações adiantadas converteram-se em fôrça política sempre mais importante, a ponto de serem amiúde encarados como a "elite estratégica" da sociedade moderna [24].

As elites e os encarregados das decisões políticas

A escolha dos detentores do poder sempre constituiu questão fundamental para os teóricos políticos, que habitualmente distinguiram os sistemas políticos em função da quantidade de pessoas que exercem o poder — a monarquia, ou sua forma corrompida, a tirania; a aristocracia, ou sua forma decadente, a oligarquia; e a democracia, que pode degenerar em "oclocrasia". Mas essas categorias, que derivam dos gregos antigos, assinala MacIver, passam por alto traços importantes de qualquer govêrno [25]. Em todos os sistemas políticos, um número relativamente reduzido de pessoas detém, na realidade, o poder e a autoridade; só numa pequena comunidade, como a antiga Atenas ou uma cidade da Nova Inglaterra, podem todos, ou quase todos, os cidadãos participar diretamente de importantes decisões políticas. Por outro lado, até o monarca ou o ditador precisa ser assessorado por ministros, generais, coletores de impostos e outros funcionários a que se outorga certa autoridade enquanto cumprem as ordens do governante e administram a maquinaria do govêrno.

O fato de apenas uns poucos gerirem efetivamente os negócios do Estado levou alguns sociólogos e cientistas políticos a concluírem que o poder reside, bàsicamente, numa "elite". T. B. Bottomore resumiu da seguinte maneira os componentes principais dessa teoria, formulada por dois teóricos importantes, Vilfredo Pareto e Gaetano Mosca:

> Em tôda sociedade existe, e precisa existir, uma minoria que governa o resto da sociedade; essa minoria — a "classe política" ou "elite dirigente", composta dos que ocupam os postos de mando político e, mais vagamente, dos que podem influir diretamente nas decisões políticas — sófre, de vez em quando, alterações em sua composição, provocadas de ordinário pelo recrutamento de novos membros individuais nos estratos inferiores da sociedade, às vêzes pela incorporação de novos grupos sociais e, a revêzes, pela completa substituição da elite estabelecida por uma "contra-elite", como ocorre nas revoluções [26].

A divisão política fundamental, portanto, faz-se entre governantes e governados; a política consiste mais na luta de grupos e indivíduos para ingressar ou permanecer na elite, do que no conflito entre vários grupos sociais desejosos de dirigir a política do govêrno em seu interêsse próprio ou em obediência às suas concepções do interêsse comum.

Recente aplicação da teoria da elite aos Estados Unidos por C. Wright Mills sustenta que a sociedade norte-americana é dominada por uma "elite do poder", constituída de líderes políticos, diretores de companhias e chefes militares [27]. Êstes homens, que partilham de antecedentes comuns, dominam as principais instituições da sociedade norte-americana. Congregaram-se num grupo mais ou menos coeso, afiança Mills, em razão da maior participação do govêrno na economia e do papel mais acentuado dos militares, a partir da Segunda Guerra Mundial, em resultado da guerra fria e de algumas guerras quentes, como as da Coréia e do Vietnã. Mills subestima a importância dos "escalões médios" do poder, sobretudo o Congresso, e destaca a "irresponsabilidade" da elite e sua libertação dos contrôles democráticos. Encara êle o advento dessa elite, entretanto, antes como produto de circunstâncias históricas específicas do que como resultado inevitável de uma "lei de ferro da oligarquia", tal como a propôs Robert

Michels. No entender de Michels, nem as instituições democráticas podem impedir que os dirigentes de alguma organização venham finalmente a dominá-la [28].

Se bem não se possa contestar o fato de que apenas umas poucas pessoas tomam realmente importantes decisões políticas em qualquer sociedade, muitas teorias das elites, baseadas nesse fato, têm sido acerbamente criticadas. Os pontos principais em debate são a natureza da elite e suas relações com o resto da sociedade. Mills e outros supuseram, ou procuraram demonstrar, que a elite é um grupo único, coeso. Entretanto, na sociedade moderna, como o demonstrou Suzanne Keller, não existe uma elite monolítica, senão certo número de "elites estratégicas" — políticas, econômicas, militares, intelectuais, científicas, religiosas etc. [29]. Cada grupo exerce a liderança dentro da própria área de atividade, pôsto que haja, òbviamente, relações entre êles ainda cabalmente analisadas. Raymond Aron sustentou que uma das questões significativas tocantes à elite reside em determinar se se trata de um grupo unificado ou de um grupo dividido. A União Soviética, afirma êle, possui uma elite única, integrada, ao passo que, no Ocidente, a elite se acha dividida [30].

Os autores que atribuem à elite papel dominante e sublinham a simples distinção entre elite e não-elite ignoram ou subestimam a relevância das classes e de outras características estruturais da sociedade. O próprio poder converte-se no interêsse fundamental. Segundo Pareto, o ingresso na elite ou a substituição de um grupo por outro estão principalmente ligados mais a atributos psicológicos do que a fatôres sociológicos. A menos de poderem ingressar na elite, os que possuem as habilidades requeridas e buscam o poder tentarão derrubá-la. Uma revolução, portanto, é apenas a substituição de uma elite por outra.

Os líderes políticos, sem dúvida, possuem — ou vêm a possuir — um interêsse pole poder em si mesmo e por seus galardões, mas também expressam e representam os interêsses de vários grupos sociais. Na tentativa de conciliar a teoria marxista do poder das classes com a teoria das elites de Pareto, Aron identifica vários grupos de elites, cada um dos quais representa importante segmento da sociedade, e estuda o mutável equilíbrio do poder e das relações entre êles [31]. A composição social dos que detêm cargos e tomam decisões políticas — sejam ricos ou pobres, venham de famílias aristocráticas ou plebéias, procedam dêste ou daquele grupo religioso, rural ou urbano, advogados, líderes trabalhistas ou homens de negócios — proporciona, portanto, uma indicação da situação do poder na sociedade e define os grupos cujos interêsses têm maior probabilidade de ser atendidos. É evidente que os "tomadores de decisões" políticas não são apenas criaturas dos grupos de que provêm ou que representam;

têm interêsses pessoais próprios e estão sujeitos às miríades de pressões exercidas sôbre detentores de cargos, mas seus antecedentes sociais não raro proporcionam indícios importantes de suas perspectivas, valôres e ações.

Nas sociedades em que os limites das classes são nìtidamente definidos, os que exercem o poder político procedem, de ordinário, quase exclusivamente, dos níveis superiores. Os funcionários públicos na Rússia czarista, por exemplo, saíam quase todos da nobreza, da burocracia e da classe média superior, grupos êsses que, reunidos, no fim do século XIX, constituíam apenas dois ou três por cento da população total. Na Inglaterra do século XIX, que foi gradativamente ampliando o direito de voto numa série de *Reform Bills* violentamente impugnadas, os membros do Gabinete eram todos tirados da aristocracia e da classe média; quase até o fim do século, a maior parte provinha da aristocracia.

O *locus* variável do poder na Inglaterra, contudo, revela-se no sensível aumento da representação da classe média no Gabinete em todo o século XIX e no século XX; durante os breves períodos, nas últimas décadas, em que o Partido Trabalhista deteve o poder, a maioria dos ministros se originava da classe trabalhadora (veja a Tabela 19).

Pôsto que as diferenças entre os partidos Conservador e Trabalhista se reflitam no caráter da liderança, continua a existir considerável imbricamento entre êles. Em 1945, por exemplo, 61 por cento dos membros do Parlamento oriundos do Partido Conservador haviam sido tirados das profissões liberais, mas nas mesmas condições se achavam 48,5 por cento dos membros Trabalhistas do Parlamento. 59 por cento dos Conservadores haviam cursado universidades, mas o mesmo se poderia dizer de 32 por cento dos Trabalhistas. Por outro lado, mais de quatro quintos dos Conservadores haviam freqüentado internatos aristocráticos, 49 por cento haviam estudado em Oxford ou Cambridge, e apenas 3 por cento eram trabalhadores, comparados com 23 por cento, 14 por cento e 41 por cento das mesmas categorias entre os membros Trabalhistas [32].

A despeito do sufrágio universal, da tradição norte-americana "da cabana de troncos para a presidência", e da ausência de outros requisitos além das exigências ocasionais de idade e residência para o exercício de cargos públicos, os líderes governamentais nos Estados Unidos provêm, em proporções muito maiores, das classes média e superior. A Tabela 20 apresenta as origens profissionais de vários grupos de homens públicos. (Embora as cifras mais recentes se refiram a membros da Câmara de Representantes durante o período de 1949 a 1951, há poucas razões para se acreditar que tenha havido mudanças significativas a partir dêsse período.) Os advogados forneceram sempre o maior contingente de legisladores e chefes do Executivo e, naturalmente, de juízes. Os trabalhadores constituem minoria reduzidíssima, ao passo que os agricultores estão mal representados no govêrno nacional, embora seu número aumente nos níveis estaduais e locais de govêrno.

O caráter dos líderes políticos decorrente de sua proveniência, em proporções esmagadoras, das classes média e superior liga-se ao maior prestígio, ao rendimento, à educação, ao interêsse pela política e às oportunidades de participação política dêsses grupos. Os advogados, que sempre dominaram a vida política norte-americana — 23 presidentes foram advogados, como o foi a metade dos signatários da Declaração da Independência — possuem habilidades profissionais de grande valia no govêrno. Para êles, além disso, é mais fácil e mais vantajoso do que para a maioria das pessoas conciliar uma carreira política com suas ocupações normais.

Conquanto não se possuam dados sistemáticos, parece haver uma diferença relativamente pequena nos antecedentes sociais dos políticos Republicanos e Democráticos, pelo menos nos escalões superiores. A troça que se fazia em relação ao gabinete do Presidente Eisenhower, no início de sua administração, chamando-lhe "nove milionários e um encanador", depois alterada para "nove milionários e um encarregado de pessoal", refletia antes as preferências pessoais de Eisenhower do que qualquer contraste social significativo entre os líderes dos dois partidos. Os Republicanos Nelson Rockefeller, de Dartmouth, Henry Cabot Lodge e Leverett Saltonstall, de Harvard, e John Lindsay, de Yale, eram mais do que compensados pelos Democráticos G. Mennen Williams, de Princeton, Averell Harriman, de Yale, e o falecido John Kennedy, de Harvard. O presidente da General Motors, Charles Wilson, que serviu como Secretário da Defesa no gabinete de Eisenhower foi seguido pelo presidente da Ford, Robert MacNamara (de Harvard) nos gabinetes de Kennedy e Johnson. Ambos os partidos também contêm pessoas de antecedentes sociais menos elevados; o filho de farmacêutico Hubert Humphrey, da Universidade de Minnesota, procede quase do mesmo nível social de que se originou o filho de merceeiro Richard Nixon, de Whittier College e da Escola de Direito da Duke University. Apenas nos níveis mais baixos há probabilidades de surgirem algumas diferenças; os homens de negócios tendem a participar ativamente do Partido Republicano e os líderes trabalhistas do Democrático, embora os advogados, que são, afinal de contas, profissionais liberais, se encontrem, em grande número, em ambos os partidos.

Estas semelhanças refletem a medida em que os dois principais partidos, sem embargo das suas diferenças, vão buscar seus elementos, até certo ponto, em todos os segmentos da sociedade. A presença de representantes da classe superior em ambos os partidos, sugere Lipset, "serviu para reduzir as tensões inerentes às clivagens de classe e seccionais... para conservar a lealdade, ao mesmo tempo, dos *outgroups* desfavorecidos, que lucram com as reformas de que precisam, e dos estratos conservadores, que se sentem ultrajados pelas mesmas medidas, ... (e) para apagar os limites de classes que separam os partidos" [33].

TABELA 19

ORIGENS DE CLASSE DOS MEMBROS DO GABINETE BRITÂNICO, 1801-1951 *

Gabinete +	*Ano*	*Aristocracia*	*Classe Média*	*Classe Trabalhadora*	*Total*
(Média)	1801-31	73	27	0	100(71)
(Média)	1832-66	64	36	0	100(100)
(Média)	1867-84	60	40	0	100(58)
Gladstone (Liberal)	1886	60	40	0	100(15)
Salisbury (Conservador)	1886	67	33	0	100(15)
Gladstone (Liberal)	1892	53	47	0	100(17)
Salisbury (Conservador)	1895	42	58	0	100(19)
Balfour (Conservador)	1902	47	53	0	100(19)
Campbell-Bannerman (Liberal)	1906	37	58	5	100(19)
Asquith (Liberal)	1914	32	63	5	100(19)
Lloyd George (Coalizão)	1919	14	81	5	100(21)
Bonar Law (Conservador)	1922	50	50	0	100(16)
MacDonald (Trabalhista)	1924	16	26	58	100(19)
Baldwin (Conservador)	1925	43	57	0	100(21)
MacDonald (Trabalhista)	1929	11	22	67	100(18)
Ministério nacional (Coalizão)	1935	33	56	11	100(18)
Baldwin (Conservador)	1935	41	50	9	100(22)
Chamberlain (Conservador)	1937	38	52	0	100(21)
Churchill (Conservador)	1945	38	56	6	100(16)
Attlee (Trabalhista)	1945	0	40	60	100(20)
Churchill (Conservador)	1951	31	69	0	100(16)

* Os números representam percentagens.

\+ O govêrno de Churchill ao tempo da guerra não foi incluído porque o Gabinete de Guerra se constituía num grupo muito reduzido.

Dados relativos a 1801-1935 (Ministério Nacional) adaptados de Donald R. Mathews, *The Social Background of Political Decision Makers,* Tabela 10, p. 43 (Copyright 1954 de Random House, Inc. (Reproduzido com permissão de Random House, Inc.) Dados relativos a 1935-1951 de W. L. Guttsman, *The British Political Elite* (Londres: Macgibbon & Kee, 1963), Tabela I, p. 78.

TABELA 20

CLASSE PROFISSIONAL DE LÍDERES POLÍTICOS NORTE-AMERICANOS *

Classe profissional	*Presidente, Vice-Presidente, Gabinete* +	*Senadores dos Estados Unidos*	*Representantes dos Estados Unidos*	*Governadores estaduais*	*Legisladores estaduais* §	*Fôrça de trabalho*
	1877-1934	*1949-1951*	*1949-1951*	*1930-1940*	*1925-1935*	*1940*
Profissionais liberais	74	69	69	60	36	7
Advogados	70	57	56	52	28	
Outros	4	12	13	8	8	
Proprietários e funcionários	21	24	22	25	25	8
Agricultores	2	7	4	11	22	11
Trabalhadores de baixo nível salarial	1	0	1	1	4	17
Assalariados	2	0	2	1	3	40
Criados	0	0	0	0	0	11
Operários agrícolas	0	0	0	0	0	7
Desconhecidos, não classificados	0	0	2	3	10	0
	100	100	100	101	100	101
	(n = 176)	(n = 109)	(n = 435)	(n = 170)	(n = 12,689)	

* Os números representam percentagens.

+ As profissões nesta coluna são aquelas para as quais estudaram os presidentes, vice-presidentes e membros do gabinete.

§ Os números referem-se aos deputados de treze Estados escolhi dos e aos senadores de doze. Os Estados são: Arkansas, Califórnia (só deputados), Illinois, Indiana, Iowa, Lousiana, Maine, Minneso ta, Mississípi, Nova Jérsei, Nova Iorque, Pensilvânia, Washington. Donald R. Matthews, *The Social Background of Political Decision Makers, Tabela* 7, p. 30 (Copyright 1954 de Random House, Inc.). Reproduzido com licença de Random House, Inc

Do ponto de vista de muitos membros de sua classe, os liberais da classe superior são apartidários; Franklin D. Roosevelt, por exemplo, foi, muitas vêzes, pùblicamente tachado de "traidor de sua classe". Não existe uma explicação pronta que esclareça a defecção dêsses apartidários da classe a que pertencem mercê de sua riqueza, rendimento e, quase sempre, educação. Encontrar-se-á, talvez, a resposta em alguma experiência distintiva, que os induz a contestar perspectivas firmadas e adotar valôres diferentes e um ponto de vista dissidente.

Embora muitos políticos representem grupos e classes que não são os seus, todos os detentores de cargos sofrem, até certo ponto, a influência dos antecedentes sociais. Sua concepção do interêsse público e das prioridades que devem ser atribuídas às exigências ou necessidades competidoras de grupos diversos, suas interpretações de motivos e acontecimentos e até suas definições de propriedade política e ética pública refletem, até certo ponto, as atitudes e valôres dos grupos de que provêm. Por mais honestos e sinceros que sejam, quando assumem um cargo público não podem afastar automàticamente as idéias adquiridas em experiência anterior ou desprezar os juízos de amigos e parceiros.

Entretanto, o simples conhecimento dos antecedentes sociais ou da experiência biográfica dos que exercem o poder nunca basta a explicar o comportamento político. A política e o govêrno possuem cultura própria, um conjunto de valôres, atitudes e pontos de vista que o político e o homem público não tardam a adquirir. Da mesma participação política aprendem os homens o que pode ou não pode ser feito e logram novas perspectivas em relação ao govêrno e às suas funções. Observação freqüente acêrca de muitos dentre os homens de negócios que serviram na administração Eisenhower foi a de que saíram de Washington com maior respeito pela natureza e pelos problemas do govêrno e da política e melhor compreensão dêles, e com suas atitudes anteriores, não raro antagonísticas, modificadas pela própria experiência da vida pública.

Para políticos e governantes o poder e a autoridade também podem transformar-se em fins em si mesmos, apreçados pelo seu valor intrínseco e não pelos empregos que se lhes podem dar. Muitos homens apreciam o exercício do poder e, como o propósito de conservar ou conquistar os prazeres do mando, sacrificam outros valôres, ainda que julguem habitualmente necessário camuflar seus motivos e justificar suas ações com uma retórica e uma ideologia polìticamente aceitas.

Porque se abusa tão repetidamente do poder, os teóricos políticos consagraram grande parte do seu esfôrço à tentativa de gizar instituições e estabelecer princípios capazes de cercear o dirigente: contrôles e compensações com os quais cada setor do govêrno é capaz, até certo ponto, de restringir os outros; uma lei suprema destinada a ser intepretada por um tribunal de última ou outro organismo competente para invalidar os atos de funcionários ou legisladores; soberania popular em suas várias formas, o voto, o plebiscito, os direitos de petição e de assembléia; as teorias da "lei natural" a que tôda legislação feita pelo homem deve subordinar-se. Êsses mecanismos políticos são, evidentemente, de grande importância na regulamentação do exercício do poder, mas sua aceitação e eficácia dependem, em grande parte, da cultura e da estrutura social da sociedade em que tomam forma.

Sejam quais forem seus valôres sociais ou seus desejos pessoais, os políticos se vêem invariàvelmente coagidos, de certo modo, pelas situações em que devem agir. As alternativas que se lhes ensejam são, geralmente, limitadas por considerações práticas; a lei e o costume restringem-nas; diversas pressões sociais e políticas estão sempre em ação. Os detentores do poder não podem ignorar as fontes de que deriva o poder — o mito que lhes justifica e legitima o contrôle, os grupos que os apóiam, os interêsses que êles satisfazem, as instituições que os homens aceitam como necessárias ou desejáveis e que, portanto, não estão prontamente sujeitas à mudança. Nem mesmo o dirigente absoluto pode passar por alto êstes fatos sociais e culturais pois, se assim o fizesse, sua autoridade se dissolveria e seu poder seria sustentado apenas pela fôrça nua, que, na melhor das hipóteses, não passa de um instrumento perigoso e incerto.

A fôrça e a organização militar

No entanto, a fôrça, que pode ser empregada para manter a dominação, apesar da resistência, é elemento essencial de qualquer sistema político. Visto que uma das funções do Estado consiste na defesa contra os inimigos externos, faz-se necessária alguma forma de organização militar e a fôrça representa, até numa sociedade pacífica e estável, a sanção final de que se dispõe para manter a ordem social.

A despeito da importância sociológica da guerra e das instituições militares, seu estudo se constituiu principalmente na província de historiadores e, em menor grau, de cientistas políticos. Com poucas e notáveis exceções [34], os sociólogos têm ignorado as instituições militares e sua organização e relações com outros elementos da sociedade.

A revivência, posterior à Segunda Guerra Mundial, do interêsse sociológico pela organização militar cifrou-se, em grande parte, no papel de pequenos grupos nas fôrças armadas, nos problemas de organização burocrática e ainda nas necessidades práticas dos serviços: seleção e treinamento do pessoal, manutenção da eficiência militar e arte da guerra psicológica. Entretanto, como Morris Janowitz revela claramente no estudo sôbre a *Sociologia e o Estabelecimento Militar,* até as respostas a essas questões práticas requerem alguma compreensão do lugar das fôrças armadas e dos especialistas na arte bélica na sociedade.

A organização da fôrça e o papel dos especialistas na violência — os militares — diferem amplamente entre uma e outra sociedade. Sofrem, de várias maneiras, a influência da estrutura social, dos valôres presentes na sociedade e da tecnologia da guerra. No século XVIII, por exemplo, a arte bélica se achava apartada de outras atividades e os que a praticavam eram, na quase totalidde, soldados profissionais.

> Por uma admirável economia, buscaram-se, de um modo geral, entre os elementos menos produtivos dos dois extremos da escala social. Os oficiais recrutavam-se habitualmente entre os filhos caçulas da nobreza feudal, os filhos da burocracia que ascendia, e que não conseguiam encontram coisa melhor, e os filhos das novas classes comercial e técnica, aos quais se afigurava o serviço militar uma avenida capaz de conduzir à elevação social... No exército britânico, teòricamente, os soldados eram voluntários; na realidade, consistiam na escumalha das prisões, dos cabarés e dos asilos de mendicância, nos imbecis da zona rural, embaídos e induzidos a "aceitar o xelim do Rei", aventureiros e infelizes que esperavam porventura encontrar um lar no exército ou que se sujeitavam a longos anos de servidão entre as paredes de madeira dos navios de guerra. O alistamento fazia-se para o resto da vida ou, o que freqüentemente dava no mesmo, "enquanto durasse" [35].

O pequeno tamanho dos exércitos, os cutos de manutenção das fôrças militares e o armamento relativamente ineficaz do período tendiam a moderar as atividades guerreiras; as batalhas eram relativamente infreqüentes, embora, quando ocorriam, fôssem as baixas quase sempre pesadas. De um modo geral, entretanto, poupavam-se às populações civis os rigores da guerra; os soldados profissionais lutavam e, de vez em quando, morriam por seus patrões, mas o serviço militar não constituía obrigação necessária do cidadão.

O exército profissional limitado foi substituído, a partir das Revoluções norte-americana e francesa, pelo exército de massas, extraído da população civil e ativado por ideais nacionalistas. Nos Estados Unidos essa mudança decorreu, em parte, da presença de uma população armada e de um difundido sistema de milícias. "Os colonizadores nos Estados Unidos", observou um autor, "eram o povo mais numeroso a usar armas naquela época em todo o mundo" [36]. Os valôres democráticos exigiam que todos os homens assumissem a responsabilidade da defesa da nação, embora a distribuição eqüitativa dessa responsabilidade haja constituído problema permanente, cuja solução, observa Janowitz, pode ter sérios efeitos sôbre o moral das fôrças armadas [37].

A contínua mudança tecnológica também contribuiu para a "democratização da guerra". As armas de destruição maciça arrastam inevitàvelmente as populações civis para o vórtice da "guerra total", em que a sociedade enfrenta a sociedade. As baixas já não se restringem a soldados e marinheiros, e as frentes de batalha mudam-se para os centros urbanos, alvos de ataques de bombas e foguetes. A arte moderna da guerra converteu-se num teste tanto da capacidade industrial, da eficiência de organização, da habilidade técnica e científica e do moral dos civis quanto da bravura e da perícia do soldado.

Acompanhando o rápido desenvolvimento de novas armas e técnicas, transformaram-se as tradições e a organização militares. Uma vez que a nova tecnologia militar exige conhecimentos especializados, o elevado *status* social por si só não constitui base adequada de liderança. As concepções tradicionais de liderança militar e os limites estabelecidos de autoridade foram contestados pela emergência de grande número de oficiais com habilidades especiais e de especialistas subalternos, que assessoram seus comandantes de campo, mas cuja competência técnica lhes outorga certa autonomia. A necessidade de coordenação entre as diferentes unidades — infantaria, bombardeiros de longo alcance, sinalizadores de aviões, encarregados de mísseis, navios — exige novas formas de organização e as operações de informação assumem acrescentada importância. A luta, hoje em dia, não se trava entre grandes massas de homens em estreito contato umas com as outras, mas entre pequenas unidades ligadas por complexas rêdes de comunicação.

As exigências da moderna arte da guerra, ao lado das mudanças na organização militar, nas instituições políticas, na estrutura do poder e nas tendências observadas nas relações internacionais também influíram no papel do militar na sociedade ocidental e arrastaram homens e problemas militares para áreas de decisão outrora entregues, mais ou menos completamente, a civis. Na Europa Ocidental, a maioria dos chefes militares tem provindo caracterìsticamente dos níveis superiores da sociedade. Enquanto os líderes políticos procediam dos mesmos estratos, havia pouca probabilidade de uma clivagem entre o militar e o civil; viam ambos a maioria dos problemas pelos mesmos prismas. À proporção que novos grupos ascenderam ao poder político, as políticas que seus líderes advogavam e punham em prática no exercício de seus cargos contrariavam, freqüentemente, as opiniões dos oficiais militares graduados. Partidos da classe trabalhadora, sobretudo, não raro proclamavam valôres antimilitares e advogavam cortes no orçamento militar. Em tais circunstâncias, o militar era levado a uma ativa participação na política. Na França, a clivagem entre o exército e a autoridade civil tornou-se tão grande que os militares tentaram tomar o poder no meado da década de 1950, e só foram freados pelo General De Gaulle, que lograra anteriormente o poder com a ajuda dos militares [38].

A subordinação dos militares à autoridade civil fundou-se numa tradição que podia fàcilmente justificar-se quando se formulava a política militar dando pouca atenção aos problemas da organização social e industrial, da educação e do moral civil. Com a dependência cada vez maior da tecnologia moderna, a conscrição em massa e o advento da guerra total, os planos e a política militares vêem-se obrigados a levar em conta a organização da sociedade como um todo. As controvérsias sôbre sugestões militares alternativas — por exemplo, a preparação para uma guerra limitada, de "fogo de gravetos" ou para a guerra total, o emprêgo de armas nucleares contra o emprêgo de armas convencionais, ou de mísseis em lugar de bombardeiros tripulados — transformaram-se, portanto, em controvérsias políticas também, e a linha divisória entre as decisões civis e militares tornou-se ainda mais tênue.

Com a transformação da organização militar e o desenvolvimento de laços mais estreitos entre as fôrças militares e as instituições econômicas e políticas, era inevitável que se modificasse o papel do soldado profissional. Dêle "se requer, cada vez mais, que adquira habilidades e orientações comuns a administradores civis e até a líderes políticos" [39]. Embora ainda se espere que faça parte do código moral do soldado profissional dos Estados Unidos a evitação tradicional das questões políticas, esta é contestada pelas próprias necessidades do exército, da marinha ou da fôrça aérea modernas. Nos Estados Unidos, nos anos que se seguiram à guerra, assinala Mills:

> Alguns soldados profissionais saíram de seus papéis militares para invadir altas esferas da vida norte-americana. Outros, embora continuassem soldados, influíram, através de pareceres, informações e juízos, nas decisões de homens poderosos sôbre questões econômicas e políticas, assim como sôbre esforços educacionais e científicos. De uniforme ou sem êle, generais e almirantes têm tentado controlar as opiniões da população, emprestando o pêso de sua autoridade, não só às claras mas também por detrás do pano, a políticas controvertidas [40].

Em muitas situações internacionais o papel da fôrça militar se converteu em questão decisiva: deve-se buscar uma solução militar no Vietnã ou a paz negociada? Deve-se permitir que os conflitos internos destruam a República Dominicana ou deve-se intervir a fim de manter a "estabilidade", embora com importantes conseqüências no tocante à pessoa que empolgar finalmente o poder naquele país? Em tais situações difíceis, o militar não é apenas instrumento senão também partícipe da determinação da política, visto que lhe compete verificar as probabilidades de triunfo ou de malôgro militar. Os valôres, as concepções da realidade e os interêsses militares, por conseguinte, entram inevitàvelmente no processo de tomada de decisões políticas.

O significado do aumento da influência militar presta-se a diversas interpretações. Alguns, como Mills, enxergam nêle uma ameaça à manutenção da sociedade democrática. Outros aceitam a maior importância das necessidades militares, numa época de guerra fria, como requisito inevitável de sobrevivência nacional e destacam a vitalidade da tradição da subordinação militar à autoridade civil. Em seu recente estudo sôbre o soldado profissional, escreve Janowitz:

> Os militares acumularam considerável poder, e êsse poder se projeta na contextura política da sociedade contemporânea. Nem poderia ser de outra maneira. Entretanto, ao passo que êles não relutam em solicitar maiores orçamentos, exercem sua influência sôbre questões políticas com reserva e constrangimento consideráveis. O contrôle civil de assuntos militares permanece intato e fundamentalmente aceitável ao militar; qualquer desequilíbrio nas contribuições militares a assuntos político-militares — domésticos ou internacionais — resulta, portanto, muitas vêzes, de falhas na liderança política civil [41].

Está claro que as questões são complexas, mas parece manifesto que um problema importante para a democracia no futuro será o de esclarecer o lugar das fôrças militares, o papel do soldado profissional e o valor que deverá ser atribuído a considerações puramente militares em confronto com outros valôres e outras necessidades.

Notas

1 Max Weber, *De Max Weber*: *Ensaios de Sociologia,* traduzido para o inglês e ed. por H. H. Gerth e C. Wright Mills (Nova Iorque, Oxford, 1946), p. 180.

2 Robert M. MacIver, *The Web of Government* (Nova Iorque: Macmillan, 1947), p. 83.

3 Jean Jacques Rousseau, *O Contrato Social e os Discursos,* traduzido para o inglês por G. D. H. Cole (Nova Iorque: Dutton, 1950), p. 6.

4 C. Wright Mills, *The Power Elite* (Nova Iorque: Oxford, 1956), p. 125. Veja também Robert Brady, *Business as a System of Power* (Nova Iorque: Columbia University Press, 1943).

5 Crawford H. Greenwalt, *The Uncommon Man* (Nova Iorque: McGraw-Hill, 1959), p. 25.

6 Robert Penn Warren, *Who Speaks for the Negro?* (Nova Iorque: Random House, 1965), p. 406.

7 Weber, *op. cit.*, p. 78.

8 Gunther Wagner, "The Political Organization of the Bantu of Kavirondo", em M. Fortes e E. E. Evans-Pritchard (eds.), *African Political Systems* (Londres: Oxford, 1940), p. 200.

9 Seymour Martin Lipset, *Political Man* (Garden City: Doubleday, 1959), p. 220.

10 Veja Philip E. Converse, "The Shifting Role of Class in Political Attitudes and Behavior", em Eleanor E. Maccoby, Theodore M. Newcomb, e Eugene L. Hartley (eds.), *Readings in Social Psychology* (3.ª ed.; Nova Iorque: Holt, 1958), pp. 388-99; e Robert E. Lane, "The Politics of Consensus in an Age of Affluence", *American Political Science Quarterly,* LIX (dezembro de 1965), 885-9.

11 Veja Samuel A. Stouffer, *Communism, Conformity and Civil Liberties* (Garden City: Doubleday, 1955).

12 Stefan Nowak, "Egalitarian Attitudes of Warsaw Students", *American Sociological Review,* XXV (abril de 1960), 219-31.

13 Lipset, *op. cit.*, p. 221.

14 Richard Centers, *The Psychology of Social Classes* (Princeton: Princeton University Press, 1949), Tabela 68, p. 164, e Tabela 77, p. 180.

15 Samuel Lubell, *The Future of American Politics* (2.ª ed.; Garden City: Doubleday, 1956).

16 David Riesman, *The Lonely Crowd* (New Haven: Yale University Press, 1950), p. 252.

17 Mills, *op. cit.*, p. 244.

18 Veja Robert S. Lynd e Helen M. Lynd, *Middletown in Transition* (Nova Iorque: Harcourt, 1937), cap. 3; Floyd Hunter, *Community Power Structure* (Chapel Hill: University of North Carolina Press, 1953); e Roland J. Pellegrin e Charles H. Coates, "Absentee Owned Corporations and Community Power Structure", *American Journal of Sociology,* LXI (março de 1956), 413-9. Muitos estudos empíricos buscaram situar as pessoas influentes ou poderosas mas, com freqüência, sem identificar as que exercem o poder com as instituições de que lhes advém o poder, ou através das quais operam.

19 Nelson W. Polsby, *Community Power and Political Theory* (New Haven: Yale University Press, 1963).

20 Robert A. Dahl, *Who Governs?* (New Haven: Yale University Press, 1961).

21 Veja C. W. M. Hart, "Industrial Relations Research and Social Theory", *Canadian Journal of Economics and Political Science,* XV (fevereiro de 1949), 58-73.

22 Mills, *op. cit.*, p. 39. Veja também Arthur J. Vidich e Joseph Bensman, *Small Town in Mass Society* (Princeton: Princeton University Press, 1958).

23 Samuel E. Finer, *The Man on Horseback* (Londres: Pall Mall, 1962), cap. 1.

24 Veja Suzanne Keller, *Beyond the Ruling Class: Strategic Elites in Modern Society* (Nova Iorque: Random House, 1963), especialmente as pp. 121 e seguintes. O leitor encontrará sugestiva explanação do papel dos militares nas nações que se estão "modernizando" em Morris Janowitz, *The Military in the Political Development of New Nations* (Chicago: University of Chicago Press, 1964).

[25] MacIver, *op. cit.*, p. 149.

[26] T. B. Bottomore, *Elites and Society* (Londres: Watts, 1964), p. 6.

[27] Mills, *op. cit.*

[28] Robert Michels, *Partidos Políticos,* traduz. para o inglês por Eden e Cedar Paul (Nova Iorque: Free Press, 1949; publicado pela primeira vez em 1915).

[29] Keller, *op. cit.*

[30] Raymond Aron, "Social Structure and the Ruling Class, I", *British Journal of Sociology,* I (março de 1950), 10.

[31] *Ibid.*, pp. 1-16; e Raymond Aron, "Social Structure and the Ruling Class, II", *British Journal of Sociology,* I (junho de 1950), 126-143.

[32] Donald R. Matthews, *The Social Background of Political Decision Makers* (Nova Iorque: Random House, 1954), p. 46.

[33] Lipset, *op. cit.*, p. 301.

[34] Veja Hans Speir, *Social Order and the Risks of War* (Nova Iorque: Stewart, 1952); Morris Janowitz, *Sociology and the Military Establishment* (Nova Iorque: Russel Sage Foundation, 1959); Janowitz, *The Professional Soldier* (Nova Iorque: Free Press, 1960); Morris Janowitz, *The Military in the Political Development of New Nations;* e Stanislaw Andrzejewski, *Military Organization and Society* (Londres: Routledge, 1954). Os resultados das pesquisas feitas para o Departamento de Pesquisas da Divisão de Informações e Educação do Departamento de Guerra, durante a Segunda Guerra Mundial, encontram-se em Samuel A. Stouffer *et. al., The American Soldier* (2 vols.; Princeton: Princeton University Press, 1949); embora amplamente consagrado a estudos de atitudes, êsses volumes contêm ampla série de dados valiosos sôbre a vida e a organização militares. Veja também o útil volume de síntese de Charles H. Coates e Roland J. Pellegrin, *Military Sociology* (University Park, Md.: Social Science Press, 1965).

[35] Walter Millis, *Arms and Men* (Nova Iorque: New American Library, 1958; publicado pela primeira vez em 1956), pp. 14-5.

[36] Citado em *ibid.*, p. 20.

[37] Janowitz, *Sociology and the Military Establishment*, pp. 45-50.

[38] Encontra-se um relato histórico pormenorizado sôbre o exército francês no livro de Paul-Marie de la Gorce, *O Exército francês,* traduzido para o inglês por Kenneth Douglas (Londres: Weindenfeld, 1963).

[39] Janowitz, *Sociology and the Military Establishment,* p. 98.

[40] Mills, *The Power Elite,* p. 198.

[41] Janowitz, *The Professional Soldier*, p. viii.

Sugestões para novas leituras

BELL, DANIEL (ed.) *The Radical Right.* Garden City Doubleday Anchor Books, 1964. (Edição aumentada e atualizada de *The New American Right,* publicada pela primeira vez em 1955.)
Excelente coleção de ensaios sôbre movimentos ultraconservadores nos Estados Unidos.

BERELSON, BERNARD R., PAUL F. LAZARSFELD, e WILLIAM N. MCPHEE. *Voting: A Study of Opinion Formation in a Presidential Campaign.* Chicago: University of Chicago Press, 1954.

Além de apresentar os resultados de um estudo sôbre votação numa comunidade na eleição presidencial de 1948, êste livro procura codificar dados e conclusões disponíveis sôbre processos e determinantes da votação.

BOTTOMORE, T. B. *Elites and Society.* Londres: Watts, 1964.

Útil apreciação e crítica das teorias da elite.

CAMPBELL, ANGUS, PHILIP E. CONVERSE, WARREN E. MILLER e DONALD E. STOKES. *The American Voter.* Nova Iorque: Wiley, 1960.

Cuidadoso estudo dos processos pelos quais os eleitores tomam suas decisões e das circunstâncias que nelas influem.

DAHL, ROBERT A. *Who Governs?* New Haven: Yale University Press, 1961.

Estudo circunstanciado sôbre as pessoas que realmente orientam a política em New Haven, em que se destaca o caráter pluralista da estrutura do poder.

EULAU, HEINZ, SAMUEL J. ELDERSVELD, e MORRIS JANOWITZ (ed.). *Political Behavior: A Reader in Theory and Practice.* Nova Iorque: Free Press, 1956.

Coletânea de escritos que tratam dos métodos e maneiras de encarar o estudo do comportamento político, das atitudes em relação ao processo político, da natureza e do papel da liderança política e das influências sociais sôbre a tomada de decisões

FORTES, MEYER, e E. E. EVANS-PRITCHARD (eds.). *African Political Systems.* Londres: Oxford, 1940.

Vários antropólogos descrevem as instituições políticas de certo número de tribos africanas.

HOFFER, ERIC. *The True Believer.* Nova Iorque: New American Library, 1958.

Ensaio epigramático sôbre a natureza, os motivos e o comportamento do fanático que se torna membro de um movimento de massas.

HUNTER, FLOYD. *Community Power Structure: A Study of Decision Makers.* Chapel Hill: University of North Carolina Press, 1953.

Útil estudo dos homens que ocupam posições de mando numa grande cidade sulina e de suas relações recíprocas.

JANOWITZ, MORRIS. *The Professional Soldier.* Nova Iorque: Free Press, 1960.

Importante contribuição para nossa compreensão do papel social do soldado profissional nos Estados Unidos e das fôrças tecnológicas, políticas e de organização, que o estão modificando.

KELLER, SUZANNE. *Beyond the Ruling Class.* Nova Iorque: Random House, 1963.

Discussão das teorias da elite e tentativa para delinear as "elites estratégicas" supervenientes, características da sociedade moderna.

KORNHAUSER, WILLIAM. *The Politics of Mass Society.* Nova Iorque: Free Press, 1959.

Interessante tentativa para estudar a natureza dos movimentos políticos nas sociedades modernas.

LIPSET, SEYMOUR MARTIN. *Political Man: The Social Bases of Politics.* Garden City: Doubleday, 1960.

Coletânea de ensaios que examinam as bases sociais da política democrática e não democrática.

LUBELL, SAMUEL. *The Future of American Politics,* 2.ª ed., rev. Garden City: Doubleday Anchor Books, 1956.

Publicado pela primeira vez em 1951, êste livro retrata claramente as mutáveis lealdades políticas de vários grupos sociais e as questões que influem em suas atitudes e ações.

MACIVER, ROBERT. M. *The Web of Government.* Nova Iorque: Macmillan, 1947.

Ampla e percuciente análise das fontes, da natureza, das formas e das funções do govêrno feita por distinto sociólogo e teórico político.

MATTHEWS, DONALD R. *The Social Background of Political Decision Makers.* Garden City: Doubleday, 1954.

Sumário e apreciação das teorias e dados que se referem à influência dos antecedentes sociais sôbre os encarregados das decisões políticas.

MICHELS, ROBERT. *Partidos Políticos.* Traduz. para o inglês por Eden e Cedar Paul. Nova Iorque: Free Press, 1949. Publicado pela primeira vez em 1915.

Estudo clássico das fôrças que auxiliam a dominação de qualquer organização política por seus líderes, mesmo quando a organização é dedicada a metas e valôres democráticos.

MILLS, C. WRIGHT. *The Power Elite.* Nova Iorque: Oxford, 1956.

Interessantíssimo livro, em que se afirma que uma nova elite, saída das fileiras mais elevadas da indústria, da política e das fôrças militares, está-se preparando para dominar a sociedade norte-americana.

MOORE, BARRINGTON JR. *Soviet Politics: The Dilema of Power.* Cambridge, Mass.: Harvard University Press, 1950.

Tentativa de estudar a interação da ideologia e dos fatôres políticos e econômicos no desenvolvimento do sistema soviético.

WEBER, MAX. *A Teoria da organização econômica e social.* Traduz. para o inglês por A. M. Henderson e Talcott Parsons. Nova Iorque: Oxford, 1947, Parte III.

Importante análise teórica da natureza da autoridade.

RELIGIÃO

O sagrado e o profano: a natureza da religião

— Quando me refiro à religião, — declarou o Sr. Thwackum, no romance de Henry Fielding, *Tom Jones,* — refiro-me à religião cristã; e não apenas à religião cristã, mas à religião protestante; e não apenas à religião protestante, mas à Igreja da Inglaterra.

À semelhança do Sr. Thwackum, a maioria dos homens equipara sua imagem particular da realidade ao universal; quando essa imagem encerra seus mais profundos sentimentos, como tão amiúde o faz a religião, os homens encontram dificuldade em situar sua doutrina religiosa numa perspectiva comparativa, para vê-la, talvez, como simples versão de um fenômeno sociológico recorrente.

Os esforços para definir a religião sofrem o influxo não apenas do paroquialismo thwackumiano de que os homens partilham em vários graus, mas também da complexidade da religião, que pode incluir uma teologia (corpo de doutrina formal), um ritual, um tipo de experiência pessoal, um conjunto de valôres morais e uma organização de fiéis e sacerdotes ou profetas. Para suas conferências sôbre *As Variedades da Experiência Religiosa,* William James definiu a religião como "os sentimentos, atos e experiências de homens individuais em sua solidão, na medida em que se julgam em relação com o que consideram o divino" [1]. Outras definições sublinham os ritos e crenças comuns ou focalizam a "religião institucional", isto é, a organização e atividade das igrejas e os papéis de líderes e funcionários religiosos.

Tão variadas são as crenças e práticas identificadas como religiosas que não se prestam a nenhuma caracterização simples. No Ocidente, a idéia de Deus domina o pensamento religioso; sem Deus não há religião, que se define como a relação entre o homem e o divino. "De Suez para Leste, entretanto", escreve um erudito inglês,

> essa relação parece, com idêntica freqüência, descrever-se em têrmos de movimento, como um "Caminho" (. . .) Figura-se o budismo como "a nobre Senda de oito voltas"; e a *religião* nacional japonêsa (a usarmos o rótulo europeu) chama-se Xintó, "o Caminho dos Deuses" (. . .) a mensagem de Confúcio é por êle denominada "O Caminho" [2].

A idéia de Deus nessas religiões ou é ambígua ou totalmente ausente, e a atenção se centraliza no ritual e em idéias abstratas. Em tôdas as religiões se encontra a concepção de um poder sôbre-humano, mas êsse poder reveste-se de muitas formas: deuses de número e caráter variáveis, fantasmas e espíritos, ou alguma fôrça abstrata e impessoal. Entre os melanésios do Pacífico Sul,

> a religião (...) consiste, no que concerne à crença, na persuasão de que existe um poder sobrenatural (Mana) (...) pertencente à religião dos invisíveis; e, no que concerne à prática, no emprêgo de meios para provocar o retôrno dêsse poder em benefício dêles. A noção de um Ser Supremo lhes é de todo em todo estranha, como, aliás, a de qualquer ser que ocupe um lugar muito elevado em seu mundo [3].

Por ocuparem as doutrinas religiosas lugar fundamental na cristandade, os estudiosos ocidentais inclinaram-se a destacar as crenças e credos como os elementos essenciais da religião. Mas não só em outras ópocas senão também em outras partes do mundo, a doutrina se mostrou muito menos importante do que o ritual. William Robertson Smith, famoso estudioso de religiões antigas, observa:

> (...) supomos naturalmente que (...) nossa primeira tarefa consista em procurar um credo e nêle descobrir a chave do ritual e da prática. Mas as religiões antigas, na mor parte, não tinham credo; consistiam exclusivamente em instituições e práticas. Não há dúvida de que os homens, em regra, não seguirão certas práticas sem lhes atribuir um significado; mas, em geral, verificamos que, embora fôsse a prática rigorosamente fixada, o significado que se lhe imputava era sumamente vago, e pessoas diferentes explicavam de diferentes maneiras o mesmo rito, sem que disso resultasse qualquer problema de ortodoxia ou heterodoxia [4].

As coisas que podem adquirir significação religiosa, quer como símbolos sagrados quer como objetos de tabu, variam enormemente. Na Índia, os hindus reverenciam a vaca; entre muitos povos primitivos, adoram-se pássaros, animais, árvores ou plantas. O Sol e a Lua, cascatas e cursos d'água, rochas e jóias preciosas ocupam, às vêzes, lugar importante na crença e na prática religiosas. A comida pode ser considerada não limpa ou não sagrada, imprópria para o consumo humano: a carne de porco e os moluscos de concha entre os judeus ortodoxos, o vinho e a carne de porco entre os muçulmanos. Por outro lado, requerem-se alimentos específicos em certas ocasiões religiosas: o vinho e o pão no ritual católico, a carne de algum animal totêmico ou sagrado entre certos povos primitivos, ervas amargas e pão ázimo na refeição da Páscoa dos judeus.

Tão diversos são os objetos suscetíveis de adquirir significado religioso, tão várias as crenças religiosas que os homens adotam e tão dessemelhantes os rituais seguidos, que parece evidente que nenhuma qualidade intrínseca lhes dá seu significado religioso. Ao invés disso, estremam-se pelas atitudes e opiniões com que os homens os encaram. Ressentem os homens respeito ou respeitoso temor pelo *sagrado,* ou santo, que deve ser mantido à parte do *profano,* ou secular. Êste último é considerado útil, prático ou familiar, parte do mundo cotidiano e sem o significado emocional que de ordinário caracteriza o sagrado. O contraste entre sagrado e profano, assinala Durkheim, é "o traço distintivo do pensamento religioso" [5].

Por conseguinte, os objetos ou rituais são sagrados mercê do significado que têm para o crente. As práticas religiosas celebram muitas vêzes acontecimentos significativos — e simbólicos — do passado: a crucificação e a ressurreição de Cristo, a fuga dos judeus do Egito, o nascimento de Buda. Às vêzes, o ritual simboliza valôres importantes. Quando a refeição da Páscoa judia se aproxima do fim, abre-se a porta, de acôrdo com a tradição, a fim de permitir que entre Elias, o Profeta, e tome um copo de vinho preparado para êle. Supõe-se que a vinda de Elias precederá a chegada do Messias, e a esperança de redenção está profundamente radicada na tradição da Páscoa. A partilha do vinho e do pão na Eucaristia une o participante com Cristo; a confissão feita a um padre e a penitência apropriada proporcionam a absolvição dos pecados. Entre os hindus, o banho ritual purifica da mesma forma o crente das impurezas que possa ter adquirido em sua atividade diária.

O ritual não raro comemora ocasiões importantes na vida do indivíduo ou do grupo: a chegada do jovem à maturidade; o nascimento, o casamento e a morte; a semeadura e a colheita do primeiro fruto, bem como o término da colheita; a chegada das chuvas em áreas que permanecem sêcas durante boa parte do ano; a iniciação de uma campanha militar ou a conclusão vitoriosa de uma expedição. Em tais ocasiões, expressa o ritual a esperança do bom êxito futuro, a consagração a uma tarefa ou responsabilidade que será assumida ou a celebração e a ação de graças por acontecimentos passados, mas realiza-se com a reverência e o respeitoso temor que caracterizam o comportamento religioso.

Entretanto, para muitos participantes do ritual religioso o significado mítico ou simbólico de seus atos é escassamente compreendido. Êles distinguem o sagrado do profano e obedecem aos costumes tradicionais como parte de seu apêgo à fé, mas com pouco ou nenhum conhecimento das origens ou significação do que praticam. Para êles, a participação estabelece simplesmente sua relação com o divino — Deus, os antepassados, os espíritos ou mistérios inefáveis — e com sua comunidade, pois a religião é tanto um fato social quanto uma experiência individual.

As crenças, rituais e objetos adquirem sua qualidade sacra não de uma reação individual mas através da reação coletiva do grupo. O indivíduo que atribui significado sagrado a algum objeto que os outros vêem apenas a uma luz profana ou patricipa de um ritual privado, será provàvelmente julgado esquisito, ou mesmo louco, embora em alguns casos, muito raros, possa ser essa a "divina loucura" que finalmente arrastará os outros e iniciará um nôvo movimento religioso. Os homens adquirem suas idéias religiosas dos grupos em que vivem; os rituais religiosos, comumente (conquanto nem sempre), são mais assuntos coletivos do que atividades privadas, e até os atos sagrados que os indivíduos executam a sós obedecem a prescrições culturais. Por conseguinte, segundo a clássica definição de Durkheim, a religião é "um sistema unificado de crenças e práticas relativas a coisas sagradas, isto é, a coisas colocadas à parte e proibidas — crenças e práticas que unem numa comunidade moral única... todos os que as adotam" [6].

Essa definição de religião — e o estudo sociológico da religião em geral — ignora muitos aspectos do elemento da cultura que talvez seja o mais completo, o mais discutido e sôbre o qual mais se escreveu. Mas, como já observamos neste livro, a Sociologia, como qualquer outra disciplina, destaca necessàriamente da totalidade da experiência e da vida humanas os aspectos específicos que procura explicar. Passando por alto outras dimensões da religião — teológicas, históricas, filosóficas, psicológicas — não lhes negamos a significação nem contestamos as teorias a elas associadas. Está visto que existem pontos de contato ou mesmo de conflito entre o prisma sociológico e outros prismas pelos quais se encara a religião, mas restam ainda amplas áreas de investigação para cada um dêles. E talvez se possa dizer que, como ciência chegada à última hora, a Sociologia ainda ocupa um cantinho apenas da enorme biblioteca que contém as reflexões do homem sôbre a natureza e as funções da religião.

A religião e a experiência humana

Enquanto os homens acordaram num conceito religioso da vida, raro se submetia a religião pròpriamente dita a um exame objetivo e desapaixonado. Sòmente durante o século XIX, sobretudo no fim, se envidaram esforços para explicar a crença e a prática religiosas — suas origens, sua natureza e seu desenvolvimento — como se pode procurar explicar a ordem econômica ou a evolução do Estado e de suas instituições.

Tantas teorias sôbre a religião se formularam a partir dessa época que não podemos examiná-las aqui. Mas, perpassando por muitas delas, observa-se a presença de um preconceito racionalista que vê na religião um produto da ignorância e da confusão. O antropologista inglês, E. B. Taylor, descobriu as origens da religião na vida dos sonhos dos homens; a separação entre o espírito e a carne e a presença de outros que se sabe estarem em outro lugar, assevera Taylor, induzem à concepção da alma ou espírito, que então se converte no fundamento do subseqüente desenvolvimento de idéias religiosas. De acôrdo com êsse ponto de vista, segundo a síntese concisa de Durkheim, "a religião nada mais é que um sonho, sistematizado e vivido, mas sem qualquer fundamento na realidade" [7]. Uma segunda teoria, que exerceu certa influência e habitualmente se associa a Max Müller, estudioso de línguas antigas, enxerga nos fatos da natureza as raízes da religião. As palavras aplicadas a fenômenos naturais, como o Sol, o fogo e a Lua, consoante êsse ponto de vista passaram a representar sêres sobrenaturais, capazes de modelar o destino humano e os acontecimentos naturais. Ou, para utilizarmos ainda uma vez o resumo de Durkheim, as metáforas aplicadas à natureza foram tomadas literalmente e reduziu-se a religião a "uma metáfora imensa, sem valor objetivo" [8].

Da perspectiva racional partilhada por muitos sociólogos, o estudo da religião tornou-se, então, principalmente, uma demonstração dos erros nas crenças tradicionais relativas ao homem, à sociedade e aos fenômenos biológicos e físicos. Na controvérsia entre Religião e Ciência, que irrompeu na última parte do século XIX e na primeira parte do século XX, os sociólogos, por via de regra, punham-se ao lado da Ciência. Mas a simples demonstração de que Jonas não poderia ter sido engolido e regurgitado por uma baleia e de que a Terra não poderia haver sido criada no ano de 4004 a.C. não estabelece a falsidade da religião (se bem esclareça parte do obscurantismo que a ela às vêzes se associa). Como já notamos, a crença constitui apenas um traço da religião. A contestação ou a refutação de interpretações religiosas dos fenômenos naturais é capaz de enfraquecer a influência da religião em algumas áreas da vida humana, mas dificilmente poderão destruí-la de todo.

Seguindo as orientações de Durkheim e sobretudo de Max Weber, a teoria sociológica moderna já não pergunta se a religião é "verdadeira"; em lugar disso, olha para ela como um fenômeno social encontrado em tôdas as sociedades. Durkheim assinalou os limites da concepção racionalista e tentou descobrir as fontes sociais da religião e as funções que ela exerce na sociedade. Weber via na religião uma característica central de tôda sociedade e analisou, numa série de valiosos estudos comparativos, suas relações com o comportamento e as instituições econômicas. Cabe, portanto, à sociologia da religião a tarefa de explicar-lhe a universalidade, as diversas formas que ela assume e a análise de suas funções — e disfunções — na vida da sociedade.

Indício importante da presença da religião em tôdas as sociedades é o fato de se encontrarem geralmente a crença e o ritual sagrados em situações de resultado imprevisível ou nas quais as pessoas estão sujeitas a fôrças que não podem controlar — na presença da morte, quando ocorre uma doença, um acidente ou um desastre natural, quando os lavradores realizam a semeadura ou completam a colheita, quando os pescadores se fazem ao mar, quando se casam um homem e uma mulher ou nasce uma criança, quando um exército parte para a guerra. Êsses acontecimentos geram incerteza e ansiedade, que os homens desejam resolver, e suscitam perguntas para as quais se procuram respostas. Porque as situações difíceis ou inexplicáveis provocam fundas emoções, as práticas que os homens desenvolvem para lidar com elas tendem a transformar-se em rituais, que são inusitados e situam-se fora da rotina; em suma, tornam-se sagrados. As respostas que os homens dão aos problemas de significação gerados pela vida e pela morte, por uma natureza propícia ou hostil, pelo bom êxito ou pelo malôgro dos esforços humanos, muitas vêzes incorporam fôrças sobrenaturais e valôres transcendentais.

Estas práticas e crenças sagradas ajudam os homens a enfrentar as frustrações e ansiedades inerentes à vida humana. A religião explica a morte de maneiras que permitem aos homens arrostar o próprio destino e o destino de outros (embora alguns rejeitem ou ignorem as consolações da crença religiosa). "O Senhor deu e o Senhor tirou, abençoado seja o nome do Senhor", disse Jó quando Deus permitiu que lhe morressem os filhos. O ritual define o comportamento apropriado nas circunstâncias perturbadoras que acompanham a morte de outros e a perspectiva do próprio falecimento; os ritos do plantio ou da colheita proporcionam ao lavrador proteção psíquica contra as incertezas inerentes aos seus esforços; e o ritual que tantas vêzes acompanha o início de uma aventura arriscada ou imprevisível atenua os receios e ansiedades a que estão sujeitos os homens.

A incerteza e a ansiedade, o mêdo e a insegurança, são emoções experimentadas apenas por indivíduos e a tese de que êsses estados psicológicos dão origem à religião partilha, com muitas outras teorias, como a de Tylor, de um ponto de vista aparentemente individualista e psicológico. Como, então, se relacionam êstes sentimentos individuais com os aspectos sociológicos da religião?

Embora muitos problemas em tôrno dos quais se focalizam a doutrina e o ritual religiosos sejam enfrentados por indivíduos, são também, na realidade, problemas de ordem social. A morte, por exemplo, afeta não apenas a pessoa que morre ou as que lhe estão próximas, senão também os grupos a que ela — e elas — pertencem. O falecimento de cada indivíduo perturba a estrutura complexa das relações sociais de que êle participa, e as incertezas provocadas pela morte não são meramente questões de significado — por que precisa morrer uma pessoa? E por que agora? Ou nestas circunstâncias? — mas também derivam da necessidade de se reordenar o padrão de vida social em que a pessoa falecida desempenhava um papel. Os ritos funéreos, portanto, não sòmente amortecem o golpe da morte e prescrevem cerimônias emocionalmente expressivas para canalizar ou reportar a dor, mas também possibilitam o restabelecimento ou refôrço dos elos sociais entre os que se relacionavam ìntimamente com a pessoa falecida. Além disso, a própria participação em observâncias religiosas coletivas tende a sustentar os homens em horas difíceis. Existe ampla evidência de que as íntimas relações com outros ajudam os homens a enfrentar a pressão e a tensão, aliviando ansiedades a facilitando a continuada participação na vida social. (Veja a exposição das funções do grupo primário no capítulo 6).

Visto que supõem atividades coletivas, muitas situações de que evolve a religião e à cuja volta gira grande parte de sua doutrina e de seu ritual criam incertezas e ansiedades comuns, que tendem a provocar reações coletivas. Acontecimentos sociais recorrentes, que envolvem emoções profundamente arraigadas e prenhes de conseqüências futuras imprevisíveis — *rites de passage,* por exemplo, pelos quais os adolescentes adquirem o pleno *status* de adulto, ou o casamento, que estabelece significativas conexões não só entre o homem e a mulher mas também, em muitos casos, entre famílias ou linhagens ou mesmo tribos inteiras — colocam-se, portanto, fora do diário, do comum, do rotineiro. (Recentemente, a União Soviética autorizou cerimônias matrimoniais mais circunstanciadas e formais em lugar do prosaico processo legal anteriormente exigido pelo regime.) A qualidade sagrada do ritual nessas ocasiões recorda aos participantes a solenidade do passo que estão dando, bem como os une mais ìntimamente ao grupo.

As características da própria ordem social — distribuição de bens, atribuição de poder, relações entre superior e inferior, boa sorte de alguns e infortúnios de outros, "incongruência entre o destino e o mérito" sentida por muitos — tôdas suscitam perguntas a que os homens têm dado, com freqüência, respostas religiosas. Não sòmente os desfavorecidos — os pobres, os destituídos de poder, os mal sucedidos — buscam a explicação de sua sorte, mas também, como assinala Weber, os mais afortunados também almejam a explanação e justificação das vantagens que fruem.

> O afortunado raro se acha satisfeito com o fato de ser afortunado. Além disso, precisa saber que tem direito à boa fortuna. Quer convencer-se de que a "merece" e, acima de tudo, de que a merece em confronto com outros. Deseja poder acreditar que os menos afortunados também recebem apenas aquilo a que fazem jus. Dessa maneira, a boa fortuna quer ser a fortuna "legítima".

A religião pode emprestar significado à experiência social imputando valôres morais ao sofrimento humano — ou à boa fortuna dos homens — ou ministrando uma justificação teológica do destino do homem. Se a salvação eterna fôr mais importante do que os prazeres mundanos e repousar antes na graça divina do que na riqueza ou no poder, será mais fácil para o pobre tolerar as próprias circunstâncias. Se o destino de uma pessoa é predeterminado por Deus, como sustenta a doutrina calvinista, ou pelo seu comportamento em encarnações anteriores, como quer o hinduísmo, a pessoa, então, aceita o mundo e o seu lugar dentro dêle. Se "a piedade está ligada às riquezas", como declarou em 1900 o Bispo Lawrence da Igreja Episcopal, os abastados podem sentir-se moralmente seguros em sua opulência.

A magia e a Ciência como alternativas funcionais da religião

A religião, entretanto, não é o único meio pelo qual as pessoas procuram enfrentar as incertezas e tensões da vida humana. Tanto a magia quanto a Ciência constituem alternativas que, em certas ocasiões, exercem algumas das mesmas funções exercidas pela religião.

A diferença entre religião e magia não se estabelece fàcilmente. Muitas práticas ou crenças específicas não se identificam de pronto como uma coisa ou outra, e alguns antropólogos encontraram dificuldade em decidir se determinado ritual é religioso ou mágico. Entre os *murngin* da Austrália, por exemplo, W. Lloyd Warner refere que a religião e a magia são indiscerníveis. Em Ticopia, ilha do Pacífico Sul, Raymond Firth descobriu que o mágico e o líder religioso eram a mesma pessoa.

Mas, sem embargo das semelhanças, a religião e a magia diferem em aspectos importantes. Pôsto que ambas empreguem métodos não empíricos na consecução de suas metas, buscam habitualmente objetivos diversos. As metas da religião são transcendentais — a salvação, a absolvição dos pecados, a unidade com Deus — ou de caráter geral: a saúde, a vida longa, a riqueza. As finalidades da magia são específicas e imediatas: a recuperação da saúde, uma boa colheita, um empreendimento comercial bem sucedido, o amor reciprocado, a morte de um inimigo. A religião minora as incertezas do homem, emprestando significado a seus atos ou estabelecendo suas relações com o divino. A magia alcança o mesmo resultado proporcionando um estratagema que se supõe capaz de atingir metas concretas.

Tanto a religião quanto a magia incorporam o ritual, mas as atitudes em relação a essas práticas fora do comum são diferentes. A prece ou a cerimônia religiosa é acompanhada de temor respeitoso e reverência; os homens imploram a ajuda ou a orientação divinas ou procuram persuadir os deuses ou espíritos a encará-los favoràvelmente. A magia é mais casual e prosaica; o mágico ordena e espera-se que as fôrças da natureza obedeçam às suas ordens sem a intervenção de uma fôrça sobrenatural. Embora se expresse muita vez a emoção na recitação dos conjuros ou em outros ritos mágicos, ela é geralmente "a expressão dramática do (. . .) estado emocional do executante" [10] ou do cliente — seu amor, seu ódio, sua cólera, seu mêdo. Mas em numerosos casos a magia se executa de modo prático; os encantamentos proferem-se em tom de voz comum, como se uma pessoa estivesse apenas dizendo a outra o que deve fazer.

Na prática, a magia e a religião se acham amiúde entrelaçadas. Os homens esperam, não raro, lograr resultados específicos através das orações, e a magia faz uso freqüente de idéias, objetos e práticas sagradas. O imbricamento da religião e da magia transparece no fato de que os ilhéus de Trobriand usam sortilégios de jardim ao fazerem suas plantações a fim de assegurar uma colheita copiosa e os camponeses cristãos observam repetidamente cerimônias "religiosas" em ocasiões semelhantes, com idêntico propósito. A íntima fusão da magia e da religião, entretanto, parece ser mais característica da sociedade primitiva que da sociedade moderna, a qual, em grande parte, separou as duas.

Claro está que, de um ponto de vista racional, a magia tem pouco valor prático e, onde quer que surjam uma perspectiva racional e a ciência moderna, entibia-se o império da magia. A magia persiste, no entanto, apesar de suas limitações, por muitos motivos. Existe, de fato, bastas vêzes, uma coincidência próxima entre o ritual mágico e o resultado ambicionado: os bruxedos no princípio da estação chuvosa são, com freqüência, seguidos de chuva; os esforços para curar uma doença são acompanhados, em muitos casos, da recuperação do doente. Visto supor-se que qualquer desvio das rígidas exigências do processo mágico lhe destrói a eficácia e que a contra-magia está sempre em ação, o malôgro pode ser habitualmente explicado para satisfação não só do mágico mas também do cliente. Ainda que a magia não alcance sua meta ostensiva, a chuva, as messes fartas, a morte do inimigo, o bom êxito num caso de amor — sua execução reduz as tensões sob as quais vivem as pessoas. Assim, essa função latente da magia pode estimular a crença, embora possa também obstar ao emprêgo de técnicas mais eficientes.

A magia e a Ciência assemelham-se no interêsse pelo mundo do homem e pela natureza e na afirmativa de que estabelecem relações entre meios e fins, causas e efeitos. Diferem nos terrenos em que exigem aceitação e nos métodos pelos quais produzem resultados. "A ciência", escreve Malinowski, "funda-se na convicção da validade da experiência, do esfôrço e da razão; a magia, na crença de que a esperança não pode falhar nem o desejo, iludir. As teorias do conhecimento são ditadas pela lógica, as da magia pela associação de idéias sob a influência do desejo" [11]. Ministrando métodos mais eficientes para conseguir objetivos imediatos, a ciência suplanta feitiços, sortilégios, talismãs, encantos e poções estranhas. As feiticeiras da água com suas varinhas mágicas são substituídas por geólogos com equipamento científico; a magia dos campos é posta de lado para dar lugar aos métodos agrícolas racionais; os tratamentos do curandeiro são levados de vencida pela medicina moderna. Sòmente nos sítios em que a vida continua difícil ou insegura sustenta a magia, persistentemente, sua posição contrária ao progresso do conhecimento comprovado, racional.

Na medida em que desvenda alguns mistérios da vida humana, a Ciência também pode servir como alternativa da crença religiosa e enfraquecer o domínio do ritual religioso. No mundo moderno, a Ciência substituiu muitas interpretações religiosas da natureza do Universo com teorias racionais comprovadas — ou potencialmente comprováveis. A narrativa bíblica literal da criação é impugnada e superada pelos descobrimentos da Geologia e pela teoria da evolução. As obras da divina providência são, até certo ponto, substituídas pela teoria dos germes das moléstias, pelos descobrimentos da psicologia de profundidade, pela análise sistemática da cultura e da estrutura social. Entretanto, o conhecimento científico nem sempre sobreleva com facilidade a religião ou a magia, pois crenças profundamente enraizadas não raro resistem com vigor tanto à evidência dos sentidos quanto às abstrações da teoria científica.

Por ter havido repetidos conflitos declarados entre a Ciência e a religião, entre cientistas e sacerdotes ou crentes devotos, muitas vêzes se presumiu a existência de um antagonismo fundamental entre o sagrado e o racional, entre o ritual e a Ciência. Não só a refutação empírica de crenças religiosas aceitas senão também as antigas teorias racionalistas da religião se baseavam nessa presunção e sustentavam-na. Tornou-se, porém, cada vez mais evidente que existem aspectos da religião irrelevantes para a Ciência. A ciência explica *como* morrem os homens, mas não explica *por quê;* a causa de uma enfermidade ou de um acidente, mas não sua significação moral ou teológica. A contabilidade moral não está sujeita à comprovação científica, nem o estão os rituais com que os homens assinalam eventos significativos.

Além disso, as próprias atitudes religiosas, várias vêzes, estimularam diretamente a investigação científica. É verdade que Galileu foi obrigado pela Igreja Católica a repudiar sua crença na teoria astronômica de Copérnico e que a teoria da evolução encontrou vigorosa resistência por parte de muitos cristãos devotos. No entanto, como o demonstrou Merton, no século XVII, que assistiu ao primeiro florescer da ciência moderna, "os *interêsses* religiosos profundamente arraigados do tempo exigiam, em suas implicações vigorosas, o estudo sistemático, racional e empírico da Natureza para a glorificação de Deus em suas Obras e para o contrôle do mundo corrupto"[12]. (O leitor encontrará às pp. 568-9 um desenvolvimento mais completo dêsse ponto.)

As disputas do século XIX entre a Ciência e a religião foram mais ou menos resolvidas ou, pelo menos, contidas, mas ainda existem fontes contínuas e potenciais de divergências. Enquanto a religião contiver crenças sôbre o mundo natural, que podem ser cientìficamente testadas, a controvérsia talvez persista. Como instituição social, repousa a Ciência em valôres — a verdade empírica, o ceticismo, a livre troca de idéias — que, em dadas ocasiões, conflitam com o interêsse religioso pela fé, pela salvação e pela repressão de idéias heréticas. (O leitor encontrará uma dissertação sôbre os valôres da Ciência às págs. 570-4) A "verdade" religiosa e a "verdade" científica, com efeito, podem ser apenas diferentes e não contraditórias, mas ainda existe desacôrdo no tocante à sua relevância para situações específicas. A maneira moralista com que certos grupos religiosos encaram o alcoolismo, por exemplo, vendo nêle o resultado de uma fraqueza moral, a exigir punição ou sermões, ou ambos, colide com a maneira científica, para a qual o alcoolismo é uma doença, que deve ser tratado por processos médicos.

As determinantes sociais e culturais

Embora se encontre em tôdas as sociedades, a religião não é necessàriamente aceita por todos nem aceita de maneira igual por diferentes indivíduos. Para muitas pessoas, talvez para a maioria, a crença e a prática religiosas evocam certo sentido de temor respeitoso e reverência, a comunhão com o divino, o sentimento da existência de um poder que transcende o puramente humano. Mas apenas em poucas pessoas predomina de tal forma o sentido religioso que abarca e modela tôda a personalidade. No extremo oposto, há indivíduos e grupos que pouco ou nada aceitam da crença religiosa predominante ou até lhe são hostis. Homens haverá, com efeito, que achem adequada uma orientação secular e racional para sua vida e não sintam necessidade dos consolos da religião, ou ainda entendam que a crença e a prática religiosas são essencialmente irrelevantes para sua experiência cotidiana.

No seio de uma sociedade ou de um grupo religioso há, não raro, amplas variações nas atitudes e práticas religiosas. Num estudo sôbre a participação religiosa entre católicos norte-americanos, Joseph Fichter (sociólogo que é também sacerdote católico) dividiu sua amostra em quatro categorias: a dos "participantes mais ativos e crentes mais fiéis; a dos católicos "praticantes" normais, fàcilmente identificáveis como paroquianos; a dos que se conformam a um mínimo, simples e arbitrário, dos padrões que se esperam na instituição religiosa; e a dos que "desistiram" do catolicismo mas não adotaram nenhuma outra denominação" [13]. Um estudo de católicos franceses da zona rural apontou diferenças ecológicas na prática religiosa, isto é, baseadas em divisões geográficas. Utilizaram-se três categorias: (1) "Áreas de prática da maioria", nas quais mais de quarenta e cinco por cento da população tomavam comunhão na Páscoa; (2) "Áreas de prática da minoria, que retêm as tradições cristãs", nas quais menos de quarenta e cinco por cento comungavam mas onde a maioria celebrava as datas religiosas significativas; (3) Áreas em que a maioria, efetivamente, se afastara da Igreja e muitas crianças não haviam sido batizadas, nem freqüentavam o catecismo [14].

Tais variações na prática e no apêgo religioso não resultam apenas de diferenças individuais mas estão associadas a características sociológicas, como o sexo e a classe. As mulheres, por exemplo, são tìpicamente mais religiosas e mais assíduos aos serviços religiosos do que os homens, exceto entre os judeus. Na Europa Ocidental, a classe trabalhadora apresenta um coeficiente de comparecimento à igreja muito menor do que as outras classes, e cifras semelhantes se registraram nos Estados Unidos. As razões dessas diferenças, complexas, não se identificam de pronto, pois derivam das relações entre o ritual, a doutrina e a organização religiosa, de um lado, e as necessidades, problemas e experiência de vários grupos de pessoas, de outro.

A própria substância da religião — suas prescrições, dogmas e organização — também sofre acentuada influência de outros elementos da cultura e da organização da sociedade. Cada doutrina religiosa contém, naturalmente, uma explicação das próprias origens: o cristianismo funda-se na revelação divina; os livros sagrados do budismo, do maometanismo e do hinduísmo encerram relatos dos primórdios dessas religiões; as religiões primitivas geralmente contêm algum mito que lhes descreve a gênese. As diferenças entre grupos religiosos e as mudanças na crença e na prática aceitas freqüentemente se reportam a essas origens doutrinárias, um "processo de explanação", escreve o teólogo H. Richard Niebuhr, "popular desde o tempo em que Josephus descreveu os fariseus como escola de filósofos que acreditavam na ressurreição dos mortos e na tradição oral, ao passo que os saduceus se definiam como adeptos da doutrina oposta" [15].

As limitações dêsse tipo de interpretação logo se patenteiam. A religião está tão ìntimamente ligada a outros aspectos da vida social que sofre, necessàriamente, a influência dêles. O fato de poderem membros do mesmo grupo religioso chegar a conclusões morais diferentes partindo de uma base religiosa comum indica o impacto de fôrças sociais externas. *"Gott mit uns"*, bradavam os pregadores alemães na Primeira Guerra Mundial, enquanto os pregadores norte-americanos abençoavam as fôrças militares estadunidenses e prometiam o amparo divino. ("Louve o Senhor e passe a munição", frase atribuída a um capelão norte-americano na Segunda Guerra Mundial, é um tema freqüentemente repetido em épocas de guerra pelo clero cristão de muitas nações.) Alguns adversários da segregação racial reivindicam a sanção religiosa para a sua posição; de fato, muitos líderes religiosos tomaram parte ativa no movimento pelos direitos civis. No entanto, alguns defensores da separação das raças e da supremacia branca invocam fontes bíblicas em seu apoio. A Igreja Reformada Holandesa na África do Sul justifica em têrmos religiosos a continuada dominação dos prêtos pelos brancos. E, no entanto, alguns ministros anglicanos representaram papel ativo nos esforços para melhorar o *status* dos nativos. Está visto que essas diferenças não são de origem puramente doutrinária.

Entretanto, ao reconhecer a influência da cultura e da organização social, não devemos reduzir a religião a uma simples racionalização ou reflexo de outros interêsses. Nem é necessário subestimar ou depreciar a importância potencial, assim para indivíduos como para grupos, de interêsses caracterìsticamente religiosos — o desejo da salvação, por exemplo, ou o anseio de uma união mística com o divino. Ao invés disso, devemos encarar a religião como um dos elementos do todo complexo e interdependente que são a sociedade e sua cultura. Em determinadas condições, ela assume importância fundamental ou até anulatória no determinar o comportamento e no modelar instituições e organizações sociais; em outras circunstâncias, reduz-se-lhe a importância, mais determinada que determinante. Em tôda a parte, porém, a religião desempenha, no funcionamento da ordem social, um papel que não pode ser ignorado.

Por ser a religião um tipo de resposta às exigências da vida humana, suas formas são inevitàvelmente condicionadas pelo contexto social concreto em que emergem e de onde se originam. Enfrentando problemas para os quais não existem prontas soluções disponíveis — as dificuldades e a insegurança dos desfavorecidos, por exemplo, as limitações impostas a uma classe que acaba de surgir numa sociedade tradicional, as frustrações de uma sociedade primitiva conquistada por estranhos, as dúvidas e ansiedades dos norte-americanos da classe média no século XX — grupos ou indivíduos, que ocupam lugares semelhantes na sociedade, podem aferrar-se a certas crenças e práticas religiosas novas ou ressuscitadas a fim de emprestar significado à sua existência.

As seitas protestantes surgiram muitas vêzes entre os pobres e deserdados, aos quais ofereciam confôrto, renovada confiança e esperança de melhores dias. Os Niveladores inglêses do século XVII, o Exército da Salvação, as várias igrejas Pentecostais e Sagradas, os Cristadelfos na Inglaterra, e muitos outros ramos de denominações oficializadas proporcionaram uma experiência emocional recompensadora, ofereceram aos desvalidos interpretações tranqüilizadoras de sua condição e prometeram a graça futura — quer neste mundo, quer no próximo.

Os que vivem em circunstâncias difíceis e não raro monótonas, carecem de educação formal, são coagidos pelas fôrças dominantes da sociedade e repelidos pelo ritual formal e aparentemente vazio das igrejas oficializadas, buscaram, muitas vêzes, a libertação emocional em sua vida religiosa. Em 1739, John Wesley descreveu uma reunião em que pregou sua doutrina metodista, então nova:

> Dali fui para Baldwin-Street, e expus, à medida que lia, o quarto capítulo dos Atos. Em seguida, invocamos a Deus, para que confirmasse sua palavra. Imediatamente, uma pessoa que se achava perto (para nossa não pequena surprêsa) pôs-se a gritar, com suma veemência, como se estivesse nas vascas da morte. Mas nós continuamos rezando, até que "uma nova canção lhe foi posta na bôca, uma ação de graças a nosso Deus". Logo depois, duas outras pessoas (muito conhecidas neste lugar, como criaturas que se esforçam por viver em boa paz com todos os homens) foram tomadas de dores fortes, e obrigadas a "rugir em razão da ansiedade de seus corações". Mas não demorou muito para que elas, igualmente, rompessem em louvores a Deus seu Salvador. O último que invocou a Deus como que das entranhas do inferno, foi I... E..., forasteiro em Bristol; e, após breve espaço de tempo, também se mostrou radiante de alegria e de amor, sabendo que Deus lhe curava as imperfeições [16].

Em seu relato sôbre as seitas religiosas numa cidade industrial da Carolina do Norte, durante a década de 1930, Liston Pope descreve um serviço religioso característico, realizado numa igreja freqüentada principalmente por operários.

> O serviço principia às oito horas, mais ou menos. Ou melhor, as ações da congregação assumem caráter mais intenso e concertado; não há quase nada à guisa de anúncio formal. O côro (. . .) rompe num hino rítmico e a congregação o acompanha (. . .) O hino (. . .) reminiscente das baladas das montanhas assim na música como na forma da narrativa (. . .) conduz a um clímax narrativo e a excitação (. . .) aumenta à maneira que prossegue o canto (. . .) pontilhado de gritos altos de "Aleluia", "Obrigado, Jesus", "Glória", e do rítmico bater de mãos e pés (. . .) Meia dúzia de cânticos (. . .) uma oração, com tôda a gente (. . .) rezando junta ao mesmo tempo, cada qual à sua maneira (. . .) Em seguida, o pastor lê "as Escrituras" (. . .) chega a um clímax na exposição — um clímax que se reflete no aumento dos movimentos rítmicos e dos gritos exortadores dos membros da congregação (. . .) uma coleta (. . .) Em seguida, o serviço se encaminha para o clímax (. . .) uma profissão de fé em que grande número de fiéis, dos mais fervorosos dá testemunho de sua experiência pessoal e sua alegria na religião, alguns murmurando, outros gritando, veementes... Durante todo o tempo, ondas de ritmo extático varreram a congregação (. . .) Uma môça salta do seu banco (. . .) corre quatro vêzes em tôrno das naves da igreja, berrando (. . .) outros se erguem e gritam a plenos pulmões durante cinco minutos (. . .) são quase onze horas da noite, mas a gente lá fica e pasma. Êles não cessam de gritar: estão bêbedos, mas não de vinho; cambaleiam, mas não por efeito de alguma bebida forte [17].

Como o ilustra esta descrição, a experiência pessoal torna-se mais importante que o ritual tradicional e a participação coletiva, chefiada e estimulada por pregadores leigos, substitui o comparecimento passivo a um serviço formal, dirigido por um ministro ordenado, profissionalmente treinado.

Associada a uma fervente expressão emocional em muitas seitas "sagradas", há uma doutrina que realça a superioridade moral do pobre, promete a ventura eterna ao justo e ameaça o rico opulento e decadente com a danação eterna. Muitas seitas protestantes, assinala Pope, "substituem o *status* social pelo *status* religioso". Fazem da necessidade virtude, transmudando "a pobreza em sintoma de Graça" [18]. Excluídos da sociedade da classe média, os desfavorecidos estabelecem uma seleta participação religiosa franqueada apenas aos que experimentaram a conversão ou aceitam padrões que se consideram — ou proclamam — superiores aos do resto da sociedade.

Na prática, na doutrina e na organização, as seitas protestantes refletiram, assim, freqüentemente, as necessidades das classes inferiores de respeito próprio, tranqüilidade moral, companheirismo e experiência emocional, se bem tenham existido também seitas da classe média como, por exemplo, a Ciência Cristã e os quacres. Após cuidadosa análise, concluiu um sociólogo inglês:

A Ciência Cristã é a expressão religiosa dos abastados e prósperos ou dos que gostariam de sê-lo; confirma-os na justeza de suas posses ou de seus esforços. É o tipo a que se referiu Weber quando declarou que os privilegiados não precisavam buscar a redenção, mas requeriam que a religião lhes legitimasse o bem-estar [19].

Movimentos religiosos surgidos entre outros grupos refletiram, de maneira semelhante, as necessidades particulares e os problemas de seus membros. Como o demonstra Barber, por exemplo, os movimentos messiânicos entre os índios norte-americanos irrompiam, não raro, no seio de tribos que padeciam de extrema privação mercê do rompimento do modo tradicional de vida. Quando já não podiam seguir os padrões tradicionais de comportamento ou quando êstes já não lhes satisfaziam às necessidades, acabavam muitas vêzes acreditando numa doutrina messiânica que prometia a eliminação de suas dificuldades. De acôrdo com tais promessas, se os índios tornassem aos antigos costumes tribais, rejeitassem influências forasteiras e adotassem novos rituais específicos, as terras tribais lhes seriam restituídas, os brancos eliminados e as glórias e prazeres do passado reconquistados [20].

A despeito da evidente conexão entre as condições sociais e o advento de novos rituais e novas doutrinas religiosas ou de mudanças nas velhas, uma explanação sociológica que não fôsse além dos problemas enfrentados pelas pessoas seria, ao mesmo tempo, incompleta e capaz de induzir em êrro. A reação religiosa em face da dificuldade é apenas uma alternativa entre muitas. Ao invés de ingressar em seitas revivescentes, os operários de Gastonia, na Carolina do Norte, estudados por Liston Pope, poderiam ter ingressado num sindicato. Em lugar de participar da Dança do Fantasma, com suas esperanças messiânicas, os índios das Planícies poderiam ter-se empenhado numa guerra de vida ou morte contra os brancos; ou, alternativamente, poderiam ter buscado integrar-se total ou parcialmente na cultura e na sociedade norte-americanas. O fato de serem ou não as pessoas levadas a aceitar novas formas religiosas enquanto tentam enfrentar suas dificuldades depende de circunstâncias complexas, tais como o estado prevalecente da crença religiosa, as relações existentes entre a religião e outros aspectos da cultura e da organização social, as alternativas de que dispõem, e sucessos imprevisíveis, como o advento de um vigoroso líder religioso ou de algum acontecimento inusitado.

Na Europa do século XVI, os problemas sociais, econômicos e políticos concretos de vários grupos corriam paralelos e ligavam-se estreitamente a um crescente descontentamento no seio da Igreja Católica. A Reforma foi encetada por homens que se rebelaram contra a Igreja por motivos caracterìsticamente religiosos. Conquanto Lutero já tivesse principiado a formular conceitos religiosos que contrariavam os da Igreja, viu-se induzido a desferir seu primeiro ataque aberto à doutrina oficial por causa do esfôrço clamoroso de um arcebispo, nomeado por injunções políticas e azucrinado pelas dívidas, para levantar dinheiro com a venda despeada de indulgências papais (o perdão religioso de pecados anteriores) [21]. As opiniões religiões radicais de Lutero foram aceitas por vários grupos em virtude de suas relações com as condições concretas que êles enfrentavam, inclusive as conseqüentes da situação religiosa corrente. Para os camponeses, a rejeição da autoridade eclesiástica propugnada por Lutero e a ênfase que êle emprestava à igualdade de todos os homens diante de Deus pareciam justificar a rebelião contra as exações e explorações de que eram vítimas. Para a classe média, a doutrina da "vocação", que sancionava a dedicação à ocupação da pessoa justificava-lhe a preocupação com os assuntos econômicos, preocupação essa que a doutrina católica reputava de menor valor que o ideal monástico. Para a nobreza, um ataque teológico à autoridade da Igreja sustentava-lhe a própria resistência aos esforços papais para conservar o contrôle do poder secular. Além disso, o apoio de Lutero à autoridade secular — "Pois no Nôvo Testamento Moisés não vale nada, mas lá está nosso Mestre Cristo, que nos coloca o corpo e as posses sob o poder das leis do mundo e do Kaiser quando diz: "Dá a César as coisas que são de César" " — justificava o próprio domínio dela sôbre os súditos. Por estarem tão estreitamente ligados a questões de doutrina e organização religiosas, os interêsses econômicos e políticos influíram inevitàvelmente na subseqüente evolução do luteranismo. Quando Lutero denunciou o levante camponês de 1524-1525 num folheto, *contra as hordas ladras e assassinas de camponeses,* perdeu o apoio dêles e o luteranismo tornou-se, finalmente, "uma igreja oficializada, um partido predominantemente aristocrático e da classe média, com interêsses e privilégios adquiridos" [22].

No mundo ocidental moderno, onde a religião perdeu ou abandonou o direito de governar escrupulosamente grandes áreas da vida cotidiana do homem, muitas pessoas encontraram soluções profanas para problemas que poderiam, outrora, ter gerado uma resposta religiosa. Na Inglaterra do século XIX, bem como em períodos anteriores, assinala Niebuhr, "os pobres eram realmente excluídos das igrejas, que se haviam tornado emocionalmente frias, èticamente neutras, intelectualmente sóbrias e socialmente aristocráticas demais para atrair homens vergados ao pêso do trabalho monótono, do ganho insuficiente e do sentido de inferioridade social" [23]. Em lugar de apegar-se a alternativas religiosas, que voltariam a dar significado às suas vidas e oferecer alguma solução às suas dificuldades, como tantas vêzes haviam feito no passado os desvalidos, muitos trabalhadores inglêses do século XIX renunciaram inteiramente à religião, encontrando uma resposta para suas necessidades na ação política e econômica.

O advento do movimento religioso depende, muitas vêzes, da presença de um profeta, ou líder *carismático* — Cristo, Maomé, Mahatma Gandhi, Martinho Lutero, João Calvino, Joseph Smith dos Mórmons, John Wesley, George Fox dos Quacres — que afirma a autoridade moral da doutrina ou mensagem que apregoa e granjeia apoio para ela mercê de suas qualidades pessoais — "está escrito mas *eu* vos digo..." Com efeito, as origens de algumas religiões identificam-se tão estreitamente com indivíduos que se tem a impressão de terem sido êsses os únicos responsáveis pelo seu êxito. Não se deve subestimar o papel criativo desempenhado pelo líder carismático; em suas qualidades pessoais talvez resida a diferença entre uma revolução na doutrina e na prática religiosas e a pouca ou nenhuma alteração delas, mas profeta algum será bem sucedido se as circunstâncias não lhe forem propícias. Êle triunfa quando seus ensinamentos atingem um auditório receptivo — pessoas cujas atitudes, crenças e necessidades emocionais as predispõem a aceitar-lhe a liderança. A importância, tanto do líder quanto do contexto, está indicada na conclusão de um historiador da Reforma, segundo a qual Martinho Lutero "encontrou na opinião pública uma solução supersaturada de revolta; para precipitá-la bastava atirar-lhe uma pedra mas, em lugar da pedra, êle acrescentou-lhe o mais poderoso reagente possível" [24].

O momento emocional inicial gerado pelo líder religioso carismático e pelo nôvo sistema que êle apregoa raro pode ser sustentado por muito tempo, sobretudo após a sua morte. Para que a nova doutrina sobreviva, terá de ser incorporada numa organização de crentes; para ser mais que a religião de um círculo social isolado escondido, precisará adaptar-se às variáveis necessidades dos que vierem a aceitá-la. Na esteira do lider carismático, por conseguinte, segue muitas vêzes o missionário e organizador, que codifica e interpreta a doutrina recebida, conquista novos adeptos e constrói a igreja: Paulo de Tarso depois de Cristo, o Califa Omar depois de Maomé, Brigham Young depois de Joseph Smith. No processo de angariar adeptos e criar uma organização, entretanto, as doutrinas originais amiúde se transformam. Mesmo depois de plenamente firmada a igreja, as necessidades da organização e o impacto das fôrças externas continuam a influir, inevitàvelmente, na crença e na prática. "O cristianismo", escreve H. Richard Niebuhr, "logrou, muitas vêzes, o sucesso aparente ignorando os preceitos de seu fundador" [25].

A adaptação da crença, da prática e da organização religiosa às exigências de uma igreja "bem sucedida" e às mutáveis necessidades de seus membros é claramente ilustrada pelas mudanças que amiúde

— embora nem sempre — se verificaram nas seitas protestantes da classe trabalhadora [26]. À proporção que procura conquistar novos adeptos e ampliar sua influência, por motivos que podem ser variados e complexos — fervor religioso, rivalidade com outros grupos, a ambição do pregador de ver aumentado o seu prestígio — a seita modifica gradativamente seus ensinamentos e rituais com o propósito de atrair novos grupos, habitualmente de *status* mais elevado. Essa tendência é apoiada, às vêzes, dentro da seita, por um pequeno grupo que conseguiu melhorar a própria posição econômica, não raro pela adoção dos padrões que lhe eram impostos: diligência, temperança, abstinência dos prazeres mundanos, parcimônia e evitação da ostentação. À medida que muda a posição de classe dos membros, a crença e o ritual tendem a aproximar-se do padrão da classe média. Como os membros já não são rejeitados pela sociedade da classe média, cessam de traçar uma nítida linha divisória entre si mesmos — os "salvos" — e os outros. Capazes de lograr maiores satisfações mundanas e fruir os prazeres profanos, já não têm necessidade da intensa experiência emocional que outrora buscavam na religião; em lugar disso, passam a considerar com desdém o comportamento religioso "excessivamente" expressivo. Como evidência do nôvo *status,* constroem nova igreja, insistem em ter um ministro culto, formalmente treinado, e estabelecem um programa educacional sistemático para os filhos.

As mudanças que se verificam à medida que a religião se adapta aos requisitos da organização efetiva e às necessidades e desejos dos membros da comunidade religiosa são, às vêzes, vigorosamente opugnadas por crentes devotos, em cuja opinião os ensinamentos fundamentais que êles subscrevem estão sendo falseados. Êstes podem conquistar seguidores entre aquêles cujos interêsses — religiosos ou não — são ameaçados pelas alterações impressas na doutrina ou no ritual. Quando uma religião deixa de satisfazer às necessidades de seus membros, êstes, freqüentemente, se voltam para a sua versão da mensagem original, não corrompida, em tôrno da qual se lhes centraliza a fé. A história do Cristianismo, como a de outras religiões, é assinalada por inúmeros cismas teológicos. Muitos dêsses conflitos religiosos se baseavam em interpretações divergentes da doutrina cristã, cada uma das quais se dizia coerente com os ensinamentos de Jesus. Houve tentativas ocasionais de recuperar o que se consideram as virtudes perdidas do cristianismo primitivo, reformar a igreja e restituí-la ao que se supõe haja sido seu prístino estado. Os primórdios de movimentos novos e, às vêzes, revolucionários encontram-se amiúde na oposição, por motivos religiosos, à acomodação da igreja e de sua doutrina a interêsses não religiosos e, depois de iniciados, êsses movimentos têm também, às vêzes, amplas repercussões na sociedade.

A religião e a ordem social

À maneira que se adapta à ordem social existente, a religião exerce importantes funções sociais. Nas respostas que proporciona às incertezas inerentes à vida humana e às questões e problemas que a própria sociedade origina, a religião estimula com freqüência — embora nem sempre — a aceitação das normas predominantes e das relações sociais estabelecidas. O consenso acêrca da doutrina religiosa e a uniformidade da prática religiosa contribuem para a solidariedade da sociedade. Claro está, por outro lado, que as diferenças religiosas podem redundar em hostilidade e até num conflito declarado.

O ritual, que faz parte da religião, não sòmente reafirma as crenças partilhadas pelas pessoas, senão também congrega os crentes numa comunidade moral, incentivando a conformidade às suas ordens. Participando da missa, o católico expressa suas atitudes em relação ao Divino e confirma sua participação na Igreja e na comunhão dos crentes. Sente-se mais ìntimamente ligado, pelo menos em certos sentidos, aos que compartem de suas crenças e experiências do que a estranhos. A repetição ocasional da frase "No próximo ano em Jerusalém", no ritual judaico, reforça a unidade dos judeus em tôda a parte expressando a esperança de que, finalmente, estarão todos reunidos. O emprêgo de uma língua sacra — o latim pelos católicos, o hebraico pelos judeus, por exemplo — destaca dos outros o grupo religioso e propicia a seus membros um laço comum.

A religião também pode contribuir para a persistência das instituições e relações sociais existentes pela atitude que impõe em face da vida e pela interpretação ética que oferece da sociedade. O confucionismo, por exemplo, realizou essa função fomentando explìcitamente o fiel cumprimento de obrigações tradicionais e o respeito à autoridade tradicional. O budismo, por outro lado, sustenta a ordem existente definindo o mundo como mau e dando ênfase à fuga das suas exigências para uma vida de contemplação. Êsse recolhimento, todavia, só é possível aos monges, e fazem-se exigências menos rigorosas aos leigos, que possuem um *status* religioso inferior e são induzidos a aceitar fatalìsticamente as coisas tais como se apresentam. O hinduísmo considera o mundo imutável. Sanciona o sistema de castas ligando o fato de uma pessoa no mundo a encarnações passadas, sôbre as quais, naturalmente, segundo o princípio religioso, não há contrôle possível. A finalidade do hinduísmo é o alheamento dos assuntos mundanos e a fuga final à servidão da carne.

Em sua longa história, assumiu o cristianismo atitudes diversas em relação ao mundo, à carne e às instituições sociais, à proporção que buscou resolver a tensão entre sua preocupação transcedental com a salvação e os problemas mais mundanos de organização e manutenção de uma igreja e de aplicação da ética cristã à vida social. Podemos, por conseguinte, indicar apenas sucintamente algumas das maneiras pelas quais contribuiu para a manutenção ou a estabilidade da sociedade, de um lado, e para importantes mudanças sociais, de outro.

O catolicismo ajudou a manter a ordem social medieval dando destaque ao "drama da salvação" e ao ideal monástico, mesmo quando tolerava a mundanidade assim na Igreja como entre os leigos; considerava-se a vida neste mundo menos importante do que a vida futura, e os trabalhos e dificuldades deviam ser suportados enquanto se aguardava a felicidade eterna. Encarava-se a ordem hierárquica da sociedade, até certo ponto, como divinamente ordenada. A desigualdade e as diferenças entre as diversas classes — ou "estados" — em que se dividia a sociedade medieval justificavam-se pelo ponto de vista de que Deus atribuíra funções distintas a cada indivíduo ou grupo — o trabalho do solo, o govêrno, a defesa, a liderança religiosa, o comércio, o artesanato. Essa doutrina é claramente expressa por Thomas Starkey, que foi, durante algum tempo, capelão do Rei Henrique VIII:

> Como em todo homem existe um corpo e uma alma, em cujo estado florescente e próspero se acham reunidos o bem-estar e a felicidade do homem; assim também existe em cada cidade e país da comunidade, por assim dizer, um corpo político e outra coisa que também se assemelha à alma do homem (...) êsse corpo não é senão a multidão do povo (...) A coisa que se assemelha à alma é a ordem civil e a lei política, administrada por funcionários e dirigentes (...) Os que têm autoridade sôbre todo o Estado podem ser comparados ao coração (...) À cabeça, com os olhos, ouvidos e outros sentidos que lá existem, podem comparar-se os funcionários subalternos, nomeados pelos príncipes, na medida em que lhes cabe velar e zelar pelo bem-estar do resto dêsse corpo. Aos braços se comparam assim os artesãos como os guerreiros, que defendem o resto do corpo do ataque dos inimigos externos e trabalham e fazem as coisas necessárias ao mesmo corpo; aos pés, comparam-se os aradores e trabalhadores do solo, porque, pelo seu trabalho, sustentam e mantêm o resto do corpo [27].

Cada órgão receberia o que lhe era justamente devido — nem mais nem menos; cada classe executaria sua função e assim se conformaria aos mandamentos de Deus. (Essa teoria orgânica, que recebeu sua forma clássica de Tomás de Aquino no século XIII, não impossibilitou nem impediu atritos freqüentes entre a igreja e o poder secular, à medida que cada qual buscava estender a própria influência e proteger — ou acrescentar — seus direitos e prerrogativas.)

Quando a teoria orgânica da sociedade principiou a esboroar-se, em decorrência das mudanças revolucionárias do século XVI — a importância crescente da burguesia urbana, a Reforma protestante, a oposição popular aos dirigentes tradicionais — nova defesa religiosa da autoridade política real surgiu na doutrina do "direito divino dos reis". Os reis, escreveu Jaime I da Inglaterra, "são imagens vivas de Deus sôbre a Terra" [28], e êsse ponto de vista era endossado pelos defensores tanto clericais quanto leigos da monarquia. Embora derivasse da concepção cristã tradicional de que a autoridade tem uma origem e uma sanção religiosas, a teoria justificava a maior centralização do poder secular, menos limitado pelo costume e pelo precedente do que o que fôra anteriormente aceito por escritores políticos ou teológicos. Ao mesmo tempo, o nacionalismo, que se desenvolvia, e com o qual freqüentemente se associava a teoria do direito divino, concorreu para o advento de igrejas nacionais, não só protestantes mas também católicas.

A divisão, posterior à Reforma, da cristandade em igrejas e seitas competidoras e as variações, de uma nação para outra, das relações institucionalizadas entre a igreja e o Estado dificultam qualquer generalização tocante às funções das crenças e práticas religiosas cristãs específicas e às contribuições históricas de vários grupos religiosos. Tanto o protestantismo quanto o catolicismo desempenharam muitas vêzes um papel conservador na Europa e nas Américas, sustentando por diversas maneira a ordem social existente. Em certas circunstâncias, porém, contribuíram — ou estiveram estreitamente ligados a ela — para uma radical mudança social e viram-se envolvidos em conflitos sociais intensos e diruptivos.

O protestantismo e a mudança social

O protestantismo apareceu no palco histórico mais ou menos ao mesmo tempo que o capitalismo moderno, e a natureza de suas relações — qual dêles concorreu para o desenvolvimento do outro, e como? — constituiu-se no tema de profundas controvérsias intelectuais por mais de meio século. No ensaio explosivo que ajudou a pôr em destaque essa persistente divergência, Max Weber sustentou que o protestantismo proporcionou os elementos essenciais para a dedicação de uma pessoa à sua ocupação e para a incansável busca do lucro, que marcou o "espírito do capitalismo" [29]. No capitalismo moderno, escreveu êle "o homem é dominado pelo afã de ganhar dinheiro". A qualidade singular do espírito capitalista, que Weber procurou explanar, não reside apenas, todavia, na ênfase que empresta ao lucro, porém no valor ético imputado ao ganho econômico e na unidade racional de propósito com que se esperava que o homem se empenhasse em atividades econômicas.

A origem dêsse "espírito" capitalista, que imprimiu o ímpeto emocional e ministrou o fundamento ideológico para as instituições evolventes da economia de mercado livre, Weber encontrou-a em menor dose em Lutero mas, sobretudo, nos ensinamentos de Calvino e nas doutrinas das seitas protestantes ascéticas posteriores. Nem Lutero nem Calvino sugeriram importantes mudanças nas atitudes religiosas firmadas em relação às práticas econômicas específicas, tais como a cobrança de juros, capitulada de "usura" pela Igreja medieval; tais mudanças ocorreram mais tarde [30]. Mas na apreciação das atividades econômicas e, no caso do calvinismo, na atitude para com o mundo e os dilemas cíclicos que suas doutrinas geravam, o protestantismo incentivou e estimulou o espírito capitalista e, em conseqüência, o comportamento dos homens de negócios.

Em contraste com o ideal monástico, que dominou o catolicismo medieval (mesmo quando a Igreja reconhecia que a maioria dos homens, inevitàvelmente, ficaria aquém dêsse ideal), tanto Lutero quanto Calvino ressaltaram a dedicação à *vocação* da pessoa, à ocupação que lhe fôra atribuída por Deus. A definição luterana da vocação continuou "tradicionalista", isto é, estimulou o indivíduo a permanecer em sua posição e acatar e seguir as concepções predominantes da prática apropriada. Calvino, por outro lado, via na vocação "a tarefa estipulada por Deus"; exigia esforços positivos no sentido de senhorear o mundo e não se limitar à adoção da prática tradicional. Do bom cristão se exigia, não que se afastasse da vida social, mas que a reordenasse segundo diretrizes cristãs ascéticas.

A dedicação à tarefa resultava não só da explícita aprovação do esfôrço paciente, diligente, racional, mas também das tensões internas provocadas pela doutrina calvinista da predestinação. Consoante essa doutrina, o destino eterno de cada homem é preordenado por Deus. Nem a fé, nem as obras, nem o recolhimento monástico, nem um santo proceder podem influir na decisão divina. Além disso, nenhuma "Igreja Maternal" logra intervir ou ajudar o indivíduo que busca a salvação e a graça divina. A incerteza e a ansiedade criadas por essa doutrina dura, "a solidão interior sem precedentes do indivíduo isolado", induziam o crente a procurar alguma tranqüilidade, algum indício de que fazia parte do grupo dos salvos e não do grupo dos condenados. A tranqüilidade só a encontraria procedendo como se estivesse salvo, satisfazendo rigorosamente às exigências da vida religiosa: a saber, obedecendo às normas de comportamento que vieram a ser rotuladas de "ética protestante" — diligência, temperança, parcimônia, reserva e evitação dos prazeres carnais. A evidência de que a pessoa pertencia ao número dos eleitos encontrava-se, por fim, no êxito alcançado através da vocação, um êxito de fato, para o qual a observância da "ética protestante" muitas vêzes contribuía. Com efeito, o ponto de partida empírico de Weber foi a observação de que as nações protestantes e os grupos protestantes dentro de nações de composição religiosa mista assumiram a liderança do desenvolvimento capitalista.

A despeito da habilidade e da erudição impressionante com que Weber a expôs — incluindo uma série de estudos comparativos de grande alcance, nos quais tentou mostrar que o capitalismo moderno só se desenvolvera no Ocidente graças às diferenças entre sua evolução religiosa e as religiões de outras partes do mundo [31] — sua tese foi severamente criticada. Entretanto, sem embargo das críticas específicas, algumas das quais se apóiam infelizmente numa compreensão errônea do seu propósito e dos seus argumentos, parece hoje indiscutível a existência de uma conexão significativa entre o protestantismo e o desenvolvimento do capitalismo. Ainda que a "ética protestante", como afiançam alguns críticos, haja seguido o desenvolvimento das instituições capitalistas como sua justificação *post hoc* em lugar de precedê-las e, até certo ponto, "causá-las", subsiste o fato de que as idéias religiosas concorreram para as atividades econômicas que ajudaram a refazer o mundo ocidental.

Estimulados por êsses debates sôbre as relações entre a religião e o capitalismo, alguns estudiosos analisaram as conexões entre a religião e o desenvolvimento ou modernização econômica em outras partes do mundo. Dessa maneira, Robert Bellah asseverou que

> a religião desempenhou papel importante no processo de racionalização política e econômica no Japão, mantendo e intensificando o apêgo aos valôres essenciais, fornecendo motivação e legitimação a certas inovações políticas necessárias e reforçando uma étnica de ascetismo de mundo interior, que acentuou a diligência e a parcimônia. E existe, pelo menos, uma robusta possibilidade de que ela tenha também representado parte importante na formação dos valôres essenciais favoráveis à industrialização [32].

Em outras áreas — na Indonésia, na Índia, no mundo árabe — a influência da religião parece muito mais problemática; em certos sentidos entravou a modernização, em outros a facilitou ou estimulou e em certos aspectos se mostra sumamente irrelevante [33].

Após o advento de novas instituições e estruturas sociais, as crenças e práticas religiosas outrora ligadas à mudança passam, muitas vêzes, a exercer funções diversas. Depois que tomaram forma os principais contornos do capitalismo ocidental, o protestantismo, de um modo geral, passou a desempenhar papel diferente. Em lugar de servir de estímulo ou justificativa para o descaso das normas sociais tradicionais, acoroçoou a conformidade às instituições agora firmadas da sociedade capitalista. Desapareceu a dinâmica emocional encerrada na doutrina da predestinação e a teologia rigorosa e racional do calvinismo perdeu seu império, se bem os valôres da "ética protestante" persistissem como elementos centrais da cultura do capitalismo. A preocupação com o "caráter"; a ênfase emprestada à poupança, à sobriedade e à abstinência dos prazeres mundanos; o destaque dado à atividade, ao trabalho, ao domínio de si mesmo e do mundo, valôres essenciais para empresários burgueses no capitalismo comercial dos séculos XVII e XVIII, ministraram também apoio moral à disciplina requerida pelo capitalismo industrial do século XIX. Além disso, a ética protestante fomentou a poupança, que possibilitou a acumulação de capital, necessária ao crescimento e à expansão industriais.

Mesmo quando a abstinência dos prazeres mundanos e a poupança, impostas pela religião, conduziam à riqueza, como tantas vêzes o fizeram, e às tentações que emanam da riqueza, o protestantismo continuou a acentuar o valor moral do êxito econômico. O dilema a que o protestantismo ascético se viu assim conduzido e a solução que êle, não obstante, aceitou, vêm ambos ilustrados neste comentário de John Wesley:

> Receio que, onde quer que hajam aumentado as riquezas, haja decrescido na mesma proporção a essência da religião. Por conseguinte, não vejo como será possível, na natureza das coisas, que continue por muito tempo revivescência da verdadeira religião, pois esta precisa produzir, necessàriamente, tanto a diligência quanto a frugalidade, as quais não podem deixar de produzir riquezas. Mas, à medida que aumentam as riquezas, aumentarão também o orgulho, a cólera e o amor do mundo em todos os seus setores. Como então será possível que o metodismo, isto é, uma religião do coração, embora floresça agora como loureiro verdejante, continue nesse estado? Pois os metodistas em tôda a parte se tornam cada vez mais diligentes e frugais; conseqüentemente, seus bens aumentam... Ora, não devemos impedir que as pessoas sejam diligentes frugais; precisamos exortar todos os cristãos a ganhar quanto puderem e a poupar quanto puderem; ou seja, na verdade, a enriquecerem [34].

As desigualdades da riqueza, surgidas com o contínuo crescimento do capitalismo foram reiteradamente sancionadas pela doutrina enunciada, por exemplo, pelo Bispo Episcopal Lawrence, segundo a qual "com o correr do tempo sòmente ao homem reto chega a riqueza". Inversamente, era a pobreza, ao mesmo tempo, resultado e prova de fracasso moral. "O número de pobres dos quais se deve ter pena é reduzidíssimo", declarou o Reverendo Russell Conwell, famoso pregador batista e fundador da *Temple University*. "Ter pena de um homem a quem Deus puniu por seus pecados, ajudando-o, assim, quando Deus continuaria a infligir-lhe justa punição, é obrar mal, sem dúvida alguma" [35]. Ora, visto que o caráter e não as instituições determina o destino dos homens, de acôrdo com êsse ponto de vista não haveria motivos para se criticarem as normas sociais predominantes ou para se advogar uma mudança institucional. Por se encontrarem os homens na posição a que os conduziram seus próprios e a vontade de Deus, quaisquer tentativas para melhorar as condições dos pobres através da reforma social eram, ao mesmo tempo, imorais e imprudentes.

Entretanto, a contribuição do protestantismo à manutenção das instituições capitalistas proveio não só de sua aprovação e do seu apoio direto tanto às práticas existentes quanto ao padrão emergente das relações sociais, mas também à tendência para fugir à ativa participação na vida diária da sociedade, para aceitar uma divisão entre a religião e outras áreas da vida social e cultural. Abrindo mão do direito outrora aceito da religião de julgar moralmente as atividades cotidianas e reduzindo-lhe os direitos sôbre os homens às exigências da consciência particular e do ritual público ocasional, o protestantismo nos séculos XIX e XX tornou possível a contínua racionalização da vida econômica, a busca sistemática do lucro pelos métodos mais eficientes, desembaraçada, de um modo geral, das restrições tradicionais feitas à tecnologia e ao trato recíproco entre os homens [36].

Nem todos os segmentos do protestantismo escaparam à tensão persistente entre as exigências morais transcendentais e as realidades da vida social. Os ensinamentos religiosos, que estimulavam as virtudes protestantes, geraram também o humanismo do século XIX, que acarretou na Inglaterra a abolição da escravatura e contribuiu para a promulgação das leis sôbre fábricas e outras medidas de bem-estar destinadas a amortecer o impacto escorchante do industrialismo. Embora muitos clérigos protestantes se abstivessem de comentar os problemas sociais de sua época, outros rejeitaram a dicotomia entre a igreja e a sociedade e procuraram persistentemente aplicar a ética cristã aos males que viam à sua volta, não apenas acudindo em auxílio das vítimas de uma competição freqüentemente sem peias, mas também advogando mudanças institucionais destinadas a melhorar-lhes a sorte. Se não advogaram a reconstituição radical da sociedade recomendada pelos socialistas ou comunistas (como o fizeram alguns: os socialistas cristãos desempenharam papel ativo no Partido Trabalhista inglês), também não se cingiram aos assuntos puramente "eclesiásticos" a que os restringiriam muitos cidadãos presumìvelmente devotos.

A cisão dentro do protestantismo provocada pela questão da intervenção religiosa em assuntos políticos e econômicos acarretou um conflito interno que ainda persiste. O Conselho Nacional de Igrejas nos Estados Unidos, que se intitula "liberal", oferece juízos "morais" sôbre questões sociais e estimula uma participação ativa no esfôrço para solucionar males sociais. O vigorosamente conservador Conselho Norte-Americano de Igrejas, por outro lado, insiste, ao lado de muitos outros grupos fundamentalistas, em que a igreja e seus homens não devem imiscuir-se em assuntos sôbre os quais "sabem" pouco ou nada.

O catolicismo: conservantismo, adaptação e mudança

Enquanto o protestantismo se achava ligado às mudanças econômicas e a algumas das mudanças políticas ocorridas na Europa Ocidental a partir do século XVI, o catolicismo permaneceu, em conjunto, prêso às instituições mais tradicionais e às estruturas sociais. O capitalismo progrediu lentamente, ou não progrediu, entre os católicos e nos territórios católicos. A ênfase católica emprestada à salvação eterna — que se consegue através da freqüência aos sacramentos da Igreja — estimula um "interêsse pelo outro mundo" que se mostrou, muitas vêzes, em desacôrdo com as exigências do empreendimento capitalista. Em contraste com o individualismo de alguns ramos do protestantismo, mais coerente com a democracia e que contribuiu para o seu desenvolvimento, o autoritarismo da Igreja Católica e sua insistência na aceitação da autoridade — sagrada e secular — dissentiram, muitas vêzes, dos movimentos políticos populares e sustentaram formas tradicionais de autoridade e poder.

Porque a doutrina católica define a Igreja como o meio através do qual se logra a salvação (embora tenham surgido divergências entre os teólogos católicos com respeito ao fato de se poder lograr a salvação *apenas* através da Igreja), a conservação de sua integridade como organização em plena atividade tem-se constituído numa de suas principais preocupações religiosas. Se a Igreja viesse a ser prejudicada ou de qualquer maneira enfraquecida, as almas de seus membros estariam em perigo. O Estado, portanto, de acôrdo com vários pronunciamentos papais do passado, "foi estabelecido, não só para o exercício do govêrno do mundo, mas acima de tudo, para a proteção da Igreja... Não há nada mais proveitoso e glorioso para os Soberanos dos Estados e para os Reis do que permitir à Igreja Católica que ponha em vigor suas leis, e atalhar qualquer cerceamento de sua liberdade" [37].. Onde quer que o catolicismo tenha ocupado posição de relêvo na sociedade, como religião oficial ou credo predominante, quase sempre revelou interêsse pelo *status quo,* através da autoridade moral que podia exercitar, das propriedades que possuía e da influência que era capaz de exercer sôbre o poder secular. Em tais circunstâncias, apresentou-se a Igreja freqüentemente como o principal defensor da ordem existente, até quando o Estado impunha uma dura autoridade ou sancionava e apoiava a exploração econômica das classes inferiores.

Quando crescia a oposição às instituições políticas e econômicas estabelecidas, com as quais se identificava ou que ela apoiava, a Igreja, naturalmente, era também alvo de ataques. A Revolução Francesa não sòmente destruiu o *ancien régime* mas também desoficializou a Igreja, expropriou grande parte de seus bens e iniciou vigoroso movimento anticlerical, que vem persistindo como fôrça ativa na sociedade francesa. As revoluções contra o domínio espanhol, que varreram a América Latina no século XIX, incluiam, não raro, a Igreja entre seus inimigos [38]. O anticlericalismo tem surgido, habitualmente, não quando a Igreja se mostra fraca ou tolerante ou quando os católicos constituem minoria, mas quando ela se revela forte e associada aos ricos e poderosos. A oposição à Igreja, entretanto, nem sempre refletiu sentimentos anti-religiosos, senão a hostilidade contra o alto clero e o poder dos que buscavam o apoio da Igreja. O próprio clero muitas vêzes se dividia, e inúmeros párocos se colocavam ao lado de movimentos populares, ao passo que os dignitários eclesiásticos defendiam os grupos dirigentes, como ocorreu em várias ocasiões na América Latina e na Espanha na década de 1930.

Procurando manter o império sôbre seus membros, executar as funções religiosas que reivindica para si e proteger-se contra fôrças sociais e políticas hostis, opôs-se a Igreja não só ao comunismo e ao socialismo mas também, em certas ocasiões, ao racionalismo, ao liberalismo e a outras heresias "modernistas". Em 1864, o Papa Pio IX fêz publicar uma *Lista de Erros,* que condenava explìcitamente o ponto de vista segundo o qual "o Pontífice Romano pode, e deve, reconciliar-se e acordar com o progresso, o liberalismo e a civilização moderna" [39]. Sem abrir mão de nenhuma reivindicação tradicional, como o direito de educar a juventude católica e regular o casamento, mesmo quando o Estado as ab-roga ou limita, a Igreja tem manifestado tendência para pôr-se de acôrdo com qualquer regime político que lhe permita prosseguir livremente em suas atividades. Nesses casos, com efeito, tem apoiado tais regimes, estimulando seus membros a participarem, como cidadãos leais, da vida do país.

A partir do tempo de Leão XIII (1878-1903), a Igreja se arredou de alguns pontos de vista de Pio IX e seus predecessores e tentou, por várias maneiras, acomodar a política e a prática católicas às realidades do mundo contemporâneo — dentro do arcabouço e dos limites impostos pelo que se considera básico e imutável nos ensinamentos católicos. Importante estímulo para continuar ou até acelerar a mudança no seio da Igreja proveio do Concílio Vaticano, reunido pelo Papa João XXIII e da política de *aggiornamento* — atualização da organização e dos programas da Igreja — que êle anunciou e adotou.

Grande parte da pressão em favor da mudança tem partido dos países onde os católicos constituem minoria, como os Estados Unidos, ou onde a Igreja perdeu muito de seu poder e autoridade, como a França e a Europa do Norte. Nessas áreas, a Igreja tem-se mostrado menos conservadora e resistente à mudança, tanto em assuntos religiosos quanto em assuntos seculares, do que nos países onde os católicos representam a maioria dominante.

Embora a lei canônica e os pronunciamentos papais ministrem minucioso conjunto de regras e preceitos que governam a vida social e definem a atitude católica oficial em relação a várias instituições, as inferências que se podem extrair dêsse código ou dos dogmas fundamentais, e presumìvelmente imutáveis, em que se funda o catolicismo variam muitíssimo. Sôbre muitas questões há divergências de vulto no interior da Igreja. Não só divergem os teólogos católicos acêrca das relações apropriadas entre a Igreja e o Estado, mas também discrepam, por exemplo, no tocante à natureza e à justificação da tolerância religiosa. Um teólogo protestante mostrou que a grande maioria de teólogos católicos contemporâneos já não aceita o ponto de vista segundo o qual a tolerância é apenas um expediente que deve ser aceito onde a igreja católica não predomina. Ao invés disso, justifica a tolerância religiosa como valor positivo, inerente aos ensinamentos católicos tradicionais e universalmente aplicados.

A ausência de unanimidade doutrinária dentro da Igreja sôbre muitas questões representa uma das fontes de sua fôrça, pois possibilita a adaptação às exigências de circunstâncias históricas e sociais concretas, dentro de um contínuo contexto de ortodoxia católica — embora, muitas vêzes, com atraso e relutância. Por exemplo, a Igreja decidiu revisar seus ensinamentos tradicionais sôbre o contrôle da natalidade em face dos problemas de uma população mundial em rápida expansão (veja o capítulo 17) e do desenvolvimento de novos métodos anticoncepcionais. Nos Estados Unidos, onde existe evidência insofismável de que considerável proporção de católicos se vale de dispositivos anticoncepcionais proibidos [41], tem havido ampla e franca controvérsia a êsse respeito. Um livro muito lido, escrito por distinto médico católico [42], que advoga a aceitação de produtos anticoncepcionais orais, provocou vigorosa crítica de alguns padres, mas não se processou nenhuma condenação clerical do autor, ou de outros, que se batem por modificações na posição da Igreja.

O catolicismo nos Estados Unidos reflete, ao mesmo tempo, a posição em que se encontraram os católicos e os traços característicos da cultura e da sociedade norte-americanas. A maioria dos primeiros católicos na América do Norte se constituía de franceses mas, por volta do meado do século XIX, os irlandeses passaram a representar o padrão católico dominante nos Estados Unidos. Como imigrantes recentes, que buscavam ser aceitos da sociedade norte-americana, mostraram-se principalmente preocupados em estabelecer-se — e estabelecer sua igreja — num ambiente protestante estrangeiro. Em resultado disso, assim a igreja como seus membros, consoante assinalaram dois autores católicos, "caracterizavam-se pela preocupação de defesa, pelo paroquialismo e pela inflexibilidade". Procuraram obviar à crítica, estabelecer sua *bona fides* como norte-americanos, "encarar o mundo exclusivamente em função da maneira pela qual o mundo os afetava", e resistiram à adaptação, na Igreja, a mudança no caráter da sociedade norte-americana [43].

Essas características eram — e até certo ponto ainda o são — manifestas na multiplicidade de organizações católicas, na imprensa católica, nas escolas e universidades católicas e na organização da própria Igreja. Com exceção da ardorosa oposição ao comunismo, baseados na qual muitos padres se apresentam como defensores de instituições norte-americanas tradicionais, a Igreja, de um modo geral, tem-se abstido de pronunciar-se diretamente sôbre questões públicas, exceto as que a interessam diretamente ou que ìntimamente se relacionam com a doutrina católica — educação, contrôle da natalidade, leis sôbre o divórcio. (Os católicos liberais criticaram acerbamente a hierarquia da Igreja por não se haver manifestado sôbre as liberdades civis, embora parte do clero católico tenha participado ativamente do movimento pelos direitos civis.) Em seus ataques ao comunismo, muitos sacerdotes e leigos católicos têm incluido amiúde entre seus alvos os liberais e os membros da "esquerda não comunista" e condenado idéias críticas ou radicais não ligadas ao comunismo. Pôsto que a maioria dos católicos tenha votado sistemàticamente em candidatos Democráticos, o macartismo conquistou grande proporção do apoio católico [44].

À maneira que um número cada vez maior de católicos ingressou na classe média e conquistou um *status* seguro na sociedade norte-americana, suas atitudes e as de muitos padres passaram a refletir a nova posição social. Vários observadores estrangeiros e um crítico norte-americano católico ocasional fizeram comentário sôbre o caráter do catolicismo norte-americano, que assume características cada vez mais acentuadas da classe média [45]. Como membros de uma sociedade predominantemente protestante, muitos católicos aceitaram e conservam opiniões e valôres que diferem das perspectivas católicas tradicionais, muito embora hajam mantido seus laços religiosos. Tornaram-se mais mundanos, mais ambiciosos, mais "furões", mais "puritanos" em suas atitudes do que os católicos de outros lugares. (A campanha contra a pornografia foi maciçamente apoiada por organizações católicas.) Um erudito católico observou: "Na *Arte de Ficção,* referindo-se à situação na Inglaterra vitoriana, notou Henry James, como característica "protestante", a desconfiança com que se encarava todo esfôrço artístico que não se destinasse manifestamente a divertir ou edificar. Curiosamente, essa atitude "protestante" é, nos Estados Unidos, com demasiada freqüência, a atitude "católica" " [46].

A própria Igreja também se adaptou, de várias maneiras, à cultura norte-americana. Tornou-se mais "ativista" que a Igreja em outros países, quase a ponto de sucumbir, às vêzes, como já se sugeriu, à heresia de que "o mundo pode ser salvo pela... atividade externa" [47]. Malgrado a oposição de alguns teólogos católicos europeus — e de alguns norte-americanos — importantes segmentos da hierarquia católica manifestaram-se favor da separação entre a Igreja e o Estado, embora sua definição dessa separação difira, em alguns sentidos, do ponto de vista de muitos não católicos.

Dentro da Igreja verificou-se também ativo movimento de reforma social, dirigido por sacerdotes de prestígio. Nos primeiros anos do século XX, assumiu êsse movimento tão vigorosa posição em face de certas questões sociais e econômicas que o presidente da Associação Nacional de Manufatores se viu compelido a queixar-se ao Cardeal Gibbons, importante dignitário católico norte-americano, da aparente existência de "um esfôrço disfarçado no sentido de divulgar a propaganda sectária, sindicalista, socialista, sob a égide oficial da Igreja Católica nos Estados Unidos" [48]. Há muio tempo vêm desempenhando os católicos importante papel na ala liberal do Partido Democrático, e a maioria dos católicos no Congresso tem apoiado sistemàticamente a legislação dita liberal. Tanto padres quanto freiras participaram ativamente do movimento pelos direitos civis.

A eleição de um presidente católico em 1960 pode representar — pelo menos a seus próprios olhos — a plena aceitação dos católicos na sociedade norte-americana. Tendo deixado de parte sua atitude defensiva, já não se limitando predominantemente à classe trabalhadora e estimulada pelas correntes religiosas emanadas do Concílio Vaticano e pela tendência para o *aggiornamento,* a igreja católica nos Estados Unidos, como dão a entender Edwar Wakin e o Padre Joseph Scheuer, talvez se encontre na iminência de momentosa transformação [49].

As conseqüências da diversidade religiosa

Nas complexas relações entre a prática e a crença religiosas, de um lado, e outros elementos de cultura e estrutura social, de outro, a amplitude da diferenciação religiosa desempenha parte importante. Como já tivemos ocasião de observar, a Igreja Católica seguiu um caminho diferente quando era a única religião ou a religião predominante do caminho que seguiu quando não passava de uma entre várias ou muitas. Mas o próprio fato da diversidade religiosa tem conseqüências de longo alcance, que se ramificam por tôda a ordem social.

A diversidade religiosa nos Estados Unidos é um fato familiar e amiúde observado. Em 1959 havia trinta e oito organismos religiosos com mais de 50 mil adeptos, não se levando em conta as diferenças internas entre batistas (17 subdivisões, cada uma das quais com mais de 50 mil membros), luteranos, metodistas, membros das igrejas orientais, e assim por diante [50]. As origens dessa diversidade são inevitàvelmente complexas e difíceis de se identificarem mas incluem, pelo menos, a variedade dos grupos imigrantes, a ausência de uma religião oficial, diferenças entre as áreas povoadas e a fronteira aberta, ideologias democráticas que resistiram ao autoritarismo, não só religioso mas também político, e os esforços ambiciosos de líderes religiosos carismáticos, com Joseph Smith dos Mórmons e Mary Baker Eddy dos Cientistas Cristãos. As origens da diversidade religiosa na Inglaterra, na França, na Rússia, na Índia e na Indonésia — bem como em outras partes — refletem as várias circunstâncias históricas dessas áreas, bem como as condições sociais e culturais específicas que permitiram o advento ou a persistência de diferentes grupos religiosos.

Já se sugeriu que uma das conseqüências da variedade de crenças e práticas religiosas nos Estados Unidos foi a ampla tolerância religiosa. Os primeiros colonizadores, entretanto, embora buscassem a própria liberdade, não estavam preparados, em muitos casos, para consentir na liberdade religiosa alheia, e a institucionalização da norma de tolerância só se processou gradativamente. A presença de certo número de grupos religiosos concorreu, sem dúvida, para essa norma, ao mesmo passo que o surgimento de novos grupos era facilitado por ela. Havia, porém, outras condições que ajudaram a criar uma atmosfera de tolerância religiosa. A ausência de uma religião do Estado eliminava, a um tempo, a repressão baseada na política e a precisão de lutar contra injunções políticas. As tendências secularizantes do século XVIII (muitos dos primeiros líderes da República eram deístas sem ligação com qualquer igreja) e os movimentos anti-religiosos do século XIX tornaram a religião questão indiferente para muitos, enquanto o individualismo de algumas variedades de protestantismo contrariava quaisquer restrições institucionais [51].

A presença da tolerância religiosa na Inglaterra, onde existe uma Igreja oficial, e em outras sociedades cujas condições diferiram por várias maneiras das que concorreram para a tolerância nos Estados Unidos, indica a natureza tentativa dessa interpretação e a necessidade de uma análise mais profunda. A ausência de um fator, como a separação entre a Igreja e o Estado, pode ser compensada pela maior fôrça de outro como, por exemplo, a maior secularização da Inglaterra, onde é relativamente menor o número de pessoas que freqüentam a igreja do que nos Estados Unidos.

Conquanto a tolerância contribua para a estabilidade da sociedade, impedindo conflitos baseados em diferenças religiosas, a participação em grupos religiosos não raro conduz a atitudes e ações diversas e potencialmente causadoras de divisão. Como demonstrou Gerhard Lenski, as dimensões emprestadas à religião são, nos Estados Unidos a um tempo, societárias e comunitárias. Ainda que muitas pessoas não pertençam a uma igreja específica ou não assistam com freqüência aos serviços religiosos, são, amiúde, membros de uma comunidade constituída principalmente de pessoas com idênticos antecedentes religiosos, fato que ajuda a modelar-lhes os valôres, as reações aos outros e o comportamento. Os quatro importantes grupos "sócio-religiosos" que Lenski descobriu no estudo sôbre Detroit eram de protestantes brancos, protestantes negros, católicos e judeus, entre os quais se podem distinguir diferenças sistemáticas.

> Conforme o grupo sócio-religioso a que pertence uma pessoa, aumentam ou diminuem as probabilidades de que ela aprecie sua ocupação, faça compras a prestações, economize para alcançar objetivos futuros remotos, acredite no Sonho Norte-Americano, vote no Partido Republicano, seja a favor do Estado-Previdência, adote um ponto de vista liberal em relação à questão da liberdade de palavra, oponha-se à integração racial nas escolas, migre para outra comunidade, mantenha laços íntimos com a família, adote o princípio da autonomia intelectual, tenha família numerosa, complete determinada unidade de educação ou se eleve no sistema de classes. Estas são apenas algumas das conseqüências que observamos associadas a diferenças na participação em grupos sócio-religiosos e na posição dos indivíduos nesses grupos [52].

As diferenças subsistem até quando se levam em conta outros fatôres, como a posição de classe.

A importância da comunidade religiosa nos Estados Unidos, entretanto, reside não só na medida em que ajuda a modelar as atitudes e valôres de seus membros, mas também no fato de haver emergido como "o contexto primário da auto-identificação e da situação social" [53]. De um lado, a religião serve de separar uns dos outros os norte-americanos, estimulando perpectivas limitadas e lealdades paroquiais. De outro, o indivíduo identifica-se como norte-americano por pertencer a uma comunidade religiosa — protestante, católica, judia.

Esta última função está estreitamente ligada à transformação dos diversos grupos étnicos que compõem a sociedade norte-americana. Os grupos étnicos passaram por uma mudança gradativa, sobretudo na segunda geração, à medida que se descartaram da bagagem cultural tradicional e buscaram tornar-se norte-americanos integrais. Ao fazê-lo, porém, tenderam a perder tôda e qualquer identificação significativa de grupo e a tornar-se indivíduos isolados numa sociedade urbana e burocratizada impessoal. Em face dêsse problema, a terceira geração — bem como as seguintes — encontrou solução na religião e na participação numa comunidade religiosa. A religião, por via de regra, fazia parte da cultura étnica e o retôrno à igreja restabelece a continuidade; proporcionando um elo com o passado, situa o indivíduo no presente e ministra um contexto para boa parte de sua vida social. Mas a comunidade religiosa transcende hoje as fronteiras étnicas. Num estudo sôbre casamentos entre grupos étnicos e religiosos em New Haven, publicado em 1944, Ruby Jo Reeves Kennedy descobriu que a endogamia no interior dos grupos étnicos estava diminuindo, ao passo que o casamento entre grupos étnicos tendia a restringir-se ao interior de grupos religiosos. Católicos irlandeses, italianos e poloneses casavam uns com os outros, como ocorria com protestantes inglêses, alemães e escandinavos [54]. Visto que a religião é considerada em si mesma como "coisa boa" ("nosso govêrno não terá sentido", observou, de uma feita, o Presidente Eisenhower, "a não ser que se apóie numa fé religiosa profunda — e pouco me importa qual seja ela"), a adoção de qualquer religião identifica uma pessoa como bom norte-americano [55].

A organização religiosa

A influência de qualquer religião, sua reação a pressões externas, e suas funções na sociedade sofrem considerável influência da estrutura social da comunidade religiosa — das relações entre o indivíduo e o grupo religioso organizado, entre os sacerdotes ou funcionários religiosos e os leigos, e da organização do próprio sacerdócio ou ministério. O catolicismo, por exemplo, exerce seu influxo sôbre a sociedade não só através das idéias religiosas partilhadas pelos católicos mas também através das atividades e da autoridade dos padres e da hierarquia.

A Igreja Católica, todavia, representa apenas um dos vários tipos de organização religiosa. Distinção fundamental, extraída da obra do erudito alemão Ernest Troeltsch, é a que se faz entre *igreja* ou *ecclesia,* como às vêzes se chama, e *seita.* A participação na igreja — nesse sentido genérico de classificação — é automática; as pessoas nascem dentro dela. Em sua forma extrema a igreja abrange tôdas as pessoas incluídas numa comunidade ou sociedade, como a Igreja Católica procurou fazer na Europa medieval. Em compensação, a participação na seita é voluntária e, portanto, mais limitada e exclusiva. Porque a participação na seita representa, não raro, uma escolha positiva e os recém-chegados precisam satisfazer requisitos explícitos para se tornarem membros dela — familiarização com as doutrinas da seita, recomendação de membros ou intensa experiência religiosa (conversão) — o grau de fervor e apêgo religiosos tende a ser maior do que na igreja.

A igreja e a seita também diferem na ampliture da organização. A seita possui, caracterìsticamente, pequena organização formal; seus líderes são quase sempre leigos ou pregadores relativamente sem treino, que receberam um "chamado" para divulgar o evangelho. A igreja, por outro lado, tem geralmente uma estrutura mais ou menos minuciosa para estabelecer a liderança religiosa, com padres que podem administrar sacramentos, oferecer orientação e direção e servir de mediadores entre o crente a divindade.

Em razão de seu caráter inclusivo e dos requisitos de ordem, estabilidade e previsibilidade de qualquer organização de grandes proporções que deseje sobreviver e atingir eficientemente suas metas, a igreja precisa, inevitàvelmente, pôr-se de acôrdo com o mundo que a rodeia, ainda que procure, ou talvez *porque* o procure, dominar a sociedade. A seita, em virtude das fontes de que não raro promana (veja a exposição, às págs. 502-4), do seu caráter voluntário e exclusivo e das idéias que a animam, tende menos a aceitar o mundo e suas instituições, embora possa procurar antes fugir-lhe que alterá-lo.

Êsses dois tipos, no entanto, não esgotam a variedade das organizações religiosas, pois existem outras categorias. A *denominação,* por exemplo, situa-se entre a igreja e a seita. É um grupo relativamente estável, em cujo seio nascem geralmente os membros, e possui uma organização formal assaz desenvolvida. À diferença da *ecclesia,* não abarca todos os que vivem dentro de determinada área, nem procura dominar a sociedade de que faz parte. O *culto,* em certos sentidos, assemelha-se à seita; sua organização formal é escassa e a participação nêle é voluntária. Seus participantes limitam-se a compartilhar das mesmas opiniões religiosas. À diferença da seita, entretanto, impõe pequena ou nenhuma disciplina aos membros, cujas conexões com o grupo são freqüentemente frágeis e transitórias. O culto aparece com freqüência entre grupos ou indivíduos urbanos desarraigados, que buscam solução para problemas de significado num ambiente social complexo e relativamente desorganizado.

Muitas vêzes é difícil traçar os limites entre êsses vários tipos, e o mesmo grupo pode oscilar entre um tipo e outro. De fato, o contraste entre a igreja, a denominação e a seita é repetidamente descrito em têrmos históricos, pois muitos movimentos religiosos começam como seitas e a pouco e pouco se desenvolvem, tornando-se em grupos religiosos mais complicados e formalmente organizados. Entretanto, como o demonstrou Bryan Wilson, o fato de se converterem as seitas finalmente em denominações ou conservarem o caráter original depende de circunstâncias externas e de suas doutrinas específicas e estrutura interna. A transformação de seitas em denominações ocorreu muito mais ràpidamente na sociedade norte-americana com seus vagos limites de classes, sua ausência de tradição e seu rápido coeficiente de crescimento do que na Inglaterra, onde os limites de classes eram mais nítidos e as tradições mais vigorosas e difundidas. As seitas cujo tema central é o evangelismo parecem ter maiores probabilidades de mudar do que as que negam a ordem social e religiosa existente — as Testemunhas de Jeová, por exemplo — ou que realçam a experiência mística. As tendências para se mudarem em denominações também são menos evidentes entre as seitas que insistem em rígidos critérios de participação e se destacam do resto da sociedade por estilos característicos de comportamento, traduzidos, por exemplo, no vestuário, como entre os melonitas, os huteritas e os *amish* ou pela perseverança na endogamia de grupo [56].

Malgrado as dificuldades na aplicação das categorias de igreja, denominação, seita e culto a certos casos históricos concretos, sobretudo no decorrer de mudanças, êsses têrmos nos chamam a atenção para variáveis importantes na organização de grupos religiosos, mormente as bases da participação, as relações com a sociedade como um todo e a amplitude da organização formal dentro da comunidade religiosa.

A natureza dessa organização formal, especialmente no que concerne à situação da autoridade e ao papel do líder ou do funcionário religioso, varia amplamente de um grupo para outro, mas podem identificar-se três tipos gerais de organização. Numa estrutura *episcopal,* a autoridade é hieràrquicamente ordenada e o contrôle final sôbre as atividades tanto dos padres quanto dos leigos é conferido a uma figura suprema e única. A Igreja Católica proporciona o exemplo mais claro de uma estrutura dessa natureza, se bem a Igreja Anglicana da Inglaterra, assim como certas denominações protestantes nos Estados Unidos, estejam organizados de maneira semelhante. O padre ou ministro é nomeado pelos superiores na hierarquia da igreja e até certo ponto, portanto, está livre das coações impostas pela congregação, embora se subordine à política e aos ditames da hierarquia. Por se achar relativamente fôrro das exigências locais, exerce maior autoridade sôbre a congregação do que o líder religioso nas igrejas mais democràticamente organizadas.

O tipo *presbiteriano* de organização da igreja é denominado por um grupo de ministros ou pregadores, que formam um corpo dirigente e controlador. Os líderes do *presbitério,* o grupo de pregadores, possui algum poder, mas não existe autoridade suprema ou final que se possa comparar com a do Papa ou mesmo com a do Primaz da Igreja Anglicana na Inglaterra. As congregações locais também possuem maior poder do que no tipo episcopal de igreja, pois podem requisitar determinado pregador ou escolher entre os candidatos disponíveis. O líder religioso, por conseguinte, acha-se, de certo modo, subordinado aos presbíteros de sua congregação bem como ao presbitério a que pertence. Como assinala Elizabeth Nottingham, entretanto, a organização presbiteriana, pela ênfase que dá ao papel do pregador e pelas "revigorantes pressões tanto de cima quanto de baixo", produz freqüentemente líderes religiosos dinâmicos e efetivos — "entre os que sobrevivem" [57].

No tipo *congregacional* de organização, a autoridade reside no grupo local, que escolhe o próprio ministro e desempenha papel ativo no govêrno da igreja. O líder religioso aqui está inteiramente à mercê da própria congregação, que pode dispensá-lo quando bem o entende — limitada apenas pelo contrato que possa ter assinado. Ser-lhe-á preciso tornar-se antes um "líder democrático" que um funcionário autorizado, capaz de ditar normas aos seus adeptos.

Claro está que, na prática, em tôdas as igrejas existe uma interação contínua da autoridade que vem de cima e da pressão que vem de baixo. Os ministros ou pregadores nas estruturas congregacionais organizam-se com finalidades cooperativas, e um organismo coletivo dessa natureza e seus líderes podem exercer considerável influência entre os membros da comunidade religiosa. Por exemplo, num estudo sôbre a Convenção Batista Norte-Americana, um dos trinta e sete grupos batistas existentes nos Estados Unidos, Paul Harrison mostra como os problemas da organização em larga escala influíram na estrutura do poder de uma denominação religiosa, que rejeita tôda e qualquer autoridade eclesiástica. A Convenção, com seu milhão e meio de membros, formou-se com o propósito de facilitar as atividades missionárias e educacionais das igrejas associadas. Para cumprir suas obrigações, os funcionários da Convenção requerem um poder que a doutrina batista lhes nega. Em conseqüência disso, gizaram-se dispositivos informais entre os que detêm posições oficiais capazes de possibilitar o alcançamento eficaz das metas religiosas da organização, sem qualquer transgressão manifesta da doutrina. Além disso, a ausência de uma autoridade formal, reconhecida, dentro da Convenção, estimula o advento de líderes carismáticos, que impõem ordem numa situação confusa pela simples fôrça de suas qualidades pessoais [58].

Na igreja em que existe um sistema de autoridade reconhecido, teològicamente sancionado, a hierarquia, a despeito do seu poder, não pode ignorar de todo as opiniões e interêsses dos subordinados e participantes leigos. Na Igreja Católica, por exemplo, consoante um pronunciamento feito pelo Papa Pio X em 1906, "A multidão não tem outro direito senão o de deixar-se conduzir e seguir seus pastôres como rebanho obediente" [59]. E um cardeal católico, em resposta a uma pergunta sôbre a posição do leigo na Igreja, respondeu: "êle ajoelha-se diante do altar (...) senta-se debaixo do púlpito (...) [e] põe a mão na bôlsa" [60]. Está visto que, na realidade, as relações no seio da Igreja são muito mais complexas; o pronunciamento de Pio X refletia, de acôrdo com famoso teólogo católico, dificuldades especiais enfrentadas pela Igreja na ocasião [61]. No último meio século, o problema das relações entre leigos e clero acarretou o desenvolvimento de uma "teologia do laicado", tentativa para estabelecer um papel positivo para os leigos dentro da Igreja [62]. No entender de um bispo católico norte-americano, todavia, as relações entre a hierarquia e o laicado continuam a constituir " a maior fraqueza da Igreja nos Estados Unidos" [63].

De um modo geral, a autoridade da hierarquia é aceita pelo fiel, exceto nas áreas em que se pode traçar um limite entre o sagrado e o profano, entre as ações explìcitamente definidas como pecaminosas e aquelas cuja propriedade fica a critério do indivíduo. Porque lhe compete invariàvelmente valer-se da sua autoridade na aplicação de regras e doutrinas religiosas a situações concretas, a Igreja pode — e muitas vêzes o faz — levar em conta as atitudes e inclinações de seus membros leigos. Em certas ocasiões, naturalmente, insistirá na estrita observância de suas decisões mesmo diante da resistência, como ocorreu em certas ocasiões, quando se introduziu a desagregação racial nas escolas católicas no Sul norte-americano. Em outras ocasiões, porém, tem deixado livre o caminho para o descaso de pronunciamentos sacerdotais. Assim os membros da hierarquia católica divergiram acêrca da importância religiosa de pronunciamentos políticos emitidos pelos três bispos de Pôrto Rico, durante a campanha eleitoral de 1960 naquela ilha. As diferenças e cisões dentro de qualquer organização religiosa são talvez inevitáveis, por motivos que se encontram na dinâmica da organização, nos papéis e personalidades dos líderes, nas ambigüidades da doutrina religiosa e nas pressões de fôrças externas. Como o demonstrou Xavier Rynne (pseudônimo de um repórter) em seus relatos das reuniões do Concílio Vaticano, a Igreja Católica, como qualquer outra organização de amplas proporções não está livre da política interna, da busca do poder e dos problemas que acarreta sua adaptação ao ambiente mutável em que funciona. As recentes reformas efetuadas pelo Concílio, em que se atribuiu aos bispos maior autoridade, são parte do esfôrço feito no sentido de proporcionar à Igreja os meios para lidar melhor com os problemas complexos do mundo moderno. As divergências no seio da Igreja sôbre a necessidade das reformas e, em caso afirmativo, sôbre a forma que deveriam assumir, provinham de interêsses competidores (a Cúria Romana, órgão administrativo central da Igreja, busca manter seu poder enquanto outros grupos procuram conquistar autonomia e influência maiores), atitudes discrepantes em relação à doutrina estabelecida e diferentes interpretações dela, problemas imediatos de segmentos da Igreja em nações diferentes e vários graus de sensibilidade a pressões externas[64].

Notas

1 William James, *As variedades da experiência religiosa* (Nova Iorque: Modern Library, s. d.; publicado pela primeira vez em 1902), pp. 31-2.

2 A. C. Bouquet, *Comparative Religion* (3.ª ed.; Harmondsworth: Penguin, 1950), p. 16.

3 R. H. Codrington, "Melanesian Religion", em A. L. Kroeber e T. T. Waterman (eds.), *Source Book in Anthropology* (ed. rev.; Nova Iorque: Harcourt, 1931), p. 414.

4 William Robertson Smith, *Lectures on the Religion of the Semites* (Londres: Black, 1894), pp. 16-7, como é citado por Ralph G. Ross, *Symbols and Civilization* (Nova Iorque: Harcourt, 1962), pp. 183-4.

5 Émile Durkheim, *As Formas Elementares da Vida Religiosa,* traduzido para o inglês por Joseph Ward Swain (Nova Iorque: Free Press, 1947; publicado pela primeira vez em tradução em 1915), p. 37.

6 *Ibid.*, p. 47.

7 *Ibid.*, p. 69.

8 *Ibid.*, p. 81.

9 Max Weber, *De Max Weber*: *Ensaios de Sociologia,* traduzido para o inglês e editado por H. H. Gerth e C. Wright Mills (Nova Iorque: Oxford, 1946), p. 271.

10 Bronislaw Malinowski, *Magic, Science, and Religion and Other Essays* (Garden City: Doubleday Anchor Books, 1954), p. 71.

11 *Ibid.*, p. 87

12 Robert K. Merton, *Social Theory and Social Structure* (edição revista e aumentada; Nova Iorque: Free Press, 1957), pp. 574-5.

13 Joseph Fichter, "Marginal Catholics: An Institutional Approach", *Social Forces,* XXXII (dezembro de 1953), 167-73.

14 F. Boulard, *An Introduction to Religious Sociology* (Londres Darton, 1960), cap. 1, reproduzido por Louis Schneider (ed.), *Religion, Culture and Society* (Nova Iorque: Wiley, 1964), pp. 385-9.

15 H. Richard Niebuhr, *The Social Sources of Denominationalism* (Nova Iorque: Meridian, 1957; publicado pela primeira vez em 1929), p. 13.

16 *The Journal of John Wesley,* I (Londres: Dent. 1930), 186, anotações de 17 de abril de 1739.

17 Liston Pope, *Milhands and Preachers* (New Haven: Yale University Press, 1942), pp. 130-3.

18 *Ibid.,* p. 137.

19 Brian Wilson, *Sects and Society* (Londres: Heinemann, 1961), p. 317.

20 Bernard Barber, "Acculturation and Messianic Movements", *American Sociological Review,* VI (outubro de 1941), 663-9.

21 Preserved Smith, *The Age of the Reformation* (Nova Iorque: Holt, 1920), pp. 65 7.

22 *Ibid.,* p. 100.

23 Niebuhr, *op. cit.,* p. 73.

24 Smith, *op. cit.,* p. 62.

25 Niebuhr, *op. cit.,* p. 3.

26 O resumo seguinte é tirado principalmente de Pope, *op. cit.* pp. 117-24.

27 Citado por E. M. W. Tillyard, *The Elizabethan World Picture* (Londres: Chatto & Windus, 1948), pp. 90-1.

28 Citado por George H. Sabine, *A History of Political Theory* (Nova Iorque: Holt, 1937), p. 395.

29 Max Weber, *A Ética Protestante e o Espírito do Capitalismo,* traduzido para o inglês por Talcott Parsons (Nova Iorque: Scribner, 1930).

30 Veja Richard H. Tawney, *Religion and the Rise of Capitalism* (Nova Iorque: Harcourt, 1926).

31 Max Weber, *A Religião da China: Confucionismo e Taoísmo,* traduzido para o inglês por H. H. Gerth (Nova Iorque: Free Press, 1951); Max Weber, *Judaismo Antigo,* traduzido para o inglês por H. H. Gerth e Don Martindale (Nova Iorque: Free Press, 1952); e Max Weber, *A Religião da Índia: A Sociologia do Hinduísmo e do Budismo,* traduzido para o inglês por H. H. Gerth e Don Martindale (Nova Iorque: Free Press, 1958).

32 Robert N. Bellah, *Tokugawa Religion* (Nova Iorque: Free Press 1957), p. 194.

33 Veja Robert N. Bellah (ed.), *Religion and Progress in Modern Asia* (Nova Iorque: Free Press, 1965). Êste livro contém excelente bibliografia.

34 Citado por Weber, *A Ética Protestante,* p. 175.

35 Citado por Marquis W. Childs e Douglass Cater, *Ethics in a Business Society* (Nova Iorque: New American Library Mentor Books, 1954), p. 137.

36 Veja Tawney, *op. cit.,* cap. 5.

37 Da encíclica papal *Quanta Cura,* que acompanhou a *Lista de Erros* publicada pelo Papa Pio IX em 1864. Anne Fremantle, *The Papal Encyclicals in Their Historical Context* (Nova Iorque: New American Library Mentor Books, 1956), p. 141. Essa declaração foi tirada pelo Papa de um pronunciamento feito por um de seus predecessores como Sumo Pontífice.

38 Veja J. Lloyde Mecham, *Church and State in Latin America* (Chapel Hill: University of North Carolina Press, 1943), especialmente cap. 2, "The Catholic Church and the Spanish-American Revolution".

39 Fremantle, *op. cit.*, p. 152.

40 Veja A. F. Carrillo de Albornoz, *Roman Catholicism and Religious Liberty* (Genebra: Concílio Mundial de Igrejas, 1959).

14 Edward Wakin e Joseph F. Scheuer, *The De-Romanization of the American Catholic Church* (Nova Iorque: Macmillan, 1966), p. 50.

42 John Rock, *The Time Has Come* (Nova Iorque: Knopf, 1963).

43 Wakin e Scheuer, *op. cit.*, pp. 31-3.

44 *Ibid.*, Caps. 10, 12, 13 e 14.

45 Will Herberg, *Protestant-Catholic-Jew* (Garden City: Doubleday, 1956), p. 181, *n.* 29, e as fontes nêle citadas.

46 Joseph M. Duffy Jr., "Clergy and Laity", em *Catholicism in America* (Nova Iorque: Harcourt, 1953), p. 66.

47 Herberg, *op. cit.*, p. 163.

48 Citado por John Tracy Ellis, *American Catholicism* (Chicago: University of Chicago Press, 1956), pp. 142-3.

49 Wakin e Scheuer, *op. cit.*, p. 291.

50 U. S. Bureau of the Census, *Statiscal Abstract of the United States,* (84.ª ed.; Washington: U. S. Government Printing Office, Tabela 46, pp. 46-7.

51 Encontra-se uma exposição mais ampla em Robin Williams, *American Society* (ed. rev.; Nova Iorque: Knopf, 1960), Cap. 9.

52 Gerhard Lenski, *The Religious Factor* (ed. rev.; Garden City: Doubleday Anchor Books, 1963), p. 320.

53 Herberg, *op. cit.*, p. 47. A análise que se segue deriva principalmente de Herberg.

54 Ruby Jo Reeves Kennedy, "Single or Triple Melting Pot? Intermarriage Trends in New Haven, 1870-1940", *American Journal of Sociology,* XLIX (janeiro de 1944), 331-9.

55 Herberg, *op. cit.*, p. 97.

56 Bryan R. Wilson, "An analysis of Sect Development", *American Sociological Review,* XXIV (fevereiro de 1959), pp. 3-15.

57 Elizabeth Nottingham, *Religion and Society* (Nova Iorque: Random House, 1954), p. 68.

58 Paul M. Harrison, *Authority and Power in the Free Church Tradition* (Princeton: Princeton University Press, 1959).

59 Citado por Yves M. J. Congar, *Leigos na Igreja,* traduzido para o inglês por Donald Attwater (Londres: Bloomsbury, 1957), p. 250 *n.*

60 *Ibid.*, p. xxiii.

61 *Ibid.*, p. 250.

[62] O livro do Padre Congar representa uma contribuição importante para êsse esfôrço.

[63] Robert J. Dwyer, "The American Laity", *Commonweal,* LX (27 de agôsto de 1954), 506.

[64] Xavier Rynne (pseud.), *Letters from Vatican City* (Nova Iorque: Farrar, 1963); Xavier Rynne, *The Second Session* (Nova Iorque: Farrar, 1964); Xavier Rynne, *The Third Session* (Nova Iorque: Farrar, 1965); e Xavier Rynne *The Fourth Session* (Nova Iorque: Farrar, 1966).

Sugestões para novas leituras

BELLAH, ROBERT N. *Tokugawa Religion.* Nova Iorque: Free Press, 1957.

Judicioso estudo sôbre a relevância da religião para a industrialização do Japão.

CLARK, S. D. *Church and Sect in Canada.* Toronto: University of Toronto, Press, 1948.

Cuidadoso relato sociológico e histórico dos movimentos religiosos protestantes no Canadá.

DURKHEIM, ÉMILE. *As formas elementares da vida religiosa.* Traduzido para o inglês por Joseph Ward Swain. Nova Iorque: Free Press, 1947. Publicado pela primeira vez em tradução em 1915.

Clássico e prestigioso ensaio de sociologia da religião, que busca identificar os elementos essenciais da religião através de um aturado estudo de idéias e comportamento religiosos entre os aborígines australianos.

FAUSET, ARTHUR. *Black Gods of the Metropolis.* Filadélfia: University of Pennsylvania Press, 1944. Vol. III das Publications of Philadelphia Anthropological Society.

Interessante estudo de cultos religiosos entre negros urbanos.

FICHTER, JOSEPH. *Social Relations in an Urban Parish.* Chicago: University of Chicago Press, 1954.

Minucioso estudo do comportamento religioso e das relações sociais entre católicos numa área urbana sulina por um padre e sociólogo católico.

FINKELSTEIN, LOUIS. *The Pharisees: The Sociological Background of Their Faith.* 2 vols. Filadélfia: Jewish Publication Society, 1938.

Esfôrço realizado por famoso teólogo judeu para mostrar a relação entre as idéias religiosas dos fariseus na Palestina pré-cristã e suas instituições sociais.

GLAZER, NATHAN. *American Judaism.* Chicago: University of Chicago Press, 1957.

Relato histórico e sociològicamente detalhado da evolução do judaísmo nos Estados Unidos.

GOODE, WILLIAM J. *Religion Among the Primitives.* Nova Iorque: Fress, Press, 1951.

Completa análise do papel da religião na sociedade primitiva.

HERBERG, WILL. *Protestant- Catholic-Jew.* Garden City: Doubleday 1955.

Interpretação do estado da religião na sociedade norte-americana contemporânea.

LENSKI, GERHARD. *The Religious Factor.* Garden City: Doubleday Anchor Books, 1963.

Amplo estudo da influência da religião sôbre as atividades diárias entre protestantes, católicos e judeus.

MALINOWSKI, BRONISLAW. *Magic, Science and Religion and Other Essays.* Garden City: Doubleday Anchor Books, 1954.

O ensaio que fornece o título para o livro é uma análise clássica das diferenças entre religião, magia e Ciência e de suas relações com aspectos persistentes da vida humana.

MECHAM, J. LLOYD. *Church and State in Latin America.* Chapel Hill: University of North Carolina Press, 1934.

Ampla história do papel da Igreja Católica na América Latina.

NIEBUHR, H. RICHARD. *The Social Sources of Denominationalism.* Nova Iorque: Meridian, 1957. Publicado pela primeira vez em 1929.

Importante estudo sociológico das origens da divisão dentro da cristandade escrito por famoso teólogo, que encara o perene problema da religião como a relação entre a doutrina transcendental e as necessidades de organizar uma comunidade religiosa.

NOTTINGHAM, ELIZABETH. *Religion and Society.* Nova Iorque: Random House, 1954.

Breve e sintética exposição das principais dimensões da sociologia da religião.

POPE, LISTON. *Millhands and Preachers.* New Haven: Yale University Press, 1942.

Estudo da religião numa cidade industrial do Sul, que projeta muita luz sôbre a natureza das seitas religiosas e suas relações com instituições econômicas.

SCHNEIDER, LOUIS (ed.). *Religion, Culture and Society.* Nova Iorque: Wiley, 1964.

Excelente coletânea de ensaios sôbre a sociologia da religião.

SKLARE, MARSHALL. *Conservative Judaism.* Nova Iorque: Free Press, 1955.

Relato sociológico da emergência do movimento que representa um esfôrço para adaptar a religião tradicional à sociedade norte-americana moderna.

TAWNEY, RICHARD H. *Religion and the Rise of Capitalism.* Nova Iorque: Harcourt, 1926. Reimpresso por Pelican, 1947.

Estudo circunstanciado do desenvolvimento do pensamento protestante sôbre questões econômicas. Complemento essencial do estudo de Weber sôbre as relações entre o capitalismo e o protestantismo.

WAKIN, EDWARD, e JOSEPH F. SCHEUER. *The De-Romanization of the American Catholic Church.* Nova Iorque: Macmillan, 1966.

Análise viva, às vêzes polêmica, das tensões, problemas e tendências da Igreja Católica nos Estados Unidos.

WEBER, MAX. *A Ética Protestante e o Espírito do Capitalismo.* Traduzido para o inglês por Talcott Parsons. Nova Iorque: Scribner, 1930.

O ensaio clássico que iniciou a persistente discussão das relações entre o capitalismo e o protestantismo. Os estudos comparativos que fizeram parte do ambicioso esfôrço de Weber para estudar as relações entre a religião e a vida econômica incluem: A Religião da China: Confucionismo e Taoísmo, *tradu-*

zido por H. H. Gerth, Nova Iorque: Free Press, 1951; Judaísmo antigo, *traduzido por H. H. Gerth e Don Martindale, Nova Iorque: Free Press, 1952;* e A Religião da Índia: A Sociologia do Hinduísmo e do Budismo, *traduzido por H. H. Gerth e Don Martindale, Nova Iorque: Free Press, 1958.*

WILSON, BRIAN. *Sects and Society.* Londres: Heinemann, 1961.

Análise pormenorizada de três pequenos grupos religiosos na Inglaterra — a Igreja do Evangelho de Elim Foursquare, os Cristadelfos e os Cientistas Cristãos.

YINGER, J. MILTON. *Religion, Society and the Individual.* Nova Iorque: Macmillan, 1957.

Excelente compêndio, que também inclui boa seleção de leituras e extensa bibliografia.

EDUCAÇÃO

A educação na sociedade moderna: algumas perspectivas gerais

Durante a maior parte da história humana, a maioria das pessoas logrou os conhecimentos e habilidades de que precisava e adquiriu os valôres e perspectivas de sua sociedade sem as vantagens da educação formal. Enquanto foi pequena a diferenciação de papéis e a maior parte dos filhos se limitava a seguir as pegadas dos pais, houve escassa necessidade de adestramento especial. Por meio de repetidos esforços para imitar os mais velhos e pelo processo do ensaio e do êrro, não raro sob as vistas atentas de alguém, a criança aprendia a executar as tarefas que dela seriam exigidas quando chegasse à idade adulta. As normas sociais, as crenças e costumes tradicionais e os padrões morais absorviam-se inconscientemente no curso da vida cotidiana, às vêzes completados com uma instrução explícita ou, como sucedia nas ocasiões rituais em certas sociedades primitivas, revelados como "segredos" a jovens de ambos os sexos que assumiam o *status* adulto. Trabalhando ao lado do pai, o filho do lavrador, por exemplo, aprendia a cultivar a terra e a compreender, dentro dos limites dos conhecimentos disponíveis, as necessidades do solo, os caprichos do tempo, o comportamento dos animais. Onde quer que se praticassem ofícios especializados — o trabalho com o ferro, a carpintaria, a construção de potes, a ourivesaria — êstes eram habitualmente transmitidos de pai a filho; se tais habilidades não fôssem hereditárias, aprendiam-se através de uma forma qualquer de tirocínio, em que o artífice instruía o jovem e talvez até lhe proporcionasse comida, abrigo e roupas em troca de vários anos de serviço.

Em muitas partes do mundo êsses métodos de treinamento dos jovens eram completados, em certos casos quase substituídos, por um sistema de educação especìficamente destinado a inculcar conhecimentos, habilidades e valôres. Hoje em dia, a educação formal pode começar no jardim da infância e terminar num curso avançado de doutoramento, abrangendo considerável proporção de todo o tempo de vida do indivíduo. Claro está que a educação, no sentido mais lato, não se limita à sala de aulas, nem termina, como nos recordam os chavões familiares, ao completar-se o período escolar. Faz parte do complexo processo de socialização, que transforma a criança num ser social, capaz de participar da vida da sociedade, e continua enquanto lhe fôr preciso aprender a adaptar-se a novas circunstâncias e a desempenhar novos papéis (veja o capítulo 4).

Se bem seja apenas um dos organismos que socializam o indivíduo, converteu-se a escola numa característica dominante da sociedade moderna. Tão importante é hoje a educação — tanto para as áreas adiantadas quanto para as áreas subdesenvolvidas — e de tão longo alcance são suas funções que, em muitos países, a política educacional é assunto de interêsse nacional e, não raro, premente questão política. Até há pouco tempo, quando a alfabetização se tornou, ao mesmo tempo, meta e realidade de muitas nações, a educação formal restringia-se, caracterìsticamente, às pessoas de *status* elevado. Na Grécia antiga, sociedade apoiada na escravidão, a alfabetização limitava-se sobretudo aos homens livres e a Academia de Platão e o Liceu de Aristóteles eram relativamente pequenos. As escolas monásticas da Idade Média fundaram-se para ensinar o clero, embora também fornecessem instrução a alunos leigos, mormente filhos da classe nobre ou da embrionária classe média. As primeiras "escolas públicas" inglêsas, como Winchester, Eton, Rugby e Harrow destinavam-se a um grupo seleto de alunos; malgrado as mudanças ocorridas nos séculos que se sucederam após a sua fundação, êsses estabelecimentos — e um número considerável de outras escolas independentes fundadas no século XIX — continuaram a servir como campo de adestramento a uma elite, saída sobretudo das fileiras superiores da sociedade [1].

Embora a educação primária se difundisse cada vez mais durante o século XIX, a educação superior limitava-se a um grupo pequeno, escolhido, oriundo principalmente das classes média e superior. Na Inglaterra, as universidades, em sua quase totalidade, eram "coutadas da aristocracia e da pequena nobreza" [2]; não faz muito tempo, em 1938-1939, havia apenas 50 000 estudantes universitários na Grã-Bretanha. Antes da Guerra Civil Norte-Americana, assinalam Richard Hofstadter e C. DeWitt Hardy, a educação superior nos Estados Unidos destinava-se principalmente a "cavalheiros" [3]. De um modo geral, a educação que ultrapassava o nível primário tinha por escopo preparar alguns homens para as profissões doutas — o Direito, o Ministério, a Medicina — e proporcionar a instrução que se supunha necessária ou apropriada às posições mais elevadas. Como observa Peter Drucker:

> Até o século XX, nenhuma sociedade pòderia dar-se ao luxo de ter mais que um punhado de pessoas cultas; pois durante todo o correr dos tempos, ser culto significava ser improdutivo... Foi sempre axiomático que um homem que tivesse instrução, ainda que pequena, abandonaria a en-

xada e a roda da olaria e deixaria de trabalhar com as mãos. Afinal de contas, nossa palavra "escola" — e seu equivalente em tôdas as línguas européias — deriva de uma palavra grega que significa "lazer" [4].

Nas partes do mundo econômicamente subdesenvolvidas, a instrução formal continua a ser, em grande parte, privilégio de abastados e até em nações completamente alfabetizadas a educação superior ainda se associa, até certo ponto, ao *status elevado* — como sua causa e conseqüência ao mesmo tempo. Entretanto, no princípio da década de 1960, mais de um sétimo da população mundial freqüentava escola. Nos Estados Unidos, onde a proporção dos que chegam até à educação superior é maior que em qualquer outro país, mais de 50 milhões de pessoas, ou seja, mais de uma quarta parte de tôda a população e quase três quartas partes das pessoas cuja idade oscilava entre cinco e vinte e cinco anos, eram estudantes. Na Inglaterra, na França, na Alemanha e na União Soviética, aproximadamente uma quinta parte da população freqüentava uma escola qualquer, na Bélgica dois têrços das pessoas entre cinco e vinte e cinco anos de idade e, no Japão, três quintos dos que compunham êsse grupo de idade se encontravam nas mesmas condições. Por volta de 1962, uma oitava parte da população da Ásia e menos de uma décima parte da população africana iam à escola [5].

A expansão da educação

Em tôda a parte, assim nos países adiantados como nos que se estão desenvolvendo, o número dos que freqüentam escolas aumentou consideràvelmente nos anos que se seguiram à Segunda Guerra Mundial. Entre 1957-1958 e 1961-1962, por exemplo, o número total de estudantes no mundo aumentou vinte e três por cento, como uma rapidez duas vêzes maior que a do aumento de tôda a população; em áreas onde anteriormente havia apenas limitadas facilidades educacionais, a expansão foi maior do que em outros lugares (33 por cento na Ásia e 28 por cento na África) [6]. O Levantamento Mundial da Educação da UNESCO concluiu que o aumento das matrículas

> continuará enquanto os países que se desenvolvem mantiverem seu impulso no sentido de generalizar a educação primária, proporcionando lugares na escola a uma proporção sempre maior de seus filhos. E nos países que instauraram a educação compulsória manifesta-se evidente tendência nas crianças para permanecerem por mais tempo na escola. Pràticamente todos os países mostram fundamental interêsse em expandir as instalações do segundo e do terceiro níveis de educação a fim de formar números maiores de pessoas habilitadas e elevar o nível médio de educação do seu povo [7].

A Tabela 21 indica o desenvolvimento da educação superior, a partir de 1930, em países diferentes como o Egito, a França, a Grã-Bretanha e o Japão, a revelar claramente um aumento não só dos números absolutos senão também da proporção de pessoas que estão recebendo instrução adiantada. A dramática expansão dos estudos secundários e das matrículas em estabelecimentos de ensino superior nos Estados Unidos a partir da Segunda Guerra Mundial patenteia-se na Tabela 22. Entre 1947 e 1963, o número de estudantes de escolas secundárias e a população das escolas superiores dobraram, refletindo ambos o aumento global da população e a proporção cada vez maior de jovens que terminam o curso secundário e encetam um curso superior.

A "revolução educacional" do meado do século XX representa a aceleração e a difusão de tendências que já se faziam sentir há algum tempo na Europa e nos Estados Unidos. A difusão da alfabetização, o aumento do número e do tamanho das escolas de todos os níveis de ensino e as mudanças substanciais no conteúdo e nos métodos de educação achavam-se estreitamente ligados ao desenvolvimento da indústria moderna e às modificações sociais que o acompanharam. Separando o lar do local de trabalho e aumentando o coeficiente de mobilidade social e geográfica, a industrialização limitou a capacidade da família para preparar os filhos de modo que possam ganhar a vida. A vida num cenário urbano e industrial moderno passou a exigir, pelo menos, conhecimentos básicos de leitura, escrita e aritmética, ao passo que a maior especialização e os conhecimentos em que ela se baseia requerem um adestramento que poucos pais podem proporcionar, se é que alguns o conseguem.

A expansão e a mudança educacionais foram ocasionadas, entretanto, não apenas por necessidades econômicas mas também por alterações verificadas na política e no govêrno. A extensão da cidadania estimulou o desejo de aprender em grupos que viram nisso uma precondição essencial da participação política afetiva, bem como meio importante de progresso econômico e social. Na década de 1830, um grupo de trabalhadores de Filafélfia declarou:

> O elemento original do despotismo é o monopólio do talento, que impõe à multidão uma ignorância relativa e faz pender a balança do conhecimento para o lado dos ricos e dirigentes (...) os meios de conhecimentos iguais (único penhor de liberdade igual) devem ser tornados, por lei, propriedade comum de tôdas as classes [8].

Numa sociedade complexa, de muitos grupos, a educação universal foi também reconhecida como instrumento útil de estabilidade social e política. "Um conjunto de boas escolas civiliza um bairro in-

TABELA 21

DESENVOLVIMENTO DA EDUCAÇÃO SUPERIOR EM DETERMINADOS PAÍSES, ENTRE 1930 E 1962.

Ano	*Egito*		*França*		*Japão*		*Grã-Bretanha*	
	Média anual de matrículas	*Número de estudantes por 100 000 habitantes*	*Média anual de matrículas*	*Número de estudantes por 100 000 habitantes*	*Média anual de matrículas*	*Número de estudantes por 100 000 habitantes*	*Matrículas totais na educação superior completa*	*Percentagem de grupos de idade que buscam educação superior completa*
1930-1934	9 000	58	83 000	201	171 000	260	(1924) 61 000	2,7
1935-1939	9 000	59	71 000	172	184 000	263	(1938) 69 000	2,7
1940-1944	12 000	69	92 000	237	297 000	410	*	*
1945-1949	22 000	116	129 000	319	416 000	539	*	*
1950-1954	47 000	219	147 000	348	469 000	549	(1954) 122 000	5,8
1955-1959	82 000	340	180 000	409	624 000	687	(1960) *	8,3
1961-1962	115 000	*	219 999 (1960-1961)	*	757 000	*	(1962) 216 000	8,5

* Não disponíveis.

Dados relativos ao Egito, à França e ao Japão extraídos de *World Survey of Education,* IV (Nova Iorque: UNESCO, 1966), 479, 699, 1160; dados relativos à Grã-Bretanha fornecidos pelo Comitê de Educação Superior *Higher Education* (The Robbins Report) (Londres: Her Majesty's Stationery Office, 1963), pp. 15, 16.

teiro", observou uma Comissão Real Britânica para a educação em 1858 [9]. Nenhuma outra instituição poderia transmitir com presteza ou eficiência idênticas os valôres e símbolos, atitude e conhecimentos em que repousava a unidade política.

A extensão da educação, todavia, e as mudanças necessárias para fazer face a novas ou supervenientes necessidades nem sempre se processaram fàcilmente, ou sem vigorosa oposição. Hannah More, romancista inglêsa do princípio do século XIX, por exemplo, "não permitiria que os pobres aprendessem a escrever", ao passo que, no entender de outros, bastava-lhes o estudo do catecismo [10]. Nos Estados Unidos.

> a idéia da escola pública foi combatida por conservadores sociais, políticos e econômicos de tôdas as classes, por emprêsas industriais e comerciais, que incluíam grandes contribuintes do fisco, pelos aristocratas do Sul e certos grupos religiosos que não falavam inglês e viam nela uma ameaça ao seu contrôle particular de escolas religiosas e de línguas estrangeiras [11].

Só aos poucos conseguiu certo número de grupos — humanitários da classe média, organizações trabalhistas, reformadores de várias espécies e homens práticos, que enxergavam as utilidades econômicas e políticas da educação — dilatar as oportunidades escolares e introduzir inovações de vários gêneros no currículo e nos métodos de ensino.

No mundo moderno existe hoje amplo acôrdo em tôrno da idéia de que a educação se tornou fonte importante de progresso econômico, e essa conclusão contribuiu decisivamente para o considerável desenvolvimento de escolas secundárias e estabelecimentos de ensino superior. Espera-se agora que êles satisfaçam a procura cada vez maior de mão-de-obra altamente adestrada de que precisam a complexa tecnologia, as complicadas estruturas burocráticas e a série extensa de organismos que proporcionam serviços profissionais. Simultâneamente, cabe-lhes a tarefa de enriquecer o conjunto de conhecimentos que se expandem e nos quais se arrima o desenvolvimento econômico.

Para as nações que se desenvolvem, definiu-se a educação como "a chave que abre a porta da modernização" [12]. Tanto o Estado quanto a economia requerem uma população mais alfabetizada e, talvez de maneira ainda mais significativa, um grupo bem treinado de diretores, administradores e profissionais liberais, capazes de dirigir o govêrno e introduzir métodos e técnicas modernas.

E tôda a parte, contudo, o desenvolvimento das instituições educacionais foi substancialmente influenciado pelas tradições, experiência e estrutura social locais. Dominadas por valôres de elite ligados a ní-

TABELA 22

MATRÍCULAS EM ESCOLAS SECUNDÁRIAS E INSTITUIÇÕES DE EDUCAÇÃO SUPERIOR DOS ESTADOS UNIDOS ENTRE 1947-1964

Ano letivo *	*Educação Secundária*		*Educação Superior*		
	Matrículas, séries 9-12 e curso de aperfeiçoamento	*Número de pessoas matriculadas por 100 pessoas de 14-17 anos de idade*	*Primeira matrícula*	*Matrículas totais*	*Número de pessoas matriculadas por 100 pessoas de 18-21 anos de idade*
1947-1948	6 305 168	71,3	—	2 338 226	25,2
1949-1950	6 453 009	76,8	557 856	2 444 900	27,2
1951-1952	6 596 351	77,5	472 025	2 101 962	24,0
1953-1954	7 108 973	80,2	571 533	2 231 054	26,4
1955-1956	7 774 975	84,4	675 060	2 653 034	31,2
1957-1958	8 869 186	87,5	729 725	3 036 938	34,3
1959-1960	9 599 810	86,1	826 969	3 364 861	36,6
1961-1962	10 768 972	89,7	1 026 087	3 860 643	37,7
1963-1964	12 600 000 +	93,5	2 055 146	4 494 626	40,4
1964	—	—	1 234 806	4 950 173	43,9

* Nos estabelecimentos de educação superior, faz-se a matrícula no início do ano acadêmico.

\+ Números preliminares

U. S. Department of Health, Education and Welfare, *Digest of Edu cational Statistics, 1965* (Washington, D. C.: U. S. Government Printing Office, 1965), Tabela 7, p. 14; Tabelas 51, 52, p. 76.

tidas distinções de classe, a Grã-Bretanha, a França e a Alemanha estabeleceram sistemas de educação "dupla", uma para o povo comum, outra para os destinados a um *status* elevado, saídos principalmente das classes média e superior. (As pressões vindas de baixo e as necessidades da sociedade moderna já influíram nas escolas e universidades dessas nações, e é provável que ocorram, no futuro, novas modificações). Na Franca e na Alemanha, Estados ambos altamente centralizados, o contrôle da educação pertence a uma burocracia central, que dita os currículos, estabelece padrões, escolhe professôres e estatui as normais de operação. Na Inglaterra, as diversas fôrças — religiosas e seculares, privadas e públicas — que se digladiaram durante o século XIX, produziram uma estrutura complexa de escolas sustentadas pública e particularmente; se bem as universidades recebam agora do Estado boa parte do seu sustento, estão relativamente libertas de contrôles diretos [13].

A estrutura aberta de classes e o *ethos* igualitário dos Estados Unidos contribuíram para um sistema educacional em que se fazem parcas distinções entre escolas para a "elite" e escolas para o resto da sociedade. Não obstante a presença de escolas e colégios particulares de prestígio, a educação pública, em conjunto, prevaleceu numa estrutura descentralizada, afeiçoada pela divisão de podêres entre os governos federal, estaduais e locais. Respondendo a exigências práticas e a um ponto de vista pragmático, as escolas norte-americanas mostraram-se muito mais dispostas a experimentar novos métodos e a desenvolver novos programas e revelaram-se muito mais orientadas para o aluno e mais preocupadas com os usos sociais da educação do que as escolas européias.

Em muitas áreas em desenvolvimento, as instituições educacionais denotam claramente a influência dos podêres coloniais outrora dominantes. As escolas e universidades na África de língua francesa seguem modelos franceses, ao passo que a influência da educação inglêsa nas áreas antigamente dominadas pela Grã-Bretanha de pronto se manifesta. Quando precisam de ajuda e conselhos, os novos governos da Ásia e da África voltam-se, caracterìsticamente, para seus antigos dirigentes, de cujas escolas e universidades saíram tantos dos seus líderes.

As funções sociais da educação

Claro está que as funções sociais da educação não se limitam aos usos que estimularam o desenvolvimento de escolas e estabelecimentos de ensino superior. As conseqüências da educação revelam-se, amiúde, não antecipadas e, às vêzes, não desejadas. Educando uma elite local em territórios coloniais, descobriram as potências européias, por exemplo, que haviam criado a liderança para movimentos de independência. A alfabetização universal, que outrora se cuidava essencial às instituições da democracia e aos usos da razão, pode, como o demonstrou a experiência das últimas décadas, tornar uma nação suscetível à manipulação das massas e à ditadura.

Seja qual fôr seu impacto em determinado ambiente, a educação realiza importantes funções gerais. À sociedade como um todo, proporciona a preservação e a transmissão da cultura. Consoante a observação de Émile Durkheim, é "acima de tudo o meio pelo qual a sociedade recria perpètuamente as condições da própria existência" [14]. Transmitindo de uma geração a outra crença firmadas, conhecimentos, valôres e habilidades, concorre para a continuidade e a persistência de uma vida social organizada.

Está visto que outras instituições exercem idêntica função — a família, às vêzes a igreja (que freqüentemente tentou controlar a educação), agora os meios de comunicação de massa. Mas as escolas, mais do que qualquer outro organismo, estão adrede organizadas para familiarizar as crianças com sua herança cultural. Além disso, com o aumento da complexidade cultural, assumiram as escolas — ou esta lhes foi expressamente atribuída — a responsabilidade maior, ou mesmo total, de transmitir certos tipos de conhecimentos e habilidades. Com poucas exceções, a maioria das pessoas aprende agora a ler, escrever e calcular na escola; na escola familiariza-se também com os símbolos comuns, as tradições nacionais e, pelo menos, parte do suprimento de conhecimentos sólidos.

Em níveis adiantados, as escolas e estabelecimentos de ensino superior tornaram-se "guardiões do capital intelectual do gênero humano" [15]. No passado, a Literatura, as Artes, a Ciência, a Filosofia, a História e outros conjuntos especializados de conhecimentos eram conservados por indivíduos e grupos em diversos ambientes — nos tribunais, na igreja, nas associações voluntárias, entre os boêmios urbanos, nos círculos privados, bem como nas poucas escolas e universidades formais que existiam. Se bem os estabelecimentos de ensino superior não tenham o monopólio das idéias, foram-se tornando, cada vez mais, o local em que se contém a maior parte do interêsse pela "cultura" em seu significado mais restrito. Os que hoje desenvolvem esforços artísticos ou intelectuais, em qualquer contexto social, em geral freqüentaram um estabelecimento de ensino superior e tendem a continuar mantendo estreitas ligações com o mundo da educação superior.

Com o contínuo aumento do conhecimento, converteu-se também a universidade em fonte importante de novas idéias e, ao mesmo tempo, no conservador e transmissor das antigas. Espera-se dos estudiosos e cientistas que se empenhem em "pesquisas", dilatem as "fronteira do conhecimento" e eduquem seus alunos, e seus esforços são estimulados e sustentados por fontes externas, como o govêrno, a indústria, fundações particulares, bem como pela própria universidade. Com efeito, a universidade está-se tornando, cada vez mais, parte da "indústria do conhecimento", importante componente de uma sociedade baseada na tecnologia moderna e dominada por grandes e complexas organizações [16].

Em virtude do que se ensina, das qualidades de espírito e caráter que se acentuam, e do âmbito e tipo de inovação que se estimula ou permite, a educação influencia outras instituições, valôres e a própria estrutura social, de múltiplas maneiras. As universidades inglêsas, por exemplo, sustentaram a tradição britânica do "amador" que está preparado, e é capaz de fazê-lo para assumir lideranças e responsabilidades no govêrno ou nas emprêsas, limitando seus estudantes, cuidadosamente escolhidos, a disciplinas tradicionais. Só com muita lentidão e relutância aceitaram elas inovações capazes de propiciar uma educação expressamente destinada a aperceber estudantes para as tarefas complexas e, não raro, especializadas, que lhes caberá executar.

A despeito da considerável diversidade existente entre os estabelecimentos de ensino norte-americanos em seus diversos níveis, a educação nos Estados Unidos contribui significativamente para reforçar as atitudes "liberais" e ampliar os interêsses "culturais".

> Um número cada vez maior de indícios denota que a educação conduz a atitudes tolerantes e humanitárias. Revelou-se sistemàticamente que, quanto mais elevado fôr o nível da consecução educacional, tanto mais ampla será a adoção de atitudes "democráticas". Da mesma forma, a educação é um correlativo primordial do interêsse pela política e da percepção cultural ou sofisticação. Os que têm diploma de curso superior são mais tolerantes nas atitudes em relação a grupos étnicos e raciais do que os que têm diploma de curso secundário; apóiam com maior vigor as normas democráticas, como a existência de um sistema multipartidário; assistem mais amiúde a programas séries e lêem mais revistas. Os diplomados em curso secundário, por seu turno, são mais tolerantes e mais participantes, cultural e polìticamente, do que os que têm apenas instrução primária. Dessa maneira se relaciona o nível de educação mesmo quando se exclui a influência da idade, da ocupação e do rendimento [17].

Espera-se, portanto, que o aumento da quantidade e da proporção de diplomados em escolas secundárias e superiores fomente a tolerância das minorias, fortaleça o apoio das liberdades civis, incremente o interêsse político e acrescente o número dos que se interessam por arte, música, drama e literatura.

Em muitos sentidos, entretanto, a educação é maior incentivo de diferenças que de uniformidades. Em resultado da estrutura descentralizada da educação nos Estados Unidos, existem amplas variações no que se ensina, na maneira por que se ensina e na escolha dos objetivos educacionais almejados. Posto que formulada em grande parte por educadores profissionais (que não raro discordam entre si), a política educacional está sujeita, em graus variáveis a influências externas — conselhos de educação eleitos em cada comunidade; membros nomeados dos conselhos universitários; membros dos conselhos de escolas, colégios e universidades (às vêzes eleitos por ex-alunos, mais freqüentemente escolhidos por um grupo que se perpetua indefinidamente); grupos religiosos nas escolas e colégios subordinados às denominações. Empenhados na definição da política e dos programas educacionais, sofrem todos o influxo das correntes mutáveis da opinião pública e do interêsse público e são necessàriamente sensíveis aos interêsses dos grupos particulares representados por sua clientela ou por seus constituintes.

O que se faz, portanto, nos estabelecimentos de ensino, reflete os pontos de vista dos educadores, dos organismos encarregados de traçar-lhes a política, tais como conselheiros e conselhos de educação, e dos grupos sociais a que todos, mais ou menos, respondem. Ao passo que os estabelecimentos de ensino das denominações ressaltam a religião, as instituições públicas, necessàriamente, evitam-na (embora a decisão do Supremo Tribunal, que proibiu as orações, gerasse considerável controvérsia). Algumas escolas, tanto públicas quanto particulares, acentuam a "educação progressista" que, como dá a entender David Riesman, conduz mais ao interêsse "pelo ajustamento social e psicológico da criança do que pelo seu progresso acadêmico", a um esfôrço maior para modelar personalidades adaptáveis do que para transmitir conhecimentos [18]. Outras, mormente nos subúrbios das classes superior e média, onde os pais dão grande valor à educação e esperam ver os filhos ingressarem em "boas" escolas superiores, agora destacam mais pronunciadamente os aspectos acadêmicos da educação, não só primária mas também secundária.

As escolas têm variado vastamente na receptividade à inovação curricular. Algumas introduziram de boa mente e até com certo ardor cursos de direção de automóvel, educação sexual, educação do consumidor, uso de cosméticos. Aqui e ali, grupos locais, em cujo entender as escolas devem abster-se das "frioleiras" modernas, ater-se aos "três RR" e acentuar os valôres tradicionais — a livre emprêsa, o patriotismo e o nacionalismo, a obediência à autoridade — tiveram ensejo de influir na política e nos programas. Em 1962, por exemplo, os eleitores da Califórnia escolheram como Superintendente Estadual da Instrução Pública um vigoroso defensor dos métodos e assuntos tradicionais.

Grande parte da diversidade, entretanto, sobretudo nos estabelecimentos de ensino superior, decorre do fato de haver a educação norte-americana assumido cada vez mais a responsabilidade de exercitar homens e mulheres para grande variedade de papéis: agricultores e silvicultores, chefes de polícia e diretores de hotel, contadores e gerentes comerciais, trabalhadores sociais e peritos em economia doméstica. À proporção que foram surgindo novos campos de especialização, foram-se destinando os programas acadêmicos a preparar para êles homens e mulheres.

Escrevendo em 1949, um distinto economista, Seymour Harris, mostrou-se preocupado com um possível excesso futuro de bacharéis. Se havia 4,6 milhões de estudantes nas escolas superiores em 1960, meta recomendada por uma Comissão Presidencial para a Educação Superior, argumentava êle, haveria "grandes excessos de diplomados (. . .) em ocupações proprietário-diretivas, e as oportunidades profissionais não chegariam à metade das exigidas" [19]. Em 1964 eram quase 5 milhões os alunos dos estabelecimentos de ensino superior e os temores de Harris se revelavam infundados. Com efeito, em muitos campos havia escassez de pessoal qualificado e a expansão da educação superior continuava.

Nos Estados Unidos, e em outros países industriais, como já observamos, a educação precisa fornecer agora números crescentes de homens e mulheres bem exercitados para manter em funcionamento a sociedade. "A educação está-se fundindo de tal maneira com as ocupações", observou Burton R. Clark, "que pode ser encarada como parte dos alicerces econômicos da sociedade" [20]. Verificou-se incremento substancial não só do número de profissionais liberais e da procura de pessoas com diploma de doutor em Filosofia, mas também do número de cargos técnicos e administrativos que requerem educação superior. O próprio ingresso no curso de aprendizado requer hoje diploma de escola secundária, como acontece com grande número de funções de baixo nível dos trabalhadores de gravata.

A educação, as oportunidades na vida e a estrutura social

A educação converteu-se, portanto, em determinante essencial das "oportunidades na vida" do indivíduo, isto é, das suas oportunidades de emprêgo, rendimento e *status*. Em 1960, por exemplo, 77 por cento dos brancos do sexo masculino que possuíam diploma de curso superior eram profissionais liberais ou gerentes, em confronto com apenas 21 por cento dos que tinham diploma de curso secundário e 9 por cento dos que o haviam completado. (Para os negros, a educação era um pouco menos proveitosa: 72 por cento dos negros do sexo masculino que possuíam diploma de curso superior eram profissionais liberais ou gerentes, em confronto com apenas 7 por cento dos que possuíam diplomas de curso secundário e 3 por cento dos que dispunham de instrução primária [21].) O acesso às posições superiores acha-se cada vez mais ligado à educação superior, como se infere dos antecedentes dos líderes empresariais. Em 1928, de acôrdo com um estudo, 32 por cento dêsses líderes tinham diploma de curso superior, em confronto com 77 por cento dos líderes estudados em 1952 [22]. (Na União Soviética, refere David Granick, a educação é até mais importante que nos Estados Unidos: "uma educação superior constitui, virtualmente, requisito indispensável ao candidato a um pôsto de gerência industrial") [23].

O rendimento também está estreitamente associado à educação formal da pessoa. Não só os rendimentos anuais mas também a estimativa do rendimento de tôda a vida aumentam com cada ano adicional de instrução, provindo os maiores ganhos da freqüência a um curso superior (veja a Tabela 23). Até certo ponto, tais diferenças refletem simplesmente o poder aquisitivo de várias ocupações, cujo acesso, como vimos, está ligado à educação. Mas até dentro de cada ocupação — entre carpinteiros, pedreiros, motoristas de caminhão e trabalhadores em fábricas, bem como entre homens de negócios e trabalhadores de gravata — quanto mais tempo tiverem passado na escola, tanto mais elevado será o seu rendimento. Em 1959, por exemplo, os carpinteiros com diploma de escola secundária ganhavam, em média, 900 dólares mais por ano do que os que só tinham diploma de escola primária. A diferença entre motoristas de ônibus era de 1 000 dólares, entre pintores, de 700 dólares e entre operadores de máquinas em escritórios, de 600 dólares [24].

É, portanto, evidente, que o acesso à educação representa uma chave importante da oportunidade e encontra-se à disposição não só dos que pertencem às classes média e superior, mas também de muitos outros, que o utilizam como base da ascensão econômica e social. A educação primária e secundária é gratuita, e freqüentemente se concede ajuda financeira aos alunos de escolas superiores que carecem dos recursos financeiros necessários. Além disso, à diferença de outras nações, a sociedade norte-americana estimula e até admira o jovem que "custeia, trabalhando, os próprios estudos superiores".

Ao passo que assim contribuem para a mobilidade social, as instituições educacionais nos Estados Unidos — como na maioria das nações — servem, não obstante, de várias maneiras, para sustentar e reforçar as diferenças sociais existentes. Tanto a qualidade da instrução quanto o período de tempo gasto na escola se relacionam com a raça e a classe; os brancos e os que pertencem às classes média e superior recebem, de um modo geral, melhor educação e passam na escola maior período de tempo. Um estudo de âmbito nacional sôbre a extensão das desigualdades na educação, publicado em 1966, descobriu que, nas escolas públicas,

> os alunos negros têm um número menor de facilidades relacionadas com a consecução acadêmica: têm menos acesso aos laboratórios de Física, Química e Língua; há menos livros por aluno em suas bibliotecas; seus compêndios existem com menos freqüência em quantidades suficientes (...) Os negros das escolas secundárias têm menor probabilidade de freqüêntar escolas regionalmente autorizadas (...) Os alunos negros e pôrto-riquenhos têm menos acesso aos currículos preparatórios para os cursos superiores e aos currículos intensivos (...) Os estudantes brancos em geral têm maior acesso a um programa mais plenamente desenvolvido de atividade extra-curriculares, sobretudo as que se relacionam com assuntos acadêmicos (grupos de debates, por exemplo, e jornais estudantis) ... O aluno médio freqüenta uma escola onde uma percentagem maior de professôres parece ser algo menos capaz (...) do que os professôres das escolas freqüentadas pelo aluno branco médio [25].

TABELA 23

EDUCAÇÃO E RENDA CALCULADA DE TÔDA A VIDA (DOS 18 AOS 64 ANOS): HOMENS

Completada a série mais alta	*Rendimentos*
Todos os grupos de educação	229 000 dólares
Escola primária	
Menos de 8 anos	143 000 " "
8 anos	184 000 " "
Escola secundária	
De 1 a 3 anos	212 000 " "
4 anos	247 000 " "
Escola superior	
De 1 a 3 anos	293 000 " "
4 anos	384 000 " "
5 anos ou mais	455 000 " "

Herman P. Miller, *Rich Man, Poor Man*, p. 148 (Copyright 1964 de Thomas Y. Crowell Company, Nova Iorque, editôres). Reproduzido com licença de Thomas Y. Crowell Company.

Tais diferenças refletem, até certo ponto, o fato de uma proporção muito maior de negros que de brancos viver em áreas intersticiais e nas áreas rurais mais pobres, particularmente no Sul; em ambas essas áreas subsiste grande dose de segregação *de facto,* não raro com instalações inferiores, a despeito dos esforços realizados a partir da decisão do Supremo Tribunal, em 1954, sôbre dessegregação. Até no nível de ensino superior, os negros encontram instrução menos adequada; os estabelecimentos predominantemente negros, freqüentados por mais da metade de todos os estudantes negros de cursos superiores são, em conjunto, inferiores nas instalações, no caráter do currículo e nas qualificações acadêmicas do corpo docente.

Entretanto, a relação entre a qualidade das escolas e a consecução acadêmica é complexa. Em seu estudo, de âmbito nacional, sôbre as oportunidades educacionais, James S. Coleman e seus colegas concluíram que as diferenças nas instalações e no currículo pouco influíam na execução dos testes padronizados entre crianças brancas, mas tinham efeito considerável em crianças negras. Isto é, as crianças brancas do mesmo *status* social e econômico haviam-se quase igualmente bem nas mutáveis condições das escolas, ao passo que as crianças negras se haviam consideràvelmente melhor quando melhorava a qualidade da escola. O adestramento e a capacidade dos professôres tinha maior importância, tanto para brancos quanto para negros; quanto mais bem preparados fôssem os professôres, tanto melhor seria o desempenho dos alunos. Além disso, o impacto do professor aumentava nas séries mais elevadas [26]. De particular interêsse também é o descobrimento de que, em cada nível social e econômico, o desempenho dos negros melhorava à proporção que aumentava o número de brancos em suas classes; além disso, quanto antes se vissem os negros, nas suas carreiras acadêmicas, em classes integradas, tanto mais altas eram as notas que obtinham [27].

Embora talvez menos evidentes do que as diferenças entre brancos e negros, existem também variações significativas nas oportunidades educacionais que se oferecem a cada classe — tanto de brancos quanto de negros. Para as classes média-superior e superior, as escolas particulares proporcionam uma educação destinada a garantir a admissão num estabelecimento de ensino superior — de preferência um estabelecimento de "elite" — bem como a preparar os estudantes para o que se considera convencionalmente um estilo apropriado de vida [28]. Em muitos subúrbios de classe média-superior, as escolas públicas desempenham funções análogas e todos os alunos, exceto uma minoria quase insignificante, ingressam em escolas superiores. Nos estabelecimentos em que os estudantes se apresentam socialmente misturados, tanto o *status* social quanto o econômico influem, embora de maneira sutil, no julgamento da capacidade acadêmica, no aconselhamento acadêmico ou vocacional e até, em certas ocasiões, no trato dos estudantes pelos professôres. Oriundos caracteristicamente da classe média ou da parcela da classe trabalhadora que tenta elevar-se socialmente, os professôres tendem a encarar de maneira mais favorável o jovem que se conforma às expectativas culturais da classe média. Por conseguinte, é provável que o jovem capaz de classe inferior seja ignorado e é menos provável que o estimulem a prosseguir nos estudos do que aos meninos e meninas da classe média com capacidade semelhante. A importância da classe e da raça patenteia-se nos dados sôbre a conclusão de cursos acadêmicos e a freqüência aos estabelecimentos de ensino superior. Em 1965, por exemplo, 17 por cento dos adolescentes negros entre 16 e 17 anos de idade haviam abandonado a escola sem receber o diploma do curso secundário, em confronto com apenas 9 por cento de brancos (As diferenças ocorreram principalmente no Norte e no Oeste, onde a maioria dos negros mora em guetos urbanos; não se registraram diferenças apreciáveis relativas às raças no Sul.) Entre os negros da classe média, entretanto, a percentagem dos que saem da escola sem se diplomar é apenas ligeiramente maior que a dos brancos, e a diferença reduz-se à metade quando se comparam negros e brancos da classe trabalhadora [29].

A proporção de jovens que ingressam em estabelecimentos de ensino superior aumentou contìnuamente no último meio século e mais depressa na classe inferior do que nas classes média e superior, embora ainda subsistam disparidades de vulto entre êles nos diferentes níveis de classe. A Tabela 24 mostra a proporção de membros de cada classe que ingressaram em escolas superiores no período compreendido entre 1920 e 1960, a saber, aproximadamente 80 por cento de membros das classes superior e média-superior, nos últimos anos, em confronto com uma quarta parte dos que procediam de famílias de trabalhadores qualificados e semiqualificados e menos de 5 por cento de filhos de trabalhadores não qualificados. Os negros também, como se poderia esperar não só de sua concentração nas classes inferiores mas também das limitações da raça, têm menores probabilidade de seguir um curso superior. Em 1965, 4,6 por cento dos alunos de escolas superiores eram negros, embora os negros constituíssem mais de 10 por cento da população total.

O desempenho acadêmico, assim como a decisão de abandonar a escola, de buscar um treinamento vocacional ou de ingressar num curso superior — relaciona-se, naturalmente, com a capacidade acadêmica. No entanto, a própria capacidade acadêmica, tal qual se mede nos testes usados nas escolas, está associada, até certo ponto, ao *status* social e econômico. Entretanto, o próprio fato de os alunos oriundos dos níveis superiores de classe se haverem melhor nos testes usados para medir a capacidade reflete, até certo ponto, tanto suas vantagens culturais quanto as parcialidades culturais existentes nos testes empregados, muito mais do que as diferenças inatas de capacidade[30]. Os filhos de famílias abastadas, por exemplo, quase sempre ganham brinquedos, livros e discos "educativos", que lhes ampliam os conhecimentos antes mesmo de entrarem na escola. Estão, por conseguinte, muito mais do que as crianças que não gozam dessas vantagens, preparados para as perguntas que freqüentemente se fazem nos testes de inteligência, tal como[31]

Uma sinfonia é para um compositor

o que um livro é para quem?

( ) escultor ( ) escritor

( ) músico ( ) homem

TABELA 24

ORIGENS DE CLASSES SOCIAIS DOS QUE INGRESSAM EM ESCOLAS SUPERIORES

Classe social *	*Percentagem das classes que ingressam em escolas superiores*				
	1920	*1940*	*1950*	*1960* (*Masculino*	*e feminino*)
Superior e média-superior	40	70	75	85	75
Média-inferior	8	20	38	60	38
Inferior-superior	2	5	12	30	18
Inferior-inferior	0	0	2	6	2
Percentagem do grupo de idade total nos Estados Unidos dos que ingressam em escola superior	6	16	22	40	27

* A classe inferior-superior consiste em trabalhadores qualificados e semiqualificados, a classe inferior-inferior em trabalhadores não qualificados.

Robert J. Havighurst e Bernice L. Neugarten, *Society and Education,* 2.ª ed., p. 252 (Copyright 1962 de Allyn and Bacon, Inc., Boston).

Reproduzido com licença de Allyn and Bacon, Inc.

Até para os estudantes manifestamente capazes de fazer um curso superior, a probabilidade de realizá-lo se associa à posição de classe. Baseados em diversos estudos, Robert Havighurst e Bernice Neugarten calcularam que no meio dos estudantes classificados entre os melhores (25 por cento do total), três quartas partes dos que provém das classes superior e média-superior completam quatro anos de curso superior, em confronto com menos da metade dos que procedem da classe média-inferior e pouco mais de uma quarta parte dos oriundos das classes inferiores [32]. (O contínuo aumento de matrículas em estabelecimentos de ensino superior poderá, evidentemente, diminuir essas diferenças entre os estudantes mais capazes.)

Assim a limitação dos recursos como a ausência de motivação explicam o não prosseguimento dos estudos por parte das crianças da classe inferior. A própria motivação, ou sua ausência, resulta de muitas coisas — a influência da família, as atitudes e valôres dos grupos de que provêm as crianças, a natureza da própria escola, as imagens da oportunidade — ou a carência dela — correntes em diversos grupos. Embora sujeita a outras influências, a orientação inicial da criança para a educação e para a escola tende a vir da família e quanto maior instrução receberam os pais tanto mais tempo permanecerá o filho provàvelmente na escola. Há também indícios consideráveis de que a importância atribuída à educação é menor nas famílias de classe inferior do que nas de classe média [33], se bem que, em face da crescente importância da educação como precondição de muitos empregos, essa diferença propenda a diminuir. Que a própria escola pode pesar mais do que outras influências, ou modificá-las, patenteia-se num estudo de Alan Wilson sôbre a relação entre o ambiente acadêmico e as aspirações dos estudantes. Verificou êle que os meninos procedentes da classe trabalhadora numa escola em que predominavam alunos da classe média apresentavam maior tendência para continuar os estudos do que os meninos procedentes da classe trabalhadora numa escola em que êles constituíam maioria. Inversamente, meninos da classe média em escolas em que a maioria dos estudantes provinha da classe trabalhadora tendiam menos a cogitar de um curso superior do que os meninos da classe média numa situação acadêmica em que representavam a maior parte do corpo discente [34].

As subculturas estudantis

Os interêsses, atitudes e atividades de estudantes em escolas secundárias e superiores são também significativamente influenciados pela cultura característica da juventude que se encontra entre êles. A presença de uma cultura dessa natureza, com seus próprios valôres, atitudes e modos de comportamento, tem sido amplamente notada, não só nos Estados Unidos senão também em muitas outras sociedades. Surge ela entre jovens grupos de iguais, sustentou S. N. Eisenstadt, quando a família não se acha em condições de preparar adequadamente seus membros para papéis adultos. Com a maior divisão do trabalho e o crescimento de organizações especializadas, a completação da maturidade e de uma identidade adulta reconhecível já não pode derivar tão-sòmente da família do jovem [35].

Em tais condições, o período entre a infância e a idade adulta é um período incerto. O papel e o *status* do indivíduo são ambíguos, não sendo criança nem adulto, já não é totalmente dependente mas ainda não lhe permitem ser completamente independente. Enquanto luta com as ambigüidades de sua posição e os problemas de "crescer", vê-se também em face de opções não raro difíceis e, no entanto, importantíssimas. Cumpre-lhe decidir do seu futuro numa sociedade que se modifica ràpidamente, na qual o passado oferece poucas diretrizes, à maneira que se impugnam os velhos valôres e pontos de vista e os pais já não ministram modelos adequados. Além disso, a escola, que absorve boa parte do seu tempo e energia, tanto na sala de aulas quanto fora dela, confina-o num meio social composto, na grande maioria, de jovens, enquanto o prepara para a vida adulta.

Ao enfrentar essas incertezas, os jovens criam e formulam sua própria cultura característica, muitas vêzes com o auxílio dos meios de comunicação de massa. Kenneth Kenniston descreveu a cultura jovem como uma cultura que

> ressalta o desligamento dos valôres adultos, a atração sexual, a ousadia, o prazer imediato e a camaradagem, de um modo que não pertence nem à infância nem à idade adulta. A cultura da juventude nem sempre é explìcitamente antiadulta mas é beligerantemente *não*-adulta. O adepto do *rock'n'roll,* o aluno do Joe College, o delinqüente juvenil e o *beatnik,* sejam quais forem suas diferenças importantes, fazem todos parte dessa cultura geral da juventude [36].

Para muitos jovens, a participação na cultura da juventude desempenha funções importantes. O grupo de iguais que carrega a cultura proporciona apoio numa situação incerta e permite ao indivíduo romper sua dependência da família, ainda que, freqüentemente, ao preço de rígida conformidade a suas próprias exigências. Muitas atividades em que se empenha o grupo oferecem libertação de algumas das pressões a que os membros estão expostas. Para alguns jovens, a aceitação da cultura da juventude possibilita o que Erik Erikson denominou a "moratória psico-social", a oportunidade de firmar uma identidade pessoal estável, que lhes permite enfrentar os vários papéis que terão de desempenhar numa sociedade complexa e mutável [37].

Entretanto, como dá a entender Kenniston, existe certa diversidade dentro da cultura da juventude, e indivíduos e grupos podem reagir de diversas maneiras à mesma realidade problemática. Entre estudantes do curso secundário, Burton Clark identifica três "subculturas", que diferem em suas atitudes para com a educação, na seriedade com que esta é encarada e na importância atribuída às várias atividades que se processam dentro da escola. A subcultura "da diversão" dá realce aos esportes atléticos, às atividades extracurriculares e à sucessão de encontros de namorados, festas e bailes. A "personalidade", a boa aparência, as proezas atléticas e a popularidade são mais importantes do que o desempenho acadêmico. A subcultura "acadêmica", por outro lado, põe em destaque os estudos, notas e atividades extracurriculares que têm alguma conexão com assuntos acadêmicos — os debates, o jornal estudantil, os clubes de discussões. À diferença das subculturas tanto "de diversão" quanto "acadêmica", e a subcultura "delinqüente" rejeita totalmente a educação e a escola. O "delinqüente" vê pouco ou nenhum valor na instrução e tende a zombar das normas acadêmicas e a não fazer caso de suas exigências; seu principal propósito é evitar a escola — ou fugir-lhe — e é o que faz na primeira oportunidade [38]. (No capítulo 19 encontrará o leitor uma discussão mais completa da subcultura delinqüente.)

Com exceção talvez do padrão delinqüente, estas subculturas não se acham nìtidamente separadas, nem estão de todo livres de influências externas. Não existe naturalmente, uma contradição necessária entre a popularidade e a proeza acadêmica, entre o feito atlético e as boas notas. Não há dúvida de que muitos estudantes buscam simultâneamente êsses valôres, conquanto, em certas ocasiões, talvez lhes seja preciso estabelecer prioridades ou escolher entre êles. De mais a mais, as orientações de valor de ambos os grupos e indivíduos podem modificar-se; à proporção que os estudantes de cursos secundários se aproximam da diplomação tendem a preocupar-se mais com os estudos e com a possibilidade de ingressar na escola superior que escolheram e interessar-se menos por outras atividades.

Não só a cultura mais lata e a própria escola influem nos valôres correntes entre estudantes. O interêsse público pelos desportos atléticos e os aplausos públicos aos atletas estimulam, sem dúvida, muitos estudantes a concentrarem sua atenção antes nos esportes que nos estudos. À medida que os meios de comunicação de massa lhes dirigem os esforços para o que se tornou um nôvo mercado de massas entre adolescentes, incentivam o interêsse pelos mais recentes estilos de consumo e pelas atividades de lazer. Por suas mesmas atividades, os professôres e autoridades escolares apóiam um outro conjunto de valôres. Uma parca biblioteca e um prestigioso time de futebol encerram sua própria mensagem para os estudantes, exatamente como a apreciação pública do saber equivale à que se concede aos campeões esportivos.

Entretanto, com a crescente importância dos estudos superiores e as resultantes pressões exercidas, ao mesmo tempo, sôbre as escolas secundárias e os estudantes, talvez se conceda um destaque maior aos valôres e consecuções acadêmicas. As escolas chegaram a classificar-se pelo número ds alunos admitidos em estabelecimentos de ensino superior e pelo prestígio dos estabelecimentos que os aceitam, bem como pelo sucesso de equipes atléticas ou pela animação da vida social escolar. Os estudantes, por seu turno, reconhecem a importância do desempenho acadêmico para suas carreiras futuras, muito embora um número considerável dos que não completam os estudos secundários ou não continuam os estudos depois de se diplomarem nas escolas secundárias indique a persistência de valôres e interêsses alternativos.

No nível das escolas superiores também existem subculturas que contribuem para os valôres, atitudes e comportamento dos estudantes. Burton Clark e Martin Trow identificaram quatro subculturas dêsse gênero, a "colegial", a vocacional, a acadêmica e a não-conformista [39]. A subcultura "colegial" é simbolizada pelo "campeão atlético, pela rainha que volta para casa e pelos bailes da fraternidade". Gira sobretudo em tôrno de fraternidade e irmandades, estimula o "espírito escolar" e as vigorosas lealdades institucionais, mas dá aos professôres, aos cursos e às notas a atenção apenas suficiente para passar de ano. Composta maciçamente de estudantes da classe média-superior e da classe superior, tende a florescer em particular nas grandes universidades estaduais.

A subcultura vocacional encara a escola, essencialmente, como preparação para um cargo ou profissão e, por isso mesmo, revela pouco interêsse pelas idéias ou pelo saber *per se.* Compõe-se, em grande parte, de estudantes oriundos da classe média-inferior e da classe trabalhadora, que são os que custeiam, trabalhando, os próprios estudos superiores e, portanto, não têm tempo nem dinheiro para participar da subcultura colegial. Encontrada em quase todos os estabelecimentos de ensino superior, o padrão vocacional incentiva pouca lealdade institucional, pois a escola é vista principalmente como "acessório do mundo dos empregos".

Tanto a subcultura acadêmica quanto a não conformista sublinham a importância das idéias e questões intelectuais. A primeira, entretanto, orienta-se para o estabelecimento de ensino, preocupa-se com o saber, as notas e as consecuções acadêmicas reconhecidas pelos professôres. A segunda, por outro lado, destaca-se da escola e orienta-se para o mundo alheio à academia. Encontrada sobretudo nos melhores estabelecimentos pequenos de estudos superiores liberais e nas grandes universidades, abrange uma variedade de interêsses — políticos, sexuais, estéticos — que realçam a rejeição do convencional e do estabelecido e estimulam a busca de uma identidade pessoal e de uma posição claramente definida em relação à cultura e à sociedade contemporâneas.

À proporção que o desempenho acadêmico passou a assumir maior importância entre os alunos das escolas superiores — bem como entre os alunos das escolas secundárias — em virtude do seu impacto sôbre o futuro de cada um, os interêsses acadêmicos e vocacionais foram estimulados às expensas dos interêsses puramente colegiais. A procura de mão-de-obra adestrada para tipos específicos de ocupações, associada ao número maior de estudantes saídos de grupos que dão ênfase ao valor "prático" da educação, tendeu, por seu turno, a enfraquecer os valôres acadêmicos e fortalecer a orientação vocacional. E no entender de Clark, os estabelecimentos de ensino superior assistirão a um conflito cada vez mais acentuado entre os valôres acadêmicos e vocacionais, cujo resultado exercerá considerável influência não só na experiência dos estudantes mas também nas funções que a educação virá a exercer[40].

A organização dos estabelecimentos de ensino em seus vários graus

As subculturas estudantis e os grupos sociais que nelas se baseiam tomam forma dentro do contexto da organização — e são, em parte, uma resposta a êle — em cujo interior se processam o ensino e a aprendizagem. O tamanho e a complexidade cada vez maior de muitos estabelecimentos de ensino aumentam a distância entre o corpo discente e o corpo docente, estimulando subculturas mais ou menos autônomas. Em qualquer estabelecimento particular de ensino superior, o processo de recrutamento e seleção, os padrões acadêmicos impostos e a natureza dos programas disponíveis podem fomentar o desenvolvimento de uma ou de outra subcultura.

A própria organização da educação — a série variada de escolas e colégios, as estruturas dos papéis e relações, das normas e regulamentos, que governam as ações dos membros do corpo docente e dos estudantes — modificou-se substancialmente em virtude do número cada vez maior dos que freqüentam escolas e das exigências que hoje se fazem à educação. A educação das massas e o corpo de conhecimentos, que se alarga ràpidamente e precisa ser ensinado, exigiram maior profissionalismo dos mestres e uma organização burocrática mais minuciosa. O aparecimento de novos campos acadêmicos acarretou a proliferação de novos programas e de maior especialização entre professôres e estudiosos. À maneira que as universidades se tornaram mais e mais importantes como fontes de novos conhecimentos, redefiniram-se os papéis acadêmicos e modificaram-se as expectativas e atitudes em relação às atividades não só dos estudantes mas também do corpo docente [41].

Com o aumento do tamanho, os sistemas escolares e estabelecimentos de ensino individuais foram-se tornando cada vez mais burocráticos. Com efeito, sem as vantagens da burocracia — rapidez, eficiência, continuidade — a educação das massas não poderia realizar-se. Empreendimentos tão vastos quanto o sistema de escolas da cidade de Nova Iorque e os sistemas de estabelecimentos estaduais de ensino superior e da universidade da Califórnia, ou até uma universidade estadual de modestas proporções requerem, evidentemente, processos formais, padronizados, e uma estrutura racionalmente organizada. As normas aumentam a previsibilidade e asseguram o tratamento imparcial tanto de estudantes quanto de professôres, os processos padronizados facilitam o "govêrno da casa" exigido por grandes organizações, e a hierarquia definida de autoridade possibilita o contrôle e a coordenação das atividades. Até os estabelecimentos de ensino secundário e superior mais modestos tendem a apresentar características burocráticas, em parte mercê da eficiência que elas estimulam, em parte por causa dos requisitos internos da educação como um todo. No intuito de permitir não só o movimento dentro do sistema mas também o julgamento das consecuções de estudantes e professôres, requerem-se fórmulas padronizadas — para cursos, desempenho e níveis de consecução.

Essas funções importantes da burocracia são muitas vêzes passadas por alto em razão das dificuldades que tão amiúde lhe acompanham a extensão [42]. Como já tivemos ensejo de observar, por exemplo, o volume do trabalho secretarial impôsto aos professôres em face das exigências — ou do que se considera como exigência — da administração pode desviar tempo e atenção da tarefa letiva pròpriamente dita. As exigências de semestres fixos com programas regulares e sistemas padronizados de notas representam um leito de Procusto, em que certos corpos de conhecimentos são, não raro, metidos à fôrça. Numa grande universidade os processos impessoais e que, às vêzes, consomem tempo, exigidos simplesmente para a matrícula nos cursos dão ênfase à separação entre o professor e o estudante, que o número e o tamanho acentuam. A definição das seqüências de cursos requeridos e das precondições formais de cursos adiantados, embora talvez necessária e apropriada a muitos estudantes, à sua maioria mesmo, pode ser desvantajosa para o estudante capaz ou incomum; isto é, o caso especial sofre em conseqüência da padronização necessária para lidar com grandes números.

Claro está que essas desvantagens não passaram despercebidas, em parte porque foram violentamente atacadas por estudantes. Em muitos lugares estão-se fazendo esforços para enfrentar as dificuldades criadas pelo tamanho e pela organização por meio de expedientes como cursos especiais para estudantes habilitados, planos de ensino ou aconselhamento de grupos pequenos de alunos dirigidos por um professor assistente, e o estabelecimento de pequenas escolas superiores, não raro experimentais, dentro do arcabouço da grande universidade.

Até certo ponto, o impacto da burocratização é também amortecido pelo caráter do sistema educacional como um todo. À diferença de muitas nações européias, em que as escolas são centralmente controladas por um ministério do govêrno, os Estados Unidos encarregaram da educação as autoridades, estaduais e locais, e vários grupos particulares. Em decorrência disso, em 1966-1967 mais de 55 milhões de estudantes e 2,5 milhões de professôres se encontram em 93 mil escolas primárias, 31 mil escolas secundárias e mais de 2 100 escolas superiores, sob o contrôle de um grande número de conselhos diretivos, cujos membros totalizaram 650 000 pessoas [43]. Quase um têrço de todos os alunos de estabelecimentos de ensino superior encontrava-se em instituições particulares, como acontecia, aproximadamente, com um oitavo de todos os alunos de escolas primárias e secundárias.

A própria diversidade de substância, organização e qualidade permite maior flexibilidade e variação do que as que seriam possíveis num sistema centralmente dirigido. A possibilidade da inovação e da experimentação educacionais é realçada pela descentralização da autoridade, ainda que, segundo a observação de Riesman, se note uma tendência entre os estabelecimentos de ensino superior para que "a procissão acadêmica" acompanhe os líderes, que freqüentemente mudaram de direção e embarcaram em algum nôvo programa, quando os que se encontravam nos últimos lugares da fila ainda não se haviam familiarizado com as inovações do passado [44]. Os estudantes também têm maiores oportunidades para experimentar e procurar o tipo de educação que desejam. As mesmas diferenças de qualidade, tão amiúde criticadas, que podem até apoucar o significado e o valor do próprio diploma, mantêm franqueadas as oportunidades que um sistema mais uniforme teria fechado em certo ponto; o aluno diplomado por uma escola secundária de credenciais medíocres ou fracas, por exemplo, pode ter outra oportunidade de provar sua capacidade e, se fôr bem sucedido, adquirir as habilidades e conhecimentos que melhorarão suas oportunidades econômicas.

As pressões da burocracia também são, às vêzes, parcialmente refreadas pelo profissionalismo que ela ajuda a incrementar. O recrutamento de professôres e diretores com base em qualificações formais, em alguns sistemas escolares exclui pessoas de outro modo habilitadas, que não tenham cursos específicos de educação ou psicologia; semelhantemente, a ausência de um diploma superior talvez impeça professôres e estudiosos inventivos de alcançar postos acadêmicos em escolas superiores. Mas na medida em que a ênfase emprestada à competência profissional estimula o apêgo ao ensino e o interêsse pelos estudantes, os professôres podem opugnar, ignorar ou contornar de várias maneiras as prescrições burocráticas que lhes são impostas ou procurar conscientemente evitar as conseqüências deletérias estimuladas pela estrutura formal do estabelecimento. (O leitor encontrará uma exposição geral da tensão entre o profissionalismo e a burocracia no capítulo 10.)

Na educação superior, entretanto, o destaque cada vez maior dado à pesquisa e a responsabilidade da universidade de contribuir para o conhecimento suscitaram complexos problemas não só no interior da organização mas também na definição do papel do professor e em suas relações com os estudantes. À proporção que o progresso acadêmico se tornou mais estreitamente ligado à pesquisa e à publicação, o ensino foi-se tornando menos importante para o erudito. Diante de uma opção entre as exigências do ensino, que lhe consomem o tempo, e as necessidades da pesquisa, êle tem preferido freqüentemente consagrar suas energias às atividades que lhe prometem maiores recompensas em *status* e prestígio. Com exceção do estudante capaz, que consegue ligar-se ao homem de estudos ou cientista e participar de suas investigações, os demais alunos receberão talvez medíocre atenção dos professôres.

Entretanto, os problemas criados pela tendência para dar menos importância ao ensino têm provocado reações contrárias — programas para premiar professôres bem sucedidos, propostas para separar a pesquisa do ensino, esforços para aumentar o número de estudantes que trabalham com cientistas em suas atividades de pesquisa e tentativas para girar novos métodos de ensino apropriados a circunstâncias mutáveis. Tais ações são apoiadas não só por acadêmicos, homens e mulheres, que se conservaram apegados à educação e ao ensino, mas também pelos diretores, estudiosos e cientistas, que reconheceram que o futuro progresso do conhecimento requer o adestramento apropriado da geração seguinte.

Notas

[1] Veja Ian Weinberg, *The English Public Schools* (Nova Iorque: Atherton, 1967); e Rupert Wilkinson, *Gentlemanly Power: British Leadership and the Public School Tradition* (Nova Iorque: Oxford, 1964).

2 A. H. Halsey, "The Changing Functions of Universities", em A. H. Halsey, Jean Floud, e C. Arnold Anderson (eds.), *Education, Economy, and Society* (Nova Iorque: Free Press, 1961), p. 458.

3 Richard Hofstadter e C. DeWitt Hardy, *The Development and Scope of Higher Education in the United States* (Nova Iorque: Columbia University Press, 1952), p. 11.

4 Peter Drucker, "The Educational Revolution", em Halsey, Floud, e Anderson, *op. cit.*, p. 15.

5 Êstes dados foram extraídos do *Levantamento Mundial da Educação, IV*: *Educação Superior* (Nova Iorque: UNESCO, 1966), Cap. 2.

6 *Ibid.*

7 *Ibid.*, p. 15.

8 Citado por Rush Welter, *Popular Education and Democratic Thought in America* (Nova Iorque: Columbia University Press, 1962), p. 47.

9 David Glass, "Education and Social Change in Modern England", em Halsey, Floud e Anderson, *op. cit.*, p. 395.

10 *Ibid.*, p. 394.

11 R. Freeman Butts, *A Cultural History of Education* (Nova Iorque: McGraw-Hill, 1947), p. 472.

12 Frederick Harbison e Charles A. Myers, *Education, Manpower, and Economic Growth*: *Strategies of Human Resources Development* (Nova Iorque: McGraw-Hill, 1964), p. 181.

13 Butts, *op. cit.*, cap. 15.

14 Émile Durkheim, *Educação e Sociologia,* traduzido para o inglês por Sherwood D. Fox (Nova Iorque: Free Press, 1956), p. 123.

15 Burton R. Clark, *Educating the Expert Society* (São Francisco: Chandler, 1962), p. 27.

16 Veja Clark Kerr, *The Uses of the University* (Cambridge, Mass.: Harvard University Press, 1963); e Fritz Machlup, *The Production and Distribution of Knowledge in the United States* (Princeton: Princeton University Press, 1962).

17 Clark, *op. cit.*, p. 30.

18 David Riesman, *The Lonely Crowd* (New Haven: Yale University Press, 1950), p. 60.

19 Seymour Harris, *The Market for College Graduates* (Cambridge, Mass.: Harvard University Press, 1949), p. 18.

20 Clark, *op. cit.*, p. 48.

21 Herman P. Miller, *Rich Man, Poor Man* (Nova Iorque: Crowell, 1964), p. 154.

22 W. Lloyd Warner e James C. Abegglen, *Occupational Mobility in American Business and Industry* (Mineápolis: University of Minnesota Press, 1955), p. 108.

23 David Granick, *The Red Executive* (Garden City: Doubleday, 1960, p. 62.

24 U. S. Bureau of the Census, *U. S. Census of Population, 1960. Subject Reports. Occupation by Education and Income.* (Washington, D. C.: U. S. Government Printing Office, 1963), Tabela 1, pp. 2-196.

25 James S. Coleman *et al.*, *Equality of Educational Opportunity* (Washington, D. C.: U. S. Government Printing Office, 1966), pp. 9, 12.

26 *Ibid.*, pp. 22-3. Os dados detalhados encontram-se às pp. 290-330.

27 *Ibid.*, p. 29 e Tabela 22, p. 32.

28 Veja E. Digby Baltzell, *Philadelphia Gentlemen* (Nova Iorque: Free Press, 1958), cap. 12.

30 Veja Allison Davis, *Social-Class Influences Upon Learning* (Cambridge, Mass.: Havard University Press, 1948); e Kenneth Eells *et al.*, *Intelligence and Cultural Differences* (Chicago: University of Chicago Press, 1951).

31 Robert J. Havighurst e Bernice L. Neugarten, *Society and Education* (2.ª ed.; Boston: Allyn & Bacon, 1962), p. 236.

32 Citado por Havighurst e Neugarten, *op. cit.*, p. 234.

33 Veja Herbert H. Hyman, "The Value Systems of Different Classes", em Reinhard Bendix e Seymour M. Lipset (eds.), *Class, Status, and Power* (2.ª ed.; Nova Iorque: Free Press, 1966), pp. 488-99.

34 Alan B. Wilson, "Residential Segregation of Social Classes and Aspirations of High School Boys", *American Sociological Review*, 24 (dezembro de 1959), 836-45.

35 S. N. Eisenstadt, "Archetypal Patterns of Youth", em Erik H. Erikson (ed.), *Youth: Change and Challenge* (Nova Iorque: Basic Books, 1961), pp. 24-42. O leitor encontrará uma análise mais completa em S. N. Eisenstadt, *From Generation to Generation* (Nova Iorque: Free Press. 1956).

36 Kenneth Kenniston, "Social Change and Youth in America", em Erikson, *op. cit.*, p. 177.

37 Erik H. Erikson, "The Problem of Ego Identity", em *Identity and the Life Cycle, Psychological Issues,* I, N.º 1 (Nova Iorque: International Universities Press, 1959), 101-64.

38 Clark, *op. cit.*, cap. 7.

39 *Ibid.*, Cap. 6. A dissertação sôbre as subculturas estudantis deve muito à análise de Clark.

40 *Ibid.*, pp. 237-44.

41 Kerr, *op. cit.*, apresenta uma discussão geral. Encontra-se uma análise dessas mudanças num ambiente acadêmico limitado em Charles H. Page, *Sociology and Contemporary Education.* (Nova Iorque: Random House, 1964), pp. 56-75.

42 Charles H. Page, "Bureaucracy and Higher Education", *Journal of General Education,* V (janeiro de 1951), 91-100, discute alguns aspectos da burocratização da educação superior.

43 Cálculos do U. S. Office of Education e da National Education Association, "The Magnitude of the American Educational Establishment (1966-1967)", *Saturday Review* (15 de outubro de 1966), p. 75.

44 David Riesman, "The Academic Procession", em *Constraint and Variety in American Education* (Lincoln: University of Nebraska Press, 1956). pp. 15-52

Sugestões para novas leituras

BRIM, ORVILLE, G. JR. *Sociology and the Field of Education.* Nova Iorque: Russell Sage Foundation, 1958.

Exposição crítica e avaliação sucintas de estudos sociológicos da educação.

CICOUREL, AARON V., e JOHN I. KITSUSE. *The Educational Decision Makers.* Indianápolis: Bobbs-Merrill, 1963.
Casuística social do impacto da burocracia no aconselhamento e colocação de estudantes de escolas secundárias.

CLARK, BURTON R. *Educating the Expert Society.* São Francisco: Chandler, 1962.
Excelente introdução à sociologia da educação, que estuda alguns dos principais problemas da educação contemporânea norte-americana.

COLEMAN, JAMES S. *The Adolescent Society.* Nova Iorque: Free Press, 1961.
Pormenorizado estudo da vida social de adolescentes e dos seus efeitos sôbre a educação.

DORE, RONALD, P. *Education in Tokugawa Japan.* Berkeley: University of California Press, 1965.
Análise da natureza e da função da educação no Japão antes de 1968 e de suas relações com a subseqüente modernização.

DURKHEIM, ÉMILE. *Educação e Sociologia.* Traduzido para o inglês por Sherwood D. Fox. Nova Iorque: Free Press, 1956.
Ensaio de um dos maiores teóricos sociológicos sôbre a natureza e as funções da educação.

ERIKSON, ERIK H. (ed.). *Youth: Change and Challenge.* Nova Iorque: Basic Books, 1961.
Ensaios sôbre a juventude, que estudam os problemas enfrentados por ela numa sociedade em período de transição.

GREELEY, ANDREW M., e PETER H. ROSSI. *The Education of American Catholics.* Chicago: Aldine, 1966.
Circunstanciado estudo do caráter e da influência da educação nas escolas paroquiais católicas.

HALSEY, A. H., JEAN FLOUD, e C. ARNOLD ANDERSON (eds.). *Education, Economy, and Society.* Nova Iorque: Free Press, 1961.
Excelente coleção de artigos que focalizam principalmente o lugar e os problemas da educação numa sociedade industrial adiantada.

HAVIGHURST, ROBERT J., e BERNICE L. NEUGARTEN. *Society and Education.* 2.ª ed. Boston: Allyn & Bacon, 1962.
Análise das relações entre educação e estrutura social, em que se dá considerável destaque à relevância da classe social.

HOLLINGSHEAD, A. B. *Elmtown's Youth.* Nova Iorque: Wiley, 1949.
Importante investigação sôbre a influência da estrutura de classes no comportamento do adolescente e na escola.

JACOB, PHILIP E. *Changing Values in College.* Nova Iorque: Harper, 1957.
Apreciação de estudos do impacto da educação superior sôbre os estudantes. O leitor encontrará ainda um estudo que contesta a possibilidade de generalizações acêrca de todos os estudantes em Peter I. Rose, "The Myth of Unanimity; Student Opinions on Critical Issues", Sociology of Education, *37 (Inverno de 1963), 129-49.*

KERR, CLARK. *The Uses of the University.* Cambridge: Harvard University Press, 1963.
Interessante e importante interpretação da natureza e das funções, que se modificam, da universidade.

LIPSET, SEYMOUR, M. e SHELDON S. WOLIN (eds.).*The Berkeley Student Revolt.* Garden City: Doubleday Anchor Books, 1965.

Coleção de interpretações e documentos relativos a um sério conflito entre estudantes e a universidade, que projeta muita luz sôbre os problemas da grande universidade.

MUSGRAVE, P. W. *The Sociology of Education.* Londres: Methuen, 1965.

Introdução à sociologia da educação baseada sobretudo em materiais inglêses.

PAGE, CHARLES H. (ed.) *Sociology and Contemporary Education.* Nova Iorque: Random House, 1964.

Ensaios sôbre as funções educacionais da Sociologia e as relações entre Sociologia e educação.

SANFORD, NEVITT (ed.). *The American College.* Nova Iorque: Wiley, 1962.

Ampla coleção de escritos que tratam dos aspectos psicológicos e sociológicos da educação superior.

WEINBERG, IAN. *The English Public Schools.* Nova Iorque: Atherton, 1967.

Análise do lugar das escolas públicas na sociedade inglêsa.

A CIÊNCIA E A SOCIEDADE

Os aspectos sociais da Ciência

Para quem quer que viva no meado do século XX, a Ciência é manifestamente um componente fundamental de sua cultura e uma ponderável determinante do seu futuro. Em 1963, mais de 400 000 norte-americanos se achavam diretamente empenhados em pesquisas científicas, além dos médicos, dentistas, farmacêuticos, engenheiros, dietistas, geólogos, meteorologistas e outros, que utilizavam conhecimentos científicos em suas atividades cotidianas. Os trabalhadores no comércio e na indústria vêem-se de contínuo diante dos produtos da investigação científica — sistemas de intercomunicação interna, dispositivos para a rápida cópia de cartas e outros documentos, sistemas eletrônicos de processamento de dados, que substituem funcionários ou realizam tarefas de outro modo irrealizáveis, máquinas controladas por fitas eletrônicas ou que requerem pouco mais que vigilância e a operação de comutadores e interruptores. Os frutos da pesquisa científica estão sendo seguidamente colocados diante do consumidor em novos produtos recém-saídos do laboratório — nylon, dacron, orlon, e outras fibras sintéticas, purificadores eletrônicos do ar, televisão em côres, alimentos congelados ou até sintéticos, uma pasmosa e dispendiosa série de drogas sintéticas e, talvez daqui a pouco, cigarros que se acenderão quando riscados na carteira.

A Ciência transformou a arte bélica moderna e os debates políticos que versam a defesa nacional centralizam-se com freqüência na propriedade das verbas destinadas à pesquisa e ao desenvolvimento científicos. A política científica se converteu em importante questão política e presidentes e primeiros ministros nomeiam assessôres especiais para ajudá-los a enfrentar o contrôle e as conseqüências da investigação científica. Os próprios cientistas ingressam na arena pública para contribuir com seus pareceres sôbre o uso possível dos conhecimentos científicos, da tecnologia e dos artigos que dêles resultam e sugerir políticas que afetam seus próprios esforços profissionais.

Além de suas decorrências econômicas e políticas, à Ciência também interessa, de várias maneiras, as crenças e valôres predominantes. Desde o aparecimento da ciência moderna no século XVII e de sua fuga parcial aos contrôles teológicos, a concepção do mundo do homem ocidental foi significativamente influenciada pelas teorias científicas preponderantes e por novos fatos científicos. A síntese newtoniana, edificada sôbre os progressos científicos dos 150 anos precedentes, proporcionou uma visão do cosmos que dominou o pensamento ocidental até a última metade do século XIX. A evolução, a relatividade e outras idéias da física moderna e a Psicanálise, tôdas contribuíram para as concepções contemporâneas da natureza do homem e do Universo. O impacto do pensamento científico também se fêz sentir na Arte e na Literatura. Em certo número de ensaios sugestivos, Marjorie Nicholson mostrou a maneira pela qual as idéias e imagens científicas influíram na literatura dos séculos XVII e XVIII, e a influência das teorias científicas modernas sôbre as obras literárias e artísticas do século passado de pronto se evidencia.

A Ciência tornou-se, manifestamente, parte tão momentosa do mundo moderno que nenhuma análise da sociedade e da cultura pode ignorá-la. Tão difundida é a sua influência que alguns estudiosos chegaram à conclusão de que os traços característicos da sociedade ocidental não são, na verdade, os traços culturais, tão freqüentemente destacados como fundamentais para a civilização ocidental, senão os métodos e descobrimentos da investigação científica. Escreve o distinto historiador inglês Herbert Butterfield:

> Quando dizemos que a civilização ocidental foi transportada para um país oriental como o Japão nas últimas gerações, não nos referimos à filosofia greco-romana nem aos ideais humanísticos, não nos referimos à cristianização do Japão, referimo-nos à Ciência, às maneiras de pensar e a todo aquêle aparelho de civilização que estava começando a mudar a face do Ocidente na última metade do século XVII [2].

A Ciência no mundo moderno inclui, além de um conjunto de conhecimentos, uma série de valôres, convenções e práticas, que governam o comportamento dos cientistas. Incorporou-se em complexas estruturas sociais, que influem no ritmo e no caráter da consecução científica. A noção outrora amplamente aceita de que a Ciência é, pura e simplesmente, mais criação de indivíduos perquiridores e imaginativos do que produto social foi gradativamente substituída pelo reconhecimento de que, como observou um comitê de notáveis cientistas: "A ciência é apenas um setor da nossa cultura. É uma das instituições da sociedade e a própria sociedade, em grau considerável, governa o desenvolvimento da Ciência" [3].

A Ciência na sociedade primitiva

Embora a Ciência, como instituição social e fôrça importante na vida da sociedade, seja relativamente moderna e, até muito recentemente, se limitasse, em sua quase totalidade, ao mundo ocidental, em tôda a parte se encontra o conhecimento empírico seguro. A difundida importância da religião e da magia na sociedade primitiva levou alguns estudiosos à errônea conclusão de que "a mentalidade primitiva", essencialmente "mística e pré-lógica", jaz imersa num mar de ilusão e sonho e é incapaz de pensamento racional [4]. Mas todo povo primitivo também possui, além de suas crenças e rituais religiosos e de suas práticas mágicas, um conjunto de conhecimentos derivado da experiência prática e, não raro, baseado numa compreensão tôsca, mas adequada, do mundo que o cerca. Os habitantes das Ilhas de Trobriand, por exemplo, povo do Pacífico minudentemente descrito numa série de monografias por Bronislaw Malinowski, nunca plantavam um jardim, construíam um bote ou se faziam ao mar sem primeiro executar os rituais mágicos requeridos; mas também reconheciam a importância do solo, do tempo, da jardinagem, da necessidade de habilidades práticas e de materiais adequados para a construção de botes, e estavam familiarizados com os rudimentos da navegação e do velejo.

> Se por Ciência [escreve Malinowski] se entende um conjunto de regras e concepções, baseadas na experiência e dela derivadas por inferência lógica, corporificadas em consecuções materiais e numa forma fixa de tradição e conduzidas por um tipo qual de organização social — nesse caso, não há dúvida de que até as comunidades selvagens inferiores possuem os primórdios da ciência, ainda que rudimentares [5].

Essa definição de Ciência é acaso demasiado ampla, como o reconhece o próprio Malinowski, pois o conhecimento prático e a Ciência não são a mesma coisa. O primeiro funda-se, com freqüência, num simples processo cumulativo de ensaio e êrro, comprovação pragmática de alternativas e, não raro, apenas se incorpora nas habilidades do trabalhador. A Ciência, por outro lado, consiste em generalizações lògicamente relacionadas, que podem ser sistemàticamente testadas. Mas os princípios da Ciência, até em seu sentido mais restrito, se encontram, às vêzes, na sociedade primitiva.

> O construtor nativo de botes não só conhece, pràticamente, a flutuabilidade, a ação de alavanca, o equilíbrio, e precisa obedecer-lhes às leis sôbre a água, mas também deve ter em mente êsses princípios enquanto constrói a canoa. Instrui nêles seus ajudantes. Transmite-lhes as regras tradicionais e, de modo tôsco e simples, utilizando as mãos, pedaços de madeira e um vocabulário técnico limitado, explica-lhes algumas leis gerais da hidrodinâmica e do equilíbrio. A Ciência, de fato, não se destaca do

ofício, representa apenas um meio para um fim, é grosseira, rudimentar e incipiente mas, apesar de tudo, é a matriz de que se devem ter originado os desenvolvimentos mais elevados [6].

Nem é a busca desinteressada do conhecimento totalmente estranha à sociedade primitiva, pois dentro dos limites de uma cultura tradicional se encontram indivíduos "pacientes e diligentes nas observações, capazes de generalizar e ligar longas cadeias de acontecimentos na vida dos animais, no mundo marinho ou no jângal" [7].

Em sua maior parte, contudo, o conhecimento nas sociedades primitivas cifrou-se em generalizações empíricas e não se expandiu num corpo de conceitos e teorias generalizadas e sistemáticas. Os tanalas de Madagáscar perceberam que o simples mascar da casca da cinchona bastaria a evitar ou curar a malária, mas os europeus foram os primeiros a isolar o quinino contido na casca (em 1820), identificar-lhes as propriedades químicas e, finalmente, sintetizar um equivalente químico capaz de realizar as mesmas funções medicinais. Muitos povos primitivos se mostraram sumamente habilidosos na arte de trabalhar metais e há muito se conhecem na história humana ligas de várias espécies. Mas só em épocas relativamente recentes surgiu uma ciência da metalurgia baseada em princípios gerais nascidos no escritório e no laboratório. E nenhuma sociedade primitiva desenvolveu papéis sociais distintivos, centralizados em tôrno da busca sistemática do conhecimento científico.

As origens da Ciência

Os notáveis progressos da ciência moderna não devem obscurecer a longa história do conhecimento científico. Embora os babilônios e egípcios hajam dado passos importantes, mormente na Matemática e na Astronomia, o primeiro grande período de descobrimentos científicos ocorreu entre os antigos gregos. Na Lógica e na Matemática, nas disciplinas formais básicas para a investigação científica, na Física, na Medicina, na Geografia e outros campos empíricos, prestaram os gregos contribuições importantíssimas. Não sòmente foram os primeiros a conceber "a possibilidade de firmar um número limitado de princípios e deduzir dêsses princípios certas verdades que são suas conseqüências rigorosas" [8], senão também estabeleceram uma tradição de pesquisa empírica, da qual advieram importantes resultados científicos.

Ainda sabemos pouquíssima coisa sôbre as fôrças sociais que geraram as extraordinárias consecuções científicas da Grécia clássica, ou das circunstâncias que explicam o declínio da Ciência na Antigüidade. Um estudioso, Benjamin Farrington, encontra as origens tanto das consecuções quanto do declínio nas condições econômicas e na estrutura de classes [9]. Os primeiros cientistas gregos eram "homens práticos", cujo interêsse pelo comércio e pela tecnologia, afirma êle, estimulou um modo racional, prático, de encarar o mundo. Suas idéias científicas específicas refletiam as habilidades e técnicas da época. O declínio da ciência grega, sustenta Farrington, resultou do desenvolvimento de uma economia fundada na escravidão, que rompeu a íntima conexão entre a filosofia e a prática. Como os escravos executassem quase todo o trabalho, os gregos, de acôrdo com essa tese, já não se viam às voltas com questões de técnica de produção. Perderam, portanto, o interêsse por problemas práticos e passaram a preocupar-se, em compensação, com questões não científicas e idéias puramente abstratas. Para êles, convertera-se a Ciência apenas em "relaxação, ornamento, tema de contemplação. Deixara de ser um meio de transformar as condições da vida" [10]. E, por conseguinte, deixou de progredir.

A validade dessa interpretação foi contestada em razão da super simplificação que apresenta de um processo complexo e da insuficiência de provas. "Nosso conhecimento fatual do desenvolvimento do pensamento científico grego e da posição social dos homens responsáveis por êle", observa um historiador da ciência antiga' "é tão fragmentário... que parece ser de todo impossível verificar qualquer hipótese sociológica, por mais plausível que se afigure ao homem moderno" [11]. Entretanto, a própria evidência disponível revela a complexidade das fôrças em ação. Por exemplo, embora Farrington atribua às idéias religiosas em geral um efeito inibidor sôbre o progresso científico, Pitágoras, para tomarmos um exemplo concreto, foi não apenas um dos maiores cientistas gregos, senão também líder religioso para o qual a Matemática era uma forma de reflexão religiosa. A escravidão, a que Farrington atribui a principal responsabilidade pelo declínio da ciência grega, já era difundida ao tempo de Platão, mas descobrimentos significativos continuaram a surgir vários séculos após sua morte. Parece provável que a escravidão e o desfavor, por ela engendrado, com que se encarava o trabalho manual tenham inibido diversas áreas de investigação científica, mas certos campos, notadamente a Matemática, a Astronomia, a Geografia e a Medicina continuaram a fazer progressos notáveis até o terceiro século a. C.

Com o declínio da cultura helenística e a desintegração do império romano, o progresso científico virtualmente estacou. Durante um período de mais de mil anos, poucas idéias científicas novas apareceram. Tais séculos, entretanto, não foram totalmente estéreis, e o renascimento da Ciência nos séculos XVI e XVII arrimou-se, em parte, nos desenvolvimentos tecnológicos lentamente verificados em tôda a Europa — por exemplo, o moinho de água e o moinho de vento no século XII, os óculos de alcance e o leme no século XIII, a pólvora, a plaina e o relógio de parede no século XIV, e a imprensa no século XV. (Os principais progressos científicos durante êsses anos ocorreram entre os árabes, que criaram a Álgebra e realizaram adiantamentos de vulto na Biologia e na Medicina.) Entretanto, malgrado êsses avanços tecnológicos e científicos, "quando a ciência moderna principiou, no século XVI", escreve Farrington, "começou onde os gregos haviam parado. Copérnico, Vesálio e Galileu são os continuadores de Ptolomeu, Galeno e Arquimedes"[12].

Os extraordinários progressos científicos do século XVI e XVII, sobretudo os que ocorreram na Inglaterra no século XVII, foram mais bem estudados pelo prisma sociológico do que os de qualquer outro período, exceto talvez os do nosso. Os descobrimentos mostram claramente a medida em que a Ciência, nesse período, sofreu o influxo das circunstâncias sociais e culturais e a complexidade das fôrças em ação. Parece manifesto, por exemplo, que as necessidades econômicas estimularam grande volume de pesquisas e freqüentemente canalizaram o interêsse científico para determinados campos de investigação. Como assinala Robert K. Merton, que levou a cabo o estudo sociológico mais minucioso da Ciência e da tecnologia na Inglaterra do século XVII, *"Todo cientista inglês dêsse tempo,* que conseguiu distinguir-se o suficiente para merecer sua menção nas histórias gerais da Ciência, relacionou, explìcitamente, parte pelo menos de sua pesquisa científica a problemas práticos imediatos"[13]. Num resumo das influências sócio-econômicas que pesaram na escolha de problemas científicos, feita por membros da *Royal Society* na Inglaterra durante os anos de 1661-1662 e de 1686-1687, Merton verificou que de 30 a 60 por cento dêsses problemas se achavam direta ou indiretamente ligados a necessidades militares, à navegação ou às exigências de alguma indústria, sobretudo a mineração[14]. E para resolver problemas práticos tornava-se amiúde necessário versar importantes questões teóricas; a investigação orientada para os descobrimentos de métodos destinados a localizar a posição de um navio no mar, por exemplo, também contribuía para o conhecimento científico do magnetismo, das marés e dos movimentos das estrêles e planêtas.

Claro está que os motivos dos cientistas individuais não constituem a única indicação da influência das pressões econômicas sôbre a Ciência. Visto que os cientistas precisam apoiar-se na obra dos que os precederam, vêem-se freqüentemente na dependência do trabalho dos que tentaram solucionar problemas práticos, ou dêles se valem. Além disso, o que é ainda mais importante, as idéias científicas, como hoje é sabido e ressabido, têm, não raro, aplicações práticas de que seus criadores não deram fé. Mas os próprios cientistas, por mais abstratas que sejam suas teorias ou mais aparentemente desligadas de problemas imediatos, têm por assentado que, com o correr do tempo, seu trabalho terá algum emprêgo concreto. Os cientistas do século XVII, na Inglaterra, observa Merton, "fiavam-se todos dos frutos práticos que sua continuada indústria asseguraria" [15].

As necessidades econômicas e os possíveis empregos da pesquisa científica ministram apenas parte da explanação do acentuado progresso científico do século XVII. Inúmeros problemas práticos de que os cientistas passaram a cogitar já existiam muito antes de ser submetidos ao estudo sistemático. Qual era a explicação do próprio e acrescentado interêsse científico? Seguindo uma sugestão de Max Weber, Merton encontrou parte da resposta, ao menos na Inglaterra do século XVII, no impacto do puritanismo que não só acentuou o racionalismo, como o fêz a teologia medieval católica, mas também animou os homens a tentarem sujeitar o mundo que os rodeava. Cumpria-lhes estudar os mistérios da natureza não só para melhorar o estado do homem, senão para dar testemunho da glória de Deus, revelando as maravilhas de seu trabalho. Focalizando a atenção no mundo em que viviam os homens, o puritanismo juntou assim o racionalismo e o empirismo, os dois valôres que, reunidos, como o observamos no capítulo 1, constituem a essência do espírito científico.

Merton encontrou provas da influência da crença e da filiação religiosas sôbre o trabalho científico no século XVII não só na aparente coincidência dos princípios do puritanismo com os da Ciência, senão também na maciça preponderância de puritanos entre os cientistas. Conquanto os puritanos constituíssem apenas pequena proporção da população inglêsa, 42 dos 68 membros originais da *Royal Academy,* a cujo respeito se possuem dados, eram puritanos, sendo alguns também teólogos eminentes. Essa predominância de protestantes entre os cientistas foi também observada em outros países e continuou até o presente [16]. Um estudo sôbre cientistas norte-americanos, completado após a Segunda Guerra Mundial, concluiu que as "estatísticas, reunidas a outras provas, não permitem que se ponha em dúvida o fato de que os cientistas provieram de maneira desproporcional da cêpa protestante norte-americana" [17].

O impacto da religião e das necessidades econômicas sôbre a Ciência do século XVII demonstra cristalinamente que a Ciência não se resume no trabalho de indivíduos curiosos e inventivos, não influenciados pelas mais amplas fôrças sociais em ação no mundo que os rodeia, e que a história da Ciência não pode ser escrita como simples seqüência de descobrimentos sem qualquer ligação com problemas práticos e idéias não científicas. Em certos aspectos, mormente na seleção de problemas e no ritmo do progresso, a Ciência é "determinada" pela sociedade. Essa conclusão geral, no entanto, como observa Merton, representa o princípio do estudo sociológico da Ciência.

> O problema significativo, afinal de contas, não reside em saber (...) se ocorreram alguma vez influências práticas sôbre o curso do desenvolvimento científico, ou se elas sempre se mostraram determinantes. Trata-se, pelo contrário, de um tema de múltiplas questões, cada qual a exigir longos e pacientes estudos e não breves respostas impacientes: em que medida operaram tais influências em diferentes épocas e lugares? Em que condições sociológicas se mostram mais ou menos determinantes? [18].

Está visto que nem os valôres e idéias religiosas nem as necessidades econômicas, sem embargo da sua importância, explicam cabalmente o progresso científico dos séculos XVI e XVII — ou de qualquer outro período. Não sòmente se acha a Ciência sujeita a outras fôrças externas, políticas, ideológicas, de organização — que podem interessar-lhe o ritmo de desenvolvimento bem como os problemas para os quais atentam os cientistas, mas também constitui por si mesma, até certo ponto, um sistema social e cultural auto-suficiente, com suas próprias teorias, valôres instituições, papéis e organização social, que ajudam a canalizar os esforços dos que lhe penetram o mundo de abstrações, análises e investigações empíricas. As teorias científicas e os fatos novos geram seus próprios problemas, e cada geração de cientistas procura responder às perguntas que seus predecessores deixaram sem resposta, legando, por seu turno, não só acumulações de dados mas também novos problemas para serem estudados pelos sucessores.

Pois durante boa parte dos séculos XVI e XVII assim a cultura como a organização social da Ciência se encontravam ainda em estado embrionário ou, talvez, infantil. Apesar da longa história de progresso científico, iniciada muito antes da era cristã e das extraordinárias consecuções do século XVII, os valôres da Ciência não eram amplamente aceitos, sua utilidade não era universalmente conhecida nem reconhecida, e o papel do cientista mal se distinguia de outros papéis. Embora se fundassem sociedades científicas em vários países durante o século XVII e houvesse considerável comunicação entre cientistas em diferentes lugares, a busca do conhecimento científico cabia ainda a experimentadores mais ou menos isolados ou a pequenos grupos de indivíduos, muitos dos quais se achavam também, freqüentemente, empenhados em outras atividades profissionais ou intelectuais.

Nos séculos que se seguiram, várias circunstâncias continuaram a estimular o crescimento da Ciência. O iluminismo do século XVIII, com o destaque que dava à razão, à liberdade e ao humanitarismo, proporcionou nova justificação da investigação científica. A industrialização da Europa Ocidental, encetada na última metade daquele século na Inglaterra, e que se expandiu com rapidez sempre maior, ofereceu novos estímulos à pesquisa no campo da Química, da Mecânica, da Hidráulica, da Termodinâmica, da Metalurgia e outros. Os interêsses militares e políticos concorreram também para o trabalho científico; novas instituições educacionais científicas, fundadas durante a Revolução Francesa, e depois dela, foram enèrgicamente amparadas por Napoleão, que descobriu que os engenheiros bem adestrados eram úteis às suas campanhas militares. Com a contínua acumulação de conhecimentos científicos e o reconhecimento crescente de sua utilidade, as universidades principiaram a consagrar algumas de suas energias ao ensino da Ciência e à realização da pesquisa científica, embora algumas delas, sobretudo na Inglaterra, o fizessem apenas lenta e relutantemente. Onde as universidades estimulavam a Ciência, esta floresceu; onde não a estimulavam, desenvolveu-se mais devagar. Como o demonstrou recentemente Joseph Ben-David, as diferenças de "produtividade" da ciência médica entre várias nações no século XIX ligavam-se ìntimamente ao vigor com que as universidades incentivavam e patrocinavam a pesquisa científica [19].

Os valôres da Ciência

Com a institucionalização do esfôrço científico surgiu o desenvolvimento de um *"ethos"* científico, série de valôres e normas que devem governar o trabalho do cientista. As regras metodológicas seguidas pelos homens de ciência não são apenas "expedientes técnicos", mas também se transformaram em "compulsivos morais", que os cientistas endossam. Seu império, como o de muitos valôres e normas, é freqüentemente tido por assente pelos que obedecem a êles, mas seu caráter moral se patenteia claramente quando são ignorados ou violados. O cientista que distorce ou falseia deliberadamente seus achados, e recusa-se a aceitar a evidência objetiva de que dispõe, rejeitando ou admitindo idéias por causa da raça, da religião ou da política de seu autor é mau cientista, tanto do ponto de vista racional quanto do ponto de vista moral.

Entre os valôres da Ciência se incluem, pelo menos, os seguintes: universalismo, racionalidade, ceticismo, comunalidade e desinterêsse. Um contexto social favorável ao progresso científico aceitará êsses valôres para a sociedade como um todo, ou lhes reconhecerá pelo menos a importância na pesquisa científica e, portanto, permitirá ou incentivará o apêgo do cientista a êles no desempenho de seu papel científico. Quando tais valôres são impugnados ou contestados, a Ciência pode ser prejudicada.

O primeiro dentre êles, o *universalismo,* sustenta que a verdade científica há de ser determinada pela aplicação de critérios impessoais, gerais: as observações devem estar livres das distorções de parcialidades e as conclusões hão de seguir-se lògicamente às premissas formuladas. As qualidades pessoais particulares do investigador são irrelevantes quando se procura determinar a verdade de qualquer idéia científica. A natureza dêsse princípio é esclarecida pela sua rejeição ocasional. Os nazistas atacaram as teorias de Einstein por ser judeu, e autores comunistas criticaram, em várias ocasiões, a "ciência burguesa". Inversamente, as idéias não podem ser aceitas apenas em razão do caráter do seu protagonista. Nêsse sentido a Ciência também é antiautoritária. "A Ciência", escreve J. Robert Oppenheimer, "não se baseia na autoridade. Deve sua aceitação e universalidade a um apêlo à evidência inteligível, comunicável, que qualquer homem interessado é capaz de apreciar" [20].

Ìntimamente ligado ao universalismo e ao antiautoritarismo correlativo está o valor da *racionalidade*. Sendo mais um valor do que um modo de pensar, a racionalidade se refere à aprovação moral do uso da razão na compreensão da natureza. Pode ser contrastada com o "tradicionalismo", que aceita as idéias simplesmente por terem o caráter sagrado associado ao uso convencional. A Ciência firma-se na crença de que o mundo pode — e deve — ser compreendido em têrmos racionais. Êsse ponto de vista está resumido no tão citado comentário de Einstein: *"Raffiniert ist Herr Gott, aber boshaft ist Er nicht"*, que se pode traduzir por "Deus é sutil, mas não é maldoso".

Procurando respostas racionais às perguntas que formula, o cientista permanecerá até conseguir tôdas as provas e completar a análise. Êsse *ceticismo científico,* observa Merton, "é um imperativo ao mesmo tempo metodológico e institucional" [21]. "Para os cientistas", comenta Oppenheimer, "não é apenas honroso duvidar; é obrigatório fazê-lo quando parece haver alguma evidência em apoio da dúvida" [22]. O ceticismo sistemático não exclui o apêgo nem a crença, nem supõe necessàriamente uma dúvida generalizada a respeito de tudo. Trata-se, antes, de uma rejeição da crença e do dogma tradicionais quando não apoiada pela evidência e não justificados pela lógica.

Finalmente, o *ethos* da Ciência inclui, ao mesmo tempo, a *comunalidade* e o *desinterêsse.* A comunalidade refere-se à negação dos direitos de propriedade privada sôbre o conhecimento científico. Visto que tôda a Ciência repousa numa herança comum, nenhum contribuinte isolado pode reivindicar direitos de propriedade sôbre seu descobrimento — se bem possa sustentar com vigor seus direitos à prioridade no descobrimento [23]. A eponímia — ou seja, o dar a alguma coisa o nome de uma pessoa — é prática comum na Ciência mas, embora confira distinção ao cientista, identificando-o com o descobrimento, não lhe outorga direitos de propriedade. A Lei de Boyle e a

Lei de Ohm, o volt (derivado do nome do físico italiano Alessandro Volta) e o ampère (que é o nome de um cientista francês, André Marie Ampère), a teoria da relatividade de Einstein e a teoria da evolução de Darwin são todos propriedade comum.

A comunalidade requer a publicação dos resultados e a partilha do conhecimento. Faz-se objeção ao sigilo porque êste impossibilita a comprovação e o exame públicos de novas idéias e estorva o esfôrço coletivo pelo progresso do conhecimento científico. A ênfase contemporânea que se empresta ao sigilo nas áreas da Ciência relevantes para necessidades militares suscita problemas difíceis aos cientistas, que se vêem presos entre supostas necessidades políticas e valôres científicos. A publicação de descobrimentos científicos que tenham aplicações militares potenciais talvez poupe o tempo e os esforços do "inimigo" e desperdice as vantagens alcançadas pelo trabalho do próprio pesquisador. Ao mesmo tempo, porém, impede que cheguem a outros cientistas informações que poderiam auxiliá-los em suas pesquisas. Além disso, conforme se tem afirmado, com o correr do tempo o valor do sigilo diminui e perde-se mais com êle do que ganha, sem êle, o "inimigo". Os cientistas "inimigos", que possuem os mesmos conhecimentos teóricos e buscam soluções para os mesmos problemas darão finalmente com as respostas. O tempo que isso demandar depende, em grande parte, dos recursos concedidos à tarefa. Dramatizou-se a questão — e não se resolveu — na controvérsia surgida em tôrno de saber-se se o sucesso da União Soviética na construção de armas atômicas muito mais rápido que o antecipado pelos peritos norte-americanos resultara de segredos científicos roubados ou era simplesmente o produto de seus próprios esforços. Como seria de se esperar, os cientistas tendem a depreciar o valor do sigilo, ao passo que os funcionários do govêrno e os militares estão persuadidos da necessidade de um contrôle rigoroso do fluxo de informações científicas [24].

A institucionalização de direitos privados na invenção, através de um sistema de patentes, também cria ambigüidade e incerteza entre os cientistas que concordam com a livre partilha do conhecimento científico. Não se traça com facilidade a linha divisória entre a Ciência, presumìvelmente de propriedade pública, e a tecnologia, que o não é. Alguns cientistas nos Estados Unidos resolveram essa incerteza patenteando seus descobrimentos, a fim de garantir-lhes a acessibilidade a todos, e outros advogaram alterações institucionais para assegurar o livre acesso à Ciência e a seus frutos.

Como empreendimento coletivo, a Ciência também impõe o *desinterêsse* aos que forcejam por ampliar as fronteiras do conhecimento. O lucro pessoal é culturalmente reputado menos importante que a conformidade aos cânones da investigação científica, e o êxito do indivíduo se define em função de sua contribuição científica. Na verdade, o desejo de distinção, bem como outras metas, pode motivar os que abraçam carreiras científicas mas, na análise sociológica, cumpre estremar-lhes as metas particulares das dos contrôles institucionais que lhes são impostos e aceitos por êles. De mais a mais, o exame constante dos resultados de pesquisas realizadas pelos colegas profissionais serve para refrear tendências ao egoísmo pela manipulação de dados.

O mais completo desenvolvimento da Ciência — em forma de teorias complexas, de grande número de trabalhadores científicos e da destinação de amplos recursos à pesquisa — ocorreu onde o *ethos* da Ciência se mostrou congruente com os valôres da sociedade. O universalismo, evidente, por exemplo, na ênfase emprestada mais ao *status* conseguido que ao *status* atribuído e nos valôres religiosos que acentuam a igualdade de todos os homens diante de Deus, é claramente compatível com o apêgo científico a critérios impessoais de verdade. A racionalidade encontrada na emprêsa econômica, num sistema formal de lei e até em segmentos importantes da teologia judaica e cristã, bem como na doutrina marxista, está perfeitamente de acôrdo, e a êle se associa, com o esfôrço por aplicar a razão ao conhecimento da natureza. As tradições liberais de liberdade de palavra, de pensamento e de consciência estão ligadas à insistência do cientista sôbre a evidência e à sua atitude cética em relação a doutrinas recebidas.

O apoio à Ciência, entretanto, não proveio tão-sòmente dêsses valôres, senão também do *utilitarismo,* o interêsse pelos resultados "práticos" que se podem sacar da investigação científica. Os próprios cientistas nem sempre compartiram dêsse interêsse e, em suas tentativas para proteger a autonomia da Ciência contra pressões externas, rejeitaram muitas vêzes, explìcitamente, qualquer preocupação com os empregos que pudessem ser dados aos seus conhecimentos, ou mesmo negaram que êles tivessem qualquer utilidade. Um matemático inglês, de uma feita, elogiou a matemática pura asseverando:

> Êste assunto não tem utilidade prática; isto é, não pode ser usado para promover diretamente a destruição da vida humana nem para acentuar as atuais desigualdades na distribuição da riqueza [25].

Mas muitos outros cientistas afirmaram repetidamente a crença de que seus esforços eram importantes em virtude de sua contribuição potencial para o bem-estar humano. *Sir* Francis Bacon, um dos primeiros advogados da ciência empírica no século XVII, emprestou grande ênfase aos resultados práticos que se poderiam obter estudando os segredos da Natureza. Muitos cientistas contemporâneos, a despeito das incertezas e ansiedades criadas pelos empregos destrutivos que têm sido dados ao seu trabalho, continuam acreditando que, no fim de contas, a sorte do homem será melhorada por meio do conhecimento científico.

Conquanto històricamente a Ciência florescesse sobretudo no Ocidente, onde tais valôres têm sido amplamente partilhados, nos últimos anos alcançou posição firme e realizou progressos consideráveis em outros lugares, no Japão e principalmente na União Soviética. Os russos partilham alguns dos valôres que estimulam e sustentam a investigação científica; o próprio marxismo, naturalmente, reivindicou para si validade como teoria do socialismo *científico,* e a revolução comunista refletiu o desejo, da parte dos teóricos e líderes marxistas, de racionalizar a sociedade. Além disso, os russos reconheceram claramente o valor prático da Ciência e, por conseguinte, dedicaram amplos recursos à pesquisa. Guardadas as devidas proporções, recompensaram muito melhor os cientistas do que êstes são recompensados no Ocidente, e animaram seus estudantes mais capazes a abraçar carreiras científicas. Em alguns campos científicos, sobretudo na Genética, considerações de ordem política interferiram em mais de uma ocasião com a investigação objetiva, mas a liderança soviética, aparentemente, conseguiu permitir aos seus cientistas liberdade suficiente para possibilitar-lhes resultados científicos impressionantes.

A organização da Ciência e o apoio a ela dado

Está visto que, além dêsses valôres, outros fatos culturais e sociais influem no desenvolvimento da Ciência. Os próprios valôres tomam forma e tornam-se efetivos em grande parte, através de instituições e estruturas sociais que influem no curso da pesquisa científica não só dessa maneira indireta, mas também através do seu impacto sôbre a organização da pesquisa, os problemas para os quais os cientistas dirigem suas investigações, os recursos que ministram e o apoio que oferecem — ou as limitações que impõem.

Na Inglaterra do século XVIII, "a Ciência tornou-se ocupação respeitável para as horas de lazer a que se dedicavam os cavalheiros da zona rural e os citadinos ricos" [26]. Durante o século XIX e os primeiros anos do século XX, à proporção que um número cada vez maior de homens passou a a dedicar-se exclusivamente à investigação científica, ainda era possível ao cientista prosseguir em seus esforços quase sòzinho e com precárias instalações à sua disposição. No mundo moderno, contudo, converteu-se a Ciência em profissão que requer extenso e minucioso adestramento. Se bem os grandes descobrimentos continuem a ser, na maioria, criações de indivíduos que freqüentemente trabalham sòzinhos, muitos cientistas realizam seu trabalho como membros de organizações complexas, usualmente burocráticas. Nos campos em que o amador erudito ainda pode prestar contribuições significativas — na Ornitologia e na Mineralogia, por exemplo — o indivíduo isolado fica, muitas vêzes, na dependência de assistência profissional. Tanto as possibilidades de trabalho individual dos não profissionais quanto sua dependência de uma ajuda especializada são ilustradas num estudo recente sôbre beija-flôres, feito pelo presidente de uma grande companhia norte-americana, que se utilizou consideràvelmente das instalações de museus e da ajuda de ornitólogos profissionais [27].

Com a crescente profissionalização e o aumento do conhecimento científico registrou-se pronunciado grau de especialização. Poucos cientistas podem agora dominar mais que uma porção relativamente pequena de conhecimento científico e suas pesquisas, de um modo geral, restringem-se a problemas estreitamente definidos. A amplitude dessa especialização está patente no grande número de associações científicas e nos milhares de publicações científicas estampadas em todo o mundo. Em 1964 havia 298 organizações filiadas à Associação Norte-Americana para o Progresso da Ciência, em sua maioria grupos científicos e profissionais especializados, sendo as restantes academias de Ciência estaduais e locais. Entre 1950 e 1960, surgiram aproximadamente 20 mil novas publicações científicas, que constituem cêrca de um têrço dos 60 mil periódicos incluídos na Lista Mundial de Periódicos Científicos Publicados nos Anos de 1900-1960 [28].

A extensão da divisão científica do trabalho, até mesmo numa área isolada de pesquisa, é ilustrada pela descrição de um cientista dos passos requeridos para o descobrimento e a análise de uma nova "fração bacteriostática e germicida", derivada de bactérias do solo.

> Foi descoberta pelos microbiologistas e fracionada pelos operadores do centrifugador de Beams, acionado a ar. Em seguida, passou-se aos bacteriologistas e citologistas para que lhe determinassem as qualidades e os podêres, aos especialistas em microquímica para análise, identificação e determinação de sua provável composição, aos especialistas em química orgânica para o fracionamento, aos espectroscopistas para caracterização e determinação das diferenças espectrográficas... Essas frações foram depois transmitidas aos citologistas para que lhes estudassem a toxidez e com elas fizessem outras experiências em animais, aos microscopistas para que lhes registrassem a estrutura cristalina, aos cirurgiões para que lhes estudassem os efeitos externos sôbre feridas gravemente infeccionadas, aos especialistas em química física para que lhes medissem as constantes físicas e realizassem novos estudos sôbre a sua estrutura [29].

Tão minuciosa divisão de trabalho requer certa dose de coordenação, e o laboratório de pesquisas está-se tornando agora, cada vez mais, uma organização burocrática, caracterizada pela hierarquia, por especialistas, regras, emolumentos formais de cargos, e dirigida pelo recém-surgido cientista-administrador. (O papel do administrador de pesquisa, entretanto, pode variar consideràvelmente, como o demonstrou Norman Kaplan. O diretor de um instituto de pesquisas médicas soviético, por exemplo, faz pessoalmente maior quantidade de pesquisas e se acha menos empenhado em "administrar" do que o seu colega norte-americano, contraste êsse que decorre não só das atitudes em relação aos cientistas mas também da organização global de pesquisa. [30]). A burocratização da pesquisa possui as vantagens indiscutíveis da administração racional; possibilita o uso eficiente de um pessoal altamente treinado e especializado e os recursos físicos minuciosos requeridos na maioria dos campos num ataque sustentado aos problemas de pesquisa. Claro está que, ao fazê-lo, coloca a direção para a qual se encaminha a pesquisa, consideràvelmente, nas mãos dos que controlam a organização em lugar de deixá-la entregue aos diversos interêsses dos próprios cientistas.

A organização burocrática, entretanto, não raro inibe o processo de pesquisa, mercê das exigências que faz ao cientista. "Os gerentes", observou o Decano Assistente da Escola Graduada de Administração de Emprêsas de Harvard, "esperam que as exigências da organização sejam cumpridas pelas pessoas que trabalham no laboratório de pesquisa no mesmo grau e da mesma forma por que as cumprem outros departamentos da companhia", muitas vêzes com efeitos deletérios sôbre o "clima criativo" [31]. Com os esforços para transformar seus cientistas em "homens de organização", asseverou William H. Whyte, muitos laboratórios de pesquisa estão diminuindo a produtividade científica de seus pesquisadores [32].

A burocratização não precisa produzir tais resultados, como o evidencia o sucesso de alguns dentre os principais laboratórios industriais de pesquisa nos Estados Unidos e as consecuções científicas da União Soviética, onde a Ciência, como a indústria e a educação, é centralmente controlada e coagida. Pôsto que as exigências da organização racional possam muitas vêzes acarretar restrições à individualidade, é possível fazer planos para a capacidade criativa individual e estimular a contribuição singular do cientista que deseja realizar suas próprias investigações dando pouca atenção às exigências da organização. Quando Irving Langmuir, que prestou grandes contribuições científicas como empregado da Western Electric Company, tentou explicar seu êxito no discurso que pronunciou num banquete dado em sua homenagem, disse: "A verdade é que nunca precisei preocupar-me com orçamentos" [33] Os cientistas também revelam, não raro, "mecanismos de autonomia" nas operações do laboratório de pesquisas, que os protege das pressões exageradas da organização [34].

A escala crescente da pesquisa científica exigiu — e conseguiu — verbas cada vez maiores. Em 1930, pouco mais de 150 milhões de dólares se gastaram em pesquisas nos Estados Unidos: por volta de 1940, êsses gastos se haviam elevado a 350 milhões de dólares. Em 1950, o gasto total em pesquisas e desenvolvimento foi de quase 3 bilhões de dólares. Em 1960, de 13 bilhões de dólares e, no meado de 1960, de aproximadamente 20 bilhões de dólares. Tais fundos incluíam verbas para "pesquisas básicas"; para "pesquisas aplicadas", isto é, o esfôrço por encontrar aplicações práticas para os novos conhecimentos; e para o desenvolvimento, ou seja, a tradução dos descobrimentos da pesquisa em "artigos", como armas militares, reatores nucleares e veículos espaciais. Dos quase 15 bilhões de dólares atribuídos à pesquisa e ao desenvolvimento pelo govêrno federal em 1965, 12 por cento se destinavam à pesquisa básica, 22 por cento à pesquisa aplicada, e quase dois terços do total ao desenvolvimento [35]. (Na figura 5 encontrará o leitor uma análise da utilização de fundos federais na pesquisa em 1965.)

A maior fonte do aumento das verbas para a Ciência foi o govêrno federal, que não só sustenta as próprias pesquisas mas também subsidia grande parte das pesquisas realizadas na indústria e nas universidades. Em 1965, quase 80 por cento dos gastos do govêrno com a Ciência foram distribuídos entre a indústria, as universidades e outros organismos não oficiais. Em 1963, mais de três quartos do 1,7 bilhão de dólares gastos em pesquisa nas universidades e quase três quintos dos fundos para a pesquisa na indústria provieram do govêrno [36].

A atribuição feita pela indústria de seus próprios recursos à pesquisa também aumentou constantemente. Antes da Segunda Guerra Mundial, a indústria gastava cêrca de 300 milhões de dólares por ano em pesquisa. Em 1947, os gastos em pesquisas realizados pela indústria foram de aproximadamente 500 milhões de dólares. Enquanto as verbas das companhias para a pesquisa continuavam a crescer, elevando-se de mais de 2 bilhões em 1952 para mais de 5 bilhões em 1963, a indústria recebeu um fluxo cada vez mais volumoso de fundos de pesquisa do govêrno, que passou de quase 1,5 bilhão em 1953 para mais de 7 bilhões em 1963 [37].

A pesquisa nos estabelecimentos de ensino superior também aumentou contìnuamente no volume e no âmbito, embora continue a representar proporção relativamente pequena do empreendimento científico total dos Estados Unidos, apesar da considerável importância do incremento dos conhecimentos científicos. Em 1961 havia mais de 80 mil cientistas (excluindo-se para cima de 21 mil cientistas sociais e mais de 6 mil psicólogos) nos corpos docentes de 1 712 estabelecimentos de ensino superior, segundo levantamento feito pela Fundação

Nacional da Ciência. Quase um têrço dêsses cientistas se encontrava em instituições de dois anos ou em escolas que não proporcionavam cursos de especialização e realizavam pouca ou nenhuma pesquisa. Os membros dos corpos docentes, em média, dedicavam apenas uma quarta parte do seu tempo a atividades de pesquisa [38]. No entanto, os cientistas de universidades são muito mais importantes do que dá a en-

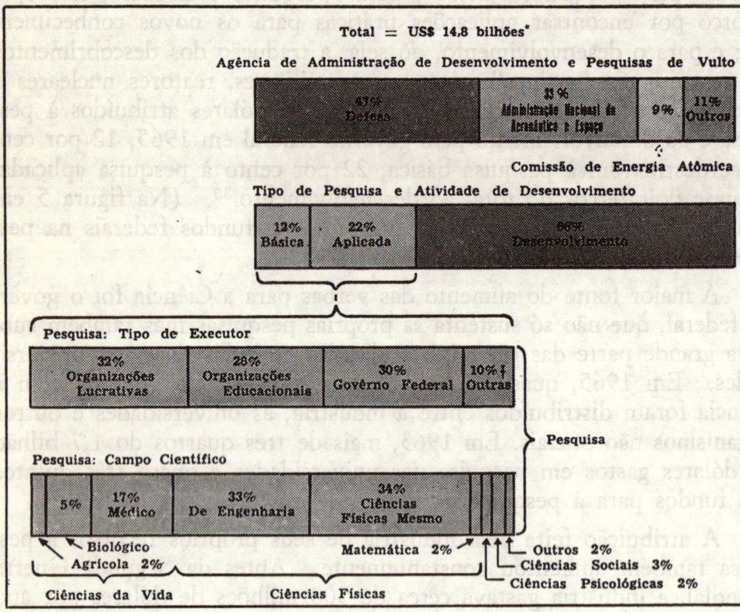

* Estimado

† Inclui outras organizações não-lucrativas e outras organizações nacionais e estrangeiras.

Figura 5. Características das obrigações federais para a pesquisa básica, a pesquisa aplicada e o desenvolvimento. Ano fiscal de 1965.

National Science Foundation, *Federal Funds for Research Development, and Other Scientific Activities,* XV (Washington, D. C.: U. S. Government Printing Office, 1965), Mapa 1, p. viii.

tender seu número, pois têm a responsabilidade do adestramento de futuros cientistas e contribuem com grandíssima quota das principais adições feitas ao conhecimento científico básico, sôbre o qual repousam as aplicações.

O fato de sustentarem o govêrno e a indústria a maior parte da pesquisa científica realizada nos Estados Unidos, incluindo boa parte do trabalho que se faz nas universidades, influi inevitàvelmente na natureza da pesquisa. Como em muitas outras áreas, quem paga os músicos tem pelo menos o direito de escolher algumas músicas, e a indústria e o govêrno, de um modo geral e a despeito de algumas exceções, estão interessados em resultados imediatos e na solução de problemas práticos. A indústria procura produtos novos e métodos mais eficientes de produção e distribuição, e a maioria dos cientistas empregados pela indústria particular consagram seus esforços a essas metas. A maior parte da pesquisa patrocinada pelo govêrno, a partir do término da Segunda Guerra Mundial, estêve ligada a necessidades militares ou, especialmente a partir de 1957, quando a Rússia lançou o seu *sputnik*, a satélites e a viagens espaciais. O orçamento federal de 1966 destinou 45 por cento dos 15 bilhões e tantos de dólares do orçamento da Ciência ao Departamento de Defesa, um têrço à Administração Nacional Espacial e de Aeronáutica, e oito por cento à Comissão de Energia Atômica, grande parte de cujos esforços está associada à defesa.[39].

No apoio dado à pesquisa, assim o govêrno como a indústria destacaram em especial as ciências físicas. Em 1965, quase 70 por cento dos fundos de pesquisa federais se destinaram às ciências físicas, ao passo que menos de um quarto foi concedido às ciências da vida (veja a Figura 5). Em virtude das necessidades e interêsses dos consumidores da pesquisa científica — planejadores militares, líderes políticos, diretores de companhias, lavradores, etc. — alguns campos são solicitados mais enèrgicamente do que outros. Os variáveis coeficientes de progresso que decorrem dessas diferenças no apoio emprestado criam, às vêzes, dificuldades não só para os cientistas mas também para o público. Dessarte, o desenvolvimento de suplementos alimentares e sua aceitação e utilização pela indúsitria foram tão rápidos que os biólogos ainda não tiveram tempo para estudar-lhes intensivamente os efeitos sôbre os sêres humanos. Da mesma forma, o conhecimento das conseqüências biológicas do aumento da radioatividade acompanhou apenas lentamente o rápido progresso de dispositivos que criam níveis mais altos de radioatividade no mundo.

A ciência básica e a ciência aplicada

A destinação de fundos e a utilização de cientistas pela indústria e pelo govêrno não só definem as áreas de investigação que devem ser mais cabalmente estudadas, mas também influem no volume relativo de pesquisa "básica" que deve ser levada a cabo. A pesquisa básica preocupa-se tão-sòmente com a aquisição de novos conhecimentos, sem levar em conta seus empregos práticos imediatos, ao passo que a pesquisa "aplicada" procura utilizar os conhecimentos já disponíveis na solução de problemas imediatos. A diferença entre a pesquisa básica e a aplicada pode ser ilustrada pelo contraste entre a investigação da natureza da radiação solar e a pesquisa necessária para desferir um míssil balístico capaz de alcançar um alvo designado.

A linha divisória entre a pesquisa básica e a aplicação nem sempre é fácil de se traçar, pois a pesquisa básica tem, às vêzes, aplicação prática imediata, exatamente como a pesquisa dirigida para objetivos prementes suscita, reiteradamente, novas questões teóricas ou conduz a acrescentamentos significativos do conhecimento fundamental. A pesquisa básica no campo da química polimérica, por exemplo, levou ao desenvolvimento do nylon e de outras fibras sintéticas, ao passo que o esfôrço para explicar a estática nas mensagens radiotelefônicas transatlânticas estimulou o advento da radioastronomia como nôvo campo de especialização científica. Apesar da contínua interação da ciência básica e da ciência aplicada, e de pesquisas ocasionais que parecem pertencer a ambas as categorias, existe considerável acôrdo no tocante às diferenças entre elas e à necessidade de continuar ou expandir os esforços no campo da pesquisa básica.

O progresso científico a longo prazo requer um fluxo constante de novas teorias e descobrimentos, sem os quais a corrente de progressos práticos se acabará retardando e talvez até secando. A relação apropriada entre a pesquisa básica e a pesquisa aplicada não pode, naturalmente, definir-se com precisão, mas muitos cientistas sustentam que quanto maior fôr o investimento de recursos e esforços na pesquisa básica tanto mais rápido será o progresso científico na pesquisa aplicada [40]. Tão importante é a pesquisa básica como parte do contínuo crescimento científico que o apoio a ela foi explìcitamente concedido como parte da "política científica" do govêrno federal — embora haja os que continuam a tachar de inconveniente o apoio oficial à ciência básica. Em 1963, o govêrno gastou mais de um bilhão de dólares em pesquisas básicas; em 1966, mais de 2 bilhões de dólares se destinaram a êsse fim ou sejam, 13 por cento da verba total do govêrno consagrada à Ciência.

A política do govêrno, naturalmente, sofre a influência de muitas fôrças, entre as quais se incluem as atitudes públicas prevalecentes, a opinião dos políticos e as pressões exercidas por vários grupos, entre os quais os dos próprios cientistas. Faz muito tempo que se tem observado que os norte-americanos se interessam, caracterìsticamente, mais pelas questões práticas do que pela teoria abstrata. Escrevendo na década de 1830, Alexis de Tocqueville observou que

> Nos Estados Unidos, a parte puramente prática da Ciência é admiràvelmente compreendida, e dá-se cuidadosa atenção à porção teórica imediatamente necessária à aplicação. Nesse terreno, os norte-americanos revelam sempre uma fôrça mental clara, livre, original e inventiva. Mas quase ninguém nos Estados Unidos se vota à porção essencialmente teórica e abstrata do conhecimento humano [41].

Até a Segunda Guerra Mundial a ciência norte-americana se apoiava grandemente na pesquisa básica realizada pelos europeus. A obtenção da bomba atômica refletiu a qualidade da ciência aplicada e da habilidade tecnológica norte-americanas, bem como a organização eficaz (burocratização) do esfôrço científico, mas firmou-se principalmente nas contribuições teóricas de cientistas europeus, muitos dos quais vieram para os Estados Unidos como refugiados. Desde a guerra, os cientistas norte-americanos têm contribuído mais substancialmente para a teoria científica fundamental, como se patenteia no número maior de prêmios Nobel conferidos nos últimos anos. No entanto, continua a existir amplo descaso e, às vêzes, até hostilidade em relação à pesquisa básica e acentuada preferência pela pesquisa orientada para a solução de problemas "práticos" claramente identificáveis, mesmo entre os que, não raro, se vêem obrigados a tomar decisões tocantes à política oficial da Ciência. Charles E. Wilson, por exemplo, antigo presidente da General Motors e Secretário da Defesa na administração Eisenhower, comentou certa vez: "Pesquisa básica é quando você não sabe o que está fazendo". Os cientistas solicitados a darem parecer sôbre a política científica têm, habitualmente, insistido no aumento de fundos em geral e no aumento do apoio à pesquisa básica, mas essas sugestões precisam passar por canais não só administrativos senão também legislativos, em que várias pressões, tais como a receptividade aos sentimentos populares, podem influir no resultado.

A extensão e a eficácia da pesquisa básica depende de várias circunstâncias sociais e culturais, assim como dos recursos financeiros disponíveis. O local principal para a pesquisa básica são os estabelecimentos de ensino superior, que dedicam proporção muito maior de seus esforços científicos à busca de novos conhecimentos fundamentais do que o govêrno ou a indústria. Em 1963, 4 por cento das verbas da indústria consagradas à Ciência se destinavam à pesquisa básica, em confronto com 11 por cento da verba do govêrno e com a metade da que gastavam os estabelecimentos de ensino superior. Se bem fôssem responsáveis por menos de um décimo do orçamento de tôda a pesquisa nacional, êstes últimos dispunham quase da metade de quanto se gastava em pesquisa básica [42].

A importância da contribuição acadêmica para o descobrimento científico é evidente não só na quantidade de pesquisa básica realizada nos laboratórios das universidades mas também na grande proporção de cientistas importantes encontrados em posições acadêmicas. Em 1938, quase três quartos dos cientistas "publicados" no *American Men of Science,* isto é, escolhidos pelos colegas por seus feitos, pertenciam a escolas superiores [43]. Estudo realizado após a guerra, que buscava identificar os jovens cientistas mais promissores na indústria e nas universidades concluiu que apenas 4 dentre 225 provinham de laboratórios industriais [44].

Por conseguinte, as circunstâncias da pesquisa acadêmica atraem presumìvelmente os cientistas mais criativos e incentivam as investigações "desinteressadas" — que dilatam as fronteiras do conhecimento. Entregue a si mesmo, o cientista acadêmico tem maior liberdade para investigar as questões que lhe despertam a curiosidade, ao passo que ao cientista na indústria e no govêrno se atribuem, caracterìsticamente, problemas específicos que lhe compete resolver. Entretanto, mesmo quando libertado de tarefas regulares a fim de se dedicar aos assuntos que lhe interessam, o cientista industrial e do govêrno amiúde se vê prêso a investigações práticas, que constituem o principal interêsse da organização em que trabalha.

Tanto o dinheiro agora concedido às universidades quanto a resultante organização da pesquisa, contudo, criaram problemas que ameaçam o desenvolvimento a longo prazo da Ciência. Exigências cada vez maiores feitas a cientistas acadêmicos para trabalharem em problemas prementes e o crescente volume da administração científica — destinação de fundos, aprovação e supervisão de projetos, pareceres sôbre a política científica do govêrno — interferem com a busca contínua do conhecimento básico, sobretudo pelos cientistas mais capazes. Talvez mais importante seja a influência potencial dessas minuciosas exigências no que concerne ao tirocínio dos cientistas, função essa que os estabelecimentos de ensino superior precisarão continuar exercendo adequadamente se quiserem ver satisfeitas as necessidades científicas do futuro.

No intuito de alcançar os objetivos necessários da pesquisa, algumas universidades tomaram a seu cargo o recrutamento do pessoal e a administração de grandes centros de pesquisa, como o Laboratório de Propulsão a Jato, operado pelo Instituto de Tecnologia da Califórnia, para o exército, e o Laboratório Científico de Los Alamos, dirigido pela Universidade da Califórnia para a Comissão de Energia Atômica. A designação de cientistas para êstes e outros centros de pesquisa semelhantes e uma separação cada vez maior entre as funções de pesquisa e as de ensino no *campus* universitário ameaçaram debilitar a instrução científica, sobretudo no nível de especialização. O problema do ensino adequado da Ciência viu-se ainda mais complicado pelas diferenças entre os salários acadêmicos normais e a remuneração concedida a cientistas empenhados em pesquisa em regime de tempo integral, as quais, portanto, tendem a afastar os homens de Ciência dos postos acadêmicos.

O Recrutamento de cientistas

O padrão de recompensas pecuniárias constitui, é claro, fator preponderante na distribuição dos cientistas pelos diversos tipos de organizações em que trabalham, muito embora também atuem, òbviamente, outros motivos — por exemplo, o desejo de liberdade para seguir os próprios interêsses de pesquisa, o gôsto ou a aversão pelo ensino ou pela administração, a preferência pela vida numa comunidade acadêmica, e assim por diante. Condições tanto pecuniárias quanto não pecuniárias influem outrossim no recrutamento para as profissões científicas, processo de grande significação para o futuro. O número de rapazes e môças potencialmente produtivos arrastados para carreiras científicas é afetado não só pelas recompensas econômicas que possam lograr, senão também pelas oportunidades disponíveis para obter o tirocínio necessário, e pelas imagens prevalentes da vida, do trabalho e do caráter do cientista.

A necessidade de um número crescente de cientistas acarretou, nos últimos anos, acentuado aumento da quantidade de bôlsas de estudo concedidas para cursos de especialização. Grande parte do dinheiro votado a essas concessões proveio do govêrno federal. Mas o recrutamento geralmente começa muito antes que os estudantes atinjam o nível de especialização, e parece haver ampla série de estereótipos do cientista que, sem dúvida, influem na disposição de alguns estudantes potencialmente capazes para abraçarem carreiras científicas. Num estudo realizado em 1957 sôbre as imagens correntes do cientista entre os estudantes norte-americanos do curso secundário, Margareth Mead e Rhoda Metraux encontraram respostas complexas, misturadas. De um lado, o cientista era considerado um "homem realmente maravilhoso", de cujos esforços depende o futuro, dedicado, altruísta, corajoso, persistente e muito trabalhador. Por outro lado, era visto também como estreito, irreligioso, mal remunerado, a correr constante perigo, excessivamente intelectual e insociável [45]. Um estudo subseqüente, efetuado entre alunos de escolas superiores, provocou respostas semelhantes; embora admirado pela dedicação e respeitado pela capacidade intelectual, o cientista era tido e havido como um homem introvertido, de poucos amigos, que levava provàvelmente uma vida conjugal infeliz [46]. Está visto que essas imagens, à semelhança de muitos estereótipos, têm conexão relativamente escassa com a realidade mais, não obstante, podem influenciar alguns jovens.

Os aspectos dêsses complexos estereótipos postos em relêvo e a maneira como se avaliam as recompensas possíveis concedidas aos cientitas sofrem a influência da posição social do indivíduo e das atitudes e valôres que a ela se associam. Conquanto os estudos de imagens do cientista não ministrem dados sôbre como diferem em suas atitudes vários grupos e categorias sociais, parece muito provável a existência de ampla diferenças. Com efeito, os cientistas não procedem em proporção iguais de todos os segmentos da população. São poucas as mulheres cientistas (das 215 mil pessoas arroladas no Registro Nacional do Pessoal Científico e Técnico, compilado pela Fundação Nacional da Ciência em 1962, apenas 6,7 por cento eram constituídos de mulheres), em parte porque uma grande proporção das mulheres norte-americanas não se acha empregada em nenhuma atividade lucrativa mas em parte também, pela natureza dos papéis femininos, dos interêsses femininos e das atitudes de empregadores potenciais. Os católicos também são parcamente representados entre os cientistas, ainda uma vez pelas complexas razões que incluem a natureza do catolicismo, o caráter das instituições educacionais católicas e o fato de se concentrarem até recentemente os católicos nos estratos inferiores da estrutura de classes, onde eram limitadas as oportunidades educacionais.

A maioria dos cientistas tem vindo de antecedentes familiais de classe média, não raro de profissionais liberais e, em grande número, de cidades pequenas ou áreas rurais. Durante o tempo de escola, muitos freqüentaram pequenos estabelecimentos de ensino superior, amiúde ligados a igrejas protestantes, em que se ensinavam as artes liberais, em lugar das grandes universidades ou instituições pertencentes à Ivy League [47]. É muito provável que os estudantes das classes inferior e superior fujam da Ciência por diferentes razões. Os da classe inferior, em virtude da escassez de conhecimentos, das imagens críticas do cientista e das limitadas oportunidades e estimulação educacionais; os da classe superior, porque se lhes franqueiam ensejos de conseguir maior riqueza, poder e prestígio que os que se podem granjear numa carreira científica. Para a classe média, a Ciência promete trabalho interessante, prestígio, recompensas razoáveis e, sobretudo para a classe média inferior, ocasiões de ascender na estrutura social à custa de habilidade e esfôrço.

Entretanto, êsses dados sôbre as origens sociais do cientista são extraídos do passado (o estudo citado mais recente apareceu em 1952), e as modificações que se verificam não só na Ciência mas também na sociedade em geral vêm influindo nas fontes de abastecimento de cientistas futuros. O enfraquecimento de barreiras étnicas, religiosas e raciais, que existiram no passado, particularmente na indústria e nas universidades, já permitiu a muitos judeus — e membros de outros grupos — seguirem carreiras científicas. O constante aumento do número de mulheres que exercem atividades remuneradas também poderá trazê-las em maiores quantidades às fileiras científicas. Uma crescente percepção das conseqüências sociais da Ciência, tanto entre cientistas quanto entre leigos, e as mudanças que ocorrem no papel dos cientistas influirão, sem dúvida, não só nas atitudes para com os cientistas mas também nas fontes de que êles provêm.

O papel público do cientista

Tão complexas e amplas são as conseqüências do conhecimento científico e de sua aplicação à sociedade moderna que não é possível fazer-se aqui uma análise adequada. A simples enumeração de algumas das consecuções específicas dos últimos anos revela a amplitude de sua influência: antibióticos para controlar as doenças e prolongar o tempo de vida; pílulas para impedir a concepção; energia atômica com suas medonhas e aterradoras possibilidades; mísseis e foguetes para modificar a natureza da arte bélica; viagens espaciais; automatização da indústria para aumentar a produção; emprêgo de computadores para determinar a política do Departamento de Defesa — ou emparceirar homens e mulheres. A indústria moderna depende muitíssimo do laboratório de pesquisas, do qual procede o fluxo incessante de novos produtos e novos métodos de produção.

A investigação científica hoje constitui um elemento embutido de perturbação da ordem social; à maneira que emergem dos escritórios e laboratórios, novas idéias, novas técnicas e novos produtos influem contìnuamente nas crenças, instituições e relações sociais aceitas. Quando são logo aparentes as conseqüências sociais de descobrimentos científicos podem fazer-se alguns esforços para controlar a introdução de novas técnicas e dispositivos, ou para lidar com seus efeitos. Mas o impeto da Ciência, muitas vêzes, só é sentido de maneira imperceptível e depois de algum tempo, e tão vigorosamente está hoje a sociedade moderna apegada à Ciência que suas contribuições são amiúde aceitas sem que se lhes cogite dos resultados a longo prazo.

Uma das conseqüências significativas das consecuções científicas dos últimos anos foi a mudança nas atividades dos cientistas e em suas próprias concepções do papel que representam na sociedade. Antes da Primeira Guerra Mundial, a maioria dos cientistas limitava suas atividades profissionais ao laboratório ou à sala de aulas. Como cientistas, propendiam a evitar qualquer interêsse por questões públicas e a desprezar, por alheios à sua alçada, os problemas oriundos da aplicação e dos usos do conhecimento científico. Embora pudessem realizar seu trabalho com a profunda convicção de que êste era socialmente útil, definiam a própria responsabilidade tão-sòmente em função dos cânones da ciência.

Mas os acontecimentos ocorridos durante a guerra e os anos que a ela se seguiram — por exemplo, o lançamento de bombas atômicas no Japão, o desenvolvimento da bomba de hidrogênio, ainda mais poderosa, a rápida expansão da pesquisa científica, em sua grande maioria sustentada pelo govêrno, a imposição do sigilo a um grande volume de esforços de pesquisa, o célere desenvolvimento de complexos computadores eletrônicos, capazes de simular as reações psicológicas dos homens bem como de efetuar cálculos complicados — constrangeram muitos cientistas a reexaminar a própria concepção do seu lugar na sociedade. Podem êles fugir à responsabilidade das aplicações do conhecimento científico, ou cabe-lhes representar algum papel não só como cidadãos, mas também como cientistas, na determinação do momento e da maneira em que devem ser usados os frutos de suas investigações? A pressão resultante para ampliar o papel dos cientistas e atribuir-lhes responsabilidades adicionais foi ainda mais estimuladas pela medida em que foram, de fato, chamados à vida pública — como peritos que depuseram perante comitês do Congresso, como advogados de políticas específicas, como assessôres e conselheiros de homens públicos, incluindo o presidente dos Estados Unidos.

O problema das responsabilidades sociais do cientista tem sido associado a outro, o impacto das fôrças externas sôbre a integridade da própria Ciência. Num relatório de 1965, apresentado pelo Comitê para a Ciência na Promoção do Bem-Estar Humano da Associação Norte-Americana para o Progresso da Ciência, ventilou-se a questão: "Poderá o próprio êxito da Ciência e sua mais íntima interação com o resto de nossa cultura franqueá-la à influência de pontos de vista novos e possìvelmente estrangeiros de contrôles que derivam de outros setores da sociedade: militar, empresarial ou político?" [48]. Depois de passar em revista certo número de casos importantes — a explosão de dispositivos nucleares no espaço, o Projeto Apolo para levar homens à Lua, a queda sôbre a Terra de partículas radioativas, os efeitos secundários de novos produtos, como detergentes e inseticidas derivados da pesquisa científica — concluiu o Comitê que "houve sérias erosões na integridade da Ciência" [49].

Entre os próprios cientistas, não há acôrdo no que concerne ao seu papel apropriado fora da sala de aulas e do laboratório. Alguns destacam simplesmente a necessidade e a responsabilidade de participar, como cidadãos sabedores, na discussão de tôdas as questões políticas relacionadas à Ciência. Outros, não querendo empenhar-se em debates públicos, tentam persuadir os funcionários do govêrno a seguir um curso específico de ação sôbre determinados assuntos que lhes dizem respeito — apoio à Ciência, testes atômicos, contrôle de novas drogas. Um terceiro grupo, tipificado pela Sociedade pela Responsabilidade Social na Ciência, sustenta que os cientistas estão moralmente obrigados a opor-se ao emprêgo da Ciência para fins impróprios ou não éticos, embora sua principal ocupação haja sido a pesquisa de novas armas de destruição para os militares. Outros, enfim, entendem que o seu papel cifra-se em levar à atenção pública os fatos, princípios e possibilidades alternativas relevantes para determinados problemas no emprêgo de descobrimentos científicos. Em 1960, o Comitê para a Ciência na Promoção do Bem-estar Humano da Associação Norte-Americana para o Progresso da Ciência tentou definir o papel adequado aos cientistas, distinguindo os vários tipos de questões em relação às quais lhes cumpriria agir[50]. Nos assuntos ligados ao próprio desenvolvimento da Ciência, reclamam um "pêso especial" para as opiniões de cientistas, enquanto insistem em que "os cientistas devem aceitar a obrigação de desenvolver e explicar suas opiniões". Entretanto, verifica-se com freqüência não só ausência de unanimidade em tôrno de muitas questões relativas à direção que a Ciência deve tomar, senão também ásperos conflitos; e visto que os recursos de que dispõe a pesquisa nunca são ilimitados, cada grupo tende a reivindicar o maior quinhão sem atentar para o conjunto da emprêsa científica.

No tocante às questões "essencialmente sociais e políticas", delineou o Comitê uma posição complexa. Como cidadãos, os cientistas, naturalmente, participam com outros do processo político. Como cientistas, corre-lhes a obrigação de exercer importante função educacional, informando o público de fatos relevantes e, até o ponto em que chega o conhecimento, das prováveis conseqüências de programas alternativos que envolvem o emprêgo de descobrimentos científicos. Além disso, cabe-lhes ainda a responsabilidade de identificar os problemas potenciais nascidos dos progressos científicos. Finalmente, cumpre-lhes proteger a integridade da Ciência contra as pressões que ameaçam eroder valôres científicos tradicionais. Para o cumprimento dessas obrigações são convocados os esforços individuais bem como os das organizações científicas.

A aceitação de tôdas essas responsabilidades colocaria, sem dúvida, um fardo pesado sôbre os ombros dos cientistas e muitos dêles — talvez a maioria — continuariam, provàvelmente, a cingir-se a suas atividades usuais de pesquisa e ensino. Uns poucos cientistas dedicam todos os seus esforços, ou parte dêles, à vulgarização do conhecimento científico em áreas que se lhes afiguram de grande interêsse e importância para o público [51]. Outros lidam com os problemas que acreditam ser de imediata significação social — por exemplo, os efeitos biológicos dos suplementos alimentares, as conseqüências genéticas da radiação, os efeitos de inseticidas sôbre animais. Visto que tais pesquisas terão habitualmente de realizar-se dentro dos limites e sob a égide de alguma organização que possua as instalações requeridas, essas opções particulares não influirão necessàriamente no volume de atenção científica realmente centrada nos problemas. Como já nos foi dado observar, a quantidade de esforços orientados para problemas científicos depende de um conjunto complexo de circunstâncias, uma das quais é o critério do cientista sôbre sua relativa importância.

Muitas das funções públicas que, segundo alguns cientistas, hoje lhes foram impostas são, de fato, exercidas através de organizações científicas e por um punhado de figuras de prol. A contribuição efetiva dos cientistas à discussão das questões públicas e à determinação da política pública dependerá, portanto, em grande parte, da maneira pela qual se expressam as opiniões dos homens de Ciência, quais os cientistas indicados para representar associações científicas e associações profissionais e quais os escolhidos para assessorar os formuladores da política.

Nos anos que se seguiram à Segunda Guerra Mundial, uma estrutura minuciosa — e que ainda se está desenvolvendo — surgiu nos Estados Unidos para utilizar o conhecimento e o juízo dos cientistas na determinação da política pública com respeito não só ao desenvolvimento da Ciência mas também aos problemas advindos dos conseguimentos científicos. Os que fazem parte dessa estrutura, afirmou Don K. Price, constituem um "estabelecimento científico" com pronto acesso aos centros de poder, rematado pelo Assessor Científico do Presidente e pelo Comitê Assessor Científico do Presidente [52]. Vários cálculos dão a êsse "estabelecimento" um número de cientistas que oscila entre 200 e 1 000, dependendo do fato de nêle se incluírem ou não apenas os "sistemàticamente influentes" ou também os porta-vozes de várias organizações científicas sem qualquer autoridade oficial [53].

Tão complexas são muitas das questões relacionadas com a Ciência e sua aplicação e desenvolvimento que nem sempre se pode traçar com facilidade a linha divisória entre os conceitos puramente científicos e as opiniões com alguma coloração política. Os próprios cientistas, como já assinalamos, não falam todos a uma voz e não raro discordam sôbre questões públicas que envolvem assuntos científicos. O mais óbvio exemplo dessa discordância está no debate que se travou em tôrno do tratado de proibição das provas nucleares. Tais diferenças talvez reflitam o fato de que ainda não se coligou tôda a evidência científica e de que não são possíveis as respostas finais a muitas questões científicas. Mas quando não são possíveis as respostas finais, juízos não científicos influem, acaso inevitàvelmente, nas opiniões expressas pelos cientistas. Visto que muitas recomendações e decisões nascem dos esforços e atividades de um grupo relativamente pequeno, o processo pelo qual se chega a elas supõe o que C. P. Snow descreveu, em análise controvertida, como "a política de comitês fechados" [54].

Mercê dos seus conhecimentos e prestígio, supõe-se, às vêzes, que os cientistas estejam mais bem apercebidos para determinar como devem ser usados os frutos do seu trabalho, e alguns homens de Ciência se valem de sua posição privilegiada para fazer pressão em favor de determinadas políticas. Embora o conhecimento das possibilidades tecnológicas decorrentes dos descobrimentos científicos só possa vir do cientista, cuja participação na formação da política é, pois, essencial, a decisão final sôbre a maneira de se utilizarem os novos conhecimentos e os novos dispositivos não se apóia em critérios científicos, senão em elementos morais e políticos. Por conseguinte, nessa área de decisão, o conhecimento dos cientistas talvez seja muito mais limitado que o do cientista social ou do administrador prático na indústria ou no govêrno.

Notas

1 Marjorie Nicholson, *Science and Imagination* (Ithaca: Cornell University Press, 1956).

2 Herbert Butterfield, *The Origins of Modern Science* (Nova Iorque: Macmillan, 1951), p. 140.

3 American Association for the Advancement of Science Interim Committee on the Social Aspects of Science, "Social Aspects of Science", *Science,* CXXV (25 de janeiro de 1957), 143.

4 Lucien Lévy-Bruhl, *Mentalidade Primitiva,* traduzido para o inglês por Lilian A. Clare (Nova Iorque: Macmillan, 1923).

5 Bronislaw Malinowski, *Magic, Science and Religion and other Essays* (Garden City: Doubleday Anchor Books, 1954), p. 34.

6 *Ibid.*, pp. 34-5.

7 *Ibid.*, p. 35.

8 Citado por Benjamin Farrington, *Greek Science,* I (Harmondsworth: Penguin, 1949), p. 13. Farrington cita um sábio francês, Arnold Reymond.

9 Farrington, *op. cit.*

10 Benjamin Farrington, *Greek Science,* II Harmondsworth: Penguin, 1949), 164.

11 O. Neugabauer, *The Exact Sciences in Antiquity* (Princeton: Princeton University Press, 1952), p. 145.

12 Farrington, *op. cit.*, II, p. 163.

13 Robert K. Merton, *Social Theory and Social Structure* (ed. rev. e aumentada; Nova Iorque: Free Press, 1957), pp. 608-9.

14 *Ibid.*, p. 626.

15 *Ibid.*, p. 609.

16 Veja um resumo dêsses estudos em *Ibid.*, pp. 590-5. Lewis Fuer, *The Scientific Intellectual* (Nova Iorque: Basic Books, 1963), apresenta um ponto de vista contrário, segundo o qual o fator predisponente importante foi uma filosofia "hedonista liberal".

17 R. H. Knapp e H. B. Goodrich, *Origins of American Scientists* (Chicago: University of Chicago Press, 1952), p. 274.

18 Merton, *op. cit.*, p. 536.

19 Joseph Ben-David, "Scientific Productivity and Academic Organization in Nineteenth Century Medicine", *American Sociological Review*, XXV (dezembro de 1960), 828-43.

20 J. Robert Oppenheimer, *The Open Mind* (Nova Iorque: Simon & Schuster, 1955), p. 114.

21 Merton, *op. cit.*, p. 560.

22 Oppenheimer, *op. cit.*, p. 115.

23 Veja Robert K. Merton, "Priorities in Scientific Discovery", *American Sociological Review*, XXII (dezembro de 1957), 635-59.

24 Veja as discussões sôbre os problemas do sigilo e da segurança na Ciência em Walter Gellhorn, *Security, Loyalty and Science* (Ithaca: Cornell University Press, 1950); e Edward Shils, *The Torment of Secrecy* (Nova Iorque: Free Press, 1956).

25 Citado por J. D. Bernal, *The Social Function of Science* (Londres: Routledge, 1939), p. 9.

26 Eric Ashby, *Technology and the Academics* (Londres: Macmillan, 1959), p. 5.

27 Crawford H. Greenwalt, *Hummingbirds* (Nova Iorque: Doubleday, 1960).

28 P. Brown e G. B. Stratton (eds.), *World List of Scientific Periodicals Published in the years 1900-1960*, 4 vols. (4.° ed.; Londres: Butterworth, 1963). A terceira edição, que abrangia os anos de 1900 a 1950, incluía aproximadamente 50 000 títulos, dos quais cêrca de 10 000 foram excluídos da quarta edição, por serem "de interêsse mais social ou comercial que científico".

29 Ellice McDonald, *Research and its Organization* (Neward, Del.: Biochemical Research Foundation, n. d. (c. 1950), citado por Bernard Barber, *Science and the Social Order* (Nova Iorque: Free Press, 1952), pp. 128-9.

30 Norman Kaplan, "Research Administration and the Administrator: U. S. S. R. and United States", em Norman Kaplan (ed.), *Science and Society* (Chicago: Rand McNally, 1965), pp. 329-46.

31 Charles D. Orth III, "The Optimum Climate for Industrial Research", em Kaplan, *Science and Society*, p. 198.

32 William H. Whyte Jr., *The Organization Man* (Nova Iorque: Simon & Schuster, 1956), V Parte.

33 Citado por Orth, *op. cit.*, p. 200.

34 Veja William Kornhauser, *Scientists in Industry* (Berkeley: University of California Press, 1962).

35 Os dados relativos a 1930 e 1940 são extraídos de Barber, *op. cit.*, p. 132. Os dados relativos a 1950 e 1960 são tirados de "How Much Research for a Dollar?" *Science,* CXXXII (26 de agôsto de 1960), 517. Os dados relativos ao meado da década de 1960 são fornecidos pela Fundação Nacional da Ciência, *Reviews of Data on Science Resources,* I, N.º 4 (Washington: U. S. Government Printing Office, maio de 1965), Tabela 2a, p. 6. Os dados relativos a 1965 são fornecidos pela Fundação Nacional da Ciência, *Federal Funds for Research Development, and Other Scientific Activities,* XV (Washington: U. S. Government Printing Office, 1965), Mapa 1, p. viii.

36 Fundação Nacional da Ciência, *Data on Science Resources, loc. cit.*

37 *Ibid.*

38 Fundação Nacional da Ciência, *Scientists and Engineers in Colleges and Universities, 1961* (Washington: U. S. Government Printing Office, 1964), p. 5, Tabela A-1, p. 34, Tabela A-6, p. 39.

39 Calculado com dados encontrados em Ralph E. Lapp, *The New Priesthood* (Nova Iorque: Harper, 1965), p. 191.

40 O leitor encontrará uma expressão dêsse ponto de vista em James B. Conant, "The Impact of Science on Industry and Medicine", *American Scientist,* XXXIX (janeiro de 1951), 33-49. E encontrará um pronunciamento semelhante sôbre êsse ponto feito por um representante da indústria privada em E. V. Murphree, "The Support of Basic Research", *American Scientist,* XXXIX (abril de 1951), 268-73.

41 Alexis de Tocqueville, *A Democracia na América,* II texto de Henry Reeve, corrigido e editado por Phillips Bradley (Nova Iorque: Random House Vintage Books, 1954), 43.

42 Calculado de acôrdo com dados fornecidos pela Fundação Nacional da Ciệncia, *Data on Scientific Resources,* Tabela 2a, p. 6, e Tabela 3a, p. 7.

43 Barber, *op. cit.,* p. 140.

44 Whyte, *op. cit.'* p. 207.

45 Margaret Mead e Rhoda Metraux, "Image of the Scientist Among High-School Students", *Science,* CXXVI (30 de agôsto de 1957), 384-90.

46 David C. Beardslee e Donald D. O'Dowd, "The College-Student Image of the Scientist", *Science,* CXXXIII (31 de março de 1961), 997-1001.

47 Encontra-se em Barber, *op. cit.,* pp. 134-8, um resumo de dados sôbre origens sociais; e em Knapp e Goodrich, *op. cit.,* dados sôbre antecedentes acadêmicos; no cap. 19, depara-se-nos interessante interpretação das razões dos atributos sociais distintivos dos cientistas norte-americanos.

48 Comitê para a Ciência na Promoção do Bem-Estar Humano da Associação Norte-americana para o Progresso da Ciência, "The Integrity of Science", *American Scientist,* LIII (junho de 1965), 175.

49 *Ibid.,* p. 195.

50 Comitê para a Ciência na Promoção do Bem-Estar Humano da Associação Norte-Americana para o Progresso da Ciência, "Science and Human Welfare", *Science,* 132 (8 de julho de 1960), 68-73.

51 Veja, por exemplo, o trabalho da bióloga marinha Rachel Carson, *The Silent Spring* (Boston: Houghton Mifflin, 1962), e do físico Ralph Lapp, *Must We Hide?* (Cambridge, Mass.: Addison-Wesley, 1949); e *The Voyage of the Lucky Dragon* (Nova Iorque: Harper, 1958).

[52] Don K. Price, "The Scientific Establishment", em Robert Gilpin e Christopher Wright (eds.), *Scientists and National PolicyMaking* (Nova Iorque: Columbia University Press, 1964), pp. 19-40; e Don K. Price, *The Scientific Estate* (Cambridge, Mass.: Harvard University Press, 1965).

[53] O leior encontrará um sumário de várias estimativas em Robert C. Wood, "Scientists and Politics: The Rise of an Apolitical Elite", em Gilpin and Wright, *op. cit.*, p. 48. Uma estimativa detalhada encontra-se em Christopher Wright, "Scientists and the Establishment of Scientific Affairs", em Gilpin and Wright, *op. cit.*, pp. 257-302.

[54] C. P. Snow, *Science and Government* (Cambridge, Mass. Harvard University Press, 1960), pp. 56-66.

Sugestões para novas leituras

COMITÊ PARA A CIÊNCIA NA PROMOÇÃO DO BEM-ESTAR HUMANO DA ASSOCIAÇÃO NORTE-AMERICANA PARA O PROGRESSO DA CIÊNCIA. "Science and Human Welfare", *Science*, CXXXII (8 de julho de 1960), 68-73.

Criterioso pronunciamento de um grupo de distintos cientistas sôbre os problemas criados por recentes mudanças revolucionárias na Ciência e suas implicações para o papel social do cientista.

COMITÊ PARA A CIÊNCIA NA PROMOÇÃO DO BEM-ESTAR HUMANO DA ASSOCIAÇÃO NORTE-AMERICANA PARA O PROGRESSO DA CIÊNCIA. "The Integrity of Science", *American Scientist*, LIII (junho de 1965), 174-98.

Avaliação do impacto de recentes acontecimentos sôbre a autonomia e a fôrça da Ciência.

ASHBY, ERIC. *Technology and the Academics.* Londres: Macmillan, 1959.

Ensaio sôbre o impacto da Ciência sôbre as universidades britânicas e sôbre o papel das universidades no desenvolvimento da Ciência.

BARBER, BERNARD. *Science and the Social Order.* Nova Iorque: Free Press, 1952.

Exposição geral, direta e útil, da sociologia da Ciência.

BARBER, BERNARD. "Sociology of Science: A Trend Report and Bibliography", *Current Sociology*, V, N.º 2 (1956), o número todo.

Resumo dos trabalhos recentes no campo da sociologia da Ciência e ampla bibliografia anotada.

BARBER, BERNARD, e WALTER HIRSCH (eds.). *The Sociology of Science.* Nova Iorque: Free Press, 1962.

Útil coletânea de escritos.

BERNAL, J. D. *The Social Functions of Science.* Londres: Routledge, 1939.

Partindo de um ponto de vista marxista e escrito por distinto biólogo inglês, êste livro é uma tentativa pioneira de estudo das relações entre a Ciência e a Sociologia e indica as condições em que a Ciência poderia desenvolver-se mais plenamente.

BUTTERFIELD, HERBERT. *The Origins of Modern Science: 1300-1800.* Nova Iorque: Macmillan, 1951.

Útil narrativa histórica da emergência da Ciência moderna.

CARDWELL, D. S. L. *The Organization of Science in England.* Londres: Heinemann, 1957.

Relato do desenvolvimento da Ciência na Inglaterra de 1800 a 1914, que focaliza a atenção sôbre o papel das universidades e outras organizações que influíram no número e no status *dos cientistas.*

CROMBIE, A. C. (ed.). *Scientific Change.* Nova Iorque: Basic Books, 1963.

Embora histórica em sua ênfase, esta coleção de escritos sôbre "as condições intelectuais, sociais e técnicas para o descobrimento científico e a invenção técnica desde a Antigüidade até o presente" contém grande quantidade de interessante e útil material sociológico.

FARRINGTON, BENJAMIN. *Greek Science.* 2 vols. Harmondsworth: Penguin, 1949.

O desenvolvimento e os antecedentes sociais da Ciência na Grécia antiga.

GILPIN, ROBERT, e CHRISTOPHER WRIGHT (eds.). *Scientists and National Policy-Making.* Nova Iorque: Columbia University Press, 1964.

Útil coletânea de ensaios sôbre o papel dos cientistas na determinação da política pública.

HAGSTROM, WARREN. *She Scientific Community.* Nova Iorque: Basic Books, 1965.

Estudo dos costumes, e valôres e organização social da Ciência, baseado em grande parte em entrevistas com cientistas de universidade e centralizado principalmente na influência recíproca dos colegas científicos.

KAPLAN, NORMAN (ed.). *Science and Society.* Chicago: Rand McNally, 1965.

Excelente coleção de escritos que estuda a organização da Ciência e seu lugar na sociedade moderna.

KNAPP, ROBERT H., e HUBERT B. GOODRICH. *Origins of American Scientists.* Chicago: University of Chicago Press, 1952.

Completo estudo das origens sociais e antecedentes educacionais dos cientistas nos Estados Unidos.

KORNHAUSER, WILLIAM. *Scientists in Industry: Conflict and Accommodation.* Berkeley: University of California Press, 1962.

Estudo dos problemas de cientistas em organizações de pesquisa.

KUHN THOMAS C. *The Structure of Scientific Revolutions.* Chicago: University of Chicago Press, 1962.

Importante ensaio que procura analisar o desenvolvimento científico como processo social e cultural.

MERTON, ROBERT K. *Social Theory and Social Structure.* Ed. rev. e aumentada. Nova Iorque: Free Press, 1957. IV Parte, "Studies in the Sociology of Science".

Cinco ensaios sôbre vários aspectos da sociologia da Ciência pelo principal estudioso norte-americano nesse campo. Veja também seu ensaio, "Priorities in Scientific Discovery", American Sociological Review, XXII (dezembro de 1957), 635-59.

STORER, NORMAN. *The Social System of Science.* Nova Iorque: Holt, Rinehart & Winston, 1966.

Breve e sistemático esfôrço "para desenvolver uma teoria da organização social da Ciência".

VÁRIOS PERIÓDICOS CONTÊM FREQÜENTEMENTE ARTIGOS SÔBRE AS RELAÇÕES ENTRE A CIÊNCIA E A SOCIEDADE:

American Scientist

Bulletin of the Atomic Scientists

Impact of Science on Society

Science

QUARTA PARTE

POPULAÇÃO E SOCIEDADE

POPULAÇÃO E SOCIEDADE

A importância sociológica da população

A "explosão populacional" de anos recentes concentrou a atenção mundial em fatos e problemas demográficos. Entre 1950 e 1964, a população do mundo passou de 2,4 para 3,2 bilhões, ou seja, um aumento de quase um têrço. Só na Índia se registrou um acréscimo superior a 80 milhões de pessoas entre 1951 e 1961 e, nos meados da década de 1960, calculava-se que sua população beirava os 500 milhões. A China continental anunciava uma população de 583 milhões em 1953, com uma taxa anual de aumento de cêrca de 2 por cento; embora não se possuam cifras precisas, os cálculos feitos situam a população chinesa, nos meados da década de 1960, entre 650 e 700 milhões. No decênio que decorreu de 1950 a 1960, a população dos Estados Unidos aumentou aproximadamente 30 milhões, aos quais se acrescentaram quase 20 milhões nos cinco anos seguintes. E muitas outras nações em várias partes do mundo — América Latina, África, Ásia — cresceram de acôrdo com taxas ainda mais elevadas.

As conseqüências dêsse rápido crescimento são amplas e, não raro, prontamente manifestas. Algumas nações que buscam industrializar-se e elevar os padrões de vida parecem estar instaladas sôbre um moinho econômico, um daqueles moinhos antigos cuja roda era acionada pela fôrça de homens, que giravam interminàvelmente, correndo com tôda as energias a fim de aumentar sua produção de bens, só para descobrir que mal têm com que alimentar novos milhões de bôcas famintas. As cifras censitárias egípcias, por exemplo, indicam a possibilidade de que o aumento da população absorva os frutos potenciais da projetada reprêsa de Assuã, que irrigará um milhão de acres de novas terras cultiváveis e proporcionará energia elétrica, antes mesmo que se complete sua construção [1]. Nos Estados Unidos, onde êsses problemas econômicos quase não existem, os conselhos escolares estudam ansiosamente os coeficientes de natalidade e o número de jovens em cada grupo de idade ao traçarem planos para as futuras necessidades escolares; números cada vez maiores de pessoas idosas estimulam a pesquisa sôbre o envelhecimento e a criação de programas especiais para "cidadãos idosos".

A importância da composição e do crescimento da população para as relações entre as nações também é evidente. Alguns norte-americanos mostram-se preocupados com as possíveis conseqüências da rápida expansão da população chinesa, hoje mais de três vêzes superior à dos Estados Unidos. Em suas reflexões íntimas, é provável que os russos, com uma população de cêrca de 225 milhões, tenham também preocupações semelhantes. Tais ansiedades acêrca de diferenças no tamanho da população traduzem realidades importantes, pois o número constitui elemento significativo do poder das nações. O desenvolvimento econômico talvez compense, em grande parte, o número limitado, e o atraso econômico pode impedir países populosos de tirarem proveito do seu tamanho; o Canadá, a Austrália e a Bélgica são relativamente poderosos, a despeito de populações pequenas, e o México, o Brasil e o Paquistão não têm um poder consentâneo com o seu tamanho. No entanto, de um modo geral, as nações pequenas valem menos do que as grandes e nenhuma nação, afirma Kingsley Davis, poderá ser Grande Potência nos meados do século XX com menos de 60 milhões de habitantes [2].

Como dão a entender estas ilustrações, o interêsse pela *demografia,* estudo da população, não se limita aos sociólogos. Os economistas investigam o tamanho prospectivo da oferta de mão-de-obra e examinam as relações entre a população e os recursos econômicos. O nascimento e a morte, os problemas da saúde, da doença e da longevidade atraem a atenção dos biólogos. Porque a pesquisa demográfica implica necessàriamente a manipulação e, cada vez mais, a análise altamente técnica de dados estatísticos, alguns estatísticos empreenderam também o estudo da população.

A demografia continua a ser campo de interêsse de estudiosos de várias disciplinas, mas agora parece registrar-se vigorosa tendência para considerá-la, essencialmente, um subcampo da Sociologia [3]. Essa tendência foi robustamente fortalecida pela evidência de que a não inclusão das variáveis sociais e culturais na predição das tendências demográficas pode freqüentemente induzir em erros sérios. Por volta de 1930, muitos demógrafos e leigos cuidavam ser possível calcular com exatidão o tamanho da população futura. A maioria das projeções apresentadas no fim da década de 1920 e no princípio da década de 1930 esperava que a população norte-americana alcançasse um máximo que oscilaria entre 144 e 190 milhões antes do fim do século XX passando então, com tôda a probabilidade, a declinar. Em 1931, por exemplo, um demógrafo predisse uma população máxima de 148 a 154 milhões para 1980; outro, no mesmo ano, previu um ápice de

144,6 milhões para 1970, seguido de uma queda. Um terceiro sugeriu a possibilidade de 190 milhões como sua estimativa "mais alta", mas achava que o resultado provável estaria mais próximo da estimativa "mais baixa", de 145 milhões. A confiança na segurança das previsões demográficas foi reforçada pelos resultados do censo de 1940, que se aproximou de muitas previsões anteriores [4].

Entretanto, assim que se completou o censo de 1940, certos acontecimentos principiaram a suscitar dúvidas sôbre as estimativas da população futura. Por volta de 1942, o coeficiente de natalidade aumentara 20 por cento em relação às cifras de 1939. Embora tornasse a cair nos três anos seguintes, ainda se conservava 13 por cento mais alto em 1945 do que em 1939, e elevou-se nìtidamente nos anos que se seguiram à guerra. Cêrca de 1950, a população já ultrapassava a maioria dos máximos projetados para um momento posterior do século.

Só com muita relutância admitiram inúmeros demógrafos que o "*boom* dos bebês", depois da guerra, traduzia uma inversão básica de tendências a longo prazo e que seus cálculos anteriores da população futura eram completamente desmerecedoras de confiança. Hoje em dia está claro que as previsões que se limitam a transportar para o futuro as tendências evidentes nas estatísticas demográficas do passado são de valor duvidoso, e que a análise demográfica deve tomar em consideração as variáveis sociais e culturais — por exemplo, a educação, os valôres culturais, as tendências econômicas — que influem nos coeficientes de natalidade e mortalidade entre vários grupos, bem como o fluxo da migração.

Ao passo que o esfôrço para explicar tendências da população arrastava os demógrafos para a análise sociológica, a relevância de fatos demográficos para a cultura e para a estrutura social impeliu os sociólogos cada vez mais para o campo da demografia. Já observamos, no capítulo 7, por exemplo, a conexão entre um baixo coeficiente de natalidade e a estrutura familial. As diferenças demográficas entre vários grupos — por exemplo, classes, residentes rurais e urbanos, e grupos raciais, étnicos e religiosos — também podem ter conseqüências sociais e culturais significativas bem como contribuir para a futura composição da população total. E a distribuição da idade — as proporções acima de 65 e abaixo de 15 anos — têm óbvias implicações sociológicas.

A fertilidade

As variáveis demográficas básicas são a fertilidade, a mortalidade e a migração. Elas assumem importância fundamental porque as mudanças no tamanho da população só podem surgir através de mudanças em uma ou mais de uma delas, ainda que sejam vigorosamente influenciadas por fatos sociais, culturais e biológicos.

Mas a demografia não estuda apenas o número de pessoas numa sociedade senão também a distribuição de vários atributos — idade, sexo, estado civil, residência rural ou urbana, raça, etc. A idade e o sexo têm significação demográfica fundamental, pois estão intimamente ligados à fertilidade, à mortalidade e, às vêzes, à migração. Aumentando, por exemplo, o número de mulheres em idade de procriar, é provável que, mantendo-se iguais as demais condições, se eleve o coeficiente de natalidade ou, à proporção que aumenta o número de velhos, o coeficiente de mortalidade também tenda a aumentar.

Neste capítulo focalizaremos sobretudo a fertilidade, a mortalidade e as tendências da população. Não consideraremos os problemas da migração, que pode ocorrer como movimento individual ou de grupo, através de fronteiras nacionais ou no interior de nações, voluntàriamente ou em decorrência de injunções. Os resultados demográficos imediatos da migração manifestam-se de pronto — aumento ou diminuição de número; seu impacto demográfico a longo prazo depende da idade e do sexo dos migrantes. Suas conseqüências sociais e culturais encontram-se, em grande parte, nas relações entre grupos raciais e étnicos, examinadas no capítulo 9.

A *fertilidade* refere-se ao número real de crianças nascidas e deve distinguir-se da fecundidade, ou seja, a capacidade reprodutora potencial dos sêres humanos. Fisiològicamente, a mulher é capaz de procriar durante um período aproximado de 30 anos, desde mais ou menos os quinze até os quarenta e cinco. E visto que há períodos de infertilidade após o nascimento de cada filho, o número máximo que ela pode ter, excluindo-se os nascimentos múltiplos, é de uns vinte ou vinte e dois. Se bem poucas mulheres se aproximem dêsse máximo, não existe sociedade em que tôdas as mulheres, nem sequer a maioria delas, sejam assim tão férteis.

Em tôda sociedade, a fertilidade, de fato, se controla de várias maneiras, e não é apenas o resultado de fôrças biológicas não controladas — ou incontroláveis. Esforços deliberados para impedir a concepção observam-se não só na sociedade moderna, em que têm sido altamente desenvolvidos e amplamente usados os dispositivos anticoncepcionais, mas também em muitas outras sociedades menos adiantadas. Verificou-se que até certas técnicas anticoncepcionais grosseiras podem reduzir consideràvelmente a fertilidade [5]. Na ocorrência de uma gravidez não desejada, muitas vêzes se aprova o abôrto, que, em certas condições, passou a ser meio reconhecido, embora, às vêzes, oficialmente desaprovado, de impedir que as mulheres tenham filhos. (O leitor encontrará às pp. 661-3 uma digressão sôbre os artifícios aceitos dessa natureza para contornar as normas sociais.)

Além das medidas institucionalmente sancionadas, que se destinam a impedir a concepção ou a procriação de filhos não desejados, impõem-se também limites à fertilidade por meio da regulamentação social do matrimônio e das relações sexuais. Visto que apenas as mulheres casadas devem, normalmente, ter filhos, o adiamento do matrimônio após a puberdade diminui o número de filhos que uma mulher pode ter. Nos Estados Unidos, por exemplo, onde a idade média do casamento para as mulheres é hoje de 20 anos, o período durante o qual elas podem ter filhos já não é de 30, mas de 25 anos. Um número substancial de mulheres solteiras reduzirá, evidentemente, de maneira significativa, o coeficiente de natalidade.

Os tabus impostos às relações sexuais, tanto antes quanto depois do casamento, também diminuem a fertilidade. A exigência da castidade pré-conjugal impede, òbviamente, o nascimento de crianças entre jovens mulheres núbeis. Entre as mulheres casadas, períodos prolongados de separação forçada dos maridos lhes diminuem as oportunidades de ter filhos. As normas que proíbem o nôvo casamento de viúvas ou de mulheres divorciadas também reduzem o coeficiente de natalidade. Baseado nos dados censitários de 1931, calcula Davis que a proibição de um nôvo casamento para as viúvas na Índia abateu a fertilidade entre os hindus cêrca de 15 por cento [6].

O ter filhos, entretanto, não constitui mero processo biológico limitado, até certo ponto, por fatos culturais e estruturais. É também um ato motivado, estimulado de várias maneiras pela sociedade. Quando os filhos são ativos econômicos, por exemplo, como o eram nos Estados Unidos coloniais, os pais dispõem a tê-los numerosos. Quando os homens medem a virilidade pelo número de filhos que geram, tendem a querer famílias grandes. Nas sociedades onde é elevada a taxa de mortalidade, encontram-se não raro valôres religiosos que exortam os crentes a "serem prolíficos e a multiplicar-se". Na China clássica, a fertilidade era incentivada pelo culto dos antepassados, que exigia grande número de filhos para assegurar as adequadas observâncias dos mortos. As mulheres na família chinesa tradicional desejavam ter filhos porque seu *status* na família do marido se elevava à proporção que tinham filhos, particularmente do sexo masculino. As isenções de impostos, os abnos de família e outros privilégios especiais para os pais facilitam os problemas ligados à presença de filhos na maioria das sociedades industriais; nas sociedades em que existem famílias extensas ou compostas, os custos econômicos e as exigências físicas não se restringem aos pais mas são partilhadas dentro do grupo maior.

A fertilidade, portanto, é produto de fatos biológicos *e* de complexas fôrças sociais e culturais, que podem estimular a procriação ou desestimulá-la e limitá-la. As mudanças que se verificam na fertilidade devem-se à variação de padrões culturais e sociais e as diferenças de fertilidade entre vários grupos refletem valôres, instituições e organização social contrastantes.

A medida mais freqüente da fertilidade é o *coeficiente aproximado de natalidade,* ou seja, o número de nascimentos por ano para cada 1 000 habitantes — ou para outro número básico qualquer. Êsse coeficiente, embora constitua índice útil de fertilidade, tem sérias limitações, pois não leva em conta a distribuição da idade e a composição sexual da população. Uma sociedade com uma pequena proporção de mulheres em idade de procriar terá um coeficiente aproximado de natalidade inferior ao da que apresente grande proporção de mulheres nessas condições, ainda que as mulheres em ambas as sociedades tenham, em média, o mesmo número de filhos. A fim de evitar essa limitação, os demógrafos utilizam às vêzes o *coeficiente geral de fertilidade,* que dá o número de crianças nascidas para cada 1 000 mulheres entre 15 e 44 anos de idade. Uma terceira medida, que às vêzes se aplica, é o *índice de fertilidade,* a saber, o número de crianças com menos de 5 anos para cada 1 000 mulheres que tenham de 15 a 44 anos de idade.

As tendências da fertilidade

Durante a maior parte do século anterior a 1940, o coeficiente de natalidade da maioria das nações européias e dos Estados Unidos caiu de maneira assaz uniforme. (Na França, o declínio principiara no princípio do século XIX). A Tabela 25 mostra os coeficientes aproximados de natalidade de certos países europeus desde que principiou o declínio até 1940. Nos Estados Unidos, o coeficiente aproximado de natalidade para o período de 1871-1875 foi de 37,0. Por volta de 1896-1900 caiu para 29,8, e continuou a diminuir contìnuamente — sendo de 27,7 em 1907, de 24,2 em 1915-1920, de 23,5 entre 1921 e 1930 e chegando ao ponto mais baixo (17,2) na década anterior à Segunda Guerra Mundial [7].

Diversas explanações foram oferecidas para êsse pronunciado declínio da fertilidade. A teoria aventada por alguns autores de que êle reflete uma diminuição da fecundidade, decorrente dos efeitos enervantes da civilização moderna, é inconvicente. A queda do coeficiente de natalidade foi demasiado rápida para poder atribuir-se a um declínio da fecundidade, afiança Dennis Wrong, porque "as mudanças na ca-

TABELA 25

COEFICIENTES APROXIMADOS DE NATALIDADE DE CERTOS PAÍSES EUROPEUS

	França	*Suécia*	*Inglaterra e País de Gales*	*Alemanha*	*Países-Baixos*	*Bélgica*	*Dinamarca*
1811-1820	31,8						
1821-1830	31,0						
1831-1840	29,0						
1841-1850	27,4						
1851-1860	26,3	32,8					
1861-1870	26,3	31,4					
1871-1880	25,4	30,5	35,4	39,1	36,2	32,3	
1881-1890	23,9	29,1	32,5	36,8	34,2	30,2	32,0
1891-1900	22,2	27,1	29,9	36,1	32,5	29,0	30,2
1901-1910	20,6	25,8	27,2	33,0	30,5	26,1	28,7
1911-1920	15,3	22,0	21,8	23,5	26,8	17,7	24,8
1921-1930	18,8	17,5	18,3	20,2	24,5	19,5	20,8
1931-1940	15,5	14,4	14,8	17,9	20,8	15,8	17,9

Kurt B. Mayer, *The Population of Switzerland* (1952), Tabela 14, p. 75. Reproduzido com autorização da Columbia University Press.

pacidade reprodutora genética suficientemente grandes para explicar a tendência declinante requeririam várias gerações, ao passo que o declínio se manifestou num período muito mais curto" [8]. Além disso, os progressos realizados na nutrição, na Medicina e nos padrões físicos gerais da vida deveriam conduzir antes a um aumento que a uma redução da fecundidade.

A queda da fertilidade seguiu-se ràpidamente ao desenvolvimento de técnicas anticoncepcionais aperfeiçoadas e à rápida disseminação de informações relativas à prevenção da gravidez. De acôrdo com outros autores, a difusão do contrôle da natalidade é, por conseguinte, a causa do declínio dos coeficientes de natalidade. Mas a simples existência de conhecimentos e dispositivos anticoncepcionais mais eficientes constitui, por si só, uma explanação inadequada, pois não explica a disposição para procurar informações sôbre contrôle da natalidade ou utilizar técnicas conhecidas para impedir a concepção.

A explanação do longo declínio da fertilidade — e do uso aumentado das técnicas anticoncepcionais — encontra-se em complexas mudanças sociais e culturais. Já se propuseram muitas listas de fatôres relevantes. Uma Comissão Real Britânica para a população, por exemplo, julgou descobrir as causas do aumento da "deliberada restrição de nascimentos" e do declínio do coeficiente de natalidade nas

> profundas mudanças verificadas nos pontos de vista e nos modos de viver das pessoas durante o século XIX... Incluem a decadência de ofícios manuais familiais em pequena escala e o surgimento da indústria em larga escala e da organização industrial; a perda da segurança e o incremento do individualismo competitivo; o relativo declínio da agricultura e o aumento da importância da indústria e do comércio e as transferências correlatas da população de áreas rurais para áreas urbanas; o crescente prestígio da Ciência, que perturbou as crenças religiosas tradicionais; o desenvolvimento da educação popular; os padrões mais elevados de vida; o incremento do humanitarismo e a emancipação das mulheres [9].

Essa enumeração, que ainda poderia ser acrescentada, inclui muitos dos fatôres que influíram na fertilidade não só na Grã-Bretanha mas também em outras nações. Entretanto, um rol dêsse gênero de "causas" é falho em vários sentidos. Não distingue entre os diferentes tipos de variáveis; ignora as relações entre elas; e não tenta estabelecer-lhes a importância relativa. Além disso, como observou J. A. Banks, cumpre cotejar essas especulações plausíveis com os fatos disponíveis [10].

Parece razoável supor, por exemplo, que a industrialização e a gradativa eliminação do trabalho das crianças tenha diminuído o valor econômico dos filhos e, dessa maneira, desestimulado famílias numerosas. Na realidade, porém, o declínio do coeficiente de natalidade na

Inglaterra só começou na década de 1870, muito depois de iniciada a industrialização, e não surgiu primeiro na classe trabalhadora, econômicamente oprimida, mas na próspera classe média [11]. O industrialismo, portanto, só influi indiretamente na fertilidade e através das outras mudanças ocorridas com o desenvolvimento da tecnologia moderna e com as formas de organização social, que se desenvolveram concorrentemente.

O crescimento das cidades, que acompanhou amiúde a industrialização (embora algumas grandes cidades não tenham indústria e a indústria moderna se tenha, às vêzes, localizado na área rural), geralmente contribui para um coeficiente mais baixo de natalidade. A fertilidade urbana é caracterìsticamente menor do que a das áreas rurais, como se patenteia na Tabela 26, que revela recentes diferenças do índice de fertilidade nas áreas urbanas e rurais de alguns países. Passando em revista dados históricos, A. J. Jaffee encontrou diferenças semelhantes na Suécia no meado do século XVIII, nos Estados Unidos durante todo o século XIX, e em vários países tanto no passado quanto no presente [12]; se bem alguns países subdesenvolvidos, como a Índia, por motivos não esclarecidos, não revelem a relação costumeira entre urbanismo e fertilidade. De um modo geral, entretanto, com o aumento da urbanização, o coeficiente de natalidade tende a diminuir.

Como outras mudanças sociais em larga escala, o urbanismo exerce influência sôbre a fertilidade através de alterações nos valôres sociais e nas instituições que governam a vida familial e o comportamento sexual. Afirmou-se que o crescimento das cidades traz consigo um aumento de ambição e do desejo de confortos materiais. E porque tais valôres podem competir com os valôres ligados à paternidade e à vida familial, acarretam limitações do tamanho da família.

Citam-se freqüentemente essas aspirações de um alto padrão de vida, também estimuladas pela expansão industrial, como a consideração singular mais importante que leva à restrição do tamanho da família. Numa economia de mercado, os custos da educação dos filhos podem ser também empregados na satisfação de outras necessidades e desejos, que assim competem com as satisfações da paternidade. Todavia, como o revela Banks, o padrão de vida da classe média britânica, no seio da qual se registrou pela primeira vez a queda da fertilidade, aumentara contìnuamente durante várias décadas antes que se fizessem quaisquer esforços deliberados para limitar o número de filhos. Nos anos que antecederam as décadas de 1870 e 1880, início do declínio da fertilidade, os homens tendiam mais a adiar o casamento do que a praticar o contrôle da natalidade. Êsse fôra persistentemente advogado na Inglaterra desde o princípio do século, mas a mudança sòmente ocorreu, afirma Banks, quando as esperanças e expectativas da classe média se viram ameaçadas pela severa depressão da década de 1870. Porque não tinham mais confiança no futuro, o adiamento do matrimônio já não lhes parecia sensato, e êles passaram, em vez disso, a limitar o tamanho das famílias [13].

TABELA 26

DIFERENÇAS ENTRE AS ZONAS RURAIS E URBANAS NO ÍNDICE DE FERTILIDADE DE CERTOS PAÍSES

País	*Data*	*Número de filhos com menos de 5 anos por cada 1 000 mulheres entre 15 e 44 anos de idade*	
		Urbano	*Rural*
Argentina	1947	248	529
Brasil	1950	494	778
Cuba	1953	415	792
República Dominicana	1950	542	909
Equador	1950	668	776
Índia	1931	666 *	770 +
México	1950	539	707
Paraguai	1950	425	828
Estados Unidos	1945-50	422	567 (fora das fazendas)
			594 (nas fazendas)

* Em cidades cuja população varia entre 100 000 e 500 000 habitantes e mulheres entre 15 e 39 anos de idade.

\+ Inclui algumas cidades a cujo respeito não se conhecem dados separados e mulheres entre 15 e 39 anos de idade.

Dados extraídos de T. Lynn Smith, *Fundamentals of Population Study* (Filadélfia: Lippincott, 1960), pp. 313, 318; os dados relativos à Índia encontram-se em Kingsley Davis, *The Population of India and Pakistan* (Princeton: University Press, 1951), p. 71.

A aceitação do contrôle da natalidade, ainda que instigada pelo anseio de manter um cobiçado modo de vida, também exigia a rejeição das sanções morais tradicionais impostas aos que contrariavam a vontade divina tocante à produção de filhos. Talvez, assinala Banks, a difusão da Ciência e da racionalidade desempenhasse o papel decisivo no estímulo à limitação da família, que reflete, evidentemente, uma atitude cada vez mais racional no que concerne ao número de filhos que se tem. Entretanto, parece provável que os homens só adquiriram uma visão racional do tamanho da família sob a pressão de circunstâncias difíceis, e que, sem elas, teriam continuado a aceitar por mais algum tempo ainda as concepções tradicionais da vida familial. Entretanto, aberta uma brecha na tradição, persistiu a avalição racional do tamanho da família; a conveniência de um padrão material de vida mais elevado e as necessidades de uma carreira podiam ser postas em confronto com os prazeres — e aflições — de ter mais filhos, já não considerados como conseqüências inevitáveis do matrimônio.

O padrão da limitação familial iniciado na classe média, não só na Inglaterra mas também nos Estados Unidos e alhures, difundiu-se gradativamente entre a classe trabalhadora, e o contínuo declínio da fertilidade em muitas décadas reflete a lenta aceitação do contrôle da natalidade por grande parte da sociedade. Essa extensão assim das atitudes como dos conhecimentos necessários à limitação da família foi provàvelmente incentivada pela extensão da educação, que acelera as aspirações humanas e tende a estimular a racionalidade.

Com a procriação já não entregue inteiramente ao destino, mas sujeita ao contrôle e ao planejamento, o ponto essencial do problema da fertilidade nos países adiantados passou a ser a definição cultural do tamanho adequado da família e as circunstâncias que influem nessa definição e na sua materialização. No entanto, outras variáveis demográficas, que afetaram a fertilidade no passado, continuam a ter considerável importância. Mudanças no coeficiente do casamento, na idade do casamento ou na proporção de mulheres que não casam podem influenciar o coeficiente de natalidade, ainda que o impacto dessas mudanças seja obscurecido por outras mudanças culturais e sociais. Durante o período que mediou entre 1871 e 1911, por exemplo, a idade do matrimônio na Inglaterra elevou-se contìnuamente e é provável que tenha contribuído para o declínio da fertilidade. Mas depois de 1911, a fertilidade continuou a cair, a despeito da ausência de novos aumentos na idade do casamento. Nos Estados Unidos, *tanto* a idade média do casamento *quanto* o coeficiente de natalidade declinaram firmemente a partir de 1900 (e possìvelmente antes) até a Segunda Guerra Mundial, quando se inverteu a tendência declinante da fertilidade.

A influência das fôrças sociais e culturais que governam o tamanho da família, de um lado, e de variáveis mais especìficamente demográficas, do outro, evidencia-se claramente no "*boom* dos bebês", registrado após a guerra. Nos Estados Unidos observou-se, no fim da década de 1930, ligeiro acréscimo da fertilidade; como continuasse, com exceção de uma breve pausa durante a guerra, e depois se acele-

TABELA 27

COEFICIENTES APROXIMADOS DE NATALIDADE E COEFICIENTES DE FERTILIDADE NOS ESTADOS UNIDOS, ENTRE 1920 E 1964 *

Ano	*Coeficiente aproximado de natalidade (Número de nascimentos por 1 000 habitantes*	*Coeficiente de fertilidade (Número de nascimentos por 1 000 mulheres entre 15 e 44 anos de idade)*
1920	27,7	117,9
1925	25,1	106,6
1930	21,3	89,2
1935	18,7	77,2
1940	19,4	79,9
1941	20,3	83,4
1942	22,2	91,5
1943	22,7	94,3
1944	21,2	88,8
1945	20,4	85,9
1946	24,1	101,9
1947	26,6	113,3
1948	24,9	107,3
1949	24,5	107,1
1950	24,1	106,2
1951	24,9	111,5
1952	25,1	113,9
1953	25,1	115,2
1954	25,3	118,1
1955	25,0	118,5
1956	25,2	121,2
1957	25,3	122,9
1958	24,5	120,2
1959	24,3	102,2
1960	23,7	118,0
1961	23,3	117,2
1962	22,4	112,1
1963	21,7	108,4
1964	21,0	104,8

* Os coeficientes relativos ao período entre 1920 e 1959 foram ajustados para obviar às falhas do registro. Os coeficientes relativos ao período entre 1960 e 1964 baseiam-se nos nascimentos registrados.

U. S. Department of Health, Education and Welfare, *Vital Statistics of the United States, 1964,* I (Washington, D. C.: U. S. Government Printing Office, 1966), Tabela 1-2, pp. 1-4.

rasse após a guerra, êsse acréscimo estimulou nôvo exame das fôrças que influem no coeficiente de natalidade. A princípio pareceu à maioria dos demógrafos, que haviam antecipado uma queda final na população total em virtude do longo declínio da fertilidade, que o aumento do coeficiente de natalidade era simplesmente o resultado de melhores condições econômicas, que haviam possibilitado os casamentos e os filhos adiados em virtude da Depressão. Outros casamentos foram retardados pela guerra, dizia-se, e a pletora de bebês que se seguiu à

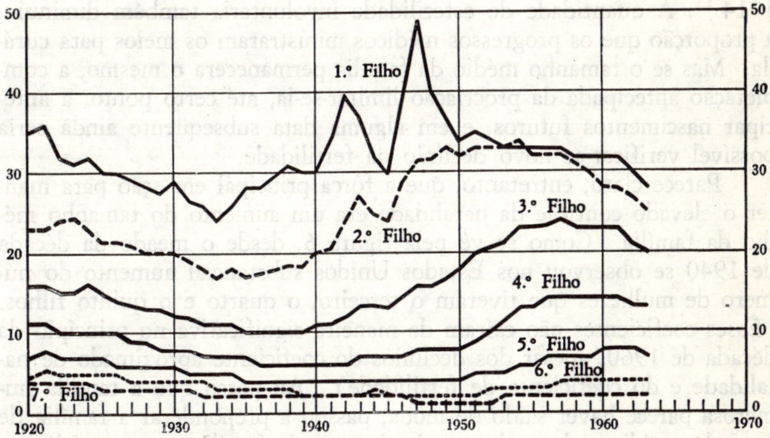

Figura 6. Coeficientes de natalidade ajustados para obviar às falhas do registro, por ordem de Vida-Nascimento para mulheres nativas brancas nos Estados Unidos entre 1920 e 1963 (Coeficientes por 1 000 habitantes nativos brancos do sexo feminino entre as idades de 15 e 55 anos)

Dados relativos a 1920-1957, U. S. National Office of Vital Statistics, "Summary of Natality Statistics: United States", *Vital Statistics — Special Reports, National Summaries,* L,19 (1957), lxvii; relativos a 1958-1963, U. S. Bureau of the Census, *Statistical Abstract of the United States, 1965* (86.ª ed.; D. C.: U. S. Government Printing Office, 1965), p. 50.

guerra refletia, na maior parte, o desejo de muitas pessoas de recuperar o tempo perdido na constituição de suas famílias. Um grande número de primeiros filhos pareceu justificar a interpretação e previa-se nova queda do coeficiente de natalidade, que reassumiria a longa tendência declinante, adiando apenas o nivelamento final da população.

Claro está, naturalmente, que o coeficiente de natalidade permaneceu elevado até 1958, quando principiou a declinar (veja a Tabela

27). Muitos fatôres explicam a persistência do elevado coeficiente de natalidade durante um período mais longo do que o antecipado pela maioria dos demógrafos e o contínuo aumento da população total. A proporção de mulheres que se casaram aumentou sistemàticamente, deixando um número menor de solteironas. A idade do casamento continuou a declinar, até o princípio da década de 1960. Com o casamento mais cedo veio mais cedo a procriação; ao completarem 24 anos de idade, as mulheres nascidas entre 1930 e 1934, tinham uma média de 1,4 filhos cada uma, em confronto com a média de apenas 1,0 para as nascidas entre 1925 e 1929, e 0,7 para as nascidas entre 1910 e 1914 [14]. A quantidade de esterilidade involuntária também diminuiu, à proporção que os progressos médicos ministraram os meios para curá-la. Mas se o tamanho médio da família permanecera o mesmo, a completação antecipada da procriação limitar-se-ia, até certo ponto, a antecipar nascimentos futuros, e em alguma data subseqüente ainda seria possível verificar-se nôvo declínio da fertilidade.

Parece claro, entretanto, que a fôrça principal em ação para manter o elevado contrôle da natalidade era um aumento do tamanho médio da família. Como se vê pela figura 6, desde o meado da década de 1940 se observou nos Estados Unidos substancial aumento do número de mulheres que tiveram o terceiro, o quarto e o quinto filhos. (Êsses coeficientes não caíram de maneira significativa no princípio da década de 1960, apesar dos declínios do coeficiente aproximado de natalidade e do coeficiente de fertilidade). Ao passo que a família numerosa parece haver saído de moda, passou a preponderar a família de tamanho médio, sobretudo em detrimento da família pequena (de um ou dois filhos). Durante a Segunda Guerra Mundial, modificou-se a concepção preponderante do número ideal de filhos; um inquérito de opinião pública referiu que, entre 1941 e 1945, as proporções que preferiam a família de dois filhos como o tamanho ideal caíram de 40 para 25 por cento, ao mesmo passo que as proporções que preferiam 3,4 e 5 filhos aumentaram respectivamente de 32 para 33 por cento, de 21 para 31 por cento e de 3 para 7 por cento. À luz dos estudos subseqüentes, parece provável que êsses algarismos continuem a refletir as imagens prevalecentes do tamanho ideal da família [15].

As razões dessa mudança não se identificam fàcilmente de nenhum modo preciso. A natureza da vida moderna — a persistente guerra fria e o perigo de uma grande guerra quente com a ameaça ubíqua da destruição total, o alto nível de prosperidade material, o desenvolvimento suburbano e a vasta mobilidade geográfica — influíram, sem dúvida alguma, nos valôres familiais. Existe uma soma considerável de evidência de que o movimento para os subúrbios está ligado à ênfase dada à vida familial [16], e a natureza da sociedade suburbana estimula ainda mais as famílias de tamanho médio que as famílias pequenas. Mudanças culturais, como o ressurgimento da religião — que talvez esteja diminuindo durante a década de 1960 — e a "propaganda" da família nos meios de comunicação de massa (por exemplo, os programas "familiais" na televisão e as histórias de "interêsse humano" sôbre as famílias de homens públicos) podem contribuir para o coeficiente relativamente elevado de natalidade, realçando as alegrias da paternidade. Embora tais suposições sejam assaz razoáveis, estamos apenas começando a coligir os dados seguros que nos permitirão descobrir com maiores detalhes as fôrças que representaram papel significativo na nítida inversão dos padrões de fertilidade, evidentes durante quase um século, e o declínio da fertilidade nos Estados Unidos a partir de 1958 [17].

Por serem os filhos agora mais fàcilmente planejados que no passado, o coeficiente de natalidade tornou-se mais estreitamente ligado às correntes mutáveis da vida moderna, ainda que sua influência exata seja difícil de se determinar. À maneira que enfraqueceu o império das tradições e dos costumes profundamente arraigados, as pessoas tendem a ajustar mais depressa seu comportamento reprodutor às mudanças verificadas nas circunstâncias econômicas e sociais. Os efeitos da recessão de 1957-1958 nos Estados Unidos, por exemplo, revelaram-se com extraordinária rapidez no coeficiente de natalidade, à medida que os noivos adiavam o casamento e os pais em perspectiva adiavam a procriação de filhos, presumìvelmente em razão de condições econômicas desfavoráveis. Embora muitos nascimentos temporàriamente retardados acabem ocorrendo, na medida em que as pessoas procuram ter o número desejado de filhos, alguns jamais ocorrem, graças à interferência de outras circunstâncias. E estas ligeiras flutuações — que poderão assumir muito maior amplitude se forem mais vigorosos os sucessos estimulantes — deixam também sua marca sôbre o futuro remoto, pois influem na distribuição da idade e no número de espôsas, maridos e pais possíveis em alguma data futura. Um resultado dessa suscetibilidade do coeficiente de natalidade ao curso dos acontecimentos é o aumento acentuado das dificuldades da predição da população futura. Como escreve a distinta demógrafa Irene Taeuber: "A resposta ao "Que acontecerá?" ou mesmo ao "Que é o mais provável?" não se encontra na manipulação formal das estatísticas sôbre a população... O problema do futuro do aumento da população é o problema do futuro da cultura" [18].

A mortalidade

À diferença da procriação, a morte não precisa ser estimulada nem sustentada por valôres sociais; pode-se adiar, mas não se pode evitar.

Quando é possível separar o prazer sexual da procriação, esta se converte num ato motivado, sujeito à ação de valores e interêsses complexos e não raro competitivos, e capaz de ser evitado quase totalmente. Ainda que a duração da vida tenha sido consideravelmente prolongada, como ocorreu na sociedade moderna, não pode sê-lo indefinidamente, embora seus limites absolutos permaneçam desconhecidos. Em face da inevitabilidade da morte, a vida em si mesma — sua manutenção e extensão — tem valor positivo. As exceções ocasionais a essa regra — por exemplo, o suicídio requerido pelo ritual (o *hara-kiri* no seio da classe superior japonêsa), a morte sancionada ou aceita pela instituição (o infanticídio ou, entre certos grupos de esquimós, o abandono dos velhos e dos doentes), a aparente disposição para arriscar a vida na guerra — recordam-nos, pelo caráter insólito, o apêgo prevalecente à vida. Todavia, a extensão da vida e a manutenção da saúde são influenciadas por atividades e costumes não raro adotados com descaso — ou ignorância — de seus efeitos sôbre o bem-estar físico; outros valôres além da preocupação pela vida governam as ações dos homens e os que passam todo o tempo tentando manter-se sadios são, assinala Davis, apenas maníacos ou excêntricos [19].

A influência das circunstâncias sociais e culturais sôbre a vida e a morte patenteia-se claramente nas pronunciadas diferenças no cálculo de vida e na mortalidade em diversas sociedades, referidas na Tabela 28, pois parece não se justificar a suposição de que tais diferenças refletem antes uma variação biológica do que uma variação social e cultural.

O coeficiente aproximado de mortalidade utilizado na Tabela 24 é a mais simples medida de mortalidade. Refere o número de mortos em determinado período para cada 1 000 habitantes — ou outro algarismo básico. Conquanto possua valor considerável, o coeficiente aproximado de mortalidade poderá induzir em êrro se fôr empregado no cotejo de sociedades ou grupos diferentes, pois sofre a influência da composição de idade em cada população. O coeficiente aproximado de mortos será maior se houver grande número de pessoas idosas do que se a população incluir elevada proporção de jovens. Em 1962, por exemplo, o coeficiente aproximado de mortalidade no Japão era de 7,5 em comparação com 11,5 na França. Essa diferença deve-se, na França. Essa diferença deve-se, na maior parte, às diferenças na distribuição de idades, pois o cálculo de vida na França é mais elevado que no Japão e os coeficientes de mortalidade em cada grupo de idade são mais baixos na França que no Japão. Mas em 1962, quase dois quintos da população japonêsa tinha menos de 20 anos, e apenas um vinte avos completara 65 anos, ou mais; no mesmo ano, um têrço da população francesa tinha menos de 20 e quase um oitavo completara 65 anos ou mais [20]. A fim de comparar a mortalidade em diferentes

TABELA 28

COEFICIENTES APROXIMADOS DE MORTALIDADE EM 1930 E 1960, E EXPECTATIVA DE VIDA NA OCASIÃO DO NASCIMENTO, EM VÁRIAS DATAS, EM CERTOS PAÍSES

	Coeficiente aproximado de mortalidade		*Expectativa de vida no nascimento*		
	1930	*1960*	*Homem*	*Mulher*	*Ano*
Argentina	12,2	8,2	56,9	61,4	1947
Austrália	8,6	8,6	67,1	72,3	1953-1955
Bélgica	13,4	12,4	62,0	67,3	1946-1949
Canadá	10,8	7,8	67,6	72,9	1955-1957
Costa Rica	22,5	8,6	54,7	57,1	1949-1951
Dinamarca	10,8	9,5	70,1	73,8	1956-1960
Inglaterra e País de Gales	11,4	11,5	68,0	74,0	1960-1962
República Árabe Unida (Egito)	24,9	16,9	51,6	53,8	1960
França	15,9	11,4	67,3	74,1	1962
Índia	24,8	15,1	45,2	46,6	1957-1958
Israel (sòmente a população judia)	9,5	5,7	70,8	72,8	1962
Japão	18,2	7,6	66,2	71,2	1962
Polônia	15,7	7,5	64,8	70,5	1960-1961
Portugal	17,1	10,8	59,8	65,0	1957-1958
Suíça	11,6	9,7	69,5	74,8	1959-1961
Estados Unidos	11,3	9,5	66,8	73,4	1962

Os dados para a elaboração dos coeficientes aproximados de morta lidade, relativos a 1930, foram extraídos de U. N. Statistical Office, *Demographic Yarbook,* 1957, Tabela 8, pp. 186-99. Os dados pa ra a elaboração dos coeficientes aproximados de mortalidade e expectativas de vida relativos a 1960 foram tirados de U. N. Statisti cal Office, *Demographic Yearbook,* 1963, Tabela 23, pp. 536-53, e Tabela 26, pp. 612-25.

sociedades, portanto, calculam-se os coeficientes de grupos de idade específicos ou, então, êsses coeficientes são "padronizados" ou "corrigidos", para eliminar a influência da distribuição de idades. Numa análise detalhada, utiliza-se, às vêzes, a *tabela de vida,* que projeta a expectativa de vida de um grupo nascido na mesma época e sujeito às taxas correntes de mortalidade em cada idade [21].

A duração da vida e o coeficiente de mortalidade sofrem de maneira significativa o influxo do padrão geral de vida — a disponibilidade de alimentos e as solicitações físicas feitas aos indivíduos — e da tecnologia e conhecimentos médicos e práticas sanitárias sancionados pela cultura. Antes do desenvolvimento da indústria moderna e dos meios de transporte, a fome, a subnutrição e a escassez de alimentos eram características recorrentes da vida humana. Calculou-se que nas ilhas britânicas houve mais de 200 períodos de fome entre o século X A. C. e 1846. Na China e na Índia registraram-se períodos de extrema escassez até em épocas relativamente recentes, com enormes perdas de vida causadas pela fome, pelas moléstias e pela violência, que a fome não raro provoca [22]. Se bem a escassez tenha muitas vêzes resultado de desastres naturais — sêcas e inundações — foi também causada, em várias ocasiões, por guerras que devastaram a terra ou romperam as rotinas normais do cultivo e das trocas.

Entretanto, o gênero humano talvez tenha sofrido mais em virtude da subnutrição e das exigências da pobreza, circunstâncias que aumentam a mortalidade e diminuem o tempo de vida, que em razão da drástica e ocasional ocorrência de uma fome total. No mundo moderno, de qualquer maneira, a probabilidade da fome foi nìtidamente restringida. A não ser em áreas geográficas e culturalmente isoladas ou nas que se encontram insuladas por motivos políticos, a ameaça de fome, hoje em dia, tende a ser ràpidamente afastada pela interferência de outras regiões, onde haja excedentes agrícolas. Mas os baixos níveis de vida prevalecem ainda em muitas partes do mundo, e o impacto da pobreza e da produtividade limitada sôbre a mortalidade revela-se nas diferenças que ainda se encontram entre as nações pobres e as ricas — por exemplo, nos coeficientes aproximados de mortalidade, em 1962, de 17,3 e 21,4 na Guatemala e na Indonésia, respectivamente, e nos coeficientes de 8,7, 7,7, e 9,4 na Austrália, no Canadá e nos Estados Unidos. (Certo número de países que se estão desenvolvendo ràpidamente e possuem populações jovens apresenta coeficientes de mortalidade ainda mais baixos: 6,8 em Israel, 7,5 na União Soviética e 6,7 em Pôrto Rico [23].)

O longo declínio observado no coeficiente de mortalidade na Europa Ocidental, iniciado cêrca do fim do século XVIII, coincidiu com a rápida expansão da produtividade, que não só diminuiu as freqüentes carências de artigos de primeira necessidade mas também trouxe consigo os progressos tecnológicos e, depois, médicos, que possibilitaram a prevenção e a cura de moléstias. A melhoria das providências sanitárias, a purificação dos suprimentos de água e o contrôle de moléstias contagiosas contribuíram todos, maciçamente, para uma vida mais longa. A introdução de conhecimentos e técnicas adiantadas para conservar a saúde acarretou substancial declínio dos coeficientes de mortalidade em quase tôdas as partes do mundo nos últimos anos, às vêzes com pasmosa rapidez. No Ceilão, por exemplo, o coeficiente de mortalidade caiu de 19,8 em 1946 para 12,3 em 1949, depois das medidas de pulverização intensiva para controlar a malária e outras providências sanitárias públicas. Entre 1930 e 1934, 24 nações apresentavam coeficientes aproximados de mortalidade de 20,0 ou mais; por volta de 1960, só umas poucas nações na Ásia e na África ainda registravam coeficientes de mortalidade superiores a 20,0 [24].

A acrescentada longevidade e a mortalidade diminuída acabam produzindo um grupo considerável de "cidadãos idosos", cuja presença cria novos problemas e possibilidades. Numa sociedade coesa, tradicional, as pessoas que se aproximam dos 70 anos bíblicos ou os excedem, geralmente se enquadram de pronto num esquema persistente de coisas. Seus conhecimentos são úteis, seu *status* é reconhecido, suas necessidades são atendidas. Numa sociedade urbana, que se modifica ràpidamente, nos Estados Unidos, por exemplo, os velhos talvez já não tenham lugar tão seguro. Os conhecimentos tradicionais e os frutos da longa experiência são amiúde considerados menos importantes que as técnicas racionais e atualizadas. A juventude e a energia podem ser mais estimadas do que a idade e o discernimento, e um recolhimento forçado não raro relega os velhos a ocupações subalternas. A família conjugal, característica da sociedade industrial urbana, pode achar-se incapaz de cuidar dos pais idosos, ou não disposta a fazê-lo, e êstes terão de prover ao próprio sustento ou valer-se de arranjos não familiais, que lhes proporcionem cuidados e amparo. Os velhos, por conseguinte, enfrentam com freqüência complexos problemas de ajustamento — a novos papéis, a um *status* incerto e a dificuldades econômicas. À proporção que cresce o número dêles, podem também vir a constituir um grupo político potencialmente significativo, cujas necessidades os tornarão suscetíveis a apelos radicais — ou reacionários — se dêles não se cuidar efetivamente.

O crescimento da população e o problema malthusiano

Quando se associa a um coeficiente de natalidade invariável ou que declina apenas lentamente, um coeficiente de mortalidade decrescente também conduz ao aumento global da população. A partir de 1650, a data mais remota a cujo respeito se têm dados para a elaboração de estimativas razoàvelmente aproximadas de população, o *aumento natural,* ou seja, a diferença entre os coeficientes de natalidade e mortalidade, não cessou de crescer. Em 1650, a população mundial era calculada em 545 milhões. Entre 1650 e 1750, a população cresceu, à razão de cêrca de 0,29 por cento ao ano, para quase três quartos de bilhão. A taxa anual de crescimento aumentou para 0,44 por cento entre 1750 e 1800, para 0,51 entre 1800 e 1850, para 0,63 no meio século seguinte e para 0,75 entre 1900 e 1940. Neste último ano, a população atingia 2 171 milhões [25]. Entre 1958 e 1962 a taxa anual de crescimento elevou-se para 2 por cento, e a população do mundo aumentou mais de 60 milhões de pessoas por ano.

Essa extraordinária expansão nos últimos anos e a perspectiva de um aumento contínuo e maciço da população voltou a despertar receios de uma super-população, de um mundo de "colmeia", em que haja "apenas lugar para se ficar de pé" [26]. Os números crescentes espevitaram as brasas da controvérsia outrora travada em tôrno das teorias aventadas por Thomas Malthus, sacerdote e economista inglês do princípio do século XIX, cujo *Ensaio sôbre a População* é por muitos considerado como o ponto de partida da análise demográfica moderna. Afirmava Malthus que a população tende a aumentar mais depressa do que a provisão de alimentos e, por conseguinte, a exercer pressão constante contra os meios de subsistência. Porque a satisfação das paixões sexuais conduzem inevitàvelmente à procriação, asseverava Malthus, o único meio para limitar o tamanho da população era a restrição, que equivalia ao celibato ou ao adiamento do matrimônio. Sem essa restrição, os "contrôles positivos" da guerra, do vício, da fome e da peste reduziriam inevitàvelmente a população a um tamanho compatível com sua provisão de alimentos.

Os acontecimentos verificados no século XIX pareceram desaprovar os argumentos de Malthus, porque êle condenava os métodos "artificiais" de contrôle da natalidade e não antevia a possibilidade de uma diminuição no coeficiente de natalidade sem um nítido aumento da idade do casamento. Além disso, deixou de prever os pronunciados acréscimos da produtividade agrícola, ocorridos durante o século XIX e o incremento da importação em larga escala de artigos alimentícios pelas nações por si mesmas incapazes de sustentar quantidades maiores de pessoas.

Não obstante, ainda que a Europa e os Estados Unidos tenha conseguido, até agora, evitar os horríveis sucessos preditos por Malthus, o problema que êle ventilou — a relação entre os recursos e a população — persiste em forma aguda em algumas áreas do mundo. Grande parte da discussão do problema tem sido demasiado genérica, pois tanto os neo-malthusianos quanto seus adversários mais otimistas edificaram sua análise sôbre um cenário mundial em lugar de focalizar as diversas partes do mundo. Se bem tôdas as nações se achem agora cada vez mais ligadas umas às outras, o problema malthusiano assume formas diferentes em lugares diferentes. Saltam-nos mais prontamente à vista êsses contrastes quando consideramos as variáveis relações entre coeficientes de natalidade e coeficientes de mortalidade encontrados nas populações do mundo.

Algumas sociedades — seu número está diminuindo no mundo moderno — apresentam altos coeficientes de natalidade, altos coeficientes de mortalidade e curta expectativa de vida. Suas populações continuam relativamente estáveis porque tanto os nascimentos quanto as mortes mais ou menos se equilibram. Tais sociedades são caracterìsticamente agrícolas, pobres, carecem de desenvolvimento industrial e agora se encontram sobretudo em certas partes da África e da Ásia. Mas possuem *elevado potencial de crescimento,* pois, se viesse a cair o coeficiente de mortalidade, haveria rápido aumento da população; os coeficientes de fertilidade raro diminuem tão depressa quanto os de mortalidade.

Um segundo padrão demográfico encontra-se em países que estão crescendo ràpidamente porque a mortalidade diminui mais depressa que a fertilidade; o coeficiente de natalidade pode, de fato, permanecer em nível elevado, a despeito da maior longevidade e de um coeficiente menor de mortalidade. A maioria dos países europeus ocidentais passou por êsse estádio de crescimento de transição durante o século XIX e muitas nações em outras partes do mundo estão agora experimentando desenvolvimento semelhante — por exemplo, a União Soviética, o Japão e o Brasil.

Quando o coeficiente de natalidade declina e se aproxima do equilíbrio com o coeficiente de mortalidade, a sociedade se vê num estádio de *declínio incipiente.* A Inglaterra, a França e a maioria das outras nações no Ocidente encontram-se nesse estádio. Visto que a expectativa de vida é elevada, a população vai-se tornando cada vez mais velha até ser tão grande a proporção de pessoas idosas que aumenta o coeficiente de mortalidade. Se o coeficiente de natalidade permanecer baixo, poderá registrar-se, finalmente, um declínio real da população. Com efeito, visto que o baixo coeficiente de natalidade reflete o contrôle deliberado da fertilidade pelos indivíduos, o padrão futuro da fertilidade permanece, como já observamos, imprevisível e sujeito às fôrças complexas que influem na disposição das pessoas de ter filhos. A caracterização dêsse tipo de população como tipo que enfrenta um declínio incipiente pode, às vêzes, induzir em êrro; em apenas poucos casos se registrou queda real dos números ou possibilidade iminente de queda da população. Em outras nações, como os Estados Unidos, a elevação dos coeficientes de natalidade deflagrou súbito e impressionante aumento da população.

Visto que as nações que passam pelo estádio de declínio incipiente possuem, de ordinário, economia altamente desenvolvida, não enfrentam problemas de escassez dos recursos necessários à manutenção do seu povo ou à criação das indústrias capazes de proporcionar elevado padrão de vida. Para uma economia industrial em expansão, como a dos Estados Unidos, haverá, provàvelmente, futuros problemas no abastecimento de água que baste não só às necessidades humanas senão também às necessidades industriais, e no conseguimento de quantidades suficientes de materiais cuja provisão seja limitada ou esteja diminuindo potencialmente — por exemplo, petróleo, ferro e outros minerais. Por enquanto, ao menos o rápido crescimento da população não constitui ameaça ao padrão de vida predominante. Não obstante, cria problemas complexos — a satisfação de novas necessidades relativas à educação e à habitação, a construção de novas comunidades ou a ampliação das velhas, a oferta de empregos para uma mão-de-obra que aumenta constantemente, aumentando as instalações públicas requeridas para uma população muito maior. Com o correr do tempo, existe a possibilidade de escassez de água potável e materiais estratégicos, que pode tornar-se crítica, embora a Ciência possa proporcionar recursos que os substituam, através da dessalgação da água do mar, dos materiais sintéticos e de novas fontes de energia.

Nas áreas não industrializadas, que estão experimentando agora súbito aumento de população, ou nas de elevado potencial de crescimento, o problema malthusiano talvez assuma dimensões substanciais. Os críticos da doutrina neo-malthusiana mostraram o êxito das nações ocidentais na absorção de grandes aumentos da população no passado, e referem-se, esperançosos, às estimulantes possibilidades de aumentar a produtividade agrícola através da pesquisa e do desenvolvimento científico. Mas nem mesmo as mais extravagantes consecuções da Ciência — que poderiam, de qualquer maneira, demorar para chegar — seriam capazes de satisfazer as necessidades de uma população que crescesse indefinidamente. As circunstâncias do século XIX, que permitiram ao Ocidente, ao mesmo tempo, industrializar-se e aumentar ràpidamente sua população, talvez não possam repetir-se. A Europa era relativamente pouco povoada no início dêsse crescimento de transição e se achava, portanto, em condições de absorver e sustentar populações maiores. Além disso, cêrca de 60 milhões de emigrantes deixaram a Europa durante o século XIX, partindo para as Américas e outras partes do mundo. Antes da chegada dos europeus, a América do Norte, naturalmente, era um continente muito escassamente povoado e cheio de ricos recursos, que podiam ser explorados.

Poucas ou nenhuma dentre as nações chamadas subdesenvolvidas e que agora experimentam um crescimento de transição reúnem vantagens comparáveis. Alguns países — o Brasil, Quênia, o Equador — terão talvez espaço para uma população em expansão. Mas muitas outras áreas, como o Ceilão, a Grécia, a Índia e o Paquistão já se encontram muito mais densamente povoadas do que se encontrava a Europa há 150 anos, ou do que se acham hoje os Estados Unidos, o Canadá ou a Austrália. Os coeficientes de mortalidade caíram lentamente durante o século XIX; como já o observamos, em alguns países a Ciência moderna diminuiu dràsticamente o coeficiente de mortalidade em pouquíssimos anos. Portanto, os problemas oriundos do aumento da população são muito mais agudos em inúmeras nações do que o foram no passado. E a migração em massa de populações excedentes já não é provável, por questões ao mesmo tempo políticas e econômicas.

O crescimento econômico requer a canalização de recursos para a construção — ou compra — de equipamento produtivo, que não proporciona resultados imediatos em forma de bens de consumo. Enquanto se constroem fábricas, reprêsas, centrais elétricas, minas e estradas, o povo talvez tenha de renunciar à melhoria imediata de suas circunstâncias, além de aprender a aceitar os valôres e disciplinas do industrialismo. (O leitor encontrará breve discussão sôbre o problema da industrialização da sociedade agrícola às pp. 686-688.) Ainda que existam recursos naturais adequados — e não é sempre o caso — a população que cresce ràpidamente e consume quanto produz apenas para se manter viva não deixa excedentes com os quais se pode adquirir o capital de equipamento necessário.

Portanto, a menos de se envidarem esforços drásticos para controlar a fertilidade, muitas nações subdesenvolvidas talvez estejam disputando uma corrida renhida, e talvez perdida, entre o progresso econômico e a população que cresce vertiginosamente. Algumas nações enfrentaram diretamente o desafio demográfico e tomaram providências positivas para diminuir o coeficiente de natalidade. No Japão, muito notadamente, onde já existia uma tradição de limitação familial, o abôrto e a esterilização foram legalizados após a Segunda Guerra Mundial e estabeleceram-se facilidades para proporcionar conselhos anticoncepcionais [27]. O coeficiente aproximado de natalidade, em conseqüência disso, caiu de 33,0 em 1949 para 19,4 em 1955 e 17,2 em 1960. Esforços menos eficazes têm sido feitos na Índia, onde o programa do govêrno, até agora, produziu impacto limitado. A despeito dos programas oficiais, a população continua a aumentar, visto que os coeficientes de mortalidade permanecem inferiores aos coeficientes de natalidade; no Japão a população aumentou de 83 para 93 milhões entre 1950 e 1960. Em muitas partes do mundo, não se fizeram esforços diretos para diminuir a fertilidade e a população continua a crescer com dramática rapidez, à taxa de 2,7 por cento ao ano na América do Sul e no Sudeste da Ásia. Se se perder a corrida entre a população e o crescimento econômico, a predição malthusiana do vício e da miséria poderá realizar-se em alguns lugares, a menos que acuda de fora uma assistência substancial, o que provàvelmente ocorrerá, implicando embora uma grande política de fôrça.

Notas

1 Hanna Rizk, "Population Growth and its Effects on Economic and Social Goals in the United Arab Republic", em Stuart Mudd (ed.), *The Population Crisis and the Use of World Resources* (Haia: Junk, 1964), pp. 169-75.

2 Kingsley Davis, "The Demographic Foundations of National Power", em Morroe Berger, Theodore Abel, e Charles H. Page (eds.), *Freedom and Control in Modern Society* (Nova Iorque: Van Nostrand, 1954), p. 223.

3 Veja Wilbert E. Moore, "Sociology and Demography", em Philip M. Hauser e Otis D. Duncan (eds.), *The Study of Population* (Chicago: University of Chicago Press, 1959), pp. 832-51.

4 Veja Harold F. Dorn, "Pitfalls in Population Forecasts and Projections", *Journal of the American Statistical Association,* XLV (setembro de 1950), 311-34. Lúcida exposição, de alcance popular, oferece Dennis H. Wrong, "The Stork Surprises the Demographers", *Commentary,* XIV (outubro de 1952), 376-82.

5 Veja Regine K. Stix e Frank W. Notestein, *Controlled Fertility* (Baltimore: Williams & Wilkins, 1940); e Gilbert W. Beebe, *Contraception and Fertility in the Southern Appalachians* (Baltimore: Williams & Wilkins, 1942), pp. 97-109.

6 Kingsley Davis, "Human Fertility in India", *American Journal of Sociology,* LII (novembro de 1946), 243-54.

7 Paul H. Landis e Paul K. Hatt, *Population Problems* (2.ª ed.; Nova Iorque: American Book, 1954), p. 159.

8 Dennis H. Wrong, *Population* (ed. rev.; Nova Iorque: Random House, 1959), p. 60.

9 Royal Commission on Population, *Report* (Londres: Her Majesty's Stationery Office, 1949 (impressão de 1953)), p. 38.

10 J. A. Banks, *Prosperity and Parenthood* (Londres: Routledge, 1954), p. 8.

11 Veja John W. Innes, *Class Fertility Trends in England and Wales, 1876-1934* (Princeton: Princeton University Press, 1938).

12 A. J. Jaffee, "Urbanization and Fertility", *American Journal of Sociology,* XLVIII (julho de 1942), 47-60.

13 Banks, *op. cit.* Veja sobretudo a discussão resumida no capítulo XII.

14 U. S. Department of Commerce, *Current Population Reports: Population Characteristics* (Washington, D. C.: U. S. Government Printing Office, Série P-20, N.º 108, 12 de julho de 1961), p. 4.

[15] Veja, por exemplo, Morris Axelrod *et al.*, "Fertility Expectations of the United States Population", *Population Index,* XXIX (janeiro de 1963), pp. 25-31.

[16] Veja, por exemplo, Wendell Bell, "Social Choice, Life Styles, and Suburban Residence", em William Dobriner (ed.), *The Suburban Community* (Nova Iorque: Putnam, 1958), pp. 225-47.

[17] Veja Wilson H. Grabill, Clyde V. Kiser e P. K. Whelpton, *The Fertility of American Women* (Nova Iorque: Wiley, 1958); e Charles F. Westoff, Robert G. Potter Jr., e Philip C. Sagi, *The Third Child* (Princeton: Princeton University Press, 1963).

[18] Irene Taeuber, "The Future of Transitional Areas", em Paul K. Hatt (ed.), World Population and Future Resources (Nova Iorque: American Book, 1952), p. 28.

[19] Kingsley Davis, *Human Society* (Nova Iorque: Macmillan, 1952), p. 28.

[20] U. N. Statistical Office, *Demographic Yearbook, 1963* (Nova Iorque: United Nations, 1964), pp. 200-1, 210-1, 547,549.

[21] Análise pormenorizada fazem Louis I. Dublin, Alfred J. Lotka e Mortimer Spiegelman, *Length of Life* (ed. rev.; Nova Iorque: Ronald, 1949). O leitor encontrará um breve resumo em Wrong, *Population,* pp. 39-45.

[22] Warren S. Thompson e David T. Lewis, *Population Problems* (5.ª ed.; Nova Iorque: McGraw-Hill, 1965), apresentam uma sucinta discussão da freqüência das fomes na História e suas conseqüências.

[23] *Demographic Yearbook, 1963,* Tabela 23, pp. 536-53.

[24] *Ibid.*

[25] Davis, *op. cit.,* p. 596.

[26] Veja, por exemplo, Harrison Brow, *The Challenge of Man's Future* (Nova Iorque: Viking, 1954); Karl Sax, *Standing Room Only* (Boston: Beacon, 1955); e William Bogt, *Road to Survival* (Nova Iorque: Sloane, 1948).

[27] Veja Irene Taeuber, *The Population of Japan* (Princeton: Princeton University Press, 1958), Cap. 13.

Sugestões para novas leituras

BANKS, J. A. *Prosperity and Parenthood.* Londres: Routledge, 1954.
Interessante estudo histórico das circunstâncias que estimularam o uso difundido do contrôle da natalidade na Inglaterra na última parte do século XIX.

BOGUE, DONALD J. *The Population of the United States.* Nova Iorque: Free Press, 1959.
Descrição e análise enciclopédica da população dos Estados Unidos. Útil não só como livro de referência, mas também por sua interpretação de padrões demográficos.

BROWN, HARRISON. *The Challenge of Man's Future.* Nova Iorque: Viking, 1954.
Exame pessimista, mas ponderado, das perspectivas futuras nas relações entre população e recursos.

DAVIS, KINGSLEY. *The Population of India and Pakistan.* Princeton: Princeton University Press, 1951.
Notável demógrafo-sociólogo examina com sumo cuidado a população de áreas subdesenvolvidas, cujos dados demográficos são de qualidade e amplitude variáveis.

DAY, LINCOLN e ALICE. *Too Many Americans.* Boston: Riverside, 1964.

Ponderada apreciação dos problemas da crescente população norte-americana.

FREEDMAN, RONALD (ed.). *Population: The Vital Revolution.* Garden City: Doubleday Anchor Books, 1964.

Legível coleção de ensaios sôbre problemas populacionais contemporâneos.

HAUSER, PHILIP M. (ed.). *The Population Dilemma.* Englewood Cliffs: Prentice-Hall, 1963.

Dez especialistas sôbre população consideram vários aspectos da situação demográfica contemporânea.

HAUSER, PHILIP M. (ed.). *Population and World Politics.* Nova Iorque: Free Press, 1958.

Coletânea de escritos sôbre tendências, perspectivas e políticas populacionais e suas relações com a política e o poder em várias partes do mundo.

HAUSER, PHILIP M. e OTIS DUDLEY DUNCAN (eds.). *The Study of Population: An Inventory and Appraisal.* Chicago: University of Chicago: University of Chicago Press, 1959.

Escritos de vários autores sôbre os principais problemas da demografia, seu desenvolvimento como campo de estudos, seu status *em diferentes partes do mundo e suas relações com as ciências sociais e biológicas.*

MAYER, KURT. *The Population of Switzerland.* Nova Iorque: Columbia University Press, 1952.

Estudo completo da população suíça: seu desenvolvimento histórico, suas características atuais, seus padrões de migração interna e suas perspectivas futuras.

SAX, KARL. *Standing Room Only.* Boston: Beacon, 1955.

Pessimista discussão de um botânico sôbre os perigos da superpopulação.

SPENGLER, JOSEPH J. e OTIS DUDLEY DUNCAN (eds.). *Demographic Analysis.* Nova Iorque: Free Press, 1956.

SPENGLER, JOSEPH J. e OTIS DUDLEY DUNCAN (eds.). *Population Theory and Policy.* Nova Iorque: Free Press, 1956.

Êsses dois volumes contêm ampla coleção de artigos sôbre todos os aspectos da população.

TAEUBER, IRENE. *The Population of Japan.* Princeton: Princeton University Press, 1958.

Imponente e ampla análise das tendências populacionais numa sociedade industrial oriental.

THOMLINSON, RALPH. *Population Dynamics.* Nova Iorque: Random House, 1965.

Texto que focaliza as tendências demográficas mundiais.

WRONG, DENNIS H. *Population,* ed. rev. Nova Iorque: Random House, 1959.

Excelente e breve introdução aos principais conceitos e problemas do estudo da população.

POPULATION STUDIES *é um periódico que trata ùnicamente de problemas demográficos. Além disso, a ONU publica regularmente um* Anuário Demográfico *e relatórios circunstanciados sôbre problemas e áreas específicas.*

QUINTA PARTE

ORDEM SOCIAL, DESVIO E MUDANÇA

A CONFORMIDADE E O CONTRÔLE SOCIAL

A conformidade e a socialização

Dissemos que a Sociologia começa com dois fatos básicos: o comportamento humano segue padrões regulares e repetitivos, e as pessoas em tôda a parte vivem com outras pessoas e não sòzinhas. Na maior parte, as regularidades do comportamento humano refletem a presença da cultura e de uma disposição ordenada das relações sociais. Nossa análise versou alguns dos modos principais por que está organizada a vida social e a maneira pela qual as instituições definem e regulam as ações dos homens. Embora a ordem social seja assim mantida pelas normas que governam as relações recíprocas dos homens — *folkways, mores,* leis e outras regras — persiste mais uma pergunta: *Por que* se conformam geralmente os homens às instituições que definem o comportamento necessário ou apropriado?

A conformidade, de que aqui nos ocupamos, é, às vêzes, criticada como antítese da individualidade; como indicação de ação, atitudes e crenças padronizadas; e como evidência da relutância em opor-se às marés preponderantes da opinião e da moda. Alguns críticos sociais lamentam a tendência para aceitar as coisas como elas são, para assumir, em determinadas ocasiões, a atitude do Pangloss de Voltaire, que via à sua volta, onde quer que fôsse, "o melhor de todos os mundos possíveis". Pode ser que haja substância e capacidade de persuasão nessas lamentações, mas certa dose de conformidade é, sem dúvida, precondição de uma sociedade ordenada. Se as pessoas nunca puderem predizer as ações dos outros, se os homens não cumprirem geralmente suas obrigações ordinárias, e se ignorarem e transgredirem tôdas as regras sociais, a sociedade não pode existir. Sòmente se a sociedade fôsse ordenada como colmeia ou formigueiro, ou se, como no *Brave New World,* de Aldous Huxley, os homens fôssem rigorosamente condicionados, ainda na fase embrionária, para seus futuros papéis sociais, poderia ser completa a conformidade. Certas áreas de comportamento em tôdas as sociedades permanecem não reguladas, e até nos regimes "totalitários" o material humano refratário sempre descobre técnicas de resistência à subordinação total [1]. Entretanto, o significado assim da individualidade como da não conformidade só se encontra em relação às normas sociais a que grande número de pessoas se conforma na maior parte do tempo.

Os povos são obrigados a obedecer aos ditames de sua cultura de maneiras diferentes. Algumas das pressões no sentido da conformidade são internas, derivadas das necessidades, desejos e interêsses do indivíduos. Em certo sentido tais pressões são também de desenvolvimento (biográficas e históricas), pois se encaixam na pessoa no curso da experiência social. Outras coerções, que asseguram a aceitação de normas aceitas, são externas, derivadas da cultura e das exigências da vida social, e funcionam nas situações concretas em que os homens se encontram. Já vimos que o poder, a autoridade e a religião servem para induzir à obediência às normas sociais; existem outras formas instituciònais de contrôle social, que serão examinadas neste capítulo.

O indivíduo assimila as coações internas, que estimulam a conformidade, no processo de socialização que nas sociedades modernas se verifica principalmente no interior da família, no grupo de iguais e na escola. Vimos, no capítulo 4, a maneira pela qual o costume se transforma em hábito, as metas socialmente aprovadas em ambições pessoais, e os valôres sociais em consciência auto-reguladora. Os indivíduos, portanto, são incentivados a fazer o que requer a cultura, porque sentem que isso é costumeiro, é "direito", ou conduzirá aos resultados almejados.

No decurso da socialização, o indivíduo também aprende a ser sensível aos juízos e expectativas dos outros, que servem, direta e contìnuamente, como instrumentos de contrôle social. Assim como o respeito próprio vem a depender da maneira pela qual os outros reagem ao comportamento de uma pessoa, assim as antecipações de aprovação ou desaprovação influem naquilo que se faz, e a aprovação ou a crítica reforça — ou inibe — a probabilidade de uma ação semelhante no futuro.

Em *The Lonely Crowd,* David Riesman sustentou que as maneiras pelas quais a socialização estimula a conformidade podem mudar de um período histórico para outro. Nos Estados Unidos, diz êle, a sensibilidade aos juízos alheios ("direção para os outros") tornou-se um "modo de conformidade" cada vez mais importante, ao passo que a influência da tradição e do costume ("direção para a tradição") e os padrões impostos a si mesma e incorporados na consciência da pessoa ("direção para dentro") se tornaram menos significativos. Riesman atribui a mudança a alterações importantes na cultura e na estrutura social — o aumento da preocupação pelo consumo; a difusão da burocracia, onde a "personalidade", ou seja, a maneira pela qual impressionamos as pessoas, é mais importante que o "caráter"; as conseqüentes mudanças nas práticas de criação dos filhos e na educação, que estimulam as crianças a desenvolver uma sensibilidade "de tipo radar" em relação aos outros em lugar de um "giroscópio" interno que mantém prêsa a seu curso atual a pessoa dirigida pelo interior [2].

Essa interpretação foi criticada não só no ponto de vista histórico mas também do ponto de vista teórico e foi modificado em alguns trechos pelo próprio Riesman [3]. Sustentou-se que mesmo no século XIX os norte-americanos se preocupavam muitíssimo com as opiniões dos outros, em parte por causa do igualitarismo, que impedia a emergência de uma estrutura de *status* claramente definida que indicasse a cada indivíduo o seu lugar. As categorias de Riesman — "direção para os outros", "direção para dentro", "direção para a tradição" — asseveram os críticos, são não apenas "modos de conformidade", isto é, atributos psicológicos, mas também valôres culturais. Essa ambigüidade, entretanto, reflete, às vêzes, estreita relação entre valôres e as origens da conformidade. A afabilidade sociável e o pronto ajustamento a exigências sociais podem, assim, ser preferidos à perseverança na busca incansável de metas particulares, embora socialmente aceitáveis. Alternativamente, o reconhecimento de normas tradicionais pode ser considerado mais importante que a satisfação de necessidades pessoais ou de amistosa sociabilidade. Apesar dessas críticas, não destituídas de alguma substância, a interpretação da conformidade apresentada por Riesman, que tenta usar a socialização e a estrutura social num contexto de mudança social, possui considerável interêsse teórico e, em nosso entender, projeta muita luz sôbre alguns aspectos da cultura e do caráter norte-americanos.

As tendências para a conformidade resultantes da socialização não conduzem, todavia, à aquiescência automática ou mecânica a exigências culturais. A sujeição a normas sociais — que não raro permitem alguma variação no comportamento — pode ser espontânea e voluntária, livre de incerteza e dúvidas. Mas tanto a dinâmica da personalidade quanto a natureza da sociedade impedem a obediência inquebrantável e passiva a todos os imperativos culturais. A satisfação pessoal e as exigências sociais são freqüentemente antagônicas; nem a mais completa socialização será capaz de sujeitar de todo em todo os impulsos privados. Com efeito, a própria socialização é capaz de gerar um conjunto conflitante ou incoerente de pressões, que empurram em direções diferentes; a tradição parece, às vêzes, exigir determinado curso de ação, nossa consciência talvez dite outro, e é possível que as outras pessoas esperem um terceiro. A sociedade muitas vêzes requer um comportamento desagradável, difícil, enfadonho e que, portanto, será evitado, se isto fôr possível. De mais a mais ninguém espelha exatamente a cultura, fato inerente à vida social, e existem sempre os que dão um exemplo, não raro perturbador e, às vêzes, revigorante, pelo desprêzo de algumas ou mesmo da quase totalidade das prescrições culturais.

Por conseguinte, para assegurar uma conformidade substancial, as pressões destinadas a lograr a concordância com as exigências sociais e culturais assimiladas pelo indivíduo em sua experiência e adestramento anteriores precisam ser completadas e reforçadas, e as tendência para o comportamento divergente, que derivam da personalidade, da cultura e da estrutura social precisam, de certo modo, ser refreadas. No capítulo 19 examinaremos as fontes do comportamento divergente. Aqui estudaremos os mecanismos do contrôle social pelos quais as pessoas são induzidas — ou constangidas — a obedecer às normas sociais.

A reciprocidade

Claro está que a própria estrutura das relações sociais contém vários mecanismos que induzem à conformidade. Tôda pessoa se vê prêsa numa rêde de expectativas e obrigações recíprocas, que a força a exercer atividades socialmente sancionadas. A importância da *reciprocidade* como meio de obter a obediência a normas sociais é claramente demonstrada por Bronislaw Malinowski no estudo sôbre os ilhéus de Trobriand. O habitante de Trobriand, assinala Malinowski, não segue a tradição e o costume ""servilmente". "inconscientemente", "espontâneamente", através da "inércia mental", combinada com o mêdo da opinião pública ou do castigo sobrenatural; nem mesmo através de um "sentimento grupal, quando não de um instinto grupal universal"" [4]. Em vez disso, a conformidade é assegurada pela pressão no sentido de cumprir as obrigações que têm as pessoas umas com as outras. Essas dívidas sociais são, amiúde, claramente definidas; a troca econômica, por exemplo, assume a forma de presentes a parceiros regulares.

> A aldeia do interior provê o pescador de vegetais; a comunidade litorânea paga com peixes (...) Êsse sistema de obrigações mútuas (...) força o pescador a retribuir sempre que recebe um presente do parceiro do interior, e vice-versa. Nenhum parceiro pode recusar, nenhum dêles pode ser mesquinho no presente de retribuição, e nenhum deve tardar em retribuir [5].

Nominalmente, êsses presentes são oferecidos de graça mas, não obstante, mantém-se cuidadosa conta-corrente e, com o correr do tempo, espera-se que as coisas dadas e as coisas recebidas se equilibrem, "beneficiando igualmente ambos os lados".

Um sistema de troca econômica é talvez o exemplo mais nítido e visível de reciprocidade, mas também aparece em muitas áreas da vida social. Entre os ilhéus de Trobriand, observa Malinowski, o matrimônio e os laços familiais fundam-se em obrigações recíprocas; o irmão de uma mulher proporciona alimento à irmã, mas o marido dela precisa dar ao cunhado presentes periódicos. O luto de uma viúva pelo marido morto — obrigação devida ao clã do falecido — é retribuído com pagamentos rituais.

As relações sociais raro se definem pelos próprios participantes em têrmos de serviços prestados ou obrigações devidas uns aos outros, mas as pessoas se acham freqüentemente ligadas pela troca recíproca de benefícios. Espera-se que os amigos se convidem uns aos outros para jantar, que os parentes permutem presentes, que os políticos retribuam as contribuições feitas à sua companha com nomeações políticas ou outros favores. Êsse dar e receber é também processado sutil e quase imperceptìvelmente. Escreve Georg Simmel:

> Dessa maneira, um indivíduo talvez dê "espírito", isto é, valôres intelectuais, ao passo que outro demonstra sua gratidão dando-lhe em troca valôres afetivos. Outro oferece os encantos estéticos de sua personalidade, por exemplo, e o recebedor, eventualmente de natureza mais forte, compensa-o injetando nêle fôrça de vontade, por assim dizer, ou firmeza e resolução [6].

A contínua barganha de benefícios edifica uma estrutura de obrigações que todo participante pode evocar no futuro, obrigando o outro a vários tipos de ações. O não oferecimento de algo apropriado em troca do que se dá pode enfraquecer as relações e diminuir a probabilidade de persistência do padrão estabelecido de interação.

A participação em qualquer sistema de reciprocidade funda-se, indubitàvelmente, no hábito, na aceitação do costume e da tradição e no interêsse da pessoa pela sua boa reputação mas, além disso, freqüentemente se podem haver lucros significativos da conformidade, bem como se podem sofrer perdas não menos significativas pelo não cumprimento das obrigações. Os pescadores e lavradores de Trobriand são ambos beneficiados pelas trocas e ambos perderiam se se rompessem os arranjos existentes. Ganham os amigos com a sociabilidade mútua, marido e mulher comprazem-se um no outro, os parentes apreciam as recíprocas generosidades e os políticos e contribuintes de suas campanhas recolhem benefícios de sua mútua ajuda.

Por trás dêsses padrões de benefícios recíprocos, afirma Alvin Gouldner, existe uma "norma de reciprocidade", que requer que as pessoas ajudem as que se ajudaram e evitem quanto possa envolver prejuízo para aquelas de que receberam benefícios. Essa norma, sustenta Gouldner, encontra-se em tôdas as sociedades, conquanto as obrigações específicas que as pessoas devem umas às outras sejam, naturalmente, definidas de várias maneiras pelas culturas diferentes e, não raro, dependentes do valor dos serviços prestados [7].

As sanções

A despeito das recompensas positivas que se podem haver da conformidade — satisfação própria, elogio, prestígio ou benefícios concretos — e da persistente influência da socialização anterior, há ocasiões em que, por vários motivos, os homens propendem a não dar atenção aos ditames da cultura. Os que desafiam as normas sociais — e são descobertos — estão sujeitos a vários tipos de *sanções* ou penalidades. (As infrações particulares e não descobertas, naturalmente, permanecem impunes, a não ser pelo sentimento de culpa ou pela ansiedade que possam gerar.) Está visto que, por si mesma, a ameaça de sanções não é necessàriamente bastante a impedir a não conformidade, mas contribui para as pressões que compelem à obediência das prescrições culturais.

Cada grupo ou organização possui, caracterìsticamente, suas próprias sanções, impostas aos membros pela violação de normas de grupo. Os membros de um grupo informal de amigos podem punir o transgressor dos seus padrões com o ridículo e a zombaria ou, se a transgressão fôr séria, com a exclusão de suas atividades. Os pais norte-americanos da classe média empregam várias sanções para obrigar os filhos ao comportamento adequado: proibição temporária de prazeres costumeiros, como assistir à televisão ou ir ao cinema, suspensão da mesada, uma surra ou, em certas ocasiões, a retirada temporária da afeição.

A arreliação, a zombaria e a franca expressão de desaprovação pela família ou pelos amigos constituem sanções particularmente eficazes porque procedem de pessoas cuja boa opinião tende a ser altamente apreçada e ameaçam relações sociais em que os indivíduos têm pesado investimento emocional. Numa comunidade pequena, unida, em que a vida é dominada por essas relações, a censura ou a rejeição por parte de um parente pode pôr em perigo o lugar de uma pessoa na estrutura social total. O anonimato, a mobilidade e os variados grupos sociais da sociedade urbana, por outro lado, reduzem a eficácia das sanções informais e aumentam a necessidade de outros meios, mais formais, de contrôle social.

Em organizações formais existem, por via de regra, penalidades regularmente definidas para as infrações das normas da organização. Um trabalhador que desobedece aos regulamentos da companhia pode ser suspenso por algum tempo, ou até dispensado. A violação do código de ética médica acarreta, às vêzes a expulsão da Associação Médica Norte-Americana e, o que é mais importante, do grupo profissional local, ou ainda, em casos graves, a apreensão da licença para exercer a Medicina. Da mesma forma, a conduta de um advogado contrária aos preceitos éticos conduzirá à perda do direito de advogar. Os membros de sindicatos podem ser expulsos por "conduta imprópria de um membro", e os jogadores profissionais de basebol são multados ou suspensos por procedimento inadequado no campo de jôgo. Tôdas essas sanções só podem ser impostas por quem de direito e, em muitos casos, estão sujeitas à apreciação legal.

Como associação, a igreja também impõe sanções — a excomunhão, a penitência, a ameaça da condenação eterna — mas tais sanções são "supra-sociais", pois interessam não só as relações entre o indivíduo e a igreja mas também as relações com um poder mais alto [8]. A efetividade das sanções religiosas apóia-se na crença em idéias religiosas e na aceitação da autoridade ou do poder do líder ou do funcionário religioso.

Com exceção da família e, às vêzes, da escola, que pode impor castigos físicos menores, sòmente o Estado possui o direito reconhecido e legítimo de aplicar a fôrça física para manter a ordem e a conformidade. Além da prisão, dos trabalhos forçados ou da execução, pode o Estado, naturalmente, aplicar outras penalidades — por exemplo, multas e cassação de privilégios legais. Mas atrás dessas punições existe a possibilidade de medidas coercitivas. Em virtude do seu poder, constitui o Estado, claramente, uma das instituições centrais para impor a sujeição a muitas normas sociais. Entretanto, como vimos no capítulo 13, sua influência também é habitualmente definida e limitada pela lei e pela tradição. O govêrno ora procede com grande reserva, restringindo suas sanções potenciais a uma série limitada de ações proibidas ou requeridas, ora, como acontece nas sociedades totalitárias, tenta penetrar e controlar as áreas da vida social.

As sanções controlam diretamente o comportamento desestimulando o mau procedimento e indiretamente aplicando as regras estabelecidas. Conquanto a maioria dos homens se veja talvez coibida de violar leis ou convenções, pelo menos em parte, pelas possíveis conseqüências da violação, existem sempre os que acintemente — ou impensadamente — se arriscam à punição a fim de alcançar metas pessoais. A possibilidade da execução não deteve as mãos de muitos assassinos, e o criminoso profissional muitas vêzes se julga suficientemente esperto para escapar ao descobrimento e à prisão. Mas, como assinala Durkheim, a importância sociológica do castigo reside nos efeitos sôbre os que o impõem bem como sôbre os que lhe estão sujeitos.

A reação social que denominamos "punição" deve-se à intensidade dos sentimentos coletivos que o crime ofende; mas, vista por outro ângulo, tem a função útil de manter tais sentimentos no mesmo grau de intensidade, pois êles não tardariam a diminuir se não se punissem as ofensas que lhes são dirigidas [9].

Parece provável que o desprêzo declarado da lei ou da convenção por parte de alguns indivíduos provoque desejos recalcados ou ocultos em outros para fazerem o mesmo. O Rei Lear de Shakespeare enxerga claramente essa possibilidade.

Ó tu, bedel tratante, detém tua
 mão infame!
Por que açoitas aquela prostituta? Desnuda
 tuas próprias costas.
Estás morto por usá-la da mesma forma
Pela qual a chicoteias. O usurário
 enforca o trapaceiro.

A punição do ofensor ajuda a refrear os impulsos recém-estimulados e assim reforça a submissão às normas sociais.

As válvulas de segurança institucionalizadas

Indicamos acima que as sanções são necessárias, não só em razão da persistência dos desejos pessoais senão também em virtude das inclinações e pressões geradas pela própria sociedade. Como tivemos ocasião de assinalar no capítulo 4, uma das principais contribuições de Freud à nossa compreensão da personalidade é o conhecimento da tensão persistente entre os impulsos básicos e as exigências da vida social. O próprio processo de socialização, que cria desejos e dirige impulsos para canais culturalmente aprovados, também impõe, necessàriamente, limites à expressão de impulsos fundamentais.

Muitos sentimentos e emoções gerados pela experiência social enquadram-se nas necessidades da sociedade, mas alguns dêles são, às vêzes, difíceis de se expressar de maneira aceitável. Nenhuma sociedade se acha organizada de tal forma — felizmente — que haja completa correspondência entre a cultura e a personalidade e tôda pessoa se enquadre prontamente em seu nicho social, adotando sem discussões meios culturalmente aprovados para buscar objetivos culturalmente sancionados. Além disso, a própria vida social impõe frustrações e restrições até às necessidades e aspirações que cria; as incoerências da cultura e da organização social deixam insatisfeitos, quase inevitàvelmente, alguns desejos e ambições.

Muitas espécies de padrões culturais, entre os quais brincadeiras, jogos e esportes, vários gêneros de rituais e formas reguladas de conflitos, proporcionam vazões para as tensões geradas por restrições sociais e incongruências culturais e estruturais. Sem tais vazões, as tensões podem traduzir-se por várias castas de comportamento divergente (veja o capítulo 19) ou redundar no rompimento das relações sociais existentes.

Entre as muitas funções sociais e psicológicas do humor está a liberação emocional em situações difíceis, resultado que se consegue não dando muita atenção às próprias dificuldades ou expressando agressão contra pessoas hostis ou ameaçadoras. Num comentário irônico sôbre sua pobreza, muitas vêzes crônica, os judeus da Europa Oriental dizem: "Quando um judeu pobre come galinha, um dos dois está doente". O gentio, que representava perigo, era freqüentemente alvo de piadas dos judeus, vazão inofensiva para a hostilidade. Dollard observou uma função semelhante do humor entre os negros do Sul, que têm poucas oportunidades para expressar diretamente sua cólera e seu antagonismo em relação aos brancos dominantes [10]. A piada seguinte, por exemplo, circulava entre estudantes negros de universidade:

Uma criada de côr e sua patroa branca ficaram grávidas e deram à luz ao mesmo tempo. Alguns meses mais tarde, a mulher branca entrou correndo na cozinha e disse:

— Oh, meu filhinho disse hoje sua primeira palavra.

O garotinho prêto, que estava numa cesta, no chão, olhou à sua volta e perguntou:

— Disse, é? O que foi que êle disse? [11]

Para os grupos dominantes, o humor serve para justificar e sustentar sua posição vantajosa; os brancos, por exemplo, contam histórias que ilustram a disposição dos negros para aceitar um *status* subordinado, e os gentios referem piadas a respeito de judeus repugnantes.

Grande parte do humor versa atividades quase sempre rigorosamente reguladas, como o comportamento sexual. Na conversação inconseqüente ou através de piadas é possível dar vazão, ainda que apenas indiretamente, aos sentimentos gerados por severa restrição. Da mesma forma, relações delicadas ou ambíguas, como as que se mantêm com sogras, constituem não raro alvo do humor, que proporciona uma vazão institucionalmente aprovada para a hostilidade ou o antagonismo. Relações difíceis são, às vêzes, facilitadas por brincadeiras e piadas regularizadas entre as pessoas envolvidas.

Os jogos e desportos, como o humor, podem também servir de vazões para emoções reprimidas. "Tôdas as pessoas", observa Max.

Lerner, "por mais civilizadas que sejam, precisam ter uma oportunidade de bradar por sangue" [12]. (Se Freud tiver razão, a necessidade dêsse tipo de libertação antes aumenta que diminui com o progresso da civilização.) Muitos esportes populares norte-americanos — o boxe, a luta-livre, o futebol, o hóquei — proporcionam ao espectador oportunidades de experimentar vicàriamente o sôco demolidor, o trança-pé maldoso, o encontrão irrestrito. No entanto, essas atividades são suaves em contraste com a violência ritualizada da tourada, da arena romana, das brigas de galos ou do enforcamento público. É uma hipótese plausível, mas ainda não sistemàticamente comprovada, que a extensão da violência tolerada e sancionada numa sociedade varia na razão direta da fôrça dos impulsos agressivos gerados pelo processo de socialização e pelas exigências culturais predominantes.

O ritual e o lazer também proporcionam libertação das tensões produzidas no curso normal da vida social. A maioria das sociedades primitivas tem ocasiões regulares em que se modificam ou variam as rotinas diárias ou, em alguns casos, se substituem pela licença ritualizada. Na Europa medieval, os dias de festas proporcionavam interrupções da mesmice da atividade cotidiana, bem como permitiam o desprêzo momentâneo de convenções estabelecidas e a fuga temporária aos padrões aceitos de deferência e respeito. Na Festa dos Bobos, por exemplo, celebrava-se uma missa simulada, acompanhada de bufonarias e seguida de regabofes. A essência da festa "era que a relação entre o senhor e o homem, o amo e o escravo, devia, por um momento, virar de pernas para o ar" [13].

Embora as modernas atividades do lazer exerçam outras funções — por exemplo, como símbolos de *status* ou avenidas de sociabilidade — ensejam, òbviamente, a mudança de ritmo e oportunidades de auto-expressão. Parece provável que a difusão de férias formalizadas, da crescente participação em esportes como o gôlfe, o tênis e o boliche, e a grande popularidade da caça, da pesca, da vela, do esqui e do bote nos Estados Unidos reflitam não só a prosperidade econômica, mas também a necessidade de fugir à impessoalidade e à organização formal de uma sociedade cada vez mais burocratizada. Grande parte dessa própria atividade recreativa, entretanto, muitas vêzes se torna altamente ritualizada e superorganizada, diminuindo assim a espontaneidade e a libertação que pode proporcionar.

Outras vazões se encontram em muitas áreas da vida social. O ritual religioso também oferece oportunidades de catarse emocional, bem como de reforçar as normas sociais congregando as pessoas numa comunidade coesa. Nas sociedades primitivas, afirma Clyde Kluckhohn, a feitiçaria serve, não raro, de vazão à hostilidade, enquanto o mêdo de ser enfeitiçado estimula a conformidade [14]. A intensa vida emocional no seio da família de classe média moderna, em muitos casos, pelo menos, liberta tensões construídas num mundo cotidiano impessoal e burocrático. Como assinala Parsons, a segurança emocional em algumas relações sociais — a compreensão, a aceitação e a tranqüilidade oferecidas por outra pessoa — diminui as tendências para o comportamento agressivo ou divergente em outros pontos [15].

A solidariedade e o consenso

Finalmente, a conformidade a normas sociais é incentivada pela manutenção da *solidariedade* (coesão social). Quanto maior fôr a identificação recíproca dos membros de uma sociedade ou de um grupo e quanto mais robustos forem os laços que os unem num todo social, menores serão as probabilidades de que venham a infringir-lhe os costumes, as convenções ou as leis.

Releva notar que a solidariedade não é, necessàriamente, boa nem má; suas conseqüências em cada situação precisam ser julgadas separadamente. Uma sociedade autoritária pode ser muito unida, apoiada num consenso aceito e num senso de identificação que impede a possibilidade de oposição e crítica. Por outro lado, uma democracia coesa e estável pode fundar-se num consenso que admite grande dose de individualismo e liberdade. Mas se quiser sobreviver como modo ordenado de vida, qualquer sociedade, autoritária ou democrática, terá de apelar para algumas lealdades comuns e dispor de suficiente concordância a respeito de valôres culturais.

Na sociedade primitiva, como o demonstrou Durkheim, a coesão social baseia-se principalmente nos valôres a que todos os membros do grupo prestam obediência. Em sociedades complexas, diferenciadas, êsse consenso já não é tão vasto que una tôda a trama social, pois vários grupos podem adotar concepções diferentes, senão competidoras, do bom e do mau, do certo e do errado. A solidariedade nas sociedades adiantadas funda-se, em parte, na interdependência —a divisão do trabalho com sua estrutura de papéis entreligados, obrigações mútuas e serviços recíprocos [16]. Entretanto, sem a partilha de alguns valôres, a unidade de uma sociedade complexa correria perigo ou seria enfraquecida. A sociedade norte-americana, por exemplo, mantém-se unida até certo ponto pelo acôrdo sôbre a desejabilidade e a importância da consecução e do êxito, do trabalho, da eficiência, da igualdade, do progresso, da liberdade, da democracia e do patriotismo [17]. Poucos norte-americanos negariam abertamente a autoridade moral dos Dez Mandamentos ou do Sermão da Montanha, ainda que sua relevância em situações específicas seja muitas vêzes pouco clara, ou que outras fôrças sociais instiguem os homens a desprezá-los.

Justificando e defendendo os valôres culturais, encontram-se os mitos e as lendas, as versões aceitas da história, os fatos e suposições acêrca do homem, da sociedade e da natureza que, ligados aos valôres, constituem a *ideologia.* Uma ideologia raro se acha ordenada num todo lògicamente coerente ou cuidadosamente comprovado em relação à realidade que afirma descrever e explicar, embora os "ideólogos" — escritores e eruditos — busquem muita vez proclamar uma clara e congruente posição intelectual, sobretudo quando se lhes contestam os valôres e as crenças. Nem os indivíduos que apóiam uma ideologia endossam, necessàriamente, todos os seus princípios. Não obstante, crenças comuns em relação ao mundo, ainda que inconseqüentes e errôneas, também servem, como os valôres que elas justificam, de elementos unificadores da sociedade. Além disso, ensejando uma interpretação comum de homens e acontecimentos, levam as pessoas a definir situações sociais e a reagir a elas de maneira semelhante, aceitando a propriedade — ou inevitabilidade — assim de seus atos como dos atos alheios. (Está visto que as diferenças ideológicas podem acarretar e justificar a hostilidade e o conflito; as revoluções encerram — e nelas se apóiam — ideologias que impugnam a ordem estabelecida, e as diferenças de grupos — internacionais ou intranacionais — são amiúde refletidas e sustentadas por ideologias concorrentes.)

Os símbolos e rituais que expressam valôres e crenças comuns e ressaltam a unidade do grupo também reforçam o consenso e a solidariedade. A bandeira, a coroa e a cruz simbolizam a nação, o império e a comunidade e doutrina religiosa, e servem de focos unificadores de interêsse, que estimulam e reforçam lealdades comuns. O ritual — por exemplo, a continência à bandeira, a posse de um Presidente ou a coroação de um soberano, uma revista ou parada militar — reforça a lealdade ao grupo emprestando a ocasiões coletivas importância e solenidade e recordando ao indivíduo suas responsabilidades sociais e sua participação no todo. Além disso, os rituais também têm significado simbólico pois representam o mito, a tradição, valôres partilhados e obrigações aceitas.

Cada grupo da sociedade, naturalmente, faz exigências específicas a seus membros, cuja eficácia depende, em parte, do consenso e da solidariedade existentes dentro dêle. Na medida em que as classes, os grupos étnicos ,as burocracias das companhias, os sindicatos, as associações de profissionais liberais, os movimentos sociais organizados, ou outros grupos requerem o mesmo comportamento requerido pela sociedade mais ampla e se apegam a seus padrões, sua coesão interna contribui para a unidade de tôda a ordem social. Mas se algum grupo vier a adotar valôres ou a aprovar um comportamento inaceitável para outros, sua própria coesão enfraquece a da sociedade como um todo. Sulistas brancos vêem-se animados a desafiar decisões judiciais e a polícia pela presença de outros que pensam da mesma forma; cônscios de seus interêsses comuns e de seu apoio mútuo, estudantes negros organizam demonstrações em desafio a restrições legais e a costumes da comunidade. Durante a Segunda Guerra Mundial, mineiros de carvão entraram em greve, apesar do vigoroso clamor público. Achavam-se protegidos contra pressões externas pelo isolamento em pequenas cidades mineiras e eram sustentados pela intensa lealdade aos companheiros e ao sindicato e por uma ideologia que atribuía a responsabilidade da situação aos proprietários e operadores das minas. Muitos delinqüentes juvenis, como veremos no capítulo 19, exercem suas atividades de maneira organizada, muitas vêzes como membros de grupos solidários, que rejeitam os valôres da classe média.

O efeito diruptivo da clivagem social é, às vêzes, atenuado por perigos externos e pelo conflito com estranhos. O Henrique IV de Shakespeare aconselhava a seu herdeiro:

> Seja teu método ocupar as mentes frívolas
> Com brigas estrangeiras, para que a ação,
> dali nascida,
> Possa apagar a lembrança de dias passados.

"As exigências da guerra com estrangeiros", escreveu William Graham Summer, "estabelecem a paz no interior, a fim de que a discórdia interna não venha a enfraquecer o *we-group* para a guerra" [18]. Os dissentimentos muitas vêzes se dissipam quando indivíduos, grupos ou nações enfrentam o inimigo comum. As facções dentro de grupos minoritários tendem a passar por alto suas divergências e a cerrar fileiras quando estranhos tentam intervir. A maior parte dos segmentos da administração e da mão-de-obra norte-americanas arquivou suas brigas durante a Segunda Guerra Mundial, e a Grande Aliança — Grã-Bretanha, União Soviética e Estados Unidos — sobreviveu enquanto seus membros lutavam lado a lado contra a Alemanha.

Quando muitos grupos buscam interêsses concorrentes, o consenso e a solidariedade apóiam-se, em parte, num apêgo comum a regras elementares, que lhes governam as lutas. A menos que seja possível resolver as diferenças de grupos dentro de um arcabouço institucional aceitável a todos, apoiado de ordinário em alguma dose de consenso ideológico, a sociedade se transforma numa arena de guerra mortal, como no Congo em 1960 e no princípio de 1961; ou se submete a uma autoridade centralizada, que impõe a paz e estabelece uma medida de estabilidade sem tomar em consideração alguns interêsses grupais — ou a maioria dêles.

Embora alguns sociólogos hajam considerado o *conflito interno* como oposto à "eficiência societária" [19], êle pode, na realidade, contribuir para a manutenção da ordem social. Enquanto os grupos sociais puderem buscar seus interêsses contraditórios dentro do arcabouço da sociedade, não precisarão negar a legitimidade da estrutura social total e das instituições predominantes. Mas aquêles que não tiverem caminhos aceitáveis que os conduzam à melhoria de suas circunstâncias, tornar-se-ão, muitas vêzes, inimigos potencialmente explosivos da ordem existente ou cairão na apatia, que é em si mesma uma forma de comportamento divergente, embora não constitua nenhum desafio direto à autoridade, à lei ou ao costume [20]. Os trabalhadores que não podem fazer greve, por exemplo, encontrarão provàvelmente outros meios para alcançar suas finalidades e o fato de haver sido a oposição russa ao regime czarista impiedosamente esmagada contribuiu para o surgimento tanto de revolucionários quanto de niilistas.

A conformidade e a individualidade

A solidariedade e as necessidades da ordem social são freqüentemente opostas às reivindicações do indivíduo, como se a única alternativa para a conformidade fôsse a não conformidade e como se a individualidade só pudesse realizar-se pela negação ou descaso das exigências da cultura e da sociedade. Claro está que a individualidade pode expressar-se pela ignorância das normas sociais — na excentricidade, no crime ou na ação revolucionária (que procura instaurar novas normas) — mas também pode existir dentro de uma sociedade ordenada. MacIver e Page escrevem:

> (..) dizemos que um ser social tem mais individualidade quando sua conduta não é simplesmente imitativa nem resulta de sugestão, quando êle não é inteiramente escravo do costume ou mesmo do hábito, quando suas respostas ao ambiente social não são totalmente automáticas e subservientes, quando a compreensão e o propósito pessoal são fatôres nas atividades de sua vida (...) o critério da individualidade não se baseia no quanto a pessoa diverge das restantes. Baseia-se, antes, no quanto a pessoa, em suas relações com as outras, age autônomamente, age com a própria consciência e a própria interpretação dos direitos dos outros sôbre ela [21].

Por conseguinte, a individualidade não é uma rejeição da sociedade e de suas exigências mas é, em grande parte, produto da vida social. Não se deve confundir com a filosofia do "individualismo", que vê a sociedade e a pessoa como intrìnsecamente hostis e, portanto, ignora a interdependência inevitável — e proveitosa — que as une [22]. A própria sociedade realça ou entrava a possibilidade da emergência e da expressão da individualidade. A personalidade modela-se pela experiência social ao interagir com possibilidades biológicas e com o processo de maturação, e o comportamento é sempre determinado, até certo ponto, por fôrças externas. Mas a estrutura social e a cultura podem proporcionar uma série de opções bem como exigir certos cursos fixos de ação. Conquanto nosso conhecimento das condições que facilitam a autonomia e a individualidade ainda seja fragmentário e tentativo, parece claro que a capacidade de escolher livre e eficazmente entre as alternativas existentes é produto não só da biografia da pessoa mas também das circunstâncias em que se encontra.

As primeiras experiências acentuam ou inibem a capacidade do indivíduo de aprender, raciocinar, libertar-se das coerções internas, que lhe restringem a capacidade de agir autônomamente, e alcançar certa dose de independência das exigências e expectativas alheias. A individualidade, portanto, apóia-se, até certo ponto, no processo de socialização e no desenvolvimento da personalidade. Mas é também amparada — ou enfraquecida — pelos valôres correntes da sociedade. A extensão da individualidade e a probabilidade de que as pessoas conservarão certa dose de autonomia aumentam num ambiente onde haja apêgo à racionalidade, tolerância do excêntrico, apoio à capacidade criativa que despreza a tradição e a convenção, e respeito e admiração pela pessoa que se recusa a ceder, por boas razões, ao ponto de vista da maioria ou às exigências da moda.

Como o assinala Simmel, a autonomia e a auto-determinação individuais também podem ser realçadas pela participação em vários grupos sociais. Se bem essas múltiplas filiações redundem às vêzes em conflito e tensão, "o ego pode ter uma consciência tanto mais clara de sua unidade interior quanto mais se vir confrontado com a tarefa de conciliar dentro em si mesmo a diversidade de interêsses grupais" [23]. Como nenhuma cultura é isenta de inconsistências e nenhuma sociedade é plenamente integrada (isto é, com expectativas de papéis plenamente complementares), existem sempre algumas tensões que estimulam ou requerem a autocompreensão e o juízo independente. As sociedades altamente desorganizadas, por outro lado, são provàvelmente menos capazes de acolher a autonomia pessoal e a escolha racional.

Parece que os períodos mais criativos da História ocorreram quando os laços sociais tradicionais estavam sendo dissolvidos mas ainda não haviam desaparecido de todo. Em tais períodos, podiam os homens tirar seu sustento moral e intelectual de uma tradição ainda cheia de significado, além de haurir novas visões interiores e novas idéias nas mudanças que ocorriam. Os artistas criadores que trabalharam em períodos como a Renascença, a Idade de Shakespeare e os fins do século XIX na Rússia, não se achavam totalmente alheios à sua sociedade, mas também não estavam plenamente satisfeitos com ela; sua individualidade refletia a habilidade para transcender o ambiente social e cultural imediato, embora continuasse a fazer parte dêle. Os processos econômicos e intelectuais do século XIX e do princípio do século XX, também refletem o impacto estimulante de novos horizontes sôbre tradições e perspectivas persistentes.

A individualidade no mundo moderno, no entender de alguns estudiosos, está sèriamente ameaçada pelas exigências da burocracia, com suas regras impessoais e sua hierarquia formal; pela complexidade da vida contemporânea, que dificulta a compreensão racional — e portanto o contrôle — das fôrças que influem no destino da pessoa; pela possibilidade da manipulação anônima por parte dos que controlam as técnicas impessoais e eficientes criadas pela tecnologia moderna. Diante de tais circunstâncias, afirma C. Wright Mills, o indivíduo "adapta-se", embora as alternativas que possa procurar — prazer, lazer, esporte — acabem finalmente sujeitas às mesmas fôrças ponderáveis.

> A adaptação do indivíduo e seus efeitos sôbre o meio e sôbre o eu resultam não só na perda de sua oportunidade e, no devido tempo, de sua capacidade e vontade de raciocinar, mas também lhe influi nas oportunidades e na capacidade de agir como homem livre. Com efeito, nem o valor da liberdade nem o da razão, segundo parece, lhe são conhecidos [24].

Entretanto, êsse ponto de vista foi contestado, não pela teoria de que a possibilidade de individualidade depende da cultura e da organização social, mas pela sua imagem da sociedade norte-americana. Com a burocratização, a crescente complexidade e as maiores possibilidades de manipulação, argumenta-se, vieram também padrões mais elevados de vida, maior interêsse pelas necessidades e sensibilidades dos outros, e oportunidades consideràvelmente aumentadas de escolher entre ocupações, bens de consumo, tipos de lazer e estilos alternativos de vida [25]. Ainda mais importante é porventura a compreensão racional dos problemas e precondições da individualidade, potencialmente representado pela "imaginação sociológica". Pois a consciência das ameaças à individualidade inerentes à sociedade moderna talvez represente o primeiro passo dado para a sua atenuação [26].

Notas

1 Veja, por exemplo, David Riesman, *Individualism Reconsidered* (Nova Iorque: Free Press, 1954), cap. 25.

2 David Riesman, Reuel Denny e Nathan Glazer, *The Lonely Crowd* (New Haven: Yale University Press, 1950).

3 Veja as várias críticas em Seymour M. Lipset e Leo Lowenthal (eds.), *Culture and Social Character* (Nova Iorque: Free Press, 1961). As próprias modificações de Riesman encontram-se em David Riesman e Nathan Glazer, *Faces in the Crowd* (New Haven: Yale University Press, 1952), cap. 1; e Riesman e Glazer, "*The Lonely Crowd*: A Reconsideration in 1960", cap. 19 em Lipset e Lowenthal, *op. cit.*

4 Bronislaw Malinowski, *Crime and Custom in Savage Society* (Paterson, N. J.: Littlefield, 1959; publicado pela primeira vez em 1926), p. 10.

5 *Ibid.*, p. 22.

6 Georg Simmel, *Sociologia,* traduz. para o inglês e edit. por Kurt Wollf (Nova Iorque: Free Press, 1950), p. 390.

7 Alvin W. Gouldner, "The Norm of Reciprocity", *American Sociological Review,* XXV (abril de 1960), 161-78.

8 Robert M. MacIver e Charles H. Page, *Society* (Nova Iorque: Rinehart, 1949), p. 168.

9 Émile Durkheim, *As Regras do Método Sociológico,* traduzido para o inglês por Sarah A. Solovay e John H. Mueller (Chicago: University of Chicago Press, 1938), p. 96.

10 John Dollard, *Caste and Class in a Southern Town* (3.ª ed.; Garden City: Doubleday Anchor Books, 1957), pp. 309-10.

11 Russel Middleton e John Moland, "Humor in Negro and White Subcultures: A Study of Jokes Among University Students", *American Sociological Review,* XXIV (fevereiro de 1959), 67.

12 Max Lerner, *America as a Civilization* (Nova Iorque: Simon & Shuster, 1957), p. 812.

13 G. G. Coulton, *Medieval Panorama* (Nova Iorque: Meridian, 1955), p. 606.

14 Veja Clyde Kluckhohn, *Navaho Witchcraft,* Papers of the Peabody Museum of American Archaeology and Ethnology, XXII (Cambridge: Harvard University Press, 1944), 2, 45-72.

15 Talcott Parsons, *The Social System,* (Nova Iorque: Free Press, 1951), pp. 299-300.

16 Émile Durkheim, *A Divisão do Trabalho na Sociedade,* traduzido para o inglês por George Simpson (Nova Iorque: Free Press, 1947).

17 O leitor encontrará uma descrição sucinta e uma análise dos valôres norte-americanos em Robin M. Williams Jr., *American Society* (2.ª ed.; Nova Iorque: Knopf, 1960), pp. 297-470.

18 William Graham Summer, *Folkways* (Boston: Ginn, 1906), p. 160.

19 Veja Kingsley Davis, *Human Society* (Nova Iorque: Macmillan, 1949), p. 160.

20 Completa discussão das funções sociais do conflito encontra-se em Lewis A. Coser, *The Functions of Social Conflict* (Nova Iorque: Free Press, 1956).

21 MacIver e Page, *op. cit.*, pp. 50-1.

22 *Ibid.*, pp. 54-5. Veja também A. D. Lindsay, "Individualismo", *Encyclopedia of the Social Sciences,* VII (Nova Iorque. Macmillan, 1932), 674-80.

[23] Georg Simmel, *Conflito,* traduzido para o inglês por Kurt H. Wolff, e *A Trama das Filiações de Grupo,* traduzido para o inglês por Reinhard Bendix (Nova Iorque: Free Press, 1955), p. 142.

[24] C. Wright Mills, *The Sociological Imagination* (Nova Iorque: Oxford University Press, 1959), p. 170.

[25] Winston White, *Beyond Conformity* (Nova Iorque: Free Press 1961).

[26] Veja William L. Kolb, "Values, Politics, and Sociology" (uma crítica de Mills, *The Sociological Imagination*), *American Sociological Review,* XXV (dezembro de 1960), 966-9.

Sugestões para novas leituras

BLAU, PETER M. *Exchange and Power in Social Life.* Nova Iorque: Wiley, 1964. Cap. 4, "Social Exchange".
Sutil e sugestiva discussão da troca e da reciprocidade.

COSER, LEWIS A. *The Functions of Social Conflict.* Nova Iorque: Free Press, 1956.
As contribuições do conflito social para a estabilidade ou persistência das relações sociais.

DURKHEIM ÉMILE. *A Divisão do Trabalho na Sociedade.* Traduz. para o inglês por George Simpson. Nova Iorque: Free Press, 1947.
Tratado clássico que estuda as fontes da solidariedade social tanto nas sociedades simples quanto nas sociedades assinaladas por minuciosa devisão do trabalho.

GLUCKMAN, MAX. *Custom and Conflict in Africa.* Oxford: Blackwell, 1955.
Eminente antropologista analisa as contribuições de fenômenos sociais, como lutas entre clãs, feitiçaria, conflitos de grupos e licença ritual, para a manutenção da ordem social. Baseado, na maior parte, em materiais tirados de várias sociedades africanas.

GOULDNER, ALVIN W. "The Norm of Reciprocity", *American Sociological Review,* XXV (abril de 1960), 161-178.
Ensaio teórico sôbre a natureza e funções da reciprocidade.

MACIVER, ROBERT M. e CHARLES H. PAGE. *Society.* Nova Iorque: Rinehart, 1949. Caps. 3, 7, 8, 9.
Exame das relações entre o indivíduo e a sociedade e as formas de contrôle social.

MALINOWSKI, BRONISLAW. *Crime and Custom in Savage Society.* Paterson, N. I.: Littlefield, 1959. Publicado pela primeira vez em 1926.
Êste ensaio antropológico destaca a natureza não automática do comportamento, até na sociedade primitiva, e estuda a reciprocidade e a punição como mecanismos de contrôle social.

MAUSS, MARCEL. *O Presente.* Traduzido para o inglês por Ian Cunnison. Londres: Cohen & West, 1954.
Ensaio sôbre as funções da troca de presentes na manutenção da ordem social.

RADCLIFFE-BROWN, A. R. *Structure and Function in Primitive Society.* Nova Iorque: Free Press, 1952. Cap. IV, "On Joking Relationships".
As funções da arreliação ou da caçoada institucionalizadas de outras pessoas.

RIESMAN, DAVID, com REUEL DENNEY e NATHAN GLAZER. *The Lonely Crowd.* New Haven: Yale University Press, 1950. Reimpresso por Doubleday Anchor Books, 1953.

Amplamente saudado como clássico moderno, êste sugestivo ensaio estuda a natureza e significação das mudanças nos modos dominantes de conformidade na cultura norte-americana.

SIMMEL, GEORG. *Sociologia.* Trad. para o inglês por Kurt Wolff. Nova Iorque: Free Press, 1950, pp. 379-95.

Sugestiva e percuciente discussão da "fidelidade e gratidão" como fôrças que concorrem para a estabilidade das relações sociais.

WHITE, WINSTON. *Beyond Conformity.* Nova Iorque: Free Press, 1961.

Esta análise contesta o ponto de vista de que a sociedade moderna inibe a individualidade e procura identificar as fontes de diversidade e autonomia na estrutura social contemporânea.

O COMPORTAMENTO DIVERGENTE E A DESORGANIZAÇÃO SOCIAL

O comportamento divergente e a estrutura social

A despeito dos inúmeros mecanismos que evocam ou impõem a conformidade, nenhuma sociedade — como nenhum grupo dentro da sociedade — se acha totalmente livre de algum desprêzo de seus padrões de propriedade, de algum desvio de suas normas. O comportamento divergente vai desde os pecadilhos sem importância da maioria das pessoas até o incesto, o assassínio e a traição. Inclui ações diversíssimas, como excentricidades, que apenas divertem ou irritam, a apática negligência de responsabilidades convencionais, as violações dos regulamentos burocráticos, o desafio disfarçado dos *mores* sexuais, a delinqüência e o crime.

Do ponto de vista psicológico, as origens do comportamento divergente encontram-se na personalidade — nas necessidades insatisfeitas, nos impulsos incontroláveis ou nos problemas emocionais. Em *A Civilização e Seus Descontentes,* Sigmund Freud descobre as raízes da não conformidade nos impulsos biológicos, que procuram constantemente irromper através das repressões culturais [1]. Embora possam, de fato, criar-se tensões na interação entre as necessidades ou impulsos humanos e a ordem social, uma teoria que se limite a ressaltar a fôrça dêsses impulsos é manifestamente inadequada para explicar por que irrompem êles através dos contrôles sociais, em determinadas ocasiões, ou as ações específicas que precipitam.

As interpretações psicológicas do comportamento não convencional ou criminal, entretanto, não precisam apoiar-se nos instintos ou tendências inatas, como o próprio Freud dá a entender em sua análise da dinâmica da personalidade. Os indivíduos podem vir a ignorar ditames culturais em virtude de sua experiência social particular. O descaso dos pais, as exigências excessivas feitas à criança, a autoridade rígida ou o contínuo conflito entre pais e filhos, por exemplo, redundam às vêzes, em tendências psicológicas que estimulam a rejeição ou o desprêzo de prescrições culturais. Porque as primeiras experiências são particularmente importantes na formação da personalidade, a não conformidade parece refletir amiúde o malôgro da socialização — a má vontade ou a inabilidade para inculcar respeito pelos outros ou pelos valôres sociais predominantes, a estimulação de sentimentos agressivos ou hostis, ou mesmo a transmissão direta à criança de hábitos ou interêsses socialmente objetáveis.

A análise das fontes psicológicas do desvio e de suas raízes na biografia de cada pessoa é não só necessária mas também apropriada à compreensão de casos individuais. Todo assassino ou delinqüente, todo excêntrico ou todo homem que se mostra contrário à organização tem uma história particular relevante para seus atos. Mas os fatos relativos à experiência ou personalidade individuais não explicam as formas de desvio encontradas na sociedade nem sua freqüência e distribuição entre vários grupos ou categorias sociais. O comportamento divergente só existe quando é assim definido pelos outros. Se o homossexualismo fôsse tolerado, não seria um desvio; a franca expressão de opiniões impopulares só se torna divergente quando se considera que excedeu os limites da propriedade. Além disso, as mesmas ações podem ser apropriadas — ou pelo menos toleradas — quando executadas por pessoas em determinado *status* e não apropriadas ou mesmo imorais quando realizadas por pessoas em outros *status*. Uma "escapadela" num automóvel "emprestado" pode ser uma travessura de rapazes quando o autor é um jovem de classe média respeitável, mas passará a ser roubo de automóvel se o motorista fôr um habitante de áreas intersticiais. Como observa Kai Erikson,

> O comportamento que qualifica um homem para a prisão pode qualificar outro para a santificação, visto que a qualidade do ato em si depende muitíssimo das circunstâncias em que foi praticado e do humor das pessoas que o presenciaram [2].

As mudanças na definição do que é direito ou apropriado ou na resposta a vários tipos de comportamento influem, por conseguinte, na extensão do desvio numa sociedade ou num grupo dentro dela.

Entretanto, ainda que essas definições continuem inalteradas, a freqüência das várias espécies de violações de normas sociais flutua à proporção que mudam as circunstâncias. Os coeficientes de criminalidade, de delinqüência e de suicídio, por exemplo, podem mudar de ano para ano ou mesmo de estação para estação; o jôgo ilegal, o descaso das normas sexuais e a corrupção política tornam-se mais ou menos preponderantes em certos períodos de tempo. A maioria das formas de comportamento divergente raro se distribui igualmente por todos os segmentos da sociedade. O roubo de automóveis, o latrocínio e o assalto são mais freqüentes na classe inferior, o estelionato na classe média. Os bandos juvenis de delinqüentes são, na maior parte — embora não completamente — um fenômeno de áreas intersticiais. Se bem os homens de classe inferior procurem mais as prostitutas do que os homens de classe média, êstes últimos se empenham mais freqüentemente em bolinações e formas divergentes de conduta erótica.

Fatos como êsses só se podem explicar por referência a variáveis sociológicas — e, em certas ocasiões, sócio-psicológicas. De um ponto de vista sociológico, as infrações das leis e dos costumes derivam das características da cultura e da organização social em que elas ocorrem. São as relações recíprocas dos homens, os papéis que desempenham, suas instituições e valôres, e as conexões entre essas variáveis que influem na definição, no coeficiente e na distribuição do comportamento divergente.

Porque a cultura e a organização social nunca são plenamente integradas, com seus complexos e variados elementos exatamente encaixados uns nos outros e mùtuamente amparados, existem sempre tendências para a divergência inerentes à própria vida social. A fôrça dessas tendências varia com a amplitude da *desorganização social,* que se acha sempre parcialmente presente mas pode tornar-se aguda em certas partes da sociedade ou mesmo se converter em característica do todo. O estudo da desorganização, em certos aspectos importantes, é inseparável do estudo da organização; numa análise cabal da sociedade e da vida social ambos terão de ser incluídos.

A *desorganização social* é um conceito inclusivo, que abrange fenômenos variados, como o conflito de papéis, o conflito cultural, a disjunção entre meios e fins socialmente sancionados, e outras espécies de incongruências ou contradições. Os grupos ou indivíduos mais expostos às pressões geradas por essas formas de desorganização apresentam maiores probabilidades de ignorar ou infringir as normas sociais. Suas reações dependem dos valôres, expectativas e dificuldades criadas por suas circunstâncias.

O conflito de papéis e valôres

A desorganização social assume, por vêzes, a forma de normas e valôres incoerentes ou contraditórios, que parecem exigir diferentes espécies de conduta na mesma situação. Deve o homem de negócios ser escrupulosamente honesto ou deve empregar algum estratagema tortuoso, de legalidade ou propriedade duvidosas, para aumentar seus lucros? Deve o político expor francamente seus pontos de vista ou adaptar seus pronunciamentos públicos ao interêsse da conveniência política? Deve o revolucionário bem sucedido continuar leal aos ideais que lhe motivaram a rebelião ou atender à necessidade de manter o poder que conquistou? Deve o filho de pais imigrantes obedecer aos valôres de seus pais ou aos padrões da nova sociedade em que se encontra?

Tais contradições culturais impõem, não raro, escolhas difíceis. Quando valôres contraditórios são amplamente aceitos como válidos, as pessoas acham difícil aceitar um e rejeitar o outro. Ao invés disso, sem rejeitar abertamente nenhum, o indivíduo apresenta, com freqüência, uma razão socialmente aceitável para ignorar aparentemente um dêles. O homem de negócios culpado de um lapso de ética apela para a máxima segundo a qual "negócios são negócios" ou outra equivalente, ou argumenta que, não tendo transgredido lei alguma, não cometeu nenhuma falta moral. O político que abre mão de seus princípios por amor do cargo acentua a contribuição que poderá prestar pelas políticas que adotar, enquanto silencia sôbre a sua violação de alguma lei moral ou nega-a. Essas racionalizações são incorporadas na cultura como *normas de conveniência,* que ajudam a perpetuar valôres incompatíveis, apesar da necessidade inevitável, em certas ocasiões, de ignorar um ou outro.

Quando nenhum dos valôres competidores cede fàcilmente o passo ao outro (quando, por exemplo, não se encontra nenhuma justificação aceitável da ignorância de uma das alternativas), pode originar-se uma tendência para outra solução — talvez divergente — do dilema. A Dra. Alice Hamilton, que trabalhou durante algum tempo, antes da Primeira Guerra Mundial, em Hull House, famoso centro beneficente de atividades sociais e educativas nas áreas intersticiais de Chicago, refere o seguinte incidente:

> [Um dia] convidei um grupo de mulheres italianas para passarem comigo em Hull-House uma tarde de domingo, tôdas casadas e mães de famílias numerosas. A conversação não tardou a focalizar os abortos e o melhor método de produzi-los e eu me senti consternada ao saber das experiências daquelas mulheres, que haviam preferido correr riscos medonhos e suportar muito sofrimento a acrescentar mais um filho a uma casa já demasiado cheia dêles. Uma mulher contou que se jogara duas vêzes pela escada do porão, sem resultado. Outra acudiu:
>
> — Da próxima vez leve uma tina de água e atire-se atrás dela. Eu fiz isso e deu certo.
>
> Essas mulheres eram tôdas católicas, mas quando lhes falei nisso, limitaram-se a dar de ombros [3].

O conflito entre os princípios da igreja, que proíbe o contrôle da natalidade, e suas responsabilidades conjugais, de um lado, e seu desejo de limitar o tamanho da família, de outro, conduziu a essas soluções desesperadas.

Entretanto, um choque contínuo de valôres pode enfraquecer progressivamente o apêgo a ambas as alternativas, aumentando assim a possibilidade de que nenhuma delas sirva como diretriz eficaz. Nos Estados Unidos, por exemplo, os filhos de imigrantes, que carecem de forte apêgo quer às normas dos pais quer às da cultura mais lata, contribuíram para um número desproporcionado de criminosos e delinqüentes. Releva notar que os próprios imigrantes, não procederam assim; com efeito, muitos estudos revelam taxas menores de criminalidade entre os nascidos no estrangeiro do que entre os nascidos nos Estados Unidos. Mas aquêles que aqui chegaram crianças foram mais freqüentemente condenados por transgressões da lei do que os que chegaram adultos. Quanto maior a diferença entre a cultura imigrante e os sistemas norte-americanos, tanto mais elevado o coeficiente de criminalidade entre os nascidos no estrangeiro e seus filhos [4], embora se registrem notáveis exceções a êsse padrão como, por exemplo, entre alguns grupos chineses e judeus.

Além dos conflitos generalizados de valôres, existem amiúde normas ou valôres concorrentes derivados de papéis incompatíveis, que o indivíduo pode desempenhar simultâneamente. Um policial que descobre o filho empenhado em atividades delituosas terá de optar entre os sentimentos de pai e as responsabilidades funcionais. Um comerciante que tenha negócios com um parente pode não saber ao certo como tratá-lo. Uma colegial numa classe mista precisa, às vêzes, decidir-se entre ostentar suas capacidades escolares e continuar "feminina", atraente para os colegas do sexo oposto. As conseqüências dêsses conflitos de papéis semelham as que resultam de conflitos mais amplos de valôres; a menos de encontrar-se algum método de conciliar ou evitar exigências incompatíveis, uma ou outra norma terá de ser ignorada. O policial protege o filho, o comerciante ignora a possibilidade de lucro ao negociar com o parente, a colegial dá pouca importância aos seus conhecimentos. Essas opções, naturalmente, podem criar tensões nas relações com outras pessoas, que vêem, assim, fraudadas suas expectativas.

Vários mecanismos servem de reduzir ou evitar as tensões nascidas de exigências incompatíveis de papéis e valôres incoerentes. Dessarte, as pessoas procuram às vêzes fugir às ocasiões em que serão submetidas a pressões competidoras. Os comerciantes, procuram não comerciar com parentes e o policial entrega a outro funcionário o caso em que possa ver-se envolvido pessoalmente. O reconhecimento da possibilidade de tais conflitos de papéis provoca, às vêzes, regras explícitas para impedir-lhes a ocorrência. Algumas grandes companhias, por exemplo, estabeleceram normas que proíbem o nepotismo, ou o emprêgo de parentes, para evitar a necessidade de escolher entre a lealdade à firma e as obrigações para com os parentes.

Os conflitos de valôres às vêzes se resolvem quando as alternativas contraditórias se acham ligadas a papéis distintos, separados uns dos outros. Os valôres econômicos e familiais nos Estados Unidos são muito diferentes: dominam os primeiros a racionalidade, a impessoalidade e o interêsse próprio; os últimos, o amor, a intimidade e o desprendimento. No entanto, êsses valôres nìtidamente opostos criam poucos problemas, pois se aplicam a papéis claramente diferenciados que, de hábito, não se desempenham ao mesmo tempo. O papel do marido como arrimo da família requer certa racionalidade econômica, mas não deve estender-se a outras atividades familiais. Alternativamente, os valôres podem classificar-se de acôrdo com a importância, de modo que o valor dominante tenha sempre precedência sôbre o outro. Por exemplo, num choque entre as necessidades da segurança nacional e a insistência dos cientistas em divulgar seus descobrimentos, as medidas de segurança geralmente virão em primeiro lugar.

Ainda que os conflitos de papéis e valôres não sejam resolvidos dessas maneiras, não conduzem inevitàvelmente ao comportamento divergente, pois muitas pessoas não se sentem impelidas a desprezar as convenções prevalecentes. Em muitos casos, as fôrças de contrôle social impedem com eficácia a conduta divergente. Apenas uma minoria de norte-americanos da segunda geração se converte em delinqüentes ou criminosos, se bem os índices de criminalidade e delinqüência sejam mais elevados entre êles do que entre outros. A propriedade de certos comportamentos comerciais e políticos pode ser duvidosa, mas é provável que a maioria dos homens de negócios e políticos resolva seus conflitos de papéis e valôres sem acidentes sérios. Ainda não foram cabalmente estudadas as características distintivas dos que reagem a êsses dilemas culturais de modo divergente nem as situações em que ocorre o comportamento divergente. Sòmente a pesquisa minuciosa de cada tipo de situação poderá identificar os traços pessoais ou as circunstâncias sociais relevantes.

A desorganização social: a cultura e a estrutura social

Talvez de maior importância do que o conflito de papéis ou de culturas como fonte de comportamento divergente seja a disjunção não raro encontrada entre a cultura (normas e valôres) e a estrutura social (sistema organizado de papéis e *status* que definem as relações entre grupos e indivíduos). Cada cultura estabelece metas e interêsses que os membros da sociedade devem alcançar e são estimulados a fazê-lo, e prescreve os métodos que hão de ser seguidos na busca dos objetivos aprovados. A fim de se tornarem populares entre os rapazes, as môças norte-americanas devem aprender a aplicar a maquilagem, a acentuar a feminilidade, a manter conversações frívolas e a lisonjear o ego masculino. Os pugilistas que se preparam para uma luta evitam as atividades normais no isolamento de um campo de treino, onde obedecem a padrões tradicionais de condicionamento físico e psicológico. As pessoas que têm aspirações políticas adquirem gradativamente a habilidade da expressão em público e da barganha particular, presumìvelmente necessárias à obtenção de um cargo eletivo. Enquanto os meios institucionalizados permitem a realização de fins socialmente apreçados, as pessoas encontram satisfação, ao mesmo tempo, "em função do produto e em função do processo, em função do resultado e em função das atividades" [5]. Mas quando se dá às metas ênfase exagerada ou quando os meios definidos se revelam inadequados ou inexistentes, podem criar-se pressões no sentido do comportamento divergente entre os que, mercê de sua posição na estrutura social, são incapazes de atingir as metas a que dão valor e que ambicionam.

Êsse tipo de desorganização social é claramente ilustrado pelo destaque norte-americano emprestado ao êxito econômico numa sociedade em que alguns grupos não têm plena ou igual oportunidade de conseguir empregos de alto nível ou de enriquecer. A cultura norte-americana não só dá grande valor à consecução econômica, atribuindo sumo prestígio aos que enriquecem, mas também estimula tôda a gente a lutar pelo mesmo objetivo. Os pais, os professôres e os líderes religiosos incentivam a ambição; os jornais, as revistas, o cinema, o rádio e a televisão acentuam os valôres pecuniários e afirmam a realidade da oportunidade a possibilidade do êxito. A despeito de um volume considerável de mobilidade social nos Estados Unidos, as oportunidades de progresso econômico, de fato, não existem igualmente para todos os grupos; os negros, os norte-americanos de ascendência mexicana, os pôrto-riquenhos, os trabalhadores manuais, e seus filhos, encontram sérios obstáculos ao progresso, e muitas pessoas da classe média, cujas oportunidades são maiores que as da classe trabalhadora, também não conseguem viver de acôrdo com as prescrições da cultura.

Os que se vêem presos entre as injunções culturais e as realidades sociais podem reagir de várias maneiras às suas circunstâncias difíceis. Alguns persistem, teimosos, nos esforços para ser bem sucedidos, sem embargo dos obstáculos que enfrentam. Os que não conseguem suportar as tensões criadas pela discrepância entre a cultura e a estrutura social tendem a desviar-se das normas sociais estabelecidas, mas seu comportamento, como assinala Robert Merton, pode assumir formas diferentes. Merton identifica quatro tipos distintos de comportamento divergente: ritualismo, afastamento, inovação e rebelião. [6]

1. RITUALISMO Incapaz de atingir as metas a que dá valor, o ritualista desiste mas, não obstante, continua a conformar-se às regras predominantes que governam o trabalho e o esfôrço. Não existe evidência declarada de desvio, mas essa reação interna é, manifestamente, "um abandono do modêlo cultural em que os homens são obrigados a lutar ativamente, de preferência por meio de processos institucionalizados, a fim de avançar e subir na hierarquia social" [7]. Associada à retirada da luta encontra-se, não raro, a adesão compulsória às formas externas, um ritualismo que pode atenuar as ansiedades criadas por níveis diminuídos de aspiração. A perspectiva do ritualista é a de um tímido funcionário ou burocrata rìgidamente aferrado aos regulamentos.

2. AFASTAMENTO À diferença do ritualista, que abre mão das metas mas se agarra aos padrões sancionados de comportamento que se supõem capazes de conduzir às metas, o que se afasta abre mão de ambos. A fuga total às contradições da situação pode manifestar-se no vagabundo, no bêbedo, no toxicômano, no psicótico; pode ver-se também entre os "beatniks" ou "happeners", para usarmos um têrmo mais recente, alguns dos quais negam a conveniência do sucesso e recusam-se a conformar-se às exigências da moral da classe média, muitas vêzes sem a substituir por quaisquer valôres efetivos ou significativos.

O afastamento é também exemplificado pela apatia dos camponeses numa aldeia relativamente isolada do sul da Itália, estudados por Edward Banfield. A pobreza extrema, os ásperos antagonismos de classes, o govêrno indiferente e distante e a ausência de qualquer organização comunitária efetiva — e de quaisquer instituições ou valôres capazes de estimular esforços cooperativos de melhoria pessoal ou do grupo — diminuem muitíssimo as probabilidades de que êles possam melhorar suas circunstâncias, mesmo que o contato cada vez maior com o mundo exterior venha a estimular-lhes os desejos. Em resultado disso,

> o camponês se sente parte de uma sociedade maior "na" qual se encontra mas "à" qual não pertence inteiramente. Vive numa cultura em que é importantíssimo ser admirado, e percebe pelos seus padrões que não pode ser admirado de maneira alguma; de acôrdo com êsses padrões, êle e tudo o que existe à sua volta são desprezíveis ou ridículos. Sabendo disso, enche-se de má vontade em relação à sua sorte e de cólera contra o destino que lha reservou [8].

Apesar do ressentimento e da frustração, pouco ou nada faz o camponês, que resvala para "a triste melancolia — *la miseria* — que foi o estado de espírito permanente da aldeia desde que dela se tem memória" [9].

3. INOVAÇÃO A reação divergente mais prontamente manifesta à disjunção entre a cultura e a estrutura social é acaso a inovação, o emprêgo de técnicas novas ou ilícitas para alcançar as metas almejadas. Quando tais metas recebem da cultura maior relêvo do que os métodos pelos quais devem ser alcançadas, as pessoas tendem a não fazer caso das restrições morais, legais e consuetudinárias aos esforços para lograr seus objetivos. Como Lady Wishford em *Way of the World,* de William Congreve, a divisa dêles torna-se a frase: "Que é a integridade diante da oportunidade?" O uso difundido de drogas entre os ciclistas profissionais europeus ilustra a influência de uma ênfase excessiva emprestada às metas. Tão grandes são os prêmios conferidos ao vencedor — e tão estafantes as corridas e feroz a competição — que muitos homens tomam drogas durante as corridas de fundo, a fim de reduzir a fadiga e estimular o esfôrço. Malgrado escândalos ou tragédias ocasionais (a morte, por exemplo, durante os Jogos Olímpicos de 1960, de um ciclista dinamarquês que tomara um estimulante antes de correr a uma temperatura de 33,9°), goraram as tentativas para abolir o uso das drogas, pois ainda persistem as condições que estimulam a "dopagem" dos ciclistas.

As pressões para ignorar os métodos convencionais de atingir objetivos culturalmente aprovados são, é claro, maiores entre aquêles cujo acesso é bloqueado em virtude de sua posição na estrutura social. Embora alguns homens de negócios se vejam induzidos a práticas ardilosas pelo desejo de aumentar seus lucros, os que se encontram no fundo da sociedade, ou perto dêle, podem voltar-se para o crime ou para o jôgo. Como assinalaram muitos observadores, o crime e a política corrupta foram, por muito tempo, escadas de mobilidade social na sociedade norte-americana[10]. O jôgo — sobretudo a loteria clandestina — tem sido popularíssima entre os negros que moram em áreas intersticiais; com pouca ou nenhuma probabilidade de melhorar sua situação por meio do trabalho, da poupança, da temperança, os pobres apostam suas moedas, ou mais, na esperança de que a sorte lhes traga pingues lucros.

A inovação, entretanto, não precisa assumir a forma de comportamento divergente. Pode-se conceder margem substancial a novas técnicas e métodos, restringidos apenas por padrões gerais de propriedade e legalidade. Numa sociedade liberal, também é possível tentar mudar as instituições que limitam o acesso a metas culturalmente sancionadas; as oportunidades de "progresso" das pessoas da classe inferior e dos membros de grupos minoritários podem ser aumentados, por exemplo, pela expansão das oportunidades educacionais ou pela eliminação da discriminação racial e étnica.

4. REBELIÃO Finalmente, as frustrações geradas pelas limitadas oportunidades de buscar ou atingir metas culturalmente sancionadas podem acarretar a rejeição total não só dos fins mas também das instituições por meio das quais elas devem ser logrados, associada à defesa ou introdução de valôres novos e novas formas institucionais e de organização. A rebelião, todavia, deve estremar-se do *ressentimento,* no qual a explícita condenação de valôres tradicionais disfarça apenas um apêgo a êles profundamente arraigado. Em tais casos, o ódio e a hostilidade, o sentimento de impotência e um sentido contínuo de frustração estão ligados à denúncia declarada das metas que permanecem fora do alcance da pessoa. "No *ressentimento* se condena o que secretamente se ambiciona; na rebelião se condena a própria ambição. Mas embora os dois sejam distintos, a rebelião organizada pode abastecer-se num vasto reservatório de ressentidos e descontentes, à proporção que se tornam agudos os desmenbramentos institucionais" [11].

Os "beatniks", alguns dos quais parecem ser apenas niilistas passivos, que rejeitam o mundo mas nada oferecem de nôvo (afastamento), também fornecem exemplos tanto de rebelião quanto de *ressentimento.* Debaixo da rejeição declarada de normas predominantes, subsiste provàvelmente, em muitos casos, contínua aceitação de valôres convencionais a que êsses jovens, volvido algum tempo, retornarão. Mas alguns "beatniks" buscam realmente novos valôres, acentuando principalmente o "ato criador" e a "experiência" ou "excursões" de todo gênero — acontecimentos sexuais, místicos, de toxicomania, ou mesmo corriqueiros — através dos quais procuram penetrar a "realidade final". Associado a êsses valôres existe um estilo diferente de vida — a "almofada", a barba, o *jazz,* o jargão, o sexo amistosos e intermitentes serviços não qualificados. Muitos embora essa rebelião tenha tido pequeno impacto sôbre os valôres básicos do mundo que os "beatniks" rejeitam, as inovações que introduziram no vestuário, na fala, na música e na literatura disseminaram-se extensamente através dos meios de comunicação de massa. (Na busca de indícios de originalidade e diferenciação, a moderna sociedade norte-americana tende a absorver na "cultura de massa" alguns dos que criticam e desafiam a convenção e a tradição; é difícil, hoje em dia, manter uma verdadeira boêmia.)

Os tipos mais significativos de rebelião assumem forma política; no intuito de substituir os valôres antigos por novos, fazem-se esforços deliberados para conquistar o poder político e alterar a estrutura social em que se localizam as fontes de frustração. Quando os valôres e instituições fundamentais de uma sociedade são contestados, pode ocorrer uma revolução importante — por exemplo, a derrubada das hierarquias tradicionais nas revoluções francesa e russa — conquanto, naturalmente, seja preciso que estejam presentes também outras circunstâncias para a ocorrência de tão drástica mudança. A revolução, usualmente, requer, pelo menos, o descontentamento das massas, áspero conflito entre governantes e governados e líderes revolucionários eficientes, além das crises que produzem a "situação revolucionária". Claro está que, na maioria dos casos, talvez em todos, o processo de reforma ou revolução abrange complexa mistura de valôres novos e antigos, de apêgo a certas maneiras tradicionais, ao lado da defesa da mudança institucional e da organização.

A probabilidade de que o comportamento divergente resulte de incongruências entre a cultura e a estrutura social — e a natureza dêsse comportamento — variam de um grupo para outro, dependendo dos valôres preponderantes e da situação social e cultural mais ampla. Nem todos os norte-americanos, por exemplo, aceitam igualmente a injunção de serem ambiciosos; a falta de interêsse aparece mais amiúde entre os trabalhadores manuais do que entre os trabalhadores de gravata [13]. Os que nunca procuram progredir ou se voltam para valôres alternativos, porém socialmente aceitáveis, provàvelmente não experimentam com muita intensidade as contradições capazes de estimular a conduta aberrante.

O tipo de resposta divergente encontrado entre os que se sentem frustrados por verem pouca ou nenhuma conexão entre seus esforços e as recompensas presentes ou as perspectivas futuras está ligado à posição na estrutura social. A inovação, a rebelião e o afastamento têm maiores probabilidades de ocorrer entre trabalhadores manuais do que entre empregados assalariados, que se julgam "entalados"; êstes últimos são mais propensos ao ritualismo, afiança Merton, em virtude da "vigorosa disciplinação para a conformidade", que caracteriza a cultura da classe média-inferior [14]. A liderança do crime organizado mudou de mãos e a forma de atividade criminosa variou à proporção que grupos sucessivos de imigrantes e seus filhos enfrentaram perspectivas limitadas de progresso. Os irlandeses desempenharam papéis de relêvo em máquinas políticas urbanas corruptas, os judeus na extorsão praticada contra industriais e trabalhadores, e os italianos no jôgo e no contrabando de bebidas. Tais diferenças refletem, ao mesmo tempo, circunstâncias históricas mutáveis e as características econômicas e sociais distintivas dêsses grupos étnicos. À medida que os membros de cada um encontraram oportunidades cada vez maiores em formas mais convencionais de empreendimento, o próprio grupo se tornou menos preeminente no mundo das ralés, dos bandos e das trapaças [15].

As subculturas divergentes: o caso da delinqüência juvenil

Ao enfrentar os problemas criados pela desorganização social, os indivíduos encontram, não raro, soluções divergentes já prontas. Os estudiosos do crime e da delinqüência, por exemplo, observaram muitas vêzes a existência de *subculturas* que educam e amparam o transgressor legal — adulto e juvenil. A importância da subcultura é indicada pela estimativa de que apenas uma quinta parte de infratores juvenis age só, ao passo que a grande maioria realiza suas atividades em companhia de outros que mantêm atitudes e valôres similares [16]. "Beatniks", alguns homossexuais e certos toxicômanos foram também muitas vêzes levados para formas organizadas de vida que parecem responder a alguns de seus problemas.

De acôrdo com o "princípio da associação diferencial", sustentado pelo falecido Edwin H. Sutherland, muitos criminosos — e delinqüentes — provêm dos que têm acesso a uma subcultura do mundo dos criminosos, onde adquirem habilidades, motivos e atitudes criminosas. Cidadãos respeitadores da lei podem ter impulsos que conduziriam ao crime, mas não tiveram as oportunidades de aprender as habilidades necessárias ou desenvolver as atitudes e opiniões apropriadas [17]. A análise do processo da "transmissão cultural", pelo qual os hábitos, opiniões, conhecimentos e valôres divergentes são transmitidos a neófitos receptivos projeta muita luz sôbre as origens do comportamento divergente, mas as questões sociológicas mais importantes se referem à existência da própria subcultura. Que é o que explica seu desenvolvimento? Quais as condições que lhe explicam a persistência?

Está visto que nem todo comportamento divergente pode reportar-se a uma subcultura divergente. Por exemplo, crimes passionais e "crimes de gravata", como o estelionato e a fraude, são freqüentemente cometidos por indivíduos com pouco ou nenhum contato com outros transgressores e nenhum conhecimento anterior de *folkways* criminais. Tais fatos, entretanto, apenas sublinham o caráter, que lembra o de uma esponja, de conceitos como crime e delinqüência, conceitos que abrangem diversos tipos de comportamento, cada um dos quais requer explanação diferente. Aqui nos ocuparemos da delinqüência subcultural", habitualmente encontrada em bandos de adolescentes, como exemplo de reação padronizada a aspectos desorganizados da vida social.

A maioria dos bandos de delinqüentes encontra-se nas áreas intersticiais, e sua existência, às vêzes é atribuída aos rigores da pobreza ou a lares desfeitos, a famílias desorganizadas e outras circunstâncias difíceis que ali se encontram. Se bem tais condições façam parte da constelação de fatôres que dão origem à delinqüência, nem a pobreza nem outras situações diruptivas explicam, por si mesmas, a freqüência das atividades delituosas ou as formas que assumem. A pobreza, por exemplo, só tende a acarretar o comportamento delituoso e a emergência de uma subcultura divergente quando associada a uma disjunção entre metas culturalmente sancionadas e oportunidades existentes; numerosos estudos comparativos não mostram nenhuma correlação constante entre a pobreza e os índices de criminalidade ou delinqüência.

Numa análise penetrante, Albert K. Cohen encontra as origens de bandos delinqüentes nos problemas de *status* com que se defrontam rapazes da classe trabalhadora [18]. Sua educação e experiência não raro os deixam mal preparados para participar de um mundo mais amplo, no qual se encontra o *status* geralmente aprovado. A cultura da classe trabalhadora urbana tolera maior dose de agressão do que habitualmente o permite a classe média. À diferença dos filhos de trabalhadores de gravata ou empresários independentes, as crianças egressas da classe trabalhadora muitas vêzes não aprendem a adiar satisfações visando a recompensas futuras [19]; nem são estimulados a ser tão ambiciosos, tão racionais e tão responsáveis [20]. Não aprendem as maneiras "convenientes" nem, muitas vêzes, adquirem qualquer respeito pela propriedade privada. Por conseguinte, em contatos com o mundo da classe média, particularmente na escola, sua falta de maneiras, atitudes e valôres apropriados lhes ocasiona perda de posição; por ser a conformidade às expectativas da classe média precondição habitual para "progredir na vida", vêem diminuidas suas oportunidades de fazê-lo. "Na medida em que dá valor ao *status* da classe média, ou porque dá valor à boa opinião de pessoas da classe média, ou porque possui, êle próprio, certo grau de padrões interiorizados da classe média (o rapaz da classe trabalhadora) enfrenta um problema de ajustamento e surpreende-se a buscar uma "solução" [21].

Claro está que êsse problema só existe na medida em que se aceitam as metas da classe média; quando há pouco interêsse pelos valôres expressos nos ubíquos produtos dos meios de comunicação de massa, por exemplo, é pouco provável que surjam tensões dêsse gênero. Parece, contudo, muitíssimo provável que a maioria das crianças da classe trabalhadora não possa furtar-se à infuência da cultura dominante. A exposição aos valôres da classe média na escola e através dos meios de comunicação de massa, muito provàvelmente, exerce ponderável influência nas esperanças e desejos. Os próprios pais, embora incapazes de proporcionar os conhecimentos, habilidades ou atitudes que permitirão aos filhos ser bem sucedidos, não raro incentivam as ambições sancionadas pela ideologia do êxito.

Está visto que a solução delinqüente para essas dificuldades é apenas uma das várias possibilidades franqueadas à juventude da classe trabalhadora. Os que possuem a necessária capacidade e recebem estímulo suficiente dos pais ou de outros adultos, podem aferrar-se à busca do progresso e do êxito, rejeitando muitos valôres da versão em que foram criados da cultura da classe trabalhadora. Outros procuram tirar o maior proveito de sua situação, encontrando *status* e respeito próprio no seio dos grupos com os quais estão familiarizados. Os delinqüentes rejeitam explìcitamente os valôres da classe média e encontram uma fonte alternativa de *status* na participação numa subcultura que Cohen descreve como maldosa, não utilitária e negativista [22]. Expressam abertamente a agressão condenada pela classe média; zombam das convenções de maneiras e destroem deliberadamente a propriedade. Roubam mais "por roubar" do que pelo emprêgo que possam dar ao que roubam.

Essa vigorosa reação contra os valôres da classe média, afirma Cohen, reflete o contínuo fascínio que tais valôres exercem sôbre a juventude da classe trabalhadora. Por causa da influência profundamente arraigada e persistente dos padrões da classe média, que não podem ser simplesmente ignorados, êstes são, ao contrário, enfática e teimosamente reprimidos. Aspecto importantíssimo da agressão, da atividade destruidora, dos pequenos roubos e de outras formas de violência aparentemente sem propósito e de ações maldosas, reside antes no seu significado simbólico e emocional para o delinqüente do que em seu valor utilitário. Conformando-se a êsses padrões divergentes, muitos delinqüentes asseguram *status* entre seus iguais como substituto do *status* que não encontram na comunidade maior.

A subcultura e o grupo dentro da qual ela se exprime emergem, gradativamente, entre os jovens que enfrentam problemas semelhantes; à proporção que interagem uns com os outros, exploram tentativamente soluções alternativas para suas dificuldades até que se formam, por fim, um padrão comum de comportamento e uma série de padrões partilhados, capazes de arrolar-lhes as emoções e as lealdades. Enquanto fornece um meio de resolver — ou que parece resolver — suas dificuldades, a subcultura persiste, atraindo novos membros, que também encontram nela solução para seus problemas. Finalmente, observa Cohen, "pode ter uma vida que excede a dos indivíduos que participaram de sua criação, mas sòmente enquanto continua a servir às necessidades dos que sucederam aos seus criadores" [23].

As atividades específicas em que se empenha o bando dependem das circunstâncias particulares em que êle mesmo se encontra e da estrutura do grupo. Conquanto seja o bando, muitas vêzes, definido de maneira amorfa, com limites incertos e um grupo de membros que mudam constantemente [24], seus participantes se preocupam não só com as pessoas e instituições que o rodeiam — pais, polícia, professôres, outros bandos — mas também com seu *status* dentro do grupo e suas relações recíprocas. James Short afirmou, portanto, que

> o comportamento dos rapazes de um bando pode ser compreendido como tentativa (. . .) de buscar e criar sistemas alternativos de *status* na forma do bando, surgindo a delinqüência, às vêzes, como sub-produto e, às vêzes, como produto direto dessa tentativa [25].

A despeito do apêgo ao bando e a seus valôres, muitos delinqüentes não estão totalmente livres de um sentimento de culpa, que trai o persistente afêrro às normas e valôres rejeitados. Com efeito, revelam às vêzes, claramente, reconhecer a validade e a legitimidade dos padrões da classe média [26]. Para "neutralizar" o sentimento de culpa estimulado pela violação dêsses padrões e, assim, abrir caminho para o comportamento delinqüente, a subcultura, segundo afirmaram Gresham Sykes e David Matza, proporciona uma série de justificações, que podem parecer válidas aos membros de um bando de adolescentes. A lealdade ao bando é considerada mais importante do que outras lealdades. A crítica externa e o risco da autocensura são evitados pela atribuição da responsabilidade do seu comportamento a fôrças impessoais, que fizeram dos delinqüentes o que êles são, e pela negação de que alguém venha realmente a sofrer em conseqüência de escapadelas como "tomar emprestado" o carro de alguém. Defende-se a agressão praticada contra terceiros pela afirmação de que as vítimas da violência — o "logista safado", o professor "injusto", ou o homossexual — apenas "levaram o que mereciam". A legitimidade do castigo real ou potencial é contestada pelo ataque à honestidade ou à integridade de policiais, professôes, juízes ou até de pais [27]. A subcultura, afirmou Matza subseqüentemente, "não responsabiliza os adeptos pelas suas transgressões," mas apenas explica e aceita "a perpetração de delinqüências em condições atenuantes amplamente disponíveis" [28].

Conquanto a subcultura analisada por Cohen e por Sykes e Matza compreenda uma proporção substancial — mas não especificada — de delinqüência de bandos, manifestamente não a abrange tôda. Richard Klowaerd e Lloyd Ohlin deram, portanto, mais um passo à frente no estudo da delinqüência distinguindo três espécies de bandos delinquentes — o criminoso, o de conflito e o de afastamento. Os bandos *criminosos empenham-se* principalmente no roubo, no latrocínio e outros tipos de atividades ilícitas para fazer dinheiro. São mais racionais do que os bandos descritos por Cohen e mais preocupados em conseguir dinheiro que lhes permita comprar o estilo de vida e os símbolos materiais de *status* apreçados pela comunidade mais ampla. Os grupos *de conflito,* que parecem semelhantes aos analisisados por Cohen, consideram a violência como a fonte principal de *status.* O bando *de afastamento* destaca o uso de entorpecentes, problema cada vez mais grave entre os jovens das áreas urbanas de classe inferior, ou outros "prazeres" que "não são dêste mundo" [29].

As condições básicas que provocam o aparecimento dêsses três tipos de bandos são muito parecidas, e derivam do hiato que separa as metas das oportunidades. A natureza da subcultura emergente depende, em grande parte, da natureza do bairro urbano em que ela aparece [30]. Nas áreas onde existe um mundo criminal adulto, que oferece a adolescentes desfavorecidos modelos de possibilidades de uma "carreira" ilícita, mas atraente e, além disso, ajuda, estímulo e informação, o grupo de adolescentes tende a converter-se em bando criminal. Onde não existe o mundo criminal adulto, os adolescentes carecem não só das legítimas oportunidades para conseguir valôres de classe média, mas também das oportunidades *ilegítimas* ministradas pelas atividades criminais organizadas. Sem orientação, voltam-se para violentas explosões através das quais expressam seus sentimentos e conseguem, recìprocamente, *status*. O uso de drogas ou outras formas de afastamento, afiançam Kloward e Ohlin, reflete o malôgro não só nas atividades convencionais mas também nas buscas ilegais às vêzes franqueadas a adolescentes que habitam as áreas intersticiais.

Claro está que êsses três tipos de subculturas delinqüentes são abstrações da realidade complexa e concreta da atividade e organização do bando de adolescentes. Os bandos criminais, por exemplo, não estão livres da violência nem sequer, em certas ocasiões, do uso de drogas, embora possam procurar limitar ambas as atividades. Os grupos de conflito também podem, por vêzes, experimentar drogas, ou pôr em prática cuidadosamente um roubo bem planejado no intuito de conseguir um objeto desejado, de preferência a limitar-se a um desdenhar simbólico dos valôres da classe média. O próprio bando de afastamento às vêzes se empenha na violência, na destruição e em crimes ocasionais.

A despeito dêsse imbricamente, a extensão em que cada bando se orienta para um ou outro dêsses padrões subculturais e a predominância de atividades particulares influi acentuadamente no futuro dos membros do grupo. À medida que cada adolescente delinqüente se avizinha da maturidade, aumentam as pressões para que se conforme aos *mores* predominantes e muitos antigos delinqüentes se convertem, provàvelmente, em adultos respeitadores da lei. Entretanto, entre os adeptos da subcultura criminal, os capazes e mais hábeis se vêem figurando no mundo adulto do crime, no qual seguem "carreiras" bem sucedidas. Se os outros, juntamente com os membros de grupos de conflito, com limitadas oportunidades para se tornarem criminosos "profissionais", não conseguirem realizar a necessária adaptação a papéis adultos respeitáveis, tenderão a voltar-se para alguma forma de comportamento de afastamento.

Papéis e carreiras divergentes

A participação numa subcultura divergente — delinqüente, criminal, homossexual, artística, boêmia, política — de ordinário não se processa ràpidamente. Ao invés disso, o indivíduo vai-se envolvendo aos poucos, seguindo uma "carreira divergente", para usarmos a expressão de Howard Becker, da ação inicial até a plena participação [31]. As condições que levam ao primeiro passo podem ser variadas e complexas, premeditadas ou acidentais e espontâneas, e refletem necessidades pessoais ou pressões externas. O recém-chegado aprende dos outros os atributos do papel — as habilidades, conhecimentos, atitudes e valôres requeridos. O fumador de maconha, por exemplo, aprende a tragar para conseguir o efeito desejado, já sabendo exatamente quais são as reações que constituem o "ficar alto", quais os outros efeitos que devem ser antecipados e como reagir a êles, e onde e como obter o "paco". Adquire os valôres e justificações para fumar maconha e passa a partilhar do código social característico do grupo.

Embora algumas pessoas sejam assim gradativamente absorvidas pela subcultura divergente, mercê das satisfações de suas ações, outras são atiradas a um papel e a uma subcultura divergentes pela resposta da comunidade a um ato identificável. Se bem o comportamento de um indivíduo seja convencional, exceto por uma única ação ou um gênero particular de atividade, a identificação como delinqüente, criminoso, toxicômano ou outro tipo qualquer de divergente encerra implicações e conseqüências de longo alcance. "A identificação divergente", assinala Becker, "torna-se a identificação controladora" [32], e aos olhos dos demais todos os outros aspectos do comportamento e da personalidade do indivíduo são relegados a segundo plano. Daí resultam a suspeita, a hostilidade e até a exclusão de vários círculos sociais. Por se ver, dali por diante, limitado em suas oportunidades de atividades convencionais no trabalho ou no lazer, o indivíduo é arrastado para uma associação mais ampla com divergentes e para um maior envolvimento na subcultura divergente, onde encontra aceitação e proteção, ao preço de sua confirmação numa carreira divergente. A identificação pública põe, assim, em movimento uma "profecia que a si mesma se cumpre" e transforma o homem que transgrediu uma ou algumas vêzes em divergente confirmado [33].

As instituições que se propõem punir ou reabilitar o transgressor de regras aceitas não raro produzem resultados semelhantes. Como o demonstram muitos estudos, o encarceramento de delinqüentes e criminosos serve amiúde apenas de empurrá-los ainda mais para os caminhos do crime. Prisioneiros mais velhos e mais experimentados amestram os recém-chegados, que também absorvem as atitudes, valôres e conhecimentos do grupo divergente. A probabilidade de que isso aconteça é aumentada pelo fato de serem êles física e socialmente apartados da sociedade maior e de enfrentarem as incertezas da identificação social como ex-condenados, ao serem libertados [34].

Evasões institucionalizadas

Semelhantes, a certos respeitos, a formas de divergências subcultural como a delinqüência são várias "evasões institucionalizadas" das normas sociais [35]. Atitudes divergentes como os conchavos em ações de divórcio, o contrabando de bebidas na época da Proibição, o jôgo, o uso de títulos "frios" e o namôro entre pessoas casadas constituem formas padronizadas de corportamento muito difundido, a despeito das injunções que se fazem contra elas. Como grande proporção de delinqüência, derivam de conflitos entre desejos habitualmente gerados pela própria vida social e as normas que lhes proibem — ou dificultam — a satisfação. À diferença da maior parte das delinqüências, tais desvios da lei ou da convenção, embora tôda a gente saiba que existem, provocam poucos esforços vigorosos de repressão; em vez disso, são geralmente ignorados ou tolerados, a menos que, eventualmente, casos individuais venham a despertar a atenção pública.

As evasões padronizadas só se desenvolvem quando as pessoas se decidem a fazer alguma coisa formalmente proibida e quando a lei ou o costume relevantes são tão robustamente amparados que não se repudiam nem modificam com facilidade. Como se expôs no capítulo 7, por exemplo, inúmeros casamentos não dão certo em razão de algumas características da família moderna, e muitos casais se divorciam — enquanto outros desejam divorciar-se. Em nenhum Estado, entretanto, se pode obter o divórcio com base no consentimento ou desejo mútuos do marido e da espôsa. Um dêles precisa processar o outro; um dêles precisa ser vítima de uma transgressão, e o outro, transgressor. Na realidade, portanto, quando um casal deseja desmanchar o casamento, fazem-se conchavos quase sempre em surdina, para que um acuse o outro de atos que constituem base jurídica para o divórcio. Calculou-se que os conchavos, que neste país constituem obstáculo específico ao divórcio quando chegam ao conhecimento do tribunal, na realidade ocorrem em mais de 90 por cento dos casos. No Estado de Nova Iorque, até 1966, o único motivo legal realmente efetivo para o divórcio era o adultério, o qual, ainda que ocorresse, nem sempre constituía a razão mais importante para a dissolução do casamento. Em virtude da exigência legal, entretanto, a prova era freqüentemente fabricada, com o consentimento de ambas as partes, sendo de hábito o marido, de preferência à espôsa, surpreendido em circunstâncias presumìvelmente comprometedoras.

O jôgo nos Estados Unidos oferece outra ilustração da evasão institucionalizada das normas sociais. Alguns jogos são permitidos, como, por exemplo, o sistema de apostas mútuas no prado em certos Estados, mas outras formas — o jôgo realizado fora do prado, a loteria clandestina, os caça-níqueis — são ilícitos na maioria dos Estados, cuja exceção principal é o Estado de Nevada, com sua indústria do jôgo legalizada. A procura do jôgo, que ajudou a criar uma indústria que se calculou ser uma das maiores e mais rendosas da nação, provém de fontes diversas. Para muitos negros e brancos da classe inferior, a loteria clandestina oferece emoções e oportunidades de lucros fartos com apostas pequenas; contando com poucas probabilidades de que o esfôrço sério e industrioso venha a ser ricamente recompensado, êles voltam-se para o acaso, na esperança de que a fortuna lhes sorria. Para membros da classe média, sem dúvida, as apostas, legais ou ilegais, ou a introdução de moedas num caça-níqueis proporcionam emoção — bem como a possibilidade de uns poucos dólares a mais — capaz de colorir o enfadonho ramerrão cotidiano. "O vício", observou certa vez o Sr. Dooley, de Finley Peter Dunne, "faz muito para tornar a vida suportável. . . um vìciozinho de vez em quando é apreciado até pelo melhor dos homens" [36]. Durante a Segunda Guerra Mundial e nos anos subseqüentes, afirma Bell, "a febre do jôgo" tomou conta dos "novos ricos da classe média-superior, que pela primeira vez gastavam conspìcuamente" [37].

A despeito da ampla procura, por parte de membros de vários grupos, de oportunidades para jogar, os esforços no sentido de legalizar as apostas fora do prado ou operar loterias públicas, que canalizariam para os cofres públicos parte dos doze a trinta bilhões de dólares que, segundo se calcula, se gastam anualmente em jôgo, foram, em geral, mal sucedidos. (Em 1964, todavia, os cidadãos de New Hampshire aprovaram, por maioria de 4 para 1, o estabelecimento de uma loteria estadual destinada a levantar fundos para vários serviços públicos.) Os adversários do jôgo legalizado contestam-lhe a moralidade e expressam o receio das possíveis conseqüências do oferecimento de uma sanção explícita a um comportamento que, se bem assaz difundido, ainda é considerado por muita gente — talvez pela maioria — como não de todo correto ou conveniente. O jôgo ilícito, portanto, continua, interrompido apenas pelas incursões ocasionais da polícia contra banqueiros de jôgo, operadores de loterias e estabelecimentos de jôgo. Essas incursões ensejam a imposição simbólica da lei e dos princípios morais em que ela se assenta, mas pouco fazem para refrear o desejo difundido de arriscar algum dinheirinho na esperança de rápida recompensa.

Muitas evasões padronizadas persistem, e permite-se que persistam, sem interferência enquanto não recebem ampla publicidade, a qual, de fato, talvez tente outros a violarem as regras em aprêço. Os funcionários públicos podem ignorar o aspecto menos atraente da vida urbana (e podem, às vêzes, tirar proveito dêle) a menos que os reformadores insistam em chamar a atenção para o verdadeiro estado de coisas. Os namoradores casados permanecem impunes ainda que os amigos lhes conheçam as atividades; estudantes podem utilizar documentos do arquivo da fraternidade sem serem criticados pelos colegas. Mas se os namoradores casados ou os estudantes fraudadores forem pùblicamente desmascarados, terão de sofrer as conseqüências.

Outra ilustração das relações entre a punição e a exposição pública de evasões padronizadas encontra-se nas Ilhas de Trobriand, onde, como refere Bronislaw Malinowski, se verificam freqüentes violações do tabu do incesto na medida em que se aplica fora da família nuclear; de ordinário não se toma providência alguma, ainda que tais violações sejam conhecidas de outros membros da comunidade. Mas se a atenção pública for despertada para qualquer uma dessas transgressões, os infratores terão de ser punidos de acôrdo com a lei e o costume, ainda que outros continuem discretamente a exercer atividades idênticas [38].

Quando as evasões padronizadas se tornam suficientemente difundidas, as próprias regras podem ser contestadas e alteradas. Observam-se contìnuamente esforços para reformar a lei do divórcio e legalizar o jôgo, embora as fôrças que apóiam as normas prevalecentes tenham sido tão fortes que resistem à maioria das alterações propostas. Mas o conhecimento da existência de ampla violação de alguma lei ou convenção, silenciosamente tolerada, pode corroer-lhe a autoridade legal ou moral. A Proibição, por exemplo, mal durou doze anos; sua incapacidade para obter o continuado apoio político e o desprêzo fartamente conhecido das restrições legais à bebida acarretou finalmente a revogação da Emenda número 18.

A desorganização social e a mudança social

As várias formas de desorganização social que conduzem ao comportamento divergente estão estreitamente ligadas aos contínuos processos de mudança social, ou dêles derivam. Está visto que nem tôdas as mudanças que se processam em valôres, instituições, papéis, relações sociais e tecnologia produzem a desorganização. Não obstante, as inovações tecnológicas e institucionais, a gradativa transformação da prática e da crença e novos padrões de interação social criam freqüentes contradições e tensões, que induzem a uma conduta de não conformidade.

Em muitas partes do mundo a mudança social imposta por estrangeiros gerou considerável desorganização da cultura e da sociedade. Onde quer que os europeus conquistassem o contrôle político, por exemplo, na Ásia, na África, na Oceania e na América do Norte, tendiam a enfraquecer ou destruir a autoridade dos chefes ou dirigentes locais. Os missionários cristãos tentaram, em muitos lugares, não só pela fôrça, com o apoio das autoridades civis, mas também pela persuasão, eliminar práticas tradicionais, porém não cristãs, como a poligamia e as relações sexuais pré-conjugais. A abolição de práticas aceitas, que haviam exercido funções importantes na ordem social, impôs reajustamentos complexos, que nem sempre se revelaram felizes. Ainda que introduzidas com a melhor das intenções, as inovações produziram, não raro, efeitos destrutivos, não antecipados. "No princípio", disse um índio na Califórnica à antropóloga Ruth Benedict, "Deus deu a cada pessoa uma taça, uma taça de barro, e nessa taça elas bebêram sua vida. . . tôdas as pessoas mergulharam suas taças dentro d'água, mas as taças eram diferentes. Uma taça agora se quebrou. Morreu" [39].

Entretanto, a cultura européia não foi ùnicamente imposta pela fôrça, pois os povos nativos em quase tôda a parte tomaram ardorosamente emprestadas muitas técnicas, objetos e idéias ocidentais. Fuzis, instrumentos modernos, tecidos fabricados e outros produtos manufaturados exercem pronto fascínio sôbre os que vivem próximos de um nível de mera subsistência. Numa tribo banto da África do Sul, a tribo dos BaKxatlas, por exemplo, após o contato com a civilização européia, "o material de vestuário, cobertores, roupas de homens, arados, potes, machados, pás, baldes, bacias, espelhos, louças, contas, pingentes, fósforos, fumo, sal, sabão, chá, açúcar e pão, todos encontraram rápida venda e passaram a ser considerados por muitos antes como necessidades do que luxos" [40]. Embora muitos africanos fôssem obrigados a ir para a cidade em virtude do excesso de gente nas reservas nativas e da necessidade de arranjar dinheiro para pagar impostos, movia-os também a possibilidade de ganhar o suficiente para comprar aquêles artigos, a que começavam a dar valor. Em parte por causa da superioridade tecnológica e política dos europeus, em muitas áreas adotaram também os nativos outras características culturais ocidentais — por exemplo, o nacionalismo, o cristianismo e a crença na democracia — se bem acentuassem com freqüência aspectos especiais das idéias e instituições ocidentais ou as modificassem para adaptá-las às próprias necessidades.

Entre os BaKxatlas, o contato com a cultura européia e a dominação dos brancos acarretaram considerável desorganização. A necessidade econômica e o desejo de um padrão material de vida mais elevado, adquirido dos brancos, levaram muitos nativos às cidades, minas ou grandes fazendas, onde pudessem obter empregos. Finalmente, a migração passou a constituir o padrão normal esperado da maioria dos moços. Se bem muitos retornem à reserva por algum tempo, todos os anos, ou em caráter permanente, outros se mantêm afastados por longos períodos. Êsse ir e vir produziu efeitos sérios, especialmente na família. Na ausência do marido, a espôsa goza de nova independência, com a qual não estava familiarizada, e a que muitas vêzes reluta em renunciar quando êle regressa. Se êle permanecer fora por muito tempo, ela poderá encontrar um amante. Os homens que vivem sòzinhos numa comunidade urbana heterogênea adquirem novas atitudes em relação ao comportamento sexual; quando regressam às aldeias, muitas vêzes não fazem caso das restrições convencionais. Porque muitos rapazes estão longe da tribo e a poligamia foi proibida pela Igreja, inúmeras môças que não se dispõem a esperar um homem com o qual possam casar amasiam-se — ou partem também caminho das cidades [41]. Ja tivemos ensejo de afirmar que a exposição a normas ou valôres conflitantes conduz, às vêzes, à rejeição de ambas as alternativas, a um estado de *anomia* ou ausência de normas, no qual não existem regras sociais efetivas que governem o comportamento. Vendo-se apanhados entre o nôvo e o velho, os homens ignoram a ambos e procuram satisfazer os desejos momentâneos sem fazer muito caso dos padrões de certo ou errado, sem se preocupar sèriamente com as sanções sobrenaturais nem com a autoridade estabelecida. Enfraquecidos os laços sociais tradicionais, desenvolveram-se poucas formas eficazes de contrôle social capazes de impedir o comportamento divergente ou prever o colapso pessoal que é, seguidas vêzes, conseqüência da desorganização social. A *anomia* parece haver preponderado particularmente entre os bantos que se mudaram para as grandes cidades sul-africanas. As áreas intersticiais de nativos em que se vêem confinados os africanos nas orlas de cidades como Joanesburgo e Natal assinalam-se pelos elevados coeficientes de criminalidade, alcoolismo, prostituição e outras formas de comportamento, estigmatizadas tanto pela cultura nativa quanto pela cultura européia. Nessa cidades também se encontram ideologias e movimentos políticos que, naturalmente, buscam o poder, mas também representam esforços para restituir o significado e a ordem à sociedade africana.

É claro que as influências externas não constituem a única fonte de mudança ou desorganização. Até as sociedades mais tradicionais, estáveis e isoladas sofrem, com o correr do tempo, certas modificações, e nas sociedades industriais as fôrças imanentes da mudança são poderosas e persistentes. Onde quer que se incentive a inovação, podem introduzir-se prontamente novas técnicas, práticas, objetos e idéias, não raro com conseqüências de longo alcance e imprevisíveis. Novos implementos ou produtos debilitam os costumes ligados à tecnologia tradicional. O automóvel, por exemplo, aumentou a liberdade de movimentos sempre apreciada na cultura norte-americana e, durante algum tempo, o desejo de aproveitá-la contribuiu, em muitos lugares, para um declínio da freqüência à igreja aos domingos [42]. Permitindo às pessoas escaparem da comunidade local, o automóvel ajudou também a afrouxar as coações sociais sôbre o comportamento, consentindo no aumento de liberdade que resulta, às vêzes, em várias formas de desvio — bem como de capacidade criativa.

Muitos estudiosos da sociedade moderna — que incluem, por exemplo, sociólogos como Émile Durkheim, Georg Simmel, Pitirim Sorokin e Robert Nisbet, e intérpretes das tendências sociais como Lewis Mumford e Erich Fromm — indicaram que a ampla divisão do trabalho, a difusão do individualismo, as aglomerações urbanas que crescem e a extensão da organização racional e impessoal na economia, no govêrno e alhures diminuíram ou destruíram o império de valôres tradicionais, esmorecendo dessarte as fôrças de contrôle social [43]. Essas tendências em larga escala, que explicam inúmeras consecuções da sociedade moderna, contribuem assim também para muitos de seus problemas. A *anomia* que provocam acarreta o colapso pessoal — suicídio e moléstias mentais — e várias formas de comportamento divergente, como o crime, a delinqüência, a toxicomania e o alcoolismo. Estimula também movimentos sociais e políticos que procuram resolver problemas econômicos e sociais prementes e restaurar o significado, a estabilidade e a segurança.

A desorganização — e a reorganização que a ela se segue — não são apenas aspectos estáticos da estrutura social e cultural, senão processos que prosseguem contínua e até simultâneamente na vida social. Quando se difundem a desorganização e as várias formas de comportamento divergente que ela origina, existe a probabilidade de que um grupo ou grupos apresentem novos valôres, ou tentem aproximar a realidade de suas necessidades e desejos. À maneira que vários grupos forcejam por eliminar as fontes de que procedem suas dificuldades, surgem finalmente as soluções que restabelecem o consenso, a solidariedade e a integração da cultura e da estrutura social, suficientes para que as pessoas vivam juntas numa sociedade ordenada — apenas para encontrar, inevitàvelmente, novos problemas, que os grupos e indivíduos precisarão continuar a enfrentar.

Notas

1 Sigmund Freud, *A Civilização e seus Descontentes,* traduz. para o inglês por Joan Riviere (Londres: Hogarth Press, 1955). Veja especialmente as pp. 60-4.

2 Kai T. Erikson, *Wayward Puritans* (Nova Iorque: Wiley, 1966), pp. 5-6.

3 Alice Hamilton, *Exploring the Dangerous Trades* (Boston: Little Brown, 1943), p. 112.

4 Resumos de dados relevantes encontram-se em Mabel A. Elliot, *Crime in Modern Society* (Nova Iorque: Harper, 1954), pp. 284-97; e Edwin H. Sutherland e Donald R. Cressey, *Principles of Criminology* (5.ª ed.; Filadélfia: Lippincott, 1955), cap. 8.

5 Robert K. Merton, *Social Theory and Social Structure* (ed. revista e aumentada; Nova Iorque: Free Press, 1957), p. 134.

6 *Ibid.*, Caps. IV e V. O leitor encontrará uma elaboração dessas categorias e a análise sôbre a qual se baseiam em Robert Dubin, "Deviant Behavior and Social Structure: Continuities in Social Theory"; Richard A. Cloward, "Illegitimate Means, *Anomie,* and Deviant Behavior"; e Robert K. Merton, "Social Conformity, Deviation, and Opportunity-Structures: A Comment on the Contributions of Dubin and Cloward", *American Sociological Review,* XXIV (abril de 1959), 147-64, 164-76, 177-89.

7 Merton, *Social Theory and Social Structure,* p. 150.

8 Edward C. Banfield, *The Moral Basis of a Backward Society* (Nova Iorque: Free Press, 1958), p. 65.

9 *Ibid.*, p. 175.

10 Veja, por exemplo, William Foote Whyte, *Street Corner Society* (ed. aumentada; Chicago: University of Chicago Press, 1955), II Parte; e Daniel Bell, *The End of Ideology* (Nova Iorque: Free Press, 1960), cap. 7.

11 Merton, *Social Theory and Social Structure,* p. 156.

12 Veja Kenneth Rexroth, "Disengagement: The Art of the Beat Generation", em Gene Feldman e Max Gartenberg (eds.), *The Beat Generation and the Angry Young Men* (Nova Iorque: Dell, 1959), pp. 350-67.

13 Encontra-se uma apreciação crítica de parte da evidência relativa a êsse ponto em Merton, *Social Theory and Social Structure,* pp. 170-6. Encontra-se minucioso estudo das atitudes para com o êxito e das reações à discrepância entre os valôres do êxito e as oportunidades reais em Ely Chinoy, *Automobile Workers and the American Dream* (Nova Iorque: Random House, 1955).

14 Merton, *Social Theory and Social Structure,* p. 151.

15 Bell, *op. cit.*, pp. 128-34.

16 Richard A. Cloward e Lloyd E. Ohlin, *Delinquency and Opportunity* (Nova Iorque: Free Press, 1960), pp. 41-2.

17 Veja Sutherland e Cressey, *op. cit.*, pp. 77-80.

18 Albert K. Cohen, *Delinquent Boys* (Nova Iorque: Free Press, 1955).

19 Veja Louis Schneider e Sverre Lysgaard, "The Deferred Gratification Pattern: A Preliminary Study", *American Sociological Review,* XVIII (abril de 1953), 142-9.

20 Veja Melvin L. Kohn, "Social Class and Parental Values", *American Journal of Sociology,* LXIV (janeiro de 1959), 337-51; e Melvin L. Kohn, "Social Class and Parental Authority", *American Sociological Review,* XXIV (junho de 1959), 352-66.

21 Cohen, *op. cit.*, p. 119.

22 *Ibid.*, p. 25.

23 *Ibid.*, p. 65.

24 Veja Lewis Yablonsy, "The Delinquent Gang as a Near Group", *Social Problems,* IX (Fall, 1961), 108-17.

25 James F. Short Jr., "Gang Delinquency and *Anomie*", em Marshal B. Clinard (ed.), *Anomie and Deviant Behavior* (Nova Iorque: Free Press, 1964),

p. 117. Veja também Lewis Yablonsky, *The Violent Gang* (Nova Iorque: Macmillan, 1962); e Leon R. Jansyn Jr., "Solidarity and Delinquency in a Street Corner Group", *American Sociological Review,* XXXI (outubro de 1966), 600-14.

26 Veja Robert A. Gordon, James F. Short Jr., Desmond S. Cartwright, e Fred L. Strodtbeck, "Values and Gang Delinquency: A Study of Street Corner Groups", *American Journal of Sociology,* LXIX (setembro de 1963), 109-28. Êste artigo acha-se também incluído em James F. Short Jr., e Fred L. Strodtbeck, *Group Process and Gang Delinquency* (Chicago: University of Chicago Press, 1965), pp. 47-76.

27 Gresham M. Sykes e David Matza, "Techniques of Neutralization: A Theory of Delinquency", *American Sociological Review,* XXII (dezembro de 1957), 664-70.

28 David Matza, *Delinquency and Drift* (Nova Iorque: Wiley, 1964), p. 50.

29 Veja Cloward e Ohlin, *op. cit.,* pp. 1, 20-7.

30 A exposição seguinte baseia-se em *ibid.,* caps. 6, 7.

31 Howard S. Becker, *Outsiders* (Nova Iorque: Free Press, 1963), pp. 25-39. A análise que se segue deve muitíssimo ao trabalho de Becker.

32 *Ibid.,* p. 34.

33 Erikson, *op. cit.,* p. 17.

34 Veja, por exemplo, Gresham Sykes, *The Society of Captives* (Princeton: Princeton University Press, 1958).

35 A discussão que se segue foi tirada, em grande parte, de Robin M. Williams Jr., *American Society* (2.ª ed.; Nova Iorque: Knopf, 1960), pp. 379-91.

36 Finley Peter Dunne, *Mr. Dooley at His Best,* ed. E. Ellis (Nova Iorque: Scribner's, 1938), pp. 120-1.

37 Bell, *op. cit.,* p. 135.

38 Veja Bronislaw Malinowski, *Crime and Custom in Savage Society* (Paterson: Littlefield, 1959), pp. 71-84.

39 Ruth Benedict, *Patterns of Culture* (Nova Iorque: Penguin, 1946), p. 19.

40 I. Schapera, "Present-Day Life in the Native Reserves", em I. Schapera (ed.), *Western Civilization and the Natives of South Africa* (Londres: Routledge, 1934), p. 43.

41 *Ibid.,* pp. 46-52.

42 Veja Robert S. e Helena M. Lynd, *Middletown* (Nova Iorque: Harcourt, 1929), pp. 258-61.

43 Encontram-se exemplos de tais interpretações em *Suicídio,* de Émile Durkheim, traduzido para o inglês por John A. Spaulding e George Simpson (Nova Iorque: Free Press, 1951), cap. 5; e *A Divisão do Trabalho,* de Émile Durkheim, traduzido para o inglês por George Simpson (Nova Iorque: Free Press, 1947), Livro Terceiro e Prefácio à Segunda Edição; Georg Simmel, *A Sociologia de Georg Simmel,* traduzido para o inglês por Kurt Wolff (Nova Iorque: Free Press, 1950), pp. 409-24, "The Metropolis and Mental Life"; Pitirim A. Sorokin, *The Crisis of Our Age* (Nova Iorque: E. P. Dutton, 1941); Robert A. Nisbet, *Community and Power* (Nova Iorque: Oxford, 1962); Erich Fromm, *Escape from Freedom* (Nova Iorque: Rinehart, 1941); Erich From, *The Sane Society* (Nova Iorque: Rinehart, 1955); Lewis Mumford, *Technics and Civilization* (Nova Iorque: Harcourt, 1934); e Lewis Mumford, *The Culture of Cities* (Nova Iorque: Harcourt, 1938).

Sugestões para novas leituras

BECKER, HOWARD S. *Outsiders.* Nova Iorque: Free Press, 1963.

Estudo que focaliza os papéis divergentes e os processos pelos quais as pessoas aprendem a desempenhá-los.

— (ed.) *The Other Side: Perspectives on Deviance.* Nova Iorque: Free Press, 1964.

Escritos sôbre as fontes de desvio, papéis divergentes e respostas ao comportamento divergente.

BELL, DANIEL. *The End of Ideology.* Nova Iorque: Free Press, 1960. Caps. 7, 8, 9.

Êstes três ensaios estudam as conexões entre o crime organizado, as instituições sociais e a estrutura social.

CLINARD, MARSHALL B. (ed.). *Anomie and Deviant Behavior.* Nova Iorque: Free Press, 1964.

Ensaios sôbre a natureza da anomia e suas relações com o comportamento divergente.

CLOWARD, RICHARD A., e LLOYD E. OHLIN. *Delinquency and Opportunity.* Nova Iorque: Free Press, 1960.

Recente e significativa contribuição para a compreensão dos vários tipos de bandos delinqüentes encontrados em áreas intersticiais

COHEN, ALFRED K. *Delinquent Boys.* Nova Iorque: Free Press, 1955.

Importante ensaio teórico sôbre as origens e funções da subcultura delinqüente.

DURKHEIM, ÉMILE. *Suicídio.* Traduzido para o inglês por John A. Spaulding e George Simpson. Nova Iorque: Free Press, 1951. Livro II, Cap. 5, sobretudo as pp. 246-54.

A primeira discussão sistemática da anomia, que continua a ser uma análise interessante e útil.

ERIKSON, KAI T. *Wayward Puritans.* Nova Iorque: Wiley, 1966.

Tentativa para localizar o comportamento divergente e as maneiras pelas quais foi tratado no interior da estrutura social e da cultura de Massachusetts no século XVII.

FROMM, ERICH. *The Sane Society.* Nova Iorque: Rinehart, 1955.

Interessantíssima discussão das principais formas de desorganização social na sociedade moderna e suas conseqüências para a personalidade individual.

MATZA, DAVID. *Delinquency and Drift.* Nova Iorque: Wiley, 1964.

Reavaliação da delinqüência e da subcultura delinqüente que põe em relêvo o contexto legal e sua influência.

MERTON, ROBERT K. *Social Theory and Social Structure.* Edição revista e aumentada. Nova Iorque: Free Press, 1957. Caps. IV e V.

O capítulo IV, "Estrutura social e anomia", publicado pela primeira vez em 1938 e revisto em 1949, é um ensaio clássico sôbre as fontes sociológicas do comportamento divergente. O capítulo V elabora a análise com base em pesquisas subseqüentes. Tentativas mais recentes de ampliar e aprimorar a teoria encontram-se na American Sociological Review, *XXIX (abril de 1949), 147-89, nos artigos de Robert Dubin, Richard A. Cloward, e Merton.*

MERTON, ROBERT K., e ROBERT A. NISBET (eds.). *Contemporary Social Problems.* 2.ª ed. Nova Iorque: Harcourt, 1966.

Útil coletânea de ensaios sôbre problemas como desordens mentais, delinqüência, crime, toxicomania, desorganização familial, pobreza e guerra. O ensaio introdutório de Nisbet e a conclusão de Merton proporcionam valiosas perspectivas teóricas.

SUTHERLAND, EDWIN H. *White Collar Crime.* Nova Iorque: Dryden, 1949.

Obra pioneira, que documenta a existência de comportamento ilegal entre homens de negócios.

THOMAS, WILLIAM I., e FLORIAN ZNANIECKI. *The Polish Peasant in Europe and America.* 5 vols. Boston: Badger, 1920.

Obra clássica sôbre a desorganização na comunidade camponesa da Polônia antes da Primeira Guerra Mundial e entre imigrantes poloneses que foram para os Estados Unidos.

WHYTE, WILLIAM F. *Street Corner Society.* Chicago: University of Chicago Press, 1943. (Edição aumentada, 1955).

Estudo da organização e da desorganização numa área étnica intersticial de uma cidade metropolitana. Contém uma discussão esclarecedora da institucionalização de atividades fraudulentas e sua ligação com a política urbana.

A MUDANÇA SOCIAL

Algumas perspectivas

Por ser a mudança característica normal da cultura e da sociedade, foi preciso versá-la com freqüência em capítulos anteriores. Muitas mudanças sociais significativas, que estão ocorrendo no mundo moderno, já foram estudadas — as amplas tendências para uma forma qualquer de família nuclear, o surgimento de nova classe média e o mutável padrão de relações raciais nos Estados Unidos, a burocratização crescente das sociedades industriais e a concentração da produção em grandes organizações, a importância cada vez maior da Ciência, a urbanização e o desenvolvimento metropolitano, a expansão da educação em tôdas as partes do mundo, a explosão demográfica.

As causas dessas e de outras mudanças em instituições, valôres e na estrutura social são complexas e variadas, e nenhum simples esquema teórico pode explicá-las de pronto. Como observamos no capítulo 5, as inúmeras teorias que buscam reduzir as causas da mudança social a um fator dominante — econômico, tecnológico, político, demográfico, ideológico, psicológico — simplificam em demasia e falseiam inevitàvelmente as realidades da vida social. Tão entrelaçados se encontram todos êsses fatôres, numa seqüência intricada de causa e efeito, que é difícil desenredá-los e atribuir a um ou a outro uma prioridade causal.

Malgrado sua unilateralidade, todavia, muitas dessas teorias tiveram a utilidade de chamar a atenção para fatos e relações específicas. Nenhuma análise da evolução da sociedade moderna poderá ignorar a influência das classes sociais, à qual Karl Marx atribuiu o papel dinâmico central na mudança social; da tecnologia, a que Thorstein Veblen concedeu prioridade; da religião e dos sistemas de valôres, cuja importância foi acentuada por Max Weber. Por conseguinte, os esforços para avalaiar a significação de cada um dêsses fatôres — e de outros, como a urbanização, o crescimento da população, a extensão da racionalidade — projetam luz sôbre o processo da mudança social em conjunto.

Resta, contudo, a tarefa de estabelecer a relação entre os pontos de vista parciais, a fim de localizar mais precisamente as diversas fontes de mudança, explicar-lhe o ritmo e a direção e definir o processo pelo qual ocorre. Até agora, a Sociologia ainda não propôs uma teoria adequada ou que tudo abranja, capaz de alcançar essas metas, mas ministra perspectivas úteis na análise sistemática de situações históricas específicas.

Como tivemos ocasião de observar no captíulo 5, as fontes de mudança podem ser exógenas ou endógenas, provir de fôrças fora da sociedade ou de fôrças que atuam dentro dela. Visto que poucas sociedades, se é que existe alguma, são totalmente insuladas e livres do contato com outras, estão constantemente sujeitas a estímulos externos de mudança. Tais contatos podem ser diretos e violentos, como no caso da guerra e da conquista, ou mais sutis e indiretos, como sucede quando idéias, artefatos e costumes se difundem através das fronteiras sociais. Por outro lado, dentro dos limites da sociedade, certas formas de inovação são, às vêzes, sancionadas ou até instigadas — como acontece amiúde com a Ciência e a tecnologia — e têm, não raro, conseqüências remotas e não antecipadas. Mas até em face de vigorosos apegos à convenção e à tradição, muitas vêzes se geram pressões que podem requerer ou precipitar o ajustamento e a mudança.

Desde que nenhuma sociedade se acha plenamente integrada nem é totalmente estática, existem sempre pontos de tensão ou de esfôrço, que constituem fontes potenciais de mudança. Essas tensões, que são freqüentemente o resultado da mudança bem como sua origem, tendem a assumir múltiplas formas — conflito de papéis, valôres divergentes, privação social, interêsses concorrentes, incapacidade de alcançar metas socialmente apreçadas com os meios disponíveis. Emergem do funcionamento de instituições aceitas e valôres estabelecidos ou se relacionam com vários tipos de mudanças que já se processam em outros pontos da cultura ou da estrutura social. As pressões decorrentes de tensões na estrutura social nem sempre provocam mudança, pois podem ser contidas ou drenadas de várias maneiras — pela repressão política, pelas sanções religiosas, "pão e circo", e pela preocupação com inimigos externos. Mas se tais pressões não forem aliviadas, os que se encontram em situações difíceis ou frustratórias propendem a rejeitar a convenção ou a tradição e a tentar introduzir novos valôres e instituições ou modificar a estrutura social.

A relação entre as tensões contidas no interior de uma estrutura relativamente bem integrada e a mudança social pode ser claramente percebida na família chinesa. Apesar de sua fôrça e estabilidade, a família chinesa tradicional criava problemas difíceis para lguns de seus membros. Estrutura patriarcal, cujo tema principal era a piedade filial e cuja relação central era a relação entre pai e filho, a família representava o elemento dominante na estrutura social da China pré-moderna. Proporcionava o contexto da maior parte das atividades, regulava e controlava grandíssima parte do comportamento do indivíduo, definia-lhe as relações com muitas pessoas a que êle se associava, e servia de modêlo para outros grupos, com a notável exceção da burocracia mandarínica. No entanto, essa estrutura bem integrada impunha coerções severas aos moços e às mulheres. A rígida subordinação à autoridade paterna induzia, até certo ponto, ao ressentimento; como observou Marion Levy, "do ponto de vista do filho, a origem de sua frustração era o pai... que lhe fazia exigências, recusava-lhe a satisfação dos desejos, castigava-o e passava em revista sua conduta diária com ôlho crítico" [1]. Casamentos arranjados limitavam as possibilidades de escolha tanto de homens quanto de mulheres e geravam amiúde desafeição e descontentamento. Para a mulher, os problemas eram particularmente agudos, pois o matrimônio, não raro com um homem desconhecido e não familiar, arrancava-a do meio de pessoas com quem mantinha íntimos laços pessoais e a colocava numa casa estranha, em situação de subserviência em relação aos pais do marido e, sobretudo, em relação à sogra.

Enquanto a sociedade chinesa permaneceu relativamente estável e não tocada por idéias forasteiras, as pressões oriundas dessas difíceis circunstâncias puderam ser prontamente contidas, embora talvez à custa do sofrimento de algumas pessoas. (Era crença generalizada na China, por exemplo, de que o coeficiente de suicídios se revelava particularmente elevado entre as mulheres, sobretudos entre as jovens casadas. William J. Goode sustentou, porém, que a evidência existente não confirma a crença; mas a sua existência pode ter servido para temperar o tratamento dispensado à recém-casada dentro da casa do marido [2].) Quando as idéias ocidentais de liberdade individual penetraram na China, encontraram apoio considerável por parte dos que ansiavam por escapar às injunções e pressões onerosas inerentes aos casamentos arranjados e à estrutura autoritária da família. As modificações na legislação que governa o matrimônio e a família, iniciadas já no século XII e levadas avante pelos comunistas depois que assumiram o poder, foram de boa mente aceitas por muitas pessoas, sobretudo pelos jovens de ambos os sexos que mais sofriam com os arranjos tradicionais [3].

Até certo ponto, a mudança alimenta-se a si mesma, criando pressões e tensões que estimulam ou provocam novas mudanças ou rasgam novas perspectivas, instigadoras da inovação e do afastamento das práticas convencionais e das relações estabelecidas. O crescimento da população mundial, por exemplo, incentivou considerável pressão no sentido de uma mudança de posição da Igreja Católica no que respeita ao contrôle da natalidade; o aumento da proporção de pessoas idosas nos Estados Unidos, associado a mudanças na estrutura familial, criou problemas que redundaram na emergência de novas maneiras de amparar os velhos e cuidar dêles. O crescimento urbano, caracterìsticamente não planejado e resultante de combinações e circunstâncias, tende, como observamos no capítulo 11, entibiar o império da tradição e estimular maior tolerância e apoio não só ao comportamento divergente mas também à inovação.

Atraso cultural e ritmos de mudança

É òbviamente difícil medir de maneira precisa o espaço de tempo em que essas várias mudanças se verificam. Está visto que o crescimento da população, as mudanças na distribuição das ocupações e o número de pessoas que buscam educação formal podem ser descritos em têrmos estatísticos, que permitem medidas relativamente exatas, muito embora as próprias medidas estatísticas dessas mudanças não sejam rigorosamente mensuráveis. Fenômeno como a solidariedade decrescente, a crescente *anomia,* a redefinição de papéis sociais e a transformação de relações sociais são muito menos susceptíveis de um cálculo exato. Entretanto, malgrado as dificuldades metodológicas, não há fugir ao fato de que ocorrem mudanças na cultura e na estrutura social em velocidades variáveis — algumas com lentidão glacial, outras em ritmo moderado e outras ainda com extraordinária rapidez. A resistência dos negros à humildade do seu *status* na sociedade norte-americana desenvolveu-se muito devagar nas primeiras décadas do século XX mas cresceu em ritmo dramático durante as décadas de 1950 e 1960. Os centros de muitas cidades norte-americanas foram-se deteriorando constantemente, ao mesmo passo que as instituições do govêrno local permaneceram relativamente as mesmas. As mudanças na estrutura de certos governos foram lentas e gradativas, ao passo que outros sofreram transformações revolucionárias.

A existência de ritmos diferentes de mudança em vários setores da cultura e da sociedade conduziu a uma teoria que atribui prioridade casual às características que parecem mudar mais pronta e ràpidamente. Destarte, em sua teoria do "atraso cultural", apresentada pela primeira vez na década de 1920, William F. Ogburn estabelecia a distinção entre cultura material e cultura não material, consistindo a primeira na tecnologia e outros artefatos, e a segunda nos "costumes, crenças, filosofias, leis, governos"[4]. A cultura material, sustentava êle, muda mais depressa do que a não material, que, portanto, "se atrasa".

Como os vários elementos da cultura se acham estreitamente ligados entre si, êsse atraso produz, inevitàvelmente, desajustamentos que são, afinal, eliminados por reordenações de costumes ou instituições. Como ilustração, citava Ogburn a introdução da nova maquinaria na indústria, que provocou grande número de acidentes e impôs sérias dificuldades às suas vítimas. Não existiam arranjos para enfrentar tais dificuldades, e só depois de muito tempo surgiram instituições, como as leis de indenização aos trabalhadores, para solucionar os problemas criados por acidentes industriais.

De muitas deficiências se ressente essa teoria — o vago da distinção entre cultura material e não material, o fato de exerceram ambas, muita vez, influências recíprocas, a dificuldade de especificar os ritmos em que se verificam diferentes mudanças, a incapacidade de identificar as condições em que ocorrem os reajustamentos destinados a eliminar o atraso. De mais a mais, as pressões criadas por diferentes ritmos de mudança não se resolvem automàticamente; são enfrentadas por grupos ou indivíduos que, dando tento do problema, procuram fazer alguma coisa para resolvê-lo, não raro apesar da resistência de outros, que permanecem apegados a valôres e instituições tradicionais. Os "atrasos", portanto, podem persistir por muito tempo, ou resolver-se pronta e expeditamente.

Todavia, o conceito de atraso cultural serve para focalizar a atenção sôbre a maior disposição para tolerar a inovação ou a mudança em certas áreas da vida social do que em outras — e sôbre os problemas criados pelas diferenças de velocidade com que se transformam certas características da cultura e da estrutura social. De um modo geral, parece existir a tendência para uma disposição maior de aceitar o progresso tecnológico, ao passo que os valôres e instituições mudam, caracterìsticamente, muito mais devagar. Como observaram Robert e Helen Lynd, no clássico estudo de Middletown:

> Um nôvo instrumento ou dispositivo material, cuja eficácia possa ser decisiva e impessoalmente comprovada, tem tôdas as probabilidades de enquadrar-se de uma forma qualquer no esquema aceito das coisas de Middletown, ao passo que os fatôres não materiais opostos, como a tradição e a opinião, vagarosamente se abrem para lhe dar lugar [5].

Em alguns meios, entretanto, as expectativas culturais podem ser os fatos sociais que mudam mais depressa. Em muitas nações subdesenvolvidas, por exemplo, a exposição a vários aspectos da cultura ocidental produziu um nível crescente de expectativas e procura, que a tecnólogia existente não pode satisfazer, criando assim uma pressão cada vez maior no sentido da rápida industrialização. Nos Estados Unidos a tecnologia da construção de casas não acompanhou a necessidade e a procura, sempre crescente, de melhores habitações para a população de renda baixa.

A mudança social que muitas vêzes representa, convém não o esquecer, uma tentativa de solução de um velho problema, pode não só gerar pressões e tensões, porque rompe relações estabelecidas entre os vários elementos da cultura e da estrutura social, mas também estimular a resistência a novas mudanças. Dessa maneira, sustentaram os Lynds:

> Tão grande é a necessidade de segurança do ser humano individual que as pessoas em sua maioria talvez se mostrem incapazes de suportar a mudança e a incerteza em todos os setores da vida ao mesmo tempo; e se a cultura as expõe à tensão e à incerteza em muitos pontos, poderão não só tolerar senão também acolher com agrado a segurança da fixidez extrema e da imutabilidade nos outros pontos de suas vidas [6].

Essa hipótese, naturalmente, ainda depende de comprovação, e é provável que os indivíduos, de fato, variem na habilidade para suportar o fluxo e a mudança e na necessidade de estabilidade e continuidade. Do ponto de vista da cultura e da estrutura social, a mudança e a estabilidade se acham, muito provàvelmente, relacionadas entre si de maneira complexa. Stanley Rothman sustentou, por exemplo, que a Inglaterra foi capaz de modernizar suas instituições econômicas e políticas melhor e mais depressa do que muitas outras nações exatamente em virtude da presença de tradições sociais e políticas amplamente partilhadas [7]. Dir-se-á, ao revés, que a existência de instituições para iniciar mudanças em resposta a novas circunstâncias, tais como um sistema político democrático, reforça o consenso e a estabilidade social.

Os movimentos socidis

Pôsto que muitas mudanças de valôres, instituições e estrutura social se verifiquem gradativamente e sem qualquer esfôrço consciente ou deliberado — o crescimento populacional, a melhoria dos padrões de vida, os novos padrões de lazer, os níveis ascendentes da educação, a automatização, a burocratização, o entibiamento de valôres tradicionais ou a emergência de novos valôres — também podem resultar de movimentos sociais organizados. Êsses esforços coletivos para encetar a mudança assumem inúmeras formas e buscam ampla variedade de mtas. Vão desde o feminismo e a temperança até os movimentos políticos de grandes proporções, como o fascismo e o comunismo. Incluem o movimento trabalhista, o movimento pelos direitos civis, o "direito radical", o mau-mau em Quênia, os "cultos da carga" encontrados no Pacífico Sul, o sionismo e movimentos religiosos como os do Rearmamento Moral, das Testemunhas de Jeová e dos Cristadelfos.

Tão variados são êsses movimentos em suas metas, organização e influência, que se podem fazer algumas distinções entre êles. Ralph Turner e Lewis Killian, por exemplo, distinguem entre os orientados para o poder, os orientados para os valôres, e os orientados para a participação. Os primeiros ambicionam principalmente obter o contrôle ou o poder na sociedade, os segundos, mudar a sociedade a fim de lograr certos valôres, e os terceiros se orientam sobretudo para as satisfações que se podem derivar da simples participação no esfôrço coletivo [8]. Neal Smelser encontra apenas dois tipos, o orientado para as normas e o orientado para os valôres [9], ao passo que Herbert Blumer identifica movimentos gerais e específicos (reformistas ou revolucionários) — que se distinguem uns dos outros pela clareza das metas, pelo grau de organização e pela presença ou ausência de liderança efetiva — bem como um terceiro tipo, o de movimentos expressivos, cujo fito principal jaz na expressão de sentimentos e nas satisfações derivadas da participação no movimento [10].

Tais classificações têm algum valor para identificar as várias finalidades dos movimentos sociais e para concentrar a atenção nas diferenças de organização e estrutura, mas também possuem sérias limitações. Os movimentos específicos encerram, caracterìsticamente, mais de um tipo de orientação; a busca do poder liga-se freqüentemente a esforços para efetuar mudanças específicas em instituições e valôres, ao passo que a participação em qualquer movimento, seja qual fôr seu propósito, pode ser recompensadora para os participantes. Além disso, os movimentos sociais mudam com freqüência de caráter e finalidade, modificando sua organização e alterando sua orientação em resposta a novas circunstâncias. O movimento Townsend, da década de 1930, por exemplo, dedicado a um programa específico de ajuda aos velhos, perdeu seu vigor de cruzada após a promulgação da Lei de Segurança Social em 1935 e tornou-se, simplesmente, em foco de atividade social para seus membros. Como Robert Michels o demonstrou, os sindicatos e o Partido Social Democrático da Alemanha anterior à Primeira Guerra Mundial passaram a interessar-se cada vez mais pela manutenção de sua organização e pela fôrça de seus líderes à medida que conseguiam estabilidade e aceitação [11].

Certos estudos de movimentos sociais contornaram os problemas de uma tipologia inclusiva e focalizaram-se em determinada variedade, como os movimentos milenários, cujos líderes proclamam a iminência da redenção ou do paraíso terreno. Êstes incluem os movimentos messiânicos, que irromperam com freqüência entre as tribos de índios norte-americanos durante as últimas décadas do século XIX; os "cultos de carga" do Pacífico Sul, que antecipam a volta momentânea de um salvador em algum meio moderno de transporte, carregado dos bens desejados; a grupos cristãos com os Cristadelfos, os Adventistas do Sétimo Dia e as Testemunhas de Jeová, que aguardam a iminente "segunda volta" de Cristo ou acreditam que o Dia do Juízo não tarda [12].

Os movimentos sociais emergem caracteristicamente de situações de tensão ou desorganização. Quando grandes grupos de pessoas encontram rompidas suas rotinas tradicionais, o *status* contestado, ou seus valôres e interêsses ameaçados, podem reunir-se num esfôrço coletivo para resolver as próprias dificuldades e pôr as coisas em ordem. O feminismo na Inglaterra, por exemplo, foi uma resposta a problemas nascidos de mudanças no papel e no *status* de mulheres.

> De sua situação de sócia, embora, sem dúvida, nunca fôsse uma sócia em igualdade de condições com o marido, quando a família era organizada como unidade de produção, logo se tornou ela, no fim do século XVIII e no século XIX, dependente da capacidade de ganhar dinheiro de outra pessoa para lograr a renda que gastava como representante da família. O movimento feminista organizado ligava-se, conseqüentemente, à triste sina de (...) mulheres exploradas em resultado dessa dependência [13].

O feminismo recebeu muito maior apoio das mulheres da classe média que das mulheres da classe trabalhadora, pois estas últimas se achavam demasiado preocupadas com seus problemas econômicos para se interessarem sèriamente pelas dificuldades especiais do seu sexo.

O "direito radical" nos Estados Unidos, evidente no período de McCarthy da década de 1950 e ressurgido na década de 1960, afirmou Daniel Bell, encontrou adeptos em pessoas cuja segurança, *status* e poder haviam sido impugnados por tendências significativas da sociedade norte-americana. A propriedade de bens imóveis fôra, cada vez mais, suplantada como fonte de poder pela habilidade técnica e pela posição social. Por conseguinte, grande parte do apoio ao direito radical proveio de membros da velha classe média — "o médico independente, o dono de fazenda, o advogado de cidade pequena, o incorporador imobiliário, o construtor de casas, o negociante de automóveis, o proprietário de postos de gasolina, o pequeno comerciante, e outros nas mesmas condições". Apoiaram-no também elementos das "elites mais antigas" do mundo empresarial e militar, que se sentiam ameaçados pelas novas técnicas a novas formas de contrôle.

> Dentre de uma emprêsa comercial, as técnicas mais recentes de pesquisa operacional e programação linear quase equivalem à "automàtização" da administração média, e ao seu afastamento por matemáticos e engenhei-

ros, que trabalham na firma ou figuram como consultores. Na economia, o homem de negócios vê-se sujeito a critérios de preços, salários e investimentos fixados pelos economistas do govêrno. Na política, a determinação da política pelas velhas elites militares é contestada por cientistas, que possuem conhecimentos técnicos sôbre a capacidade nuclear, o desenvolvimento dos mísseis e coisas semelhantes, ou pelos "intelectuais militares", cujas concepções de sistemas de armas e de ciência bélica política buscam dirigir a concessão das verbas militares [14].

Está visto que nem todos os membros dêsses grupos sucumbiram ao ponto de vista super-simplificado, que enxerga na mudança o resultado de uma conspiração estrangeira destinada a subverter valôres e instituições tradicionais, embora ainda precisem identificar-se melhor os fatôres que distinguem os membros dêsses grupos, que também se tornam membros da Sociedade John Birch e de organizações similares, dos demais.

Entretanto, para que as frustrações e ameaças geradas por tensões na ordem social levem homens a juntar-se ou a participar de um movimento social, cumpre que êles sejam galvanizados por uma ideologia e arrastados para uma espécie qualquer de organização. Não existe, portanto, conexão inevitável entre a existência de sérios problemas para grupos de pessoas e a emergência de um movimento que prometa resolver-lhes as dificuldades imprimindo modificações na ordem social. Se as pessoas acharem que podem enfrentar seus problemas dentro do arcabouço institucional existente ou pela sua modificação gradativa, não haverá razão para que se empenhem num esfôrço coletivo destinado a encetar a mudança. Alternativamente, as tentativas para buscar a melhoria podem ser inibidas pela aceitação fatalista das coisas como elas se apresentam ou pela convicção de que a frustração e o sofrimento são ordenados divinamente e as fôrças que modelam o destino da pessoa se encontram fora de qualquer contrôle ou correção.

A ideologia e os movimentos sociais

Por si mesma, uma ideologia não cria um movimento social, mas exerce funções importantíssimas na sua estimulação e sustentação. A desorganização social e as tensões na estrutura social deixam, muita vez, as pessoas incertas e desorientadas, sem uma concepção adequada ou aceitável dos acontecimentos que se desenrolam à sua volta. Elas tendem a mostrar-se, portanto, receptivas a uma ideologia que lhes ministre uma versão significativa do que está acontecendo — uma versão que ligue as dificuldades individuais e grupais a instituições, sistemas de valôres e estruturas sociais. O movimento em prol da temperança, por exemplo, censurou Demon Run por uma variedade de males sociais. O marxismo oferece ampla explanação das principais tendências que se verificam na sociedade moderna e que destacam a importância dos interêsses econômicos e das diferenças de classes, ao passo que a Sociedade John Birch atribuiu não só o êxito de movimentos comunistas em outras partes do mundo mas também muitas mudanças sociais e políticas ocorridas nos Estados Unidos a uma conspiração em que o Presidente do Tribunal Earl Warren, o Presidente Eisenhower e John Foster Dulles, entre outros, teriam desempenhado papéis de relêvo.

Tais explicações variam, naturalmente, na exatidão com que descrevem e explicam a realidade. Algumas se acham totalmente distantes dela, apoiadas que são em premissas demonstràvelmente falsas. Vários movimentos anti-semitas, por exemplo, davam grande valor aos totalmente espúrios Protocolos de Sion, documento que conteria, presumìvelmente, as provas de uma conspiração judaica mundial para dominar o mundo. A afirmativa de Robert Welch, chefe da Sociedade John Birch, segundo a qual o Presidente Eisenhower era "um agente dedicado e consciente da conspiração comunista" constrange a imaginação. Outras ideologias, porém, são muito mais plausíveis. Não há dúvida que o feminismo, o movimento pelos direitos civis, a Maternidade Planejada e o movimento de educação progressiva se apóiam em interpretações razoáveis, ainda que em certas ocasião discutíveis, dos problemas que buscam resolver. E o marxismo proporcionou são só a base de importantes movimentos sociais e políticos mas também uma teoria da sociedade e da História que, a despeito de suas limitações, prestou importantíssima contribuição ao desenvolvimento das ciências sociais.

No mundo moderno, as próprias ciências sociais são òbviamente relevantes para as ideologias em que se apóiam vários movimentos sociais, visto que muitas acepções tocantes à sociedade e ao seu funcionamento estão franqueadas a um exame e comprovação sistemáticos. Uma das funções da ciência social tem sido a avaliação das diversas teorias que explicam acontecimentos e instituições, a fim de proporcionar orientação mais exata a programas e políticas. Apoiando ou refutando as assertivas e interpretações determináveis, pode ela, portanto, estimular ou inibir determinados movimentos sociais.

As idéias contidas em movimentos religiosos diferem evidentemente das idéias encerradas em movimentos seculares, muito embora possam exercer algumas funções idênticas. As idéias religiosas que oferecem interpretações transcendentais do destino do homem definem o que é valioso e importante na vida e situam os acontecimentos e ações dentro de um arcabouço moral. Ao fazê-lo, proporcionam talvez uma fuga às confusões causadas pelas incertezas e complexidades do mundo em que vivem as pessoas. As idéias seculares, da mesma forma, esclarecem as incertezas da vida, embora com um foco e uma direção muito diferentes. De fato, em alguns contextos históricos, os movimentos religiosos e seculares ofereceram interpretações alternativas — e soluções alternativas — para os mesmos problemas sociais. Estribado em dados contemporâneos da pesquisa de opinião pública, Rodney Stark afirmou que o envolvimento religioso e a participação em movimentos radicais, na Inglaterra, propenderam a ser reações mùtuamente exclusivas às privações da classe trabalhadora [15], se bem os dados históricos dêm a entender que a relação entre o movimento trabalhista e as seitas religiosas é mais complexa e depende de circunstâncias sociológicas e históricas específicas [16].

Além de suas interpretações do homem e da sociedade, oferecem também as ideologias um programa para enfrentar os problemas cujas soluções vêm buscando os homens. A ideologia marxista prescreveu uma revolução e a ditadura do proletariado, que conduzem ao socialismo e, a seguir, ao comunismo. A Sociedade John Birch procurou obter o impedimento do Juiz Warren e retirar dos Estados Unidos o quartel general da ONU. O movimento de Rearmamento Moral enxergou na salvação individual e no amor ao próximo a solução de problemas como as lutas entre a administração e a mão-de-obra e as tensões internacionais.

Os programas específicos e as metas remotas de movimentos sociais estão ìntimamente ligados às variadas interpretações da realidade, que lhes fornecem as bases racionais. Dessa maneira, o marxismo afirma a necessidade de uma revolução em virtude do elo entre o poder econômico e político e a suposta inevitabilidade do conflito de classes e do colapso econômico no capitalismo. Movimentos apegados à violência, como o dos mau-mau em Quênia, o dos niilistas russos no fim do século XIX e o Ku Klux Klan, surgido após a Guerra Civil (bem como alguns de seus descendentes contemporâneos), justificavam suas ações alegando que nenhum outro método daria resultado em face da natureza da sociedade.

Para deitar raízes, uma ideologia que contesta idéias aceitas e arranjos sociais vigentes precisa não só cair em solo fertilizado pelo descontentamento e pela frustração, mas também estar ligada, de certo modo, a valôres e crenças preexistentes. Isto é, a só ideologia não basta; as pessoas preparadas para a mudança ou que anseiam por ela acham-se amiúde expostas a plataformas e programas alternativos, e propendem a aceitar algum que lhes seja, em certo sentido, congenial. O nazismo, por exemplo, granjeou adeptos numa vigorosa corrente anti-semita da Alemanha e intensamente nacionalista em seu ataque radical a instituições políticas estabelecidas. Inicialmente, procurou também manter uma aparência de legalidade ao justificar as medidas com que desmembrou a República de Weimar. Impugnando instituições que reduziam as mulheres a um *status* dependente inferior, o feminismo evocava valôres democráticos e igualitários amplamente aceitos, da mesma forma que o movimento pelos direitos civis nos Estados Unidos exigiu mudanças nos padrões das relações de raça baseadas nos valôres norte-americanos "oficiais". Por suas origens intelectuais, o comunismo está ligado a valôres como liberdade, igualdade e fraternidade, bem como à racionalidade, porém reiteradas vêzes se vinculou estreitamente, na Ásia e na África, a nacionalismos anticoloniais, bem como ao desejo de progresso social. Na ideologia, portanto, como em outros aspectos da cultura e da estrutura social, a continuidade e a mudança estão intimamente unidas e dependem, de várias maneiras, uma da outra.

As ideologias, contudo, são muitas vêzes confusas e até contraditórias no conteúdo. Estão sujeitas a debates e discordâncias, à maneira que emergem das reações às situações enfrentadas por grupos e indivíduos. Na história do movimento trabalhista, portanto, houve vigorosos apoiadores do "sindicalismo comercial", cujas metas se limitavam à redução das horas de trabalho e à melhoria de salários e condições de trabalho, ao passo que outros sustentavam a necessidade de uma ação política e de mudanças institucionais fundamentais que assegurassem vantagens significativas aos operários. A teoria marxista tem uma longa e complexa história. Em resposta às condições prevalecentes na Rússia czarista, fêz Lênine adições significativas aos pontos de vista de Marx e seus ensinamentos diferiram, de forma substancial, das lições de importantes marxistas alemães, como Eduard Bernstein e Karl Kautsky. Embora, muitas vêzes, aparentemente não ligados à ação, os debates ideológicos e seus resultados podem ter conseqüências importantes, pois definem a maneira pela qual as pessoas encaram o mundo e o que se lhes afigura necessário e possível.

Organização e liderança

Ao lado de sua ideologia, um movimento social cria, necessàriamente, alguma espécie de organização interna. Pode consistir apenas numa série frouxa de grupos e indivíduos que pensam da mesma maneira e buscam um objetivo comum, como a melhoria da educação, a reforma das prisões, direitos iguais para as mulheres. Se bem possa haver associações formalmente organizadas dentro de um movimento dessa natureza, falta-lhes qualquer direção ou liderança centralizada (a despeito de possuírem porta-vozes reconhecidos), e seus esforços tendem a ser variados e descoordenados. No extremo oposto encontram-se tanto os movimentos de massas minuciosamente organizados sob uma direção central, quanto bandos bem organizados de revolucionários votados à derrubada da ordem social e à tomada do poder.

A organização, é claro, não emerge espontâneamente, mas toma forma aos poucos, à medida que o movimento social reúne adeptos e desenvolve programas e estratégias. A natureza da organização pode ser influenciada pela ideologia, como no caso de movimentos democráticos que acentuam os limites do poder ou, alternativamente, como nos movimentos que destacam as virtudes da disciplina e da autoridade. Segmentos da "Nova Esquerda" nos Estados Unidos, no meado da década de 1960, por exemplo, apresentaram pequena estrutura formal mercê de sua explícita rejeição da autoridade e da burocracia. Por outro lado, a ideologia nazista possuía um *Führerprinzip,* que justificava expressamente a autoridade de Adolf Hitler como "líder". A teoria comunista dá ênfase às virtudes do *centralismo democrático,* que requer absoluta obediência aos líderes do Partido depois de decidida sua política.

Sem alguma espécie de liderança, é pouco provável que se processe o movimento social, por mais promissoras ou propícias que sejam as circunstâncias. Alguns movimentos são gerados por líderes carismáticos, cujas qualidades pessoais inspiram confiança e fé nas causas que advogam. Porque conquistam seguidores pessoais que os consideram, de certo modo, extraordinários, possuidores de qualidades especiais de penetração ou sabedoria, com um toque de grandeza ou mesmo de divindade, tais líderes são capazes de fixar valôres descontentes, articulados, e definir metas, não raro em oposição às instituições existentes. Até certo ponto, o movimento é apenas "a sombra alongada" do homem que imprime sua marca na ideologia, na organização e nas atividades. Adolf Hitler e Mahatma Gandhi oferecem disso exemplos conspícuos, mas existem muitos outros — Joseph Smith dos Mórmons; Huey Long, que dirigiu um movimento de "Partilha da Riqueza" na década de 1930, até ser assassinado; e, pelo menos durante vários anos, Martin Luther King.

Em contraste com o líder carismático está o organizador ou administrador, cuja autoridade e influência se baseiam na habilidade para manejar recursos, reunir grupos e indivíduos num esfôrço coletivo, planejar estratégias e dirigir operações. Tais indivíduos representam, repetidamente, a fôrça impulsora de movimentos pela reforma das prisões, pelas mudanças educacionais, pela Maternidade Planejada, ou por outros objetivos limitados — agitando, fazendo discursos, organizando grupos de ação, dirigindo solicitações a homens públicos e líderes políticos. Mas até no movimento dirigido pelo líder carismático o administrador desempenha papel de relêvo na constituição da organização efetiva e na sua manutenção.

Com o desaparecimento do líder carismático, o movimento tende a desintegrar-se, a menos que seus sucessores possam dirigir com eficiência a organização criada. A História está cheia de movimentos sociais em que ao líder original se seguiu um organizador eficaz, que sustentou o movimento e o levou adiante com êxito — São Paulo depois de Jesus, Brigham Young depois de Joseph Smith, Stalin depois de Lênine. Com o correr do tempo, à proporção que se institucionaliza como parte da estrutura da organização, a liderança adquire seu próprio carisma. Por conseguinte, seja êle quem fôr, o detentor do cargo é separado, independentemente de suas qualidades pessoais, graças ao seu papel — como no caso do rei, do papa ou do chefe de Estado. Essa rotinização do carisma, para usarmos a frase de Weber, estabiliza a estrutura e sustenta a autoridade do líder [17].

Conquanto seu propósito ostensivo seja o alcançamento de metas específicas, a organização exerce também, na realidade, outras funções. Como já o notamos, a participação no movimento pode, por si mesma, satisfazer necessidades importantes, particularmente entre aquêles cujas relações com outros foram pouco satisfatórias ou não existiram. A sociabilidade, a aceitação por parte dos demais e um sentido de pertencer ao grupo amiúde se encontram nas atividades grupais. Para alguns, o movimento oferece consideração e até acesso potencial à influência ou ao poder. Os que chegam a ocupar posições oficiais dentro de um movimento podem até manifestar interêsse pela própria organização além do interêsse pelas metas professadas para as quais se dirigem os esforços do movimento.

O desenvolvimento de uma cuidadosa organização dentro de um movimento social é, freqüentemente, o prelúdio de sua aceitação pela ordem estabelecida. Claro está que alguns movimentos não conseguem alcançar suas metas e desaparecem aos poucos, como ocorreu, na década de 1920, com o movimento de Garvey, que fundou uma organização destinada a fomentar a migração em massa de negros para a África. Os movimentos revolucionários podem continuar em sua luta até alcançar o poder ou ser esmagados, ao passo que os movimentos religiosos ou milenários são levados avante, em grande parte, mercê das satisfações diretas — sociais e psicológicas — que proporcionam aos adeptos. Mas os movimentos que fazem algum progresso revelam tendência a institucionalizar-se; passam a ser reconhecidos como "tendo alguma função continuada para executar na sociedade mais ampla... como acessório desejável ou inevitável dos arranjos institucionais existentes" [18].

Com efeito, a meta de muitos movimentos é precisamente êsse reconhecimento. O movimento pela Maternidade Planejada, por exemplo, ajudou a eliminar restrições contra a disseminação de informações e materiais anticoncepcionais e conseguiu estabelecer clínicas que as mulheres podiam procurar, quando precisadas de conselhos e assistência. Os sindicatos tentaram conseguir reconhecimento como representantes coletivos dos trabalhadores a fim de obter salários mais altos, melhores condições de trabalho e a capacidade de proteger os trabalhadores contra uma administração arbitrária; agora, naturalmente, representam uma característica aceita do cenário industrial, seu *status* é amparado pela lei, seus líderes são reconhecidos e seu poder, embora muitas vêzes exagerado pelos críticos, é considerável.

A mudança social e a sociedade moderna

Os movimentos sociais relacionam-se com freqüência a amplas transformações históricas, das quais emergem e para as quais podem contribuir. O movimento trabalhista na Europa e nos Estados Unidos foi, assim, uma resposta à industrialização e ao capitalismo (o socialismo e o comunismo, ligados às vêzes ao movimento trabalhista, foram outras respostas) e ajudou a modificar algumas de suas instituições. Na Ásia e na África, os movimentos nacionalistas foram provocados pela dominação colonial européia, agora derribada em quase tôda a parte.

O esfôrço para identificar e explicar tendências históricas há muito preocupa os sociólogos, bem como os historiadores e outros cientistas sociais. Com efeito, os fundadores da Sociologia se mostraram fundamentalmente interessados pela tendência e pela direção da história humana; Augusto Comte e Herbert Spencer, por exemplo, viam a História como processo evolutivo, em que cada sociedade se movia contìnuamente de um estádio para outro na direção de uma condição mais complexa, mais diferenciada e, finalmente, mais racional. Muito embora suas otimistas teorias unilineares tenham sido àsperamente criticadas e amplamente desacreditadas, a idéia da evolução, como notamos no capítulo 5, volta a ser foco de interêsse sociológico, se bem agora de forma muito mais sistemática e apurada.

Em nítido contraste com a perspectiva evolutiva colocam-se as interpretações da História que oferecem Oswald Splenger, Arnold Toynbee e Pitirim Sorokin. Via Splenger cada civilização como um organismo que nascia, crescia até alcançar a maturidade e morria; a sociedade ocidental, afirmava êle, já se encontrava em fase de decadência e aproximava-se da morte. Para Toynbee, a unidade histórica é também a civilização, com um princípio e um fim, cujo curso deve ser considerado como uma série de respostas a desafios feitos, primeiro, pelo meio e, em seguida, pelos inimigos, internos e externos. Sua sobrevivência ou sua morte dependem da maneira pela qual enfrenta os sucessivos desafios que lhe são feitos. Sorokin vê a História flutuando interminàvelmente entre dois tipos de cultura, o tipo *ideacional* e o tipo *sensorial*. O primeiro dirige-se à mente ou ao espírito e acentua a moral e a religião, ao passo que o segundo apela para os sentidos, procura sobretudo satisfazer as necessidades físicas, e é orientado cientìficamente. A civilização moderna, afirma Sorokin, encontra-se numa fase sensorial "supermadura" [19].

Ricas na documentação e impressionantes no âmbito, tais interpretações oferecem comentários estimulantes à história humana. São, todavia, largamente especulativas e de valor apenas limitado quando buscam explicar as mudanças históricas específicas ou identificar as tendências significativas que se manifestam na sociedade moderna.

Seja qual fôr a justificação que já possa ter existido para se considerar de maneira independente a história de qualquer civilização ou a evolução de qualquer sociedade, o fato talvez mais significativo no que tange ao mundo moderno é a unidade cada vez maior do gênero humano. Como assinala Wilbert Moore:

> A rápida incorporação de virtualmente tôdas as partes do mundo na "comunidade" política e econômica internacional assinala o fim, ou o princípio do fim, de comunidades tribais isoladas e exóticas e também das civilizações complexas e arcaicas. Nesse sentido, e apenas nesse sentido, a unificação do mundo já está quase completa [20].

O fim do isolamento nos cantos afastados do mundo surgiu como resultado de muita coisa — guerra e conquista política, penetração comercial, proselitismo religioso, expansão das viagens e impacto dos meios de comunicação de massa. De um modo geral, as iniciativas procederam da Europa e dos Estados Unidos, mal recebidas quando significavam dominação política ou exploração econômica, ou ambas, muitas vêzes aceitas com entusiasmo quando traziam novos artigos, tecnologia mais produtiva e idéias que libertavam as pessoas de antigas restrições e lhes ofereciam novos valôres e ideais. Com efeito, muitas ideologias dos nacionalistas que opugnaram a dominação européia provieram, em grau substancial, de fontes européias.

A dissolução de impérios coloniais e o surgimento de novas nações após a Segunda Guerra Mundial deram ímpeto à modernização de sociedades tradicionais, já iniciada em muitas áreas sob auspícios europeus. O foco central da modernização tem sido, caracterìsticamente, a industrialização e o crescimento econômico, com aumento de produção e renda *per capita* mais elevada, mas ela também provocou o crescimento de cidades, a secularização e o declínio da tradição, o desenvolvimento de instituições mais diferenciadas e da organização social, maior mobilidade, a expansão da educação, a difusão de novos conhecimentos e novas maneiras de pensar, que estimulam a contínua transformação da economia, do Estado e da sociedade.

À diferença das primeiras nações que se industrializaram, que precisaram criar uma nova tecnologia valendo-se de toscos rudimentos, os países que ora buscam modernizar suas economias conseguem de nações mais adiantadas a tecnologia industrial já pronta — bastando-lhes, para isso, possuir o capital ou o crédito necessários. Está visto que pode haver problemas de adaptações da tecnologia a condições locais mas, pelo menos, o tempo e os esforços dedicados à pesquisa e à experimentação podem ser abreviados ou evitados.

Por conseguinte, a acumulação do capital para pagar a nova tecnologia e aumentar o empenho da mão-de-obra e dos recursos típicos na expansão industrial é a primeira tarefa econômica. Sejam quais forem as instituições e instrumentos econômicos que se podem usar — bancos, empréstimos, política fiscal, subsídios do govêrno — parece claro que a "acumulação primitiva", para empregarmos a expressão de Marx, depende não só do nível econômico da sociedade mas também de uma série complexa de condições culturais e sociais. A não ser que haja um excedente real de produção além da que se faz precisa para satisfazer as necessidades imediatas, pouco haverá para investir na indústria. A "revolução industrial", portanto, requer, caracterìsticamente, uma "revolução agrícola" prévia, como a que ocorreu na Inglaterra no século XVIII ou no Japão no fim do século XIX e no princípio do século XX — ou a vantagem de um produto comercial, como o fumo ou o café, que pode carrear divisas estrangeiras, ou algum recurso natural especial, como ricas jazidas de petróleo.

No entanto, o excedente econômico não se define apenas em têrmos econômicos, senão também pela relação entre produção e padrões de vida com base cultural. A menos de haver valôres que incentivem a poupança e o investimento — por exemplo, o desejo de lucro ou o ascetismo institucionalizado do protestantismo das primeiras épocas — o aumento de produção pode redundar tão-só numa vida mais regalada ou suntuosa para certas pessoas ou no entesouramento de riquezas. Como a renda e a propriedade raro são distribuídas igualmente, as decisões pertinentes à poupança e ao investimento repousam nas mãos dos que podem acumular mais do que precisam para a satisfação de suas necessidades e desejos. A contribuição direta de camponeses e trabalhadores será quase nula, muito embora suas rendas baixas permitam a acumulação de riqueza por outros, que, naturalmente, talvez não estejam muito interessados na expansão econômica. A aristocracia rural numa sociedade tradicional, por exemplo, tem menos probabilidades de orientar-se para oportunidades no comércio e na indústria do que a classe média urbana.

Os valôres e instituições tradicionais são capazes não só de inibir a acumulação de capital mas também de limitar a mobilidade da mão-de-obra e dificultar a eficiência industrial. Dessa maneira, os laços de parentesco ou comunitários podem confinar a mão-de-obra num determinado local quando ela é necessária alhures ou proceder à escolha de homens para cargos importantes mais em função das relações pessoais que de sua habilidade para desempenhar-se dos cargos. Uma classe instruída ajustada ao serviço do govêrno e um estilo descansado de vida pouco contribuirão para a modernização, e um govêrno dominado por uma aristocracia conservadora pode obstar a providências econômicas destinadas a aumentar a produtividade ou estimular o investimento na indústria. Um tradicionalismo difundido tende a limitar horizontes e impedir as mudanças tecnológicas, institucionais e estruturais necessárias ao continuado crescimento econômico.

Por conseguinte, não é muito para admirar que, em certas nações que se desenvolvem, a modernização e o progresso econômico se achem freqüentemente ligados a programas e esforços revolucionários para conseguir mudanças institucionais de vulto. Pode parecer necessário desalojar do poder uma aristocracia rural, uma igreja oficial ou uma burocracia entrincheirada; reorganizar o sistema educacional — ou construí-lo — e persuadir ou obrigar uma classe camponesa tradicionalista a aprimorar seus métodos agrícolas ou mesmo trocar a terra pela fábrica. Releva notar, porém, que, em certos casos, a modernização veio de cima, como na Alemanha e no Japão, dirigida ou imposta pelos grupos governantes a fim de manter seu poder, melhorar sua posição internacional ou apenas granjear maiores riquezas e rendimentos para si mesmos. Como assinalou S. N. Eisenstadt, entretanto:

> Em alguns casos, o embate entre as instituições preexistentes, as tendências modernizantes dos vários grupos e estratos e as políticas das elites podem dar origem a estruturas relativamente estagnadas ou a vários bloqueios e erupções [21].

Na Indonésia, no Paquistão e na Birmânia, por exemplo, interrompeu-se o progresso inicial, que chegou mesmo a retroceder, aqui e ali, mercê dos conflitos políticos da carência de liderança adequada, da corrupção e da ineficiência burocráticas e da ausência de instituições para conciliar diferenças e enfrentar os problemas emergentes [22].

Os problemas de modernização, todavia, não podem ser vistos isolados dos contextos econômicos, políticos, militares e ideológicos mais amplos [23]. Tomando de nações adiantadas a tecnologia e os conhecimentos e habilidades inerentes a ela, os países que se desenvolvem também estão expostos a novos valôres e idéias e a vários tipos de pressões políticas e econômicas. A ajuda concedida aos países que se desenvolvem tem, muitas vêzes, conseqüências a longo prazo para a cultura e a estrutura social do recipiente. A Aliança para o Progresso na América Latina, por exemplo, sem embargo de seus resultados, é explìcitamente destinada a apoiar governos reformistas, modernizantes. Por outro lado, a ajuda militar norte-americana às nações latino-americanas tem reforçado, de maneira considerável, líderes militares que, com poucas exceções, se mostraram mais preocupados com o próprio poder e a manutenção de instituições e estruturas sociais tradicionais que com a modernização e o crescimento econômico [24]. A competição política entre as principais potências não só arrastou muitos Estados novos ao vórtice da política internacional, mas também, em certas ocasiões, os sujeitou à interferência externa, que produziu instabilidade e conflitos políticos e repturas tremendas da vida social.

A despeito do fato de poder ser conseguida de várias maneiras — através de um sistema de mercado livre ou pelo planejamento centralizado, democràticamente ou sob contrôle autoritário, pela derrubada revolucionária da ordem tradicional ou sob a direção de uma classe dirigente estabelecida — a modernização tende a conduzir a importantes similaridades sociais e culturais. A industrialização, fato essencial na modernização, apóia-se numa base tecnológica comum, conduz a uma extensa divisão do trabalho, requer administradores e técnicos com educação e adestramento avançados e estimula formas similares de organização. A modernização traz consigo o crescimento de cidades, famílias menores, maior participação em estruturas formais em lugar de grupos tradicionais, maior exposição aos meios de comunicação de massa e, à medida que se elevam a produtividade e a renda *per capita,* a padrões de vida mais altos e a maior lazer.

As plenas implicações dessas semelhanças ainda precisam ser estudadas [25]. No entanto, parece claro que, até certo ponto, todos os países adiantados enfrentam problemas semelhantes — concentração metropolitana e alastramento urbano, relação entre o trabalho e o lazer, o impacto dos meios de comunicação de massa, os dilemas da burocracia e a necessidade de integração e contrôle em oposição à pressão pela autonomia e pela descentralização. Num nível sócio-psicológico, Alex Inkeles afirmou que a sociedade industrial conduz ao surgimento do "homem moderno", um homem que, em confronto com seus predecessores nas sociedades tradicionais, é mais acessível à mudança, mais tolerante com as diferenças de opinião e mais capaz de planejar suas ações e dominar o ambiente. Além disso, possui interêsses mais amplos, maior fé na Ciência e na tecnologia, mais "consciência da dignidade dos outros e mais disposição para demonstrar-lhes respeito"[26].

Até que ponto a modernização e a industrialização pressagiam a convergência de sociedades tão diversas quanto os Estados Unidos, a Grã-Bretanha, a União Soviética e, finalmente, talvez a China, a Índia e a Indonésia, para um padrão comum, continua a ser uma questão ainda não resolvida e sujeita a muitas controvérsias. As diferenças atuais, mesmo entre as nações adiantadas, continuam òbviamente consideráveis, e refletem não só a cultura e a estrutura social pré-industriais mas também os processos pelos quais vieram a ocorrer a industrialização e suas mudanças concomitantes. Claro está que a História proporcionará necessàriamente a resposta, mas o estudo da questão pode conduzir não só à compreensão de algumas das fôrças importantes que se acham em ação no mundo moderno, mas também à plena compreensão de nossa própria sociedade, de sua singularidade e semelhança com outras, de suas fôrças e fraquezas.

Notas

1 Marion J. Levy Jr., *The Family Revolution in Modern China* (Cambridge, Mass.: Harvard University Press, 1949), p. 174.

2 William J. Goode, *World Revolution and Family Patterns* (Nova Iorque: Free Press, 1963), pp. 309-12.

3 Veja Levy, *op. cit.;* Goode, *op. cit.*, Cap. 6; e C. K. Yang, *The Chinese Family in the Communist Revolution* (Cambridge, Mass.: M. I. T. Press, 1959).

4 William F. Ogburn, *Social Change* (Nova Iorque: Huebsch, 1923), pp. 200-37.

5 Robert S. Lynd e Helen M. Lynd, *Middletown* (Nova Iorque: Harcourt, 1929), p. 499.

6 Robert S.Lynd e Helen M. Lynd, *Middletown in Transition* (Nova Iorque: Harcourt, 1937), p. 315.

7 Stanley Rothman, "Modernity and Tradition in Britain", *Social Research,* XXVIII (outono de 1961), 297-320.

8 Ralph H. Turner e Lewis M. Killian, *Collective Behavior* (Englewood Cliffs: Prentice-Hall, 1957), Parte IV.

9 Neal J. Smelser, *Theory of Collective Behavior* (Nova Iorque: Free Press, 1962), caps. 9 e 10.

10 Herbert Blumer, "Collective Behavior", em Alfred M. Lee (ed.), *New Outline of the Principles of Sociology* (Nova Iorque: Barnes & Noble, 1946), pp. 199-220.

11 Robert Michels, *Partidos Políticos,* traduzido para o inglês por Eden Paul e Cedar Paul (Nova Iorque: Free Press, 1949).

[12] Bernard Barber, "Acculturation and Messianic Movements", *American Sociological Review,* VI (outubro de 1941), 663-9; Peter Worsley, *The Trumpet Shall Sound* (Londres: Macgibbon & Kee, 1947); Brian Wilson, *Sects and Society* (Londres: Heinemann, 1961); e Herbert Stroup, *The Jehovah's Witnesses* (Nova Iorque: Columbia University Press, 1945). Uma apreciação e análise úteis de estudos sôbre movimentos milenaristas encontra-se em Yonina Talmon, "Pursuit of the Millenium: The Relation Between Religious and Social Change", *European Journal of Sociology,* III (1962), 25-48.

[13] J. A. Banks e Olive Banks, "Feminism and Social Change — A Case Study of a Social Movement", em George K. Zollschan e Walter Hirsch (eds.), *Explorations in Social Change* (Boston: Houghton Mifflin, 1964), p. 554.

[14] Daniel Bell, "The Dispossessed", em Daniel Bell (ed.), *The Radical Right* (Garden City: Doubleday Anchor Books, 1964), p. 22.

[15] Rodney Stark, "Class, Radicalism, and Religious Involvement", *American Sociological Review,* XXIX (outubro de 1964), 698-706.

[16] E. J. Hobsbawn, *Primitive Rebels* (Nova Iorque: Norton, 1965), cap. 8.

[17] O leitor encontrará a dissertação de Max Weber sôbre o carisma e sua rotinização em *A Teoria da Organização Social e Econômica,* traduzido para o inglês e editado por A. M. Henderson e Talcott Parsons (Nova Iorque: Oxford, 1947), pp. 358-73.

[18] Turner e Killian, *op. cit.,* p. 481.

[19] Oswald Spengler, *O Declínio do Ocidente,* 2 vols., traduzido para o inglês por Charles F. Atkinson (Nova Iorque: Knopf, 1939); Arnold Toynbee, *The Study of History,* 10 vols. (Londres: Royal Institute of International Affairs, 1934-1939, 1954), resumido por D. C. Somervell, 2 vols. (Nova Iorque: Oxford, 1947, 1957); e Pitirim Sorokin, *Social and Cultural Dynamics,* 4 vols. (Nova Iorque: American Book, 1937-1941).

[20] Wilbert E. Moore, *Social Change* — (Englewood Cliffs: Prentice-Hall, 1963), p. 89.

[21] S. N. Eisenstadt, "Modernization: Growth and Diversity" (Bloomington: Indiana University Department of Government, Seminar on Political and Administrative Development, 1963), p. 19.

[22] Veja S. N. Eisenstadt, "Breakdowns of Modernization", *Economic Development and Cultural Change,* XII (julho de 1964), 345-67.

[23] Veja Irving Louis Horowitz, *Three Worlds of Development* (Nova Iorque: Oxford, 1966).

[24] Veja Edwin Lieuwen, *Arms and Politics in Latin America* (ed. rev.; Nova Iorque: Praeger, 1961).

[25] Encontra-se uma discussão interessante dêsse problema em Wilbert Moore e Arnold S. Feldman, "Industrialization and Alienation: Convergence and Differentiation", *Transactions of the Fifth World Congress of Sociology,* II (Lovaina: International Sociological Association, 1962), 151-69.

[26] Alex Inkeles, "The Modernization of Man", em Myron Wiener (ed.), *Modernization* (Nova Iorque: Basic Books, 1966), pp. 138-50. Estas generalizações derivam do minucioso estudo comparativo de seis nações em fase de desenvolvimento, dirigido pelo Prof. Inkeles, ainda não publicado.

Sugestões para novas leituras

ADAMS, RICHARD N., *et al. Social Change in Latin America Today* Nova Iorque: Vintage, 1961.

Ensaios sôbre a mudança social na América Latina, que focalizam sobretudo o Peru, a Bolívia, o Brasil, a Guatemala e o México.

BARRINGER, HERBERT R., GEORGE I. BLANKSTEN, e RAYMOND W. MACK (eds.). *Social Change in Developing Areas.* Boston: Schenkman, 1965.

Perspectivas evolucionistas sôbre a modernização e o desenvolvimento econômico.

BENDIX, REINHARD. *Work and Authority in Industry.* Nova Iorque: Wiley, 1956.

Estudo histórico e comparativo das ideologias que justificam e sustentam a autoridade da administração na indústria.

COHN, NORMAN. *The Pursuit of the Millennium.* Londres: Mercury, 1957.

Descrição de movimentos milenários na Europa medieval e ao tempo da Reforma, que procura chegar às origens do totalitarismo.

ETZIONI, AMITAI, e EVA ETZONI (eds.). *Social Change.* Nova Iorque: Basic Books, 1964.

Ensaios sôbre teorias, origens, padrões e níveis de mudança e sôbre a modernização.

GUSFIELD, JOSEPH R. *Symbolic Crusade.* Urbana: University of Illinois Press, 1963.

Cuidadoso estudo das origens e da história do movimento norte-americano pela temperança.

HOROWITZ, IRVING LOUIS. *Three Worlds of Development.* Nova Iorque: Oxford, 1966.

Análise da modernização no contexto da política mundial e das relações entre os Estados Unidos e seus aliados, a União Soviética e o mundo comunista e as nações sem ligação com êsses grupos.

LERNER, DANIEL. *The Passing of Traditional Society.* Nova Iorque: Free Press, 1958.

Estudo da modernização no Oriente-Médio, que focaliza sobretudo o papel dos meios de comunicação de massa.

LIPSET, SEYMOUR MARTIN. *The First New Nation.* Nova Iorque: Basic Books, 1963.

Estudo das condições que possibilitaram o desenvolvimento de uma sociedade democrática nos Estados Unidos.

MOORE, BARRINGTON JR. *Social Origins of Dictatorship and Democracy.* Boston: Beacon, 1966.

Estudo do papel de aristocracias e camponeses na industrialização e desenvolvimento de Estados democráticos e autoritários na Europa e na Ásia.

MOORE, WILBERT E. *Social Change.* Englewood Cliffs: Prentice-Hall, 1963.

Ensaio sôbre a natureza e origens da mudança social.

MURPHY, RAYMOND J., e HOWARD ELINSON. *Problems and Prospects of the Negro Movement.* Belmont: Wadsworth, 1966.

Coletânea de conferências sôbre os antecedentes, problemas, perspectivas e estratégias dos movimentos que buscam melhorar a posição dos negros na sociedade norte-americana.

SNIRIVAS, M. N. *Social Change in Modern India.* Berkeley: University of California Press, 1966.

Famoso antropologista social hindu avalia a mudança social na Índia, focalizando não só a "sanscritização" (extensão dos valôres hindus), mas também a ocidentalização.

TURNER, RALPH H., e LEWIS M. KILLIAN. *Collective Behavior.* Englewood Cliffs: Prentice-Hall, 1957. Parte IV.

Completa análise da natureza, origens e funções dos movimentos sociais.

WIENER, MYRON (ed.). *Modernization.* Nova Iorque: Basic Books, 1966.

Coletânea de escritos sôbre os aspectos sociais, políticos e econômicos da modernização.

WORSLEY, PETER. *The Trumpet Shall Sound.* Londres: Macgibbon & Kee, 1957.

Estudo dos "cultos de carga" do Pacífico Sul.

ZOLLSCHAN, GEORGE K. e WALTER HIRSCH (eds.). *Explorations in Social Change.* Boston: Houghton Mifflin, 1964.

Ampla coleção de ensaios

SEXTA PARTE

CONCLUSÃO

AS UTILIDADES DA SOCIOLOGIA

As habilidades e conhecimentos sociológicos passaram agora a ser extensamente utilizados como fonte de informações objetivas, guia de ação às vêzes proveitoso e maneira importante de encarar a compreensão da conduta humana. Em grande parte, a atenção cada vez maior prestada à obra de sociólogos reflete o contínuo desenvolvimento da própria disciplina — de um lado, a acumulação de um conjunto de dados seguros relativos ao comportamento social e, de outro, o firme progresso no esclarecimento de conceitos, no desenvolvimento de técnicas de pesquisa e na formulação tanto da teoria geral quanto de teorias especiais tocantes a assuntos diversos, como a estratificação, a burocracia e o comportamento divergente. A Sociologia ainda está longe de sua meta declarada, talvez utópica: uma ciência social cabalmente estabelecida. Mas suas consecuções passadas e suas atividades atuais — assim na pesquisa e na teoria como na aplicação prática — dão eloqüentemente a entender que ela prosseguirá em sua caminhada, adquirindo uma clareza e um rigor cada vez maiores e convertendo-se num instrumento cada vez mais útil de conhecimento e prática ao mesmo tempo. Fundamentais no estudo científico da sociedade sempre foram a esperança e a crença de que êle pudesse contribuir para a compreensão e a solução de problemas sociais e para um mundo melhor e mais justo. Augusto Comte, que inventou a palavra *sociologia,* aventou extensas sugestões no intuito de aprimorar a sociedade, e o socialismo "científico" de Marx propunha-se abrir caminho para uma sociedade sem classes, livre da exploração humana. Herbert Spencer e Émile Durkheim, profundamente interessados por questões morais e políticas, esperavam que suas investigações científicas projetassem luz sôbre elas. A obra de muitos pioneiros da sociologia norte-americana — por exemplo, Lester F. Ward, Charles H. Cooley e Edward A. Ross — apoiava-se na crença da possibilidade de progresso e da conveniência da reforma social baseada numa análise sociológica objetiva e racional.

Principiando nos anos que se seguiram à Primeira Guerra Mundial, muitos (embora não todos) sociólogos norte-americanos, ansiosos por demonstrar sua objetividade e isenção dos julgamentos de valôres, rejeitaram um apêgo declarado ao progresso ou à reforma. Se bem a tendência, a partir da década de 1920, não tenha sido sistemática, inúmeros sociólogos continuaram a destacar a busca presumìvelmente *desinteressada* do conhecimento científico de sua disciplina. No entanto, os problemas especiais a que os sociólogos dirigiram sua atenção não raro refletem, pelo menos indiretamente e às vêzes explìcitamente, o desejo persistente de mitigar os males sociais e contribuir de certo modo para o progresso social. Os sociólogos, observa Charles Page, "mesmo quando engalanados com as mais austeras vestimentas da Ciência, não se mostram, de maneira alguma, imunes à tradição melhorativa nem ao desafio reformista" [1].

O esfôrço para tornar realmente científica a Sociologia refletiu-se nas controvérsias teóricas e metodológicas das décadas de 1920 e do princípio da década de 1930 e numa ênfase cada vez maior emprestada antes à pesquisa empírica concreta do que à teorização especulativa [2]. Boa parte da pesquisa, contudo, dirigiu-se para prementes problemas sociais vinculados à pobreza, às áreas intersticiais rurais e urbanas, ao desemprêgo e à mão-de-obra migratória, aos ajustamentos de imigrantes e a relações raciais e étnicas. Dessa maneira, a desorganização familial, a delinqüência, as enfermidades mentais, o crime e a prostituição foram estudados com alguma esperança e certa expectativa de que os resultados da investigação científica desinteressada contribuíssem para a sua solução. Muitos dêsses problemas continuam a estimular grande quantidade de pesquisa, embora em nível teórico mais apurado e com o auxílio de técnicas mais eficientes que no passado. Mas o impulso melhorativo subjacente estendeu seu foco do estudo dos aspectos "anormais" ou "patológicos" da vida social ao funcionamento de instituições e estruturas sociais "normais", como as relações entre empregadores e empregados, a administração de emprêsas, a propaganda, os meios de comunicação de massa, o atendimento e a educação médicas a prática jurídica e a organização militar.

Essa extensão do âmbito do inquérito e da aplicação sociológica traduz, em grande parte, as necessidades emergentes de uma sociedade altamente complexa, que se modifica depressa, e a consciência cada vez maior das dimensões culturais e sociais do comportamento humano, bem como de maior apuro sociológico. Os fabricantes e propagandistas procuram dados acurados a respeito dos fregueses e algum conhecimento das fôrças que influem nas decisões de comprar ou não comprar. Os administradores e diretores da indústria, do comércio, do govêrno, das fôrças armadas e de outras partes buscam informações seguras sôbre as organizações que dirigem e sôbre as condições que atuam no moral e na eficiência de seus auxiliares. Muitos cientistas médicos e muitos médicos reconhecem agora a relevância da cultura e das relações sociais para a doença e seu tratamento e certos administradores de escolas médicas admitiram formalmente que a educação de médicos não se restringe à simples aquisição de conhecimentos e habilidades técnicas.

Em decorrência dêsses desenvolvimentos, os sociólogos estão ensinando em escolas de Medicina, de comércio, de Direito e de trabalho social, bem como nas escolas dedicadas às artes liberais e nas escolas graduadas; e são freqüentemente empregados como pesquisadores em hospitais, escritórios, fábricas, órgãos civis do govêrno e dos estabelecimentos militares. Em campos outrora considerados pela maioria das pessoas como província exclusiva do homem "prático" e não do estudioso, aceitam-se cada vez mais as afirmativas da Sociologia de que ela proporciona dados seguros e interpretações objetivas que transcendem as limitações do senso comum. Os sociólogos "estão invadindo o mundo das emprêsas", segundo a revista *Business Week,* "porque as emprêsas os convidaram a entrar pela porta da frente" [3].

Novos interêsses de pesquisa e novas áreas de aplicação produziram, o que era talvez inevitável, diversas novas "sociologias" da indústria, das emprêsas, da Medicina, dos militares, da Lei e dos meios de comunicação de massa, por exemplo. (Está claro que há inúmeros campos possíveis de especialização sociológica, pois, em princípio, as origens, formas e funções sociais de todos os modos de atividade humana podem ser submetidas à análise.) Estudos realizados em muitas dessas áreas emergentes de especialização não só contribuíram para a compreensão e solução de problemas práticos, senão também acrescentaram os conhecimentos sociológicos gerais, examinando sistemàticamente aspectos da cultura e da sociedade, que até então ainda não tinham sido cuidadosamente estudados. À proporção que se vão, destarte, reunindo, aos poucos, as peças de um quatro mais amplo e mais revelador de vários grupos e instituições e, portanto, da sociedade como um todo, fatos familiares também passam a ser vistos a uma nova luz. A importância das diferenças de classes, por exemplo, torna-se de pronto mais aparente quando a estrutura social da indústria é minuciosa ou quando se identificam os apelos da propaganda a vários grupos.

Comuns a tôdas as áreas especializadas de investigação — pelo menos em teoria, se não sempre na prática — são as perspectivas e princípios da análise sociológica de que se ocupa êste livro. Cada subcampo requinta e desenvolve tais perspectivas e princípios para satisfazer às próprias necessidades e, finalmente, acrescenta novas idéias e fatos adicionais ao corpo central do pensamento sociológico. De um estudo sôbre o estudante de Medicina surge nova visão dos processos de "socialização de adultos", que inclui o aprendizado — e o ensino —

de papéis profissionais [4]. Da análise do impacto da linha de montagem sôbre os trabalhadores em automóveis nasce a compreensão adicional do problema da "alienação" na sociedade moderna [5]. A pesquisa realizada no campo das novelas radiofônicas projeta nova luz sôbre os mecanismos pelos quais as pessoas se põem de acôrdo com as tensões oriundas de seu *status* e os papéis que precisam representar não só na família mas também na sociedade como um todo [6].

Embora ocorra com freqüência êsse valioso acrescentamento da pesquisa especializada e aplicada à teoria sociológica mais geral, a utilização sempre maior de sociólogos por organismos oficiais, comerciais, industriais e outros, cria também problemas sérios, tanto para o empreendimento sociológico quanto para os estudiosos individuais. A definição dos problemas de pesquisa em muitos campos especiais dentro da Sociologia é amiúde limitada ou desviada pelos valôres e interêsses de clientes ou patrocinadores, ou pelas parcialidades implícitas de sociólogos desejosos de produzir resultados "proveitosos". Os sociólogos industriais, que estudam o moral do trabalhador, talvez ignorem a influência da organização do sindicato se o seu patrocinador desejar enfraquecer — ou, pelo menos, não fortalecer — o sindicato [7], ou se, na ausência de patrocinadores, êles mesmos deplorarem o conflito social em geral e buscarem eliminar qualquer oposição persistente entre a administração e os trabalhadores [8]. Os cientistas sociais encarregados pelos órgãos do govêrno de estudar questões prementes podem ajustar suas recomendações de modo que se enquadrem nas preferências dos diretores, aos quais dão conta de seu trabalho, muito embora um número considerável dêles se sinta aparentemente em liberdade para "criticar a política dos que lhe fornecem o pão e a mantiga" [9]. Estudos sôbre a persuasão das massas, que tratam apenas da maneira de alcançar metas mais restritas — como, por exemplo, aumentar as vendas dos cereais que se tomam com o café da manhã, de títulos de guerra ou desodorantes — parecem freqüentemente estremes de preconceitos; entretanto, como assinala Merton, limitando suas perguntas àquilo que funciona, os pesquisadores sociais ignoram questões relativas ao maior impacto das técnicas utilizadas sôbre a cultura, a sociedade e a personalidade individual. O que pode vender títulos de guerra, por exemplo, talvez abaixe também o nível geral de informação e compreensão públicas [10].

O sociólogo que faz as vêzes de "especialista" em qualquer organização empenha seus esforços profissionais no conseguimento das metas *da organização* — por exemplo, uma fôrça aérea mais eficiente, lucros maiores, a melhoria do atendimento médico, ou o aumento da venda de sabão ou de alimentos para bebês. Talvez haja na sociedade amplo consenso no que respeita à conveniência de algumas dessas metas ou de tôdas elas. Muitas vêzes, entretanto, coloca o sociólogo seus conhecimentos e habilidades a serviço de grupos especiais e de seus interêsses limitados. O próprio sociólogo acadêmico, que evita compromissos especiais (exceto, provàvelmente, os compromissos com os valôres da Ciência e da erudição), e cuja pesquisa se cinge exclusivamente a questões teóricas, pode chegar à conclusão de que seu trabalho só tem valor especial para determinado grupo de pessoas. Como outros cientistas, portanto, enfrenta o sociólogo o problema das implicações morais dos usos que estão sendo feitos de suas contribuições ao conhecimento. Essa questão pode assumir proporções ainda maiores na medida em que a ciência social criar técnicas eficientes de manipulação, das quais podem abusar os que buscam lograr poder sôbre os outros.

Finalmente, o interêsse crescente por áreas especializadas e as maiores oportunidades de se aplicarem habilidades e conhecimentos sociológicos a problemas específicos talvez ensombreçam e apequenem a contribuição que a Sociologia presta à compreensão da sociedade como um todo e do lugar dos indivíduos dentro dela. A Sociologia não se resume num conjunto de fatos e generalizações; é também um modo importante de encarar o mundo em que vivemos, cujo valor reside não só em seus usos práticos *mas também* na ajuda que pode oferecer aos que a estudam, aparelhando-os para compreender um mundo cada vez mais complexo, cujo problema central são as relações entre o indivíduo e as maciças fôrças sociais. A Sociologia não define as metas pelas quais se deve lutar, nem ministra significado a um mundo que se altera cèleremente, mas pode acrescentar-nos a percepção tanto dos limites quanto das possibilidades de escolha e ação.

Notas

1 Charles H. Page, "Sociology as a Teaching Enterprise", em Robert K. Merton, Leonard Broom, e Leonard S. Cottrell Jr., *Sociology Today* (Nova Iorque: Basic Books, 1959), pp. 585-6.

2 Veja Roscoe C. Hinkle Jr., e Gisela Hinkle, *The Development of Modern Sociology* (Nova Iorque: Radom House, 1954), cap. 2.

3 "Sociologists Invade the Plant", *Business Week* (21 de março de 1959), p. 95.

4 Robert K. Merton, George G. Reader, e Patricia Kendall (eds.), *The Student-Physician* (Cambridge, Mass.: Harvard University Press, 1957).

5 Charles R. Walker e Robert H. Guest, *The Man on the Assembly Line* (Cambridge, Mass.: Harvard University Press, 1952). Veja também Robert Blauner, *Alienation and Freedom* (Chicago: University of Chicago Press, 1964).

6 W. Lloyd Warner e William Henry, "The Radio Daytime Serial: A Symbolic Analysis", *Genetic Psychology Monographs,* 37 (1948), N.º 1, 3-71.

7 Veja, por exemplo, Loren Baritz, *The Servants of Power* (Middletown: Wesleyan University Press, 1960), pp. 150 e seg.

8 Veja Elton Mayo, *Human Problems of an Industrial Civilization* (Cambridge, Mass.: Harvard University Graduate School of Business Administration, 1933); e Elton Mayo, *Social Problems of an Industrial Civilization* (Cambridge, Mass.: Harvard University Graduate School of Business Administration, 1945).

9 Veja Eward L. Katzenbach Jr., "Ideas: A New Defense Industry", *The Reporter*, XXIV (2 de março de 1961), 17-21.

10 Robert K. Merton, Marjorie Fiske e Alberta Curtis, *Mass Persuasion* (Nova Iorque: Harper, 1946), cap. 7.

Sugestões para novas leituras

BARITZ, LOREN. *The Servants of Power.* Middletown: Wesleyan University Press, 1960.

Relato histórico crítico da maneira pela qual a Sociologia e Psicologia têm sido aplicadas no comércio e na indústria.

BRIM, ORVILLE G. JR. *Sociology and the Field of Education.* Nova Iorque: Russell Sage Foundation, 1958.

Avaliação da possível contribuição do estudo sociológico à solução de problemas práticos de Educação.

GOULDNER, ALVIN W., e S. M. MILLER (eds.). *Applied Sociology.* Nova Iorque: Free Press, 1965.

Ensaios sôbre os problemas e possibilidades da aplicação prática dos métodos e conhecimentos sociológicos.

JANOWITZ, MORRIS. *Sociology and the Military Establishment.* Nova Iorque: Russell Sage Foundation, 1959.

Tentativa de "apreciar o estado atual e as perspectivas da análise sociológica do estabelecimento militar".

LUNDBERG, GEOGE A. *Can Science Save Us?* Nova Iorque: Longmans, 1947.

As utilidades da ciência social como as vê o famoso sociólogo, que acredita poderem os sociólogos, em sua função profissional, evitar completamente qualquer compromisso moral.

LYND, ROBERT S. *Knowledge for What?* Princeton: Princeton University Press, 1939.

Pronunciamento positivo e prestigioso dos usos que podem ser dados às ciências sociais.

MERTON, ROBERT K., GEORGE G. READER, e PATRICIA KENDALL. *The Student-Physician.* Cambridge, Mass.: Harvard University Press, 1957.

Estudos sôbre a educação médica, que procuram descobrir a maneira pela qual os médicos adquirem as atitudes e valôres apropriados ao seu papel profissional.

PAGE, CHARLES H. (ed.). *Sociology and Contemporary Education.* Nova Iorque: Random House, 1963.

Ensaios sôbre os usos educacionais da Sociologia.

PARSONS, TALCOTT. "Some Problems Confronting Sociology as a Profession", *American Sociological Review*, XXIX (agôsto de 1959), 547-59.

Pronunciamento sôbre o estado atual da Sociologia não só como profissão mas também como disciplina, que inclui comentários à crescente aplicação das habilidades e conhecimentos sociológicos a problemas práticos.

STANTON, ALFRED H., e MORRIS S. SCHWARTZ. *The Mental Hospital*. Nova Iorque: Basic Books, 1954.

Estudo da organização social e da prática num hospital para doentes mentais.

BIBLIOGRAFIA COMPLETA

ABEL, Theodore. *Why Hitler Came to Power.* Englewood Cliffs: Prentice-Hall, 1938.

ABERLE, David, *et al.* "The Functional Prerequisites of a Society", *Ethics,* IX (janeiro de 1950), 100-11.

ADAMS, Richard N., *et al. Social Change in Latin America Today.* Nova Iorque: Vintage, 1961.

ADORNO, T. W., Else FRENKEL-BRUNSWIK, Daniel J. LEVINSON e R. Nevitt SANFORD. *The Authoritarian Personality.* Nova Iorque: Harper, 1950.

AITOV, A. I. "Some Peculiarities of the Changes in Class Structure in the USSR", *Soviet Sociology,* IV (outono de 1965), 3-9.

ALBORNOZ, A. F. Carrillo De. *Roman Catholicism and Religious Liberty.* Genebra: World Council of Churches, 1959.

ALEXANDER, Franz. "Educative Influence of Personality Factors in the Environment", em Clyde Kluckhohn, Henry A. Murray, e David M. Schneider (eds.), *Personality in Nature, Society, and Culture.* 2.ª ed. Nova Iorque: Knopf, 1953, pp. 421-35.

ALLPORT, Gordon. *The Nature of Prejudice.* Cambridge, Mass.: Addison-Wesley, 1954.

ALMOND, Gabriel. *The Appeals of Communism.* Princeton: Princeton University Press, 1954.

AMERICAN Association for the Advancement of Science Committee on Science in the Promotion of Human Welfare. "The Integrity of Science", *American Scientist,* LIII (junho de 1965). pp. 174-98.

AMERICAN Association for the Advancement of Science Committee on Science in the Promotion of Human Welfare. "Science and Human Welfare", *Science,* CXXXII (8 de julho de 1960), 68-73.

ANSHEN, Ruth Nanda (ed.). *The Family: Its Function and Destiny.* Nova Iorque: Harper, 1949; ed. rev., 1959.

ARENDT, Hannah. The Origins of Totalitarianism. Nova Iorque: Harcourt, 1951.

ARISTÓTELES. *Política.* Traduzido para o inglês por William Ellis. Londres: J. M. Dent (Everyman Edition), 1912.

ARON, Raymond. "Social Structure and the Ruling Class", *British Journal of Sociology,* I (março de 1950), 1-16; e I (junho de 1950), 126-43.

ASHBY, Eric. *Technology and the Academics.* Londres: Macmillan, 1959.

AXELROD, Morris. "Urban Structure and Social Participation", *American Sociological Review,* 21 (fevereiro de 1956), 13-8.

AXELROD, Morris, *et al.* "Fertility Expectations of the United States Population", *Population Index,* XXIX (janeiro de 1963), 25-31.

BAILEY, F. G. *Caste and the Economic Frontier.* Manchester: Manchester University Press, 1957.

BALTZELL, E. Digby. *Philadelphia Gentlemen.* Nova Iorque: Free Press, 1958.

——. *The Protestant Establishment.* Nova Iorque: Random House, 1964.

BANFIELD, Edward C. *The Moral Basis of a Backward Society.* Nova Iorque: Free Press, 1958.

BANKS, J. A. *Prosperity and Parenthood.* Londres: Routledge, 1954.

BANKS, J. A. e Olive BANKS. "Feminism and Social Change — A Case Study of a Social Movement", em George Zollchan e Walter Hirsch (eds.), *Explorations in Social Change.* Boston: Houghton Mifflin, 1964, pp. 547-69.

BARBER, Bernard. "Acculturation and Messianic Movements", *American Sociological Review,* VI (outubro de 1941), 663-9.

——. "Is American Business Becoming Professionalized? Analysis of a Social Ideology", em Edward. A. Tiryakian (ed.), *Sociological Theory, Values and Sociocultural Change.* Nova Iorque: Free Press, 1963, pp. 121-45.

——. *Science and the Social Order.* Nova Iorque: Free Press, 1952.

——. "Sociology of Science: A Trend Report and Bibliography", *Current Sociology,* 5 (1956), N.º 2, número todo.

BARBER, Bernard, e Walter HIRSCH (eds.). *The Sociology of Science.* Nova Iorque: Free Press, 1962.

BARBER, Elinor G. *The Bourgeoisie in 18th Century France.* Princeton: Princeton University Press, 1955.

BARITZ, Loren. *The Servants of Power.* Middletown: Wesleyan University Press, 1960.

BARNARD, Chester A. *The Functions of the Executive.* Cambridge, Mass.: Harvard University Press, 1938.

BARRINGER, Herbert R., George I. BLANKSTEN, e Raymond W. MACK (eds.). *Social Change in Developing Areas.* Cambridge, Mass.: Schenkman, 1966.

BARRON, Milton L. (ed.). *Contemporary Sociology.* Nova Iorque: Dodd, Mead, 1964.

BEARDSLEE, David C., e Donald D. O'DOWD. "The College-Student Image of the Scientist", *Science,* CXXXIII (31 de março de 1961), 997-1001.

BECKER, Howard. *Outsiders.* Nova Iorque: Free Press, 1963.

BEEBE, Gilbert W. *Contraception and Fertility in the Southern Appalachians.* Baltimore: Williams & Wilkins, 1942.

BELL, Daniel. "The Dispossessed", em Daniel Bell (ed.), *The Radical Right.* Garden City: Doubleday Anchor Books, 1964, pp. 1-45.

——. *The End of Ideology.* Nova Iorque: Free Press, 1960.

——. (ed.). *The Radical Right.* Garden City: Doubleday Anchor Books, 1964. Edição aumentada e atualizada de *The New American Right* (Nova Iorque: Criterion Books, 1955).

——. *Work and Its Discontents.* Boston: Beacon, 1956.

BELL, Norman W., e Ezra F. VOGEL (eds.). *A Modern Introduction to the Family*. Nova Iorque: Free Press, 1960.

BELL, Wendell, e Maryanne T. FORCE. "Urban Neighborhood Types and Participation in Formal Associations", *American Sociological Review*, 21 (fevereiro, 1956), 25-34.

BELLAH, Robert N. (ed.). *Religion and Progress in Modern Asia*. Nova Iorque: Free Press, 1965.

——. "Religious Evolution", *American Sociological Review*, XXIX (junho de 1964), 358-74.

——. *Tokugawa Religion*. Nova Iorque: Free Press, 1957.

BEN-DAVID, Joseph, "Scientific Productivity and Academic Organization in Nineteenth Century Medicine", *American Sociological Review*, 25 (dezembro de 1960), 828-43.

BENDIX, Reinhard. *Work and Authority in Industry*. Nova Iorque: Wiley, 1956.

BENDIX, Reinhard e Seymour Martin LIPSET (eds.). *Class, Status, and Power*. Nova Iorque: Free Press, 1953; 2.ª ed., 1966.

BENEDICT, Ruth. *Patterns of Culture*. Nova Iorque: Pelican, 1946.

BERELSON, Bernard, Paul F. LAZARSFELD, e William N. MCPHEE. *Voting: A Study of Opinion Formation in a Presidential Campaign*. Chicago: University of Chicago Press, 1954.

BERELSON, Bernard, e Patricia J. SALTER. "Majority and Minority Americans: An Analysis of Magazine Fiction", *Public Opinion Quarterly*, I (verão de 1946), 168-90.

BERELSON, Bernard, e Gary STEINER. *Human Behavior: An Inventory of Scientific Findings*. Nova Iorque: Harcourt, 1964.

BERGER, Morroe. *Bureaucracy and Society in Modern Egypt*. Princeton: Princeton University Press, 1957.

BERGER, Morroe, Theodore ABEL, e Charles H. PAGE (eds.), *Freedom and Control in Modern Society*. Nova Iorque: Van Nostrand, 1954.

BERGER, Peter (ed.). *The Human Shape of Work*. Nova Iorque: Macmillan, 1964.

BERLE, Adolph A. "Economic Power and the Free Society", em Andrew Hacker (ed.), *The Corporation Take-Over*. Garden City: Doubleday Anchor Books, 1965 (publicado pela primeira vez em 1964), pp. 86-102.

BERLE, Adolph A. e Gardner MEANS. *The Modern Corporation and Private Property*. Nova Iorque: Macmillan, 1932.

BERLINER, Joseph S. *Factory and Manager in the U.S.S.R.* Cambridge, Mass.: Harvard University Press, 1957.

BERNAL, J. D. *The Social Functions of Science*. Londres: Routledge, 1939.

BERNERT, Eleanor H. *America's Children*. Nova Iorque: Wiley, 1958.

BETTELHEIM, Bruno. "Feral Children and Autistic Children", *American Journal of Sociology*, 64 (março de 1959), 455-67.

BIERSTEDT, Robert. "Nominal and Real Definitions in Sociological Theory", em Llewellyn Gross (ed.), *Symposium on Sociological Theory*. Evanston: Row, Peterson, 1959, pp. 121-44.

——. *The Social Order*, 2.ª ed. Nova Iorque: McGraw-Hill, 1963.

——. "Sociology and General Education", em Charles H. Page (ed.), *Sociology and Contemporary Education*. Nova Iorque: Random House, 1964, pp. 40-55.

——. "Toynbee and Sociology", *British Journal of Sociology*, X (junho de 1959), 95-104.

BLAU, Peter M. *Bureaucracy in Modern Society.* Nova Iorque: Random House, 1956.

——. *The Dynamics of Bureaucracy.* Chicago: University of Chicago Press, 1955.

——. *Exchange and Power in Social Life.* Nova Iorque: Wiley, 1964.

BLAU, Peter M. e W. Richard SCOTT. *Formal Organizations.* São Francisco: Chandler, 1962.

BLAU, Zena S. "Exposure to Child-Rearing Experts: A Structural Interpretation of Class-Color Differences", *American Journal of Sociology,* LXIX (maio de 1964), 596-608.

BLAUNER, Robert. *Alienation and Freedom.* Chicago: University of Chicago Press, 1964.

BLUMENFELD, Hans. "The Modern Metropolis", em Scientific American Books, *Cities.* Nova Iorque: Knopf, 1965, pp. 40-57.

BLUMER, Herbert. "Collective Behavior", em Alfred M. Lee (ed.), *New Outline of the Principles of Sociology.* Nova Iorque: Barnes & Noble, 1946, pp. 199-220.

BOGUE, Donald J. "Urbanism in the United States, 1950", *American Journal of Sociology,* LX (março de 1955), 471-86.

BOTT, Elizabeth. *Family and Social Network.* Londres: Tavistock, 1957.

BOTTOMORE, T. B. *Elites and Society.* Londres: Watts, 1964.

BOULARD, F. *An Introduction to Religious Sociology.* Londres: Darton, 1960, cap. 1, reproduzido em Louis Schneider (ed.), *Religion, Culture and Society.* Nova Iorque: Wiley, 1964, pp. 385-9.

BOUQUET, A. C. *Comparative Religion.* Harmondsworth, Eng.: Penguin, 1950.

BRADY, Robert. *Business as a System of Power.* Nova Iorque: Columbia University Press, 1943.

BRIFFAULT, Robert. *The Mothers.* Nova Iorque: Macmillan, 1927.

BRIM, Orville G. Jr. *Sociology and the Field of Education.* Nova Iorque: Russell Sage Foundation, 1958.

BRIM, Orville G. Jr., e Stanton WHEELER. *Socialization After Childhood: Two Essays.* Nova Iorque: Wiley, 1966.

BROWN, HARRISON. *The Challenge of Man's Future.* Nova Iorque: Viking, 1954.

BROWN, P., e G. B. STRATTON (eds.). *World List of Scientific Periodicals Published in the Years 1900-1960.* 4.ª ed., 4 vols. Londres: Butterworth, 1963.

BRYSON, Gladys. *Man and Society.* Princeton: Princeton University Press, 1945.

BURGESS, Ernest W. "The Growth of a City: An Introduction to a Research Project", em Robert E. Park, Ernest W. Burgess, e Roderick D. McKenzie *The City.* Chicago: University of Chicago Press, 1925, pp. 47-62.

BURGESS, Ernest W. e Donaud J. BOGUE (eds.). *Contributions to Urban Sociology.* Chicago: University of Chicago Press, 1964.

BUTTERFIELD, Herbert. *The Origins of Modern Science: 1300-1800.* Nova Iorque: Macmillan, 1951.

BUTTS, R. Freeman. *A Cultural History of Education.* Nova Iorque: McGraw-Hill, 1947.

CAMPBELL, Angus, Philip E. CONVERSE, Warren E. MILLER e Donald E. STOKES. *The American Voter*. Nova Iorque: Wiley, 1960.

CAMPBELL, Angus, Gerald GURIN, e Warren E. MILLER. *The Voter Decides*. Evanston: Row, Peterson, 1954.

CANTRIL, Hadley. *The Psychology of Social Movements*. Nova Iorque: Wiley, 1941.

CAPLOW, Theodore. *The Sociology of Work*. Mineápolis: University of Minnesota Press, 1954.

——. "Urban Structure in France", *American Sociological Review*, XVII (outubro de 1952), 544-9.

CAPLOW, Theodore, e Reece J. MCGEE. *The Academic Marketplace*. Nova Iorque: Basic Books, 1958.

CARDWELL, D. S. L. *The Organization of Science in England*. Londres: Heinemann, 1957.

CARSON, Rachel. *The Silent Spring*. Boston: Houghton Mifflin, 1962.

CASSIRER, Ernst. *An Essay on Man*. Nova Iorque: Doubleday Anchor Books, 1953.

CENTER FOR URBAN STUDIES. *London: Aspects of Change*. Londres: Macgibbon & Kee, 1964.

CENTERS, Richard. "Occupational Mobility of Urban Occupational Strata", *American Sociological Review*, XIII (abril de 1948), 197-203.

——. *The Psychology of Social Classes*. Princeton: Princeton University Press, 1949.

CHANCELLOR, Loren E., e Thomas P. MONAHAN. "Religious Preference and Interreligious Mixtures in Marriages and Divorces in Iowa", *American Journal of Sociology*, LXI (novembro de 1955), 233-9.

CHILDE, V. Gordon. *Man Makes Himself*, Thinker's Library, N.º 87. Londres: Watts, 1948.

CHILDS, Marquis, e Douglass CATER. *Ethnics in a Business Society*. Nova Iorque: New American Library Mentor Books, 1954.

CHINOY, Ely, *Automobile Workers and the American Dream*. Nova Iorque: Random House, 1955.

——. "Local Union Leadership", em Alvin W. Gouldner (ed.), *Studies in Leadership*. Nova Iorque: Harper, 1950, pp. 157-73.

CHOMBART DE LAUWE, P. H., *et. al. Paris et l'Agglomération Parisienne*. Paris: Presses Universitaires, 1952.

CICOUREL, Aaaron V., e John I. KITSUSE. *The Educational Decision Makers*. Indianópolis: Bobbs-Merrill, 1963.

CLARK, Burton, R. *Educating the Expert Society*. São Francisco: Chandler, 1962.

CLARK, S. Delbert. *Church and Sect in Canada*. Toronto: University of Toronto Press, 1948.

CLINARD, Marshall B. (ed). *Anomie and Deviant Behavior*. Nova Iorque: Free Press, 1964.

CLOWARD, Richard A. "Illegitimate Means, *Anomie,* and Deviant Behavior", *American Sociological Review*, XXIV (abril de 1959), 164-76.

CLOWARD, Richard A., e Lloyd E. OHLIN. *Delinquency and Opportunity*. Nova Iorque: Free Press, 1960.

COATES, Charles H. e Roland J. PELLEGRIN. *Military Sociology.* University Park, Md.: Social Science Press, 1965.
CODRINGTON, R. H. "Melanesian Religion", em A. L. Kroeber e T. T. Waterman (eds.). *Source Book in Anthropology.* Ed. rev. Nova Iorque: Harcourt, 1931, pp. 412-20.
COHEN, Albert K. *Delinquent Boys.* Nova Iorque: Free Press, 1955.
COHEN, Morris R., e Ernest NAGEL. *An Introduction to Logic and the Scientific Method.* Nova Iorque: Harcourt, 1934.
COHEN, Yehudi. *Social Structure and Personality: A Casebook.* Nova Iorque: Holt, Rinehart & Winston, 1961.
COHN, Norman. *Pursuit of the Millenium.* Londres: Mercury, 1957.
COLE, TOBY, e Helen Krich CHINOY (eds.). *Actors on Acting.* Nova Iorque: Crown, 1949.
COLEMAN, James S. *The Adolescent Society.* Nova Iorque: Free Press, 1961.
COLEMAN, James S., *et al. Equality of Educational Opportunity.* Washington: U. S. Government Printing Office, 1966.
CONANT, James B. "The Impact of Science on Industry and Medicine", *American Scientist,* XXXIX (janeiro de 1951), 33-49.
CONGAR, Yves M. J. *Lay People in the Church.* Londres: Bloomsbury, 1957.
CONVERSE, Philip E. "The Shifting Role of Class in Political Attitudes and Behavior", em Eleanor E. Maccoby, Theodore M. Newcomb e Eugene L. Hartley (eds.), *Readings in Social Psychology* 3.ª ed. Nova Iorque: Holt, 1958, pp. 388-99.
COOLEY, Charles Horton. *Human Nature and the Social Order.* Nova Iorque: Scribner's, 1902.
——. *Social Organization.* Nova Iorque: Scribner's, 1909.
COON, Carleton S., com Edward E. HUNT, JR. *The Living Races of Man.* Nova Iorque: Knopf, 1965.
COSER, Lewis A. *The Functions of Social Conflict.* Nova Iorque: Free Press, 1956.
COSER, Lewis A., e Bernard ROSENBERG (eds.). 2.ª ed. *Sociological Theory.* Nova Iorque: Macmillan, 1964.
COSER, Rose (ed.). *The Family: Its Structure and Functions.* Nova Iorque: St. Martin's, 1964.
COTTRELL, William F. "Of Time and the Railroader", *American Sociological Review,* IV (abril de 1939), 190-8.
COULTON, G. G. *Medieval Panorama.* Nova Iorque: Meridian, 1955.
COX, Oliver C. *Class, Caste, and Race.* Garden City: Doubleday, 1948.
CROMBIE, A. C. (ed.). *Scientific Change.* Nova Iorque: Basic Books, 1963.
CROZIER, Michel. *The Bureaucratic Phenomenon.* Chicago: University of Chicago Press, 1964.
CUBER, John F., e William F. KENNEL. *Social Stratification.* Nova Iorque: Appleton, 1954.

DAHL, Robert A. *Who Governs?* New Haven: Yale University Press, 1961.
DAHRENDORF, Ralf. *Class and Class Conflict in Industrial Society.* Stanford: Stanford University Press, 1959.

——. "Out of Utopia: Toward a Reorientation of Sociological Analysis", *American Journal of Sociology,* LXIV (setembro de 1958), 115-27.

DAVIDSON, Percy E., e H. Dewey ANDERSON. *Occupational Mobility in an American Community.* Stanford: Stanford University Press, 1937.

DAVIS, Allison. *Social-Class Influences Upon Learning.* Cambridge: Harvard University Press, 1948.

DAVIS, Allison, Burleigh B. GARDNER, e Mary R. GARDNER. *Deep South.* Chicago: University of Chicago Press, 1941.

DAVIS, Kingsley. "The Demographic Foundations of National Power", em Morroe Berger, Theodore Abel e Charles H. Page (eds.), *Freedom and Control in Modern Society,* Nova Iorque: Van Nostrand, 1954, pp. 206-42.

——. "Extreme Isolation of a Child", *American Journal of Sociology,* XLV (janeiro de 1940), 554-65.

——. "Final Note on a Case of Extreme Isolation", *American Journal of Sociology,* LII (março de 1947), 432-7.

——. "Human Fertility in India", *American Journal of Sociology,* LII (novembro de 1946), 243-54.

——. *Human Society.* Nova Iorque: Macmillan, 1949.

——. "The Myth of Functional Analysis", *American Sociological Review,* XXIV (dezembro de 1959), 757-72.

——. "The Origin and Growth of Urbanization in the World", *American Journal of Sociology,* LX (março de 1955), 429-37.

——. *The Population of India and Pakistan.* Princeton: Princeton University Press, 1951.

DAY, Lincoln, e Alice DAY. *Too Many Americans.* Boston: Riverside, 1964.

DJILAS, Milovan. *The New Class.* Nova Iorque: Praeger, 1957.

DOBRINER, William (ed.). *The Suburban Community.* Nova Iorque: Putnam, 1958.

DOLLARD, John. *Caste and Class in a Southern Town.* Garden City: Doubleday Anchor Books, 1957.

DORE, Ronald P. *Education in Tokugawa Japan.* Berkeley: University of California Press, 1965.

DORFMAN, Joseph. *Thorstein Veblen and His America.* Nova Iorque: Viking 1934.

DORN, Harold F. "Pitfalls in Population Forecasts and Projections", *Journal of the American Statistical Association.* XLV (setembro de 1950), 311-34.

DOTSON, Floyd. "Patterns of Voluntary Association Among Urban Working--Class Families", *American Sociological Review,* XVI (outubro de 1951), 687-93.

DRUCKER, Peter. "The Educational Revolution", em A. H. Halsey, Jean Floud, e C. Arnold Anderson (eds.), *Education, Economy, and Society.* Nova Iorque: Free Press, 1961, pp. 15-21.

DUBE, S. C. *Indian Village.* Londres: Routledge, 1955.

DUBIN, Robert. "Deviant Behavior and Social Structure", *American Sociological Review,* XXIV (abril de 1959), 147-64.

——. *The World of Work.* Englewood Cliffs: Prentice-Hall, 1958.

DUBLIN, Louis I., Alfred J. LOTKA, e Mortimer SPIEGELMAN. *Length of Life.* Ed. rev. Nova Iorque: Ronald, 1949.

DUBOIS, Cora. *The People of Alor.* Mineápolis: University of Minnesota Press, 1944.

DUFFY, Joseph M. Jr. "Clergy and Laity", em *Catholicism in America.* Nova Iorque: Harcourt, 1959, pp. 59-71.

DUNCAN, Otis Dudley, e Albert J. REISS JR. *Social Characteristics of Urban and Rural Communities. 1950.* Census Monograph Series. Nova Iorque: Wiley, 1956.

DUNN, L. C., e Theodosius DOBZHANSKY. *Heredity, Race, and Society.* Nova Iorque: Penguin, 1946.

DUNNE, Finley Peter. *Mr. Dooley at his Best.* E. Ellis (ed.). Nova Iorque: Scribner's, 1938.

DURKHEIM, Émile. *A Divisão do Trabalho na Sociedade.* Traduzido para o inglês por George Simpson. Nova Iorque: Free Press, 1947.

——. *Educação e Sociologia.* Traduzido para o inglês por Sherwood D. Fox. Nova Iorque: Free Press, 1956.

——. *As Formas Elementares da Vida Religiosa.* Traduzido para o inglês por J. W. Swain. Nova Iorque: Free Press, 1947.

——. *As Regras do Método Sociológico.* Traduzido para o inglês por Sarah A. Solovay e John H. Mueller. Chicago: University of Chicago Press, 1938.

——. *Suicídio.* Traduzido para o inglês por John A. Spaulding e George Simpson. Nova Iorque: Free Press, 1951.

DYER, Robert J. "The American Laity", *Commonweal,* LX (27 de agôsto de 1954), 503-6.

EELLS, Kenneth, et al. *Intelligence and Cultural Differences.* Chicago: University of Chicago Press, 1951.

EHRMANN, Winston W. *Premarital Dating Behavior.* Nova Iorque: Holt, 1959.

EISENSTADT, S. N. "Archetypal Patterns of Youth", em Erik H. Erikson (ed.), *Youth: Change and Challenge.* Nova Iorque: Basic Books, 1961. pp. 24-42.

——. "Breakdowns of Modernization", *Economic Development and Cultural Change,* XII (julho de 1964), 345-67.

——. "Bureaucracy and Bureaucratization: A Trend Report and Bibliography", *Current Sociology,* VII (1958), N.º 2, número todo.

——. *From Generation to Generation.* Nova Iorque: Free Press, 1956.

——. *Modernization: Growth and Diversity,* Bloomington: Indiana University Seminar on Political and Administrative Development, 1963.

——. — "Social Change, Differentiation, and Evolution", *American Sociological Review,* XXIX (junho de 1964), 375-86.

ELKIN, Frederick. *The Child and Society: The Process of Socialization.* Nova Iorque: Random House, 1960.

ELLIOT, Mabel A. *Crime in Modern Society.* Nova Iorque: Harper, 1952.

ELLIS, John Tracy. *American Catholicism.* Chicago: University of Chicago Press, 1956.

ERIKSON, Erik H. *Childhood and Society.* Nova Iorque: Norton, 1950.

——. "The Problem of Ego Identity", em *Identity and the Life Cycle, Psychological Issues,* Vol. I. Nova Iorque: International Universities Press, 1959, pp. 101-64.

ERIKSON, Kai T. *Wayward Puritans.* Nova Iorque: Wiley, 1966.

ESSIEN-UDOM, Essien UDOSEN. *Black Nationalism.* Chicago: University of Chicago Press, 1962.

ETZIONI, Amitai e Eva ETZIONI (eds.). *Social Change.* Nova Iorque: Basic Books, 1964.

EULAU, Heinz, Samuel J. ELDERSVELD, e Morris JANOWITZ (eds.). *Political Behavior: A Reader in Theory and Practice.* Nova Iorque: Free Press, 1956.

EVANS-PRITCHARD, E. E. *Kinship and Marriage Among the Nuer.* Oxford: Oxford University Press, 1951.

FAINSOD, Merle. *How Russia is Ruled.* Cambridge, Mass.: Harvard University Press, 1957.

FARIS, Robert E. L. (ed.). *Handbook of Modern Sociology.* Chicago: Rand-McNally, 1964.

FARRINGTON, Benjamin. *Greek Science.* 2 vols. Harmondsworth, Eng.: Penguin, 1949.

FAUSET, Artur. *Black Gods of the Metropolis.* Publicações da Sociedade Antropológica de Filadélfia, Vol. III. Filadélfia: University of Pennsylvania Press, 1944.

FELDMAN, Gene, e Max GARTENBERG, (eds.). *The Beat Generation and the Angry Young Men.* Nova Iorque: Dell, 1959.

FERGUSON, Adam. *Essay on the History of Civil Society.* 7.ª ed. Boston: Hastings, 1809.

FEUER, Louis. *The Scientific Intellectual.* Nova Iorque: Basic Books, 1963.

FICHTER, Joseph. "Marginal Catholics: An Institutional Approach", *Social Forces,* XXXII (dezembro de 1953), 163-73.

——. *Social Relations in an Urban Parish.* Chicago: University of Chicago Press, 1954.

FINER, Samuel E. *The Man on Horseback.* Londres: Pall Mall, 1962.

FINKELSTEIN, Louis. *The Pharisees:The Sociological Background of Their Faith.* 2 vols. Filadélfia: Jewish Publication Society, 1938.

FIREY, Walter. *Land Use in Central Boston.* Cambridge, Mass.: Harvard University Press, 1947.

FIRTH, Raymond. *Human Types.* Ed. rev. Nova Iorque: New American Library, 1958.

——. *Primitive Economics of the New Zealand Maori.* Nova Iorque: Dutton, 1929.

FLETCHER, Ronald. *Britain in the Sixties: The Family and Marriage.* Baltimore: Penguin, 1962.

FORD, Henry. *Minha Vida e Minha Obra.* Garden City: Doubleday, 1922.

FORTES, Meyer, e E. E. EVANS-PRITCHARD (ed.). *African Political Systems.* Londres: Oxford University Press, 1940.

Fortune, Redatores de, *The Exploding Metropolis.* Garden City: Doubleday Anchor Books, 1958.

FRAZIER, E. Franklin. *Black Bourgeoisie.* Nova Iorque: Free Press, 1957.

——. *The Negro Family in the United States.* Chicago: University of Chicago Press, 1939; ed. rev. e resumida, Nova Iorque: Dryden, 1951.

——. *The Negro in the United States.* Nova Iorque: Macmillan, 1949, revisto em 1957.

——. "The Negro in the United States", em Andrew W. Lind (ed.), *Race Relations in World Perspective.* Honolulu: University of Hawaii Press, 1955, pp. 339-70.

FREEDMAN, Ronald (ed.). *Population: The Vital Revolution.* Garden City: Doubleday Anchor Books, 1964.

FREMANTLE, Anne. *The Papal Encyclicals in Their Historical Context.* Nova Iorque: New American Library Mentor Books, 1956.

FREUD. Sigmund. *A Civilização e Seus Descontentes.* Traduzido para o inglês por Joan Riviere. Londres: Hogarth, 1955.

——. *Novas Conferências Introdutórias Sôbre a Psicanálise.* Traduzidas por W. J. H. Sprott. Nova Iorque: Norton, 1933.

FRIEDAN, Betty. *The Feminine Mystique.* Nova Iorque: Norton, 1963.

FRIEDMANN, Georges. *Industrial Society.* Nova Iorque: Free Press, 1955.

FROMM, Erich. *The Sane Society.* Nova Iorque: Rinehart, 1955.

——. "Sex and Character" em Ruth Anshen (ed.). *The Family: Its Function and Destiny.* Nova Iorque: Harper, 1949, pp. 375-92.

GALBRAITH, John Kenneth. *The Affluent Society.* Boston: Houghton Mifflin 1958.

GANS, Herbert. *The Urban Villagers.* Nova Iorque: Free Press, 1962.

GELLHORN, Walter. *Security, Loyalty and Science.* Ithaca: Cornell University Press, 1950.

GIBBS, Jack P., e Kingsley DADIS. "Conventional Versus Metropolitan Data in the International Study of Urbanism", *American Sociological Review,* XXIII (outubro de 1958), 504-14.

GILPIN, Robert, e Christopher WRIGHT (eds.). *Scientists and National Policy-Making.* Nova Iorque: Columbia University Press, 1964.

GINSBERG, Morris. *Sociology.* Londres: Butterworth, 1934.

GLASS, David. "Education and Social Change in Modern England", em A. H. Halsey, Jean Floud, e C. Arnold Anderson (eds.). *Education, Economy, and Society.* Nova Iorque: Free Press, 1961, pp. 391-413.

——. (ed.). *Social Mobility in Britain.* Londres: Routledge, 1954.

GLAZER, Nathan. *American Judaism.* Chicago: University of Chicago Press, 1957.

GLAZER, Nathan, e Daniel P. MOYNIHAM. *Beyond the Melting Pot.* Cambridge Mass.: M. I. T. Press e Harvard University Press, 1963.

GLICK, Paul C. *American Families.* Nova Iorque: Wiley, 1957.

GLOCK, Charles Y., e Rodney STARK. *Christian Belief and Anti-Semitism.* Nova Iorque: Harper, 1966.

GLUCKMAN, Max. *Custom and Conflict in Africa.* Oxford: Blackwell, 1955.
GOFFMAN, Erving. *The Presentation of Self in Everyday Life.* Garden City: Doubleday Anchor Books, 1959.
GOODE, William J. *After Divorce.* Nova Iorque: Free Press, 1956.
——. *The Family.* Englewood Cliffs: Prentice-Hall, 1964.
——. *Religion Among the Primitives.* Nova Iorque: Free Press, 1956.
——. *World Revolution and Family Patterns.* Nova Iorque: Free Press, 1963.
GORCE, Paul-Marie de La. *O Exército Francês.* Traduzido para o inglês por Kenneth Douglas. Londres: Weindenfeld, 1963.
GORDON, Margaret S. (ed.). *Poverty in America.* São Francisco: Chandler, 1965.
GORDON, Milton M. *Assimilation in American Life.* Nova Iorque: Oxford University Press, 1964.
——. *Social Class in American Sociology.* Durham: Duke University Press, 1958.
GORDON, Robert A., James F. SHORT JR., Desmond S. CARTWRIGHT, e Fred L. STRODTBECK. "Values and Gang Delinquency: A Study Street Corner Groups", *American Journal of Sociology,* LXIX (setembro de 1963), 109-28.
GOTTMAN, Jean. *Megalopolis.* Cambridge, Mass.: M. I. T. Press, 1961.
GOUGH, E. Kathleen. "Changing Kinship Usages in the Setting of Political and Economic Change among the Nayars of Malabar", *Journal of the Royal Anthropological Institute,* LXXXII (1952), 71-88.
——. "The Nayars and the Definition of Marriage", *Journal of the Royal Anthropological Institute,* LXXXIX (janeiro-junho de 1959), 23-4.
GOULDNER, Alvin W. "The Norm of Reciprocity", *American Sociological Review,* XXV (abril de 1960), 161-78.
——. *Patterns of Industrial Bureaucracy.* Nova Iorque: Free Press, 1954.
——. (ed.). *Studies in Leadership.* Nova Iorque: Harper, 1950.
GOULDNER, Alvin W. e S. M. MILLER (eds.). *Applied Sociology: Opportunities and Problems.* Nova Iorque: Free Press, 1965.
GRABILL, Wilson H., Clyde V. KISER, e P. K. WHELPTON *The Fertility of American Women.* Nova Iorque: Wiley, 1958.
GRANICK, David. *The Red Executive.* Garden City: Doubleday, 1960.
GREELEY, Andrew M., e Peter H. ROSSI. *The Education of American Catholics.* Chicago: Aldine, 1966.
GREER, Scott A. *Social Organization.* Nova Iorque: Random House, 1955.
GRETTON, R. W. *The English Middle Class.* Londres: Bell, 1917.
GROSS, Llewellyn (ed.). *Symposium on Sociological Theory.* Evanston: Row, Peterson, 1959.
GURVITCH, Georges, e Wilbert E. MOORE (eds.). *Twentieth Century Sociology.* Nova Iorque: Philosophical Library, 1945.
GUSFIELD, Joseph R. *Symbolic Crusade.* Urbana: University of Illinois 1963.
GUTTSMAN, W. L. *The British Political Elite.* Londres: Macgibbon & Kee, 1963.

HACKER, Andrew (ed.) *The Corporation Take-Over*. Garden City: Doubleday Anchor Books, 1965.

HAGSTROM, Warren. *The Scientific Community*. Nova Iorque: Basic Books, 1965.

HALL, Calvin, e Gardner LINDZEY. *Theories of Personality*. Nova Iorque: Wiley, 1957.

HALLOWELL, A. Irving. *Culture and Experience*. Filadélfia: University of Pennsylvania Press, 1955.

HALSEY, A. H. "The Changing Functions of Universities", em A. H. Halsey Jean Floud, e C. Arnold Anderson (eds.), *Education, Economy and Society*. Nova Iorque: Free Press, 1961, pp. 456-65.

HAMILTON, Alice. *Exploring the Dangerous Trades*. Boston: Little Brown, 1943.

HAMILTON, Walton, e Irene TILL. "Property", *Encyclopedia of the Social Sciences*. Vol. 12. Nova Iorque: Macmillan, 1934, pp. 528-38.

HANDLIN, Oscar. *The Newcomers: Negroes and Puerto Ricans in a Changing Metropolis*. Cambridge, Mass.: Harvard University Press, 1959.

——. *The Uprooted*. Boston: Little Brown, 1952.

HARBISON, Frederick, e Charles A. MYERS. *Education, Manpower, and Economic Growth: Strategies of Human Resources Development*. Nova Iorque: McGraw-Hill, 1964.

HARE, A. Paul, Edgar F. BORGATTA, e Robert F. BALES (eds.). *Small Groups: Studies in Social Interaction*. Nova Iorque: Knopf, 1955.

HARRINGTON, MICHAEL. *The Other America*. Nova Iorque: Macmillan, 1962.

HARRIS, Chauncey D., e Edward L. ULLMAN. "The Nature of Cities", *The Annals of the American Academy of Political and Social Science*, CCXLII (novembro de 1945), 7-17.

HARRIS, George L. *Jordan*. Nova Iorque: Grove, 1958.

HARRIS, Marvin. *Town and Country in Brazil*. Nova Iorque: Columbia University Press, 1956.

HARRIS, Seymour. *The Market for College Graduates*. Cambridge, Mass.: Harvard University Press, 1949.

HARRISON, Paul M. *Authority and Power in the Free Church Tradition*. Princeton: Princeton University Press, 1959.

HART, C. W. M. "Industrial Relations Research and Social Theory", *Canadian Journal of Economics and Political Science*, XV (fevereiro de 1949) 53-73.

HATT, Paul K. (ed.). *World Population and Future Resources*. Nova Iorque: American Book, 1952.

HATT, Paul K., e Albert J. REISS JR. (eds.). *Cities and Society: The Revised Reader in Urban Sociology*. Nova Iorque: Free Press, 1957.

HAUSER, Philip M. (ed.). *Population and World Politics*. Nova Iorque: Free Press, 1958.

——. (ed.). *The Population Dilemma*. Englewood Cliffs: Prentice-Hall, 1963.

HAUSER, Philip M., e Otis Dudley DUNCAN (eds.). *The Study of Population: An Inventory Appraisal*. Chicago: University of Chicago Press, 1959.

HAVIGHURST, Robert J., e Bernice L. NEUGARTEN. *Society and Education.* 2.ª ed. Boston: Allyn & Bacon, 1962.

HERBERG, Will. *Protestant-Catholic-Jew.* Garden-City: Doubleday, 1955.

HINKLE, Roscoe C. Jr. e Gisela HINKLE. *The Development of Modern Sociology.* Nova Iorque: Random House, 1954.

HIRSH, Selma. *The Fears Men Live By.* Nova Iorque: Harper, 1955.

HOBSBAWM, E. J. *Primitive Rebels.* Nova Iorque: Norton, 1965.

HODGE, Robert W., Paul M. SIEGEL, e Peter H. ROSSI. "Occupational Prestige in the United States, 1925-63", *American Journal of Sociology,* LXX (novembro de 1964), 286-302.

HOEBEL, E. Adamson. *Man in the Primitive World.* Nova Iorque: McGraw-Hill, 1958.

HOFFER, Eric. *The True Believer.* Nova Iorque: New American Library, 1958.

HOFSTADTER, Richard, e C. Dewitt HARDY. *The Development and Scope of Higher Education in the United States.* Nova Iorque: Columbia University Press, 1952.

HOLLINGSHEAD, August B. *Elmtown's Youth.* Nova Iorque: Wiley, 1949.

HOLLINGSHEAD, August B., e Frederick C. REDLICH. *Social Class and Mental Illness.* Nova Iorque: Wiley, 1958.

HOMANS, George. *The Human Group.* Nova Iorque: Harcourt, 1950.

HOROWITZ, Irving Loulis. *The Three Worlds of Development.* Nova Iorque: Oxford University Press, 1966.

HOSELITZ, Bert F. (ed.). *The Progress of Underdeveloped Areas.* Chicago: University of Chicago Press, 1952.

——. *Sociological Aspects of Economic Growth.* Nova Iorque: Free Press, 1959.

HOSELITZ, Berto F., e Wilbert E. MOORE (eds.). *Industrialization and Society.* Haia: UNESCO-Mouton, 1963.

HOYT, Homer. *The Structure and Growth of Residential Neighborhoods in American Cities.* Washington: United Federal Housing Administration, 1939.

HSU, Frances L. K. "Chinese and American Family Practices", em Marvin Sussman (ed.), *Sourcebook in Marriage and the Family,* Boston: Houghton Mifflin, 1955, pp. 8-12.

HUGHES, Everett C. "Dilemmas and Contradictions of Status", *American Journal of Sociology,* L. (março de 1945), 353-9.

HUGHES, Everett C. *Men and Their Work.* Nova Iorque: Free Press, 1958.

HUGHES, Everett C. e Helen M. HUGHES. *Where Peoples Meet: Racial and Ethnic Frontiers.* Nova Iorque: Free Press, 1952.

HUNT, Morton M. *The Natural History of Love.* Nova Iorque: Knopf, 1959.

HUNTER, Floyd. *Community Power Structure: A Study of Decision Makers.* Chapel Hill: University of North Carolina Press, 1953.

HUNTINGTON, Ellsworth. *Mainsprings of Civilization.* Nova Iorque: Wiley, 1945.

HUTCHINSON, Harry, W. "Race Relations in a Rural Community of the Bahian Recôncavo", em Charles Wagley (ed.), *Race and Class in Rural Brazil.* Paris: UNESCO, 1952.

HYMAN, Herbert H. "The Value Systems of Different Classes", em Reinhard Bendix e e Seymour M. Lipset, *Class, Status, and Power.* 2.ª ed. Nova Iorque: Free Press, 1966, pp. 488-99.

India's Villages. Calcutá: West Bengal Government Press, 1955.

INKELES, Alex. "The Modernization of Man", em Myron Wiener (ed.), *Modernization.* Nova Iorque: Basic Books, 1966.

——. "Personality and Social Structure", em Robert K. Merton, Leonard Broom, e Leonard S. Cottrell Jr. (eds.), *Sociology Today.* Nova Iorque: Basic Books, 1959.

——. "Social Stratification and Mobility in the Soviet Union, 1940-1950", *American Sociological Review,* XV (agôsto de 1950), 465-79.

INKELES, Alex, e Raymond A. BAUER. *The Soviet Citizen.* Cambridge, Mass.: Harvard University Press, 1959.

INKELES, Alex, Raymond A. BAUER, e Clyde KLUCKHOHN. *How the Soviet System Works.* Cambridge: Harvard University Press, 1957.

INKELES, Alex e Peter H. ROSSI. "National Comparisons of Occupational Prestige", *American Journal of Sociology,* LXVI (janeiro de 1956), 329-39.

INNES, John W. *Class Fertility Trends in England and Wales, 1876-1934.* Princeton: Princeton University Press, 1938.

JACKSON, Elton F., e Harry J. CROKETT JR. "Occupational Mobility in the United States: A. Point Estimate and Trend Comparison", *American Sociological Review,* XXIX (fevereiro de 1964), 5-15.

JACOB, Philip E. *Changing Values in College.* Nova Iorque: Harper, 1957.

JACOBS, Jane. *The Death Life of Great American Cities.* Nova Iorque: Random House, 1961.

JACOBSON, Paul H. *American Marriage and Divorce.* Nova Iorque: Rinehart, 1959.

JACQUES, Elliott. *The Changing Culture of a Factory.* Nova Iorque: Dryden, 1952.

JAFFEE, A. J. "Urbanization and Fertility", *American Journal of Sociology,* XLVIII (julho de 1942), 47-60.

JAMES, William. *As Variedades da Experiência Religiosa.* Nova Iorque: Random House Modern Library, 1936.

JANOWITZ, Morris. *The Military in the Political Development of New Nations.* Chicago: University of Chicago Press, 1964.

——. *The Professional Soldier.* Nova Iorque: Free Press, 1960.

——. *Sociology and the Military Establishment.* Nova Iorque: Russel Sage Foundation, 1959.

JANSYN, Leon R. Jr. "Solidarity and Delinquency in a Street Corner Group", *American Sociological Review,* XXXI (outubro de 1966), 600-14.

KAHL, Joseph A. *The American Class Structure.* Nova Iorque: Rinehart, 1957.

KAPLAN, Norman. "Research Administration an the Administrator; U. S. S. R. and United States", em Norman Kaplan (ed.), *Science and Society.* Chicago: Rand McNally, 1965, pp. 229-46.

——. (ed.). *Science and Society.* Chicago: Rand McNally, 1965.

KARDINER, Abram, *et al., The Psychological Frontiers of Society.* Nova Iorque: Columbia University Press, 1945.
KATZENBACH, Edward L. Jr. "Ideas: A New Defense Industry", *The Reporter,* XXIV (2 de março de 1961), 17-21.
KAUFMAN, Harold F. *Prestige Classes in a New York Rural Community.* Ithaca: Cornell University Agricultural Experiment Station, Relatório 260, março de 1944.
KELLER, Suzanne. *Beyond the Ruling Class: Strategic Elites in Modern Society.* Nova Iorque: Random House, 1963.
KELSALL, R. K. *Higher Civil Servants in Britain.* Londres: Routledge, 1955.
KENNEDY, Ruby Jo Reeves. "Single or Triple Melting Pot? Intermarriage Trends in New Haven, 1870-1940", *American Journal of Sociology,* LXIX (janeiro de 1944), 331-9.
KENNISTON, Kenneth. "Social Change and Youth in America", em Erik H. Erikson (ed.), *Youth: Change and Challenge.* Nova Iorque: Basic Books, 1961, pp. 161-87.
KERR, Clark. *The Uses of the University.* Cambridge, Mass.: Harvard University Press, 1963.
KILLIAN, Lewis M. "The Effects of Southern White Workers on Race Relations in Northern Plants", *American Sociological Review,* XVII (junho de 1952), 327-31.
KIMMEL, Lewis H. *Share Ownership in the United States.* Washington: Brookings, 1952.
KINGSLEY, J. Donald. *Representative Bureaucracy.* Yellow Springs: Antioch, 1944.
KINSEY, Alfred C., Wardell B. POMEROY, e Clyde E. MARTIN. *Sexual Behavior in the Human Male.* Filadélfia: Saunders, 1948.
KINSEY, Alfred C., Wardell B. POMEROY, Clyde E. MARTIN, e Paul H. GEBHARD. *Sexual Behavior in the Human Female.* Filadélfia: Saunders, 1953.
KIRK, Russell. "Is Social Science Scientific?", *New York Times Magazine,* 25 de junho de 1961, 11 e segs.
KLUCKHOHN, Clyde. *Navaho Witchcraft.* Documentos do Museu Peabody de Arqueologia e Etnologia Norte-Americanas, Vol. XXII. Cambridge, Mass.: Harvard University Press, 1944, N.º 2, pp. 45-73.
KLUCKHOHN, Clyde, e William H. KELLEY. "The Concept of Culture", em Ralph Linton (ed.), *The Science of Man in the World Crisis.* Nova Iorque: Columbia University Press, 1945, pp. 78-106.
KLUCKHOHN, Clyde, Henry A. MURRAY, e David M. SCHNEIDER (eds.). *Personality in Nature, Society, and Culture.* 2.ª ed. Nova Iorque: Knopf, 1953.
KNAPP, Robert H., e Huber B. GOODRICH. *Origins of American Scientists.* Chicago: University of Chicago Press, 1952.
KOHN, Melvin L. "Social Class and Parental Authority", *American Sociological Review,* XXIV (junho de 1959), 352-66.
——. "Social Class and Parental Values", *American Journal of Sociology,* LXIV (janeiro de 1959), 337-51.
——. "Social Class and Parent-Child Relationships: An Interpretation", *American Journal of Sociology,* LXVIII (janeiro de 1963), 471-80.

KOLB, William L. "Values, Politics, and Sociology", *American Sociological Review,* XXV (dezembro de 1960), 966-9.
KOMAROVSKY, Mirra (ed.), *Common Frontiers of the Social Sciences.* Nova Iorque: Free Press, 1957.
——. "Cultural Contradictions and Sex Roles", *American Journal of Sociology,* LII (novembro de 1946), 184-9.
——. "The Voluntary Associations of Urban Dwellers", *American Sociological Review,* XI (dezembro de 1946), 686-98.
——. *Women in the Modern World.* Boston: Little Brown, 1953.
KORNHAUSER, William. *The Politics of Mass Society.* Nova Iorque: Free Press, 1959.
——. *Scientists in Industry.* Berkeley: University of California Press, 1962.
KROEBER, Alfred L. *The Nature of Culture.* Chicago: University of Chicago Press, 1952.
KROEBER, Alfred L., e Clyde KLUCKHOHN. *Culture, a Critical Review of Concept and Definitions.* Nova Iorque: Random House Vintage Books, s/d.
KROEBER, Alfred L., e TALCOTT PARSONS. "The Concepts of Culture and of Social System", *American Sociological Review* (outubro de 1958), 582-3.
KROEBER, Alfred L., e Thomas S. WATERMAN (eds.). *Source Book in Anthropology.* Ed. rev. Nova Iorque: Harcourt, 1931.
KUHN, Thomas C. *The Structure of Scientific Revolutions.* Chicago: University of Chicago Press, 1962.
KUPER, Leo. *An African Bourgeoisie.* New Haven: Yale University Press, 1964.

LAMPARD, Eric E. *Industrial Revolution: Interpretations and Perspectives.* Washington: American Historical Association, 1957.
LANDES, Ruth, e Mark ZBOROWSKI. "Hypotheses Concerning the Eastern European Jewish Family", *Psychiatry,* XIII (novembro de 1950), 447-64.
LANDIS, Paul H. e Paul K. HATT. *Population Problems.* 2.ª ed. Nova Iorque: American Book, 1954.
LANE, Robert E. "The Politics of Consensus in an Age of Affluence", *American Political Science Quarterly,* LIX (dezembro de 1965), 885-9.
LANG, Olga. *Chinese Family and Society.* New Haven: Yale University Press, 1946.
LA PALOMBARA, Joseph (ed.). *Bureaucracy and Political Development.* Princeton: Princeton University Press, 1963.
LAPP, Ralph. *Must We Hide?* Cambridge, Mass.: Addison-Wesley, 1949.
——. *The New Priesthood.* Nova Iorque: Harper, 1965.
——. *The Voyage of the Lucky Dragon.* Nova Iorque: Harper, 1958.
LASKI, Harold. "Bureaucracy", em *Encyclopedia of the Social Sciences,* Vol. III. Nova Iorque: Macmillan, 1930, pp. 70-4.
LAZARSFELD, Paul F. "The American Soldier: An Expository Review", *Public Opinion Quarterly,* XIII (Outono de 1949), 377-404.
LAZARSFELD, Paul F., Bernard BERELSON, e Hazel GAUDET. *The People's Choice.* 2.ª ed. Nova Ioque: Columbia University Press, 1948.
LAZARSFELD, Paul F. e Frank STANTON. (eds.) *Radio Research, 1942-1943.* Nova Iorque: Duell, Sloan, 1944.
LEE, Alfred M. (ed.). *New Outline of the Principles of Sociology.* Nova Iorque: Barnes Noble, 1946.

LENSKI, Gerhard. *Power and Privilege.* Nova Iorque: McGraw-Hill, 1966.

——. *The Religious Factor.* Ed. rev. Garden City: Doubleday Anchor Books, 1963.

LEONHARD, Wolfgang. *Filho da Revolução.* Traduzido para o inglês por C. W. Woodhouse. Londres: Collins, 1957.

LERNER, Daniel. *The Passing of Traditional Society.* Nova Iorque: Free Press, 1958.

LERNER, Daniel, e Harold D. LASSWELL (eds.). *The Policy Sciences.* Hoover Institute Studies, N.º 1, Stanford: Stanford University Press, 1951.

LERNER, Max *America as a Civilization.* Nova Iorque: Simon & Schuster, 1957.

LEVY, Marion J. Jr. *The Family Revolution in Modern China.* Cambridge, Mass.: Harvard University Press, 1949.

——. *The Structure of Society.* Princeton: Princeton University Press, 1952.

LÉVY-BRUHL, Lucien. *Mentalidade Primitiva.* Traduzido para o inglês por Lilian A. Clare. Nova Iorque: Macmillan, 1923.

LEWIS, Ian. "In the Courts of Power — The Advertising Man", em Peter Berger (ed.). *The Human Shape of Work.* Nova Iorque: Macmillan, 1964.

LEWIS, Oscar. *The Children of Sanchez.* Nova Iorque: Random House, 1961.

LIEUWEN, Edwin. *Arms and Politics in Latin America.* Ed. rev. Nova Iorque: Praeger, 1961.

LINCOLN, C. Eric. *The Black Muslims in America.* Boston: Beacon, 1961.

LIND, Andrew W. (ed.). *Race Relations in World Perspective.* Honolulu: University of Hawaii Press, 1955.

LINDSAY, A. D. "Individualism", em *Encyclopedia of the Social Sciences,* Vol. VII. Nova Iorque: Macmillan, 1932, pp. 674-80.

LINTON, Ralph. *The Cultural Background of Personality.* Nova Iorque: Appleton, 1945.

——. (ed.). *The Science of Man in the World Crisis.* Nova Iorque: Columbia University Press, 1945.

——. *The Study of Man.* Nova Iorque: Appleton, 1936.

LIPSET, Seymour M. *Agrarian Socialism.* Berkeley: University of California Press, 1950.

——. *The First New Nation.* Nova Iorque: Basic Books, 1953.

——. *Political Man: The Social Bases of Politics.* Garden City: Doubleday, 1960.

LIPSET, Seymour M., e Reinhard BENDIX. *Social Mobility in Industrial Society.* Berkeley: University of California Press, 1950.

LIPSET, Seymour M., e Leo LOWENTHAL (eds.). *Culture and Social Character* Nova Iorque: Free Press, 1961.

LIPSET, Seymour M., Martin A. TROW, e James S. COLEMAN. *Union Democracy.* Garden City: Doubleday Anchor Books, 1962.

LIPSET, Seymour M. e Sheldon S. WOLIN (eds.). *The Berkeley Student Revolt.* Garden City: Doubleday Anchor Books, 1965.

LOWENTHAL, Leo. "Biographies in Popular Magazines", em Paul F. Lazarsfeld e Frank Stanton (eds.), *Radio Research, 1942-43.* Nova Iorque: Duell, Sloan, 1944, pp. 507-48.

LOWENTHAL, Leo, e Norbert GUTERMAN. *Prophets of Deceit. A Study in the Techniques of the American Agitator.* Nova Iorque: Harper, 1949.

LUBELL, Samuel. *The Future of American Politics.* 2.ª ed. rev. Garden City: Doubleday Anchor Books, 1956.

LUNDBERG, George A. *Can Science Save Us?* Nova Iorque: Longman's, 1947.
LYND, Robert S. *Knowledge for What?* Princeton: Princeton University Press, 1939.
LYND, Robert S., e Helen M. LYND. *Middletown in Transition.* Nova Iorque: Harcourt, 1929.

MACCOBY, Eleanor, Theodore M. NEWCOMB, e Eugene L. HARTLEY (eds.). *Readings in Social Psychology.* 3.ª ed. Nova Iorque: Holt, 1958.
MACHLUP, Fritz. *The Production and Distribution of Knowledge in the United States.* Princeton: Princeton University Press, 1962.
MACIVER, Robert M. *Community.* Londres: Macmillan, 1920.
——. *Social Causation.* Boston: Ginn, 1942.
——. *The Web of Government.* Nova Iorque: Macmillan, 1947.
MACIVER, Robert M., e Charles H. PAGE; *Society.* Nova Iorque: Rinehart, 1949.
MC KITRICK, Eric. L. "The Study of Corruption", *Political Science Quarterly,* LXXII (dezembro de 1957), 502-14.
MALINOWSKI, Bronislaw. *Argonauts of the Western Pacific.* Londres: Routledge, 1922.
——. *Crime and Custom in Savage Society.* Paterson: Littlefield, 1959. (Publicado pela primeira vez em 1926).
——. *Magic, Science and Religion and Other Essays.* Garden City: Doubleday Anchor Books, 1948.
——. "Parenthood — The Basis of Social Structure", em Rose Coser (ed.). *The Family: Its Structure and Functions.* Nova Iorque: St. Martin's, 1964, pp. 3-19.
——. *Sex and Repression in Savage Society.* Nova Iorque: Meridian, 1955. (Publicado pela primeira vez em 1927).
MANDELBAUM, David (ed.). *Selected Writings of Edward Sapir.* Berkeley: University of California Press, 1949.
MANDEVILLE, Bernard De. *The Fable of the Bees.* Londres: 1723.
MANNHEIM, Karl. *Ideologia e Utopia.* Traduzido para o inglês por Louis Wirth e Edward Shils. Nova Iorque: Harcourt, 1946.
MARETT, R. R. *Anthropology.* Ed. rev. Londres: Oxford University Press, 1944.
MARX, Fritz Morstein. "The Higher Civil Service as an Action Group in Western Political Development", em Joseph La Palombara (ed.). *Bureaucracy and Policital Development.* Princeton: Princeton University Press, 1963, pp. 62-95.
MARX, Karl. *Capital.* Traduzido para o inglês por Ernest Untermann, da primeira edição alemã. Chicago: Kerr, 1909.
MASSING, Paul W. *Rehearsal for Destruction.* Nova Iorque: Harper, 1949.
MATHEWSON, Stanley S. *Restriction of Output Among Unorganized Workers.* Nova Iorque: Viking, 1931.
MATHUR, K. S. *Caste and Ritual in a Malwa Village.* Nova Iorque: Asia Publishing House, 1964.
MATTEWS, Donald. *The Social Background of Political Decision Makers.* Garden City: Doubleday, 1954.

MATZA, David. *Delinquency and Drift.* Nova Iorque: Wiley, 1964.

MAUSS, Marcel. *O presente.* Traduzido para o inglês por Ian Cunnison. Londres: Cohen & West, 1954.

MAYER, Kurt. *The Population of Switzerland.* Nova Iorque: Columbia University Press, 1952.

MAYO, Elton. *Human Problems of an Industrial Civilization.* Cambridge, Mass.: Harvard University School of Business Administration, 1933.

——. *Social Problems of an Industrial Civilization.* Cambridge, Mass.: Harvard University Graduate School of Business Administration, 1945.

MAYO, Elton, e G. F. F. LOMBARD. *Teamwork an Turnover in the Aircraft Industry ou Southern California.* Boston: Harvard Susiness School Division of Research, 1944.

MEAD, George Herbert. *Mind, Self, and Society.* Chicago: University of Chicago Press, 1934.

MEAD, Margaret (ed.). *Cultural Patterns and Technical Change.* Nova Iorque: New American Library, 1955.

——. *Growing Up in New Guinea.* Nova Iorque: 1930. (Reimpresso pela New American Library, s/d.).

——. *Male and Female.* Nova Iorque: New American Library, 1955.

——. *New Lives for Old.* Nova Iorque: Morrow, 1956.

——. *Sex and Temperament in Three Primitive Societies.* Nova Iorque: Morrow, 1935.

MEAD, Margaret, e Rhoda MÉTRAUX. "Image of the Scientist among High-School Students", *Science,* CXXVI (30 de agôsto de 1957), 384-90.

MECHAM, J. Lloyd. *Church and State in Latin America.* Chapel Hill: University of North Carolina Press, 1934.

MERTON, Robert K. "The Canons of the Anti-Sociologist", *New York Times Magazine,* 16 de julho de 1961, 14 e segs.

——. "Notes on Problem-Finding in Sociology", em Robert K. Merton, Leonard Broom, e Leonard S. Cottrell Jr. (eds.), *Sociology Today.* Nova Iorque: Basic Books, 1959, pp. ix-xxxiv.

——. "Priorities in Scientific Discovery", *American Sociological Review* XXII (dezembro de 1957), 635-59.

——. "Social Conformity, Deviation, and Opportunity-Structures", *American Sociological Review,* XXIV (abril de 1959), 177-89.

——. *Social Theory and Social Structure.* Ed. rev. e aumentada. Nova Iorque: Free Press, 1957.

MERTON, Robert K., *et al.* (eds.). *Reader in Bureaucracy.* Nova Iorque: Free Press, 1952.

MERTON, Robert K., Leonard BROOM, e Leonard S. COTTRELL (eds.). *Sociology Today.* Nova Iorque: Basic Books, 1959.

MERTON, Robert. K., Marjorie FISKE, e Alberta CURTIS. *Mass Persuasion.* Nova Iorque: Harper, 1946.

MERTON, Robert K., e Paul F. LAZARSFELD. "Friendship as a Social Process", em Morroe Berger, Theodore Abel, e Charles H. Page (eds.), *Freedom and Control in Modern Society.* Nova Iorque: Van Nostrand, 1954, pp. 18-66.

MERTON, Robert K., e Robert A. NISBET (ed.). *Contemporary Social Problems.* 2.ª ed. Nova Iorque: Harcourt, 1966.

MERTON, Robert K., George G. READER, e Patricia KENDALL. *The Student-Physician*. Cambridge, Mass.: Harvard University Press, 1957.

MICHELS, Robert. *Partidos Políticos*. Traduzido para o inglês por Eden Paul e Cedar Paul. Nova Iorque: Free Press, 1949. (Publicado pela primeira vez em 1915.)

MIDDLETON, Russell. "Brother-Sister and Father-Daughter Marriage in Ancient Egypt", *American Sociological Review,* 27 (outubro de 1962), 603-11.

MIDDLETON, Russell, e John MOLAND. "Humor in Negro and White Subcultures: A Study of Jokes Among University Students", *American Sociological Review,* XXIV (fevereiro de 1959), 61-9.

MILLER, Delbert C., e William H. FORM. *Industrial Sociology*. Nova Iorque: Harper, 1951.

MILLER, Herman P. *Rich Man, Poor Man.* Nova Iorque: Crowell, 1964.

MILLER, William. "American Historians and the American Business Elite", *Journal of Economic History,* IX (novembro de 1949), 184-208.

MILLER, Wright. *Russians as People.* Nova Iorque: Dutton, 1961.

MILLIS, Walter. *Arms and Man*. Nova Iorque: New American Library, 1958.

MILLS, C. Wright. "The Middle Classes in Middle-Sized Cities", *American Sociological Review,* XI (abril de 1945), 242-9.

——. *The Power Elite*. Nova Iorque: Oxford University Press, 1956.

——. *The Sociological Imagination.* Nova Iorque: Oxford University Press 1959.

——. *White Collar.* Nova Iorque: Oxford University Press, 1951.

MITFORD, Nancy (ed.). *Noblesse Oblige.* Nova Iorque: Harper, 1956.

MONTAGU, M. F. Ashley. *Coming Into Being Among Australian Aborigines.* Nova Iorque: Dutton, 1938.

——. *The Direction of Human Development.* Nova Iorque: Harper, 1955.

——. *Man's Most Dangerous Myth*: *The Fallacy of Race.* Nova Iorque: Columbia University Press, 1942.

MONTESQUIEU, Charles Louis De. *O Espírito das Leis*. Traduzido para o inglês por Thomas Nugent e revisto por J. V. Pritchard. Nova Iorque: Appleton, 1900.

MOORE, Barrington Jr. *Political Power and Social Theory.* Cambridge, Mass.: Harvard University Press, 1958.

——. *Social Origins of Dictatorship and Democracy*. Boston: Beacon, 1966.

——. *Soviet Politics — The Dilemma of Power.* Cambridge, Mass.: Harvard University Press, 1950.

——. *Terror and Progress USSR.* Cambridge, Mass.: Harvard University Press, 1954.

MOORE, Wilbert E. *Conduct of the Corporation.* Nova Iorque: Random House, 1962.

——. *Economy and Society.* Garden City: Doubleday, 1955.

——. *Industrial Relations and the Social Order.* Ed. rev. Nova Iorque: Macmillan, 1951.

——. *Social Change*. Englewood Cliffs: Prentice-Hall, 1963.

MUDD, Stuart (ed.). *The Population Crisis and the Use of World Resources* Haia: Junk, 1964.

MUIR, Ramsey. *Peers and Bureaucrats.* Londres: Constable, 1910.

MUMFORD, Lewis. *The City in History.* Nova Iorque: Harcourt, 1961.

——. *The Culture of Cities.* Nova Iorque: Harcourt, 1938.

MUNRO, William B. "City", em *Encyclopedia of the Social Sciences.* Vol. III. Nova Iorque: Macmillan, 1930, pp. 474-82.

MURDOCK, George P. "The Common Denominator of Cultures", em Ralph Linton (ed.), *The Science of Man in the World Crisis,* Nova Iorque: Columbia University Press, 1945, pp. 123-42.

——. *Social Structure.* Nova Iorque: Macmillan, 1949.

MURPHREE, E. V. "The Support of Basic Research", *American Scientist.* XXXIX (abril de 1951), 268-73.

MURPHY, Raymond J., e Howard ELINSON (eds.). *Problems and Prospects of the Negro Movement.* Belmont, Cal.: Wadsworth, 1966.

MUSGRAVE, P. W. *The Sociology of Education.* Londres: Methuen, 1965.

MYRDAL, Gunnar. *An American Dilemma.* Nova Iorque: Harper, 1944.

National Science Foundation. *Federal Funds for Research Development, and Other Scientific Activities.* Vol. XV. Washington: U. S. Government Printing Office, 1965.

——. *Science and Engineering in American Industry: Report on a 1956 Survey.* Washington: U. S. Government Printing Office, 1960.

——. *Scientific Research and Development in Colleges and Universities: Expenditures and Manpower, 1953-1954.* Washington: U. S. Government Printing Office, 1959.

——. *Scientists and Engineers in Colleges and Universities, 1961.* Washington: U. S. Government Printing Office, 1964.

NEUGEBAUER, O. *The Exact Science and the Antiquity.* Princeton: Princeton University Press, 1952.

NICHOLSON, Marjorie. *Science and the Imagination.* Ithaca: Cornell University Press, 1956.

NIEBUHR, H. Richard. *The Social Sources of Denominationalism.* Nova Iorque: Meridian, 1957.

NISBET, Robert A. *Community and Power.* Nova Iorque: Oxford, 1962. Publicado pela primeira vez como *The Quest for Community* 1953.

NOTTINGHAM, Elizabeth. *Religion and Society.* Nova Iorque: Random House, 1954.

NOWAK, Stefan. "Egalitarian Attitudes of Warsaw Students", *American Sociological Review,* XXV (abril de 1960), 219-31.

OGBURN, William F. *Social Change.* Nova Iorque: Huebsch, 1923.

——. "The Wolf Boy of Agra", *American Journal of Sociology,* LXIV (março de 1959), 449-54.

OLMSTED, Michael S. *The Small Group.* Nova Iorque: Random House, 1959.

ORTH, Charles D., "The Optimum Climate for Industrial Research", em Norman Kaplan (ed.), *Science and Society.* Chicago: Rand McNally, 1965, pp. 194-210.

OSSOWSKI, Stanislaw. *Class Structure and the Social Consciousness.* Londres: Routledge, 1963.

PAGE, Charles H. "Rureaucracy and Higher Education", *The Journal of General Education,* V (janeiro de 1951), 91-100.
——. "Bureaucracy and the Liberal Church", *The Review of Religion,* XVI (março de 1952), 137-50.
——. "Bureaucracy's Other Face", *Social Forces,* XXV (outubro de 1946), 88-94.
——. *Class and American Sociology.* Nova Iorque: Dial, 1940.
——. (ed.). *Sociology and Contemporary Education.* Nova Iorque: Random House, 1964.
——. "Sociology as a Teaching Enterprise", em Robert K. Merton, Leonard Broon, e Leonard S. Cottrell Jr. (ed.), *Sociology Today.* Nova Iorque: Basic Books, 1959, pp. 579-99.
PARK, Robert E. *Human Comunities.* Nova Iorque: Free Press, 1952.
PARK, Robert E., Ernest W. BURGESS e Roderick D. MCKENZIE. *The City.* Chicago: University of Chicago Press, 1925.
PARRY, Albert. *The New Class Divided.* Nova Iorque: Macmillan, 1966.
PARSONS, Talcott. *Essays in Sociological Theory.* Nova Iorque: Free Press 1949; ed. rev. 1954.
——. "Evolutionary Universals in Society", *American Sociological Review,* XXIX ,junho de 1964), 339-57.
——. *Social Structure and Personality.* Nova Iorque: Free Press, 1964.
——. *The Social System.* Nova Norque: Free Press, 1951.
——. *Societies: Evolutionary and Comparative Perspectives.* Englewood Cliffs: Prentice-Hall, 1966.
——. "Some Problems Confronting Sociology as a Profession", American *Sociological Review,* XXIV (agôsto de 1959), 547-59.
——. *The Structure of Social Action.* Nova Iorque: McGraw-Hill, 1937.
PARSONS, Talcott, *et al.,* (eds.). *Theories of Society,* 2 vols. Nova Iorque: Free Press, 1961.
PELLEGRIN, Roland J., e Charles H. COATES. "Absentee Owned Corporations and Community Power Structure", *American Journal of Sociology,* LXI (março de 1956), 413-9.
PHILIPSON, Morris (ed.). *Automation: Implications for the Future.* Nova Iorque: Vintage, 1962.
PIAGET, Jean. *O Juízo Moral da Criança.* Traduzido para o inglês por Marjorie Gabain. Nova Iorque: Free Press, 1948.
PIERIS, Ralph. "Speech and Society: Approach to Language", *American Sociological Review,* XVI (agôsto de 1951), 499-505.
PIERSON, DONALD. *Negroes in Brazil.* Chicago: University of Chicago Press, 1942.
POLANYI, Karl. *The Great Transformation.* Nova Iorque: Farrar & Rinehart 1944.
POLSBY, Nelson W. *Community Power and Political Theory.* New Haven: Yale University Press, 1963.
POPE, Liston. *Milhands and Preachers.* New Haven. Yale University Press, 1942.
POSTAN. Michael M. "History and the Social Sciences", em *The Social Sciences: Their Relations in Theory and Teaching.* Londres: LePlay 1936, pp. 60-70.
PRICE, Don K. "The Scientific Establishment", em Robert Gilpin e Christopher Wright (eds.), *Scientists and National Policy-Making.* Nova Iorque: Columbia University Press, 1964, pp. 19-40.
——. *The Scientific State.* Cambridge, Mass.: Harvard University Press, 1965.

RADCLIFFE- BROWN, A. R. *Structure and Function in Primitive Society.* Nova Iorque: Free Press, 1952.

——. "The Study Kinship Systems", *Journal of the Royal Anthropological Institute,* LXXI (1941), 1-18.

REDFIELD, Robert. "The Folk Society", *American Journal of Sociology,* LII (janeiro, de 1947), 293-308.

——. *The Little Community.* Chicago: University of Chicago Press, 1960.

REISS, Albert J. Jr. "Functional Specialization of Cities", em Paul K. Hatt e Albert J. Reiss Jr. (eds.), *Cities and Society.* Nova Iorque: Free Press, 1957.

REXROTH Kenneth. "Disengagement: The Art of the Beat Generation", em Gene Feldman e Max Gartenberg (eds.), *The Beat Generation and the Angry Young Men.* Nova Iorque: Dell, 1959, pp. 350-67.

RIESMAN, David. *The Lonely Growd.* New Haven: Yale University Press, 1950. Reimpresso, Doubleday Anchor Books, 1953).

RIESMAN, David, e Nathan GLAZER. *Faces in the Crowd.* New Haven: Yale University Press, 1952.

RIZK, Hanna. "Population Growth and its Effects on Economic and Social Goals in the United Arab Republic", em Stuart Mudd (ed.), *The Population Crisis and the Use of World Resources.* Haia: Junk, 1964.

ROCK, John. *The Time has Come.* Nova Iorque: Knopf, 1963.

ROETHLISBERGER, Fritz J., e William J. DICKSON. *Management and Worker.* Cambridge, Mass.: Harvard University Press, 1959.

ROGOFF, Natalie. *Recent Trends in Occupational Mobility.* Nova Iorque: Free Press, 1953.

ROSE, Peter I. "The Myth of Unanimity: Student Opinions on Critical Issues", *Sociology of Education,* XXXVII (inverno de 1963), 129-49.

——. *They and We: Racial and Ethnic Relations in the United States.* Nova Iorque: Random House, 1964.

ROSS, Ralph. *Symbols and Civilization.* Nova Iorque: Harcourt, 1957, 1962.

ROTHMAN, Stanley. "Modernity and Tradition in Britain", *Social Research* XXVIII (outono de 1961), 297-320.

ROUSSEAU, Jean Jacques. *O Contrato Social.* Traduzido para o inglês por G. D. H. Cole. Nova Iorque: Dutton, 1950.

Royal Commission on Population. *Report.* Londres: Her Majesty's Stationery Office, 1949 (impressão de 1953).

RUMNEY, Jay, e Joseph MAIER. *Sociology: The Science of Society.* Nova Iorque Schuman, 1953.

RYNNE, Xavier (pseud.). *The Fourth Session.* Nova Iorque: Farrar, Strauss, 1966.

——. *Letters from Vatican City.* Nova Iorque: Farrar, Strauss, 1963.

——. *The Second Session.* Nova Iorque: Farrar, Strauss, 1964.

——. *The Third Session.* Nova Iorque: Farrar, Strauss, 1965.

SABINE, George H. *A History of Political Theory*. Nova Iorque: Holt, 1937.
SANFORD, Nevitt (ed.). *The American College*. Nova Iorque: Wiley, 1962.
SAX, Karl. *Standing Room Only*. Boston: Beacon, 1955.
SCHAPERA, I. (ed.). *Western Civilization and the Natives of South Africa*. Londres: Routledge, 1934.
SCHNEIDER, Louis. "Problems in the Sociology of Religion", em Robert E. L. Faris (ed.), *Handbook of Modern Sociology*. Chicago: Rand McNally, 1964, pp. 770-807.
——. (ed.). *Religion, Culture and Society*. Nova Iorque: Wiley, 1964.
SCHNEIDER, Louis, e Sverre LYSGAARD. "The Deferred Gratification Pattern: A Preliminary Study", *American Sociological Review*, XVIII (abril de 1953), 142-9.
SCHUMPETER, Joseph. "Social Classes in an Ethnically Homogeneous Environment", em *Imperialism and Social Classes*. Nova Iorque: Meridian, 1955, pp. 101-68.
Scientific American Books. *Cities*. Nova Iorque: Knopf, 1965.
SELIGMAN, Ben B. (ed.). *Poverty as a Public Issue*. Nova Iorque: Free Press, 1965.
SELZNICK, Philip. *TV A and the Grass Roots*. Berkeley: University of California Press, 1949.
SERVICE, Elman R. *A Profile of Primitive Culture*. Nova Iorque: Harper, 1958.
SHAPIRO, Harry L. (ed.). *Man, Culture, and Society*. Nova Iorque: Oxford, 1956.
SHERIF, Muzafer. *The Psychology of Social Norms*. Nova Iorque: Oxford, 1936.
SHILS, Edward. "The Calling of Sociology", em Talcott Parsons, *et al.*, (eds.), *Theories of Society*, Vol. II. Nova Iorque: Free Press, 1961.
——. "Primordial, Personal, Sacred and Civil Ties", *British Journal of Sociology*, VII (junho de 1957), 130-45.
——. "The Study of the Primary Group", em Daniel Lerner e Harold D. Lasswell (eds.), *The Policy Sciences*. (Hoover Institute Studies, N.º 1.) Stanford: Stanford University Press, 1951, pp. 44-69.
——. *The Torment of Secrecy*. Nova Iorque: Free Press, 1956.
SHONFIELD, Andrew. *Modern Capitalism*. Londres: Oxford, 1965.
SHORT, James F. Jr. "Gang. Delinquency and Anomie", em Marshall B. Clinard (ed.), *Anomie and Deviant Behavior*. Nova Iorque: Free Press, 1964, pp. 98-127.
SHORT, James F., e Fred L. STRODTBECK. *Group Process and Gang Delinquency*. Chicago: University of Chicago Press, 1965.
SHOSTAK, Arthur B., e William GOMBERG (eds.). *Blue-Collar World*, Englewood Cliffs: Prentice-Hall, 1964.
SILBERMAN, Charles E. *Crisis in Black and White*. Nova Iorque: Random House. 1964.
SIMMEL, Georg. *Conflito*. Traduzido para o inglês por Kurt H. Wolff. *A Trama das Filiações de Grupo*, traduzido para o inglês por Reinhard Bendix. Nova Iorque: Free Press, 1955 (Edição em um volume.)

——. *Sociologia.* Traduzido para o inglês por Kurt H. Wolff. Nova Iorque: Free Press, 1950.

SIMPSON, George Eaton, e J. Milton YINGER. *Racial and Cultural Minorities.* 3.ª ed. Nova Iorque: Harper, 1965.

SIRJAMAKI, John. *The American Family in the Twentieth Century.* Cambridge, Mass.: Harvard University Press, 1953.

SJOBERG, Gideon. *The Preindustrial City.* Nova Iorque: Free Press, 1960.

——. "The Rural-Urban Dimension in Preindustrial, Transitional, and Industrial Societies", em Robert E. L. Faris (ed.), *Handbook of Modern Sociology.* Chicago: Rand McNally, 1965.

SKLARE, Marshall. *Conservative Judaism.* Nova Iorque: Free Press, 1955.

——. (ed.). *The Jews: Social Pateerns of an American Group.* Nova Iorque: Free Press, 1958.

SMELSER, Neal J. *Theory of Collective Behavior.* Nova Iorque: Free Press, 1962.

SMIGEL, Erwin. *Wall Street Lawyer.* Nova Iorque: Free Press, 1964.

SMITH, Adam. *A Riqueza das Nações.* Londres: Dent, 1910.

SMITH, Marian L. "Social Structure in the Punjab", em *India's Villages.* Calcutá: West Bengal Government Press, 1955, pp. 144-60.

SMITH, Preserved. *The Age of the Reformation.* Nova Iorque: Holt, 1920.

SMITH, T. Lynn. *The Sociology of Rural Life.* Nova Iorque: Harper, 1953.

SMITH, William Robertson. *Lectures on the Religion of the Semites.* Londres: Black, 1894.

SNOW, C. P. *Science and Government.* Cambridge, Mass.: Harvard University Press, 1960.

The Social Sciences: Their Relations in Theory and Teaching. Londres: LePlay, 1936.

"Sociologists Invade the Plant", *Business Week,* 21 de março de 1959, pp. 95-101.

SOMBART, Werner. "Capitalism", *Encyclopedia of the Social Sciences.* Vol. III. Nova Iorque: Macmillan, 1930, pp. 195-208.

SOROKIN, Pitirim A. *Contemporary Sociological Theories.* Nova Iorque: Harper, 1928.

——. *The Crisis of Our Age.* Nova Iorque: Dutton, 1941.

——. *Social and Cultural Dynamics,* 4 vols. Nova Iorque: American Book, 1937-1941.

——. *Social and Cultural Mobility.* Nova Iorque: Free Press, 1959.

SPEIER, Hans. *Social Organization and the Risks of War.* Nova Iorque: Stewart, 1952.

SPENCER, Herbert. *The Study of Sociology.* Publicado pela primeira vez em 1873 e republicado em muitas edições.

SPENGLER, Joseph J., e Otis Dudley DUNCAN (eds.). *Demographic Analysis.* Nova Iorque: Free Press, 1956.

——. (eds.). *Population Theory and Policy.* Nova Iorque: Free Press, 1956.

SPENGLER, Oswald. *O Declínio do Ocidente.* 2 vols. Traduzido para o inglês por Charles F. Atkinson. Nova Iorque: Knopf, 1939.

SPIRO, Melford E. *Children of the Kibbutz.* Cambridge, Mass.: Harvard University Press, 1958.

SRINIVAS, M. N. "The Dominant Caste in Rampurra", *American Anthropologist,* LXI (fevereiro, 1959), 1-16.

——. *Social Change in Modern India.* Berkeley: University of California Press, 1966.

STANTON, Alfred M., e Morris S. SCHWARTZ. *The Mental Hospital.* Nova Iorque: Basic Books, 1954.

STARK, Rodney. "Class, Radicalism, and Religious Involvement in Great Britain", *American Sociological Review,* XXIX (outubro de 1964), 698-706.

STERN, Bernhard J. "Resistances to the Adoptions of Technological Innovations", em National Resources Committee, *Technological Trends and National Policy.* Washington: U. S. Government Printing Office, 1937, 39-66.

STIX, Regine K. e Frank W. NOTESTEIN. *Controlled Fertility. Baltimore*: Williams & Wilkins, 1940.

STONE, Joseph, e Joseph CHURCH. *Childhood and Adolescence.* Random House, 1957.

STORER, Norman. *The Social System of Science.* Nova Iorque: Holt, Rinehart & Winston, 1966.

STOUFFER, Samuel. *Communism, Conformity and Civil Liberties.* Garden City: Doubleday, 1955.

STOUFFER, Samuel, *et al. The American Soldier,* Vols. I, II. Princeton: Princeton University Press, 1949.

STROUP, Herbert. *The Jehovah's Witnesses.* Nova Iorque: Columbia University Press, 1945.

SUMNER, William Graham. *Folkways.* Boston: Ginn, 1906.

SUSSMAN, Marvin B. "The Help Pattern in the Middle-Class Family", *American Sociological Review,* XVIII (fevereiro de 1953), 22-8.

——. (eds.). *Sourcebook in Marriage and the Family.* Boston: Houghton Mifflin, 1955.

SUTHERLAND, Edwin H. *White Collar Crime.* Nova Iorque: Dryden, 1949.

SUTHERLAN, Edwin H., e Donald R. CRESSEY. *Principles of Criminology.* 5.ª ed. Filadélfia: Lippincott, 1955.

SYKES, Gresham. *The Society of Captives.* Princeton: Princeton University Press, 1958.

SYKES, Gresham, e David MATZA. "Techniques of Neutralization: A Theory of Delinquency", *American Sociological Review,* XXII (dezembro de 1957), 664-70.

TAEUBER, Irene. *The Population of Japan.* Princeton: Princeton University Press, 1958.

TALMON, YONIMA. "Pursuit of the Millennium: The Relation Between Religious and Social Movements", *European Journal of Sociology,* III (1962), 125-48.

TAWNEY, Richard H. *The Acquisitive Society.* Nova Iorque: Harcourt, 1920.

——. *Religion and the Rise of Capitalism.* Nova Iorque: Harcourt, 1926 (Reimprimido pela Pelican, 1947).

TAYLOR, Griffith. *Urban Geography.* Nova Iorque: Dutton, 1949.

Technology and the American Economy: *Report of the National Commission on Technology, Automation, and Economic Progress.* Washington: U. S. Government Printing Office, 1966.

THERNSTROM, Stephen. *Poverty and Progress.* Cambridge, Mass.: Harvard University Press, 1964.

THOMAS, John L. "The Factor of Religion in the Selection of Marriage Mates", *American Sociological Review,* XVI (agôsto de 1951), 487-91.

THOMAS, William I., e Florian ZNANIECKI. *The Polish Peasant in Europe and America.* 5 vols. Boston: Badger, 1920.

THOMLINSON, Ralph. *Population Dynamics.* Nova Iorque: Random House, 1965.

——. *Sociological Concepts and Research.* Nova Iorque: Random House, 1965.

THOMPSON, Virginia M., e Richard ADLOFF. *Minority Problems in Southeast Asia.* Stanford: Stanford University Press, 1955.

THOMPSON, Warren S., e David T. LEWIS. *Population Problems.* 5.ª ed. Nova Iorque: McGraw-Hill, 1965.

TIRYAKIAN, Edward A. (ed.). *Sociological Theory, Values, and Sociocultural Change.* Nova Iorque: Free Press, 1963.

TOCQUEVILLE, Alexis De. *A Democracia na América.* Traduzido para o inglês por Henry Reeve, revisto por Francis Bowen, editado por Phillips Bradley. 2 vols. Nova Iorque: Vintage, 1954.

TOLSTOY, Leo. *Guerra e Paz.* Traduzido para o inglês por Louise Maude e Aylmer Maude. Nova Iorque: Simon & Schuster, 1942.

Transactions of the Fifth World Congress of Sociology, Vol. II. Lovaina: International Sociological Association, 1962.

TUMIN, Melvin M. *Desegregation Resistance and Readiness.* Princeton: Princeton University Press, 1958.

TUNNARD, Christopher, e Henry Hope REED. *American Skyline.* Nova Iorque: New American Library, 1956.

TURNER, Ralph H. "The Naval Disbursing Officer as Bureaucrat", *American Sociological Review,* XII (junho de 1947), 342-8.

TURNER, Ralph H., e Lewis M. KILLIAN. *Collective Behavior.* Englewood Cliffs: Prentice-Hall, 1957.

U. S. Department of Labor. *Dictionary of Occupational Titles,* 3.ª ed.; 2 vols. Washington: U. S. Government Printing Office, 1965.

U. S. Department of Labor. *The Negro Family: The Case for National Action.* Washington: U. S. Government Printing Office, 1965.

VEBLEN, Thorstein. *The Higher Learning in America.* Stanford: Academic Reprints, 1954.

——. *The Instinct of Workmanship.* Nova Iorque: Huebsch, 1922.

——. *The Theory of Business Enterprise.* Nova Iorque: Scribner's, 1932. (Republicado com um prefácio de C. Wright Mills, Nova Iorque: New American Library, 1958).

——. *The Theory of the Leisure Class,* Nova Iorque: Random House, 1931.

VIDICH, Arthur, e Joseph BENSMAN. *Small Town in Mass Society.* Princeton: Princeton University Press, 1958.

WAGLEY, Charles. *An Introduction to Brazil.* Nova Iorque: Columbia University Press, 1963.

WAGLEY, Charles, e Marvin HARRIS. *Minorities in the New World.* Nova Iorque: Columbia University Press, 1958.

WAGNER, Gunther. "The Political Organization of the Bantu of Kavirondo", em M. Fortes e E. E. Evans-Pritchard (eds.), *African Political Systems,* Londres: Oxford, 1940, pp. 197-236.

WAKEFIELD, Dan. *Island in the City.* Boston: Houghton Mifflin, 1957.

WAKIN, Edward, e Joseph F. SCHEUER. *The De-Romanization of the American Catholic Church.* Nova Iorque: Macmillan, 1966.

WALKER, Charles R. *Toward the Automatic Factory.* New Haven: Yale University Press, 1957.

WALKER, Charles R., e Robert H. GUEST. *The Man on the Assembly Line.* Cambridge, Mass.: Harvard University Press, 1952.

WARNER, W. Lloyd. *A Black Civilization,* Nova Iorque: Harper, 1937.

WARNER, W. Lloyd, e James ABEGGLEN. *Big. Business Leaders in America.* Nova Iorque: Harper, 1955.

——. *Occupational Mobility in American Business and Industry, 1928-1952.* Mineápolis: University of Minnesota Press, 1955.

WARNER, W. Lloyd, e William HENRY. "The Radio Daytime Serial: A Symbolic Analysis", *Genetic Psychology Monographs,* 37 (1948), n.º 1, 7-69.

WARNER, W. Lloyd, e Paul S. LUNT. *The Social Life of a Modern Community.* New Haven: Yale University Press, 1941.

WARNER, W. Lloyd, Marcia MEEKER, e Kenneth EELLS. *Social Class in America.* Chicago: Science Research Associates, 1949.

WARREN, Robert Penn. *Who Speaks for the Negro?* Nova Iorque: Random House, 1965.

WATTENBERG, Ben J., e Richard M. SCAMMON. *This U. S. A.* Garden City: Doubleday, 1965.

WEBER, Max. *Judaísmo Antigo.* Traduzido para o inglês por H. H. Gerth e Don Martindale. Nova Iorque: Free Press, 1952.

——. *De Max Weber: Ensaios de Sociologia.* Traduzidos para o inglês e editados por H. H. Gerth e C. Wright Mills. Nova Iorque: Oxford, 1946.

——. *A Cidade.* Traduzido para o inglês por Don Martindale e Gertrud Neuwirth. Nova Iorque: Free Press, 1958.

——. *A Ética Protestante e o Espírito do Capitalismo.* Traduzido para o inglês por Talcott Parsons. Nova Iorque: Scribner's, 1930.

——. *A Religião da China: Confucionismo e Taoísmo.* Traduzido para o inglês por H. H. Gerth. Nova Iorque: Free Press, 1951.

——. *A Religião da Índia: A Sociologia do Hindusímo e do Budismo.* Traduzido para o inglês por H. H. Gerth e Don Martindale. Nova Iorque: Free Press, 1958.

——. *A Teoria da Organização Econômica e Social.* Traduzido para o inglês por A. M. Henderson e Talcott Parsons. Nova Iorque: Oxford, 1947.

WEINBERG, Ian. *The English Public Schools.* Nova Iorque: Atherton, 1967.

WELTER, Rush. *Popular Education and Democratic Thought in America.* Nova Iorque: Columbia University Press, 1962.

WEST, James (pseud.). *Plainville, U. S. A.* Nova Iorque: Columbia University Press, 1945.

WESTOFF, Charles F., Robert G. POTTER JR., e Philip C. SAGI. *The Third Child.* Princeton: Princeton University Press, 1963.

WHEELER, Stanton. "The Structure of Formally Organized Socialization Settings", em Orville G. Brim Jr., e Stanton Wheeler, *Socialization After Childhood: Two Essays.* Nova Iorque: Wiley, 1966, pp. 53-116.

WHITE, Winston. *Beyond Conformity.* Nova Iorque: Free Press, 1961.

WHITEHEAD, Alfred N. *Science and the Modern World.* Cambridge, Ing.: Cambridge University Press, 1946.

WHITING, John W. M. *Becoming a Kwoma.* New Haven: Yale University Press, 1941.

WHITING, John W. M., e Irvin L. CHILD. *Child Training and Personality: A Cross-Cultural Study.* New Haven: Yale University Press, 1953.

WHYTE, William Foote. "A Slum Sex Code", *American Journal of Sociology,* XLIX (julho de 1943), 24-32.

——. *Street Corner Society.* Edição aumentada. Chicago: University of Chicago Press, 1955.

WHYTE, William H. Jr. *The Organization Man.* Nova Iorque: Simon & Schuster, 1956, Parte V.

WIENER, Myron. (ed.). *Modernization.* Nova Iorque: Basic Books, 1966.

WILKINSON, Rupert. *Gentlemanly Power: British Leadership and the Public School Tradition.* Nova Iorque: Oxford, 1964.

WILLIAMS, Raymond. *Culture and Society.* Garden City: Doubleday Anchor Books, 1959.

WILLIAMS, Robin. *American Society.* Ed. rev. Nova Iorque: Knopf, 1960.

WILSON, Alan B. "Residential Segregation of Social Classes and Aspirations of High School Boys", *American Sociological Review,* XXIV (dezembro de 1959), 836-45.

WILSON, Bryan R. "An Analysis of Sect Development", *American Sociological Review,* XXIV (fevereiro de 1959), 3-15.

——. *Sects and Society.* Londres: Heinemann, 1961.

WIRTH, Louis. *The Ghetto.* Chicago: University of Chicago Press, 1928.

——. "The Problem of Minority Groups", em Ralph Linton (ed.), *The Science of Man in the World Crisis.* Nova Iorque: Columbia University Press, 1945, pp. 347-71.

——. "Urbanism as a Way of Life", *American Journal of Sociology,* XLIV (julho de 1938), 1-24.

WISSLER, Clark. *Man and Culture.* Nova Iorque: Crowell, 1923.

WOOD, Robert C. "Scientists and Politics: The Rise of an Apolitical Elite", em Robert Gilpin and Christopher Wright (eds.), *Scientists and National Policy-Making.* Nova Iorque: Columbia University Press, 1964, pp. 41-72.

——. *Suburbia: Its People and Their Politics,* Boston: Houghton Mifflin, 1959.

WOODWARD, C. Vann. *The Strange Career of Jim Crow.* Nova Iorque: Oxford, 1957.

World Survey of Education, IV: Higher Education. Nova Iorque: UNESCO, 1966.

WORSLEY, Peter. *The Trumpet Shall Sound.* Londres: Macgibbon & Kee, 1957.

WRIGHT, Charles R., e Herber H. HYMAN. "Voluntary Association Memberships of American Adults: Evidence from National Sample Surveys", *American Sociological Review,* XXIII (junho, 1958), 284-94.

WRIGHT, Christopher. "Scientists and the Establishment of Scientific Affairs", em Robert Gilpin e Christopher Wright (eds.), *Scientists and National Policy-Making.* Nova Iorque: Columbia University Press, 1962, pp. 257-302.

WRONG, Dennis H. *Population.* Ed. rev. Nova Iorque: Random House, 1959.

——. "The Stork Surprises the Demographers", *Commentary,* XIV (outubro de 1952), 376-82.

WYLIE, Lawrence. *Village in the Vaucluse.* Cambridge, Mass.: Harvard University Press, 1957.

X. MALCOLM. *The Autobiography of Malcolm X.* Nova Iorque: Grove, 1964.

YABLONSKY, Lewis. "The Delinquent Gang as a Near Group", *Social Problems,* IX (outono de 1961), 108-17.

——. *The Violent Gang.* Nova Iorque: Macmillan, 1962.

YANG, C. K. *The Chinese Family in the Communist Revolution.* Cambridge, Mass.: M. I. T. Press, 1959.

YINGER, J. Milton. *Religion, Society and the Individual.* Nova Iorque: Macmillan, 1957.

YOUNG, Michael, e Peter WILMOTT. *Family and Kinship in East London.* Nova Iorque: Free Press, 1957.

ZBOROWSKI, Mark. "Cultural Components in Responses to Pain", *Journal of Social Issues,* IV (1952), 16-30.

ZBOROWSKI, Mark e Elizabeth HERTZOG. *Life Is With People.* International Universities Press, 1952.

ZNANIECKI, Florian. *Social Relations and Social Roles.* São Francisco: Chandler, 1965.

ZOLLSCHAN, George K., e Walter HIRSCH (eds.). *Explorations in Social Change.* Boston: Houghton Mifflin, 1964.

ZVORYKIN, A. "Approaches to Work Under Communism", *Soviet Sociology,* I (outono de 1962), 29-37.